2013 Yearbook

All-China Federation of Returned Overseas Chinese

中国侨联年鉴编纂委员会　编

中國華僑出版社

图书在版编目（CIP）数据

中国侨联年鉴.2013 /《中国侨联年鉴》编纂委员会编. --北京：中国华侨出版社, 2013.11

ISBN 978-7-5113-4232-4

Ⅰ.①中… Ⅱ.①中… Ⅲ.①华侨组织—中国—2013—年鉴 Ⅳ.①D634.1-54

中国版本图书馆CIP数据核字（2013）第262033号

● 2013中国侨联年鉴

编　　著 /《中国侨联年鉴》编纂委员会
出 版 人 / 方　鸣
责任编辑 / 郭岭松
装帧设计 / 中文天地
经　　销 / 新华书店
开　　本 / 889mm × 1194mm　1/16　印张：44　字数：1000千字
印　　刷 / 北京旺都印务有限公司
版　　次 / 2013年11月第1版　2013年11月第1次印刷
书　　号 / ISBN 978-7-5113-4232-4
定　　价 / 480.00元

中国华侨出版社　北京市朝阳区静安里26号通成达大厦三层　邮编：100028
法律顾问：陈鹰律师事务所
编 辑 部：（010）64443056　64443979
发 行 部：（010）64443051　传真：（010）64439708
网　　址：www.oveaschin.com
E-mail：oveaschin@sina.com

《2013中国侨联年鉴》编纂委员会

《2013中国侨联年鉴》编辑人员

编辑说明

一、2013卷是中国侨联组织编写的第三部年鉴。在前两部年鉴的基础上，2013卷力求全面、系统、客观、公正地记载自2012年1月1日至12月31日期间各级侨联工作取得的成就、经验和发展的新趋势、新动向，为各级侨联沟通信息、交流经验开辟渠道，为社会各界了解侨联工作开辟窗口。

二、与前两部年鉴相同，2013卷采用编纂年鉴通用的分类编辑法，主体内容分为类目、分目、条目三个层次。类目为大单元，其下设置若干个分目。分目下设条目，条目为年鉴的基本单位和主要内容载体。

三、根据中国侨联的工作性质和机构特点，本卷年鉴共设类目7个。各类目刊载的内容为：

1. 特载：收录党和国家领导人公开发表的关于侨联工作和侨务工作的重要讲话和指示。

2. 中国侨联领导讲话：收录中国侨联领导的有关讲话。

3. 大事记：收录重要文件、重要会议和领导重要活动等内容。

4. 综合：主要分为办公厅、海外联谊、经济科技、文化交流、权益保障、组织人事和机关党建几个部分，分别由各部门撰稿，内容包括领导成员名单、综述、具体工作情况等。

5. 中国侨联直属企事业及社会团体工作简介：主要包括中国侨联直属企事业单位和所属社会团体的工作情况，内容分为本单位、本团体领导成员名单、主要工作和活动等。

6. 省级侨联工作简介：主要为各省级侨联领导成员名单、工作综述和活动情况，以及部分较有特色的地方侨联工作情况等。

7. 附录：收录中国侨联第八届委员会最新名单及省、市、区（含以下）级侨联通讯录等内容。

四、本年鉴由省级地方侨联、新疆生产建设兵团侨联、中央国家机关侨联、中央企业侨联、中央直属机关侨联、中国侨联有关部门及其直属事业单位和社会团体提供稿件。稿件均经编委（各单位负责人）审阅。

五、《中国侨联年鉴》由中国侨联办公厅、中国华侨华人历史研究所主办，《中国侨联年鉴》编辑部编辑，交由中国华侨出版社出版。

1月5日，中共中央政治局委员、全国人大常委会副委员长王兆国出席中国侨联八届四次全委会并讲话

1 月 20 日，林军主席（左二）在河北省侨联主席马法严（左一）等陪同下看望印尼归侨、河北省手外科专家凌彤夫妇

2 月 23 日，中国侨联亚洲、大洋洲海外顾问、海外委员、青年委员年会在厦门召开，林军主席（左三）出席

6 月 6 日，林军主席（右）率中国侨联“亲情之旅”代表团赴台北、台南、高雄、彭湖等地开展恳亲活动，图为台北恳亲活动现场

7 月 10 日，中国侨联主席林军（左二）、江苏省委副书记石泰峰（左一）在南京亲切接见了出席江苏省侨联第六次代表大会的全体代表和海外嘉宾

7 月 27 日，林军主席（左六）出席在德国汉堡开幕的“和美西藏”美术作品展

9 月 26 日，西藏自治区党委副书记、自治区主席白玛赤林（右），中国侨联主席林军（左）在拉萨为西藏自治区归国华侨联合会揭牌

10 月 23 日，林军主席（前排右四）率中国侨商联合会代表团出席“2012 中国 · 商丘国际华商节”

9 月 4 日，董中原副主席（左六）在江西省侨联调研

10 月 29 日，董中原副主席（前左一）为中国华侨公益基金会聘请的“侨爱心 365 基金”形象代言人陈思思颁发证书

2 月 23 日，李卓彬副主席在中国侨联亚洲、大洋洲海外顾问、海外委员、青年委员年会上讲话

9 月 27 日，李卓彬副主席（右四）在中国侨联机关会见来华访问的全美萃胜工商会访问团一行

4 月 5 日，王永乐副主席在海内外侨商投资项目推介会上致辞

6 月 21 日，王永乐副主席（前排右一）、湖北省副省长郭有明（前排左一）等亲切看望“健康光明行”康复患者

6 月 16 日，乔卫副主席（前排左二）率“亲情中华”艺术团到苏里南演出，约 5000 人观看演出

9 月 24 日，乔卫副主席（左一）在四川省绵阳市北川中学出席“中国·北川感恩文化论坛”并致辞

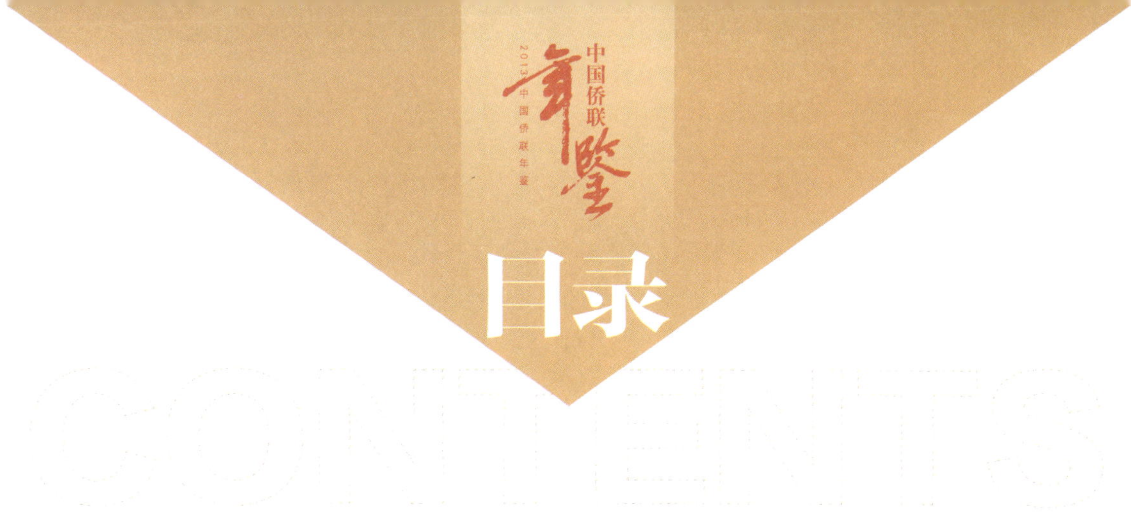

目录

特　载

中国侨联领导讲话

大事记

综　合

中国侨联直属企事业及社会团体工作简介

省级侨联工作简介

附　录

中国侨联年鉴

特　载

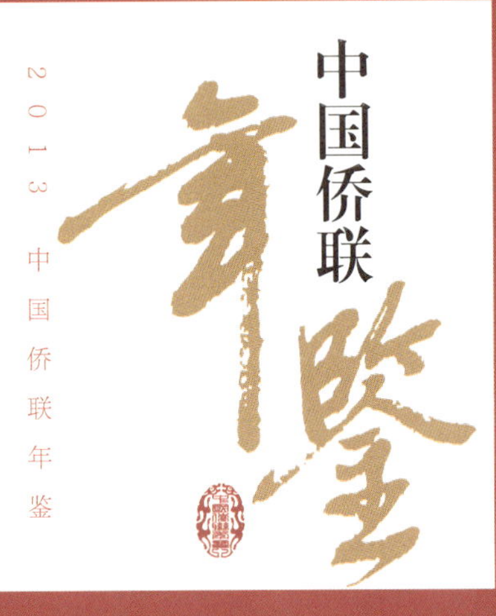
中国侨联
年鉴
2013 中国侨联年鉴

在中国侨联八届四次全委会议上的讲话

（2012年1月5日）

王兆国

各位委员、同志们：

中国侨联召开八届四次全委会，深入学习贯彻党的十七届六中全会和中央经济工作会议精神，回顾总结2011年工作，研究部署2012年任务，这对于各级侨联组织进一步统一思想、明确方向，团结动员广大归侨侨眷和海外侨胞，为夺取全面建设小康社会新胜利、实现中华民族伟大复兴而不懈奋斗，具有重要意义。

过去的一年，各级侨联组织认真学习贯彻党的十七大和十七届三中、四中、五中、六中全会精神，紧紧围绕党和国家中心工作，按照侨联“八代会”确定的“两个并重”的总体思路，以奋发有为的精神状态，团结一致、扎实奋斗，求真务实、开拓进取，各项工作都取得了可喜成绩。突出表现在：**一是**举办侨界庆祝中国共产党成立90周年和纪念辛亥革命100周年系列活动，特色鲜明、内容丰富、效果显著。**二是**主动配合各级政府开展富有成效的招商引资活动，为促进经济平稳较快发展发挥了应有作用。**三是**启动“创业中华”活动，积极参与引进海外人才，在实施人才强国战略中展现了独特优势。**四是**精心组织两岸侨联和平发展论坛，提高了两岸侨届交流的层次和水平。**五是**继续深化“亲情中华”活动，促进中华文化的传承和弘扬，受到了广大海外侨胞的欢迎。**六是**不断加强新形势下维护侨界群众合法权益工作，及时把党和政府的关怀送到侨界群众心上，为侨服务的能力和水平有了新提高。**七是**协助地方党委完成同级侨联领导班子配备，加强少数民族地区侨联工作，侨联自身建设得到进一步加强。这些成绩的取得，是各级侨联组织、侨联工作者和广大归侨侨眷、海外侨胞共同努力的结果。在这里，我代表党中央，向各级侨联组织、侨联工作者和广大归侨侨眷、海外侨胞致以亲切的问候和诚挚的感谢！

今年下半年将召开中国共产党第十八次全国代表大会。这是我们党在全面建设小康社会的关键时期和深化改革开放、加快转变经济发展方式的攻坚时期召开的一次十分重要的代表大会，具有重大而深远的意义。各级侨联组织要进一步坚定信念、振奋精神，发挥优势、勇于创新，切实履行各项工作职责，为党的十八大胜利召开营造良好氛围。前不久，习近平同志主持召开中央书记处办公会议，听取中国侨联党组工作汇报，充分肯定了一年来侨联工作取得的成绩，明确提出了今年和今后一个时期侨联工作的任务，为侨联事业发展指明了方向。各级侨联组织一定要认真学习领会、深入贯彻落实。下面，我就做好今年侨联工作再讲几点意见。

第一，牢牢把握正确政治方向，为在中国特色社会主义道路上实现中华民族伟大复兴而共同奋斗

胡锦涛总书记在“七一”重要讲话中强调，党和人民必须倍加珍惜、长期坚持、不断发展中国特色社会主义道路、中国特色社会主义理论体系、中国特色社会主义制度这三大成就。这是回顾总结党领导中国革命、建设和改革事业历程所得出的科学论断。侨联是党领导的侨界群众组织，承担着团结联系广大侨界群众的重要职责。面对风云变幻的国际形势和艰巨繁重的国内改革发展稳定任务，各级侨联组织必须进一步增强政治意识、大局意识、忧患意识、责任意识，更加深入细致地做好教育引导工作，最广泛地团结广大侨界群众，为坚持和发展中国特色社会主义、实现中华民族伟大复兴贡献智慧和力量。

要引导侨界群众充分认识改革开放以来取得的伟大成就。改革开放30多年来，我们党团结带领全国各族人民不断解放思想，锐意攻坚克难，推进社会主义现代化建设取得了举世瞩目的伟大成就。我国国内生产总值以年均9%的速度快速增长，经济总量跃居世界第二，出口总额和外汇储备位居世界第一，一大批重要工农业产品产量处于世界首位，我国经济发展已成为世界经济增长的主要推动力量；人民代表大会制度、中国共产党领导的多党合作和政治协商制度、民族区域自治制度以及基层群众自治制度日益完善，公民有序政治参与不断扩大，人民当家作主权利得到更好保障，社会主义民主政治建设取得重大进展；保障和改善民生的制度安排日益完善，就业规模持续扩大，覆盖城乡居民的社会保障体系初步形成，教育、科技、文化等各项事业蓬勃发展，社会管理不断改进，社会大局保持稳定；战胜政治、经济领域和自然界出现的多重困难和风险，办好北京奥运会、上海世博会等多件大事喜事，民族自豪感、凝聚力进一步增强。要用这些事实教育引导广大侨界群众，使他们深刻认识到，我们之所以能取得这样巨大的成就，归根结底在于我们始终以改革开放为强大动力，成功走出了一条中国特色社会主义道路，这是中国实现社会主义现代化的必由之路，是创造人民美好生活的必由之路。

要引导侨界群众始终坚定对中国特色社会主义的信心。当前，国际国内形势正在发生新的深刻复杂变化，我国发展正面临许多新的风险和挑战。在这种情况下，侨联组织如何更好地团结联系广大侨界群众，以共同的理想凝聚共识、坚定信念，显得尤为重要。要教育引导广大侨界群众充分认识到，中国共产党的坚强领导，为我们应对各种风险和挑战提供了根本保证；中国特色社会主义道路、中国特色社会主义理论体系和中国特色社会主义制度，为我们实现社会主义现代化、实现中华民族伟大复兴提供了正确路径、正确理论和根本制度保障；改革开放30多年取得的伟大成就和积累的宝贵经验，为我们战胜各种困难和问题提供了雄厚基础。只要我们把各方面的有利条件都运用起来，把各方面的积极因素都调动起来，就一定能够战胜各种困难和风险，把中国建设成为富强民主文明和谐的社会主义现代化国家。

要引导侨界群众更加自觉地拥护中国共产党的领导。近代以来中国社会发展进步的光辉历程充分证明，历史和人民选择了中国共产党，中国共产党不愧为伟大、光荣、正确的马克思主义政党，不愧为领导中国人民不断开创事业发展新局面的核心力量。各级侨联组织要站在扩大党的群众基础、巩固党的执政地位的高度，大力开展形势政策教育、国情教育、改革开放教育，引导广大侨界群众深刻认识中国共产党领导和社会主义制度的历史必然性和优越性，深刻认识中国共产党的领导是实现中华民族伟大复兴的政治保证，最大限度把广大侨界群众团结在中国共产党周围，努力做到思想上同心同德、目标上同心同向、行动上同心同行，推动形成海内外中华儿女共同致力于中华民族伟大复兴的生动局面。

第二，紧紧围绕主题主线，为保持经济平稳较快发展和社会和谐稳定作出更大贡献

当前，我国发展仍处于可以大有作为的重要战略机遇期。前不久召开的中央经济工作会议，全面分析了当前国际国内经济形势，明确提出了今年经济工作的总体要求、目标任务和政策举措。各级侨联组织要紧紧围绕科学发展这个主题和加快转变经济发展方式这条主线，更好地发挥自身优势，进一步团结动员广大归侨侨眷和海外侨胞，积极支持我国改革开放和社会主义现代化建设，为推动经济平稳较快发展、促进社会和谐稳定献计出力。

要更加主动地服务经济社会发展。实现中华民族伟大复兴，需要包括广大侨界群众在内的全国各族人民共同奋斗。各级侨联组织要创造性地开展工作，切实调动广大归侨侨眷的积极性，组织动员他们立足本职岗位，主动参与为“十二五”规划建功立业活动。要充分发挥侨资在推动经济结构调整和产业升级、促进区域协调发展等方面的重要作用，加强与地方政府的配合，引导侨资更多投向“三农”、现代服务业、高技术产业、高端制造业、节能环保等领域，鼓励侨资更多投向中西部地区，积极推进海外侨胞在更广领域、更大范围支持和参与我国经济社会发展。要充分利用海外侨胞熟悉住在国市场资源、商务网络和当地社情的优势，帮助我国企业有序到境外投资合作，特别是在开展能源、资源等战略合作项目中更好地发挥桥梁纽带作用。

要努力为引进海外高层次人才牵线搭桥。发挥人才荟萃、智力密集、联系广泛的优势，加大引进海外人才的工作力度，是侨联组织服务人才强国战略、推动建设创新型国家的重要途径。要按照国家中长期科技、教育、人才规划纲要的部署，积极配合实施国家“千人计划”，在建设海外人才信息库、完善引智工作机制、加强平台建设等方面多下功夫，为我国发展节能环保、新一代信息技术、生物等战略性新兴产业引荐更多华侨华人高层次创新型人才，努力增强我国人才和科技的国际竞争力。要加强对海外人才回国创新创业的扶持，及时帮助他们解决工作生活中遇到的实际困难，推动形成更加有利于海外人才发挥聪明才智的环境和氛围。

要积极为营造良好国际环境出力。实现中华民族发展进步，不仅需要良好的国内环境，也需要良好的国际环境。各级侨联组织要立足

特载

国内、放眼海外，搭建平台、创新载体，多渠道、多层次地开展海外联谊活动，进一步密切与海外侨胞、留学人员的交往，加强与华侨华人新生代的联系，最大限度地团结和凝聚海外侨胞。要引导广大海外侨胞与住在国人民友好相处，努力建设和谐侨社，积极向住在国人民介绍中国的真实情况，宣传我国文明、民主、开放、进步的国家形象，增进国际社会对我国基本国情、价值观念、发展道路、内外政策的了解和认识，为促进形成于我有利的外部环境作出更大贡献。

第三，注重建设中华民族共有精神家园，在推动社会主义文化大发展大繁荣中发挥独特作用

文化是民族的血脉，是民族凝聚力和创造力的重要源泉，是综合国力竞争的重要因素和经济社会发展的重要支撑。各级侨联组织要深刻领会、全面贯彻党的十七届六中全会精神，准确把握广大归侨侨眷和海外侨胞对精神文化生活的新期待，增强责任感和紧迫感，积极推动社会主义文化大发展大繁荣，努力为发展社会主义先进文化、建设社会主义文化强国增添新力量。

要大力弘扬爱国主义精神。爱国主义是中华民族最深厚的思想传统，是动员和凝聚海内外中华儿女为振兴中华团结奋斗的强大精神力量。要在广大归侨侨眷中广泛开展以爱国主义为核心的民族精神教育，引导他们增强民族自尊心、自信心和自豪感，以热爱祖国、建设祖国为荣，以损害祖国利益和尊严为耻，自觉把爱国热情转化为振兴中华的实际行动。要引导海外侨胞增进对伟大祖国和中华民族的认同，发扬爱国爱乡的传统，关心支持中国现代化建设，促进海内外中华儿女共同团结奋斗、共同繁荣发展。各级侨联组织要以共同的民族利益为基础，以共同的文化渊源为桥梁，以共同的民族感情为纽带，促进两岸侨界同胞联系更加密切、感情更加融洽、合作更加深化，在坚持一个中国原则基础上，积极推进两岸关系和平发展和祖国和平统一大业。

要大力开展侨界群众文化活动。广大归侨侨眷和海外侨胞是中华文化的重要传承者。各级侨联组织要发挥侨界优势、大力开展体现侨界特点的群众性文化活动，不断创新活动思路，丰富活动形式，做强活动品牌，提高工作水平和实效。要深入开展以弘扬中华文化为主题的寻根问祖、宗亲联谊、学术交流、夏令营等各类活动，推出更多侨界群众喜闻乐见的文化产品，进一步满足广大归侨侨界和海外侨胞的精神文化需求。要不断创新文化载体，办好侨刊乡讯、侨联网站和侨联文化产业，加强对华侨历史文化的研究与保护，积极参与和推动两岸四地文化交流，促进侨联文化宣传工作蓬勃开展。要认真总结“亲情中华”、“五洲同春”海外演出的成功经验，根据海外侨胞的需要，扩大演出范围，丰富演出内容，提高活动水平。要拓展侨联海外华文教育阵地，以华裔华侨新生代为重点，继续举办各种华文教育和学习交流活动。

要大力参与中外文化交流。发展面向现代化、面向世界、面向未来的，民族的科学的大众的社会主义文化，必须加强中外文化交流，推动中华文化走向世界，积极吸收借鉴国外优秀文化成果。各级侨联组织要鼓励引导广大海外侨胞充分发挥与住在国人民联系广泛的优势，大力介绍中华文化，协助拓展我国对外文化交流渠道，加深各国人民对中国人文历史的了解。要积极参与实施文化“走出去”工程，帮助国内文化单位与国外有实力的文化机构进行项目合作、开拓国际文化市场，同时协力推进文化领域的智力、人才、技术引进工作。要大力促进世界华文媒体之间深化务实合作，推动海外华文媒体与所在国主流媒体加强联系交流，广泛有效传播中华文化，不断增强中华文化的影响力。

第四，始终把人民利益放在首位，进一步密切党与侨界群众的血肉联系

胡锦涛总书记强调，密切联系群众是我们党的最大政治优势，脱离群众是我们党执政后的最大危险。我们必须始终把人民利益放在第一位，把实现好、维护好、发展好最广大人民的根本利益作为一切工作的出发点和落脚点，做到权为民所用、情为民所系、利为民所谋，使我们的工作获得最广泛最可靠最牢固的群众基础和力量源泉。侨联工作是党的群众工作的重要组成部分，侨联组织是侨界群众利益的代表者和维护者。要始终坚持以侨界群众利益为重，深入细致地做好各项工作，为密切党与侨界群众联系发挥积极作用。

*要切实畅通侨界群众诉求表达渠道。*把侨联工作建立在侨界群众需求的基础之上，坚持问需于侨、问计于侨，真诚倾听侨界群众的呼声，真实反映侨界群众的愿望，使侨界群众的诉求表达渠道更加畅通、及时和有效。同时，加强民主法制宣传教育，引导侨界群众理性合法表达利益诉求，自觉维护社会稳定。

*要不断完善侨界群众权益维护机制。*真情关心侨界群众疾苦，依法保障侨界群众在经济、政治、文化、社会等方面的各项权益。针对华侨农场的实际，加快推进华侨农场各项改革，进一步做好华侨农场侨界群众信访工作，及时为他们提供政策咨询和法律帮助，认真解决他们最关心最直接最现实的利益问题。要进一步加大新形势下海外侨胞在国内合法权益的维护力度，特别是要努力维护好回国创新创业的海外高层次人才各项权益。

*要推动健全侨界群众利益保障法规体系。*大力促进《归侨侨眷权益保护法》以及其他涉侨法律法规的深入实施，加强新形势下侨情调查研究，适应侨界群众利益新需求，积极推动涉侨法律法规的修改和制定，用法制手段确保广大侨界群众共享改革发展成果。

春节就要到了，各级侨联组织要深入开展“送温暖、献爱心”活动，协助有关部门解决困难归侨侨眷生产生活中面临的实际困难，使他们能与全国人民一道过一个欢乐祥和的春节。

第五，深化党群共建、创先争优活动，不断加强侨联组织自身建设

开展党群共建、创先争优活动，是新形势下加强和改进党的建设的重大举措，也是侨联组织加强自身建设面临的重大机遇。各级侨联组织要认真贯彻落实中央关于党群共建、创先争优的部署和要求，继续深化“党建带侨建”活动，不断增强侨联组织的凝聚力和影响力。

*要把“党建带侨建”活动引向深入。*要积极探索以基层党组织建设带动侨联基层组织建设的新思路、新方法，进一步完善侨联组织网络体系。通过建立健全“党建带侨建”有效机制，促进侨联组织和广大侨界群众创先争优活动有序开展、常抓不懈。通过加强学习型党组

织建设，不断提高侨联组织思想政治水平，牢固树立群众观点和以侨为本理念，切实筑牢侨联组织的思想基础和群众基础。通过不断树立和宣传侨联组织以及侨界群众在创先争优活动中涌现出的先进典型，在侨联系统营造上下联动、齐争共创的良好氛围。

要切实抓好侨联干部队伍建设。要把侨联干部队伍建设作为一件大事来抓，力争使侨联干部队伍建设纳入到党的干部队伍和社会工作者队伍建设总体规划中去，坚持严格管理，注意关心爱护，加大教育培训力度，努力建设一支政治坚定、业务精通、作风优良、服务热情、纪律严明的高素质侨联干部队伍。

各级党委和政府要从提高党的领导水平和执政水平、加强党的执政能力建设和先进性建设的高度，进一步加强和改进对侨联工作的领导，支持侨联组织从自身性质和特点出发，积极主动地开展工作，为侨联组织发挥作用创造更加良好的环境和条件。

同志们，让我们紧密团结在以胡锦涛同志为总书记的党中央周围，高举中国特色社会主义伟大旗帜，以邓小平理论和“三个代表”重要思想为指导，深入贯彻落实科学发展观，锐意进取，埋头苦干，以各项工作的优异成绩迎接党的十八大胜利召开！

最后，我给同志们拜个早年，祝大家在新的一年里身体健康、事业进步、阖家幸福、万事如意！

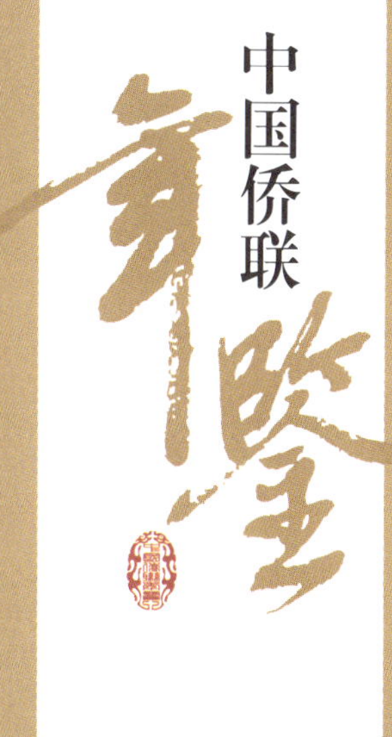

中国侨联领导讲话

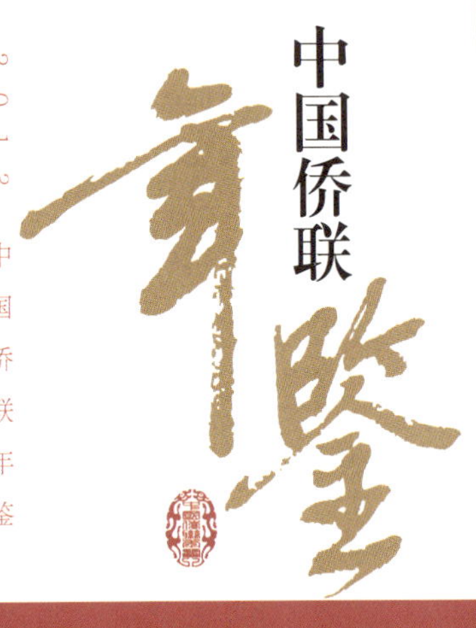
中国侨联
年鉴
2013 中国侨联年鉴

凝聚广大归侨侨眷和海外侨胞力量 为全面建设小康社会再立新功 以优异成绩迎接党的十八大胜利召开

——在中国侨联八届四次全委会议上的工作报告

（2012年1月5日）

林　军

各位委员、各位顾问、同志们：

现在，我代表中国侨联八届常委会作工作报告，请予审议。

一、2011年主要工作

2011年，中国侨联紧紧围绕党和国家的工作大局，坚持“国内海外工作并重、老侨新侨工作并重”，全面推进经济科技、文化交流、海外联谊、维护侨益等各项工作，充分调动广大归侨侨眷和海外侨胞的积极性，为实现“十二五”规划目标、夺取全面建设小康社会新胜利作出了积极贡献。

（一）始终把握正确方向，按照中央精神指导侨联工作

认真学习贯彻党的十七届五中、六中全会精神。党的十七届五中全会提出了“十二五”规划的奋斗目标，各级侨联充分发挥侨的优势，认真制定侨联发展规划，积极动员广大归侨侨眷和海外侨胞，为实现“十二五”规划目标作贡献。党的十七届六中全会召开后，中国侨联通过党组中心组学习、组织党员干部集中培训、举办报告会、结合侨联工作实际下发指导性文件等方式，迅速组织传达贯彻，要求各级侨联深刻领会全会精神，切实把广大党员干部的思想和行动统一到全会精神上来，自觉用全会精神武装头脑、指导实践、推动工作。各级侨联利用多种学习形式、采取多种宣传手段、运用多种文化载体广泛开展学习贯彻六中全会精神活动，努力将推进侨联文化工作与履行侨联基本职能紧密结合起来，使广大侨界群众进一步提高思想认识，加强道德素质建设，充分发挥创造活力。

隆重举办纪念中国共产党成立90周年活动。各级侨联认真组织广大侨界群众收听收看庆祝中国共产党成立90周年大会盛况，深入学习胡锦涛同志“七一”重要讲话，更加坚定了广大侨界群众沿着中国特色社会主义道路奋勇前进的信心。广泛开展党史知识竞赛、歌咏比赛、书画展览等丰富多彩的活动，唱响共产党好、社会主义好、改革开放好、伟大祖国好、各族人民好的时代主旋律。中国侨联和北京市、上海市侨联分别举办庆“七一”京剧公益演唱会、“侨心向党心”千人大联唱和专题文艺晚会等侨界群众喜闻乐见的活动，规模宏大，参与广泛，反响强烈。中国侨联会同江西省和上海市侨联，组织海外侨胞开展红色之旅活动，使海外侨胞对中国共产党是领导我们事业的核心力量的历史必然性有了进一步的了解和认识。江苏、海南、吉林等地侨联还将纪念活动与做好侨界群众工作紧密结合起来，通过开展“党日助困”、“万企联万户”等“送温暖”活动，将党的关怀送到侨界群众的心坎上。

组织开展纪念辛亥革命100周年系列活动。胡锦涛总书记在纪念辛亥革命100周年大会上发表的重要讲话，呼吁全体中华儿女携起手来，坚定实现中华民族伟大复兴的理想。中央安排中国侨联代表各人民团体在纪念大会上发言，各级侨联干部和广大侨界群众备受鼓舞。侨联组织高举爱国主义旗帜，开展了形式多样的纪念辛亥百年系列活动。中国侨联在澳门举办了华侨华人纪念辛亥革命100周年大会，在北京举办了全国侨史学界纪念辛亥革命100周年学术研讨会和牵动两岸的纪念辛亥革命100周年于右任书法展，组织台湾中华侨联总会代表团开展“辛亥百年足迹行”，与致公党中央、北京市侨联、致公党北京市委联合举办《辛亥革命》电影招待会和海内外侨界座谈会，广东、福建、武汉等地侨联举行了系列纪念活动，进一步弘扬了“统一祖国、振兴中华”的辛亥革命精神。中国侨联开展了“纪念辛亥革命100周年”图片全球巡展活动，在联合国总部大厦成功举办以“辛亥革命与中国现代化”为主题的《发展中的中国1911—2011》图片展，邀请了联合国副秘书长、我驻联合国副代表、外国使节、当地政要以及众多海外侨胞参观，在海内外引起了强烈反响。

（二）服务党和国家工作大局，不断彰显侨联优势和作用

发挥中国侨商会品牌作用，促进经济又好又快发展。一年来，侨联组织注重发挥侨商会的独特优势，坚持以服务聚侨心、以转型求增长、以合作促发展，为加快转变经济发展方式和促进地方经济发展作出了积极的贡献。一是通过组织侨商开展活动，增强侨商会的吸引力和凝聚力。中国侨商会组织由200余名侨商组成的代表团，出席了第十一届世界华商大会，为开拓侨商视野、实施“走出去”战略铺路搭桥。与浙江省义乌市政府共同举办第二届义乌世界侨商大会暨世界采购商大会，吸引近60个国家和地区的400多名侨商参加，为广大侨商提供了良好商机。二是强化为侨商服务工作，增强侨资企业的发展后劲。中国侨联通过编发《中国侨商资讯》，为全国50余个侨商会组织的8000多个侨资企业提供政策咨询、形势分析和产品宣传等方面服务，并通过考察走访、“侨帮侨”、项目对接等多种方式，为侨资企业密切交流合作、调整产业结构、促进转型升级、提高经济效益、形成资源共享搭建平台。三是拓展侨商合作渠道，促进区域经济增长。中国侨商会会同各地侨商会积极参与地方政府举办的多场贸易洽谈会、投资推介会、项目说明会。组织近千名侨商参加黑龙江、天津、山西、湖南等省市举办的40余场大型招商引资活动，签约项目金额达数百亿元人民币。

发挥“亲情中华”品牌优势，促进中华

文化弘扬传播。2011年，中国侨联组派8支“亲情中华”艺术团，支持地方侨联组派12支“亲情中华”艺术团，在五大洲的35个国家93个城市举行了110场正式演出和百余场联欢活动，在弘扬中华文化、联络侨胞感情、拓展民间外交、促进侨社建设等方面发挥了重要的作用。举办第十二届“世界华人学生作文大赛”，吸引了全世界27个国家和地区的700多万名学生参加，中国国际广播电台和新华网对大赛颁奖典礼以及获奖学生、指导教师参加的“亲情中华夏令营”开营仪式进行了全球网络直播。中国侨联发起和支持举办的“亲情中华·快乐飞翔”陈玮环球飞行活动圆满完成，实现中国人驾驶轻型飞机环球飞行零的突破。中国侨联参与主办的公祭中华人文始祖伏羲大典、黄帝陵祭祖等中华传统文化活动，以及各级侨联开展的“亲情中华”侨胞青少年夏令营、寻根问祖、宗亲联谊、学术交流等活动，为挖掘和传承中华优秀传统文化发挥了独特作用。广东省侨联和广州市侨联联合举办的华人文化艺术节、北京市侨联举办的首都新侨乡文化节，成为促进各国华侨华人艺术交流、丰富海外侨胞和广大归侨侨眷文化生活的重要载体。启动实施侨史工程，全面反映归侨侨眷、海外侨胞的爱国爱乡光荣传统和对祖（籍）国革命、建设和改革事业的贡献。备受侨界瞩目的中国华侨历史博物馆已动工兴建，有关专业机构相继成立，藏品捐赠和整理工作正在进行。召开中国华侨历史学会成立30周年座谈会，有效地推动了华侨华人研究的学术发展。

发挥“送温暖、献爱心”和“侨爱心工程”等品牌作用，促进社会和谐稳定。一年来，各级侨联以实施“送温暖、献爱心”、“侨爱心工程”、“健康光明联合行动”和“助侨惠农工程”等项目为载体，广泛开展扶助侨界和社会特困群体活动。2011年元旦、春节期间，侨联组织深入到侨界贫困群众较为集中的地区和老侨较多的单位开展“送温暖、献爱心”活动，受助群众广泛。“侨爱心工程”等公益慈善项目筹集善款7000多万元人民币，建设多所侨爱心小学、教学楼、卫生院和图书室，“珍珠班”、“树人班”项目取得可喜成绩，各支专项基金惠及科技、文化、体育、环保等各个领域。中国侨联援建的北川中学运行状况良好，党和国家领导人多次赴学校视察，对援建成果予以充分肯定。中国侨联联合北京、天津、辽宁、黑龙江、上海、浙江、安徽、福建、河南、湖北、湖南、甘肃、新疆等省区市和新疆生产建设兵团、内蒙古赤峰市侨联，17家医疗机构，部分海外侨团和国内企业，开展“健康光明联合行动”，为近两千名贫困白内障患者实施免费复明手术，受到被救助群众和社会各界的广泛赞誉。中国侨联实施“助侨惠农工程”，组派多支调研组和科技服务团，深入广东、云南、海南和江西等贫困归侨侨眷集中的华侨农场，开展调查研究，传播现代农业科技知识，促进华侨农场改革发展。

（三）积极培育对我友好力量，加强海外联谊和对台工作

不断拓宽海外联谊范围。一年来，侨联组织着眼于促进祖国和平统一与海内外中华儿女大团结，进一步团结凝聚海外侨胞和港澳台同胞，推进海外联谊工作创新发展。中国侨联在不断完善与海外顾问、海外委员、海外青年委员联系机制的基础上，加强与海外侨团和侨领的紧密联系，积极培育和发展海外对我友好力量。各级侨联立足于侨务资源的可持续发展，以亲情、乡情、友情为纽带，以血缘、地缘、业缘为基础，不断创新海外联谊手段，着力促进海外侨社的和谐，努力形成新侨尊重老侨、老侨支持新侨、新侨老侨相互帮助的局面。

积极开展海外联谊活动。一年来，中国侨联和部分地方侨联组团分赴 20 多个国家和地区参加侨团活动，走访侨社，慰问侨胞，向广大海外侨胞宣传我国改革开放 30 多年来建设和发展所取得的辉煌成就，解读“十二五”规划的目标任务，引导、鼓励海外侨胞在我国全面建设小康社会的伟大实践中共同发展。通过参加海外侨团的联谊大会、恳亲大会等活动，加强同海外侨胞的联系，推动海外侨社的和谐，深交老朋友、广交新朋友；邀请中国侨联海外顾问、海外委员、海外青年委员和海外重要侨团侨领、传统侨社负责人回国参观访问和商贸考察，加深他们对中国特色社会主义制度的认识，吸引他们参与祖（籍）国和家乡建设；首次召开中国侨联非洲委员联谊会，支持中国侨联海外委员开展不同形式的联谊活动，增进海外侨社之间的友谊，鼓励海外侨胞与住在国人民和睦相处，不断提升海外侨胞文明友好的形象。

加强两岸四地侨界交流合作。中国侨联不断丰富和完善两岸侨联组织交流机制，增进同台湾侨界的了解和互信，共同致力于促进两岸关系和平发展。2011 年，中国侨联参与主办了第三届海峡论坛，举办了第六届两岸侨联和平发展论坛，进一步深化两岸侨界的交流合作。举办了“2011 两岸四地侨界青年年会”，交流创业经验，探索创新路径，倡导合作机制，促进两岸四地的侨界青年成为推动两岸关系和平发展和维护香港、澳门长期繁荣稳定的积极力量。组织召开了中国侨联港澳委员年会，加强与港澳侨界的联系，推进港澳与内地的交往。中国侨联港澳顾问、委员、名誉委员和青年委员充分发挥自身优势，坚定支持香港特别行政区政府、澳门特别行政区政府依法施政、发展经济、改善民生，为保持香港、澳门繁荣稳定作出了积极的贡献。

（四）贯彻落实国家人才战略，推动新侨工作不断发展

一年来，各级侨联不断拓展新侨工作，积极探索新侨工作的组织模式、工作机制和方式方法，为深入做好服务新侨工作积累了宝贵经验。

积极拓展凝聚新侨的组织渠道。各级侨联充分发挥联系广泛的独特优势，最大限度地团结海外新侨和华侨华人新生代，不断增强侨联组织的凝聚力和活力，为做好新侨工作搭建广阔平台。目前，中国侨联青年委员会成员已达 692 名，分布在 78 个国家和地区。全国省级侨联已成立 18 个青年委员会。各级侨联青年委员会紧密合作、资源共享，形成了辐射不同群体、有利相互借鉴、易于汇聚合力的新侨组织网络。一些地方侨联还结合实际，通过组建“留学人员和家属联谊会”、“侨界青年商会”和“侨界青年文化艺术联谊会”，为拓展新侨工作奠定了组织基础。

加大引进海外人才的工作力度。中国侨联把“特聘专家委员会”和“创业中华”主题活动作为服务国家人才战略和引荐华侨创新创业领军人才的重要载体。一是不断扩大特聘专家队伍。中国侨联特聘专家委员会已聘任侨界专家 122 人，江苏、福建、辽宁等省级侨联特聘专家委员会也相应成立，组建了一支结构合理、学科广泛、智力密集、作用突出的侨界高层次人才队伍。中国侨联特聘专家委员会有计划地开展联谊、论坛、考察等活动，为特聘专家积极建言献策创造条件。将特聘专家提出的建议汇集成册并以信息的形式上报，许多建议受到中央领导和有关部门的重视。依托特聘专家开展“以侨引才”工作，有效地扩展了侨联引进海外人才的范围和渠道。二是举办“创业中华”主题活动。中国侨联通过举办“创业中华·相约杭州—2011侨界精英创业创新峰会”、特聘专家座谈会和海内外高层次人才融合发展论坛等活动，推动海外高层次人才回国创业，为他们施展才华提供舞台。活动中，近400家企业与海外嘉宾进行了交流，54个项目达成合作意向，涉及金额3.5亿元人民币。一些地方侨联积极开展侨界人才工作，如浙江省侨联开展的“百名海外博士浙江行”、“海外留学英才”推选等系列活动，为推进地方人才工作作出显著成绩。

努力营造新侨创业的良好氛围。中国侨联着手启动建设新侨回国创业人员数据库和侨界人才专题网站，为支持新侨创业提供咨询、信息服务；建立的江苏省无锡市、浙江省杭州市“乐富海创园”和湖南省长沙市“三一重工”等新侨创新创业示范基地，已成为集聚海内外人才的创新创业试验区；深入开展新侨工作专题调研，全面了解新侨回国创新创业有关情况，积极探索进一步做好服务新侨工作的方式方法。中央国家机关侨联召开新侨座谈会，促进完善和落实人才引进的相关政策及措施。一些地方侨联注重优化新侨创新创业环境，在生活保障、子女教育、政策配套、贷款融资等方面提供服务。辽宁省侨联按照政策法规完善、侨资侨智密集、组织体系健全、信息沟通顺畅的标准，在省内重点投资区域建立了10家省级新侨创业基地，为服务新侨创业和促进地方经济发展发挥了积极的作用。

（五）不断强化侨联基本职能，进一步提升为侨服务水平

积极开展参政议政工作。中国侨联通过调查研究、出访考察、接待侨胞等方式，了解侨情，倾听侨声，汇集侨意，编写《侨情专报》上报中央，得到中央领导同志的重视和肯定。2011年“两会”期间，中国侨联分别召开归侨人大代表、侨联界政协委员和海外侨胞列席政协会议代表座谈会，共商侨界参政议政良策。对全国人大常委会征求意见稿进行认真研究并提出修改建议。与全国政协港澳台侨委联合组织侨联界政协委员到贵州省考察，着重就当前侨界民生、侨资侨属企业发展和西部少数民族地区侨务工作等进行深入调研，形成了有价值的考察报告。各级侨联围绕中心任务、关注热点问题、回应侨胞关切，积极为侨界人大代表、政协委员提供提议案素材，主动为他们履行政治协商、民主监督、参政议政职责服务。对侨界人大代表、政协委员提出的建议和提案，积极主动与有关部门协商答复或解决问题。

扎实做好维护侨益工作。中国侨联制定下发了《关于进一步加强新形势下维护侨益工作的意见》，推动全国侨联系统形成主动维权、科学维权、依法维权和规范化、制度化的维权工作新局面。由中国侨联倡导发起的中央“五侨”信访维权工作联系机制已取得良好成效，许多涉侨案件得到妥善办理；开展特聘海外律师回国考察活动，为侨联在海内外做好依法维权工作探索新路。各级侨联配合同级人大检查贯彻落实《归侨侨眷权益保护法》已成为常态化工作，对工作中的好经验、好做法及时总结交流，对存在的突出问题主动向有关部门反映。福建省侨联与省高级人民法院联合下发了《关于建立涉侨维权工作衔接互动机制的若干意见》，将全省侨联系统依法维权工作不断引向深入；认真做好侨界群众来信来访和涉侨案件工作，对涉及归侨侨眷和海外侨胞的切身利益问题予以妥善解决。

组织实施"六五"普法宣传教育。中国侨联开展"五五"普法工作取得突出成绩，被中宣部、司法部等部门评为"全国'五五'普法先进单位"。中国侨联制定下发了《关于在归侨侨眷中开展法制宣传教育第六个五年规划》，在北京举行了"六五"普法启动仪式，各级侨联积极响应，广泛宣传。目前，已有 30 个省级侨联成立了法律顾问委员会，有效壮大了侨联普法宣传和依法维权队伍。各省级侨联充分发挥法律顾问委员会的作用，组织委员深入侨界群众集中的地区开展"基层下访"活动，了解基层侨情，开展法制教育，解决群众困难。江西省侨联法律顾问委员会积极开展普法宣传活动，受到省普法办表彰。

（六）加强侨联组织自身建设，进一步提高侨联干部素质

深入开展创先争优活动。中国侨联注重加强学习型党组织建设，采用报告会、培训班、读书心得交流会等形式，组织机关党员干部系统学习中国特色社会主义理论，努力增强学习的实效性；注重用先进典型引路，广泛动员广大归侨侨眷和侨联工作者向优秀共产党员杨善洲同志和侨界杰出代表吴孟超同志学习；注重抓好侨联干部队伍建设，以集中培训、挂职锻炼、竞争上岗、岗位轮换等方式，努力提高侨联干部素质，干部队伍建设得到了显著加强。各级侨联广泛开展创先争优活动，带动整体工作水平全面提升，侨联组织自身建设更加规范，履行职责更加充分，发挥作用更加突出。中央企业各级侨联组织把创先争优活动与"爱企业、献良策、作贡献"主题活动结合起来，动员广大归侨侨眷为企业生产经营和自主创新贡献力量。福建省委组织部与福建省侨联联合出台了《关于加强党建带侨建工作的意见》，进一步明确了侨联组织开展创先争优活动的主要内容和工作要求。山东省侨联开展"创先争优、争做齐鲁先锋"主题活动，党员干部的群众意识、服务意识、创新意识得到明显增强。

主动争取各级党委加强对侨联工作的重视和支持。截至目前，已有 13 个省级党委相继出台《关于加强和改进新形势下侨联工作的意见》（以下简称《意见》），还有 6 个省的《意见》稿正在征求意见或已进入审批程序。《意见》的出台对加强和改进新形势下侨联工作，推动侨联事业发展产生了十分重要的作用。出台《意见》的省区市侨联，把贯彻落实《意见》作为推动侨联工作的强劲动力，作为营造侨联事业发展良好环境的新机遇。辽宁省委召开落实《意见》座谈会，安徽省侨联对部分地市贯彻落实《意见》情况进行了调研，河南省、河北省、太原市等地侨联认真贯彻《意见》精神，侨联的组织建设和干部队伍建设得到显著加强，作用得到充分发挥。

不断夯实侨联组织基础。中国侨联领导分别深入基层侨乡、侨资企业、科研机构，了解基层组织建设情况，有针对性地指导工作，巩固和扩大了侨联的组织基础；全力协助地方党委完成侨联领导班子配备，指导省级侨联做好换届工作；加强少数民族地区侨联组织建设的调查研究，积极探索工作思路和方法；支持云南省迪庆藏族自治州成立侨联，这是全国藏族自治州成立的首个侨联组织；圆满召开中国华侨历史学会第六次会员代表大会、中国侨联青年委员会二届四次理事会、中国华侨国际文化交流促进会六届二次理事会和中国华侨公益基金会五届二次理事会，推进中国华侨出版社、《海内与海外》杂志社的改制，进一步发挥中国侨联直属企业总机构服务企业的作用，不断加强侨联组织自身建设；开展《中国侨联干部培训教材》和《中国侨联年鉴》的编撰工作，进一步抓好侨联组织基础性工作。

一年来，侨联工作虽然取得新成绩、新进步，但如何充分发挥已有工作平台作用、进一步做好少数民族地区侨联工作、如何面对新的侨情巩固并不断拓展海外工作“抓手”、如何围绕中央工作全局不断加强基层侨联组织建设和发挥基层侨联组织作用等问题，仍有待在调查研究的基础上取得新突破，从而创造性地提高侨联工作整体水平。

二、2012 年工作思路

2012 年是我国发展进程中具有特殊重要意义的一年，是实施“十二五”规划承上启下的重要一年，我们党将召开十八大。新的一年侨联工作总体要求是：全面贯彻党的十七大和十七届三中、四中、五中、六中全会精神，高举中国特色社会主义伟大旗帜，以邓小平理论和“三个代表”重要思想为指导，深入贯彻落实科学发展观，顺应侨情变化的特点，最大限度地调动广大归侨侨眷和海外侨胞的积极性，深化“国内海外工作并重、老侨新侨工作并重”，着力围绕服务经济平稳较快发展，促进文化大发展大繁荣，维护社会和谐稳定，认真履行侨联各项工作职能，充分发挥自身优势和作用，为全面建设小康社会、加快推进社会主义现代化、开创中国特色社会主义事业新局面作出更大的贡献，以优异的成绩迎接党的十八大胜利召开。

（一）认真贯彻落实中央书记处重要指示精神，为做好新形势下的侨联工作凝心聚力

2011 年 12 月 5 日，中央书记处听取了中国侨联党组工作汇报，对做好新的一年侨联工作作出重要指示，各级侨联要认真学习领会，正确认识形势，紧密联系实际，全面抓好落实。

要把中央书记处对侨联工作的肯定化作继续开拓前进的动力。中央书记处认为，“2011 年，中国侨联服务党和国家工作大局，坚持国内和海外、老侨和新侨‘两个并重’，立足于鼓实劲、办实事、求实效，团结一致、扎实工作，在履行职能、发挥优势，凝聚侨心、汇集侨智、维护侨益、发挥侨力方面取得新成效。”这不仅是对各级侨联和广大侨联干部的鼓励、鞭策和付出辛劳的认可，而且也是对侨联组织进一步做好工作提出的新期望、新要求。我们要把鼓励转化为动力，把取得的成绩作为新的起点，做到更加紧贴中心、服务大局，更加扎实有效开展工作，更加奋发有为奉献力量。

要将中央书记处的指示精神贯彻落实到侨联全年工作之中。中央书记处要求中国侨联在新的一年，全面贯彻党的十七届六中全会精神和即将召开的中央经济工作会议精神，为推动

经济社会又好又快发展贡献力量；切实加强群众工作，更加关注侨界民生，为加强和创新社会管理、维护社会和谐稳定彰显作为；有效开展海外联谊和对台民间交流，为不断发展壮大对我友好力量扎实奋斗；深入开展创先争优活动，通过加强侨联组织自身建设为开创侨联工作新局面提供组织保证。中央书记处这四方面的重要指示，为侨联2012年工作明确了方向和任务。各级侨联要深刻领会，将其作为侨联全年工作的主线，贯彻在各项工作之中。要结合这次全委会议部署，联系自身实际，细化工作内容，注重突出重点，创新工作品牌，狠抓工作落实。

要正确把握新形势、重视研究新侨情。当今世界正处在大发展大变革大调整时期，特别是2011年以来，世界经济增长放缓，国际金融市场剧烈动荡，各类风险明显增多。我国社会主义经济建设、政治建设、文化建设、社会建设以及生态文明建设和党的建设都取得了新的成绩，实现了“十二五”时期良好开局，但发展中不平衡、不协调、不可持续等问题仍然突出。世情、国情的深刻变化，或多或少地影响着侨情的变化，新侨回国创业已成为一种趋势。对此，各级侨联要按照中央书记处的指示精神，准确把握侨联工作面临的新形势、新侨情，始终坚持正确的政治方向，树立侨务工作全局观念，加强新情况、新问题研究，重视在新形势下海外侨胞回国寻求发展的新趋势，着力破解侨情面临的新课题，着力提出创新工作的新举措，着力发挥好侨联工作的新优势。

（二）继续发挥侨联独特优势，为保持我国经济平稳较快发展作出新的更大贡献

侨联组织要认真贯彻落实中央经济工作会议精神，围绕科学发展这个主题和加快经济发展方式转变这条主线，按照稳中求进的工作总基调，努力引导侨界资源，在推动经济结构调整、发展战略性新兴产业、统筹城乡和区域协调发展以及实行更加开放的发展战略等方面贡献智慧和力量，为实现“十二五”时期经济又好又快发展作出新贡献。

坚持把做好侨界人才工作作为促进科技创新、服务经济发展方式转变的重要途径。各级侨联要进一步服务国家人才战略，配合实施“千人计划”，充分发挥侨联特聘专家委员会的作用，强化专业、智力、资源和平台优势，密切与海外人才的联系，建好侨界人才数据库，大力推进招才引智工作；积极探索侨资企业民间资本与国内高新技术项目对接机制；继续做好新侨专题调研，了解新侨的构成、来源和工作、生活等基本情况，为侨联组织建立服务新侨的工作机制提供依据；创新凝聚新华侨华人和华裔新生代专业人才的工作手段和方法，为不断引进海外优秀人才广开门路，使海外人才引得进、留得住、用得好。中国侨联拟举办第四届新侨创新创业成果交流会，全面展示和宣传新侨创新创业成果；依托特聘专家委员会，参与举办国际生物科技论坛等活动；加强新侨创新创业示范基地建设，支持地方政府科技创新和人才引进，加大“筑巢引凤”工作力度。

坚持把发挥侨资侨智优势作为服务国家“走出去”战略的重要手段。各级侨联要充分利用海外侨胞了解中国国情、拥有住在国市场资源和商务网络的优势，为国内企业参与海外能源、资源等项目，实现双向合作开展有益的尝试。联合有关部门和专业协会开展有针对性的海外商务考察，开展国内企业与海外工商界侨团对接合作，努力为国内企业“走出去”疏通多种路径；发挥在国际资源领域有丰富经验的侨界人才独特优势，为国内企业“走出去”开展能源、资源等方面合作提供配套服务；在企业有序开展境外投资、增强自主发展能力的合作中，发挥海外侨界人才熟悉国外法律法规、资本市场和文化习俗的优势，为国内企业有效抵御跨国经营市场风险提供有效帮助。

坚持把侨商会打造成服务地方经济由政策刺激增长向自主增长转变的助手。各级侨商会要围绕加快建设资源节约型、环境友好型社会的经济发展战略，引导侨商企业调整投资方向，优化投资结构，鼓励侨资企业更多地向高新技术、节能环保、现代服务业等领域转型；及时了解中小侨资企业在发展中遇到的新情况和新问题，协助政府有关部门积极解决他们的实际困难，为侨资企业发展营造良好环境；加强侨商会与地方政府的双向合作，探索形成侨商会与地方政府在信息共享、引资引智、融资信贷等方面的合作机制；组织侨商积极参加促进中西部地区、东北地区等老工业基地发展的经贸活动；鼓励和支持侨商到少数民族地区投资兴业，促进少数民族地区繁荣发展。中国侨商联合会拟召开第四届代表大会，进一步加强自身建设，调整会员结构，明确工作方向，部署工作任务。

（三）大力传承弘扬中华文化，为促进社会主义文化大发展大繁荣不懈努力

党的十七届六中全会就文化改革发展问题作出重大部署，为侨联组织弘扬爱国主义精神，传承中华优秀文化，推进海外文化交流，不断扩大中华文化在海外的影响，增强国家文化软实力指明了前进的方向。

坚持用社会主义核心价值体系引导教育广大侨界群众。社会主义核心价值体系是兴国之魂，是社会主义先进文化的精髓，决定着中国特色社会主义发展方向。各级侨联要把社会主义核心价值体系融入为侨服务工作的全过程，努力在广大归侨侨眷中形成统一指导思想、共同理想信念、强大精神力量、基本道德规范；要为侨界群众提供更好更多的精神食粮，鼓励和支持侨界文化工作者深入生活，潜心创作，创作出更多侨界群众喜闻乐见的优秀作品；要注意发掘宣传归侨侨眷和海外侨胞的优秀代表，大力弘扬民族精神和海外侨胞吃苦耐劳、合群随众、团结互助、恋祖爱乡的优秀品质，引导海外侨胞进一步树立诚信守法、文明向上的良好精神风貌，把广大侨胞团结凝聚在爱国主义的旗帜下，为实现中华民族伟大复兴贡献力量；通过组织观看与有关单位联合拍摄的电影《钱学森》，大力宣传我国航天精神和老一代归国华侨的爱国情怀。

全面拓展“亲情中华”主题活动。各级侨联要积极贯彻实施文化“走出去”工程，推动“亲情中华”主题活动深入开展。中国侨联将组派多支具有较高水平和民族特色的艺术团，在国内外重要节假日、中外建交日、海外侨团举办跨地区重大活动期间，重点选择华侨华人相对集中、海外侨团热切期盼的城市开展慰问演出活动；相机组织“亲情中华”专题展览和专家交流团组出访，支持海外侨胞积极开展中外人文交流，不断拓展中华文化“走出去”的渠道；继续支持省级侨联、副省级城市侨联、主要侨乡城市侨联和部分少数民族地区侨联，组派“亲情中华”艺术团出访，以文化搭台的形式宣传侨乡的变化、介绍中国的发展；在扩大“亲情中华”艺术团海外演出覆盖面和影响力的同时，精心培育对外文化交流品牌，通过提供富有民族特色的文化产品，充分展示中华文化的历史底蕴和丰富内涵；继续开展“世界华侨华人学生作文大赛”，吸引更多海外侨胞青少年学习中文、认知祖国；争取社会力量支持，为海外华文学校、华人社区、图书馆捐赠青少年简体中文读物，支持海外华文教育发展，增强中华优秀传统文化对海外侨界青少年的影响力和感召力；联合海外华文媒体和各地侨刊乡讯，以书籍、图片、数据、实物、动漫等为载体，开展针对海外的专题宣传，主动介绍我国经济社会发展情况和相关政策，宣传中国的科学发展、和平发展、和谐发展理念。与主流媒体合作，开展以海外侨胞为主要对象的宣传活动。

大力发展公益性文化事业。发展公益性文化事业是侨联组织满足广大归侨侨眷、海外侨胞和社会公众基本文化需求的重要举措。中国侨联将全面实施中国华侨历史博物馆的建设工程，集中力量组织布展的筹备工作，加强华侨文化遗产的保护，努力将博物馆建成侨联开展爱国主义教育的基地、海内外侨胞表达情感与文化认同的窗口、弘扬中华优秀文化和促进中国人民与世界人民友好交往的平台；举办“2012亲情中华春节晚会暨海外侨胞大型公益晚会”，通过展示中华民族优秀文化和精湛艺术，传递祖国和人民对海外侨胞的深切思念；举办中国侨界公益事业回顾展，弘扬海外侨胞爱国爱乡、热心公益、无私奉献的高尚品质和乐善好施的中华民族优良传统；继续做好做活基金会、专项基金工作，做强做大“侨爱心工程”，提高为侨胞捐赠服务的水平，维护捐赠人合法权益，不断满足广大归侨侨眷和海外侨胞热心公益、扶贫助困的美好愿望；探索筹建华侨华人问题海外人才研究库和研究成果精品库，开展老归侨口述历史的采访、整理、编辑和出版工作。

（四）密切与港澳台侨界和海外侨社联系，为推动两岸关系和平发展发挥积极作用

2012年是两岸达成“九二共识”20周年。各级侨联要牢牢把握两岸关系和平发展主题，积极扩大与台湾侨界的交流合作，不断壮大海外侨胞反独促统力量，夯实反对“台独”、坚持“九二共识”的共同政治基础，为实现祖国和平统一作出不懈努力。

推动两岸侨界交流合作，为两岸关系和平发展奠定更加坚实的民意基础。侨联组织要立足中华民族的根本利益，顺应两岸关系和平发展的形势，发挥侨联民间性特点和组织优势，加强与台湾侨界的联系，推动两岸民间交往、学术交流和经贸合作，搭建共同的文化桥梁，深化共同的民族感情，不断巩固“一个中国”的民意基础。中国侨联将联合港澳、台湾侨界社团在香港共同举办“九二共识”20周年纪念活动，扩大“海峡两岸同属一个中国，努力谋求国家统一”的和平发展共识；加强与港澳尤其是台湾的文化交流，巩固乡情、亲情纽带，将“根同祖、文同源”的理念根植于台湾年轻一代。继续与台湾侨界共同举办“第七届两岸侨联和平发展论坛”，巩固两岸同宗同源的闽台文化、儒家传统及两岸文化交流的成果，探讨进一步合作的前景；举办“2012两岸四地侨界青年论坛”，促进两岸四地侨界青年密切往来、加深理解、增强凝聚力。

加强海外侨社建设，不断壮大促进两岸关系和平发展的积极力量。几千万海外侨胞始终关注着两岸关系和平发展的进程，时刻盼望着祖国早日和平统一。海外侨社是侨联组织联系海外侨胞的重要桥梁，中国侨联将采用多种方式加强与海外侨社的接触和联系，引导海外侨社不断加强自身建设，努力实现和谐侨社建设目标。以“九二共识”20周年为契机组织相应活动，支持全球各华侨华人社团召开中国和平统一促进大会，壮大统一力量。在海外侨胞中深化共同维护中华民族根本利益的理念，巩固两岸关系和平发展的良好局面。在坚持一个中国原则基础上，按照中央对台工作方针，加大对各类亲台侨团和台籍侨胞的工作力度，求同存异，增进团结，共同推进“反独促统”活动。要在我驻外使领馆的指导和协助下，与海外少数民族侨社建立各种形式的联系，适时吸收一批符合条件的少数民族侨领到侨联组织中来，最大限度地把广大侨胞凝聚在爱国爱乡和祖国统一的旗帜下。

广泛开展海外联谊，为促进两岸关系和平发展营造良好的外部环境。广大海外侨胞是中国坚持和平发展道路最热心的宣传者，也是开展民间外交最积极的推动者。各级侨联要积极为我国总体外交服务，通过海外联谊大力宣传我国改革开放所取得的辉煌成就、中国为实现和谐世界与两岸关系和平发展所做的努力，鼓励海外侨胞积极融入当地社会，与当地人民友好交往，深化世界各国对中国实现和平统一的理解和支持；通过密切与侨联海外顾问、委员、青年委员的联系，正确把握海外侨情发展新变化，加强分析研究，及时提出对策，创新活动方式；通过开展中外民间交流、召开中国侨联海外委员年会、举办中国侨联各大洲委员联谊会，以及邀请海外侨胞、海外友人来华参访等活动，增进中国人民同世界各国人民的相互了解；通过召开港澳委员、青年委员年会，充分发挥侨联港澳顾问、委员、青年委员的作用，进一步做好港澳地区侨界人士工作，扩大和延伸海外联谊渠道和领域，不断发展壮大爱国爱港爱澳力量，为实现祖国和平统一大业营造更加有利的外部环境。

（五）切实维护侨界和谐稳定，为党的十八大胜利召开营造良好氛围

党的十七届六中全会决定党的十八大于2012年下半年召开，这将是我们党在全面建设小康社会的关键时期和深化改革开放、加快转变经济发展方式的攻坚时期召开的一次十分重要的会议。各级侨联要紧紧围绕党和国家工作大局，加强群众工作，维护侨界和谐稳定，更好履行侨联职能，以优异的成绩迎接党的十八大胜利召开。

密切关注侨界民生。各级侨联要按照中央扶贫开发工作会议的要求，配合同级党委政府，结合侨界实际，把保障和改善民生的各项部署落到实处。建立侨界困难群众档案和帮扶工作长效机制，深入开展面向侨界困难群众的“送温暖、献爱心”活动，重点关注散居城市、农村和华侨农场的困难侨界群众的生产、生活和侨界“留守儿童”的教育问题，将党的关怀送到侨界困难群众中；深入了解老侨在养老、住房、医疗和社会保障等方面存在的问题，积极帮助他们排忧解难，使他们能健康、愉快地安度晚年；充分利用社会资源，继续推进“健康光明联合行动”有序开展；深入调查研究新侨在创新创业方面的突出矛盾，形成政策性建议，推动有关方面不断完善法律法规，切实维护他们的合法权益。

积极参与社会管理。中国侨联八届五次常委会议专题研究了侨联组织参与社会管理问题，提出了侨联组织参与社会管理的总体要求。各级侨联要发挥在参与和创新社会管理方面的协同作用，坚持党的群众路线，把着眼点放在基层，强化城乡社区的侨联服务功能，积极做好为侨企、侨商等非公有制经济组织的服务工作；要深入细致地做好侨界群众思想政治工作，及时了解侨界群众所思所想，主动反映侨情，畅通广大侨界群众的利益诉求渠道，加强信访工作，督促司法部门妥善处理重大涉侨涉诉案件；要调动广大侨界群众参与社会管理的主动性和创造性，广泛开展以侨界群众为主体的社会服务工作，不断强化侨联参与社会管理的职能；要积极探索参与社会管理的最佳形式，总结推广典型经验，努力提高能力水平，展现侨联组织的新作为。

加大维权工作力度。各级侨联要在侨界群众中广泛开展“六五”普法宣传教育工作，引导侨界群众自觉学法、守法、用法，增强法制宣传教育的针对性和实效性。深入开展《归侨侨眷权益保护法》宣传活动，在全社会营造维护侨益的浓厚氛围，增强广大归侨侨眷的依法维权意识；要以开展法顾委成立30周年纪念活动为契机，进一步加强侨联法律顾问委员会的建设，充分发挥其在法制宣传教育和依法维护侨益方面的重要作用；继续增聘海外律师委员，积极配合我驻外使领馆开展领事保护工作。

提高参政议政水平。2012年，地方各级人大、政协的换届工作将陆续展开，各级侨联要按照换届工作总体安排，积极推荐政治上可靠、思想素质好、议政能力强、热心为侨服务的归侨人大代表和侨联界政协委员人选；组织归侨人大代表、侨联界政协委员深入基层开展调查研究，及时了解广大归侨侨眷和海外侨胞的所思、所需、所急，为参政议政提供服务；积极参与有关部门涉侨法律法规执法检查和工作视察，及时发现涉侨法律法规在贯彻执行中存在的问题，督促有关部门高度重视、认真研究、合理解决；加强与各级党委、政府及有关部门的沟通联系，积极争取支持，不断推动提案议案的落实和参政议政工作成果的转化。

（六）深入开展创先争优活动，为促进侨联事业科学发展提供持久动力

各级侨联要按照创先争优活动的总体要求，继续以“组织建设更加有力、社会作用更加突出、服务发展取得实效”为目标，突出“实践科学发展观、创先争优上水平、为侨服务立新功”的主题，抓住地方党委和政府陆续出台加强和改进新形势下侨联工作意见的有利时机，顺势而为，乘势而上，广泛深入地开展创先争优活动，不断提高侨联组织建设的科学化水平。

将“党建带侨建”贯穿于侨联组织自身建设的全过程。侨联工作是党的群众工作的重要组成部分，坚持党的领导是侨联组织的政治原则和做好工作的根本保证。开展“党建带侨建”工作，要以党的建设带动侨联组织自身建设，将侨联组织自身建设融入到党的建设新的伟大工程之中，全面加强理论武装，增强服务能力，强化队伍建设，改进工作作风，努力实现侨联组织自身建设的规范化、制度化、科学化。中国侨联拟召开关于加强和改进新形势下侨联工作的专题会议，总结经验，推广典型，推动侨联工作不断向纵深发展。

以改革创新的精神不断加强侨联基层组织建设。侨联组织的活力在基层、优势在基层、生命力在基层。要加强侨联基层组织建设，坚持组织覆盖、工作覆盖和服务覆盖相结合，促进侨联基层组织活跃，激发侨界群众创造热情。在深化区县、乡镇街道和城市社区侨联基层组织建设的基础上，努力创新高等院校、科研院所、大中企业、高新园区等新侨集中区域的侨联基层组织建设模式。积极探索开展优秀基层组织创建活动，推出基层组织建设工作品牌，努力将基层侨联组织建设成为名副其实的“侨胞之家”。

通过深化干部制度改革建设一支高素质侨联干部队伍。努力建设一支政治坚定、服务热情、业务精通的高素质侨联干部队伍，是促进侨联各项事业健康持续发展的关键。各级侨联要把加强干部队伍建设作为促进侨联事业发展的重大战略任务，抓紧抓好。中国侨联将按照中央关于干部工作的部署和要求，通过实施竞争上岗、轮岗交流、选拔任用、考核评价、管理监督等一系列科学方法和体制机制，进一步深化侨联干部制度改革，优化侨联管理体制、运行机制和工作方式；按照国家关于分类推进事业单位改革的统一部署，积极稳妥推进侨联事业单位人事制度改革；加强侨联干部培训工作，着力推进中国侨联干部培训中心建设，组织编写侨联干部培训教材，安排好侨联系统干部培训，切实提高侨联干部的学习能力、服务能力和创新能力。

各位委员、各位顾问、同志们：

今年是党和国家极为重要的一年。面对新机遇和新使命，侨联工作大有可为、要求也更高。让我们紧密团结在以胡锦涛同志为总书记的党中央周围，高举中国特色社会主义伟大旗帜，以邓小平理论和“三个代表”重要思想为指导，深入贯彻落实科学发展观，扎实工作，锐意进取，凝聚广大归侨侨眷和海外侨胞的智慧和力量，为实现全面建设小康社会宏伟目标再立新功，以优异的成绩迎接党的十八大胜利召开！

深入推进侨社和谐　共促亚太繁荣稳定

——在2012年亚洲、大洋洲中国侨联海外顾问、海外委员、青年委员年会上的演讲

（2012年2月23日）

林　军

尊敬的中共厦门市委统战部黄菱部长，

各位中国侨联海外顾问、海外委员、青年委员，

各位乡亲，朋友们：

上午好！

十分高兴在这早春二月来到美丽的厦门，与亚洲和大洋洲的中国侨联海外顾问、海外委员、青年委员和各位乡亲相聚一堂，共叙亲情、共话友谊，共谋侨社和谐、共促侨界团结。首先，我代表中国侨联，向在座各位侨胞，并通过你们向亚太地区的海外侨胞们表示诚挚问候和良好祝愿！

刚刚过去的2011年，对世界而言是很不寻常的一年。世界正处于深刻复杂的变化之中，经济全球化深入发展，各国相互依存和利益交融加深，形势复杂严峻。一方面，国际金融危机远未结束，欧洲主权债务危机持续蔓延，一些发达国家经济复苏乏力，世界经济下行风险加大；另一方面，国际争端和地区热点问题此起彼伏，西亚北非地区社会动荡，欧洲、北美一些国家因国内问题引发的社会不满明显上升。加之粮食安全、能源安全、气候变化、重大自然灾害等给各国经济社会可持续发展带来了巨大挑战，从而给世界经济的走向平添了许多新的不稳定性和不确定性。

刚刚过去的2011年，对中国而言也是很不寻常的一年。在复杂多变的国内外环境下，中国经济保持了平稳较快发展，实现了“十二五”规划的良好开局；中国共产党召开十七届六中全会，通过了深化文化体制改革推动社会主义文化大发展大繁荣若干重大问题的决定，提出了建设社会主义文化强国的战略任务；这一年，我国扎实推进保障和改善民生各项工作，积极克服世界经济不景气给我们带来的影响，加强和创新社会管理，社会和谐稳定进一步得到巩固；也是这一年，我国加强与世界各国的友好交往，积极参与应对国际金融危机、完善全球经济治理、解决气候变化问题等国际合作，为世界和平与发展作出了重要贡献。

过去的一年中，中国侨联紧紧围绕党和国家的工作大局，立足于鼓实劲、办实事、求实效，坚持“国内海外工作并重、老侨新侨工

作并重”，充分发挥中国侨联顾问、委员、青年委员和侨商会、特聘专家委员会、法律顾问委员会、华侨公益基金会、华侨历史学会的作用，组织纪念中国共产党成立90周年和辛亥革命100周年系列活动，加强两岸四地侨界交流合作，举办两岸侨联和平发展论坛，深化“亲情中华”、“送温暖、献爱心”、“侨爱心工程”和“健康光明行”等品牌活动，加强新侨工作力度，加强侨联组织自身建设，推进少数民族地区侨联组织建设，全面推进经济科技、文化交流、海外联谊、参政议政等各项工作，在履行职能、发挥优势，凝聚侨心、汇集侨智，维护侨益、发挥侨力等方面取得新成效，进一步扩大了侨联在海内外的凝聚力、影响力。

各位侨胞，各位朋友！

在乱象纷呈的当今世界，亚太地区保持了总体稳定的良好态势。亚太占世界人口的40%、经济总量的54%、贸易总量的44%。本地区新兴经济体对世界经济增长的贡献率超过60%。亚太越来越成为世界上最具发展活力和潜力的地区。同时，由于各主要力量在亚太交汇并存，竞相加大对亚太的关注和投入，也给地区形势和地区关系带来新的复杂因素，地区格局酝酿新的变化。然而，尽管地区国家间存在这样或那样的争端，但求和平、重稳定、谋发展、促合作始终是地区形势的主流，通过对话协商解决争端始终是有关国家的政策取向。

中国作为亚太大家庭的一员，与地区各国不仅有源远流长的传统友好基础，更有着日益增长的共同利益。稳定的地区环境为中国实现可持续发展创造了良好外部条件，中国的发展也为亚太地区的发展注入强大动力。去年，是中国加入亚太经合组织20周年，建立中国—东盟对话关系20周年，加入WTO组织10周年，多年来，中国与亚太地区各国的发展相伴相随、相互促进，共同开启了亚太发展的新时期。

中国不断深化同亚太各国的伙伴关系，积极参与区域合作，成为推动亚太地区发展的重要力量。2010年中国同亚洲国家贸易额达到9316亿美元，占中国对外贸易总额1/3。中国同亚太国家贸易额持续增长，中国的十大贸易伙伴中，有8个来自亚太地区，同时中国也成为日本、韩国、印度、蒙古等亚洲国家和东盟的第一大贸易伙伴。中国在成为亚洲国家的主要出口市场的同时，连续多年成为亚洲最大的进口市场。2010年启动的中国—东盟自由贸易区涵盖19亿人口，成为世界上涵盖人口最多的自贸区，也是发展中国家自贸区的典范。

中国十分珍视与亚太各国的友好合作关系，致力于同亚太国家共同营造和平稳定、平等互信、合作共赢的地区环境。在1997年的亚洲金融危机和2008年的国际金融危机中，中国与亚太各国同舟共济、患难与共、共渡难关；在印度洋海啸、日本大地震、新西兰地震、东南亚地区水灾等重大自然灾害面前，中国和亚太各国人民感同身受、众志成城、守望相助；在人文交流领域，来华的亚洲国家留学生人数逐年递增，比例已占外国来华留学生总数的3/4，100多所孔子学院已在亚太各国建立，中国和亚太各国的文化交往日益频繁、更加深入、和谐相融。事实充分证明，中国的发展离不开亚太地区，亚太地区的繁荣也离不开中国。

各位侨胞、各位朋友！

亚太地区是华侨华人聚居的地方，一部波澜壮阔的华侨史就是从这里开始。这里有箕子赴朝、徐福东渡的美丽传说，也有我们的先辈离乡背井，筚路蓝缕，漂洋过海，含辛茹苦，东渡扶桑，南下马来半岛、印尼群岛、南太平洋诸岛，说不完、诉不尽的血泪史、奋斗史。

亚太地区幅员辽阔，各区域间侨情迥异。这里既有移民时间最早、人数众多、实力影响较大、深度融入当地的东南亚地区侨胞，也有祖籍地多样、专业型人才较多、当地化程度尚浅的东北亚地区侨胞；既有新侨数量较多、参政意识较强的大洋洲地区侨胞，也有以少数民族侨胞为主、民族感情强烈、善于经贸活动的中亚、西亚、南亚地区侨胞。

尽管侨情各有不同，但一代又一代分布在亚太各国的侨胞，身居海外、情系桑梓，自强不息、艰苦创业，在各个领域取得了杰出成就，为实现中华民族的独立和复兴、为推动中国的改革开放和现代化建设、为住在国的繁荣与进步、为增进中国人民同亚太各国人民的相互了解和友谊作出了不可磨灭的重要贡献。

海外侨胞的光荣传统，是中华民族不可或缺的重要精神财富。在新的历史条件下，海外侨胞如何传承弘扬中华文化，增进乡情亲情，实现中华文化绵绵延续；如何促进老侨新侨相互理解、相互支持、团结互助，实现侨社和睦和谐；如何增进两岸经济、文化、社会和人民思想感情的大融合，不断增强两岸同胞对中华文化和中华民族的认同，不断推进两岸关系和平发展；如何根据住在国的国情，不断增进与当地人民相互尊重，相互借鉴，共谋发展、合作共赢，不断推进中外人民之间的友情友谊等等，是我们必须面对的新课题。从2010年开始，我们先后在欧洲、大洋洲、非洲召开了3次中国侨联海外顾问、海外委员、青年委员年会，提出若干推进建设和谐侨社的主张，引起了海外侨胞的热烈反响，得到了大家的广泛认同。我们这次年会，就是继续按照推动建设和谐侨社的目标，共商侨界团结之策，共谋侨社和谐大计，为此，我提出以下4点希望。

一、弘扬中华优秀文化，增进感情、密切乡谊，增强中华文化的凝聚力

源远流长、博大精深的中华文化是中华民族几千年来饱经忧患而生生不息的强大精神力量，是维系海内外中华儿女的牢固精神纽带。当今世界各种文化交融更加密切，中华文化倍受关注。在海外侨社传承弘扬中华文化，更是一项利在当代、功在千秋，具有深远意义的基础性工作。我们鼓励海外侨胞在吸收借鉴各国优秀文化成果的同时，更加积极主动地推动中华文化走向世界，大力促进中外文化交流与合作；鼓励海外侨胞与当地主流社会共同举办中华民族节庆活动，在异国他乡的多元文化中展示中华民族的悠久历史和灿烂文化。我们将通过中国华侨历史博物馆、中国华侨历史研究所、中国华侨出版社、各地侨刊乡讯以及“亲情中华”主题活动等文化载体，向海外侨胞提供思想深刻、情谊深厚、艺术精湛、喜闻乐见的文化精品，坚持不懈地把中华民族优秀文化奉献给海外侨胞。我们希望各位侨胞把帮助华侨新生代更加深入了解中华民族悠久历史和中国现代文明，进一步增进民族认同和文化认同，增强中华文化的感召力和凝聚力作为我们共同的任务，让中华优秀文化的精髓能够在海外侨社中不断传承光大，成为促进侨社活力的

内在动力和不竭源泉。

二、促进侨界和睦相融，团结友爱、合作共赢，构建充满活力的和谐侨社

实现海外侨胞的团结，是构建和谐侨社的基础，构建和谐侨社，关键是实现侨团之间的团结与协作。中国侨联在海外联谊工作中提出“国内海外工作并重、老侨新侨工作并重”的工作方针，鼓励和提倡新、老侨胞之间，来自不同省籍、不同区域侨胞之间，爱国为先、紧密团结，相互包容、合作共赢，在关系整体民族形象的问题上，兼容并蓄，步调一致，在涉及海外侨胞生存发展的问题上，加强协调，和衷共济。在侨社中大力倡导和谐理念，大力培育和谐精神，积极维护侨社团结，及时化解侨社矛盾。在社团内部和社团之间建立起化解分歧、相互支持的长效机制，以共谋侨社福祉，增强侨界凝聚力，实现共同发展的目标。实现海外侨社的团结与合作，骨干侨团和侨领要发挥表率作用。我们高兴地看到，中国侨联海外顾问作为德高望重的前辈，始终引领着侨社健康发展；中国侨联海外委员、青年委员正日益成为海外侨社的领导和接班人，他们带头在侨团中推进和谐和睦，不断增强社团的吸引力和凝聚力。各位侨领胸襟坦荡、恋祖爱乡、服务桑梓、奉献社会的情怀和热情令人景仰。

三、促进祖国和平统一，聚同化异、增进共识，推进两岸关系和平发展

推进两岸关系和平发展，促进祖国和平统一，实现中华民族伟大复兴是海内外中华儿女的共同意愿。当前，两岸关系稳中有进、成果丰硕，两岸双方在反对“台独”、坚持“九二共识”的共同政治基础上保持互信，良性互动，两岸协商取得了新的成果，两岸互利合作进一步深化，两岸大交流全面展开，包括侨界在内的各领域交往更加常态化、机制化，不断取得务实进展，两岸民众的彼此联系更加紧密，相互感情更趋融洽。事实证明，推动两岸关系和平发展是一条正确的道路，符合两岸同胞的利益，符合海内外中华儿女的共同期待，符合历史前进的方向。维护两岸关系和平发展大局，抵制“台独”分裂行径可能带来的严重危害，已经成为全世界中华儿女的共识。我们要牢牢把握两岸关系和平发展主题，更加积极主动地开展工作，精心呵护两岸关系来之不易的良好局面，共同维护两岸关系发展的大局。今年，中国侨联将隆重纪念“九二共识”20周年，鼓励和支持海外侨胞积极推动中国和平统一大业，推动海外“反独促统”活动务实、健康、深入发展；鼓励和支持海外侨胞以民族的共同利益为基础，以文化的共同渊源为桥梁，以民族的共同感情为纽带，增进与传统侨团、海外台湾籍同胞的联谊，进一步聚同化异、增进互信。我们希望海外侨胞、两岸同胞携起手来，以更坚决的态度维护两岸关系和平发展，以更积极的举措促进两岸各领域交流合作，共同推动两岸关系朝着祖国统一的方向继续前行，一步一个脚印，不断开创新的局面，谱写新的篇章。

四、开展民间友好交流，相互尊重、促进合作，推进中外人民友情友谊

回顾亚太地区的华侨史我们不难发现，海外侨胞的生存发展，与住在国经济、政治、文化的包容性及其同中国双边关系的冷暖息息相关。因此，处理好华侨与住在国的关系，促进海外侨胞同住在国人民和睦相融，提倡海外侨胞在自身事业发展的同时也要对住在国的经济

社会发展有所贡献，是构建和谐侨社的前提。海外侨胞身在异国他乡，落地生根，经过几代人的艰苦奋斗，已经成为当地经济社会的重要成员。海外侨胞在拓展自身事业的同时，也为住在国带来了实际利益和就业机会，促进了当地经济社会的繁荣。我们希望海外侨胞发扬吃苦耐劳、合群随众、团结互助、恋祖爱乡的优秀品质，热心参与住在国公益事业，遵守住在国法律，尊重当地社会民族和宗教习俗，守法文明经商，不忘回馈社会，与当地人民友好交往，以自己的辛勤劳动和诚信经营赢得住在国人民的信任和尊重，为住在国的经济发展和社会进步贡献智慧和力量，成为中国和平发展道路的宣传者、传播者、实践者。我们欢迎海外侨胞积极主动地以各种方式向住在国介绍中国国情、发展道路和内外政策，帮助他们客观看待和认识中国的发展进步；鼓励海外侨胞大力开展民间友好活动，组织亲朋好友来华观光旅游，开展文化交流和经贸合作，增进中国与亚太各国在广泛领域的务实合作，促进人民友好，扩大人文交流，增进相互了解和友谊，夯实中国和亚太各国关系的社会基础和民意基础，共同维护亚太地区的繁荣稳定。

各位侨胞、各位朋友！

2012 年对世界和亚太而言，是维护和平、促进发展的重要之年；对中国而言，也是实施“十二五”规划承上启下的重要一年，我们将进一步深化改革开放、加快转变经济发展方式。

中国与亚太的利益紧密相连。亚太的和平发展，是全体亚太人民的福音，让我们携起手来，共同促进亚太的和平，共同推进中国与亚太各国的合作交流，为亚太的繁荣稳定，作出积极的贡献！

全面贯彻党的十七届六中全会精神 凝聚侨界智慧和力量　为推动社会主义文化大发展大繁荣和中华文化走向世界不懈努力

——在全国侨联文化宣传工作会议上的讲话

（2012年4月21日）

林　军

同志们：

这次全国侨联文化宣传工作会议，是在贯彻十七届六中全会精神和迎接党的十八大的背景下召开的一次十分重要的会议。会议的主要任务是：全面贯彻党的十七届六中全会精神，认真学习贯彻中央书记处的重要指示和全国宣传部长会议精神，根据中国侨联“八代会”和八届四次全委会的工作部署，深化“国内海外工作并重、老侨新侨工作并重”，就深入做好新形势下全国侨联文化宣传工作，研究现实问题、总结各地经验、理清发展思路、明确战略举措，切实发挥侨联组织的力量和优势，积极凝聚侨心、汇集侨智、发挥侨力，为推动社会主义文化大发展大繁荣和中华文化走向世界不懈努力，以优异的成绩迎接党的十八大胜利召开。希望同志们畅所欲言，群策群力，把几年来侨联文化宣传工作的成绩和经验总结好，把存在的问题和困难分析好，把解决问题、迎接挑战的对策研究好，把未来一段时间工作的思路、方法、任务部署好，真正把这次会议开成求真、务实、高效、鼓劲的大会。下面，我讲几点意见。

一、回顾2011年，全国侨联文化宣传工作在开拓中前进，在创新中发展，呈现出积极向上、蓬勃发展的良好态势

2011年，中国侨联紧紧围绕党和国家工作大局，坚持“国内海外工作并重、老侨新侨工作并重”，以“大文化、大外宣”的视野和思路，充分发挥文化交流部、海外联谊部、华侨公益基金会、华侨华人历史研究所、华侨历史博物馆、华侨出版社、海内与海外杂志社等的职能，协调各级侨联相关部门、单位，协同海内外社会各界力量，积极开拓，勇于创新，全方位、多角度、深层次推动侨联文化宣传工作，呈现出积极向上、蓬勃发展的良好态势。

1. 发挥“亲情中华”品牌优势，服务侨胞需求，促进中华文化走向世界。2011年和今年初，中国侨联组派12支“亲情中华”艺术团，在五大洲的29个国家66个城市共举行了77场正式演出和80余场联欢活动。同时，

统筹、联合、支持新疆、内蒙、云南、江苏、福建、海南、辽宁、四川、温州、厦门、广州等地方侨联组派12支“亲情中华”艺术团，在五大洲的25个国家和地区共巡演了60余场。四年来，“亲情中华”海外慰问演出行动已累计派出70余个团组，在五大洲巡演350余场，其中中国侨联组派了35个团组，在五大洲38个国家和地区126个城市举办196场正式演出和200余场联欢活动。“亲情中华”海外演出已成为近年来持之以恒，以一个主题在海外到访城市最多、演出场次最多、现场观众人数最多的活动项目，在弘扬中华文化、联络侨胞感情、加强中外友好、拓展民间外交、促进侨务发展等方面都发挥了重要作用，得到了李长春、习近平、王兆国和中央书记处的充分肯定，得到了海外侨胞的热烈欢迎和我驻外使领馆的高度赞誉，得到了海内外媒体的好评。“亲情中华”在百度和谷歌的关键词搜索已从创立时的10万条跃升为目前的950万条。同时，针对美国主流社会观众，中国侨联精心组织近百位艺术家参演的“五洲同春”2011新年晚会，在美国西部城市旧金山、牡丹市、雷诺、拉斯维加斯、圣地亚哥、洛杉矶等地举行了8场大型演出，一大批美国政要出席晚会现场观看演出和相关活动，这是“五洲同春”史上规模最大的演出，演出场次之多、演职员阵容之强为历年之最。第十二届“世界华人学生作文大赛”成功举办，吸引了全世界27个国家和地区的700多万名中外学生参加，中国国际广播电台国际在线和新华网首次对大赛颁奖典礼以及获奖学生、指导教师参加的“亲情中华夏令营”开营仪式进行了全球网络直播。中国侨联发起和支持举办的“亲情中华·快乐飞翔”陈玮环球飞行活动圆满完成，实现了中国人驾驶轻型飞机环球飞行零的突破。

2．中国侨联新闻报道和对外宣传工作跃上新水平。中国侨联坚持和完善新闻发言人制度，2011年共举办例行新闻发布会和专题新闻发布会6次，就侨联工作或侨界重大事件及热点问题，及时发布新闻，回答记者提问，同时，紧密联系中央及首都新闻媒体，对中国侨联在参政议政、经济科技、海外联谊、权益保障、文化交流、公益事业等方面的品牌项目、大型活动、重点工作进行宣传报道，积极落实人民网、凤凰卫视、中国国际广播电台、《求是》杂志等主流媒体的高端访谈，努力扩大侨联组织在社会上的影响力和号召力。广泛开展与中央和地方新闻媒体的合作，开辟专栏，举荐宣传侨界典型，配合开展深入高效的涉侨外宣。组织国内新闻媒体记者海外采访团，邀请人民日报、中央电视台、求是杂志社、中国新闻社等媒体记者出访欧洲，深入华侨华人当中，采写发表文章数十篇。开展纪念建党90周年系列宣传活动，在广大侨胞中间唱响共产党好、社会主义好、改革开放好、伟大祖国好、各族人民好的时代主旋律。举办“纪念辛亥革命100周年”图片全球巡展活动，展示伟大祖国百年来的沧桑巨变，宣传中国共产党带领全国各族人民建立的丰功伟绩，特别是在联合国总部大厦成功举办以“辛亥革命与中国现代化”为主题的《发展中的中国1911—2011》图片展，邀请了联合国副秘书长、我驻联合国副代表、外国使节、当地政要以及众多海外侨胞参观，在海内外引起了强烈反响。

3．中国侨联实施“大文化、大外宣”战略，各项工作蓬勃发展。为庆祝建党90周年，中国侨联举办庆“七一”京剧公益演唱会，并与北京市侨联共同举办“侨心向党心”千人大联唱活动，与上海市侨联共同举办“没有共产党就没有新中国”侨界纪念中国共产党成立九十周年大会和文艺晚会，规模宏大，参与广泛，反响强烈；中国侨联会同江西省和上海市侨联，组织海外侨胞开展红色之旅活动，受到热烈欢迎。为纪念辛亥革命100周年，中国侨联在澳门举办了华侨华人纪念辛亥革命100周年大会，在北京举办了全国侨史学界纪念辛亥革命100周年学术研讨会，与宁夏侨联在北京联合举办了于右任书法展。作为电影《辛亥革命》摄制的支持单位之一，与致公党中央等联合举办《辛亥革命》电影招待会和海内外侨界座谈会。“祖国惦念你2012亲情中华春节晚会”于2012年1月27日（正月初五）晚，在中央电视台中文国际频道面向全球华侨华人及海外观众播出，参加这次演出的演员达1300人，分别来自于美国、日本、法国、澳大利亚、匈牙利、俄罗斯、加拿大、印度尼西亚等10个国家和全国17个省（自治区、市）以及港澳台地区，晚会因主题鲜明、场面宏大、情感丰富、节目精湛而备受海内外瞩目。2011年10月，利用组织侨商企业家参加第十一届世界华商大会的机会，召开世界华商领袖交流会，宣传中国的经济形势和经济政策，介绍中国的投资环境和投资项目，取得良好效果。中国华侨历史博物馆动工兴建，有关专业机构相继成立，藏品捐赠和整理工作正在有序进行，建成后的博物馆将成为侨联开展爱国主义教育的基地、海内外侨胞表达情感与文化认同的窗口、弘扬中华优秀文化和促进中国人民与世界人民友好交往的平台。2011年，博物馆利用馆藏文物，与中央电视台中文国际频道合作摄制《华人足迹》专题短片14集，已播出9集，生动反映了华侨历史中的人物与事件。中国侨联推动华侨华人问题的研究，发布中国侨联课题，启动实施侨史工程，举办华侨华人系列讲座，与高校合作举办学术研讨会，推动中外人文交流。中国侨联与有关单位联合摄制的电影《钱学森》公映，受到广泛好评，李长春、刘云山等中央领导为此作出重要批示，教育部办公厅日前发出通知要求各地学校组织观看。中国华侨出版社继续推进文化发展战略，在前两年出书1000种的基础上进一步提升，不断扩大市场份额，丰富侨类出版物，增强出版社的实力和影响。《海内与海外》杂志社贴近侨界群众、贴近侨界生活、贴近侨联工作，在保持原有风格和特色的基础上，加强侨商宣传，增加中华传统文化内容，强化图文并茂，受到海内外读者好评。

4．侨界群众文化活动丰富多彩、富有特色。各地侨联结合纪念中国共产党成立90周年和辛亥革命100周年，以“亲情中华”等品牌为统揽，广泛开展知识竞赛、歌咏比赛、文艺演出、书画摄影展览、夏令营等丰富多彩的活动，满足侨界群众精神文化需求，大力弘扬中华文化。山西省侨联着眼于服务全省发展大局，积极搭建文化平台，开展经贸、科技、教育交流活动，并向全省归侨侨眷和海外侨胞发出《凝心聚气促转型跨越发展、发挥侨力绘“十二五”宏伟蓝图》的倡议书，团结凝聚侨界力量在山西转型跨越发展中建功立业。广东省侨联和广州市侨联联合举办了第四届（广州）华人文化艺术节，吸引五大洲20多个国家和地区的侨胞参加活动。为配合文化强省建设，广东省侨联以文化阵地建设为突破口，评选出十个“侨界文化交流基地”、十个“侨资企业文化特色之星”和十个“海外文化交流中心”，初步搭建起文艺演出、书画交流、摄影展览等侨界文化交流活动平台。福建省侨联组织“亲情中华”艺术团，除到台湾、菲律宾演出外，还专程赴宁德东湖塘华侨农场举办慰侨演出，与归侨侨眷共度元宵佳节。浙江省侨联实施“亲情中华”四大行动，以“亲情中华·书画巡展”为平台，贴近侨胞“送”文化；以“亲情中华·文艺巡演”为载体，凝聚侨心“建”文化；以“亲情中华·文化寻根”为契机，立足侨乡“种”文化；以“亲情中华·刊网并进”为手段，携手合力“强”文化，并设立浙江侨界首个文化发展专项基金，首期募集资金500余万元。新疆、内蒙、云南、广西侨联充分利用自身优势，开展少数民族侨胞文化交流系列活动，成功举办“亲情中华”慰侨演出，积极支持协助周边国家侨社团创办海外华文学校，做好少数民族侨胞和周边国家侨胞的联谊工作，得到了地方党政和有关方面的充分肯定。北京市侨联成功举办了第五届首都新侨乡文化节，历时7个月，吸引了基层侨界广大群众热情参与，并带动了社区文化活动。上海市侨联以“魅力汉语，亲情中华”为主题，组织了第十三届上海、台北、香港、澳门青少年朗诵比赛决赛。江苏省侨联加强与海外华文媒体的合作，举办了“海（境）外华文媒体看江苏”活动，邀请来自加拿大、美国、英国等10个国家和地区的华文媒体代表，来江苏参观采访，还命名了一批“江苏省华侨华人文化交流基地”。湖南省侨联坚持以“亲情中华”带动文化宣传工作，通过侨联牵头、政府支持、侨社团合作、企业赞助、市场合作等多途径解决经费，先后6次组团赴海外开展“亲情中华”演出，同时开展“亲情中华”进校园、进高新区、进企业活动。海南省侨联联合素有琼剧之乡美称的定安琼剧团组成“亲情中华”琼剧文化演出团，赴东南亚进行文化交流访问演出活动，效果很好。安徽侨联利用徽商大会平台，以文化为媒介助力经贸活动，积极向海内外客商宣传安徽文化。甘肃省侨联以“弘扬中华文化、领略丝路风情、振奋民族精神”为主题，参与打造敦煌文化、伏羲文化等文化交流品牌，努力开展“请进来”活动，以文化助推各项事业发展。辽宁侨联以“亲情中华辽宁情”为媒介，广泛结交海外华人华侨社团，不断扩大海外联谊平台。山东、安徽侨联与省电视台合作设立专栏节目，宣传海外优秀侨界人士。贵州省侨联编撰完成《贵州侨史》，填补了贵州史学界的一大空白。湖北、四川侨联积极开展以青少年为主体的文化交流活动。河北、黑龙江、重庆、江西、宁夏侨联深挖本省文化底蕴，努力把文化资源变成文化“软实力”。陕西省侨联广泛联络海内外侨胞参与“中国东西部合作与投资贸易洽谈会暨公祭轩辕黄帝”活动。大连市侨联注重借助社会平台和文化资源，扩大侨联文化宣传工作影响力，收到了文化聚侨、文化惠侨的良好成效，其支持推动的大连杂技团“亲情中华·魅力杂技—胡桃夹子”将在全球80多个海外城市巡演。深圳市侨联与香港华侨华人社团总会共同举办“春节联欢晚会”等活动，联合港澳侨社团积极弘扬中华文化。厦门华侨历史学会以“口述历史”形式，集中开展访谈，收集整理并出版了以归侨、侨办企业、华侨农场为主题的三本口述专集，得到了学术界、侨界的肯定。青岛市侨联坚持在大局中思考，在大局中谋划，在大局中运行，着力唱响“三台戏”，即搭台唱戏、同台唱戏、借台唱戏，彰显侨联特色，提升侨界影响。武汉、济南、杭州、哈尔滨、南京、太原等地侨联也开展了丰富多彩、富有特色的活动。

二、全面贯彻党的十七届六中全会精神，在推动社会主义文化大发展大繁荣和中华文化走向世界中充分发挥侨联组织的积极作用，不断开创侨联文化宣传工作新局面

党的十七届六中全会是在我国全面建设小康社会关键时期和深化改革开放、加快转变经济发展方式的攻坚时期召开的一次十分重要的会议。全会总结了我国文化改革发展的丰富实践和宝贵经验，研究了深化文化体制改革、推动社会主义文化大发展大繁荣若干重大问题，提出了新形势下推进文化改革发展的指导思想、重要方针、目标任务、政策措施，对夺取全面建设小康社会新胜利、开创中国特色社会主义事业新局面具有重大而深远的意义。特别是全会通过的《中共中央关于深化文化体制改革推动社会主义文化大发展大繁荣若干重大问题的决定》明确提出要“支持人民团体发挥作用，共同推进文化改革发展”，“支持海外侨胞积极开展中外人文交流”。各级侨联组织和广大侨联干部要把认真学习贯彻全会精神作为当前和今后一个时期的重要任务，在推动社会主义文化大发展大繁荣和中华文化走向世界中充分发挥侨联组织的积极作用。

1．提高认识、统一思想，增强做好新形势下侨联文化宣传工作的使命感和自觉性。博大精深的中华文化既是中华民族生生不息、团结奋进的不竭动力，也是团结凝聚海内外中华儿女为实现中华民族的伟大复兴而努力奋斗的精神纽带，还是增进中国人民与各国人民友好往来的沟通桥梁。各级侨联组织和广大侨联干部要做好侨胞工作和海外工作，首先必须懂文化，必须深谙文化工作的重要性。这是因为推动文化大发展大繁荣和中华文化走向世界的过程，就是弘扬以爱国主义为核心的民族精神和以改革创新为核心的时代精神，团结凝聚广大侨胞为实现中华民族伟大复兴共同奋斗的过程；就是“以侨为桥”开展中外人文交流，广泛参与世界文明对话，共同推动人类发展进步的过程；就是增强对一个中国、对中华民族、对中华历史、对中华文化的认同，促进海内外中华儿女大团结，共同致力祖国和平统一的过程；就是各级侨联组织坚持“为侨服务”宗旨，切实做好群众工作的过程，也是海内外侨界凝心聚力的过程。我们知道，一个民族的形成与发展，不仅源于地域和血缘，而且也取决于自身独特的文化。数百年来，海外侨胞之所以能够在外生存、发展、团结、奋斗的重要原因之一，正是根源于厚重的中华文化给予的无穷力量；展望未来，团结凝聚包括港澳台同胞和海外侨胞在内的所有中华儿女的智慧和力量，实现中华民族的伟大复兴，仍需要中华文化的“薪火相传”。中华文化所蕴含的胸怀天下、追求一统的民族情怀，勤劳勇敢、崇尚和谐的民族品格，扶正扬善、遵信守义的民族美德，百折不挠、奋发进取的民族精神，永远是支撑我们不断前进的强大动力，永远是中华民族自立于世界民族之林的根基，也是侨联组织凝聚侨心的重要法宝。

2. 认真分析困难与挑战、不足与难题，增强做好侨联文化宣传工作的针对性。近年来，得益于党和政府的高度重视、广大侨胞的大力支持、社会各级的关心帮助，侨联文化宣传工作面临着难得的机遇，也取得了较好的成绩。但由于历史的原因和主客观条件的限制，侨联文化宣传工作仍面临很多问题、困难和不足。对此，我们应有清醒的认识。这主要是：文化宣传经费严重不足、可直接调动的资源有限；合作渠道亟待扩展，运作模式还需探索；队伍建设急需加强，工作思路仍需创新。其中，文化交流需求多样、工作任务艰巨复杂，是我们做好侨联文化宣传工作面临的现实挑战；涉侨文化宣传各自为战、项目雷同，对外文化交流缺少协调机制是我们做好侨联文化宣传工作经常遇到的问题。上述问题，有些单靠侨联自身力量是难以彻底解决的，如经费、体制等；有些则可以通过各级侨联组织、广大侨联干部解放思想、真抓实干加以解决，如整合资源、拓展渠道、提高能力、创新方法等。面对困难和问题，我们既要多方反映、争取支持，也要开动脑筋、主动而为，不能等靠要。中国侨联决心与各级侨联共同努力，用两到三年时间，力争在工作经费、拓宽渠道、自身队伍、工作机制等方面有比较明显的改观，全面改善最好，局部有所突破也行，关键是找好突破口和切入点，切实增强做好侨联文化宣传工作的针对性。

3. 以改革创新精神探索解决问题的思路和办法，增强做好侨联文化宣传工作的自信心。认识到问题的存在并提出问题，是解决问题的第一步，接下来是采取什么措施，怎么办？具体说来，我们有以下初步想法：

在争取党政、社会支持，解决经费、编制、体制等困难方面，我们的想法：一是主动争取各级党委加强对侨联工作的重视和支持，目前已推动近 20 个省级党委相继出台《关于加强和改进新形势下侨联工作的意见》，我们将积极争取中央出台相关的扶持政策；二是通过人大代表、政协委员反映问题，提请有关部门重视，推动问题的解决；三是围绕党政关注的社会热点问题，发挥侨联组织优势，策划设计有特色的活动，力求财政设立专项科目；四是与相关省市政府签订战略合作协议，供需互补、强强联合，整合双方资源优势，在服务党政中心工作的同时获得资源补充。下一步，我们还将通过在华侨公益基金会设立文化宣传专项基金，配合地方政府和企业开展海外宣传、经贸招商等方式，多渠道筹措社会资金，开展侨联文化宣传工作。

在整合资源、拓展渠道、搭建平台等方面，我们的想法：一是实施“大文化、大外宣”战略，加强侨联内部协作，整合文化交流、海外联谊、经济科技、权益保障等部门和基金会、侨研所、博物馆、出版社、杂志社等单位力量，共同规划开展侨联文化宣传工作；二是加强中国华侨国际文化交流促进会、中国华侨摄影学会、中国华侨历史学会、中国华侨文学艺术家协会等已有文化社团的工作；三是以海外顾问、海外委员、海外青年委员为依托，发挥文促会等文化社团理事作用，开展相应的文化活动；四是带动、支持地方侨联开展对外文化交流和外宣工作，包括为非重点侨乡、民族地区侨联牵线搭桥，开展海外文化交流项目；五是服务侨资文化企业发展，推动中外文化产业合作。

在工作内容、活动项目、工作方法等方面，我们的想法：一是加强调查研究，“问计于侨”，根据侨胞需求和专家咨询意见，设计项目，开展活动；二是强化人民团体的组织优势，扬长避短，开展工作；三是加强与文化领域各种专业力量、市场力量合作；四是重视利用新媒体、新技术做好侨联文化宣传工作。下一步，在进一步做强做大“亲情中华”、“世界华人学生作文大赛”、“中国侨联爱国主义教育基地”等品牌的同时，我们将不断丰富和培育侨联文化宣传工作品牌；我们将联合香港、澳门、台湾和海外侨团，在海内外共同组织开展一些文化活动；我们将按照国际惯例，继续采用适合非政府组织的工作手段，如举办论坛、开展培训、组织评奖、推进出版、举办展览等，开展侨联文化宣传工作。

4．围绕中心、服务大局、以侨为本，明确做好侨联文化宣传工作的着力点。侨联既是党和政府联系归侨侨眷和海外侨胞的桥梁纽带，也是海内外侨胞之家。这就决定了侨联工作既有涉外性、政治性的一面，也有群众性、社会性的一面，既要做好国内工作，也要做好海外工作。因此，侨联文化宣传工作，必须将服务大局和服务侨胞有机结合，必须将宣传引导与文化传承有机结合，必须将公益性目标和社会、市场手段有机结合，必须将国内工作与海外工作有机结合。因此，为全面贯彻党的十七届六中全会精神，在推动社会主义文化大发展大繁荣和中华文化走向世界中充分发挥侨联组织的积极作用，需要我们集中力量做好以下工作：在广大侨胞中积极弘扬以爱国主义为核心的民族精神和以改革创新为核心的时代精神，坚持用社会主义核心价值体系引导教育广大侨界群众，在爱国主义的旗帜下团结凝聚广大侨胞为实现中华民族伟大复兴贡献力量；推动海内外侨界文化精品创作，展现侨胞发展，展示侨界风采，为侨界群众提供更好更多的精神食粮；大力发展公益性文化事业，大力开展侨界群众文化活动，满足广大侨胞的精神文化需求；推动侨商企业文化研究，支持侨界文化产业发展，努力实现社会效益和经济效益相统一；整合资源，培育品牌，多渠道、多方式积极开展中外文化交流和人文交流，为中华文化走向世界架设桥梁、贡献力量；发掘宣传归侨侨眷和海外侨胞的优秀代表，大力弘扬侨胞吃苦耐劳、合群随众、团结互助、恋祖爱乡的优秀品质，引导海外侨胞进一步树立诚信守法、文明向上的良好精神风貌；主动加强与社会文化机构的合作，不断加强侨界文化平台和设施建设，切实重视网络和新媒体力量；科学谋划、健全机制，努力提高做好新形势下侨联文化宣传工作的能力和水平。

为完成上述任务，激发广大侨胞的文化创造活力，大力支持地方和基层侨联开展各类主题鲜明、特色突出、侨界群众乐于参与的文化活动，我们将广泛征求和虚心听取各方面意见，支持海外侨社团开展文化活动和人文交流，特别是支持海外文化侨社、华人艺术家，组成一批不走的“亲情中华”艺术团，提高他们服务侨胞文化需求、传播中华文化的能力；在全力推进“亲情中华”等品牌活动的同时，抓住契机，推出若干具有示范性、导向性，能够广泛牵动基层侨联组织参与的主题文化活动；积极与有影响的影视制作播出机构、出版发行机构、文化娱乐机构、文艺演出团体、网络媒体等合作，联合推出一批具有侨特色的文化产品和文化活动，携手推动中华文化“走出去”。各级侨联要努力发现、积极联络侨界文化人才，汇聚文化创作、文艺表演、文化展示、文化经营、文化传播的专业人士，使侨联文化宣传工作得到最广泛的人才支持。

三、精心谋划，扎实推进，进一步提高品牌活动的影响力和创造性，努力做好2012年和今后一个时期的侨联文化宣传工作

2012年是我国发展进程中具有特殊重要意义的一年，是实施“十二五”规划承上启下的重要一年，我们党将召开十八大。今年侨联文化宣传工作的主要任务，就是认真贯彻落实中央书记处对中国侨联工作的重要指示精神，进一步强化宣传引导和对外文化交流工作，为党的十八大胜利召开营造氛围、凝聚侨心、扬帆鼓劲。

1．切实做好宣传引导工作，为党的十八大胜利召开营造良好氛围。党的十七届六中全会决定党的十八大于2012年下半年召开，这将是我们党在全面建设小康社会的关键时期和深化改革开放、加快转变经济发展方式的攻坚时期召开的一次十分重要的会议。各级侨联文化宣传部门，要按照中央和地方党委的统一部署，做好迎接十八大的宣传工作和十八大召开后有关精神的贯彻落实工作，要牢牢把握正确的舆论导向，坚持团结、稳定、鼓劲，在政治上、思想上、行动上与党中央保持一致；组织开展以“科学发展、成就辉煌”为主题的宣传展示活动，引导侨界群众坚定对中国特色社会主义的信心。中国侨联将举办一系列活动，为党的十八大胜利召开营造良好氛围。

2．全面推进“亲情中华”主题活动，积极推动中外文化交流和友好交往。各级侨联要积极贯彻实施文化“走出去”工程，推动“亲情中华”主题活动深入开展。中国侨联将组派多支具有较高水平和民族特色的艺术团，在国内外重要节假日、中外建交日、海外侨团举办跨地区重大活动期间，重点选择华侨华人相对集中、海外侨团热切期盼的城市开展慰问演出和文化交流活动；相机组织“亲情中华”专题展览和中医药、美术、书法、摄影等专家交流团组出访，支持海外侨胞积极开展中外人文交流，不断拓展中华文化“走出去”的渠道；继续支持省级侨联、副省级城市侨联、主要侨乡城市侨联和部分少数民族地区侨联，组派“亲情中华”艺术团出访，以文化搭台的形式宣传侨乡的变化、介绍中国的发展；在扩大“亲情中华”艺术团海外演出覆盖面和影响力的同时，精心培育对外文化交流品牌，通过提供富有民族特色的文化产品，充分展示中华文化的历史底蕴和丰富内涵。今年五月，中国侨联将组派大型艺术团赴缅甸，配合中央领导同志到访，举办“中缅胞波友好之夜”大型文艺晚会巡演活动。

3．扎实做好侨联各项工作的宣传报道，努力提升侨联组织的凝聚力和影响力。今年，围绕服务经济平稳较快发展，促进文化大发展大繁荣，维护社会和谐稳定，认真履行侨联各项工作职能，侨联工作将呈现活动多、亮点多的局面。侨联文化宣传部门一定要综观全局，抓重点，抓契机，协调重点媒体，动员社会资源，利用纸质媒体、广播、电视、网络、新兴媒体等多种平台，通过新闻发布、动态消息、深度报道、重点访谈、新闻言论、人物宣传等

形式，及时向社会传达侨联工作信息，适时展开深度挖掘和重点报道，努力提高宣传实效。要大力宣传侨联组织团结带领侨界群众，紧紧围绕党和国家工作大局，努力推动科学发展，全面推进参政议政、经济科技、文化交流、海外联谊、维护侨益的工作成效，让广大侨胞和全社会更好地了解侨联、认识侨联、支持侨联，不断增强侨联组织的吸引力、凝聚力和影响力。中国侨联将继续坚持和完善新闻发言人制度和新闻发布会制度，同时加强与重点媒体、网络媒体的合作。中国侨联与人民网合作，已在人民网最核心的时政频道开设“亲情中华”专栏，集中反映侨联文化交流工作的成效，展示海内外侨界文化活动动态，并努力设法将其打造成中国侨联对外宣传的重要窗口、海内外侨界交流文化信息的平台。

4．大力开展侨界群众文化活动，进一步满足广大侨胞的精神文化需求。中国侨联将继续开展“世界华侨华人学生作文大赛”暨获奖学生夏令营和华校教师研修团，吸引更多海外侨胞青少年学习中文、认知祖国；争取社会力量支持，为海外华文学校、华人社区、图书馆捐赠青少年简体中文读物，支持海外华文教育发展，增强中华优秀传统文化对海外侨界青少年的影响力和感召力；联合海外华文媒体和各地侨刊乡讯，以书籍、图片、数据、实物、动漫等为载体，开展针对海外的专题宣传，主动介绍我国经济社会发展情况和相关政策，宣传中国的科学发展、和平发展、和谐发展理念；与主流媒体合作，开展以海外侨胞为主要对象的宣传活动；支持各级侨联开展文化艺术节、“亲情中华”侨胞青少年夏令营、寻根问祖、宗亲联谊、学术交流等活动；支持海外侨社团开展文化交流和人文交流。

5．不断丰富两岸侨界的文化交流，为实现祖国和平统一贡献力量。2012年是两岸达成“九二共识”20周年。各级侨联要牢牢把握两岸关系和平发展主题，积极扩大与台湾侨界的交流合作，不断壮大海外侨胞反独促统力量，夯实反对“台独”、坚持“九二共识”的共同政治基础。海峡两岸血同缘、书同文、语同声，各级侨联要根据“台中有侨、侨中有台”的特点，发挥地缘、血缘、亲缘的优势，以共同的民族利益为基础，以共同的文化渊源为桥梁，以共同的民族情感为纽带，积极参与和推动两岸民间交往、学术交流、文化交流，促进两岸同胞不断融洽感情、积累互信，为两岸关系和平发展打下扎实的民意基础。中国侨联将继续与台湾侨界共同举办“第七届两岸侨联和平发展论坛”，巩固两岸交流的成果；举办“2012两岸四地侨界青年论坛”，促进两岸四地侨界青年密切往来、加深理解、增强凝聚力。

6．切实加强侨联文化宣传的基础工作，努力实现可持续发展。“九层之台，起于垒土”。要推进侨联文化宣传工作，必须不断强化基础工作，从理论研究、制度建设、干部队伍、基层建设等方面入手夯实基础。要加强新形势下侨联文化宣传工作规律的研究，特别是要通过调查研究，找准侨联文化宣传工作存在的问题、不足和难题，加强战略性、前瞻性问题的研究，提高工作的针对性和科学性。要坚持德才兼备、以德为先的原则充实干部队伍，切实加强干部的业务培训，逐步完善干部的学习交流和考核培养，努力培养一批政治好、业务精、纪律严、作风正、能力强的侨联文化宣传工作者。要着眼于调动基层的积极性、主动性和创造性，强化对基层侨联的服务，要急基层所急，解基层所难，想方设法为基层推进工作创造条件、提供支持，要加大对基层工作的指导力度，帮助他们建立健全工作制度和工作规范，不断提高业务水平。侨联文化宣传工作关系侨联工作全局，需要侨联各个层面、各个部门通力合作、共同推进，要形成各级侨联领导班子统一领导，侨联各个部门共同参与支持，侨联文化宣传部门尽职尽责的工作格局，要特别注意把宣传工作与侨联其他工作有机结合起来，形成优势互补和整体效应。

同志们，今年是党和国家极为重要的一年。面对新机遇和新使命，侨联文化宣传工作大有可为、要求也更高。让我们更加紧密地团结在以胡锦涛同志为总书记的党中央周围，高举中国特色社会主义伟大旗帜，以邓小平理论和“三个代表”重要思想为指导，深入贯彻落实科学发展观，扎实工作，锐意进取，不断开创侨联文化宣传工作新局面，以优异的成绩迎接党的十八大胜利召开！

在中国侨联法顾委成立 30 周年纪念大会上的讲话

（2012 年 5 月 8 日）

林　军

尊敬的各位领导、各位顾问、各位委员、同志们：

今天，我们满怀喜悦心情，齐聚人民大会堂，隆重纪念中国侨联法律顾问委员会成立 30 周年。首先，我代表中国侨联向莅临大会的全国人大常委会副委员长桑国卫同志，十届全国政协副主席罗豪才同志表示衷心感谢！向应邀出席大会的全国人大华侨委、全国政协港澳台侨委、国务院侨办、致公党中央负责同志表示诚挚的谢意！向 30 年来支持中国侨联工作的法顾委全体委员表示崇高的敬意和亲切的问候！向新聘为中国侨联法顾委的国内委员和海外委员表示热烈的祝贺！

1982 年，中国侨联成立了法律顾问委员会。30 年来，侨联法顾委队伍不断发展壮大，法顾委协助侨联依法维护侨益作用日益凸显。

一、法顾委 30 年成长发展历程非凡

——法顾委成立顺应形势发展。1978 年，以党的十一届三中全会胜利召开为标志，我国进入了改革开放的新时期。作为侨界组织，中国侨联也在十一届三中全会后恢复活动。当时，首先面临的一个迫切任务，就是协助党和政府落实各项侨务政策，医治归侨侨眷在“文革”中所受到的创伤，依策依法维护归侨侨眷和海外侨胞在国内的正当权利和合法利益。在侨界老前辈廖承志同志的亲切关怀下，在时任五届全国政协副主席、二届中国侨联主席庄希泉同志的重视支持下，中国侨联二届七次常委会决定，于 1982 年 5 月 6 日成立中国侨联法律顾问委员会。首任主任是时任全国人大常委会法制委员会副主任、著名法学专家张友渔同志，现任主任是国家司法部原部长邹瑜同志。从此，中国侨联有了一支专门为侨服务的法律顾问组织。

——法顾委队伍建设不断扩大。中国侨联法律顾问委员会成立后为适应依法维护侨益工作的需要，中国侨联法顾委从成立之初仅有 13 名委员，后发展到 44 名，这次又新增聘 45 名委员。2008 年中国侨联决定成立中国侨联法顾委海外华侨华人律师团，来自 9 个国家和地区的 23 名执业律师被聘为海外委员，这次又增聘来自 8 个国家的 10 名执业律师为法顾委海外委员，从而使中国侨联现有法顾委国内与海外委员达到 121 名。30 年来，在中国侨联高度重视和法顾委的具体指导下，全国已

有30个省级侨联成立了法律顾问组织。据不完全统计，有180个地市县侨联均成立法律咨询服务机构，各地侨联专兼职法律工作者达3000余人。中国侨联和各地侨联所聘任的主任、委员，全部由来自司法界、法学界、律师界热心侨联事业的领导、学者、律师组成，他们专业水准高、权威性强，是侨联依法维护侨益的一支重要力量。

——法顾委工作制度逐步完善。中国侨联法顾委是由中国侨联领导的法律顾问机构。2001年10月中共中央批准的《中国侨联机构改革方案》中对中国侨联法顾委和地方侨联法顾委作为侨联法律顾问组织给予了确认。30年来，中国侨联法顾委先后在张友渔和邹瑜同志带领下，不断完善法顾委工作制度建设。制定修改完善法顾委《章程》和《工作规则》，使法顾委工作进一步规范化、制度化，做到有章可循、有规可办。2002年，在法顾委年会上邹瑜主任提出了"预防为主、诉讼为辅、防诉结合、依法维权"的工作方针。多年来，法顾委依章程依规定定期召开年会，总结工作、布置任务；定期开展调查研究，深入基层，了解侨情；定期举办全国侨联系统法顾委经验交流会，推进地方法顾委建设；定期邀请法顾委海外委员律师回国访问扩大交流联谊。

二、法顾委30年维权贡献成果丰硕

——建言献策参与侨务政策法律法规修订。30年来，中国侨联法顾委积极参与侨务政策、法律、法规修订，为此付出了智慧和心血。法顾委先后对国务院及有关部委提交全国人大常委会审议的百余部法律草案提出了修改意见和建议，绝大多数意见得到采纳或部分采纳。特别在《中华人民共和国归侨侨眷权益保护法》和《实施办法》两部涉侨重要法律的制定和修改过程中，法顾委充分发挥专业优势，积极组织委员多次参与座谈讨论，提出许多中肯的意见和建议，使《保护法》及《实施办法》更全面体现了党对归侨侨眷实行的"一视同仁，不得歧视，根据特点，适当照顾"的政策。推动了《保护法》明确规定中国侨联和地方侨联是代表归侨侨眷合法权益，履行维护侨益职责的人民团体，使侨联的地位和作用第一次在法律上得到确认，使侨联开展维护侨益工作有了法律依据，实现了维权工作有法可依。

——法制宣传参与做好普法工作。从1986年起，全国开始了第一个五年普法。截止2010年，我国已经实施完成了五个五年普法规划，第六个五年普法规划正在实施。中国侨联法顾委从1986年起，就参与制订中国侨联"一五"至"六五"普法规划工作。2001年在法顾委协助下，中国侨联首次与司法部联合在全国举办"冠城园"杯《中华人民共和国归侨侨眷权益保护法》有奖知识竞赛活动；2008年，法顾委再次参与中国侨联同司法部、全国普法办联合举办"全国侨务法律法规知识竞赛"活动，全国有近80万人参加答题，中国国际广播电台进行了跟踪报道，在海内外影响广泛。据不完全统计，在"五五"普法期间，法顾委开展各类普法讲座、培训30余次，培训侨联干部近万人，参与培训、宣传的各级领导干部、群众达几十万人次。通过普法宣传，推动整个社会逐渐形成爱侨护侨良好氛围。在全国"四五"、"五五"普法工作中，中国侨联连续被中宣部、司法部评为"全国普法先进单位"。

——落实政策参与协助处理历史遗留问题。法顾委成立后，面临的首要任务，就是协助侨联落实党的各项侨务政策，彻底清除“文革”的影响。法顾委积极处理来信来访，向有关部门反映侨胞提出的申诉和要求，督促落实侨务政策，对冤假错案坚决给予平反昭雪。从82年成立至87年底的五年间，全国落实侨务政策的工作已基本完成，大批被错误改造、侵占的侨房得以清还，一批归侨侨眷在“文革”前的错案和“文革”期间的冤案得以复查纠正；许多被精简下放的归侨干部、知识分子、归侨青年得以复职或回城就业，他们的家属也得到妥善安置。

——依法维权参与协调解决重大涉侨案件。30年来，法顾委秉承尊重法律、维护法制的精神，依法有效帮助处理涉侨案件，使中国侨联履行维护侨益职责真正落到实处。例如，反映到侨联的涉侨案件，大部分是已经进入诉讼程序的案件，协调解决起来难度较大。法顾委委员凭着维护侨益的热心和伸张正义的公心，依靠自身法律专业优势，积极热情，无私无偿为侨胞提供法律服务。对重大涉侨案件，召开案例研讨会，出具法律意见，帮助侨胞提出正当诉求并支持其依法向有关部门反映或提起诉讼，对异地复杂案件不辞辛苦，专程赶赴实地协调，积极敦促有关行政部门依法行政、司法部门公正司法；对事实清楚、依法判决的案件则做好解惑释疑工作，使侨胞服判息诉。30年来，法顾委协助处理近5000件涉侨案件，投资金额巨大的涉侨经济案件500余件，出具法律意见函4000余件次，召开案例研讨会400余次。累计挽回侨胞经济损失数十亿元，赢得海内外侨胞的广泛赞誉。

——深入基层参与侨情调研提供决策服务。30年来，随着侨情发展变化和侨胞利益的诉求，法顾委注重调查研究工作。特别是近10年来，法顾委围绕侨联中心工作任务，先后奔赴20多个省、区、市开展维护侨益专题调研。在调研过程中，深入基层、深入侨胞，走访慰问，召开座谈会，参观侨资企业，现场协调案件。通过调研掌握了维护侨益的实际情况，形成了30余份主题鲜明、内容详实的专题调研报告，为侨联决策提供了参考依据。有些重要情况上报中央，多次得到中央领导同志的批示。调研报告中反映侨界群众呼声和意见的内容大多成为侨界人大代表、政协委员每年两会的提议案素材。这些提议案素材，引起中央国家机关有关部门的高度重视，对问题的解决起到了决定性的作用。

三、法顾委30年实践成功经验宝贵

30年来，法顾委工作取得了很大成绩，积累了宝贵经验。主要有以下几个方面：

一是坚持以人为本服务侨胞。为侨服务是侨联组织的立会之本，宗旨所在。法顾委多年来，始终坚持为侨服务宗旨，带着对侨胞的深厚感情和满腔的热情，倾听侨界群众的意见，反映侨界群众的呼声，及时掌握了解侨胞不同时期的诉求和他们的所思、所需、所急。积极引导广大归侨侨眷识大体、顾大局，正确对待改革发展中的利益关系调整，积极化解矛盾纠纷，自觉维护社会稳定，促进社会和谐建设。法顾委30年来为侨联参政议政和参与社会管理发挥了“智囊团”的重要作用。

二是坚持普法宣传发挥侨力。我国民主法

制建设取得了举世瞩目的巨大成就，中国特色社会主义法律体系已经形成，国家经济建设、政治建设、文化建设、社会建设以及生态文明建设等各个方面实现了有法可依。随着经济社会发展，改革开放的深入，侨界群众的民主意识、权利意识、法治意识、监督意识日益增强，需要掌握更多的法律知识依法参与各种经济社会活动。法顾委 30 年来，协助中国侨联坚持法治宣传教育，使《宪法》、国家各项基本法律及《保护法》知识得到广泛传播，中国特色社会主义法律体系在侨界深入人心。在侨界形成了学法、守法、尊法、用法的良好环境。正是由于侨联和法顾委坚持多年法制宣传教育工作的不断深入，使广大归侨侨眷和侨联干部法律意识和法律素质进一步提高，依法行使权力，依法参与社会管理，依法维护侨益的意识进一步增强，运用法律处理问题的能力进一步提升，调动了广大归侨侨眷投身国家改革开放和经济建设的积极性，进一步发挥了海外侨胞和归侨侨眷的独特作用。

三是坚持依法维权凝聚侨心。依法维权是在依法治国基本国策指导下，根据国家各项法规的要求，按照侨务工作的法律法规，使受到侵害的侨胞正当权益依法得到保障，落脚点是依法解决矛盾纠纷，恢复受到破坏的法律秩序与利益。2006 年中央书记处在听取中国侨联党组汇报工作时，作出了“主动维权、科学维权、依法维权”的重要指示。这是党中央在新形势下赋予侨联组织的维权任务与要求，同时也是为构建和谐社会确立的科学维权观。“三个维权”理念的提出，对凝聚侨心具有重要的现实意义。从此以后法顾委力求坚持主动维权，做到主动宣传法律，主动参与调研，主动反映诉求，主动协调案件；力求坚持科学维权，做到以侨为本，进行维权理论研究，探索维权新方法；力求坚持依法维权，做到依法解释，依法疏导，依法诉求，依法办事。通过建立“三个维权”相统一的长效维权机制，法顾委凝聚侨心、汇集侨智的工作更富成效。

各位领导，各位委员，同志们！

回顾过去，中国侨联法顾委 30 年成绩斐然，展望未来中国侨联法顾委工作任务更重。今后，中国侨联要继续对法顾委开展工作给予大力支持，为法顾委充分发挥作用创造更好的条件。**一要切实发挥法顾委普法宣传的推动作用**。通过深入扎实地开展以侨务法律法规为主的法制宣传教育和法治实践，进一步加大侨务法律法规实施力度，切实保障归侨侨眷的各项合法权益，促进形成自觉学法守法用法的社会氛围。**二要切实发挥法顾委法制建设的参谋作用**。通过深入开展调查研究，帮助侨联提出立法建议、政策建议和工作建议，为国家的改革开放、经济发展和推进法治建设作出侨联应有的贡献。**三要切实发挥法顾委案件处理的示范作用**。指导并协助侨联依法维护侨益，解决侵犯海内外侨胞权益的重大、疑难案件，依法督促有关部门落实有关侨务政策和法律法规。**四要切实发挥法顾委的法律咨询服务作用**。运用法顾委委员法律专业优势和丰富实践经验，及时、有力地为侨胞提供一流的法律咨询服务，切实维护归侨侨眷和海外侨胞合法权益。**五要切实发挥法顾委参与社会管理的积极作用**。法顾委通过提供法律咨询和服务，引导侨界群众依法维护自身权益，推动矛盾解决纳入法制化轨道，在服务发展、维护稳定、促进和谐、加强和创新社会管理中发挥积极作用。各省级侨联要不断巩固发展侨联法顾委组织，扎实推进地市级侨联法顾委组织建设，形成侨联法顾委组织网络，延伸侨联维权工作手臂，确保组织有力，队伍有为，工作有序，维权有效。

当前，我国正处在全面建设小康社会的关键时期，也是侨联组织发挥独特优势和作用的重要时期。让我们紧密团结在以胡锦涛为总书记的党中央周围，坚持以人为本，为侨服务宗旨，认真履行《归侨侨眷权益保护法》赋予侨联的职责，扎扎实实做好维护侨益各项工作，为参与社会管理，促进社会和谐稳定做出新的更大贡献，以优异成绩迎接党的十八大胜利召开。

两岸一家亲　中华心连心

——在两岸侨联恳亲活动上的讲话

（2012年6月6日，中国台北）

林　军

尊敬的吴伯雄荣誉主席、尊敬的郁慕明主席、饶颖奇董事长、黄石诚董事长，

尊敬的简汉生理事长、陈三井理事长，

各位嘉宾、各位乡亲、各位朋友：

大家下午好！

很高兴再次率团来到美丽的宝岛台湾，在这里与侨联总会以及各界的朋友们共话友谊，共叙乡情，共商合作。首先请允许我代表大陆17000多个侨联组织以及几千万归侨侨眷，向各位嘉宾、各位乡亲、各位朋友致以诚挚的问候！

海峡两岸乡亲，同宗同祖，同根同源，血浓于水，情重于山。这次中国侨联访问团来台开展恳亲活动，既是为即将召开的第七届海峡两岸侨联和平发展论坛所作的一次“热身”，也是为即将在福建厦门召开的第四届海峡论坛所进行的一个准备。福建、台湾一衣带水、唇齿相依。闽台两地尽管隔海相望，但祖祖辈辈流传着同样的习俗、倾吐着同样的乡音，同样是海外乡亲魂牵梦萦的侨乡。今天举办的“两岸灵秀侨乡摄影展”，展示了钟灵毓秀的闽台神奇风光、多彩民风民俗，沁透着闽台文化的一脉相承和中华民族优秀文化源远流长的魅力。稍后，两岸侨界嘉宾将共同书写“龙”字，就是寓意两岸同胞，同是“龙的传人”，同盼巨龙腾飞，亦当携手同建中华民族复兴伟业。

中国侨联恳亲团在接下来的几天，还将走访台北、高雄、台南、澎湖等地的同乡会、宗亲会，进行联谊交流，增进友情、缔结乡情。这不禁使我回想起2009年，中国侨联首次赴台，实现“破冰之旅”。短短几年间，我们由不相往来到频繁互动，由心存疑虑到畅所欲言，由彼此陌生到相识相知，不能不让人由衷地生发诸多感慨。我想，两岸侨界关系之所以能不断发展，主要有几个方面的原因：

一是夯实“九二共识”政治基础，努力推动和平发展是两岸侨界秉持的共同理念

2005年4月29日，在胡锦涛总书记与连战荣誉主席代表两党进行历史性的会晤之后，两岸侨联开启了双向交流合作的平台，迈出了两岸侨界往来合作的重要一步。我们在“九二共识”的认知下，曾达成“五点共识”，就携手推进和谐侨社以及两岸经济文化交往进行了坦诚、友好的交流，促进了相互之间的了解和

信任。随后，两岸侨联分别在北京、厦门、澳门共同举办了六届“两岸侨联和平发展论坛”，就维护海峡两岸的和平与稳定，推动两岸的和平统一，开展了一系列增进共识、深化合作的交流活动。两岸侨胞欢聚一堂，认祖归宗、共话故里乡亲，培育共识、探求合作前景，洋溢着浓浓的同胞手足之情，成为两岸关系呈现和平发展新气象的生动写照。目前，两岸侨联和平发展论坛已成为两岸民间交流的重要组成部分，融入到两岸同胞的大交流大合作之中。两岸侨联已建立了常态化的交流机制，为不断增进了解，融洽感情，推进两岸侨界以及海外侨社的和谐发展，日益成为不可或缺的一支重要力量。事实证明，在“九二共识”认同下，两岸关系和平发展符合两岸同胞的根本利益，符合海内外中华儿女的共同期待，符合历史发展的正确方向。

二是构建互利双赢的经贸关系，为两岸侨商提供了千载难逢的发展机遇

2011 年，在复杂多变的国际经济环境下，两岸贸易额实现了新突破，达到 1600 亿美元，台商投资大陆的企业达 2336 个。台湾居民来往大陆 526 万人次，大陆居民赴台达到 184 万人次，正式开启了大陆居民赴台“个人游”。两岸还签署了《海峡两岸核电安全合作协议》，推动了《两岸投资保障协议》的商谈和《两岸经济合作框架协议》（ECFA）的顺利实施。今年 3 月 22 日，吴伯雄荣誉主席率团访问大陆，与胡锦涛总书记就如何巩固深化两岸关系和平发展深入交换意见。双方一致认为，过去四年，两岸关系实现历史性转折，取得了一系列重大成果，台湾地区处在六十多年来最为和平稳定的时期。事实证明，两岸和平发展是两岸经济繁荣的前提，两岸经贸关系越紧密，越能更真切的造福两岸人民。如今，两岸经贸合作正方兴未艾，处在可以大有作为的新起点上。特别是两岸侨界拥有资金雄厚、企业众多的优势，相信一切有识之士，都会以增进两岸人民福祉为根本，积极投入到两岸经济合作的大潮中来，推动两岸金融合作、新兴产业合作和双向投资，带动两岸企业升级，提高两岸企业的核心竞争力。希望两岸侨商能够紧紧抓住大陆“十二五”规划实施、海峡西岸经济区建设和“台湾黄金十年规划”的机遇，不断发展壮大自身事业，共同巩固两岸经贸关系发展成果，并将其惠及更多的基层民众。

三是秉持聚同化异的理念，不断扩大民间交流是增进共识、加强理解，实现和平统一的正确途径

顺应两岸关系发展的良好势头，越来越多的台胞回大陆寻根问祖，联络乡情，参与建设。也有越来越多的大陆同胞前往台湾，认识宝岛，寻找商机，彼此越走越近，关系越来越密，话语越来越多。现在两岸基层民众交往不断扩大，已形成了全方位、宽领域、多层次的互动格局。事实证明，加强往来才能加深理解，相互交流才能扩大共识。这次随中国侨联访问团赴台的就有福建县、市、镇、村各级侨联同仁，他们将与在台的同乡会和宗亲会进行闽南文化、妈祖文化等地域文化的交流。闽台文化缘自一体，特别是客家文化、妈祖文化、陈靖姑文化、郑成功文化等，在闽台文化中都有许多认同和共同点。这次中国侨联访问团赴台恳亲并走访同乡会、宗亲会，也是希望两岸侨界共同拓展这方面的交往与合作，共同继承与弘扬中华文化，增进两岸同胞的文化和民族认同，使两岸侨胞联系更加紧密、感情更加贴近、利益更加融合。

各位嘉宾、各位朋友！

两岸基层民众交流的重要平台——第四届海峡论坛将于2012年6月16日至22日在福建厦门举办。本届论坛将以“扩大民间交流、加强两岸合作、促进共同发展”为主题，组织大会活动、界别交流、基层交流、文化交流、经贸交流等5大版块20多项活动，从而形成四大看点：**一是**除将继续组织两岸青年、职工、妇女、科技专家等界别，以及影视、新闻、出版、音乐、武术等方面举办论坛等交流活动外，还将首次举办两岸乡镇交流对接系列活动，以不断推动和扩大两岸民间交流。**二是**除将举办闽南文化、客家文化、妈祖文化、陈靖姑文化、郑成功文化等两岸民间民俗文化交流外，还将举办两岸民间宫庙叙缘交流会、开漳圣王文化节等具有浓郁地方特色的活动，以不断丰富祖地文化内涵，扩大两岸民俗交流。**三是**除将举办海峡物流论坛等区域和行业交流合作活动外，还将邀请台湾部分县市举办推介会，促进两岸经贸互惠合作，共同繁荣发展。**四是**打造两岸民众嘉年华。继续办好台湾特色庙会、名优特产展销、闽台民间民俗表演等民众喜闻乐见的活动，使海峡论坛真正成为两岸乡亲欢乐祥和的喜庆节日。在此期间，作为海峡论坛的组成部分，第七届两岸侨界和平发展论坛也将同时在厦门举行，论坛将以“携手传承中华文明，共同建设侨乡文化”为主题，以文化为媒，推进两岸侨界民间交流，增进两岸民众亲情乡情，共商两岸经贸往来，共享两岸和平发展商机。我们期盼各位朋友能与我们相聚厦门，热忱欢迎台湾各党派、各界人士特别是基层民众踊跃参与。

各位嘉宾，各位朋友，再过十几天就是中国传统的端午节，此时此刻，我不由想起于佑任老先生所写的诗作《望大陆》。这首诗抒发的思国怀乡之情，堪称是一首触动华夏子孙灵魂隐痛的绝唱！推动两岸关系和平发展，是两岸同胞和广大侨胞的共同愿望。两岸关系和平发展的局面需要两岸同胞共同维护，也要靠两岸同胞共同开创。让我们携起手来，集合两岸侨界和海外侨胞的力量，为不断增进两岸民众思想感情的大融合，为两岸民间交流构建新平台、开辟新渠道、创造新形式、拓展新领域，不遗余力地为推进两岸关系和平发展、民族振兴作出应有的贡献。

衷心祝愿各位嘉宾、各位乡亲、各位朋友身体健康、家庭幸福、事业兴旺！

在2012中国侨联海外委员和海外青年委员年会上的讲话

（2012年7月4日）

林　军

尊敬的中共四川省委李登菊常委，

各位海外委员、海外青年委员，各位朋友：

大家上午好！

在这绿树成荫的盛夏时节，我们非常高兴地邀请到来自57个国家和地区的240余名中国侨联海外委员和海外青年委员共聚美丽蓉城，共叙同胞友情，共商侨联工作。在此，谨向远道而来的各位委员、青年委员表示热烈的欢迎！向你们并通过你们向广大海外侨胞致以亲切的问候！

此次我们共聚成都，将就共同关心的问题进行交流，听取有关专家就涉藏和境外反邪问题的报告，会后我们还将组织大家赴四川和新疆考察参观，进一步了解我国西部地区经济社会发展的情况。借此契机，我们也希望能听到大家对我们工作的意见和建议，希望各位知无不言，参访时多看多听多问多思，回去后积极向侨界朋友们介绍年会的有关情况，阐明我们对一些问题的立场和观点，帮助他们认识真实的中国。

各位委员，各位朋友：

中国共产党和中国政府十分重视侨务工作，党和国家领导人多次指出，分布在世界170多个国家和地区的几千万海外侨胞是中国的独特资源，是在海外展示中华民族形象的重要窗口，在维护和促进祖国统一、弘扬中华文化、拓展公共外交、扩大中国人民同世界各国人民友好交往等方面，发挥着重要独特的作用。中国侨联作为广大海外侨胞和国内归侨侨眷自己的组织，以为侨服务为己任，不断强化为侨服务工作，重视发挥海外委员和青年委员的作用，广泛团结海外侨胞和归侨侨眷，努力为改革开放和现代化建设服务，为传播弘扬中华优秀文化、促进祖国统一、促进侨社和谐与侨胞事业发展做了大量的和力所能及的工作。去年以来，中国侨联围绕党和国家大局，创新思路、扎实有为、亮点纷呈，得到了党中央和归侨侨眷、海外侨胞的充分肯定。借此机会，我把中国侨联这一年多来的重点工作向大家作一简要通报。

服务经济社会发展取得新成绩。一是服务区域经济发展。去年，我们组织千名侨商参与浙江、黑龙江、天津、山西等地的多场经贸活动；在江苏无锡、浙江杭州、湖南长沙建立了“新侨创新创业示范基地”。今年以来，我们又先后组团出席了中国河南国际投资贸易洽谈会、中国东西部经贸洽谈会、中国天津投资贸易洽谈会、中国中部投资贸易博览会和中国青海绿色经济投资贸易洽谈会，主办了“海外知名侨商齐鲁行”、“创业中华·创新江苏—2012侨资侨智对接洽谈会”、“2012中国资本成长论坛”等。近两年，中国侨联先后与河北省、甘肃省、青海省、宁夏自治区、新疆自治区政府签署了战略合作协议，充分发挥侨务资源优势，支持区域经济发展。**二是服务侨资企业发展。**通过编发侨商资讯，为全国50余个侨商会组织的8000多个侨资企业提供政策咨询、形势分析和产品宣传等方面服务，并通过考察走访、“侨帮侨”、项目对接等多种方式，为侨资企业密切交流合作、调整产业结构、促进转型升级、提高经济效益、形成资源共享搭建平台。**三是服务新侨创业发展。**通过举办“创业中华”主题活动、特聘专家座谈会、海内外高层次人才融合发展论坛和创新峰会等活动，推动海外高层次人才回国创业，为他们施展才华提供舞台。深入开展新侨专题调研，加强了对新侨工作的研究和指导。中国侨联第四届新侨创新成果交流会召开在即。**四是服务民生事业发展。**中国侨联继续做大做强公益品牌活动“送温暖、献爱心”、“侨爱心工程”、“健康光明联合行动”、“助侨惠农工程”等，惠及侨界和社会特困群体。由中国侨联援建的，也是在座各位爱心关注的北川中学目前运行状况良好。

参政议政和重大纪念活动呈现新亮点。一是上报侨情信息更受重视。我们通过调查研究、出访考察、接待侨胞等方式，了解侨情，倾听侨声，汇集侨意，编写《侨情专报》上报中央，信息量逐步加大，内容不断深化，实现了常态化报送，使中央领导能经常看到中国侨联的活动，听到广大归侨侨眷和海外侨胞的呼声，得到中央领导同志的重视和肯定。**二是服务代表委员尽职尽责。**“两会”期间召开座谈会听取归侨人大代表、侨联界政协委员和列席政协会议海外嘉宾的意见建议；为侨界代表委员提供大家所关注的提议案素材，今年采用率达到100%；组织全国政协侨联界委员到贵州省和山西省考察调研，形成有价值的考察报告；对侨界人大代表、政协委员提出的建议和提案，积极主动与有关部门协商解决办法。**三是参与重大纪念活动有声有色。**去年我们充分发挥各方面积极作用，组织侨界隆重纪念中国共产党成立90周年和辛亥革命100周年，开展了一系列的主题活动。特别是中国侨联代表各人民团体在中央召开的纪念辛亥革命100周年大会上发言，各级侨联干部和广大侨界群众备受鼓舞；在联合国总部大厦成功举办以“辛亥革命与中国现代化”为主题的《发展中的中国1911—2011》图片展，邀请了联合国副秘书长、我驻联合国副代表、外国使节、当地政要以及众多海外侨胞参观，在海内外引起了强烈反响。

弘扬中华优秀文化拓展新平台。一是海外演出百花齐放。去年来，中国侨联组派14支“亲情中华”艺术团，在五大洲的30多个国家举行了100多场正式演出和100多场联欢活动。同时，统筹、联合、支持地方侨联组派12支“亲情中华”艺术团，在25个国家和地区共巡演了60余场。特别是今年上半年配合中央领导同志出访缅甸、纪念华人移民巴西200周年和首次到访未建交国家巴拿马演出，探索了工作的新模式，深化了演出的新内涵，增强了活动的影响力。“亲情中华”海外演出已成为近年来持之以恒，以一个主题在海外到访城市最多、演出场次最多、现场观众人数最多的活动项目。此外，“五洲同春”2011新年晚会，也在美国西部城市举行了8场大型演出，一大批美国政要出席晚会现场观看演出和相关活动。**二是华文教育薪火相传。**近两年的“世界华人学生作文大赛”吸引了全世界27个国家和地区的1400多万人次参加；组织获奖学生和海外华文教师开展夏令营活动，增进了世界各国华人学生、教师之间的文化交流与沟通，推动了中华优秀文化在海外华裔新生代中的广泛传播。**三是公益文化推陈出新。**今年春节我们首次举办“祖国惦念你2012亲情中华春节晚会”，并通过中央电视台面向全球播出，晚会因主题鲜明、场面宏大、情感丰富、节目精湛而备受海内外瞩目，获得第七届“中华慈善奖·最具影响力慈善项目奖”。投拍重大题材电影《辛亥革命》和《钱学森》，受到广泛好评，前不久教育部提出将《钱学森》作为一部爱国主义教材要求各地学校组织学生观看。中国华侨历史博物馆动工兴建，有关专业机构相继成立，藏品捐赠和整理工作正在有序进行。为推动华侨华人问题的研究，中国侨联有关部门发布中国侨史课题，启动实施侨史工程，举办华侨华人系列讲座，与高校合作举办学术研讨会，推动中外人文交流。目前正紧锣密鼓积极筹备“世界华侨华人美术书法展”和“华侨与公益事业专题展”。

海外联谊和对台工作实现新进展。一是和谐侨社稳步推进。今年以来，中国侨联领导分别带团访问了20多个国家和地区，加强与海外侨社的接触和联系，引导海外侨社不断加强自身建设，努力实现和谐侨社建设的目标。去年来我们分别召开非洲和亚洲、大洋洲中国侨联海外顾问、海外委员、青年委员年会，为深入推进和谐侨社建设再次发出号召、提出要求。同时在云南昆明召开座谈会，扩充中国侨联海外队伍，进一步完善海外人才信息库建设。今年我们还将举办“2012两岸四地侨界青年论坛”和“拉丁语系国家文化交流活动”。**二是对台工作逐步深入。**去年，我们围绕纪念辛亥革命100周年，与广东省、湖北省、江苏省、上海市合作开展“辛亥百年足迹行”，组织台湾中华侨联总会代表团参访；今年，我们则着重围绕“九二共识”20周年开展相关活动。我们刚刚在厦门与台湾中华侨联总会联合举办了“第四届海峡论坛暨第七届两岸侨联和平发展论坛”，进一步深化两岸侨界的交流合作。值得一提的是这次论坛是以中国侨联赴台“亲情之旅”访问拉开序幕的。在台期间，我们的足迹遍及台北、台南、高雄和澎湖，不仅会见了国民党吴伯雄荣誉主席、海基会江丙坤董事长、书画大师欧豪年先生等政商学界高层要人，还走访了侨联总会、华侨协会总会、中国国民党归侨联谊会、林氏和李氏等宗亲会和同乡会，更重要的是，我们秉持促进基层民众广泛交流的主旨，在台北和台南举办了侨乡图片展、恳亲座谈会等活动，组织福建省地市县和乡镇侨联与台湾众多同乡会、宗亲会等共同签署了一系列交流合作协议，进一步以“血缘之亲”、“乡土之根”为渠道，增进亲情、乡谊，达成了更加广泛的共识。通过访问，我们期待两岸侨联更加紧密的合作，推动两岸关系和平发展，推进海外侨社和谐建设。**三是公共外交作用独特。**我们将在欧洲藏胞较为集中的德国举办“和美西藏”油画展，向海外藏胞和当地主流社会介绍、宣传西藏的社会发展和建设成就，增进他们对西藏现实的了解和认识。

参与社会管理和维护侨益立足新起点。一是探索参与社会管理方式创新。参与社会管理既是侨联组织分内的工作，又是中央在新时期赋予人民团体的重要任务。特别是越来越多的地方党委和政府认识到侨联组织在服务经济社会发展、加强创新社会管理所发挥的重要作用，致使17个省级党委先后下发了加强侨联工作的意见，为进一步加强侨联基层组织建设，参与社会管理提供了坚强保障。**二是推动维护侨益再上台阶。**我们在全系统建章立制，推动全国侨联系统主动维权、科学维权、依法维权从而形成规范化、制度化的维权工作新局面。由中国侨联倡导发起的中央“五侨”信访维权工作联系机制已取得良好成效，许多涉侨案件得到妥善办理；开展特聘海外律师回国考察活动，为侨联在海内外做好依法维权工作探索新路；启动“六五”普法工作，营造爱侨护侨良好氛围。今年，我们以开展纪念法顾委成立30周年活动为契机，进一步加强法顾委组织建设，扎实推进依法维权工作。

各位委员，各位朋友！

广大海外侨胞的尊严与幸福离不开中国的发展和民族的复兴。海外侨胞爱国爱乡、克勤克俭的光荣传统，同样也是中华民族不可或缺的重要精神财富。在世情、国情、侨情发生变化的历史条件下，海外侨胞如何更好地认清形势、完善自身、赢得尊重，在为住在国做贡献的同时，更好地参与到中国发展与民族复兴的伟业中来，是摆在我们面前的重要任务。有鉴于此，中国侨联提出了“国内海外工作并重，老侨新侨工作并重”的工作思路，从而使海外顾问、海外委员、海外青年委员理所当然地成为我们开展海外工作重要依靠力量。这就意味着，中国侨联海外顾问、海外委员、海外青年委员必须担当起5个方面的角色：

一是要做中外文化友好交流的倡导者。正因为长期生活在海外又与住在国民众有着广泛联系的广大侨胞，熟悉中外文化各自的特色，了解不同民族思维方式和审美情趣的差异，因此在弘扬中华优秀文化、增进中外文化交流方面具有独特的优势。我们鼓励海外侨胞与当地主流社会共同举办中华民族节庆活动，在异国他乡的多元文化中展示中华民族的悠久历史和灿烂文化，进一步增进海外侨胞的民族认同和文化认同，增强中华文化的感召力和凝聚力，让中华优秀文化的精髓能够在海外侨社不断传承光大，让国际社会有所理解。我们将通过中国华侨历史博物馆、中国华侨华人历史研究所、中国华侨出版社、各地侨刊乡讯以及“亲情中华”主题活动等文化载体，提供思想深刻、情谊深厚、艺术精湛、喜闻乐见的文化精品，坚持不懈地把中华民族优秀文化奉献给海外侨胞和当地民众。同时希望海外侨胞注意吸收世界各国优秀文明成果，不断将各国文化建设的先进理念和有益经验介绍给中国，促进中外文化相互借鉴，取长补短，努力成为中外文化交流的友好使者。

二是要做中国经济社会发展的热心参与者。一个拥有资金、技术优势，熟悉中国和所在国市场和文化并真心希望中国强大的海外侨胞群体，是我国现代化建设不可或缺的生力军；我们热忱欢迎海外侨胞在开拓海外市场的同时，积极参与祖（籍）国的经济建设，特别是那些有着广阔市场前景、必将成为新的经济增长点的新能源、新材料、生物科技、信息网络等战略性新兴产业，在高新技术、节能环保、现代服务业等领域大显身手，积极参加促进中西部地区、东北地区等老工业基地和少数民族地区发展的经贸活动，凭借海外侨胞了解中国国情又拥有住在国市场资源和商务网络的优势，为国内企业参与海外能源、资源开发项目，实现双向合作进行有益的尝试；凭借熟悉国外法律法规、资本市场运营和文化习俗的优势，为国内企业有效抵御跨国经营风险提供力所能及的帮助。

三是要做和平统一的积极推动者。推进两岸关系和平发展，促进祖国和平统一，实现中华民族伟大复兴是海内外中华儿女的共同心愿。当前，两岸关系稳中有进、成果丰硕，两岸协商取得了新的成果，两岸互利合作进一步深化，两岸大交流全面展开，包括侨界在内的各领域交往更加常态化、机制化，不断取得务实进展，两岸民众的彼此联系更加紧密，相互感情更趋融洽。希望海外侨胞借此东风，围绕“九二共识”20周年系列活动，继续为推动中国和平统一大业，推动海外“反独促统”活动务实、健康、深入发展贡献力量。我们将一如既往支持海外侨胞以民族的共同利益为基础，以文化的共同渊源为桥梁，以民族的共同感情为纽带，增进与台湾传统侨团、海外台湾籍同胞的联谊，进一步聚同化异、增进互信，以更坚决的态度维护两岸关系和平发展，以更积极的举措促进两岸各领域交流合作，共同推动两岸关系朝着祖国统一的方向继续前行。

四是要做和谐侨社的悉心维护者。实现海外侨胞的团结与协作，是构建和谐侨社的根本要求。我们一贯鼓励和提倡新、老侨胞之间，来自不同省籍、不同国家和地区侨胞之间，在爱国主义的旗帜下，以促进祖国和平统一为政治基础，紧密团结，相互包容、合作共赢。在关系整体民族形象的问题上，兼容并蓄，步调一致，在涉及海外侨胞生存发展的问题上，加强协调，和衷共济。在侨社中大力倡导和谐理念，大力培育和谐精神，积极维护侨社团结，及时化解侨社矛盾。在社团内部和社团之间建立起化解分歧、相互支持的长效机制，以共谋侨社福祉，增强侨界凝聚力，实现共同发展的目标。实现海外侨社的团结与合作，骨干侨团和侨领要发挥表率作用。中国侨联海外委员、海外青年委员正日益成为海外侨社的领导和接班人，如果我们都能带头在侨团中推进和谐和睦，就能不断增强社团的吸引力和凝聚力，从而推动和谐侨社健康成长。

五是要做公共外交的自觉实践者。公共外交是国家整体外交的重要组成部分，基本任务是向世界介绍中国，促进外国公众认识真实的中国。由于广大海外侨胞长期生活、工作在国外，与住在国各阶层有着广泛的联系，最便于也最容易以住在国公众易于接受的方式，向住在国人民介绍中国的文化传统、社会发展、经济状况、政治体制和对内、对外政策，因此理应成为开展民间外交最积极的实践者，并在增进对华了解和拓展侨务公共外交领域有所作为。希望广大海外侨胞更加自觉、更加主动地开展“让世界了解中国”的活动，客观真实地向当地社会和民众介绍中国改革开放所取得的成就，宣传中国走和平发展道路、建设和谐世界的理念以及我们为实现两岸关系和平发展所做的努力，进一步树立我良好国家形象，深化世界各国对中国维护国家主权、促进经济发展、实现祖国统一的理解和支持。通过与住在国议会、媒体和社会各界人士建立联系、密切往来，牢牢掌握话语权，增信释疑，不断构建对我和平发展有利的社会舆论环境。

各位委员，各位朋友！

今年是我国发展进程中具有特殊意义的重要一年，中国共产党将召开第十八次全国代表大会，我国经济社会发展也将进入具有决定意义的阶段。希望各位委员能够借此机会到各地多走走、多看看，把会议精神带回去，以期为传承传播中华优秀文化，参与祖国建设发展，推进和平统一大业，营造和谐侨社氛围，积极促进中外友好交往，不断做出新的更大的贡献！

预祝会议圆满成功，祝各位来宾身体健康，万事如意！

全面深化合作交流，携手促进中欧友谊

——在欧洲中国侨联海外顾问、海外委员、青年委员年会上的讲话

（2012年7月27日，德国汉堡）

林　军

尊敬的杨惠群总领事，

各位中国侨联海外顾问、海外委员、青年委员：

大家下午好！

很高兴来到风景秀丽、美丽如画的德国汉堡，参加欧洲海外顾问、海外委员、青年委员年会，与大家共聚一堂、共叙友情，共商进一步深化中欧的合作交流，促进中欧人民之间的友谊。在此，我谨代表中国侨联，向为本次年会的顺利召开给予鼎力支持的中国驻汉堡总领馆以及汉堡侨界表示衷心的感谢！向在座的各位侨胞和欧洲的华侨华人表示诚挚的问候和深深的敬意！

中国和欧洲是东西方璀璨文明的重要发祥地，中欧友谊源远流长，东西方思想文化交相辉映，演绎了不同文明之间对话的宏伟画卷。今年是中德、中荷建交40周年，也是中英建立大使级外交关系40周年。40年来，中欧关系经受了国际风云变幻的考验，中欧之间成功架起了一座通往友谊与合作的桥梁，逐步形成了相互依存、利益交融的紧密关系。目前，中国与欧洲各国的合作正处于最广泛、最活跃、最富有成果的时期，中欧高级别人文交流对话机制的启动，进一步充实了中欧全面战略伙伴关系的内涵，顺应了时代发展潮流，符合双方人民的真诚愿望。中欧人文交流将与政治互信、经贸往来相互促进，相互补充，共同构成中欧关系发展的三大支柱。

刚才，我们为中德建交40周年图片展举行了剪彩仪式，从中充分感受了两国人民的友好交往和深情厚谊。中德建交40年来，两国在政治、经济、文化等各领域的交流不断拓展，合作硕果累累。中德双方的经贸合作无论在广度还是深度上，都走在中欧各国合作的前列。2011年，中德贸易额达到1691亿美元，占中国与欧盟贸易总额的三成。德国在中国设立企业7500多家，累计投资185亿美元。德国是中国自欧洲引进技术最多的国家，合作金额超过500亿美元，也是欧盟首个中国公民组团出境旅游目的地，2011年互访游客均超过50万人次。两国共有69对友好城市，有500多所高校建立了校际联系。

作为德国最重要的海港城市和外贸中心，汉堡与中国有着几个世纪的历史渊源。早在1732年，来自广东的第一艘中国商船就满载着珍贵的丝绸、皮革和瓷器抵达汉堡港，由此建立起中国与汉堡之间的贸易联系。19世纪

末，以船员为主的中国人陆续来到汉堡港的圣保利区定居下来，唐人街的雏形开始呈现。如今，汉堡已成为德国与中国经济、文化交流最频繁的城市，中德两国贸易额的近40%经由汉堡港，汉堡的华侨华人数目占整个旅德华侨华人总数的1/10强，其中不少已事业有成并融入了当地主流社会，极大地提升华侨华人在德国的社会地位和形象。

各位委员、各位朋友！

新中国成立60多年来，特别是改革开放30多年来，中国经济实力和综合国力显著增强，人民生活水平大幅提高。中国已成为世界第二大经济体，占世界经济比重从1978年的1.8%增加至2010年的9.3%，进出口贸易总额居世界第二位，占世界贸易比重从30多年前的不到1%增加到目前的超过10%。与此同时，我们也清醒地看到，中国仍然是世界上最大的发展中国家，同欧洲许多发达国家相比，中国在许多方面还存在很大差距。2011年，中国人均国内生产总值不到5500美元，仅相当于英国的七分之一。中国的城镇化率刚刚超过50%，而英国达到了90%以上。

今年是中国“十二五”时期承前启后的重要一年。“十二五”期间，中国国内生产总值预期年均增长7%，到2015年将达到55.8万亿元人民币；社会消费品零售总额将保持年均增长15%以上，到2015年达到5万亿美元，国内市场规模将居世界前列；对外贸易和直接投资将保持年均两位数增长，到2015年进口规模有望达到10万亿美元，对外投资五年将超过5000亿美元。这种态势不仅有利于中国自身的发展，也将有助于世界经济的强劲、可持续、平衡增长。在可预见的未来，中国将成为世界第一大进口国和世界最大的消费市场。中国双向投资也将在较长的时间内趋于平衡，这将为包括欧洲在内的世界各国企业带来巨大商机。

随着世界多极化、经济全球化、社会信息化深入发展，今天世界各国的相互联系更加紧密，相互依存度更高，利益交融前所未有，相互交流和沟通的愿望、需求比以往任何时候都要强烈。当前，国际金融危机对世界政治、经济、安全的深层次影响继续扩大，中国已然成为影响国际体系变动的重要因素。21世纪的第二个十年，中国既有信心牢牢把握发展的重要战略机遇期，同时也做好了面对更多内外风险挑战的准备。中国与欧洲各国都需要加深相互的理解和支持，中欧人民更需要以务实、创新、开放的思维扩大合作交流，促进交往和友谊，共同致力于推动中欧共赢。

多年来，欧洲的侨胞们坚持和弘扬中华民族自强不息、顽强奋斗的精神，在主动融入当地社会的同时，时刻关心祖（籍）国发展，支持家乡建设。中国侨联海外顾问作为德高望重的前辈，积极组织侨社活动，增进侨社的吸引力和凝聚力，始终引领着侨社的健康发展；中国侨联海外委员、青年委员正日益成为海外侨社的领导和接班人，他们带头在侨社中推进和谐和睦，发挥了重要的骨干作用。中国侨联作为广大海外侨胞和国内归侨侨眷自己的组织，以为侨服务为己任，重视发挥海外顾问、海外委员和青年委员的作用，广泛团结海外侨胞和归侨侨眷，努力为改革开放和现代化建设服务，为传播弘扬中华优秀文化、促进祖国统一、促进侨社和谐与侨胞事业发展做了大量的和力所能及的工作。

2010年开始，我们先后在欧洲、大洋洲、非洲召开了3次中国侨联海外顾问、海外委员、青年委员年会。今年2月，我们在厦门召开了亚太地区中国侨联海外顾问、海外委员、青年委员年会，提出若干推进建设和谐侨社的主张，在海外侨胞中引起热烈的反响。本月初，在成都召开的2012中国侨联海外顾问、海外委员、青年委员年会上，我们提出，中国侨联海外顾问、海外委员、海外青年委员必须担当起5个方面的角色。这就是：**要做中外文化友好交流的倡导者，要做中国经济社会发展的热心参与者，要做和平统一的积极推动者，要做和谐侨社的悉心维护者，要做公共外交的自觉实践者，**得到了大家的广泛认同。我们这次年会，就是要继续按照推动建设和谐侨社的目标，共商侨界团结之策，共谋侨社和谐大计，全面深化中欧之间的合作交流，携手促进中欧人民之间的友谊。借此机会，我提三点希望，与各位海外顾问、海外委员、青年委员共勉。

一是拓展战略伙伴关系，深化中欧经济合作。拓展和深化全面战略伙伴关系，不仅是中欧双方的战略选择，也是中国与欧洲18亿人民的共同诉求。一个团结强大的欧洲符合世界的根本利益，一个和平发展的中国也必然为欧洲和世界带来更大福祉。当前，世界经济形势仍然十分复杂，各国利益交融更加紧密，中欧战略合作有利于促进各自经济社会的可持续发展，也有利于解决当今世界面临的共同挑战。中欧双方应加强互动与合作，以便在新的双边、多边和全球框架内更好地把握机遇，迎接挑战。欧洲国家拥有雄厚的经济发展基础和强大的科技创新力量，中国拥有丰富的劳动力资源和广阔的市场，当“欧洲设计”遇上“中国制造”，“欧洲技术”遇上“中国市场”，必将为中欧之间的经济合作注入新的动力。

经过几代人的艰苦奋斗，旅居欧洲的侨胞已经成为当地经济社会发展的重要成员之一，他们在拓展自身事业的同时，也为住在国带来了税收和就业机会，促进了当地经济社会的繁荣发展。希望旅欧侨胞审时度势、居安思危，发挥优势、着眼长远，敏锐地抓住中国“十二五”时期经济社会发展和“欧洲2020战略”实施的发展机遇，积极参与祖（籍）国和住在国的经济社会发展，积极推进中欧双方各领域的合作，在深化国际能源资源开发合作、开展技术研发和开拓海外市场中成就自己的事业。要发挥侨胞熟悉欧洲市场、资本运营和文化习俗的优势，帮助国内企业有序到欧洲投资，为国内企业有效抵御跨国经营风险提供力所能及的帮助。

二是拓展民间外交，促进中欧人民友谊。“国之交在于民相亲”，扩大中欧之间的交往和了解，增进人民的友谊与互信，对于中欧关系的长期稳定发展至关重要。旅欧侨胞有着百年的移民历史，他们与住在国民众共同劳动生活，沟通交流顺畅，建立了深厚的友谊，是向住在国民众宣传、展示中国形象，讲述“中国故事”的民间使者。希望旅欧侨胞更加自觉、更加主动地开展“让世界了解中国”的活动，客观真实地向当地社会和民众介绍中国改革开放所取得的成就，宣传中国走和平发展道路、建设和谐世界的理念以及我们为实现两岸关系和平发展所做的努力，深化世界各国对中国维护国家主权、促进经济发展、实现祖国统一的理解和支持，不断构建对我和平发展有利的社会舆论环境；通过与住在国政府、议会、媒体、智库和社会各界人士建立联系、密切往来，最大限度地寻求共识，增信释疑，让同情、理解和支持我们的朋友越来越多，让更多的公众汇聚到中欧友好事业中来；要以庆祝建交周年、中欧市长论坛、“中欧文化对话年”和伦敦奥运会等为契机，大力开展民间友好活动，邀请国际朋友来华观光旅游和进行文化交流，推动中欧人民加深了解、增进友谊，扩大人文交流，为中欧关系的持续发展奠定坚实的社会基础和民意基础。

三是增进中外文化交流，树立海外中华儿女优秀形象。广大海外侨胞长期生活在海外，与住在国民众联系广泛，熟悉中外文化，了解当地民众的思维方式和审美情趣，在传承中华优秀文化、增进中外文化交流等方面具有独特的优势。希望广大海外侨胞积极举办传承中华文化的各种活动，展示中华文化的独特魅力，向世界各国传播中华优秀文化，推动多层次文化交流；同时，注重吸收借鉴世界各国优秀文明成果，不断将各国文化建设的先进理念和有益经验介绍给中国，促进中外文化相互借鉴，取长补短，彼此交融，为不断丰富和发展世界文明的多样性贡献力量。

长期以来，广大旅欧侨胞发扬勤劳善良、讲信修睦、互助友爱的传统美德，与住在国人民和睦相处，主动融入当地主流社会，赢得了住在国政府和民众的广泛赞誉和尊重。希望旅欧侨胞继续发扬中华民族的传统美德，尊重当地社会民族和宗教习俗，守法文明经商，热心参与公益事业，努力成为“好公民”、“好居民”，用自己的辛勤劳动和诚信经营赢得当地人民的信任和尊重，为当地的经济发展和社会进步贡献智慧和力量。无论是新老侨胞，还是来自不同地域的侨胞，都应该加强团结协作、相互扶助、互相关爱，在侨团之间和举办大型活动时相互支持、协调一致，在涉及华侨华人重大问题上，发出一致声音，采取一致行动，努力树立海外中华儿女的优秀形象。

各位委员，各位朋友！

今年是我国发展进程中具有特殊意义的重要一年，中国共产党将召开第十八次全国代表大会，我国经济社会发展也将进入具有决定意义的阶段。希望各位委员积极为深化中欧经济合作、促进中欧人民友好交往和增进中外文化交流，不断做出新的更大的贡献！

预祝会议圆满成功，祝各位来宾身体健康，万事如意！

在中国侨联八届七次常委会议上的讲话

（2012年8月8日）

林　军

各位常委、同志们：

我受中国侨联八届七次主席会议委托，向常委会报告八届四次全委会议以来的主要工作，部署年内后几个月的任务。

一、今年以来的主要工作

今年以来，各级侨联认真贯彻党的十七大和十七届六中全会精神，以邓小平理论和“三个代表”重要思想为指导，深入贯彻落实科学发展观，按照年初中央书记处对侨联工作的重要指示精神和中国侨联八届四次全委会议的工作部署，主要做了以下六个方面的工作：

（一）加强文化宣传工作，拓展“亲情中华”活动

各级侨联认真学习贯彻党的十七届六中全会精神，发挥侨联组织在推动社会主义文化大发展大繁荣、中华文化走向世界的积极作用。**一是**召开全国侨联文化宣传工作会议，就深入做好新形势下全国侨联文化宣传工作，研究现实问题、总结各地经验、理清发展思路、明确战略举措，为侨联文化宣传工作的全面推进凝聚了共识和力量。**二是**配合高访组织海外巡演。上半年，中国侨联共组派6支“亲情中华”艺术团，分赴14个国家和地区进行了34场正式演出和40余场联欢活动，继续统筹、支持地方侨联派艺术团赴海外巡演。特别是今年5月，“亲情中华”艺术团首次配合中央领导同志访问缅甸进行演出。访缅演出不仅充分展现了浓郁的中国文化元素，还极具缅甸地方特色。缅方党政军要人齐聚演出现场，观看人员盛况空前，当地主流媒体高度关注，国家电视台对晚会进行了全程录像，并在多套电视节目实况播出。**三是**“亲情中华”巡演走进未建交国家。今年6月，“亲情中华”艺术团首次到访未建交国家巴拿马慰问侨胞，受到当地侨胞热烈欢迎，既增进了旅巴侨胞与祖国的感情，也有力促进了侨社团结。这次巡演对巴拿马人民了解和欣赏中华优秀文化、增进中巴两国人民的友谊起到积极作用。**四是**积极搭建平台，不断扩大中华文化的影响力。中国侨联与甘肃省侨联在甘肃天水举办了“华侨华人与中华文化走出去”研讨会，就中国侨联如何在推动中华文化走出去中发挥作用交流经验、建言献策，并与有关省侨联对接了一些文化交流项目。中国侨联还与人民网合作，在时政频道开设“亲情中华”专栏，集中反映侨联文化交流工作的成效，展示海内外侨界文化活动动态，进一步扩大对外宣传。目前，中国侨联正联合中国文联、中国美术家协会、中国书法家协会

筹备举办首届“亲情中华——世界华侨华人美术书法展”，拟在国家博物馆展出，作品征集进展顺利。**五是**坚持开展侨界青少年文化交流活动。今年由中国侨联与有关单位联合主办的第13届世界华人学生作文大赛，吸引了27个国家的700多万华人学生参赛，各级侨联组织获奖学生和海外华文教师开展夏令营活动，增进了世界各国华人学生、教师之间的文化交流与沟通，推动了中华优秀文化在海外侨胞中的广泛传播。**六是**不断拓展公益性文化事业。今年春节，由中国侨联主办、中国华侨公益基金会承办、各级侨联积极参与的《祖国惦念你——全球华侨华人大型公益晚会》，获得第七届“中华慈善奖·最具影响力慈善项目奖”。中国华侨公益基金会召开了“华侨与公益事业专题研究”学者座谈会，侨界热心公益人士继续积极捐建侨爱心学校，各专项基金募集渠道不断扩大。中国华侨历史博物馆在馆舍建设、藏品征集整理、展陈大纲编写、队伍建设等方面均取得新进展。中国侨联在四川举办的《中国汶川·从悲壮走向豪迈》百米国画展取得成功，使观众深受震撼。

（二）积极开展对台工作，扩大两岸侨界交往

各级侨联充分发挥民间性特点和组织优势，以两岸达成“九二共识”20周年为契机，进一步加强与台湾侨界的联系，搭建共同的文化桥梁，深化共同的民族感情，夯实“九二共识”的政治基础。**一是**中国侨联首次组团赴台湾开展恳亲联谊活动。应台湾中华侨联总会的邀请，中国侨联组团先后赴台北、台南、高雄、澎湖等地开展恳亲活动。代表团拜会了国民党荣誉主席吴伯雄、海基会董事长江丙坤、书画大师欧豪年等政商学界高层要人，走访了台湾侨联总会、台湾华侨协会总会、中国国民党归侨联谊会、林氏和李氏等宗亲会和同乡会，在台北和台南举办了侨乡图片展、恳亲座谈会等活动，组织福建省地市县和乡镇侨联与台湾众多同乡会、宗亲会签署了一系列交流合作协议，进一步以“血缘之亲”、“乡土之根”深化与岛内基层民众的广泛交流，增进两岸同胞的文化和民族认同。两岸侨联在台湾举办的首次恳亲联谊活动，为两岸民间交流拓展了新领域，使两岸侨胞联系更加紧密、感情更加贴近、利益趋于融合。**二是**进一步丰富两岸侨联和平发展论坛活动。中国侨联作为第四届海峡论坛主办单位之一，与台湾中华侨联总会联合举办了以“携手传承中华文明，共同建设侨乡文化”为主题的第七届“两岸侨联和平发展论坛”，来自两岸的侨界代表和专家学者围绕共同的“根亲文化”、“侨乡文化”进行互动，探讨以共同的文化为纽带，推进两岸侨界民间交流；以共同传承传播中华优秀文化为目的，增进两岸民众亲情乡情；以共同促进两岸经贸合作为契机，推进两岸侨乡繁荣发展。两岸侨联通过了《共同征集华侨华人历史文物文史的倡议书》，围绕闽台“五缘”相通的文化渊源，积极扩大中华文化在海外的影响力。两岸侨联和平发展论坛自创办以来，开展了一系列增进共识、深化合作的交流活动，建立了常态化的交流机制，由大陆到台湾、由高层到基层、由内容到形式都实现了新的突破和新的提升。**三是**推动两岸侨商界的交往。去年，中国侨商会邀请台湾侨商界人士出席第十届冀台经济合作洽谈会，就加强两岸侨商合作交流进行了友好协商。经过近一年的努力，推动了两岸侨商界的交往。今年5月，台湾侨商联合会开始筹备，7月筹委会参访团到京走访了中国侨联，双方就两岸侨商界加强交流合作达成了共识，并商讨了举办首届两岸侨商峰会具体事宜。据悉，台湾侨商联合会将于9月正式成立。

（三）拓展侨商和新侨工作，充分发挥独特优势

各级侨联把加强侨商和新侨工作，发挥他们的优势和作用作为重要任务来抓，为参与地方经济社会建设做出了显著贡献。**一是**支持地方经济建设力度加大。今年以来，中国侨联与地方侨联先后组织大批侨商出席了第七届中国河南国际投资贸易洽谈会、第十六届中国东西部经贸洽谈会、中国·天津第十九届投资贸易洽谈会、第七届中国中部投资贸易博览会和第十六届中国兰州投资贸易洽谈会，与山东、江苏等省侨联分别主办了“海外知名侨商齐鲁行”、“创业中华·创新江苏—2012侨资侨智对接洽谈会”等活动，首次组织侨商参与青海省政府举办的中国·青海绿色经济投资贸易洽谈会。中国侨联与宁夏自治区政府举办的“世界侨商宁夏行”活动邀请了320多名侨商侨领参加，会上共签约48个项目，总投资达376亿元人民币。中国侨联与山西省委、省政府共同主办的“首届世界晋商大会”将于8月19日至20日在太原召开。中国侨联先后与甘肃、青海、宁夏等省区政府签署了《战略合作协议》，积极支持地方经济社会发展。**二是**主动探索侨商组织“走出去”合作途径。中国侨商联合会于今年五六月间首次组团赴欧洲、北美，与欧美工商界、华侨华人商会及专业人士社团分别举办经贸合作恳谈会，参观考察当地的大型企业，为国内侨资企业参与海外能源、资源、农业、房地产、人才等项目进行探索，以期更好地利用和整合海内外资源，不断做大做强企业。**三是**积极筹备中国侨商联合会换届工作。中国侨商联合会拟于11月中下旬召开第四届会员代表大会，会上将修改章程，选举产生新一届会长、常务副会长、副会长和常务理事，编发《中国侨商画册》。目前，各级侨联正着手按程序、条件推荐人选。**四是**首次系统组织开展新侨调研。上半年，中国侨联有组织、有计划地深入开展了新侨专题调研，课题组历时半年，通过问卷调查和案例访谈等形式，形成了12万字的专题报告和案例分析。中国侨联还专门就新侨调研工作召开了研讨会，加强了对新侨工作的研究和指导，发现了一批新侨创新创业人才，为新侨人才数据库的建设奠定了基础。**五是**筹备召开中国侨联第四届新侨创新成果交流会。经过精心准备，中国侨联第四届新侨创新成果交流会继这次常委会议之后将在人民大会堂召开。各地侨联为筹备开好会议，积极配合中国侨联做了大量工作。为表彰侨界高层次人才作出的优异成绩和突出贡献，中国侨联组织专家评定，将授予143名个人为“中国侨界创新人才贡献奖”，授予64项成果为“中国侨界创新成果贡献奖”，授予54个团队为“中国侨界创新团队贡献奖”。并随后于杭州召开“以生物技术改变世界”为主题的创新峰会，促进有关项目对接和生物技术产业聚集。**六是**加强侨商组织和侨界人才队伍建设。今年六七月间，青海省、宁夏区侨联先后成立了侨商会，尚未成立侨商会的省级侨联也在积极筹备中。上半年，江西省、北京市、辽宁省侨联先后成立了特聘专家委员会，为进一步团结、凝聚海内外侨界高层次人才发挥了作用。

（四）密切联系海外侨胞，支持港澳侨团活动

各级侨联以加强海外顾问、委员、青年委员队伍建设为抓手，密切与海外侨胞的联系，广泛汇贤纳才、注重新老结合、搭建联谊平台。**一是**通过召开年会密切与海外侨胞联系。今年2月，中国侨联在厦门召开了亚太地区海外顾问、委员、青年委员年会，6、7月间分别在昆明、成都召开了海外委员、海外青年委员年会。会议就海外侨胞普遍关注的问题请有关方面介绍亚太和东南亚形势以及世界经济走势和国内经济发展情况，通报侨联工作，引导他们认清形势，在为住在国做贡献的同时，更好地参与中国发展与民族复兴的伟业。年会还就推进和谐侨社建设、融入住在国主流社会、弘扬中华文化和开展公共外交等话题进行深入探讨。**二是**拓宽联谊空间，丰富联谊形式。中国侨联通过澳门侨界社团和海外委员，邀请缅甸、泰国、老挝、柬埔寨、越南以及澳大利亚等国家和地区的侨社、侨团代表，参加澳门恭迎佛顶骨舍利瞻礼祈福活动，拓宽联谊空间，活跃联谊形式。7月底，中国侨联与上海市侨联、统战部西藏网合作，在达赖集团影响较大的德国柏林和汉堡成功举办了“和美西藏”油画展，以艺术的形式向海外藏胞和当地主流社会介绍、宣传西藏的社会发展和建设成就，德国总理府官员表示，这场活动“没有使用政治词汇，却讲了一个政治问题；没有用传统的宣传语言，却宣传了西藏”。**三是**积极支持港澳侨团组织的活动。中国侨联先后组团出席了香港潮属社团总会第六届会董就职典礼、华侨华人总会庆祝香港回归祖国15周年庆典活动暨第六届理监事就职典礼和香港中华总商会庆祝香港回归15周年高峰论坛，鼓励、支持侨界社团秉承“爱国、爱港、爱乡、爱侨”的立会宗旨，广泛团结香港侨界同胞，为香港地区长期繁荣稳定不懈努力。目前，中国侨联与澳门归侨总会正抓紧筹备在澳门举办“九二共识”20周年大型活动。

（五）扩大维护侨益宣传，提高参政议政水平

一是以开展纪念法顾委成立30周年活动为契机，进一步推进依法维权工作。今年5月，中国侨联召开了法顾委成立30周年纪念大会，回顾了法顾委发展历程，肯定了法顾委维权工作，总结了法顾委成功经验，为法顾委进一步充分发挥作用提出了新要求。截止目前，中国侨联法顾委已拥有海内外委员121名，在全国30个省级侨联、180个地市县侨联成立了法律咨询机构，拥有专兼职法律工作者3000余人，法顾委组织已成为依法维护侨益的一支重要力量。此前，我们还召开了“六五”普法工作会议，推动侨联系统进一步开展法制宣传教育工作和侨法的学习宣传。中国侨联为此编印出版了《中国侨联法顾委30年》、《维护侨益案例选编》，加强了维权理论的研究和对地方侨联维权工作的指导。各级侨联扎实做好信访工作，妥善处理重大涉侨涉诉案件，依法维护侨界群众合法权益，积极维护社会和谐稳定的意识不断增强。**二是**重视加强与侨界人大代表、政协委员的联系，充分发挥他们参政议政的作用。今年“两会”前夕，中国侨联针对侨胞关心的热点问题，通过调研听取各级侨联的意见和建议，积极向侨界人大代表、政协委员提供提议案素材，采用率达100%。“两会”期间，中国侨联先后举行了6场座谈会，听取归侨全国人大代表、侨联界全国政协委员和列席全国政协会议的海外嘉宾对侨联工作的意见和建议。为进一步加强与侨联界政协委员的联系与服务，中国侨联与全国政协港澳台侨委员会联合组织全国政协侨联界委员，赴山西省进行考察，调查研究当前侨界群众关心的新情况、新问题。**三是**不断做好为侨服务工作，关注侨界困难群众的生产生活问题。各级侨联坚持开展“送温暖、献爱心”活动，在春节期间，共慰问困难归侨侨眷8.4万人，累计发放慰问金1200余万元。中国侨联领导分别带队赴海南、广西、广东、福建、云南、江西等六省区华侨农场，与当地侨联组织一道开展调研，并就农场的改革发展问题向中央有关部门建言献策。中国侨联法顾委关于云南华侨农场维护侨益工作的调研报告，王兆国同志高度重视，作出重要批示，报告提出的有关建议得到全国总工会的大力支持。中国侨联继续与有关单位、涉外机构联合在湖北襄阳、黄冈、荆州、宜昌和黄石五个地区开展“健康光明行”活动，成功完成白内障复明手术1000多例。据统计，开展这一活动以来，已帮助3600余位贫困百姓重见光明，赢得了社会各界对侨联组织的广泛赞誉。

（六）深化创先争优活动，加强侨联组织建设

各级侨联广泛深入开展创先争优活动，力求将创先争优活动常态化、长效化。**一是**大力宣传侨界先进典型。“南网兄弟”归侨侨眷黄春强、黄春宁为广西十万大山护电13年的感人事迹，受到中央领导的关注和赞扬，中国侨联通过与南方电网公司总结“南网兄弟”先进事迹，号召各地侨联学习他们“辛苦我一人，点亮千万家”的奉献精神，引导广大归侨侨眷立足本职，爱岗敬业，无私奉献。**二是**认真开展表彰先进活动。“七一”前夕，各级侨联普遍开展了表彰先进共产党员和先进党务工作者活动。中国侨联召开了“创先争优先进基层党组织和先进个人表彰大会”，开展了“为侨立新功，喜迎十八大”主题实践活动，建立党组成员和基层党建工作联系点，巩固和扩大创先争优成果。**三是**提高侨联干部培训质量。今年6月，中国侨联举办了第17期干部培训班，学员来源广泛，内容针对性强。培训班充分利用优质社会教学资源，精选主题、课程、教师，中国侨联主要领导亲自授课，不仅拓展了学员的视野，增强了做好侨联工作的使命感，而且加强了各省区市侨联的联系，建立了开展工作的网络和平台。此外，2011年度《中国侨联年鉴》正式出版，《年鉴》全面汇辑了自“八代会”以来至2010年底中国侨联和地方各级侨联的工作情况，这是侨联历史上第一次组织编纂资料密集型的工具书，不仅是侨联工作图文并茂的真实记录，也是培训侨联干部的生动教材，这项工作要长期坚持下去。**四是**积极推进建立西藏自治区侨联组织。根据中央书记处的指示精神，中国侨联主动加强与西藏自治区党委、政府的联系，积极推动西藏成立侨联组织。经过努力，最近西藏自治区党委、政府已正式函复我会同意成立西藏自治区侨联，有关筹备工作正在抓紧进行中。**五是**贯彻落实加强和改进侨联工作意见取得显著成效。今年以来，河南、山西、湖南、江苏、上海等5个省市分别出台了《关于加强和改进新形势下侨联工作的意见》(以下简称《意见》)。截止目前，全国已有17个省级、7个副省级党委相继出台《意见》，其中，福建是以省委、省政府联合发文，江苏省是以省委发文，湖北、河北、北京、安徽、河南、山西、湖南是以省市委办公厅和政府办公厅联合发文，广东、江西、四川、辽宁、浙江、重庆、陕西、上海是以省市委办公厅发文。出台《意见》的省区市侨联把贯彻落实《意见》作为推动侨联工作的新动力和营造侨联事业发展的新机遇，突出的特点是：认真督查贯彻落实情况。有关省区市《意见》下发后，普遍开展了贯彻落实的督查。其中陕西省以省委名义派出3个工作组，江西省委督查室与省委统战部共同组成督查组、四川省侨联与省委教育工委组成督查组、浙江省委督查室和省侨联组成督查组，安徽省则由省人大常委会副主任亲自带队进行督查，听取各地党委的汇报和有关部门的意见，梳理文件落实中存在的问题并上报省委，推动《意见》落实过程中有关问题的解决。党政高度重视侨联工作的良好局面逐步形成。有关省区市党委、政府，把贯彻落实《意见》精神纳入重要议事日程，党委常委会定期研究侨联工作，党委主管领导分工联系侨联，侨联主席列席党委、政府有关重要会议，各相关部门积极帮助侨联解决实际困难。侨联的优势和作用更加彰显。侨联组织配合党委、政府中心工作，充分发挥优势，在建言献策、招商引资、引进人才、维护稳定、参与社会管理等方面作用越来越明显。基层组织建设得到加强。重庆市38个区县实现了基层侨联组织全覆盖；浙江省11个地级市侨联实现了单独设立，并增配了局级和处级干部职数；北京市侨联在全市枢纽型社会组织建设中率先成立了党建工作委员会，并增加了4个行政编制；湖北省13个市、州侨联中，有8个侨联做到了独立办公，实现了“五有”目标；陕西省11个市区成立了侨联组织，县级侨联组织由原来的2个增加到15个，西安等5个市级侨联增加了编制和经费；湖南省三一集团成立了全国第一个大中型民营企业侨联；新疆自治区侨联增加了1个厅级和4个处级领导职数，增设了2个内设机构，增加了4个参公编制和6个事业编制；江西省侨联机关单独设置文化工作部，并增加正处领导职数1名；广西自治区党委同意自治区侨联增设海外联谊部，并增编4名、核定后勤人员2名；辽宁省新增侨联组织11个，实现了县区侨联组织全覆盖，省侨联机关增加5个编制、2个部门；河南省侨联打破惯例，从侨联系统内提拔了3名厅级干部；广东省侨联新增一名专职副主席的职数；福建省三级侨联中有5名主席、副主席调整到重要岗位或得到提拔重用，调动了侨联系统干部工作的积极性。

有关省区市侨联贯彻落实《意见》的情况及经验，我们将在这次常委会上进行专题讨论。

二、下半年的主要任务

（一）增强政治意识和大局意识，为党的十八大胜利召开营造良好氛围

今年下半年将召开中国共产党第十八次全国代表大会，这是我们党在全面建设小康社会的关键时期和深化改革开放、加快转变经济发展方式的攻坚时期召开的一次十分重要的会议，具有重大而深远的意义。胡锦涛总书记7月23日在省部级主要领导干部专题研讨班开班式上发表重要讲话强调，高举中国特色社会主义伟大旗帜，以邓小平理论、“三个代表”重要思想为指导，深入贯彻落实科学发展观，解放思想，改革开放，凝聚力量，攻坚克难，坚定不移沿着中国特色社会主义道路前进，为全面建成小康社会而奋斗。讲话从坚持和发展中国特色社会主义的政治高度和宽广视野，科学分析了党和国家面临的新形势，系统总结了党的十六大以来的基本实践，深刻阐述了事关党和国家工作全局的若干重大问题，深刻回答了党和国家未来发展的一系列理论和实践问题，明确提出了坚持和发展中国特色社会主义，全面推进社会主义经济建设、政治建设、文化建设、社会建设以及生态文明建设和党的建设的新要求，对于统一全党思想、明确前进方向，团结动员全党全国各族人民解放思想、实事求是、与时俱进、开拓创新，满怀信心地为全面建成小康社会而奋斗具有十分重大的意义，为党的十八大召开奠定了重要的政治、思想和理论基础。各级侨联要深入学习领会胡锦涛同志重要讲话精神，把思想和行动更好地统一到中央重大决策上来，踏踏实实地做好当前改革发展稳定各项工作，自觉为党的十八大胜利召开营造良好的社会氛围。**一是**必须增强政治意识、大局意识、纪律意识。面对瞬息万变、错综复杂的国内外形势，各级侨联要保持清醒的政治头脑，坚定政治立场，增强政治鉴别力，自觉维护社会稳定，在思想上政治上行动上同党中央保持高度一致。要坚决维护党中央的权威和形象，保证中央的政令畅通。坚决抵制各种错误观点，自觉排除来自各方面的干扰，做到在大是大非问题上旗帜鲜明。**二是**必须加强宣传引导。各级侨联要教育引导广大侨界群众认真学习中国特色社会主义理论，深刻把握党和国家工作总要求、把握科学发展观的重大意义、把握中国特色社会主义丰富内涵、把握改革开放强大动力、把握伟大事业总体布局的重大部署、把握全面推进党的建设新要求，更加坚定走中国特色社会主义道路的信心，坚持改革开放不动摇，深入贯彻落实科学发展观。**三是**必须竭尽全力做好本职工作。各级侨联要强化责任意识，竭尽全力做好本职工作，要把对十八大的期盼化作迎接十八大的实际行动。为此，主要领导要带好头，抓好队伍。各单位、各部门要看好自家门、管好自家人。要认真贯彻近期召开的全国信访工作会议精神，扎实做好侨联信访工作，耐心倾听侨界群众意见，积极回应侨界群众诉求，主动解决侨界群众实际问题。**四是**必须认真抓好十八大精神的学习贯彻。党的十八大召开后，各级侨联要按照党委统一部署，及时组织学习贯彻，通过常委会议、主席会议、理论中心组学习、专题辅导报告等多种形式，迅速在各级侨联和归侨侨眷中掀起学习贯彻的高潮，切实把大家的智慧和力量凝聚到党的十八大确定的各项目标任务上来。

（二）以做好向中央书记处汇报工作为契机，加强调查研究

中央书记处听取中国侨联党组工作汇报并对侨联工作作出指示，是党中央加强对侨联工作领导的重要方式之一，现已形成制度化。自2000年以来，胡锦涛、曾庆红、习近平同志先后主持8次中央书记处办公会议，全面听取中国侨联党组的工作汇报。中央书记处对侨联工作的重要指示，饱含着党中央对归侨侨眷和海外侨胞的关怀，是中国侨联开展工作重要的指针。鉴于今年年底向书记处的汇报，是中国侨联向十八大新产生的中央书记处的第一次汇报，承前启后、继往开来，关系重大、意义不一般，因此及早做好中国侨联向新的中央书记处，以及各省市侨联做好向新一届省区市委的汇报工作，显得格外重要。**一是**要把做好向中央书记处汇报工作作为大事来抓。党的十八大后，中国侨联将接受新一届中央书记处的领导，为此，中国侨联和各级侨联要不失时机地做好充分准备，通过深入开展调查研究，抓住侨联工作面临的主要问题，把握归侨侨眷和海外侨胞的新期盼、新愿望，按照十八大提出的新目标、新要求，积极向中央建言献策。这次汇报要全面回顾十七大以来中央书记处对中国侨联所作的一系列重要指示；深刻分析当前侨情发生的新变化、新特点、新趋势，以及侨联工作面临的新机遇、新挑战；总结侨联工作取得的新成绩、新经验，提出科学发展的新思路和新建议，为侨联事业发展创造更加有利条件。希望各级侨联在常委会后，及时部署开展调研工作，于10月底前将调研成果报中国侨联。**二是**要形成各级侨联党组定期向地方党委和分管领导汇报的机制。这既是地方党委加强对侨联工作直接领导所必须，也是侨联作为人民团体主动接受党的领导必须坚持的经常性工作。各级侨联党组要以地方党委换届为东风，切实建立健全向党委分管领导汇报工作的机制，把它作为提升侨联工作的重要环节，以期争取党委对侨联工作更多了解，给予更有力的支持。

（三）做好协商推荐人大归侨侨眷代表和提名侨联界政协委员人选工作，为侨联参政议政奠定良好的组织基础

参政议政是侨联组织的重要职能，各级人大归侨侨眷代表和侨联界政协委员是侨联组织参政议政的重要力量，在国家政治生活中发挥着重要作用。今年下半年至明年初，全国各级人大、政协将陆续换届，选举产生新一届人大代表和政协委员。为做好协商推荐人大归侨侨眷代表和提名侨联界政协委员人选工作，中国侨联于上半年专门下发了通知，各级侨联要以高度的政治责任感和使命感充分认识做好这项工作的重要意义，并以此为契机，推动侨联系统参政议政工作迈上新台阶。**一是**要主动向地方党委汇报并加强与人大、政协的联系。着重反映新形势下侨联组织参政议政工作的新情况、新要求，积极提出意见和建议；全面理解和宣传《全国人民代表大会和地方各级人民代表大会选举法》、《中华人民共和国归侨侨眷权益保护法》和《中国人民政治协商会议章程》、《中国侨联章程》等相关法律法规；按照当地党委的总体部署，依法依章程协商推荐归侨侨眷人大代表和认真落实由侨联组织提名的侨联界政协委员人选。**二是**把人选推荐和协商工作建立在广泛的侨界群众基础之上。要注重推荐具有侨身份的诚实创业的带头人、学科行业的领军人、专注公益的热心人、党和政府的贴心人、侨联组织的领导人，真正把政治素质高、参政议政能力强、热心为侨服务的侨界优秀代表推荐到各级人大归侨侨眷代表和侨联界政协委员的行列中。**三是**要积极争取增加人选名额。根据侨情的新变化和侨联参政议政的新要求，争取增加一定数额的侨界人大代表、政协委员人选非常必要。应在保持本届现有人大归侨侨眷代表和侨联界政协委员名额的基础上，努力增加一定的人选名额，使侨界的广泛性、代表性得到更充分的体现。**四是**要争取侨联专职干部在新一届人大归侨侨眷代表和政协侨联界委员中占有一定比例。侨联专职干部熟悉侨联工作，与侨胞联系广泛，他们担任人大代表、政协委员有利于侨联组织更好地开展参政议政工作。因此，各级侨联在推荐协商和提名人选时，要争取符合条件的侨联专职干部在新一届人大、政协中占有一定比例，争取省级侨联主要领导担任同级人大、政协常委，并在人大华侨委员会、政协港澳台侨委员会等部门任职。**五是**要进一步建立健全侨联组织参政议政工作机制。各级侨联要把这次协商推荐和提名人选工作与全面提高侨联参政议政能力和水平结合起来，统筹建立归侨侨眷人大代表、侨联界政协委员的联系和服务机制，建立开展工作的有效平台，从制度、方法、内容和活动方式上提供保障，有计划地组织各级归侨侨眷人大代表和侨联界政协委员开展监督检查、专题调研、工作视察等活动，抓住机遇，乘势而上，在党和国家工作大局中更好地发挥侨联组织参政议政的重要作用。

（四）巩固创先争优成果，夯实基层组织基础

在全国党的基层组织开展创先争优活动是党中央为加强党的自身建设、提高党的战斗力所采取的一项重要举措。各级侨联要认真贯彻落实中央有关要求，按照同级党委的部署，不断巩固创先争优成果，在夯实基层组织基础上下功夫。**一是**把“党建带侨建，侨建服务党建”工作常态化。近几年，各级侨联党组织和广大党员在积极参加创先争优活动中，具体而生动地开展了“党建带侨建，侨建服务党建”特色实践活动，有效地推动了侨联事业的发展。各级侨联要认真总结开展“党建带侨建”的好经验、好做法，不断创新工作方法，切实通过党建带侨建，有力促进基层侨联组织建设和充分发挥作用；通过侨建服务党建，不断增强党的工作影响力和感召力。**二是**进一步建立健全联系侨界群众、服务侨界群众的长效机制。开展创先争优活动，就是要以服务侨界群众的实践成效来满足他们的要求和愿望。各级侨联要以解决侨界群众困难为重点，通过党员和干部深入实际，结对帮扶，排忧解难，完善服务设施等方式，有力提高服务侨界困难群众的水平，增强服务侨界困难群众的效果，让他们切身感受到创先争优活动带来的新变化。**三是**建设好领导干部队伍。各级侨联领导干部只要在创先争优中自觉发挥表率作用，就一定会在广大侨界群众中产生积极的示范影响和效应。侨联每一个党员领导干部，都应充分认清自己在创先争优中的责任，务必时时处处用党的先进性和纯洁性要求对照自己、提高自己，要求别人做到的自己带头做到，要求别人不做的自己带头不做。要把自己置于党和人民事业所要求的各种监督之下，以率先垂范的实际行动体现党的先进性和纯洁性。**四是**坚持做好抓基层、打基础工作。侨联的基层组织是侨联全部工作和战斗力的基础，侨联开展创先争优实践活动要通过侨联基层党组织和党员发挥作用来广泛体现。因此，各级侨联要积极加强基层组织建设，努力改善基层党组织工作条件，采取各种措施促进基层党建工作，增强侨联基层组织的活力，激发广大侨界群众的积极性，使基层侨联真正建设成为凝聚侨心、发挥侨力的名副其实、可信赖的“侨胞之家”。

（五）精心办好有影响的活动，确保年内任务圆满完成

按照年初八届四次全委会议的部署，年

内后几个月我们还将筹备和举办几场规模较大的活动，如常委会后将陆续召开第四届新侨创新成果交流会暨“创业中华·相约杭州——2012侨界海外精英创业创新峰会”、举办“九二共识”20周年活动、召开中国侨商联合会第四届会员代表大会、举办华侨与公益事业回顾展暨中国华侨公益基金会成立20周年庆祝活动、首届世界华侨华人美术书法展、“祖国惦念你”大型公益晚会、“亲情中华”元旦春节海外慰问演出以及“送温暖、献爱心”活动等。这些活动有的是已具有一定影响的品牌活动，有的则是首次举办，但无论是老品牌还是新活动，都应精心筹备、周密部署、务求实效。

同志们，今年时间已经过半，年初确定的各项工作有待大家继续完成，让我们以“行百里而半九十”的精神，不等待、不观望，以更加扎实勤奋的工作作风，为完成今年的各项工作任务而不懈努力，以优异的成绩迎接党的十八大的胜利召开！

在第四届新侨创新成果交流会上的讲话

（2012年8月10日）

林 军

各位专家，同志们、朋友们：

大家上午好！

今天，中国侨联第四届新侨创新成果交流会在人民大会堂隆重开幕了。首先，我代表中国侨联向出席开幕式的各位领导表示热烈欢迎，向给予本次活动大力支持的人力资源和社会保障部、国家知识产权局、中国科学院、中国科协等单位表示衷心的感谢！向即将受到表彰的各位新侨代表和与会的中国侨联特聘专家、首都侨界朋友表示热烈的祝贺和诚挚的问候！

新中国成立后，党和政府高度重视我国的科学技术发展，尽管百废待兴，依然不惜为此投入大量的人力物力。在此期间，以钱学森为代表的老一辈侨界科学家响应党的召唤，冲破重重阻力回到祖国，投身到新中国建设的热潮中，为我国科技事业和现代化建设建立了卓越的功勋。改革开放特别是进入新世纪以来，一大批海外赤子学成归国，以老一辈科学家为榜样，活跃在科研一线，奋斗在产学研前沿，为我国科技创新和产业变革贡献才智。在我国科技事业发展的历史过程中，侨界人才占有举足轻重的地位；在沿着中国特色自主创新前进的道路上，侨界人才始终是不可忽视的重要力量。

当前，世界主要国家为了走出国际金融危机阴影，克服共同面临的资源环境等瓶颈问题，纷纷加大科技投入，抢占科技制高点，争取发展主动权。科技竞争在综合国力竞争中的地位更加突出，科学技术日益成为经济社会发展的主要驱动力。我国正处在全面建设小康社会的关键阶段和加快转变经济发展方式的攻坚时期，现代化建设的新形势对科技支撑引领能力提出了前所未有的更高要求。最近，国家召开科技创新大会，胡锦涛总书记发表重要讲话，提出要以提高自主创新能力为核心，以促进科技与经济社会发展紧密结合为重点，进一步深化科技体制改革，着力解决制约科技创新的突出问题，加快建设国家创新体系，为全面建成小康社会进而建设世界科技强国奠定坚实基础。为此，一切有志于科技强国的侨界人才、科技精英都应为之不懈奋斗，以实际行动响应中央的号召。

海外人才是我国现代化建设的特殊资源，海内外侨界人才是我国人才资源的重要组成部分。据教育部统计，从1978年到2011年底，各类出国留学人员总数达224.51万人，其中留学回国人员总数达81.84万人。2008年底开始实施的“千人计划”，国家层面已引进

2263人。据初步统计，2011年新当选的51位中国科学院院士中，有19位具有侨的身份，其余也大多具有海外留学、修学的经历。即将在本届大会上受到表彰的中国侨界贡献奖创新人才、创新成果获得者和创新团队中，有院士9人，博士以上学位的占91.6%，近三分之一属于“千人计划”引进人才。其中，获国家三项大奖（自然科学奖、科技进步奖、技术发明奖）的有43人（49项）；获奖人才涵盖了生物医药、化工材料、环境科学等40多个学科，涉及材料科学、信息科学、航空航天和机械制造等20多个领域，为推动经济转型升级、产业结构调整作出了积极贡献。

服务侨界人才创新发展既是各级侨联落实“两个并重”总体思路的应有之义，也是凝聚侨心、壮大侨联队伍、促进侨联工作可持续发展的现实要求。中国侨联在贯彻国家人才战略、推进创新型国家建设中，始终以甘为人梯的精神和积极的态度，鼓励和支持海外高新技术人才以多种形式回国创业、为国服务。中国侨联和北京市侨联先后与天津、浙江、上海、四川、山东、河北、江苏、内蒙古、重庆等地侨联，连续多次组织海外侨界高新技术人才为国服务志愿团并开展相关活动，先后命名无锡、杭州等城市和大型企业三一重工为“新侨回国创业示范基地”，推动了海外人才、技术、项目和资本的有效对接和成功落地。2010年1月，中国侨联成立了由侨界高端人才组成的特聘专家委员会。其中院士21位，“千人计划”、“长江学者”等国家级人才引进计划入选者40多位，内设人文社科、生物与医药、材料与工程、资源与信息四个专业委员会。与此相呼应，江苏、福建、辽宁、江西、北京等省市侨联科技专家组织相继成立。自中国侨联特聘专家委员会成立以来，我们累计表彰了332名创新人才和107个创新成果，对于激励侨界人才立足岗位、建功立业产生了积极的影响。

同志们、朋友们！祖国的发展需要人才，祖国的发展也成就人才。全国科技创新大会的召开为侨界人才在经济社会发展的主战场施展才华指明了方向，增添了动力。把握新科技革命和产业变革的机遇、世界科技创新格局调整的机遇、经济发展水平不断提高和市场不断扩大的机遇，实现胡锦涛总书记提出的“到2020年基本建成适应社会主义市场经济体制、符合科技发展规律的中国特色国家创新体系”的目标，需要包括广大侨界人才在内的社会各方人才的齐心努力。我们衷心希望：

第一，侨界人才要敢为人先，为实现创新发展贡献力量。我国未来的科技发展，核心是提高自主创新能力，只有具备强大科技自主创新能力，才能真正建成创新型国家。当前，我国自主创新能力还不强，产业技术水平有待提高，基础和前沿研究相对薄弱，西方国家限制对我高新技术和产品出口的政策没有改变，针对我国的贸易保护主义一波接一波。有鉴于此，有着海外学习经历、对世界科技发展趋势和科技前沿体察深切的侨界科技精英，理应将自身的科学追求与国家战略需求结合起来，紧紧把握可能发生革命性变革的重要研究方向，选择对国家发展具有全局和长远影响的关键领域，力争取得有影响的原始创新成果，为我国自主创新能力的提升贡献侨界的智慧和力量。

第二，侨界创业企业要争当表率，为促进最新科技成果迅速转化为先进生产力贡献力量。我国未来的科技发展，重点是促进科技与经济社会发展的紧密结合，着力点在于强化企业技术创新主体地位。企业强则国家强。企业尤其是创业企业作为直接参与竞争的市场主体，对新技术发展最为敏感，只有企业主导技术研发和创新，才能有效解决科技与经济的结合问题，才能迅速将最新科技成果转化为先进生产力。希望广大侨界创业企业准确研判市场，把握创新机会，选择具有前瞻性的发展方向，推进战略性高技术产业和新兴产业的发展，为加快科技成果转移转化，促进我国高技术产业从产业链低端向产业链高端延伸，最终实现以科技创新服务创新型国家建设，以企业发展服务经济发展方式转变迈出实质性步伐。

第三，各级侨联要统筹协调，为优化创新创业环境、服务侨界人才创新创业贡献力量。良好的创新创业环境是科技创新的有力保障。各级侨联在继续帮助、支持海外高新技术人才为国服务的同时，也要不断总结经验，认真研究海外人才回国创新创业过程中遇到的困难和问题，及时反映他们的诉求，千方百计协助他们渡过难关。要积极为完善金融服务科技的方式和途径、加强知识产权的保护和管理等建言献策，推动有关部门不断改善服务，促进有关政策法规尽快出台。已成立科技专家组织的省区市侨联，要依托各自平台继续引导和支持开展全方位、多层次、高水平的国际科技合作，吸引、鼓励海外优秀科技人才来华创新创业。各地侨联要树立大侨务观念，资源共享、优势互补、互利双赢，使团结、凝聚侨界人才的工作措施更有效、形式更多样、辐射面更广、影响力更大，从而带动侨联工作的整体提升。

各位专家，各位朋友！侨界楷模、著名科学家钱学森曾说过，“我是中国人，我到美国去只有一个目标，就是把科学技术学到手，为自己的祖国服务”。从此，“为国服务”不仅成为老一辈科学家无私奉献的真实写照，也成为一代接一代科技工作者振兴中华的毕生追求。让我们紧密团结在以胡锦涛同志为总书记的党中央周围，以老一辈侨界科学家为榜样，锐意进取、扎实工作，为加快建设国家创新体系、建设创新型国家而努力奋斗，以优异成绩迎接党的十八大胜利召开！

最后，祝第四届新侨创新成果交流会取得圆满成功！祝各位身体健康，事业有成！

在参与社会管理创新中推进侨联事业科学发展

（2012 年 10 月 16 日）

林　军

胡锦涛总书记指出，工青妇等人民团体作为社会管理创新的重要力量，要在党的领导下发挥好桥梁纽带作用，积极参与社会管理和公共服务。这为侨联参与社会管理创新，做好新形势下侨界群众工作进一步指明了方向。党的十六大特别是党的十七大以来，侨联在以胡锦涛同志为总书记的党中央领导下，积极参与社会管理和公共服务，为促进科学发展、构建和谐社会贡献了独特的力量。

一、提高认识，增强参与社会管理的主动性积极性创造性

我国是一个侨民众多的国家。目前，在全世界 170 多个国家和地区居住着我国数千万海外侨胞，国内有归侨侨眷 3000 多万。广大归侨侨眷分布在我国社会各个阶层、各条战线，如何引导他们与各阶层人民紧密团结、和谐相融，是社会管理的重大课题。归侨侨眷权益的实现情况，工作、生活状况和感受，对海外的亲属影响很大，关系着侨胞与祖国的感情。广大海外侨胞时刻关心家乡和中国的现代化建设，通过多种形式参与、支持家乡和祖国的经济社会发展。侨联参与社会管理，对于促进海内外同胞关系的和谐，对于鼓励引导海外侨胞宣传中国形象、传承中华文化、增进中国人民与世界人民友谊都有着重大影响。

侨联坚持以人为本、为侨服务的宗旨，积极发挥基层组织网络优势、努力搭建广阔工作平台、不断丰富为侨服务手段，在组织引导、服务侨界群众、维护侨界群众合法权益、保障和改善侨界民生等方面开展了大量工作。当前，侨联工作对象不断扩大，侨界群众利益诉求日益多元化、多层次化，侨联参与社会管理的任务越来越重。社会建设需要侨联的积极参与，侨联也同样需要通过参与社会管理贴近与侨界群众的联系。各级侨联要进一步做好这方面的工作，以优异成绩迎接党的十八大胜利召开。

二、确立理念，在参与社会管理中进一步加强侨界群众工作

实践中我们深刻体会到，侨联参与社会管理，必须牢固树立坚持党的领导、服务大局、以侨为本、服务基层的理念，从侨联群众性、民间性、统战性、涉外性特点出发，充分发挥自身优势，凝聚和调动侨界群众力量，不断激发侨界群众参与社会管理的动力与潜力。

牢固确立党的领导理念。建立健全党委领导、政府负责、社会协同、公众参与的社会管理格局，党的领导是根本保证。侨联作

为党和政府密切联系侨界群众的桥梁与纽带，作为开展侨界群众工作的人民团体，在参与社会管理和创新的过程中，必须始终不渝地坚持党的领导。我们全面贯彻党中央关于人民团体参与社会管理和创新的指示精神，把中央书记处对侨联提出的“切实加强群众工作，更加关注侨界民生，为加强和创新社会管理、维护社会和谐稳定彰显作为”重要指示精神贯彻落实到工作之中。我们主动争取各级党委加强对侨联工作的重视和支持，截至目前，已有19个省级党委相继出台或即将出台《关于加强和改进新形势下侨联工作的意见》，为推动侨联事业发展增添了强劲动力，营造了良好环境。

牢固确立服务大局理念。侨联工作是党和国家工作的重要组成部分，在参与社会管理和公共服务中，必须始终围绕党和国家的中心工作。我们坚持把维护社会秩序、促进社会和谐、保障人民安居乐业，为党和国家事业发展营造良好社会环境，作为参与社会管理的根本目的，树立全局观念，在坚持全国人民总体利益一致的基础上关注侨界群众的利益诉求，找准参与社会管理的切入点和着力点，在服务和谐稳定、服务改革发展、服务侨界群众中不断推进工作。发挥各级侨商会的独特作用，坚持以服务聚侨心、以转型求增长、以合作促发展，为加快转变经济发展方式和促进经济平稳健康发展做贡献；组派“亲情中华”艺术团，赴五大洲35个国家举行演出活动，在弘扬中华文化、联络侨胞感情、拓展民间外交、促进侨社建设等方面发挥积极作用；以实施“送温暖、献爱心”、“侨爱心工程”、“健康光明联合行动”和“助侨惠农工程”等项目为载体，广泛开展扶助侨界和社会特困群体活动，促进社会和谐稳定。

牢固确立以侨为本理念。以人为本、为侨服务是侨联的宗旨，在参与社会管理和公共服务中，必须坚持这一宗旨。我们把关注侨界民生、维护侨界群众权益作为加强和创新社会管理的出发点和落脚点，深怀爱侨之心，恪守为侨之责，坚持侨界群众的主体地位，紧紧依靠侨界群众，做好保障侨界民生和维护侨益工作。中国侨联制定下发了《关于进一步加强新形势下维护侨益工作的意见》，推动全国侨联系统形成主动维权、依法维权、科学维权和规范化、制度化的维权工作新局面。由中国侨联倡导发起的中央“五侨”信访维权工作联系机制取得良好成效，许多涉侨案件得到妥善办理；邀请法顾委海外委员回国考察，为侨联在海内外做好依法维权工作探索新路。各级侨联配合同级人大检查《归侨侨眷权益保护法》落实情况成为常态化工作，将侨联系统依法维权工作不断引向深入。各级侨联紧密配合同级党委政府，把保障和改善侨界民生的各项部署落到实处，建立侨界困难群众档案和帮扶工作长效机制，将党的关怀送到侨界困难群众中；深入了解归侨侨眷在养老、住房、医疗和社会保障等方面存在的问题，积极帮助他们排忧解难；充分利用社会资源，深入调查研究侨胞在创业方面的突出矛盾，形成政策性建议，推动有关方面不断完善法律法规，切实维护侨胞的合法权益。

牢固确立服务基层理念。广大归侨侨眷主要集中在基层，侨联在参与社会管理和公共服务中，必须坚持服务基层。我们把侨联“纵向到底、横向到边”的基层组织网络作为参与社会管理的根基和重心，坚持深入基层、服务基层，与侨界群众保持广泛接触和密切联系。全国各级侨联以方式灵活、扎实有效的工作，赢得了广大侨胞的认同感和归属感，形成了独特的群众工作传统和优势，在号召广大侨胞参与社会管理及创新过程中发挥了积极作用。中国侨联领导深入基层侨乡、侨资企业、科研机构，了解基层组织建设情况，有针对性地指导工作，不断夯实侨联组织基础；全力协助地方党委完成侨联领导班子配备，指导省级侨联做好换届工作；加强少数民族地区侨联组织建设的调查研究，积极探索工作思路和方法，支持云南省迪庆藏族自治州成立了全国藏族自治州中的首个侨联组织。

三、发挥优势，在参与社会管理和公共服务中彰显作为

各级侨联要深入学习领会党中央关于加强和创新社会管理的重大决策部署，在参与社会管理、推进社会建设、促进社会和谐中进一步彰显作为。

以活跃基层为重点，引导侨界群众自我管理与服务。建立在全国各地的广大基层侨联组织，直接面对广大侨界群众，是侨联参与社会管理的优势和组织基础。要固本强基，进一步推进侨联基层组织建设，切实增强侨联基层组织活力，把侨界群众最广泛地组织起来，积极参与基层自治，切实保障侨界群众对社会管理的知情权、参与权、表达权、监督权，在各个层次、各个领域支持和推动侨界群众实现自我管理、自我服务、自我教育、自我监督。要扩大队伍，进一步培养和扩大侨联服务社会的义工和志愿者队伍，开展多种形式的社会服务。要贴近实际，针对分布在城市社区、重点侨乡的侨界留守儿童、空巢老人，积极提供温情关爱帮助，为其海外亲属解除后顾之忧。要发挥侨联传统优势，通过开展活跃侨界的亲情联谊活动，鼓励海外回国创业人才进行业务交流、开阔视野，密切归侨侨眷之间、海内外同胞之间的感情，以侨界和谐促进社会和谐。

以维护侨益为根本，推动切实保障和改善侨界民生。侨联是侨界群众合法权益的代表者与维护者，确保广大侨界群众与全国人民共享改革发展成果，是侨联参与社会管理的根本要求。要坚持“一视同仁、不得歧视，根据特点、适当照顾”的方针，把维权工作提高到一个新的水平。要积极参与涉侨政策与法律法规制定，加强对国际国内经济发展形势、社会利益格局变化的研究，增强对影响侨界群众切身利益因素的预判，协调不同阶层侨界群众之间的关系、侨资侨企与社会各界之间的利益关系并提出政策建议。要围绕推动解决侨界群众就业、分配、社保、住房、教育、医疗等民生问题，充分了解、全面收集、综合分析侨界群众的呼声和意愿，向政府有关部门提出建议和主张，促进各级政府科学决策民主决策。要切实推动解决侨界群众最关心、最直接、最现实的利益问题，建立健全困难归侨侨眷帮扶机制，建立困难归侨侨眷信息档案，提供及时必要的帮助。要加强侨联与有关部门的协调合作，有力推动依法维权工作的开展。要监督法律法规有效实施，加强归侨侨眷人大代表、侨联界政协委员的联系服务工作，主动参与涉侨法律法规的执法检查、工作视察等活动，及时发现存在的问题，督促地方政府认真解决。

以加强疏导为手段，促进社会和谐稳定。最大限度激发社会活力、最大限度增加和谐因

素、最大限度减少不和谐因素，引导侨界群众自觉维护社会稳定，是侨联参与社会管理的主题。要继续引导教育侨界群众以积极心态面对生活工作中的困难，以客观心态看待社会生活中的各种差异和不均衡，培育宽容平和、互助友爱、诚信共赢的侨界品格。要制定侨联系统普法规划，引导侨界群众自觉学法、守法、用法，通过理性合法渠道表达诉求。要建立社会管理预警机制，建立健全服务侨界群众、联系侨界群众的制度，及时发现普遍性、苗头性、倾向性问题，努力把影响社会和谐稳定的问题解决在基层，消除在萌芽状态。要按照党中央、国务院关于加强信访工作的要求，引导各级侨联信访干部带着对侨界群众的深厚感情，善待每个信访群众，推动有关问题公正、合理地解决。要巩固加强中央“五侨”信访维权工作联系机制，建立健全与公检法司等部门的合作机制，逐步完善涉侨案件协调解决机制。

以合作共赢为共识，倡导履行社会责任。实现社会和谐合作、促进社会公平正义，是侨联参与社会管理的最终目的。要鼓励支持侨资企业自觉履行社会责任，把企业发展与促进充分就业结合起来，主动改善企业劳动条件，保障劳动者权益，建立和谐劳动关系；引导侨资企业进一步向民生和社会事业、农业农村、科技创新、生态环保、资源节约等领域发展，向战略性新兴产业、低碳经济、循环经济和西部地区倾斜。要鼓励支持侨界群众自觉履行社会责任，大力倡导健康文明生活方式，抵御奢靡浪费之风，进一步树立侨界文明形象；教育引导广大海外侨胞特别是侨商坚持义利兼顾、回馈社会，把支持公益和慈善事业作为义不容辞的责任，通过投资、捐款等方式支持教育、医疗、养老等社会保障事业发展。要继续发展侨联公益事业，为侨界群众热心公益和慈善搭建平台，提供有力服务。

（这是中国侨联党组书记、主席林军同志在2012年第20期《求是》杂志上发表的文章。）

在“九二共识”20周年图片展开幕式上的讲话

（2012年10月30日，中国香港）

林　军

尊敬的全国政协副主席董建华先生，

尊敬的香港特别行政区行政长官梁振英先生、驻香港中联办主任彭清华先生、中国国民党副主席林丰正先生、海峡两岸关系协会会长陈云林先生，

各位嘉宾、女士们、先生们：

在中国共产党第十八次全国代表大会即将召开之际，中国侨联和中国和平统一促进会香港总会，在香港隆重举办“九二共识”20周年系列活动，具有十分特殊的意义。今晚会展中心高朋满座，来自港澳台的亲朋好友畅叙海峡两岸来之不易的和平发展局面，共话二十年来两岸交流不断深化的良好态势，无不感慨万千。在此，我代表中国侨联，向出席活动的各位嘉宾和朋友，向关心祖国和平统一事业并为之不懈努力的各位贤达表示热烈的欢迎和衷心的感谢，并通过你们向同样为之做出巨大贡献的香港广大归侨侨眷和各界朋友致以诚挚的问候和良好的祝愿！

香港是“九二共识”的策源地，20年前，以江泽民同志为核心的中共第三代领导集体高瞻远瞩、审时度势，准确把握国内外形势，对推动两岸关系作出重大部署。正是在这个背景下，大陆海协会和台湾海基会在香港首次进行了“坚持一个中国原则”的商谈，经过反复磋商，两岸双方最终达成以口头方式表达“海峡两岸坚持一个中国原则”的共识，从而奠定了两岸友好协商的政治基础，掀开了两岸关系的崭新一页。“九二共识”体现了两岸中国人在解决政治分歧方面求同存异、推己及人的政治智慧。如今在两岸双方和两岸同胞的努力下，反对“台独”、认同“九二共识”的共同政治基础不断得到巩固，两岸交流合作、协商谈判不断取得新成果。两岸直接双向“三通”全面实现，两岸经济合作框架协议成功签署，两岸人民和社会各界交往形式多样、内容丰富，形成全方位、宽领域、多层次的交流格局，两岸和平发展的方针政策逐步深入人心，“九二共识”的重要性日益得到广泛认同。

海峡两岸乡亲，同宗同祖，同根同源，血浓于水，情重于山。2005年4月，胡锦涛总书记与时任国民党主席连战代表国共两党进行了历史性的会晤，再度确认了“九二共识”，并强调在坚持“一个中国”的前提下，谋求台海和平稳定，继续推动两岸关系和平发展。2008年以来，面对风云变幻的国际形势，两岸双方秉持互利双赢的方针，扩大经贸合作，

推动民间往来，不断增进政治互信，两岸交流的常态化有力推动两岸关系走上了和平发展的轨道，赢得了国际社会的广泛赞誉。今年8月9日，海协会和海基会举行领导人第8次会谈，签署了《海峡两岸投资保护和促进协议》，这是两岸经济合作的重要成果，标志着两岸制度化协商的稳定有序运作和ECFA成果的逐步累计扩大，具有“行稳致远、再创新局”的重要意义。海峡两岸20年的交往历史真切地告诉世人：“九二共识”是两岸开展对话协商的必要前提，也是两岸关系和平发展的重要基础。坚持“九二共识”，符合两岸同胞的根本利益，符合海内外中华儿女的共同期待，符合历史发展的正确方向。我们只有坚持“九二共识”、反对“台独”，才能不断推动两岸关系和平发展，才能确保海峡两岸实现持久的和平与繁荣，才能在国际社会上共同维护中华民族的整体利益。

各位嘉宾、各位朋友！

近年来，中国侨联不断加强与台湾侨界的友好往来，搭建共同的文化桥梁，深化共同的民族感情，夯实“九二共识”的政治基础，全力支持海外侨胞及其社团在全球范围内开展的“反独促统”活动。中国侨联先后与台湾岛内三大侨团建立联系，与台湾侨联总会连续举办了七届“和平发展论坛”，就维护海峡两岸的和平与稳定，推动两岸的和平统一，开展了一系列增进共识、深化合作的交流活动。2009年，中国侨联首次赴台，实现“破冰之旅”。今年6月，应台湾侨联总会的邀请，中国侨联组团先后赴台北、台南、高雄、澎湖等地开展恳亲活动。短短几年间，两岸侨联频繁互动、畅所欲言、相识相知，两岸侨胞欢聚一堂，认祖归宗、共话故里乡亲，探求合作前景，洋溢着浓浓的同胞手足之情，成为两岸关系呈现新气象的生动写照。目前，两岸侨联已建立了常态化的交流互动机制，两岸侨联和平发展论坛已成为两岸民间交流的重要组成部分，两岸侨胞联系更加紧密、感情更加贴近、利益更加融合。

“九二共识”二十年来的风雨之路再次证明，两岸的中国人有能力、有智慧解决彼此的矛盾和问题。我们殷切希望台湾岛内有识之士，能够根据两岸发展现状，以更多的智慧、更大的勇气和更具魄力的探索，进一步扩大和深化共识，为未来两岸关系的发展开拓更加广阔的空间。

推动两岸关系和平发展，是全体中华儿女的共同愿望。两岸关系和平发展的局面需要两岸同胞共同维护，也需要两岸同胞共同开创。让我们携起手来，汇聚全球侨胞力量，积极为两岸交流搭建新平台、开辟新渠道、创造新形式、拓展新领域，不遗余力地为推进两岸关系和平发展，实现中华民族伟大复兴做出应有的贡献。

衷心祝愿各位嘉宾、各位朋友身体健康、家庭幸福、事业兴旺！

在中国侨联直属机关处以上党员干部党的十八大精神学习班开班式上的讲话

（2012年12月3日）

林　军

同志们：

学习宣传贯彻党的十八大精神，是当前和今后一个时期全党全国的首要政治任务，也是侨联组织的中心工作。根据《中共中央关于认真学习宣传贯彻党的十八大精神的通知》和中直工委《关于组织中央直属机关党员干部深入学习贯彻党的十八大精神的通知》精神，按照会党组的安排，中国侨联要分别举办两期处以上党员干部党的十八大精神学习班。组织好领导干部集中学习，把思想和行动进一步统一到十八大精神上来，更好地用十八大精神武装头脑、指导实践、推动工作，不断开创侨联事业新局面。

早在今年8月，中国侨联八届七次常委会就对全国侨联系统迎接党的十八大召开、学习贯彻党的十八大精神提出了要求。党的十八大召开后，中国侨联党组中心组专门进行了两天的学习，研究部署并印发了《中国侨联学习宣传贯彻党的十八大精神的意见》，机关党委也制定了学习计划。这次处以上干部学习班，就是中国侨联机关学习贯彻十八大精神，贯彻落实中直工委和中国侨联党组部署的重要步骤。现在，代表会党组谈几点意见。

第一，充分认识十八大的重大意义，进一步增强政治意识、大局意识和责任意识

党的第十八次全国代表大会是在我国进入全面建成小康社会决定性阶段召开的一次十分重要的大会，是一次高举旗帜、继往开来、团结奋进的大会。**一是主题鲜明，指引了前进方向。**党的十八大高举中国特色社会主义伟大旗帜，以马克思列宁主义、毛泽东思想、邓小平理论、“三个代表”重要思想、科学发展观为指导，分析了国际国内形势的发展变化，回顾总结了过去5年的工作和党的十六大以来的奋斗历程及取得的历史性成就，确立了科学发展观的历史地位，提出了夺取中国特色社会主义新胜利必须牢牢把握的基本要求，确定了全面建成小康社会和全面深化改革开放的目标，对新的时代条件下推进中国特色社会主义事业作出了全面部署，对全面提高党的建设科学化水平提出了明确要求。胡锦涛同志代表十七届中央委员会所作的报告，描绘了全面建成小康社会、加快推进社会主义现代化的宏伟蓝图，为党和国家事业进一步发展指明了方向，是全党全国各族人民智慧的结晶，是我们党团结带领全国各族人民夺取中国特色社会主义新胜利的政治宣言和行动纲领，是马克思主义的纲领性文献。**二是修改党章，明确将科学发展观同马列主义、毛泽东思想、三个代表重要思想一道作为党的指导思想**。大会通过的党章修正案，把科学发展观作为党的指导思想，体现了党的理论创新和实践创新的成果，体现了党的十八大报告确立的重大理论观点和重要工作部署，对以改革创新精神全面推进党的建设新的伟大工程提出了明确要求。**三是承前启后，选举了新的领导集体**。党的十八届一中全会选举产生了以习近平同志为总书记的新一届中央领导集体，充分显示了中国特色社会主义事业蓬勃发展、薪火相传、后继有人。认真学习宣传贯彻党的十八大精神，关系党和国家工作全局，关系中国特色社会主义事业长远发展，对动员全党全国各族人民在以习近平同志为总书记的党中央领导下，满怀信心为全面建成小康社会、夺取中国特色社会主义新胜利而奋斗，具有重大的现实意义和深远的历史意义。

侨联是党领导的联系广大归侨侨眷和海外侨胞的人民团体，必须进一步增强政治意识、大局意识和责任意识，提高学习自觉，增添学习动力，真正把思想统一到十八大精神上来，把力量凝聚到实现十八大确定的各项任务上来，为全面建成小康社会作出新的更大贡献。

第二，全面准确深刻领会十八大精神，为侨联事业科学发展打牢思想基础

学习党的十八大精神，要认真研读党的十八大文件，突出重点、抓住关键，真正用十八大精神武装头脑。**一是要坚持“三个围绕”**。紧紧围绕胡锦涛同志所作的报告，围绕习近平同志在十八届一中全会、中央政治局会议和政治局集体学习时的重要讲话，围绕《中国共产党章程（修正案）》，认认真真研读，扎扎实实学习。**二是要努力做到“七个深刻领会”**。即深刻领会党的十八大的主题，深刻领会过去5年和10年党和国家事业取得新的历史性成就，深刻领会科学发展观的历史地位和指导意义，深刻领会中国特色社会主义的丰富内涵和夺取中国特色社会主义新胜利的基本要求，深刻领会全面建成小康社会和全面深化改革开放的目标，深刻领会社会主义经济建设、政治建设、文化建设、社会建设、生态文明建设等方面的重大部署，深刻领会全面提高党的建设科学化水平的具体要求。**三是要努力做到“七个牢牢把握”**。牢牢把握当前和今后一个时期党和国家工作的总要求，牢牢把握我国发展的重要战略机遇期，牢牢把握科学发展观是同邓小平理论、“三个代表”重要思想一脉相承而又与时俱进的科学理论，牢牢把握新阶段推进社会主义现代化建设的努力方向，牢牢把握中国特色社会主义事业总体布局，牢牢把握提高党的建设科学化水平的重点任务。希望大家认真学习好、领会好十八大精神，统一思想认识，打牢思想基础，凝聚智慧力量，奋力攻坚克难，使侨联工作切实贯穿于服务经济建设、政治建设、文化建设、社会建设、生态文明建设和党的建设的全过程。

第三，努力把贯彻十八精神落到实处，为侨联工作创新发展提供坚强保障

学习贯彻党的十八大精神，要紧密联系侨联的工作实际，紧密联系个人的思想实际，坚持学以致用、用以促学。当前，最主要的是通过学习贯彻党的十八大精神，研究分析新形势下侨联工作面临的新情况、新问题，继续解放思想、与时俱进，以奋发有为的精神状态，不断开创侨联工作的新局面。**一是牢牢把握侨联工作面临的机遇**。当前和今后一个时期，侨联工作面临更加良好的机遇和发展前景。十八大所确立的重大理论观点、重大战略思想、重大工作部署，对侨联工作提出了新的更高要求，党和国家对侨联工作的重视和关怀，为侨联事业的发展提供了坚强有力的保证。侨联必须在组织体制、工作机制、活动方式等方面适应新的形势任务要求，既要振奋精神，锐意进取，努力将难得的机遇充分利用好，又要对存在的问题有清醒的认识，增强危机感和紧迫感，团结一致，求真务实，不断开创侨联工作的新局面。**二是深入推动侨联各项事业创新发展**。要围绕实现党的十八提出的目标任务，勇于创新，善于创新，切实发挥侨联组织的独特优势。要在工作思路上创新。按照党政所需，社会所急，侨界所求，侨联所能来开展活动，正确处理好为大局服务与为侨服务的关系，区别轻重缓急，坚持重点突破、整体推进。要在工作内容上创新。更加自觉地围绕党和国家中心工作，发挥侨联的独特作用，凝聚侨心、汇集侨智、维护侨益、发挥侨力，使侨联的活动和工作能够更加适应时代的发展和侨界群众的需求。要在工作机制上创新。建立科学的社会化运行机制，重点在工作网络、阵地建设、活动载体、队伍建设等四个方面进行创新，从而使侨联组织在新形势下能够延伸工作的手臂，拓宽工作领域，扩大工作平台，壮大工作队伍。**三是切实加强中国侨联机关党的建设**。十八大对全面提高党的建设科学化水平提出了新的要求。要把中国侨联机关党的建设放到重要位置，牢牢把握加强党的执政能力建设、先进性和纯洁性建设这条主线，坚持解放思想、改革创新，坚持党要管党、从严治党，全面加强党的思想建设、组织建设、作风建设、反腐倡廉建设、制度建设，增强自我净化、自我完善、自我革新、自我提高的能力，努力建设学习型、服务型、创新型机关。机关党员要进一步坚定理想信念，坚守共产党员的革命精神，严守党的组织纪律，自觉维护党的集中统一。机关各基层党组织要全面提高党的建设科学化水平，继续开展经常性的创先争优活动，始终做到政治上先进纯洁、思想上先进纯洁、组织上先进纯洁、作风上先进纯洁。

第四，不断增强学习十八大精神的自觉性，为进一步提高思想素质培育良好学风

机关各党组织的处以上干部和各支部书记、委员要带头作表率，坚持深入学、持久学，切实用十八大精神武装头脑、指导实践、推动工作。**一是要原原本本学习**。十八大精神的学习内容很多，我们要原原本本地学好十八大报告、党章修正案、中纪委工作报告和习近平同志的讲话，要逐章逐段地阅读，逐字逐句地领会。在全面、系统、深入地学好原著的基础上，多看一些辅导材料，加深对专题的深化理解，真正把握好报告中提出的各项部署和要求。**二是要带着问题研讨**。理论学习的生命力在于能够解决实际问题，理论联系实际始终是我们党优良的学风。要坚持学以致用、用以促学，紧密联系侨联的实际，紧密联系本部门的工作实际，按照十八大提出的重大理论观点和重大战略部署，确究解决侨联业务工作、思想作风等方面存在的问题，以更加坚定的决心、更加有力的举措、更加完善的制度来推进十八大精神的贯彻落实。**三是要开诚布公交流。**这次学习培训为我们提供了很好的相互交流、拓展思路、推动工作的机会。通过思想交流，有助于了解全局工作，开阔视野，拓宽思路，互相启发，取长补短；也有助于促进学习思考的深入，进一步提高学习效果，增进同志们之间的沟通和理解。希望大家充分利用这次机会，多交流，多研讨，互相促进，共同提高。

同志们，全面贯彻落实党的十八大精神，各级领导干部是关键，只有领导干部带头学习和实践，才能起到重要的示范作用。这次学习班时间短、内容多、任务重，党组和机关党委为大家创造了良好的学习条件，希望大家集中精力，潜心学习，联系实际，认真思考，力求在思想上、政治上有新的提高，真正做到学有所获，思有所得。

最后，预祝学习班取得圆满成功！

在中国侨联“六五”普法工作会议上的讲话

（2012年7月6日）

董中原

同志们：

今天，我们在大连召开中国侨联“六五”普法工作会议，主要任务是：以邓小平理论和“三个代表”重要思想为指导，深入贯彻落实科学发展观，认真落实全国“六五”普法规划和中国侨联“六五”普法规划，学习交流各地侨联普法工作经验，推动侨联系统法制宣传教育工作的创新和发展，进一步做好新形势下全国侨联系统的法制宣传教育工作。

这次会议是中国侨联首次以“法制宣传教育”为主题召开的专门会议。今年是实施“十二五”规划承上启下的一年，也是全面实施“六五”普法规划的关键之年，下半年还将召开党的十八大。做好今年全国侨联系统的法制宣传教育工作，对于改善侨界民生、服务经济社会发展、维护社会和谐稳定、推进社会主义法治建设、为党的十八大胜利召开营造良好的社会氛围具有重要意义。中国侨联党组对本次会议的召开高度重视，要求精心组织、务求实效。有关省区市侨联积极参与，为此次会议认真准备了交流材料。我们还邀请了中国政法大学的法学教授为大家授课。希望大家珍惜机会，相互学习，把这次会议开成提高认识、统一思想的会议，开成集思广益、开拓创新的会议，开成求真务实、团结奋进的会议。下面，我讲几点意见。

一、高度重视，认真组织，有效落实，全国侨联系统“六五”普法工作实现良好开局

2011年是“六五”普法规划的启动之年。自去年以来，全国各级侨联高度重视，认真组织，有效落实，侨联系统“六五”普法工作进展顺利，实现了良好的开局，主要表现在以下几个方面：

一是总结经验，加强规划。2010年下半年至2011年初，全国侨联系统内开展了“五五”普法总结验收工作，全面总结了“五五”普法期间各级侨联法制宣传教育工作的成绩、经验和不足，为“六五”普法工作奠定了坚实的基础。2011年4月，按照中共中央、国务院转发中宣部、司法部制定的《“六五”普法规划》和全国人大常委会《关于进一步加强法制宣传教育的决议》提出的要求，中国侨联结合侨联工作实际，认真制定并印发《中国侨联关于在归侨侨眷中开展法制宣传教育的第六个五年规划》。在中国侨联“六五”普法规划的指导下，各省级侨联相继制定了“六五”普法规划。截至目前，先后已有20多个省区市侨联制定并上报了“六五”普法规划，为全

国侨联系统深入开展普法工作奠定了重要基础。

二是积极动员，全面推进。为扎实开展“六五”普法规划法制宣传教育工作，2011年6月8日，中国侨联在北京隆重举行了“六五”普法启动仪式。各省区市侨联，中直机关、中央国家机关、中央企业侨联，新疆生产建设兵团侨联的负责人，中国侨联法顾委部分国内委员和海外委员等150多人参加了仪式。中国侨联林军主席在仪式上作了重要讲话，要求各级侨联充分认识新形势下做好法制宣传教育的重大意义，紧紧围绕“六五”普法任务，注重方式方法、突出重点、有针对性地扎实开展普法工作，为大力推进侨联法制宣传教育工作、夺取全面建设小康社会新胜利营造更加良好的法治环境作出新贡献。

三是设立机构，组织到位。中国侨联和地方各级侨联在制定规划的同时，迅速成立“六五”普法工作领导小组及办公室，明确责任、分工到人，建立了主要领导亲自抓、分管领导直接抓、职能部门具体负责的工作机构。大多数省级侨联明确将普法经费纳入年度财政预算。有些省区市侨联按照中国侨联“六五”普法规划要求，及时建立了侨联机关干部学法制度、党组中心组学法制度、法律培训制度、法律知识考核制度等，使普法工作进一步规范化、制度化。这些都为侨联“六五”普法工作取得新的更大的成绩提供了必要的组织保障和经费保障。今天我们召开这次会议，也是为了交流阶段性工作成果，相互借鉴有效做法和经验，深入推进侨联系统“六五”普法工作。

二、明确要求，注重实效，加大力度，扎实做好“六五”普法宣传教育的各项工作

法制宣传教育是提高全民法律素质、推进依法治国、建设社会主义法治国家的一项重要基础性工作，也是一项社会系统工程。我们只有坚持扎实的工作作风，付出艰辛的努力，明确要求，注重实效，加大力度，真正在实践中学习法律，宣传法律，执行法律，才能圆满完成“六五”普法任务。

1．要认真学习中国特色社会主义法律体系。当前，中国特色社会主义法律体系已经形成，保证了我们国家经济建设、政治建设、文化建设、社会建设等各方面有法可依。“六五”普法规划要求我们认真学习以宪法为统帅、以法律为主干，以行政法规、地方性法规为重要组成部分的中国特色社会主义法律体系。我们首先要抓好对重点内容的学习。**一要认真学习宪法。**宪法是国家的根本大法，是治国安邦的总章程，具有最高的权威和法律效力。普法工作要把学习宪法摆在首位。要认真学习宪法的主要内容和基本精神，充分认识到社会主义制度的优越性，进一步增强宪法意识、公民意识、爱国意识、国家安全统一意识和民主法治意识，牢固树立中国共产党领导、人民当家作主和依法治国有机统一的观念，牢固树立国家一切权力属于人民的观念，牢固树立权利义务相统一的观念，进一步形成崇尚宪法、遵守宪法、维护宪法权威的浓厚社会氛围。**二要深入学习《归侨侨眷权益保护法》。**这是侨联系统“六五”普法的一项重要内容。《保护法》是涉侨法律法规的“基本法”，我们只有牢牢掌握了这项基本法律，才能依法做好为侨服务的各项工作。因此，我们必须把抓好对《保护法》的学习作为基本要求，全面把握其内容实质。同时，还要广泛学习涉侨法律法规，及时掌握新的

侨务政策，进一步提高对《保护法》的认知水平。**三要认真学习有关社会管理的法律。**法治是现代社会管理的重要手段和基本方式，加强和创新社会管理必须依照宪法和法律的规定来进行，法制宣传教育是加强和创新社会管理的基础性和先导性工作。参与社会管理和公共服务是侨联组织肩负的重要职责，因此必须认真学习维护国家安全、社会稳定、促进民族团结相关的法律法规，认真学习刑事、民事、行政诉讼法律法规，认真学习信访、投诉、调解等相关的法律法规，学习和掌握接访、调解的技巧和方式方法，从而不断提高依法参与和创新社会管理的能力。

2．宣传法律要注重宣传广度，注重普法深度，注重面向基层。普法宣传是在公民中扩大法律认知面、顺利完成普法规划的各项任务、深入推进依法治国方略的必要途径和重要环节。针对当前侨联系统普法宣传工作实际，应特别注意以下四点：**一要注重宣传广度。**在宣传的对象上，不仅要面向各级侨联干部、广大归侨侨眷，还应面向包括各级党政部门及其工作人员、司法机关及其工作人员、普通群众等社会各界人士，应对他们大力开展《保护法》等涉侨法律法规的宣传，加深社会各界对侨胞以及《保护法》的了解和认同，进一步增强爱侨护侨的良好氛围；在宣传的内容上，不仅包括《保护法》及其《实施办法》等涉侨法律法规，同时也应广为宣传宪法，宣传中国特色社会主义法律体系和国家的基本法律，宣传促进经济发展的法律法规，宣传保障和改善民生的法律法规，宣传反腐倡廉的法律法规，加强社会主义法治理念教育，使法治理念深入人心。**二要注重普法深度。**普法宣传如果只是照本宣科，停留在法律条文的表面，社会大众对法律一知半解，不得要领，普法效果就会大打折扣。因此，我们进行普法宣传时要注意通过现象宣传本质，要学会由表及里、由此及彼，阐明法理，举一反三，引导社会大众领悟法律的精髓。普法对象也要区分主次、分清重点，针对不同接受能力的普法对象，提供不同深度的普法宣传，使我们的普法工作在人手少、经费有限的情况下达到事半功倍的效果。**三要注重面向基层。**普法工作要坚持从高处着眼，从基层着手。首先要走进基层，认真按照“六五”普法规划的要求，开展“法律进机关、进乡村、进社区、进学校、进企业、进单位”的主题活动，尤其要以归侨侨眷集中的侨乡、华侨农场、农垦系统归侨安置点为重点，尽可能向边远山区、城乡结合部等区域延伸，扩大宣传工作的覆盖面，尽可能扫清普法盲区。其次要通俗易懂，采取法律知识竞赛、法制文艺汇演、法制书画摄影作品展、法制座谈会等侨界群众喜闻乐见的方式，吸引大家广泛参与，让他们看得见、听得懂、记得牢、用得好。**四要围绕热点难点问题。**围绕当前侨界群众普遍关心的房屋拆迁、合作纠纷、劳资纠纷、农场改革等热点难点问题，通过以案释法等方式宣传法律法规，努力使普法宣传教育更好地体现时代性、针对性和实效性，进一步满足广大侨界群众的实际需求。

3．要严格守法，依法决策，依法护侨。法律的生命在于执行。执行好法律是普法工作的目的。**一要严格守法。**侨联干部代表着侨联组织的形象。我们教育广大侨界群众知法守法，自己首先要做到以身作则，严格遵行国家的各项法律法规，以自身的模范行为做法制宣传教育的典范，引导侨界群众做遵纪守法的好公民。**二要依法决策**。作为党和政府联系广大归侨侨眷和海外侨胞的桥梁和纽带，我们的每一个决策都关系到党和政府侨务政策法律的执行，关系到广大归侨侨眷和海外侨胞的切身利益。因此，在为侨服务工作的每一个方面、每一个事项以及每一个细节，都要做到依法履责、依法行事、依法决策，让广大侨界群众从侨联干部严格规范、公正廉洁的工作作风中感受到法律的尊严和权威。**三要依法护侨**。当归侨侨眷和海外侨胞的合法权益遭受侵犯时，我们要严格依照宪法、《保护法》和相关法律以及《中国侨联章程》的规定提出处理意见和建议，对侨胞反映的合理诉求，要依法反映、依法支持、依法帮助；对不合理的诉求，要依法解释、依法疏导、依法息诉。要引导侨界群众自觉地依法按程序表达诉求、维护自身合法权益，真正把法制宣传教育的过程变成服务群众、教育群众、引导群众的过程。

三、加强领导，精心组织、建立机制，推动全国侨联系统“六五”普法工作深入进行

当前，全国侨联系统“六五”普法宣传教育工作开局良好。各级侨联要在此基础上，继续加强工作领导，精心组织实施，特别是要结合迎接党的十八大胜利召开，推进普法宣传工作取得实实在在的效果。

1．要切实加强组织领导。各级侨联要深入学习贯彻中央精神，切实将法制宣传教育工作摆上重要议事日程，列入年度工作计划，纳入机关干部的学习计划。要根据岗位变动情况及时调整普法工作领导小组，严格按照责任分工，强化组织领导，切实承担责任，出思路、想办法，提要求、抓落实。要加强普法工作领导小组办公室建设，充实力量、强化职能，保障普法工作的具体落实。要尽快建立健全干部学法制度、法制讲座制度、法律培训制度、法律知识考核制度等，推进法制宣传教育工作制度化、系统化、常态化。要高度重视普法工作经费的落实，将普法工作经费纳入侨联的年度财务预算，根据自身实际统筹安排，确保普法工作的有效开展。

2．要充分发挥平台作用。法制宣传教育工作政治性、政策性、业务性都很强，需要一支高素质的普法队伍。目前，全国30个省级侨联均成立了法律顾问委员会，有近300个地市县级侨联建立了法律服务机构，侨联专兼职法律服务人员达3000余人，他们是侨联法制宣传教育工作的一支重要力量，是一支有实力、有干劲、热爱侨联工作、甘于奉献的普法队伍。我们要高度重视法顾委的队伍建设，充分发挥法顾委的平台作用，借助委员们的法学专长和社会资源优势，为他们创造有利的条件，紧密结合法治实践，积极主动地请他们帮助做好侨联组织的普法宣传教育工作。

3．要大力强化监督检查。“六五”普法工作任务要变成实实在在的法制宣传教育活动，要办实事、出实效。要建立和完善法制宣传教育工作的考核评估机制，做到有部署、有考核，有检查、有落实。各级侨联要将法制宣传教育工作纳入年度工作的考核，确保日常工作有效开展。2013年中国侨联将对各地侨联法制宣传教育工作进行中期督导检查，

2015年侨联系统将进行总结评估验收。各级侨联要自觉接受侨界群众和社会各界对侨联法制宣传教育工作的监督，虚心听取各方面意见和建议，及时改进工作方法，形成全国各级侨联上下联动、齐心协力推进普法宣传教育工作的新局面，圆满完成侨联系统“六五”普法任务。

同志们，法制宣传教育工作任重而道远，侨联干部的责任艰巨而光荣。让我们紧密团结在以胡锦涛同志为总书记的党中央周围，团结和带领广大侨界群众认真落实“六五”普法规划的各项任务，为推动实施依法治国方略、促进社会主义和谐社会建设作出新的更大贡献，以优异的成绩迎接党的十八大胜利召开！

在中国侨联八届七次常委会议上的总结讲话

（2012年8月8日）

董中原

各位常委、同志们：

经过与会同志的共同努力，中国侨联八届七次常委会议已经完成各项议程。现在，我受主席会议的委托，对会议进行总结。

本次会议是全国侨联系统在党的十八大之前召开的一次重要会议，对于各级侨联组织进一步统一思想、提高认识，团结联系广大归侨归眷和海外侨胞，为促进侨界和谐、维护社会稳定，在侨界营造喜迎十八大召开的浓厚氛围，很有意义。会上，林军同志就上半年的工作情况和下半年的主要任务作了讲话，大会交流了各地贯彻落实省区市党委关于加强和改进新形势下侨联工作意见的经验和举措并进行了分组讨论。大家认为，本次会议有以下几个主要特点。**一是交流了经验，研究了措施。**大家认为，中国侨联全委会、常委会是研究决定侨联组织重大事项、重要工作部署的会议，这次会议邀请各省级侨联党组书记列席中国侨联常委会议，这对于全国侨联系统更好地贯彻全委会和常委会会议精神，集思广益，进一步形成整体合力，更好地推动侨联工作的深入开展，具有重要意义。本次会议的议程紧凑、内容丰富、讨论深入，在一天时间内，听取了林军同志的讲话，交流了工作经验，就当前侨联工作的成绩与亮点，面临的形势与问题、继续推进的重点与举措等进行了深入研究。**二是肯定了成绩，明确了任务。**林军同志的讲话总结了各级侨联今年以来的工作成绩。大家认为，上半年各级侨联认真落实中央书记处的重要指示精神和王兆国同志的重要讲话精神，按照八届四次全委会议的部署，抓住重点、凸显亮点，各项工作都取得了突出的成绩，不少工作都产生了很大的社会影响，得到广大归侨侨眷和海外侨胞的肯定。林军同志在讲话中部署的五项任务，围绕中心、服务大局，符合侨联工作的实际。大家表示，侨联工作要紧紧围绕党和国家事业发展的需要，努力实现开拓创新。各级侨联应通过深入调查研究，摸清侨联工作面临的新情况和新问题，了解侨界群众的新期盼和新需求，为侨联事业科学发展提出更多的新思路和新建议。有的同志表示，今年下半年至明年初，各省区市人大和政协将进行换届，侨联组织一定要抓住这一重要机遇，配合当地党委及有关部门，积极做好协商推荐侨界人大代表和提名侨联界政协委员的工作，为侨联组织履行参政议政职能奠定良好的组织基础。有的同志表示，今年下半年中国侨联牵头的几项活动涉及面大，影响广泛，各级侨联应主动参与，积极配合，力争取得最佳效果。**三是提高了认识，增强了信心。**大家认为，当前是侨联工作创新发展的重要时期，党中央对侨联工作非常重视，各省区市党委、政府对侨联工作的支持不断加强，已经有17个省区市制定印发了关于进一步加强和改进新形势下侨联工作的意见，一些地方正在研究起草相关文件，尽管在贯彻实施过程中还存在一些具体困难和问题，但从全局来看，已经在全国范围内形成了有利于侨联工作的良好氛围。特别是即将召开的党的十八大，必将为党和国家事业发展进一步指明方向，侨联组织一定要抓住机遇，展现作为，出台更有指导性的文件，打造更有影响力的品牌，在党和国家的工作大局中充分发挥侨联组织应有作用。

在讨论中，大家还提出了很多很好的意见和建议，比如，建议中国侨联进一步加强对地方侨联工作的指导与支持；建议在机构改革中加强与各省区市党委沟通，进一步理顺领导管理体制问题，进一步解决侨联组织的体制、编制等问题；建议进一步改进工作方式方法，增强各项活动的合理性与前瞻性；建议进一步加强侨界评比表彰工作的规划和组织实施；建议进一步畅通渠道认真听取地方侨联的意见；建议适时召开侨联工作专题研讨会，就侨联工作面临的重大问题和重点工作集思广益；建议以基层为重点，积极参与两岸民间交流，扩大两岸民间共识；建议加大对港澳侨界的支持力度，吸收港澳高层次人才参加中国侨联特聘专家委员会委员，充分发挥他们在维护港澳繁荣稳定和中国现代化建设方面的重要作用；建议全面履行侨联的四项职能，避免工作畸轻畸重；建议加强侨联工作的理论研究，为解决实践中遇到的难点、热点问题提供理论依据；建议进一步建立健全更加有效的维护侨益机制等等。

会后，我们将认真研究大家提出的意见和建议，进一步改进工作，增强侨联工作的科学性、创造性和可持续性。

为认真贯彻落实这次常委会议精神，确保今年各项任务圆满完成，我再简要讲3点意见。

一、深入学习胡锦涛总书记的重要讲话精神，以优异成绩迎接党的十八大胜利召开

胡锦涛总书记在省部级主要领导干部专题研讨班开班式上的重要讲话，是在党和国家事业发展的关键阶段，在党的十八大即将召开的关键时刻发表的，主题重大，意义深远，是指导当前和今后一个时期党和国家各项事业发展的行动纲领，是做好党的十八大前各项工作、迎接党的十八大胜利召开的总动员。各级侨联要深刻学习领会胡锦涛总书记重要讲话精神，精心部署，加强领导，以高度的政治责任感和扎实有力的举措，切实在侨联系统学习好、宣传好、贯彻好。**一是要在广泛宣传上下功夫。**要充分发挥群众组织的优势，围绕迎接十八大、学习十八大、贯彻十八大，广泛宣传、深刻阐释，进一步凝聚社会共识，引导侨界群众满怀信心迎接党的十八大。要发挥侨联组织海外联系广泛的优势，大力宣传介绍我们党以人为本、执政为民的理念，宣传我国坚持科学发展、和谐发展、和平发展的主张，努力形成于我有利的国际舆论环境。**二是要在维护社会稳定上下功夫。**各级侨联要从政治和全局的高

度，充分认识做好当前维护稳定工作的极端重要性，把维护社会稳定作为当前的重要政治任务，坚决贯彻落实中央的决策部署。要深入基层、深入一线、深入侨界群众，察实情、办实事、求实效，进一步加强与侨界群众的密切联系，夯实社会稳定的群众基础。**三是要在加强理论总结上下功夫。**要认真学习、深刻领会党的十六大以来以胡锦涛同志为总书记的党中央关于侨务工作、侨联工作，关于广大归侨侨眷和海外侨胞地位作用的重要论述，总结侨联工作的基本经验，在党的十八大精神指引下，不断实现侨联工作的创新发展，团结广大归侨侨眷和海外侨胞为实现中华民族伟大复兴而共同奋斗。

二、抓住机遇、乘势而上，努力推进贯彻实施加强侨联工作的意见取得更大成效

八代会以来，已有半数以上的省区市党委制定印发了加强和改进新形势下侨联工作的意见，为侨联工作展现新作为奠定了良好的基础。出台相关文件的省区市侨联在本次会议上介绍了贯彻落实的成功经验和有效做法。大家认为，本次会议的专题经验交流非常及时、很有针对性和指导性，听后很受鼓舞和启发。为进一步推动相关文件的贯彻落实，促进侨联工作全面发展，希望各地侨联再接再厉，善抓机遇，借力使力，乘势而上，全力做到“四个转化”。**一是要善于把加强侨联工作的意见转化为推动工作的具体措施。**各地出台的加强和改进新形势下侨联工作的意见内容丰富，具有很强的指导性和可操作性。有关省区市侨联应对照文件内容逐一进行检查，根据检查情况提出具体贯彻落实的措施，争取把文件的要求真正落到实处，实现侨联工作进一步科学化、制度化和规范化。**二是要善于把局部的工作成果转化为侨联工作的全局优势。**这次大会交流的经验和做法，亮点突出，各具特色，成效显著，可圈可点。应继续发挥示范作用，通过有效的宣传和总结，不断推广成功经验和有效做法，进一步带动其他各项工作，使之转化成为侨联工作的全局优势，切实提高侨联工作的水平和影响力。**三是要善于把社会的关注和期待转化为侨联工作的强大合力。**随着越来越多的省区市制定印发进一步加强和改进新形势下侨联工作的意见，侨联组织的社会关注度也越来越高。要特别珍惜来之不易的大好局面，继续扎实有效地做好工作，进一步提升侨联的社会形象，扩大侨联的社会影响，使社会各界能够更加深入、全面地了解侨联、支持侨联。要加强与中央、国家机关有关部门和社会各界的联系沟通，在海外联谊、文化交流、招商引资、招贤引智、维护侨益等方面进一步借助社会力量和资源，开展多层次、多渠道的合作，形成推进侨联工作科学发展的强大合力。前不久，中共中央政治局委员王兆国同志就做好华侨农场帮扶困难职工事宜给全国总工会第一书记王玉普和中国侨联主席林军同志作出重要批示，中国侨联及时与全国总工会和中国农林水利工会联系，就进一步加强合作，推进华侨农场工会、侨联组织建设，切实维护华侨农场职工权益等达成共识。近期，全国总工会与中国侨联联合组织的调研组将赴有关省区进行调研，希望相关地方侨联高度重视，积极配合做好这项工作。**四是要善于把解决问题、克服困难的过程转化为提高能力、化茧成蝶的过程。**从大家讨论的情况看，目前各地在贯彻加强和改进新形势下侨联工作意见的过程中，遇到了一些具

体的困难和问题。对此，我们应坚定信心，以饱满的工作热情和对侨联工作的深厚感情，迎难而上，锲而不舍，不为任何困难所惧，不为任何干扰所惑，坚定不移地推动文件的贯彻实施。抓住机遇的最好方法就是争分夺秒把工作做出实实在在的成效。要找准切入点，坚持高标准，牢牢掌握工作主动权；要集中精力和资源攻重点、破难点，以点带面，以龙头带动全局；要强化督办工作，制定切实可行的实施方案，做到事有专管之人、人有明确之责、责有限定之期；要及时向党委分管领导请示汇报，主动与党委、政府有关部门联系，为解决面临的困难和问题创造更好的条件。尚未出台相关文件的省区市侨联要以积极主动的作为赢得党委的重视，力争相关文件早日出台，进一步巩固和发展有利于侨联事业发展的良好氛围。

三、认真组织好这次常委会议的传达贯彻，确保下一阶段工作取得新的更大成绩

这次常委会议内容丰富，意义重要，各级侨联要迅速组织传达贯彻，切实把下一阶段的各项工作做好做实。**一是要及时向党委分管领导汇报。**使省区市党委及时了解中国侨联常委会议精神，从当地实际出发，进一步加强对侨联工作的领导和支持。**二是要认真研究部署下一阶段的各项工作。**要向侨联系统干部职工及时传达会议精神，统一思想、提高认识，增强工作的使命感和责任感。要全面把握会议提出的各项要求，紧密联系实际，认真动员部署，细化工作内容，有序开展工作。**三是要主动协调配合，加强信息反馈。**要坚持全国侨联一盘棋，积极配合中国侨联近期开展的有关重要活动，力争取得更多更好的成果。要重点关注苗头性、警示性、全局性、前瞻性的问题，及时掌握第一手材料，经过分析整理加工，及时向中国侨联反映有价值的信息。对信息材料的采用情况，中国侨联将定期予以通报表扬。

最后，希望各级侨联在贯彻落实常委会部署的工作任务同时，认真抓好2013年的工作规划，及时向中国侨联提供明年“两会”提案议案素材，认真组织开展好“送温暖、献爱心”等活动。近期，全国不少地区发生了暴雨洪涝灾害，使人民群众的生命财产安全受到了不同程度的损失。各级侨联要按照党委、政府的要求，及时组织侨界群众开展防灾救灾和抗洪抢险工作。也请各位同志在返程和工作中注意安全。

各位常委、同志们，这次常委会议部署的任务重，提出的要求高，寄予的希望大，面临的机遇好，各级侨联一定要聚精会神地抓好各项工作落实，以优异成绩迎接党的十八大胜利召开！

在中国侨联青年干部培训班开班式上的讲话

（2012年11月12日）

董中原

各位学员、同志们：

在举世瞩目的党的十八胜利召开的日子里，中国侨联青年干部培训班正式开班了。首先，我代表中国侨联党组对本期青年干部培训班的举办表示热烈祝贺！向参加学习的全体学员们表示诚挚的欢迎！

党的十八大是在全面建设小康社会关键时期和深化改革开放、加快转变经济发展方式攻坚时期召开的一次十分重要的大会。胡锦涛总书记的报告站在历史和时代的高度，总结了十六大以来特别是过去5年来中国共产党治国理政的辉煌成就和宝贵经验，深刻阐明了党在新世纪坚持举什么旗、走什么路、实现什么奋斗目标等重大问题，是我们党团结、带领全国各族人民在全面建成小康社会决定性阶段奋勇前进的政治宣言和行动纲领。学习贯彻党的十八大精神，是当前和今后一个时期全党全国人民的首要政治任务。中国侨联将对全国侨联系统认真学习贯彻十八大精神作出部署并提出要求。希望大家按照中央的统一部署，认真学习、深刻领会，切实用十八大精神武装头脑、指导实践、推动工作。

侨联青年干部是侨联组织的希望和未来。加强对侨联青年干部的培养，关系到侨联事业的发展与振兴，意义非常重大。对新招录的年轻干部进行入会教育是中国侨联的传统，今年首次将各省区市侨联的青年干部纳入培训范围，充分表明了中国侨联党组对加强侨联系统干部培养尤其是青年干部健康成长的关心和重视。在座的各位都拥有良好的教育背景和较高的综合素质，经过国家公务员和事业单位招考的层层选拔，最终脱颖而出，侨联组织和广大海内外侨胞对你们寄予厚望。借此机会，我想就侨联青年干部的健康成长提几点希望，与大家共勉。

第一，要牢固树立坚定正确的政治方向

侨联是党领导的人民团体，工作对象分布在各个领域、各个行业，情况千差万别，工作内容纷繁复杂。作为侨联机关干部，必须牢固树立坚定正确的政治方向，这是把侨联工作真正做好的前提和基础。**一是要切实加强理论学习**。要认真学习党的基本理论、基本路线、基本经验、基本方针，坚持以邓小平理论、“三个代表”重要思想、科学发展观为指导，把加强政治理论学习作为自身的基本要求和自觉行动。要把党和国家侨务工作的方针政策和涉侨法律法规融会贯通，成为侨联工作的行家里手。**二是要严格遵守政治纪律。**随着改革开放的不断深化，人们的思想观念和利益诉求也日益多样化，各种社会思潮在侨界群众中都会有所体现。如果我们自己放松了政治要求，就很可能在具体工作中被错误思潮所迷惑。要进一步坚定理想信念，遵守党和国家的各项纪律，不断提高政治辨别力，在政治上、思想上、行动上与党中央保持高度一致。**三是要积极参加党组织生活。**你们当中很多同志是共产党员，有的同志还在积极向党组织靠拢。要切实增强组织观念，按照有关规定积极参加组织生活，主动在创先争优活动中展现作为。**四是要尽快掌握工作方法。**人民团体的主要工作就是在党的领导下，用人民群众喜闻乐见的方式和易于接受的方法，把所联系的群众紧密团结在党的周围。要认真学习党中央关于侨联工作的一系列指示精神，深刻了解侨界群众的特点和所思所想，所需所盼，不断推动实现侨联工作的科学化、民主化、群众化，通过我们深入细致和卓有成效的工作，把党的主张转化为侨界群众的自觉行动。

第二，要自觉养成严谨细致的工作作风

你们当中多数人从学校毕业时间不长，在大学期间的主要任务是学习，到侨联工作以后，工作节奏、肩负责任、纪律要求等都发生了很大变化；工作的内容和方式也与过去有很大区别。希望大家能够尽快适应这种变化，尽快适应角色的转换。**一是要兢兢业业、认真负责。**侨联机关工作综合性、全局性很强，涉及方方面面，需要各部门的协调，需要上下的配合，工作中的每一个阶段、每一个细节，都可能对全局工作造成影响。希望大家自觉养成严谨细致的工作作风，对自己所担负的工作要认真谋划，超前思考，高标准、严要求，尽心尽力完成领导和组织交办的各项任务。**二是要脚踏实地，苦干实干。**侨联事业能取得今天的成绩，是一代又一代侨联工作者脚踏实地、苦干实干的结果。希望大家继续发扬侨联干部的优良传统，坚持从点滴做起，老老实实做事，踏踏实实做人，在实际工作中实现自身理想。**三是要勇于磨练、甘于奉献。**侨联的工作任务非常繁重，中国侨联、地方侨联很多部门、很多同志经常要加班加点。希望大家注重实践锻炼，勇于到困难多、任务重的岗位磨练自己，不断增长本领和才干。

第三，要勇于展现蓬勃向上的青春风貌

在座的各位学历层次高，知识面丰富，思想观念新，有着青年人特有的朝气、勇气和锐气，这是你们的优势，也是你们在侨联发挥作用的重要基础。希望大家在工作中保持自己的优秀本色，勇于展现蓬勃向上的青春风貌。**一是要永葆青春朝气。**机关工作有严格的规章制度，需要按部就班、有序推进，有时难免会产生沉重感。青年人是早晨八、九点钟的太阳，希望大家在工作中努力发挥积极性、主动性和创造性，保持旺盛的工作热情。要在遵守机关纪律和规章制度的基础上，开展丰富多彩的符合青年特点的活动，营造生动活泼的机关工作氛围。**二是要永葆奋斗勇气。**青年人精力旺盛，很少受条条框框的束缚。要敢为人先，勇于正视困难、直面矛盾，努力探索侨联工作的新方法、新途径。要勇挑重担，敢于冲在前面，以科学的方法、求实的态度努力推进工作。要自觉磨练百折不回的顽强意志，当遇到挫折和失败时，不怨天尤人，不自怨自艾，善于从挫折中吸取营养，砥砺意志。**三是要永葆创新锐气。**侨联事业的科学发展，需要青年人勇于创新。要尽快熟悉自己的工作，认真了解、研究侨情，把握侨联工作规律，善于开动脑筋，善于在日常工作中发现问题，找到突破口，把所学的知识创造性地运用到工作中去，实现行动创新、理念创新和机制创新。

第四，要用心培育品德高尚的人格魅力

要想成就一流的业绩，不仅需要丰富的知识和过硬的本领，更离不开良好的道德品格。希望大家自觉加强个人修养，做一名内涵丰富、品德高尚、富有人格魅力的侨联工作者。**一是要主动热情，为侨服务。**侨联工作对象是广大归侨侨眷和海外侨胞，接人待物要体现出侨联干部良好的修养。要深怀爱侨之心，恪守为侨之责，不断增进对侨界群众的感情，满腔热忱地为侨服务。在具体工作中，对侨界群众提出的要求要尽心尽力地提供帮助；对一时无法办到的，要耐心解释，做好思想工作，避免侨界群众产生误解。**二是要谦虚谨慎，完善自我。**大家刚到侨联机关不久，与机关的同志们还有一段熟悉的过程。机关老同志可能学历层次、知识水平没有你们高，但他们有着长期的侨联工作实践，有很多值得你们学习的优点，有很多需要你们吸取的经验。要虚心向老同志们请教，切实从内心尊重老同志、理解老同志，在工作上主动争取老同志的帮助和指导。要正确认识和对待自己，养成“吾日三省吾身”的习惯，不断实现自我完善和自我提升。**三是要襟怀开阔，注重团结。**海纳百川，有容乃大。青年干部要学会容人，既要学人之长也要容人之短，做到见贤思齐而不嫉贤妒能。要善于听取别人的意见和建议，及时改进自己的工作。要以宽厚之心对待其他同志的缺点和不足。要正确对待职务的升迁变动和名利待遇，始终保持一颗平常心，努力做到清正廉洁，心底无私。要与人为善，团结互助，真正做到理解人、尊重人、团结人，为建设和谐型侨联做出自己的贡献。

在党的十八大召开期间，各位同志能够来培训班学习，很有意义。希望大家珍惜这次学习机会，勤于思考，善于总结，相互交流，共同进步。相信通过这次培训班的学习，大家能更快地融入侨联组织的大家庭，收获一份真挚的友谊和难忘的人生经历。

最后，预祝本期培训班圆满成功，祝同志们身体健康，万事如意！

在中国侨联直属机关处以上党员干部党的十八大精神学习班上的总结讲话

（2012年12月7日）

董中原

同志们：

中国侨联直属机关处以上党员干部学习党的十八大精神学习班今天就要结束了。中国侨联党组对这次培训非常重视，开班式上，林军同志代表会党组作了动员讲话，并就学习贯彻党的十八大精神，办好学习班提出了明确要求。直属机关党委作了精心组织和周密安排，为大家学习讨论创造了良好的条件。几天来，同志们原原本本地研读了党的十八大报告、《中国共产党章程》、中央纪委工作报告和习近平同志的重要讲话精神，认真聆听了中央党校张希贤、赵绪生教授的辅导报告，结合思考题进行了深入的研讨，并对如何结合侨联工作实际贯彻落实党的十八大精神提出了一些很有针对性的思考和建议，充分体现了大家求真务实的学习精神和良好的综合素质。

本次培训班授课层次高、时间安排紧、理论讲解深、学习效果好。在听取辅导讲座、研讨交流的过程中，大家通过认真记录，深入思考，积极研讨，普遍加深了理解，提高了认识、增强了信心。**一是增强了对党的十八大报告的全面理解。**党的十八大坚定地宣示了我们党举什么旗、走什么路、以什么样的精神状态、朝着什么样的目标继续前进，科学制定了适应时代要求和人民愿望的大政方针和行动纲领。大家认为，我们党一定能够统一全党思想，凝聚共识和力量，肩负起人民的信任和重托，完成历史赋予的光荣使命，开拓中国特色社会主义事业更为广阔的发展前景。**二是对《党章（修正案）》有了更加深刻的认识。**大会通过的《中国共产党章程（修正案）》，体现了党的理论创新和实践发展的成果，体现了党的十八大确立的重大理论观点和重大工作部署，对以改革创新精神全面推进党的建设新的伟大工程、提高党的建设科学化水平提出了明确要求。大家表示，我们党一定能够以更加坚定的决心、更加有力的举措、更加完善的制度来贯彻落实科学发展观，真正把科学发展观转化为推动经济社会又好又快发展的强大动力。**三是对中央领导集体的新老交替充满信心。**十八大选举产生了新一届中央委员会，十八届一中全会选举产生了新的中央领导机构。大家认为，选举结果表明我们党兴旺发达、承前启后、充满朝气、富有活力，是一个坚定成熟、团结和谐、开拓创新、永葆先进的马克思主义执政党。

本期学习班虽然结束了，但学习宣传贯彻党的十八精神依然是当前和今后一个时期中国侨联全体党员干部的首要政治任务。要继续紧密结合侨联工作实际，把十八大精神学习得更加深入、领会得更加透彻、贯彻得更加自觉。下面，我结合大家在学习期间的收获和体会，就如何进一步把十八大精神更好地贯彻落实到侨联的各项工作中，围绕解决“为什么”、“是什么”、“做什么”、“怎么做”等4个问题，简要谈几点意见。

第一，围绕“为什么”的问题，进一步深化对侨联工作目标任务的思考与实践

十八大报告提出，建设中国特色社会主义，总依据是社会主义初级阶段，总布局是“五位一体”，总任务是实现社会主义现代化和实现中华民族伟大复兴。侨联工作的一切部署都必须从这个总依据、总布局、总任务出发，认真思考工作方向、工作任务和根本目的是为了什么，切实服从和服务于党和国家的工作大局、团结引导广大归侨侨眷和海外侨胞为实现党的十八大确定的各项任务而努力奋斗。**一是围绕全体人民的根本利益，进一步增强侨联工作服务大局的行动自觉。**全面建成小康社会，实现中华民族的伟大复兴，是包括广大归侨侨眷和海外侨胞在内的全体中国人民的根本利益。实现十八大描绘的宏伟蓝图，需要全国各族人民共同团结奋斗。我们只有把侨联工作放到完成十八大提出的目标任务中来思考，紧紧围绕党和国家工作大局，才能最充分、最广泛、最直接地把广大归侨侨眷和海外侨胞团结起来，把他们的积极性和创造性调动起来，把思想统一到党的十八大精神上来，把力量凝聚到实现党的十八大确定的各项任务上来。**二是围绕社会主义初级阶段的基本国情，进一步提高侨联组织服务侨界群众的能力和水平。**我国仍处于并将长期处于社会主义初级阶段的基本国情没有变，人民日益增长的物质文化需要同落后的社会生产之间的矛盾这一社会主要矛盾没有变，我国是世界上最大的发展中国家的国际地位没有变。我们只有牢牢把握社会主义初级阶段这个最大国情，牢牢立足社会主义初级阶段这个最大实际，把全国人民的总体利益与侨界群众的具体利益结合起来，把贯彻党的方针政策与满足侨界群众的诉求愿望结合起来，引导侨界群众正确对待深化改革过程中的利益调整，才能真正促进经济社会发展，最大限度地增加和谐因素，形成海内外侨界同胞的大联合、大团结，共同为实现中华民族伟大复兴而奋斗。**三是围绕“五位一体”的总布局，进一步明确侨联工作的主要任务。**党的十八大要求，全面落实经济建设、政治建设、文化建设、社会建设和生态文明建设五位一体的总布局，促进现代化建设各个方面相协调，促进生产关系与生产力、上层建筑与经济基础相协调，不断开拓生产发展、生活富裕、生态良好的文明发展道路。侨联组织只有坚持以经济建设为中心，以科学发展为主题，把推动经济建设、政治建设、文化建设、社会建设、生态文明建设作为中心任务，才能真正在全面建成小康社会中，充分体现侨联组织不可或缺的创造能力和主观能动性，圆满完成十八大提出的各项目标任务。

第二，围绕“是什么”的问题，进一步深化对侨联组织地位作用的思考与实践

党的十八大报告强调，支持工会、共青团、妇联等人民团体充分发挥桥梁纽带作用，更好反映群众呼声，维护群众合法权益。侨联组织贯彻十八大精神，必须找准自己的角色定位、明确自身的地位作用。**一是进一步明确并充分发挥侨联组织“桥梁纽带”的地位和作用。**侨联不是一般的普通侨界群众组织，具有很强的政治性，必须在党的领导下，组织动员广大归侨侨眷和海外侨胞，广泛联系、团结为数众多的海内外侨界组织，根据侨界群众的特点、需要和实际情况，通过侨界群众喜闻乐见、有针对性的各种方式，宣传党的路线方针政策，并使之转化为侨界群众的自觉行动。同时，要切实深入侨界群众，把自身的工作寓于侨界群众之中，把侨界群众的所思、所想、所需、所愿及时向党中央、国务院反映，努力做到下情上达，渠道畅通，推动密切党与侨界群众的血肉联系。中国侨联56年的发展历史证明，只有坚持党的领导，密切联系侨界群众，努力发挥桥梁纽带作用，才能更加有效地促进侨界群众与全国人民一道，共同参与社会主义各项建设和改革开放事业，共享经济社会发展的成果。正如十八大报告强调的那样，中国共产党坚强有力，同人民群众保持血肉联系，国家就繁荣稳定，人民就幸福安康。**二是进一步明确并充分发挥侨联组织“代表者维护者”的地位和作用。**代表好、维护好侨界群众的切身利益，既是广大侨界群众的迫切愿望，也是党对侨联组织的明确要求。侨联组织只有把侨界群众放在心上，真心实意地为他们办实事、做好事、解难事，才能得到侨界群众的支持与拥护，才能更加紧密地把侨界群众团结在党和政府的周围。十八报告要求，建立健全党和政府主导的维护群众权益机制，畅通和规范群众诉求表达、利益协调、权益保障渠道。这就从制度安排和机制建设上，为侨联组织履行好维护侨界群众合法权益工作提供了保障，也对侨联组织提高为侨服务水平提出了更高的要求。**三是进一步明确并充分发挥侨联组织“社会管理参与者”的地位和作用。**加强和创新社会管理是全面建成小康社会的内在要求和重要基础。十八大报告强调，加快形成党委领导、政府负责、社会协同、公众参与、法治保障的社会管理体制，强化企事业单位、人民团体在社会管理和服务中的职责，引导社会组织健康有序发展，充分发挥群众参与社会管理的基础作用。努力当好社会管理的参与者，是侨联组织必须面对的新课题、新任务、新职责。侨联组织应把参与社会管理作为贯彻十八大精神的重要内容，继续探索新途径、新方法和新举措，努力在加强和创新社会管理的大格局中找准位置、发挥作用。

第三，围绕“做什么”的问题，进一步深化侨联全面履行“四项职能”的思考与实践

侨联组织具有群众工作、参政议政、维护侨益、海外联谊四项职能。要把十八大精神贯彻落实到具体实践中去，就必须紧密结合侨联工作实际，充分、全面履行四项职能，并贯穿于推动经济、政治、文化、社会、生态文明建设、党的建设和推动“一国两制”实践、促进祖国和平统一的全过程。**一是以做好侨界群众工作为基础，努力激发侨界群众的创造热情。**要大力引导侨界群众，通过侨联的各种媒体和基层宣传阵地，引导侨界群众认真学习十八大精神，通过各种渠道向海外侨胞介绍十八大的盛况和全面建成小康社会、实现中华民族伟大复兴的宏伟蓝图。要大力动员侨界群众，动员广大归侨侨眷积极参与各种群众性的建功立业活动，最大限度地把广大归侨侨眷和海外侨胞的积极性、创造性引导到努力完成十八大提出的目标任务上来。要大力组织侨界群众，继续开展经常性的创先争优活动，推进侨联基层组织建设，规范工作制度、健全组织标准，打牢群众工作基础。要大力依靠侨界群众，把侨界群众作为侨联工作创新的活力源泉和根本动力，把一切工作根植于侨界群众的实践之中，不断增强侨联组织的吸引力与凝聚力。**二是以参政议政为重点，积极支持侨界群众参与民主政治建设。**十八大报告提出，要更加注重健全民主制度、丰富民主形式，保证人民依法实行民主选举、民主决策、民主管理、民主监督。要继续支持侨界人大代表、侨联界政协委员深入开展调查研究、执法监督和提案议案工作，更好地体现侨界群众依法管理国家事务和社会事务、管理经济和文化事业的能动作用。要积极参与推进完善基层民主制度建设，组织引导侨界群众参与城乡社区治理、基层公共事务和公益事业，努力实现自我管理、自我服务、自我教育和自我监督。**三是以维护侨益为根本，不断推动侨界群众各项权益的实现。**只有把广大归侨侨眷和海外侨胞的利益发展好、实现好、维护好，才能更加充分地把他们的积极性、主动性和创造性调动起来、发挥出来。要转变传统思维，扩展工作视野，全面维护侨界群众的经济、政治、文化、社会等各项权益。要加强与中央国家机关有关部门的联系，为海外侨胞回国创新创业提供更好环境和条件。要加大工作力度，组织引导侨界群众依法行使民主权利，落实知情权、参与权和监督权。要鼓励、支持侨界群众开展群众性文化活动，主动参与社会主义文化建设，鼓励支持侨界群众传承、传播中华优秀文化，满足他们日益增长的精神文化需求。要以维护侨界群众的社会权益为重点，推动侨界群众在教育、就业、医疗、社会保障等方面权益的实现。要特别关注解决困难侨界群众的生产生活问题，真正体现“发展为了人民、发展依靠人民、发展成果由全体人民共享”的要求。**四是以海外联谊为平台，推动建设更加广泛的爱国统一战线。**十八大报告强调，落实党的侨务政策，支持海外侨胞、归侨侨眷关心和参与祖国现代化建设与和平统一大业。侨联组织要立足民间性的特点，进一步深化与港澳台侨界的交流交往，促进港澳侨界和香港同胞、澳门同胞在爱国爱港、爱国爱澳旗帜下的大团结，共同维护香港、澳门的长期繁荣稳定。深化两岸侨界交流与合作，融洽同胞感情，增进维护一个中国框架的共同认知，引导广大海外侨胞关心支持两岸关系和平发展，推动全体中华儿女携手努力，在实现中华民族伟大复兴的进程中完成中国和平统一大业。要支持引导海外侨胞进一步树立良好形象，主动融入当地社会，增进侨团之间的团结，共同建设和谐侨社，推动建设一支更加宏大的海与对我友好队伍。

第四，围绕“怎么做”的问题，进一步深化对侨联事业创新发展的思考与实践

深入贯彻党的十八大精神，全面履行侨联组织的四项职能，在“五位一体”总布局中发挥侨联组织应有的作用，必须立足自身的优势，奋力开拓创新。**一是充分发挥侨联组织的独特优势。**广大归侨侨眷和海外侨胞具有财力、智力两种资源，国内、海外两个平台，侨联组织具有人才荟萃、智力密集、联系广泛的优势。要加强与地方政府的合作，积极开展各种招商引资、招贤引智活动。要拓展工作领域，适应地方经济社会发展的需要，增强活动的针对性和实效性，努力为海外侨胞回国创新创业搭建平台，创造条件。**二是打造侨联工作的社会知名品牌**。现在侨联的工作品牌很多，比如，“两岸侨联和平发展论坛”，“亲情中华”主题活动，与各省区市政府签订战略合作框架协议，“送温暖、献爱心”活动，“珍珠班”、“健康光明行”、“侨联春晚”等公益项目以及中国侨联特聘专家委员会、中国侨商联合会、中国侨联法顾委、法顾委海外律师团、中国侨联青年委员会等侨界代表性组织，这些知名品牌工作和侨界代表性组织在社会上有着广泛的影响，受到侨界群众的真诚欢迎。要进一步增强品牌意识，总结经验、加强规划，大力宣传、扩大影响，不断提高各项活动的综合效益和影响力。**三是不断推动侨联事业的创新发展**。要把改革创新作为侨联事业科学发展的根本动力，适应世情、国情、侨情的发展变化，围绕全面建成小康的要求，推动侨联理论、机制和工作创新。比如，适应生态文明建设的需要，侨联组织可以开展“生态中华”系列活动，促进政府有关部门、科研机构、高新企业与国外相关机构和团体的交流，增进国际社会对我国科学发展的了解和保护生态环境所作出的努力，引导和支持海外侨胞和侨资企业围绕生态文明建设创新创业，协助有关部门进一步吸引海外高层次生态科技人才回国服务。又比如，总结“和美西藏”美术展的经验，针对西方民众的思维方式和接受程度，用非政治的方式开展海外文化活动，不断拓展侨联开展民间外交的渠道，进一步增强为党和国家全局工作的能力和水平。

总之，这次学习培训的效果很好。希望各基层党组织和广大党员干部按照中央、中直工委、会党组和直属机关党委的要求，把学习贯彻党的十八大精神作为当前和今后一个时期的首要政治任务，与研究思考侨联工作发展方向、重点任务、具体措施结合起来，与完成今年工作任务、年终党员民主评议工作结合起来，与规划明年以及更长远的工作结合起来，及时向机关党委报送学习宣传贯彻十八大精神的情况，以改革的精神，创新的办法，不断把学习宣传贯彻十八大精神引向深入，为进一步开创侨联工作新局面做出新的更大贡献。

在中国侨联八届四次全委会议闭幕时的讲话

（2012年1月6日）

李卓彬

各位委员、各位顾问、同志们：

中国侨联八届四次全委会议经过大家的共同努力，圆满完成了各项议程。我受主席会议的委托作会议总结。

这次会议是在全党深入学习贯彻党的十七届六中全会和中央经济工作会议之时召开的。会上，中共中央政治局委员王兆国同志代表党中央发表了重要讲话；林军同志传达了中央书记处对侨联工作的重要指示精神，并作了题为《凝聚广大归侨侨眷和海外侨胞力量　为全面建设小康社会再立新功　以优异成绩迎接党的十八大胜利召开》的工作报告；大会通过了相关人事事项及会议决议。会议期间，大家紧紧围绕会议议程，认真学习领会中央书记处重要指示和王兆国同志重要讲话精神，认真审议工作报告和有关人事事项，积极建言献策，统一思想认识，明确工作任务，取得了以下主要共识：

一是认为中央书记处的重要指示和王兆国同志的重要讲话站在党和国家全局的高度，对侨联工作提出了新的更高要求，为侨联事业发展提供了强大动力。委员们一致认为，中央书记处办公会议每年听取中国侨联党组的工作汇报，并对新的一年侨联工作作出重要指示，王兆国同志每年出席中国侨联全委会议并代表党中央发表重要讲话，充分体现了党中央对侨联工作的高度重视和对广大归侨侨眷和海外侨胞的亲切关怀，为我们侨联事业不断发展，指明了前进方向。很多委员都说，听了中央书记处办公会议精神和王兆国同志重要讲话，心里非常振奋，感到侨联工作责任重大。当前，侨联工作面临新形势、新任务、新侨情，侨联组织一定要认真学习、深刻领会中央指示精神，牢牢把握正确的政治方向，坚持在党的领导下走中国特色社会主义道路，进一步密切党与侨界群众的血肉联系，充分发挥侨联组织优势，为促进我国经济又好又快发展，努力营造两岸关系和平发展的外部环境，切实维护侨界和谐稳定作出不懈努力。少数民族地区委员谈到，中央对少数民族地区侨联工作十分重视，特别强调要做好有关工作，使我们备受鼓舞，同时也感到任务艰巨，我们将认真学习贯彻，在党委领导下创造性地开展工作，为实现各民族共同团结奋斗、共同繁荣发展作出应有贡献。

二是认为林军同志的工作报告，总结工作求真务实、符合实际，部署任务目标明确、要求具体。委员们普遍认为，中国侨联过去一年来围绕党和国家工作大局，工作层次高、亮点多、影响广，受到了中央领导同志的高度肯定，得到了广大归侨侨眷和海外侨胞的广泛赞誉。纪念建党90周年和辛亥革命100周年系列活动，上下联动，整体发力，彰显了全国侨联系统凝聚力和影响力，体现了侨联在参与党和国家重大政治活动中的作用。有的委员说，“亲情中华”主题活动充分调动了地方侨联的积极性，各级侨联组织在弘扬中华优秀文化和促进中外文化交流中作出了新成绩。有的委员说到，侨联开展“送温暖，献爱心”、“健康光明行”和“侨爱心工程”等活动，重视关注侨界民生问题，做好事、办实事。还有的委员认为，“特聘专家委员会”和“中国侨商联合会”团结了一大批侨界高层次人才，开展了很多有影响的活动，取得了显著成绩；加强海外队伍建设与两岸论坛的平台建设，积极培育了对我友好力量；推动省级党委政府出台加强和改进侨联工作的意见，提升了侨联组织的地位和作用，为开创侨联工作新局面营造了良好的氛围，这些都体现了侨联的新优势、新作为。委员们认为，报告对新一年侨联工作的部署符合中央要求精神，思路明晰，重点突出，贯穿了“两个并重”总体要求，有许多新的亮点，各级侨联将根据中国侨联的工作部署，紧密联系自身实际，认真贯彻落实。

三是认为“八代会”以来一些重点领域有所突破，应继续深化侨联工作的认识与实践，为实现“八代会”确定的各项任务继续努力。委员们在讨论中认为，“八代会”以来，全国各级侨联在中国侨联的带领下，按照党中央的希望和要求，牢记广大归侨侨眷和海外侨胞的期望和重托，创造性地开展工作，履行参政议政、维护侨益、海外联谊、群众工作四项职能，在一些重点领域取得新成效，如援建北川中学、开展“亲情中华”主题活动、开拓新侨人才工作、壮大海外联谊队伍、华侨历史学会换届、积极探索少数民族地区侨联工作、推进“党建带侨建”工作、做好侨情信息报送、将“送温暖，献爱心”及“健康光明行”活动常态化、启动华侨历史博物馆建设、推动地方出台加强侨联工作意见等。委员们提出，要推动侨联事业创新发展，应当认真总结过去工作的经验，深化对侨联工作的认识与实践，沉下心来开展调查研究，认真分析世情、国情、侨情的变化给侨联工作带来的机遇与挑战，为侨联事业发展提供理论依据和数据支撑，不断丰富“两个并重”总体思路的科学内涵，为侨联事业的创新发展凝心聚力。

在肯定工作成绩的同时，一些委员和顾问结合工作实际，提出了不少意见和建议。如有的委员提出要继续保持推动各地出台加强和改进侨联工作意见的力度，将文件要求落到实处，并应适时建议中央出台相关意见；有的港澳委员谈到，希望进一步重视发挥港澳侨界在为国家整体外交战略服务和推动两岸和平发展中的作用；有的委员提出“亲情中华”主题活动要更加突出民族文化和地方特色，中国侨联要进一步整合地方资源，把这一品牌活动做大、做广、做深；有的委员希望中国侨联更加重视地方侨联干部的成长与培养，为不断加强新时期侨联干部队伍建设创造良好条件；有的委员希望工作报告能更多地吸收基层创造的新鲜经验，总结成绩注重各地间的平衡，对基层工作的要求尽量明确具体、量化可行。在这里，我们对提出意见和建议的委员、顾问们表示衷心的感谢！我们将责成中国侨联办公厅对各位委员提出的意见和建议进行分类梳理，分解机关各部门认真研究，提交主席办公会议审议采纳。

为进一步落实本次全委会议提出的各项任务，把今年的侨联工作做得更好，我简要提四点要求：

第一，要把思想和认识统一到中央对侨联工作的要求上来。中央书记处的重要指示精神和王兆国同志的重要讲话，对当前和今后一个时期的侨联工作提出了新的更高的要求。各级侨联要通过召开全委会议、常委会议、主席会议深入传达学习，在研究部署今年工作中认真贯彻落实。要及时向各级党委和分管领导汇报这次全委会议的精神，提出贯彻意见和建议，争取党委对侨联工作的更大关心和支持。要深刻把握新形势下侨联工作面临的机遇和挑战，坚持把调查研究作为侨联工作创新发展的重要途径和手段，深入了解不同社会群体中侨界群众面临的新情况和新问题，及时研究相应对策，作出有关工作部署，不断增强工作的预见性和科学性。

第二，要通过贯彻落实地方党委的《意见》，促进侨联工作再上新台阶。一些省市出台《关于加强和改进侨联工作的意见》后，对各地侨联的工作产生了较大的促进作用，势头很好。当前要继续抓紧抓好这项工作，已出台《意见》省市侨联要采取有力措施认真抓好督查督办，未出台《意见》的省区市侨联要全力推进《意见》出台。要把落实省区市党委的《意见》，作为今年侨联工作一项重要任务，根据各自工作实际，对照《意见》要求逐一进行检查落实，同时要积极创造促进侨联工作发展的有利条件。中国侨联将对贯彻《意见》的落实情况进行全面调研检查，适时召开经验交流会，进一步推动各地侨联把《意见》落到实处。

第三，要充分发挥侨联组织参与创新社会管理的积极作用，为维护社会稳定作出不懈努力。各级侨联要按照中央要求和中国侨联的部署，积极探索和做好侨联参与创新社会管理的工作，在维护社会和谐稳定中充分发挥侨联组织作用，为党的十八大胜利召开营造良好环境。要将关注民生、保障民生、改善民生的要求体现到侨联群众工作之中；要依托基层组织，逐步建立起困难归侨侨眷帮扶档案，及时解决他们面临的困难和问题；要尽快完善“侨帮侨”的有效机制，倡导海外侨胞与国内困难归侨侨眷结对帮扶；要多方筹措公益资金，为实现帮扶工作常态化提供保障；要加强与政府部门和其他人民团体的联系，借助社会力量推动解决困难归侨侨眷的生产生活问题。当前正在全国各地开展的“送温暖，献爱心”活动是侨联组织体现群众性特点、发挥系统优势暖侨心、聚侨心的工作，中国侨联和各地侨联要把这项工作长期坚持下去，把这一暖人心的活动做得更好、更实。围绕中心工作建言献策是侨联工作一项重要的任务，各地侨联在参与创新社会管理、深入开展调查研究过程中，要积极听取、收集、整理侨界群众的意见和建议，形成更多的高质量的信息上报中央，并为出席“两会”的归侨代表、侨联界政协委员提供有说服力的提案和建议素材。

第四，要精心谋划好全年各项活动，进一步提高侨联工作的主动性和创造性。今年侨联总体工作任务已明确，各级侨联要根据工作报告部署，结合各自实际，早谋划、早安排、早动手。**一是要坚持科学决策，**认真研究，制定科学合理、实事求是的工作目标、活动计划及实施办法，避免盲目性和随意性。侨联工作涉及方方面面，应根据全年工作和侨界群众的需要，确定重点工作项目和活动，集中精力、财力办有影响、有创新，服务国家大局的大事、实事。要科学合理地安排各项工作和活动，分清轻重缓急，正确处理好各职能部门的分工合作关系，在保重点的同时锻造品牌项目，搭建有影响的平台。同时，还要注重打基础的工作，推动侨联工作的科学化、制度化和规范化。**二是要增强全局意识，**努力形成一种既能充分发挥各级侨联组织、侨联机关各部门主观能动性，又能建立协调配合、分工明确、优势互补的工作格局。中国侨联与地方侨联之间要积极作为，加强联动互动，增强合作意识，找准各自在全局工作中的位置，相互支持，相互帮助，对重大活动、重点工作，应全力投入，密切配合，形成整体合力。**三是要注重社会宣传，**应当与社会各界特别是新闻媒体建立良好的互动关系，重视和善于借助外部条件，努力营造侨联工作良好的社会环境。要加强侨联海外宣传的组织、策划和指导，进一步密切与新闻媒体的交流与合作。宣传的内容要准备充分，报道准确，部署周密。在处理侨界发生重大的新闻事件时，要在第一时间及时回应，妥善处理，力求做到理性、从容，化被动为主动，树立侨联良好的对外形象。**四是要注重实际效果，**侨联开展的各项活动，应着眼于取得实实在在的效果，要及时发现工作中存在的不足与问题，不断提高活动的质量和水平，进一步提升侨联组织的影响力和号召力。特别是在与其他涉侨单位、政府部门、兄弟侨联合作开展活动时，要认真听取有关方面的意见，要以实际效果作为评价活动是否成功的标准。

各位委员、各位顾问、同志们，今年是实施“十二五”规划承上启下的重要一年，我们党将召开十八大，做好侨联今年各项工作极为重要。让我们更加紧密地团结在以胡锦涛同志为总书记的党中央周围，高举中国特色社会主义伟大旗帜，以邓小平理论和“三个代表”重要思想为指导，深入贯彻落实科学发展观，开拓创新，扎实工作，努力凝聚广大归侨侨眷和海外侨胞力量，为全面建设小康社会再立新功，以优异成绩迎接党的十八大胜利召开！

在第四届海峡论坛·第七届两岸侨联和平发展论坛上的致辞

（2012年6月17日）

李卓彬

尊敬的倪岳峰副省长、黄菱部长，

尊敬的简汉生理事长，

各位嘉宾，各位朋友，女士们，先生们：

大家下午好！

第四届海峡论坛·第七届两岸侨联和平发展论坛今天在厦门隆重开幕了。受林军主席的委托，我代表中国侨联向来自台湾和世界各地的侨界朋友们表示热烈的欢迎和诚挚的问候！

海峡两岸乡亲，同宗同祖，同根同源，血浓于水，情重于山。过去四年，在“九二共识”的基础上，我们着眼于民众、立足于基层，努力凝聚共识，开创了两岸关系和平发展的新局面。两岸在经济、文化等领域取得了一系列喜人的重大成果，实现了全面“三通”，经济呈现出良好的互惠互补、合作共赢的发展态势，文化交流日益全面深入，两岸同胞往来不断，每天往返于海峡的百余个航班和航线把两岸人民的心紧紧地结合在一起，四年来仅大陆居民入岛人数就突破了710万人次。

目前，两岸关系和平发展的势头已得到两岸同胞的普遍认同，得到了广大海内外侨界人士的盛赞和支持，同时也受到了国际社会的肯定和欢迎。

两岸关系和平发展的良好势头，得益于两岸人民的共识和努力，也离不开两岸侨界人士和海外侨胞的共同推动。自2004年开启的两岸侨联交流已经携手走过了八个春秋。今年的两岸侨联和平发展论坛更是以林军主席率领赴台“亲情之旅”拉开序幕。在台期间，在中华侨联总会的精心安排下，我们的足迹遍及台北、台南、高雄和澎湖，不仅拜会了国民党吴伯雄荣誉主席、海基会江丙坤董事长、书画大师欧豪年先生等政商学界高层要人，深入走访了侨联总会、华侨协会总会、中国国民党归侨联谊会、林氏和李氏等同乡会和宗亲会。我们在台北和台南举办了侨乡图片展、恳亲座谈会等活动，进一步以“血缘之根”、“乡土之亲”为渠道，推动了两岸侨界和两岸同胞的广泛交流。林军主席在台北的恳亲会上发表了题为《两岸一家亲　中华心连心》的主旨演讲，期待两岸侨联更加紧密的合作，推动两岸关系和平发展，推进海外侨社和谐建设。同时，此次访问中，福建省地市县和乡镇侨联还与台湾众多同乡会、宗亲会等共同签署了一系列交流合作协议，增进了亲情、乡谊，达成了更加广泛的共识。可以说，此次访问成果丰硕、影响广泛、效果良好、意味深长，为今天开幕的第七届两岸侨联和平发展论坛起到了预热暖身的作用，符合两岸侨联和侨界人士的共同期望。

各位朋友！

时隔一周时间，我们两岸侨联高兴地再次聚首厦门，共同举办第四届海峡论坛·第七届两岸侨联和平发展论坛。时光荏苒，这已经是我们两岸侨联共同举办的第七届论坛了。与七年前的岛内局势和两岸关系相比，现在已有了巨大的变化，“山阻石拦，大江毕竟东流去”，展望两岸未来的发展，我们有了更加坚定的信念和信心，相信振兴中华的伟业一定会在两岸同胞的共同努力下实现！

站在新的历史起点上，回顾近代以来中华民族的艰难奋斗历程，展望未来的光明前景，我们应当进一步动员包括两岸侨界在内的海内外侨界人士，登高望远、审时度势，从侨界的角度，从民间的角度为巩固深化两岸关系和平发展发出我们的心声，提出我们的建议，以聚同化异、务实合作的思路为推动两岸全面交流合作，为国家的统一富强和民族复兴的美好未来作出我们的贡献。

今年是“九二共识”发表二十周年，我们要牢牢把握两岸关系和平发展的主题，进一步夯实“九二共识”政治基础。我们要以密切广大台湾同胞为主线，充分发挥两岸侨联的优势，努力把交流的重心立足于民众和基层，深植两岸亲情乡情的种子，增强休戚与共的民族认同。我们要进一步努力促进两岸经贸往来，进一步推进两岸文化交流，进一步增进两岸侨界的合作，倍加珍惜共同维护来之不易的两岸关系和平发展的大好局面，共享中国人的骄傲与自豪。

昨晚，来自两岸的各界代表和海外侨胞共同见证了红火、热闹，洋溢着浓浓亲情的开幕式。今天，两岸侨界人士和来自世界各地的侨胞代表们汇聚在这里，我们将继续以“扩大民间交流、加强两岸合作、促进共同发展”为主题，听取来自两岸的专家学者和代表的演讲。通过他们的演讲与互动，我们希望能够进一步增进理解、增进共识，共同为两岸的光明前景和民族的美好未来携手努力。

去年，《富春山居图》在两岸实现了合璧展出，成为了两岸文化交流中的一件倍受瞩目的大事。这次我们在岛内拜访时，台湾书画大师欧豪年先生还特为论坛挥毫题写了名称。让我们用热烈的掌声感谢欧豪年先生的题字并祝愿本届论坛取得圆满成功！

还有五天就是我们的传统佳节——端午节了，我在这里也衷心的祝愿大家阖家幸福、万事如意！

在中国博物馆协会华侨博物馆专业委员会 2012 年年会上的讲话

（2012 年 11 月 12 日）

李卓彬

各位专委会委员、各专业委员会成员单位代表、各位嘉宾：

大家好！值此中国共产党第十八届代表大会召开之际，我们中国博物馆协会华侨博物馆专业委员会今天在此召开一届二次委员会暨 2012 年年会。我谨代表专委会向出席本次会议的中国博物馆协会领导和各成员单位会员代表表示诚挚的感谢，向莅临本次会议的各位嘉宾表示欢迎。一年来，专委会在中国博物馆协会的领导下，在各单位会员和委员们的共同努力下，紧紧围绕着立足特色、发挥优势这个中心，开展了形式多样的展览和交流活动。受专委会常务委员会委托，我就专委会自去年成立以来各成员单位取得的成果进行简单的总结，并对未来一年的我们专业委员会的工作提出几点展望。

一、一年来各专业委员会成员单位的工作总结

自 2011 年 9 月中国博物馆协会华侨博物馆专业委员会成立以来，各成员单位在中国博物馆协会及上级主管部门的领导下，立足于自己的特色，成功举办了多项重点专题展览，并积极开展学术研究和学术交流工作，增强专委会内部合作和沟通，扩大了自己的社会影响力。

1．各成员单位举办的特色展览

在 2011—2012 年间，中国博物馆协会华侨博物馆专业委员会各成员单位成功的举办了多场富有自身特色的展览，如广东华侨华侨博物馆举办的“瓷道望族——美国华侨张家添藏品展”、“澳大利亚华人画家梁振亚故乡情——风景油画展”等多场专题展览，厦门华侨博物院举行的多场临时展览，中国客家博物馆在香港举办“客家历史文化展览”，泉州华侨历史博物馆举行的“铁骨忠魂——菲律宾华侨抗日游击支队成立 70 周年展览”，黑河旅俄华侨纪念馆举办了“中俄共同庆祝对日战争胜利 65 周年”主题展览以及揭阳侨史文化展览馆的“侨史文化”展览，都吸引了大批观众入场参观，获得了领导的肯定和观众的赞誉，取得了良好的社会影响。

2．积极开展学术研究与交流

在举办展览的同时，各成员单位也积极开展学术研究与学术交流活动。如中国华侨博物馆派人参加“马来西亚华人研究双年会”并发表论文，广东华侨历史博物馆派人参加“张弼

士研讨会"，泉州华侨历史博物馆邀请中山大学袁丁教授作"南中国海问题的由来与发展"专题学术讲座，以吴翠蓉馆长为项目负责人的社科规划课题《发挥谱牒文化在两岸交流中的作用》在《泉州学林》发表，黑河旅俄华侨纪念馆采访老一辈旅俄华侨、侨眷、归侨近 10 位，整理出近 2 万文字的采访资料，为进一步研究做好了材料储备。学术研究和交流夯实了博物馆的发展基础，进一步扩大了各博物馆的发展空间。

3．增强专委会内部合作和沟通

自中国博物馆协会华侨博物馆专业委员会成立以来，各成员单位之间的交流日益活跃。中国华侨博物馆先后数次前往各成员单位调研和学习，广东华侨博物馆和江门五邑华侨博物馆、中国客家博物馆之间的学习和交流活动也十分频繁。专委会内部的交流和沟通将为未来各成员单位之间工作合作、联合展览、培训奠定基础。

4．做好基本展览和藏品征集工作，扩大社会影响力

各专业委员会成员单位立足于本职工作，不断加大藏品征集力度，丰富自己的藏品。如广东省华侨博物馆仅今年上半年就征集了藏品资料 35 批 520 余件（套），厦门华侨博物院今年 1—9 月接受捐赠、征集文物、实物、史料 98 件，泉州华侨历史博物馆今年上半年共征集文物 100 多件，暂借 4 件；图书资料 918 件，其中书籍 809 册，杂志 52 册，光盘 6 件，族谱 12 部、43 册，黑河旅俄华侨纪念馆收集旅俄华侨、归侨、侨眷捐献奖章、字帖、物品近 40 余件。同时各成员单位继续完善基本展，接待观众人数也持续攀升，社会影响力也不断扩大。此外，各博物馆还利用网络、电视等媒体，提高宣传力度，取得了良好的社会效益。

二、对 2013 年专业委员会工作的展望

尽管取得了不少成绩，但是我们也要注意自己的不足。例如，专业委员会成立一年来，尽管各成员单位间的交流有所增加，但是大多限于馆际之间的交流，多家合作的局面的并未形成，合作交流面也相对狭窄；同时我们华侨类的博物馆社会影响力也还有待加强，队伍专业能力相对薄弱，远不能适应迅速发展的华侨文博事业。

如何克服这些不足，我认为专业委员会应该充分发挥交流平台的作用，各成员单位通力合作，发挥各自优势，携手共进。就今后的工作，可以先从以下几个方面入手：

1．利用年会，加强会员单位之间的交流

由于中国博物馆协会华侨专业委员会各成员单位分布相对分散，管理上也分属不同部门，委员会年会成为各成员单位难得的进行面对面交流的机会，希望各专委会单位成员可以在年会上主动交流成果，提出问题，使专委会年会成为大家畅所欲言，充分交流的舞台。

2．实现交流机制固定化，建立联合培训的机制

华侨文博系统在我国文博领域中，还属于刚刚起步、初具规模的小门类，是年轻的博物馆门类。对华侨博物馆来讲，其业务知识主要涉及到华侨华人专业研究、博物馆学、考古与文物保护、展示艺术等多学科知识。这就要求华侨博物馆的干部队伍应该是由不同专业人才个体组成的复合型人才团队。要求华侨博物馆的从业者，能够成为精一知多的通才。当前，社会上没有培训华侨文博人才的专门机构，华

侨文博类的人才也十分缺乏。就这一情况，专委会应当立足自身，联合各个单位的专家学者，聘请文博、侨史部门的专家，对各成员单位的年轻人才进行集中培训，培养符合自身发展的复合型人才。

3．成立专委会专家委员会，建立华侨文博标准

正如刚才提到的，华侨文博是一个年轻的博物馆门类，因此面临着不少相同的问题。如华侨文物就缺少认定和评级体系标准的规范，这对华侨文物的征集、鉴定、整理、展览都有很大的影响。因此，专委会应当发挥作为交流平台的优势，聘请专家学者组成专家委员会，依据华侨文物的特点，制定出符合自身特点的认定和评级体系标准。

4．开展文物交流机制，举行联合办展

华侨博物馆专业委员会各成员单位由于分布分散，管理体制条块分割，再加之文物的安全等因素影响，以往文物交流较少。希望今后借助专委会这个平台，逐步开展文物的馆际交流，取长补短，互通有无，使各成员单位的专题展览更为丰富多彩。在此基础上，各成员单位可以整合文物资源，就某一专题举行联合办展。

5．举办学术交流会、专题研讨会，出版华侨文博专业期刊

加强学术研究和学术交流也是华侨博物馆专业委员会的重要职能和今后发展的重要方向。我希望今后专委会每年或每两年举行固定的学术交流会，交流有关华侨文物的学术成果，出版学术专著。同时，在条件成熟的时候，编辑出版正式的华侨文物学术期刊，推动学术发展。

各位委员、各位代表、各位嘉宾，在当今文博事业蓬勃发展的时期，我们应当积极响应党中央的文化大发展大繁荣的号召，希望大家群策群力、集思广益、畅所欲言，为把华侨文博事业推向进一步发展而继续努力！

在沪港澳侨界杰出青年“聚浦江”论坛上的讲话

（2012年11月24日）

李卓彬

沪港澳三地的侨界青年朋友们：

大家早上好！

上周，举世瞩目的中国共产党第十八大次全国代表大会胜利闭幕了。这是在我国进入全面建成小康社会决定性阶段召开的一次十分重要的大会，会议开得团结、热烈、成功！此刻，全国人民现在依然沉浸在会议成功的喜庆氛围中，正在掀起深入学习宣传贯彻党的十八大会议精神的热潮。党的十八大科学指引了中国未来发展的前进方向，奏响了全面建成小康社会的进军号角。大会坚定地提出，必须进一步坚持以经济建设为中心，坚持四项基本原则，坚持改革开放，扎扎实实推进中国的现代化建设事业，要在2020年全面建成小康社会，要在本世纪中叶建成富强民主文明和谐的社会主义现代化国家。

昨天，中国侨联在深圳召开了2012年港澳顾问、委员年会。会上林军主席全面传达了党的十八大精神，就侨联如何按照党的十八大精神更好地服务经济建设，更好地开展港澳以及海外工作进行了动员和部署。在座的部分港澳青年人士也参加了会议，相信你们也都有新的认识和收获。今天，借党的十八大东风，我们沪港澳三地的侨界杰出青年相聚在上海，共同出席由中国侨联青年委员会和上海市侨联共同举办的沪港澳侨界杰出青年“聚浦江”论坛。此次论坛以“聚焦党的十八大后沪港澳经济热点”为主题，是一次以学习贯彻党的十八大精神，增进三地侨界杰出青年团结和共识，共谋沪港澳协作发展的大会。在这里，我谨代表中国侨联和林军主席，向论坛的成功召开致以热烈的祝贺，向出席论坛的各位领导和来自沪港澳三地的侨界杰出青年朋友们致以美好的祝愿！

上海是我国重要的经济中心、航运中心、贸易中心和金融中心，是长江流域的龙头城市。自1843年开埠以来，上海的发展成为中国现代化进程的一个典型缩影，169年来，特别是新中国成立后、改革开放以来，上海迅速壮大成为工业门类齐全、经济总量巨大、科技先进、文化繁荣和人民生活幸福的特大型城市。党的十七大以来的5年中，在上海市委的坚强领导下，上海把中央精神与上海实际紧密结合，不断深化改革、扩大开放并创造性地开展工作，以科学发展观为指导，面对外部环境复杂、自身发展转型的严峻挑战和举办世博会的重大考验，实现了强势崛起，加快推进率先转变发展方式、率先提高自主创新能力、率先推进改革开放，率先构建社会主义和谐社会的改革步伐，创造了努力加快建设国际经济中心、国际金融中心、国际航运中心和国际贸易中心以及社会主义现代化国际大都市的新局面。过去5年，全市实现了生产总值年均增长10.3%，地方财政收入年均增长16.5%，人均国民生产总值全国排名第一，省级综合竞争力全国名列前茅的建设成就。特别是2010年上海世博会的成功举办使上海的城市建设和管理水平大踏步与国际发达地区接轨，上海的国际影响力显著提高，对国际资本和高端人才的吸引力明显增强，极大地推进了上海的经济发展和产业转型升级。

党的十八大提出要从战略全局出发，以科学发展为主题，适应国内外经济形势新变化，加快形成新的经济发展方式，要着力激发各类市场主体发展新活力，着力增强创新驱动发展新动力，着力构建现代产业发展新体系，着力培育开放型经济发展新优势，使经济发展更多依靠现代服务业和战略性新兴产业带动，更多依靠科技进步、劳动者素质提高、管理创新驱动，更多依靠节约资源和循环经济推动不断增强长期发展后劲。党的十八大对我们增进内地与港澳交流，开展国际合作，加快推进经济增长方式转变明确了方向，提出了具体要求。

香港和澳门相继回归祖国以来，在中央政府“一国两制”、“港人治港”、“澳人治澳”、高度自治的方针指引下，在祖国内地的强大支持下，保持了经济繁荣和社会稳定。2003年，内地与香港和澳门分别签署了《更紧密经贸关系安排》协议，港澳依托内地，充分发挥国际型人才众多、资本集中、现代服务业先进和国际自由港的优势，经济呈现出了快速发展态势，在世界经济总体不振的大环境下，取得了骄人的发展成绩。同时，港澳也面临着如何发挥优势，进一步加强与内地合作对接，增进可持续发展的机遇和挑战。

上海与港澳分别为华东和华南地区的经济中心，三地在金融业、现代服务业、教育文化、航运贸易以及社会管理和城市建设等多方面都有很大的互补性。上海要加快发展现代服务业和先进制造业，以建设“四个中心”为目标，就必须加强与港澳地区的紧密合作，进一步提升经贸、教育、文化等领域合作水平，实现优势互补，促进沪港澳三地更好发展。抓住三地下一步的经济发展热点，开展好三地间的合作，对于落实党的十八大精神，推动加快转变经济发展方式，全面深化经济体制改革，实施创新驱动发展战略，推进经济结构战略性调整，提高开放型经济水平乃至丰富“一国两制”实践都具有重大的现实意义和深远的政治意义。今年，上海相继与港澳签署了沪港4项合作协议和沪澳金融合作协议，沪港澳三地的交流合作已经全面启动，相信未来的前景将更加值得我们期待。

需要特别指出的是，沪港澳都是侨乡，在海外有大量的沪港澳籍侨胞，同时，三地不但有很多的归侨侨眷，也吸引了众多留学归国人员发展创业。他们中大多正值青壮年，受过良好教育，国际视野开阔，有丰富的实际工作经验，并且有意愿在大发展的浪潮中为地区和国家的经济社会发展服务，是促进经济转型提升国际竞争力的重要依靠力量，在增进沪港澳合作以及港澳与内地的交流发展方面大有可为。

党的十八大对青年工作提出了明确要求，指出要关注青年、关心青年、关爱青年，倾听青年心声，鼓励青年成长，支持青年创业。大会号召广大青年要树立正确的世界观、人生观、价值观，让青春焕发出绚丽的光彩，永远热爱我们伟大的祖国，永远热爱我们伟大的人民，永远热爱我们伟大的中华民族。中国侨联是党和政府密切联系侨界群众的桥梁和纽带，以为侨服务为宗旨，努力团结广大海外侨胞和港澳台同胞，共同致力于促进现代化建设、祖国统一和民族复兴的伟大事业。我们愿意与包括各位在内的沪港澳侨界杰出青年一道，加强交流，增进互信，共同推动并不断丰富沪港澳三地的合作与发展，为祖国的繁荣和富强做出新的更大贡献。为此，我对广大沪港澳侨界杰出青年提出几点希望与大家共勉：

一、进一步增强本领，发挥优势，努力促进经济发展。当代青年是经济发展的主力军。举世瞩目的党的十八大为我们描绘了祖国经济社会发展的宏伟蓝图，等待着我们去开拓发展。广大沪港澳侨界杰出青年普遍有着广阔的国际视野、多元的文化背景、丰富的社会关系和先进的经贸理念，活跃在社会发展的各个领域，有着国际国内两个平台和智力财力两种资源的独特优势，在服务国家和地方经济建设，增进沪港澳三地合作中完全可以大有作为。三地广大侨界杰出青年要善于把握机遇，努力加强学习，不断增强本领，把自身事业发展与紧密联系起来，把自身的优势与国家民族的命运和服务祖国与沪港澳建设结合起来，创造更加辉煌的业绩。要大力宣传新的经济政策和人才政策，主动发挥影响力和示范效应，引导更多的海外高层次人才回国回乡发展创业，带动更多的海外华裔青年参与中国及沪港澳三地的经济发展。

二、进一步增强时代赋予的责任感、使命感和荣誉感，致力于传扬中华优秀文化。中华优秀文化是中华民族为人类贡献的杰出宝贵财富，历经数千年传承发展依然在不断丰富繁荣，依然在生生不息地滋养着亿万华夏子孙。可以说，21世纪中华民族要实现伟大复兴就必须要使中华优秀文化在海内外得到广泛的传扬发展，必须要实现中华优秀文化的伟大复兴。中华民族经过百余年的艰苦磨难和浴血奋争，贫穷落后的旧中国变成了日益走向繁荣富强的新中国，13亿中国人民正在满怀信心推进全面建成小康社会进程，加快推进现代化建设，中华民族伟大复兴展现出前所未有的光明前景。青年是国家发展的希望，青年兴则国家兴，青年强则国家强。我们要牢记国家、民族和时代赋予我们的使命，切实履行好传扬中华优秀文化的责任，以自身的努力和奋斗去赢得属于我们的荣誉，使我们民族勤劳勇敢、奋斗不息的精神火种发扬光大，代代传承。

三、增进团结，凝聚力量，丰富“一国两制”实践，促进祖国和平统一。历史反复证明，当我们的社会和民族团结一致，任何力量都撼动不了我们，而每当社会涣散、民族凝聚力不强的时候，我们国家就将受辱、人民就将饱受受欺凌！祖国的强大和民族的复兴离不开祖国的统一和民族的团结。在座各位侨界杰出青年是时代骄子，你们身处祖国发展的前沿，具备广阔的视野和良好的教育，必将对未来的发展起到重要的引领和影响作用。希望你们在今后的工作、生活和对外交往中，要注意广泛团结可以团结的海内外力量，着力增进团体和社会的凝聚，在一个中国的旗帜下，切实维护港澳《基本法》权威，不断丰富“一国两制”实践，加强与台湾岛内沟通，努力维护并促进祖国和平统一。

四、树立良好形象，广泛联系、扩大交往，积极参与社会事务，努力推动对动对外友好。当代青年是社会进步的重要推动力量，是对外交往的重要参与者。沪港澳是我国对外展示和交往的重要平台和窗口，既有对外展示的功能，更有沟通引进扩大我国整体对外联系，促进对外友好的作用。作为三地的侨界杰出青年，大家要发挥海内海外背景广阔的优势，进一步扩大联系，积极关心并参与地区社会事务和对外交流活动，在不断丰富沪港澳合作内容的同时，不断增强国家责任感，充分、自信地展现当代中国青年的良好风貌，以积极进取、谦虚平和的心态，努力保持与国外青年和主流社会的联络和沟通，增强与国外民众和青年的感情纽带，让世界通过中国青年的风采看到一个开放友善、实事求是、锐意进取的当代中国，为中国的对外友好事业以及不断加强沪港澳的国际影响力发挥侨界青年的宝贵作用。

各位青年朋友，习近平总书记曾指出，团结统一的中华民族是海内外中华儿女共同的“根”，博大精深的中华文化是海内外中华儿女共同的“魂”，实现中华民族伟大复兴是海内外中华儿女共同的“梦”。让我们携起手来，努力促进沪港澳发展，深化内地与香港、澳门经贸关系，推进各领域交流合作，共同为实现海内外中华儿女共同的“中国梦”而努力奋斗！

在“第四届中国侨界贡献奖”评审工作会上的讲话

（2012年5月22日）

王永乐

各位评审委员：

下午好！

首先，我代表中国侨联向各位专家、评委表示衷心的感谢，谢谢你们在百忙之中抽出时间来参与侨界贡献奖的评审工作。

海外高新人才是我国现代化建设的特殊资源、特需人才。“十一五”以来，我国大力实施科教兴国战略和人才强国战略，加快推动科技创新发展，并在“十二五”规划中再次提出，要创新驱动、实施科教兴国和人才强国战略。作为联系广大归侨侨眷、海外侨胞的桥梁和纽带，近年来，中国侨联按照“两个并重”指导思想，充分发挥联系广泛的独特优势，加大引进海外人才的工作力度，通过打造“特聘专家委员会”、“创业中华”主题活动、新侨创新成果交流会等服务国家人才战略和引荐华侨创新创业领军人才的重要载体，最大限度地团结海外新侨和华侨华人新生代，为新侨创业发展营造了良好氛围，越来越多的海外华人、华侨回到国内创业发展，在推动国家自主创新、产业升级、区域协调发展等方面做出了积极贡献。

7月下旬即将召开的第四届新侨创新成果交流会就是我们宣传侨界创新人才、创新成果的一个重要平台。目前各地参评材料已上报完毕，侨联经科部也完成了资料的整理、录入工作。今天我们召开评审工作会，研究部署评审工作，在此，我作三点说明：

一、关于奖项的设立

自2003年设立以来，新侨创新成果交流会每两年举办一次，目前已举办了三届，共表彰在回国创业和为国服务中成绩突出的创新人才326人、创业成果100项。通过评选表彰“中国侨界贡献奖”，介绍新侨创业历程，广泛宣传、展示他们参与经济社会建设所发挥的独特作用，在侨界引起了强烈反响，进一步激发了他们为我国转变经济发展方式、发展战略性新兴产业作贡献的热情，对营造全社会关注侨、支持侨的良好环境，吸引、鼓励更多的侨界高新技术人才回国也起到了积极促进作用。

与前三届相比，“第四届中国侨界贡献奖”增设了创新团队奖。这是因为2010年中国侨联开展了新侨调研工作，调研组在走访北京市中关村等新侨集中的园区、企业后，发现许多企业、海归都有团队创业的特点，并都取得了较好的成果。根据这一特点，为鼓励和肯定做出杰出贡献的侨界团队，“第四届中国侨界贡献奖”设置了创新人才奖、创新成果奖和创新团队奖三个奖项。

二、推荐情况

今年2月，中国侨联下发《关于做好中国侨界贡献奖推荐评选工作的通知》后，各地侨联高度重视，积极响应，认真做好推荐组织工作，共有29个省及中央国家机关、中央企业侨联推荐参评人选、成果和团队奖候选资料共计344份，比原计划数量多出100个，超报率为41.2%。

为便于专家开展评审工作，侨联就推荐人选、团队和成果所有人的参评资格进行了初步审查，并对各单位报送材料进行了分类、整理，鉴于此次部分单位超报较多，且报送人选层次差别较大，部分超报人选较按正常名额报送的人选层次还高，侨联在整理资料时以评选通知分配名额为基础，梳理确定了各奖项的参评一览表及备选人选、成果和团队，总数目为创新人才163名、创新成果78项、创新团队59个。

各评审专家可根据评审情况，从备选人选、成果和团队中提出增补人选、成果和团队的评选表彰意见。

从报送的材料看，此次参评候选人、成果有以下几个特点：

一是人选层次普遍高。163名创新人才候选人中有院士6人；博士以上学位的占88.9%。相当一部分是“千人计划”、“百人计划”引进的高层次人才，或“长江学者特聘教授”、享受国务院特殊津贴的专家。获有数项国家级、省部级奖项。承担着863、973等国家重点科研课题，或取得国家自然科学基金资助。

二是社会贡献非常大。此次创新人才、团队及成果奖候选人大多在各自领域有独创性发现或突破，并获多项专利，在推动经济转型升级、产业结构调整、推动技术革命等方面做出了重要贡献。据初步统计，78个创新成果奖的候选项目共获专利460余项，带动建立了38个产学研基地，产生直接经济效益810余亿元，间接经济效益2200余亿元。59个创新团队奖的候选项目共获专利3200余项，带动建立了25个产学研基地，产生直接经济效益1100余亿元，间接经济效益4500余亿元。

三是专业领域分布广。163名创新人才候选人涵盖了生物医药、化工材料、电子物理、工商管理、环境科学等48个学科。137个创新成果、创新团队分别来自高等院校、科研院所、民营企业等。申报奖项涉及材料科学、农业种养殖、生物医药、信息科学、航空航天、机械制造等20多个领域。

三、评选原则及建议

对于此次评比活动，可以说是领导关心、各级支持、侨界关注，各级侨联能积极推荐广大华侨、归侨参评，充分体现了对侨联组织的信任。各位评审专家都是各领域的权威，参加过很多学术奖项的评审，但此次侨界贡献奖的评选又有别于一般的学术评审，希望各位委员本着对组织、对每一位参评人负责的态度，既客观公正，又充分考虑侨联工作的特点，认真开展评审工作。在此我提几点建议，供大家参考：

（一）质量为先、总量平衡原则

按照评选表彰方案，此次表彰名额为创新人才100名，创新成果100项，创新团队60个。为保护各推荐单位的积极性，建议评审专家实事求是，可根据申报情况，在坚持质量的基础上，控制总量，平衡各奖项数量，同时不宜突破过多。

（二）兼顾群体、区域平衡原则

鉴于新侨数量在各地分布不均，新侨集中或科研院所、大专院校密集的省市，获奖名额可适当多于其他区域。同时，对边远、落后地区、基层、条件艰苦环境中的候选人（项目）也亦予以适当照顾。可参考名额分配表。对少数民族地区及女性候选人（项目）可适度倾斜。对民营企业、自主创业的，可有所宽容。

（三）学科平衡、注重贡献原则

在兼顾各学科都有获奖人选的基础上，对战略性新兴产业相关专业及农业科技领域的专业可优先考虑。对回国工作并为国家、地方发展作出突出贡献的要优先考虑。

（四）单位均衡原则

地方、企业、大学、科研机构等不同性质的单位之间尽量平衡。

最后，再一次对各位委员的大力支持表示衷心感谢。相信在万立骏院士的带领下，我们评审委员会一定会圆满完成此次评审工作。

在“侨联五洲·相约江苏—2012海外侨界社团和谐发展论坛”上的讲话

（2012年9月3日）

王永乐

尊敬的石泰峰副书记，

各位嘉宾，各位朋友：

大家上午好！

十分高兴与大家相聚在古都南京，参加由江苏省侨联举办的“侨联五洲·相约江苏—2012海外侨界社团和谐发展论坛暨绿色生态行”活动。首先，我代表中国侨联、林军主席对活动的举办表示热烈的祝贺！向出席活动的各位来宾和来自世界各地的侨界社团代表致以亲切的问候和良好的祝愿！

江苏作为我国吴越文化、长江文化的发祥地，悠久的人文历史吸引着数以千万计的海外侨胞。江苏是我国对外开放程度最高、创新能力最强的经济大省之一，良好的投资创业环境召唤着数以万计的海外侨界人才。目前，江苏全省上下正在认真学习贯彻胡锦涛总书记“7·23”重要讲话精神，紧紧围绕着省委的战略部署，扎实推进“两个率先”，深入实施“八项工程”，满怀信心，奋发有为，以优异成绩迎接党的十八大胜利召开。

江苏侨务资源丰富，尤其是新侨人才优势明显。在江苏省委省政府的坚强领导和大力支持下，江苏省侨联立足为侨服务的宗旨，深入贯彻落实中国侨联“国内与海外工作并重、老侨与新侨工作并重”的总体思路，求真务实，开拓创新，各项工作稳步推进，为促进江苏经济社会发展作出了积极贡献。前不久，江苏省侨联第六次代表大会召开，大会按照中央对侨联工作的重要指示和江苏省委《关于进一步加强和改进新形势下侨联工作的意见》的要求，选举了新的省侨联领导班子，提出了今后五年的工作方向和主要任务。此次举办侨联五洲，相约江苏——海外侨界社团和谐发展论坛活动，就是贯彻大会精神，进一步凝聚侨心，汇集侨智，维护侨益，发挥侨力，为江苏又好又快推进“两个率先”作贡献的新举措。

今天，来自世界各地的100多位海内外侨界社团的负责人相聚在南京，共叙亲情友情，共谋侨界福祉，共促侨社和谐发展，很有意义。我们知道，海外侨界社团是凝聚华侨华人社会的基石，是华侨华人和衷共济、联络乡情、辅助事业发展的重要平台。海外侨界社团的组成和发展，是华侨华人从“小家”走向“大家”，从“大家”走向“社会”的演进过程，中华民族的传统美德和社会的行为规范是每一个侨界社团都应遵守和履行的。目前，全球侨界社团组织数以几十万计，且形式多样。她们在华人华侨社会乃至住在国主流社会中的影响力不断提升，对促进华人华侨社会的和谐发展、推动中外交流与合作及中华文化的传承传播等方面发挥了积极作用。现阶段，海外侨界社团的当地化趋势在加强，新一代创业型、知识型的华侨华人担任了侨团的领军人，他们视野开阔，勇于开拓，主动融入主流社会，“身在异乡，不作异客”。社团的职责也被赋予了新的内涵，在承担“团结互助、敦睦情谊、文化传承、反独促统”等传统功能的同时，“经贸交流、文化传播、联合发展、合作共赢”等新的功能越来越受到重视和扩展。海外侨界社团的相互联系也在加强，举办了诸如世界华商大会的国际性社团活动，特别是新侨及新侨社团的发展引人注目，大量的新移民为海外侨界社团增添了新鲜血液，他们与中国的发展息息相关，与祖籍国的联系更加紧密。海外侨界社团的活力进一步加强，影响进一步扩大。海外侨胞身居海外，情系桑梓，自强不息，艰苦创业，在各个领域取得了杰出成绩，为推动中国的改革开放和建设，为住在国的繁荣与进步，为增进中国人民同世界各国人民的相互了解和友谊作出了不可磨灭的贡献。借此机会，我们也希望与会的各位侨界社团代表：

一是爱国为先，团结互助，促进侨界和睦相融。我们鼓励和提倡新、老侨胞之间，来自不同省籍、不同区域侨胞之间，爱国为先，合作共赢；在关系整体民族形象的问题上，兼容并蓄、步调一致；在涉及海外侨胞生存发展的问题上，加强协调、和衷共济。在侨社中要大力倡导和谐理念，大力培育和谐精神，积极维护侨社团结，在社团内部和社团之间建立起化解分歧、相互支持的长效机制，共谋侨社福祉，实现共同发展。

二是密切乡谊，承继传统，增强中华优秀文化的凝聚力。我们希望广大海外侨胞积极开展中外文化的交流与合作，推动中华文化走向世界；鼓励海外侨胞与当地主流社会共同举办中华民族节庆活动，在异国他乡的多元文化中展示中华民族的悠久历史和灿烂文化；我们也希望各位侨胞帮助华侨新生代更加深入了解中华民族悠久历史和中国现代文明，进一步增进他们对中华民族的认同，对中华文化的认同，让中华优秀文化的精髓成为促进侨社活力的内在动力和不竭源泉。

三是求同存异，增进共识，推进两岸关系和平发展。我们鼓励和支持海外侨胞积极推动中国和平统一大业，推动海外“反独促统”活动务实、健康、深入发展。鼓励和支持海外侨胞以民族的共同利益为基础，以民族的共同情感为纽带，加强与海外台湾籍同胞的联谊，聚同化异，增进互信。我们希望海外侨胞、两岸同胞携起手来，共同推动两岸关系朝着祖国统一的方向继续前行，不断开创新的局面。

四是相互尊重，促进合作，开展民间友好交流。海外侨胞身在异国他乡，落地生根，艰苦创业，已经成为当地经济社会的重要成员。我们希望海外侨胞遵守住在国法律，尊重当地社会民族和宗教习俗，以自己的辛勤劳动和诚信经营赢得住在国人民的信任和尊重；我们也欢迎海外侨胞以多种方式向住在国介绍中国国情、中华文化，帮助他们客观看待和认识中国的发展进步，成为中国和平发展的宣传者、传播者和实践者。

我们希望江苏省侨联以此次活动为契机，

紧紧围绕省委的中心工作，牢记为侨服务的宗旨，努力在新的起点上做出新的成绩。要顺应海外侨界社团的发展趋势，广泛开展多层次、多领域的交流活动；要以中华文化为纽带，以亲情乡情为基础，加强与海内外侨界社团的联谊合作；要发扬中华民族“和为贵”的优良传统，促进海内外侨界社团的和睦相处；要加强与港澳台侨界社团的联系，求同存异，增进共识，为祖国和平统一大业发挥积极作用。

在此，我们也希望各位海外朋友充分利用此次来江苏的机会，多沟通、多交流，进一步加深对江苏的了解，寻求合作发展的机遇。我们相信，有江苏省委省政府的重视和支持，有各级侨联组织的热情服务，有海内外侨界朋友的积极参与，各位侨胞一定能够在江苏这片沃土上有所收获。

最后，祝本次活动取得圆满成功！祝大家身体健康、阖家幸福、事业发达！

在中国侨联特聘专家委员会2012年年会上的讲话

（2012年12月20日）

王永乐

各位专家：

在举国上下认真学习贯彻党的十八大精神、为全面建成小康社会努力奋斗之时，在中央经济工作会议刚刚召开、改革发展呈现新前景之际，我们告别北方的苦寒，来到温暖怡人的海南，共同参加中国侨联特聘专家委员会年会。各位专家都很忙，有的专家专程从国外赶来。在此，我谨代表中国侨联和林军主席，向各位专家对侨联工作的支持表示衷心的感谢！

上午，万立骏主任做了工作报告；我们新增聘了10位特聘专家，并对在建言献策方面作出突出贡献的专家进行了表彰。会议期间，各位专家围绕关系国家改革发展和社会民生的重要问题提出很多好的意见建议，共同商讨了特聘专家委员会的工作。应该说，本次会议时间很短，但内容丰富、安排紧凑，开得很成功，达到了预期效果。

下面，我想结合学习党的十八大精神的心得体会以及特聘专家委员会下一步工作和大家交流几点看法。

一、深刻领会党的十八大精神

大家知道，党的十八大是在我国进入全面建成小康社会决定性阶段召开的一次十分重要的大会，关乎国家的前途命运、关乎未来的改革发展、关乎人民的切身利益。站在不同的视角，会有不同的解读。从中国侨联特聘专家委员会的角度，建议大家关注几个方面的内容：

一是大会的主题。报告开篇提出了大会的主题，鲜明回答了举什么旗帜、走什么道路、保持什么样的精神状态、朝着什么样的目标继续前进的重大问题。其中“解放思想，改革开放，凝聚力量，攻坚克难”这十六个字是高度的浓缩和概括，具有很强的指导性，希望大家细细品味，深刻领会。

二是关于“加快完善市场经济体制和加快转变经济发展方式”部分。报告第四部分与特聘专家委员会的工作联系最为紧密，其中提出了“四个着力”，即着力激发各类市场主体发展新活力，着力增强创新驱动发展新动力，着力构建现代产业发展新体系，着力培育开放型经济发展新优势；“五个更多依靠”，即更多依靠内需特别是消费需求拉动，更多依靠现代服务业和战略性新兴产业带动，更多依靠科技进步、劳动者素质提高、管理创新驱动，更多依靠节约资源和循环经济推动，更多依靠城乡区域发展协调互动。围绕这“四个着力”和

"五个更多依靠"做文章将是中国侨联特聘专家委员会今后工作的主攻方向。

三是有关科技创新的阐述。我们专委会的很多专家从事科学研究和创新，关注"实施创新驱动发展战略"是题中应有之义。报告中指出，科技创新是提高社会生产力和综合国力的战略支撑，必须摆在国家发展全局的核心位置。同时，对"走中国特色自主创新道路、深化科技体制改革、完善知识创新体系"等问题提出了明确要求。希望各位专家准确把握研究方向、力争突破技术瓶颈、积极推动成果转化，为实现创新发展贡献智慧和力量。

二、当前面临的形势和已有工作条件

如何看待我们面临的形势？首先，我国发展仍处于可以大有作为的重要战略机遇期，用好这一重要时段，对于社会主义现代化事业举足轻重。其次，中国的崛起和新型社会制度、发展模式给世界注入了活力，同时也引起一些不安，尤其是当世界主要国家深受金融危机所困之时，防范、压制心理更为明显，我们的发展环境处在一个"特殊敏感期"。再者，随着人口红利、开放红利渐渐消减，传统增长模式不可持续，需要找寻新的驱动；随着改革进入深水区，社会矛盾和问题焦灼，面临转型的挑战。

为此，我们要以辩证的思维看到我们所处的环境：既应该对中国特色社会主义制度充满自信，也应对改革调整中面临的深层次问题保持清醒的认识；既应该对全面建成小康社会满怀希望，也应对前进道路中潜伏的困难阻碍进行冷静的评估；既应该对人才在转变经济发展方式中的中坚作用笃信不疑，也应对结构调整和产业变革做好长期的准备。

大家清楚，当今世界综合国力的竞争主要是科技的竞争，而科技的竞争归根结底还是人才的竞争。对于特聘专家委员会来说，我们面临难得的发展机遇和条件。

从中央对人才的重视程度看：近年来，国家以高层次人才和高技能人才队伍建设为重点，以推进重大人才工程为抓手，制定《国家中长期人才发展规划纲要（2010—2020年）》，实施"千人计划"，对人才的重视程度和支持力度达到前所未有的高度。特别值得高兴的是，在刚刚结束的党的十八大上，我们特聘专家委员会主任万立骏院士光荣当选中央候补委员，这既有力印证了中央对人才的重视和关心，也充分体现了对侨界人才所作贡献的鼓励和肯定。

从专委会自身情况看：经过本轮增聘，中国侨联特聘专家委员会委员已达132名。我们的委员会高端人才、一流人才聚集，其中，院士24位，千人计划入选者40多位，不少专家都是自身所在领域的权威，深谙科技发展最新趋势和动向；各位专家处在不同领域，覆盖金融、法律、物理、化学、生物医药、材料工程等多个学科，无论是从建言献策角度的专业性还是开展相关活动的人才储备上都具有独特的优势；三是各位专家都具有海外留学背景或海外工作经历，我们还有18位由驻外使领馆直接推荐的海外专家，这为我们开拓海外人才工作、推动国际人才交流提供了有利条件。

从各地侨联工作态势看：目前，一些省份尤其是经济比较发达的地区，已经将工作重点由招商引资向招贤引智转变，对人才工作的重视程度不断提高。江苏、福建、北京、辽宁、浙江、山西、江西、湖北、安徽等9个省市侨联已成立侨界专业人士组织，特聘专家委员会已成为各地侨联服务侨界人才创新创业的重要平台。

三、关于特聘专家委员会下一步工作设想

关于中国侨联特聘专家委员会今后工作，我们认为应继续坚持三条原则：一是要充分发挥专委会自身优势；二是要有利于专委会各位专家自身的事业发展；三是要有助于推动侨联工作。具体来说，就是围绕以下四个方面展开：

一是将建言献策工作规范化、常态化。可以说，建言献策是中国侨联特聘专家委员会的根本优势所在，也已经被实践证明。当前，我国面临发展方式转变、经济体制转轨、社会管理转型，一些长期存在的体制性、结构性问题需要破解，民生领域存在一些群众反映强烈的问题。希望各位专家继续发挥造诣深远、视野开阔、观念超前、参政议政能力强的优势，就重大事件、突发事件和社会热点难点问题提出带有战略性、全局性、建设性和前瞻性的真知灼见。我们提议：专家委员会每位成员，一年至少向侨联提供在本专业领域发展的意见或建议两份；已成立专委会的省市侨联也应向中国侨联提供意见建议，可以是专业领域的，也可以是宏观政策方面的。

二是加强学术交流与国际合作。我们在去年的年会上细分了四个专业委员会。一年来，各个专业委员会发挥自身优势，积极开展活动。如人文社科专业委员会大力支持中国侨联新侨专题调研，举办了“2012资本论坛”，参与了“2012华生国际生物科技创新峰会”；材料与工程及相关学科专业委员会协助举办了“中国工程院陕西能源、化工、循环经济论坛”。生物医药专业委员会参与了“健康光明行”活动。下一步，我们希望加强不同专业委员会之间的交流，扩大跨学科合作。我们正在筹划明年在香港举办海内外侨界高层次人才发展论坛，论坛的宗旨是“凝聚高端人才智慧，建言国家改革开放；联络学界商界精英，促进海外人才发展”，希望各位专家积极参与。我们明年还准备在协助引进海外高层次人才、构建海外人才联系网络等方面有所突破，希望已成立专委会的地方侨联协助我们做好这方面工作。

三是推动科技和经济的紧密结合。中国侨联所属的中国侨商联合会联系着一大批资金实力雄厚的侨商企业。我们下一步将立足中国侨商联合会和特聘专家委员会两大平台优势，重点关注节能环保、新一代信息技术、生物、新能源、新材料等战略性新兴产业，充分挖掘侨界产学研合作潜力，积极促成侨商、侨企与侨界人才的交流与合作，推动“侨资”与“侨智”的有机融合，促进自主创新成果的转化，争取在实现侨资侨智合作共赢方面取得实质性进展。

四是继续支持地方经济社会发展。特聘专家委员会凝聚力和影响力的扩大，需要发挥专业优势，在支持地方经济社会发展上展现作为。我们明年将集中力量做大做强“创业中华”品牌，在整体构思、布局上调整和优化，在活动举办的方式方法和模式上创新和突破，推出国内、海外系列活动。另外，我们将进一步发挥已成立侨界专业人士组织的地方侨联和三家“中国侨联新侨回国创业示范基地”的作用，重点围绕人才引进、新兴产业发展等主题筹划活动。希望各位专家更多地关注我们的活动，支持中国侨联和各地侨联的工作，为地方经济社会发展和转型升级多作贡献。

我们这次年会得到了海南省有关方面的大力支持，海南省侨联也做了细心周到的安排，在这里向他们表示衷心的感谢！

又要到新年了，在这里，预祝大家节日快乐！新年新气象！谢谢大家！

在中国侨联首次公益年会上的讲话

（2012年1月7日）

乔　卫

同志们、朋友们：

今天，我们隆重召开首次侨联公益年会，这是侨联公益慈善事业发展史上一次重要会议。其目的是学习贯彻侨联八届四次全委会会议精神，总结过去一年侨联公益慈善事业取得的成绩，部署新一年的工作，努力推动侨联公益慈善事业实现又好又快发展。

一、凝聚爱心，侨联公益慈善事业已经进入良性发展期

公益慈善事业是广大归侨侨眷、海外侨胞无比热爱的事业，公益慈善工作是侨联不可或缺的一项重要工作。伴随着侨联事业的不断发展，侨联公益慈善事业已经进入了上下全面推动、社会捐助成果显著、慈善影响不断扩大的良性发展期。

（一）公益项目逐年增多

2001年，中国侨联倡导实施了“百千万侨爱心工程”的品牌公益项目，以捐建百所侨爱心学校、资助千个科教项目和万名贫困学生为主要内容。项目实施十年来，已在全国各地捐建了近1500所学校，资助科教项目6000多个，受惠学生几十万人。与此同时，“侨爱心工程”项目不断拓展，除了以援建学校、资助学生外，还包括捐建侨爱心卫生院、侨爱心图书室等内容，尤其是协助新华爱心教育基金会捐建的“珍珠班”，其影响力越来越大。基金会下属的各支专项基金，充分发挥主观能动性和积极性，倡导创意了多个公益项目，涉及扶贫帮困、奖教奖学、文化体育、低碳环保等领域，有的慈善项目在联合国会议受到表彰，产生了较好的社会效应。

（二）慈善宣传成效明显

这几年，我们开展了多种形式的宣传活动，宣传先进、树立典型、教育群众，增强公益事业的吸引力和感染力，塑造关心慈善、支持慈善、参与慈善的良好氛围。如筹办“2012亲情中华春节晚会”，这台晚会是由侨界人士创意发起、爱心人士资助的一台文化盛典。晚会突出了“祖国惦念你”的主题，同时又浓缩公益慈善情愫，宣传和弘扬广大侨胞爱国爱乡的善举，是一台公益晚会，也是一台爱心晚会。晚会于12月27日在水立方录制完成后，反响热烈。

（三）募捐机制逐步健全

中国侨联援建北川中学后，侨联公益事业的声望得以扩大，基金会的知名度大幅提高，一度成为媒体关注的焦点。中国华侨公益基金会为此全面开通了捐款通道，畅通了捐赠渠道，除银行转账、邮局汇款等传统捐款方式

外，基金会新开通了手机短信捐款、网上在线捐款、pos 机刷卡捐款和“拉卡拉”刷卡捐款。在善款的使用上，做到了公开透明，及时在网上公布，接受社会监督。如：中国侨联承担援建北川中学的任务，通过畅通的渠道在一年的时间内为北川中学筹集了 2 个亿的捐款，全世界 73 个国家和地区几十万爱心人士、侨胞为北川中学捐款，这也使得北川中学项目成为我国参与人数最多的公益项目之一。

（四）组织建设不断加强

实践证明，公益慈善事业是具有一定专业要求的爱心事业。款项的筹集、项目的设计实施、跟踪管理、评估反馈，除了要求从业人员具备爱心、责任心之外，还需要具备相关的专业知识，要求工作人员具备社会动员能力、项目运作能力、管理服务能力和开拓创新能力。这几年来，各级侨联基金会和侨联公益基金已在多个省市建立起来，一支专门的、专业的工作队伍正逐渐成长以来，这对于提高基金会和侨联公益慈善事业的行动效率和实施效果起到了极大的推动和促进作用。

二、拓宽渠道，造就侨联大慈善格局

我们正处于科学发展的时代。伴随现代文明的突进，慈善的壮大将愈发凸现其独特作用和意义，负起不凡使命。我们要以完全开放并行之有效的实践，调动一切积极因素，最大限度地激发各级侨联的慈善活力，为构建和谐社会多作贡献。

（一）以拓宽募捐渠道为重心，探索募捐新形式、新方法

慈善事业是人类爱心的生动展现，是社会文明进步的重要标志。要积极开展各类募捐活动，加强宣传动员，多元化、多渠道、多形式地募集慈善资金。做到集中捐赠和经常性捐赠相结合，有组织的捐赠和自发的捐赠相结合，常规性捐赠和应急捐赠相结合。一是广泛发动社会各界特别是大中型企业和所有有爱心、有实力的侨资企业、侨界企业家，捐资慈善事业。要结合侨联的特点，根据捐赠人的需要，合理设计形式多样、富有成效的公益慈善活动，着力打造有竞争力的公益慈善品牌项目，吸引更多的企业、单位和个人参与社会公益慈善捐赠。二是积极创新捐赠机制，着重在慈善募集长效机制上下功夫，通过广泛宣传，深入动员，推进捐赠企业和个人参与冠名或留本冠名慈善基金，变一次捐赠为长期捐赠，不断壮大慈善资金实力，扩大资金的规模。三是创新捐赠形式，有效开展慈善募捐活动，积极探索运用义拍、义卖、义演、义赛和慈善晚宴等方式，拓宽募捐的渠道，丰富募捐的载体，提高募捐的趣味性和实用性。四是加强对外交流，广泛拓展慈善财源，在引进海内外正当的慈善资金方面下功夫，精心落实境内外慈善组织通过侨联在国内实施的每一个慈善项目。

（二）以困难群众需求为导向，科学创新慈善救助项目

要开展对困难群众特别是侨界困难群众救助需求的调查研究，发挥各级侨联组织分布广泛的特点，在继续抓好传统项目的基础上，科学设计、论证和确定慈善救助项目，积极开展慈善救助活动。一是加大工作力度，做好“侨爱心工程”这项传统工程。“侨爱心工程”已连续举办多年，要不断总结经验，将“侨爱心工程”具体化、形象化，不断丰富其内涵和外延，切实把“侨爱心工程”做成社会关注、侨胞喜爱、地方需要、受助人欢迎的放心工程。

二是要不断创新慈善救助手段，进一步扩大社会影响力，增强慈善救助的针对性和实效性，切实把有限的善款用到党和政府最关心、困难群众最需要的地方，尽力满足困难群众多方面、多层次的救助需求。提高慈善救助的及时性和社会影响力，使受助群体切身感受到侨联组织的真情和社会的温暖。三是建立基金会的侨联要积极主动配合政府工作，建立政府部门与慈善组织之间的协调机制和慈善组织相互间的协作机制，最大程度地整合信息资源和财力资源，实现政府救助慈善救助互动互补，不断提高社会救助工作水平和效率。

（三）以舆论宣传为抓手，营造慈善事业发展的良好环境

各级侨联的普遍参与是慈善事业发展的重要条件。只有积极传播慈善文化，普及慈善理念，调动各级侨联广泛参与，侨联公益慈善事业才能做大做强。慈善宣传工作还要在以下几个方面下功夫：一是将慈善宣传工作作为日常性工作常抓不懈，要精心制定宣传计划，广泛开展宣传活动，大力宣传发展慈善事业的重要意义，提高各级侨联慈善意识和道德水准，使慈善活动成为一种社会习惯。二是大力弘扬“人人可慈善”的理念，大力表彰在慈善领域做出突出贡献的个人、企业和团体。激励和引导广大归侨侨眷和海外侨胞积极主动地参与公益慈善事业，使贫有所济、灾有所救、难有所帮、残的所助成为自觉行动。三是要加强与新闻媒体的合作，运用新闻媒体宣传群众、发动群众的优势，宣传慈善理念和慈善价值。要抓住社会的关注点，举办以慈善为主题的救助活动，呼唤社会和公众对慈善事业的认识、理解、信任、支持和参与，在各级侨联营造关心慈善、支持慈善、参与慈善的良好氛围。2012 年，中国侨联将在北京举办首届侨界公益事业成就展，各地要着手搜集有关图片、资料和相关信息，精心组织筹备，充分展示各地侨联公益慈善事业的地位和作用，保证活动如期成功举办。

（四）以加强自身建设为手段，增强公益慈善组织的公信度

公益慈善事业能否得到长远发展，很大程度上取决于慈善组织自身建设，取决于慈善组织是否有公信力。健全有力的慈善组织是慈善事业发展的载体，慈善组织作为连接捐赠方和受助方的桥梁与中介，慈善组织的形象代表着慈善事业的形象。一是把加强自身建设和提高社会公信力放在首位，不断健全慈善组织的运行管理、监督反馈和激励倡导机制，特别要建立规范、公开的财务管理制度，提高资金使用效益。要适时公布有关信息，自觉接受社会各界的监督，不断提升劝募能力、项目运作和资金运作能力，努力提高善款募集和管理使用的透明度，切实做到公开透明，确保慈善资金安全规范有效运行，以良好形象取信公益，取信社会，使慈善事业在阳光下健康发展。二是积极参加慈善工作的业务培训，努力建设一支品德优良、热心慈善事业、具有专业知识的工作团队，不断提升开展慈善工作的能力和水平。三是探索“以侨帮侨”内容的慈善事业，用好的点子、好的项目来吸引侨界资源涌入慈善领域，吸引更多的侨资企业和个人投身侨联慈善事业，为侨界困难群众脱贫致富贡献力量。从实际出发，及时总结、交流、推广发展侨联慈善事业的经验，为慈善事业的发展创造条件，积极探索慈善事业发展的规律和方法，全面提高侨联慈善事业的发展水平。

在全国侨联文化宣传工作会议结束时的讲话

（2012年4月22日）

乔　卫

同志们：

经过全体与会代表的共同努力，全国侨联文化宣传工作会议就要结束了。这次会议时机好、规格高、方向明、内容实、任务清、要求细，既是一次全面回顾分析去年侨联系统文化宣传工作成绩和经验的总结会、交流会，又是一次贯彻党的十七届六中全会精神、以改革创新精神开创侨联文化宣传工作新局面的动员会、部署会。会议得到了山西省委省政府的高度重视，省委书记袁纯清同志亲切会见了中国侨联林军主席一行，省委常委、统战部长聂春玉同志代表山西省委到会祝贺并作了热情洋溢的致辞。

中国侨联党组对召开这次会议高度重视，会前，林军主席就开好这次会议多次作出重要指示。今天上午，林军主席专程出席会议并作重要讲话。中国侨联机关各部门和直属单位负责人、各省级侨联和副省级城市侨联及山西省各地市侨联领导与部门负责人参加了会议，不少单位还是一把手亲自参会。这些既充分说明了做好新形势下侨联文化宣传工作的重要性，也充分体现了各级侨联领导对侨联文化宣传工作的关心重视。

会上，印发了各地的书面经验交流材料汇编，福建、浙江、江苏、新疆、内蒙、湖南、辽宁、太原等8个地方侨联作了大会交流发言，从不同角度介绍了本单位在文化宣传工作方面的做法与经验，特别是开展“亲情中华”活动的情况与建议。刚才，会议进行了分组讨论，大家踊跃发言，围绕会议主题、围绕林军主席讲话，谈感想、谈认识、谈举措，对进一步加强侨联文化宣传工作提出了很好的意见和建议。

大家认为，林军主席所作的重要讲话，全面系统，内涵丰富，分析深刻，实事求是，深刻指出了新形势下做好侨联文化宣传工作的重要性，深入分析了当前侨联文化宣传工作面临的问题和应对的策略，并对明年和今后一段时期的侨联文化宣传工作提出了明确要求，具有很强的思想性、指导性和针对性。通过学习讨论和会议交流，大家对工作面临的形势和任务理解得更加深刻了，对工作的方向和策略把握得更加准确了。大家普遍反映，这次会议时间虽短，但视野开阔、主题突出、内容丰富、任务明确，是一次团结鼓劲、求真务实、增强信心的会议，有利于侨联文化宣传战线的同志们进一步统一思想、提高认识、理清思路、创新发展。归纳起来，会议主要有三点收获：

一、认清了形势，分析了困难，进一步增强了做好侨联文化宣传工作的使命感和紧迫感

形势是大的方向，大的判断，是我们做好工作的前提。对于当前侨联文化宣传工作面临的形势，有两个判断是基础。一是党的十七届六中全会对推动社会主义文化大发展、大繁荣，建设社会主义文化强国作出了战略部署，这对侨联文化宣传工作提出了更高的要求。这些要求归纳起来就是林军主席在报告中指出的“四个过程”，即“推动文化大发展大繁荣和中华文化走向世界的过程，就是弘扬以爱国主义为核心的民族精神和以改革创新为核心的时代精神，团结凝聚广大侨胞为实现中华民族伟大复兴共同奋斗的过程；就是‘以侨为桥’开展中外人文交流，广泛参与世界文明对话，共同推动人类发展进步的过程；就是增强对一个中国、对中华民族、对中华历史、对中华文化的认同，促进海内外中华儿女大团结，共同致力祖国和平统一的过程；就是各级侨联组织坚持‘为侨服务’宗旨，切实做好群众工作的过程，也是海内外侨界凝心聚力的过程”。这“四个过程”进一步提升了文化宣传工作在侨联全局工作中的地位和作用，进一步扩大和延伸了侨联文化宣传工作的内容和领域，进一步提高了对侨联文化宣传工作队伍、理念、手段、机制等的要求，总之，对侨联文化宣传工作的定位和要求更高了。另一个判断就是文化宣传工作还面临着很多现实的困难和挑战，如经费、资源、渠道、机制、队伍等，有些是靠侨联自己可以解决的，有些是单靠侨联难以解决的；有些是短时间内能解决的，有些是要花比较长的时间才能解决。与会同志长期在侨联文化宣传一线工作，应该都有比较深切的体会。所以，一方面是对侨联文化宣传工作的定位更高、要求更高，另一方面是现实工作中又面临很多制约和困难，可以说是机遇与挑战并存，希望与困难同在。通过讨论，大家进一步感受到了肩负的重大责任和使命，对做好侨联文化宣传工作的使命感和紧迫感有了更深刻的理解。

二、明确了思路和方法，振奋了精神，进一步增强了做好侨联文化宣传工作的信心和决心

林军主席的讲话全面回答了中国侨联争取党政、社会支持，在解决经费、编制、体制问题方面，在有效整合资源、拓展渠道、搭建平台方面，在活动项目、工作内容、工作方法方面，提出了突出特色、发挥优势，进一步做好工作的策略，明确了侨联文化宣传工作贯彻落实党的十七届六中全会精神的着力点。这些策略既有宏观的思路，又有微观的办法；既强调要积极争取党政重视支持，又强调要依靠侨联自身扎实有效工作；既贯彻落实了中央的要求，又充分体现了侨联组织的优势和特色。会议解决了侨联文化宣传工作在新的形势下要向什么方向发展、如何发展的问题，使大家明确了干什么、怎么干的问题。大家在讨论中都纷纷表示，这些思路和办法进一步开阔了思维，解放了思想，具有很强的针对性和可操作性。面对新形势、新任务，要积极发挥主观能动性，力戒“等靠要”思想，善抓机遇，在创新观念中探索侨联文化宣传工作的新思路，在超越自我中提升侨联文化宣传工作的新境界。与会同志一致认为，参加此次会议，进一步振奋了精神，增强了做好侨联文化宣传工作的信心和决心。

三、交流了经验，开阔了视野，进一步增强了勇于进取、开拓创新的意识

这次的大会发言，从搭建侨联文化宣传平台、载体，开展少数民族侨胞文化交流，做大做强“亲情中华”主题活动，积极争取党政重视支持，整合资金、人才、文化资源，文化搭台、经贸唱戏等不同侧面和角度，介绍了各自的做法和经验，很有特点，也很有启发性和借鉴意义。大家通过交流经验、分享心得，丰富了工作的思路和办法，激发了奋发进取、开拓创新的意识和劲头。大家在讨论中，都表示要积极借鉴兄弟省市的做法，立足实际、取长补短、开拓创新。

总之，这次会议开出了信心、开出了决心、开出了干劲，达到了预期目的，取得了圆满成功。会后，各单位要及时传达学习会议精神，制定贯彻落实的措施方案。下面，就抓好会议精神的贯彻落实，我再强调三点。

一要以良好的精神状态抓落实。这次会议对侨联文化宣传工作提出的目标高，部署的任务多，推进改革创新的要求细。这就迫切需要我们以锐意进取、奋发有为的良好精神状态来抓落实，把会议精神要求变为自觉行动，变为实践成果。以良好的精神状态抓落实，就是要以高度的责任感，讲政治、讲大局、讲奉献，把做好侨联文化宣传工作作为一种事业和追求，努力创造一流的业绩、建设一流的队伍、树立一流的形象，以实际行动服务大局，服务侨胞；就是要以改革创新精神抓落实，不断顺应新变化、推动新发展、解决新问题、创造新经验；就是要保持一股子闯劲、韧劲、干劲，勇于面对矛盾和困难，坚定信心和决心，迎难而上，锲而不舍，有所作为。

二要以“大文化、大外宣”的工作格局抓落实。这次会议明确提出要构建“大文化、大外宣”的侨联文化宣传工作格局，上下联动，内外协作，整合资源，体现特色，充分发挥侨联人民团体和“侨胞之家”优势。一要整合好中国侨联内的文化宣传资源，充分发挥侨联文化交流部门、海外联谊部门、基金会、华侨华人历史研究所、华侨历史博物馆、出版社、杂志社等部门、单位的职能和力量，围绕在推动社会主义文化大发展大繁荣和中华文化走向世界中充分发挥侨联组织的积极作用这一主线，形成整体合力，促进共同发展。二要协调各地侨联的力量，从发挥各方面积极性、优势、特色的角度出发，上下联动，左右配合，统一部署、协调行动。要集中力量加大实施“亲情中华”主题活动的工作力度，特别是在进一步提高层次、提高水平和提高质量上下工夫，保证“亲情中华”团组的精干、专业、高效，从严控制非演员人数，保证“亲情中华”节目的文化内涵、民族特色、演出水准和丰富多彩，观众对象要兼顾华侨华人和主流社会人士，不要为出团而出团，要注意探索“亲情中华”活动的多种形式，努力发挥“亲情中华”活动的综合效益。三要充分利用社会资源，要积极争取社会有关力量的支持与合作，特别是加强与各新闻单位、媒体和专业机构的合作，广泛联络专家学者，充分利用社会的智力资源，提高活动策划的水平，提升工作的宣传和影响。

三要以务实的工作作风抓落实。天下大事必作于细，古今兴盛皆在于实。没有实干就没有实效，没有实效就没有实绩。要俯下身子，脚踏实地，干在实处。侨联文化宣传工作既有群众性，也具有政治性和涉外性，一定要兢兢

业业、严谨细致，不能漂浮；侨联文化宣传工作涉及面广、时效性要求高，要鼓实劲、快节奏、高效率，要强调执行力，不折不扣地落实好各项工作，对每一件事情、每一项工作，都坚持高标准启动、严要求推进、高质量落实，把思路打得更开一些，问题处理得更周全一些，工作做得更扎实一些。这次会议，林军同志在讲话中部署了 2012 年侨联文化宣传的重点工作，各地侨联文化宣传工作部门一定要按照统一的部署和要求抓紧、抓好、抓实。侨联文化宣传工作的分管领导要负起责任，坚持把督促检查与指导工作结合起来，在全面掌握情况的基础上，及时发现工作中存在的问题和不足，及时提出改进的措施和方法，做到事事有着落，件件有效果。

同志们，长期以来，侨联文化宣传战线做了大量工作，取得了可喜成绩。这些成绩的取得，离不开各级党政领导的关心重视和社会各方面的大力支持，更是侨联文化宣传工作全体同志辛勤工作的结果。借此机会，我代表中国侨联和林军主席，对各级侨联从事文化宣传工作的同志们，表示衷心的感谢和崇高的敬意！

这次会议得到了山西省委、省政府的高度重视，得到了太原市委、市政府，晋中市委、市政府和山西有关部门的大力支持，特别是山西省侨联、太原市侨联做了大量工作，会务准备精心、接待热情、安排周到，为会议的顺利进行提供了有力保障。人民日报、人民网、新华网、中新社和中国国际广播电台及山西省各新闻媒体的记者朋友们对会议进行了及时报道和宣传。在此，让我们以热烈的掌声对他们的工作和付出表示衷心的感谢！

同志们，十七届六中全会将文化工作、宣传工作提升到了一个新的高度，这对侨联文化宣传工作提出了更高的要求。让我们以高度的责任感、抢抓机遇的紧迫感、饱满的精神状态和务实的工作作风，开拓创新，扎实工作，全面推进各项工作上层次、上水平，不断开创侨联文化宣传工作新局面，以优异的成绩迎接党的十八大胜利召开。

在上海市侨联加强和推进园区新侨工作会议上的讲话

（2012年10月10日）

乔 卫

尊敬的吴幼英主席，各位同事、朋友们：

大家下午好！非常高兴参加上海市侨联加强和推进园区新侨工作会议。这次会议十分重要，刚才，浦东新区侨联、张江高科技园区侨联、漕河泾开发区侨联和市北工业园区侨联的同志从不同层面和角度讲述了园区侨联发展的历程和工作中的收获与体会，讲得很好，让人感受到了上海市各级侨联组织在市委、市政府和市委统战部的正确领导下，围绕中心、服务大局，加强基层组织建设，积极履行职能，为上海市经济社会发展做出的贡献，也让我对上海市的园区侨联工作有了更加深入的了解，深感成效显著。

上海是中国第一大城市，中国经济、金融、贸易、会展和航运中心，大批新侨活跃在上海的各个领域，集中在各类园区中发展事业，园区已成为新侨回到上海后的主要工作聚集地。上海市侨联根据新侨分布的实际情况，努力推进高科技园区、工业园区和商务楼宇成立侨联组织，创新了新侨工作和基层侨联组织模式，满足了新侨事业发展的需求，为上海吸引并留住了大量国际化的人才，成为这座东方名城发展的重要助推力量。

多年来，中国侨联高度重视基层组织建设，从“六代会”提出“组织起来、活跃起来”，到“八代会”后强调的“侨联组织的活力在基层、优势在基层、生命力在基层”，我们对侨联基层组织重要性的认识越来越深刻，工作方法和手段越来越丰富，工作成效越来越显著。目前全国有侨联组织18442个，在部分省份，最基层的行政村都设立了侨联，形成了中央、省、市、县、乡和村6级的组织架构。我在调研中发现，即使是村级侨联也有很多实实在在的工作。来参加本次会议前，上海市侨联为我准备了一个非常好的讲话代拟稿，但由于我在中国侨联不分管新侨工作，来上海之前来不及将讲话稿报送林军、永乐同志审定，故此今天，按照园区提倡的“鼓励创新，宽容失败”的精神，我与同志们交流一下个人的体会，讲的不当之处还请同志们指正。

一、创新新侨组织结构，不断扩大覆盖面

正如吴幼英主席提到的，我们要坚持新侨、老侨并重的方针，既不能放弃老侨工作，也要结合上海市的侨情特点不断思考和创新新侨工作，这也是上海市各级侨联组织围绕“十二五”时期将上海建设成为“四个中心”

和社会主义现代化国际大都市的总体目标，要不断巩固并继续努力的方向之一。

侨联组织的定位是“桥梁和纽带”，是归侨侨眷和海外侨胞之家，组织的职能定位要求我们要尽可能多的团结侨界群众。上海市新侨人数众多，他们在知识层次、社会阅历和成长过程等方面与老侨有明显差异，传统的侨联组织结构不易团结这个群体，因此扩大新侨覆盖面是园区侨联工作需要着重加强的一个方向。也许园区侨联组织在成立初期由少数精英骨干组成，但绝不能长期成为少数骨干自娱自乐的组织，趋势必须是向群众性、广泛性的方向去发展，得到越来越多新侨的信任和依靠，使侨联组织成为党委、政府高度认可并倚重的联系、服务和发展新侨的重要平台。只有这样，侨联组织才能进一步突出“桥梁和纽带”的定位，才能更好地履行联系归侨侨眷和海外侨胞的历史使命。

二、创新新侨服务手段，坚持为侨服务的宗旨

侨联工作的核心是为侨服务。园区侨联虽然成立时间不长，还处于成长发展阶段，但在工作中要牢牢把握“为侨服务”这个核心环节，只有这样侨联组织的活力才能得到不断提升，优势才能得到不断体现，生命力才能得到不断增强。

坚持为侨服务、为国家大局服务，这是整个侨联组织的发展方向。我们与政府部门很大的不同之处就在于服务。解决问题是服务，营造解决问题的氛围、创造解决问题的条件、充当或介绍解决问题的媒介也是服务。前不久，中国侨联开展新侨调研提出了诸如海外工龄不予承认、子女入托入学难等问题，这些问题短期内能否解决先放一边，但我们正在积极向有关方面反映，创造解决问题的环境，努力朝好的方向去推动，这些都是服务。对新侨群体来说，为侨服务不仅仅是节前慰问、庆祝生日，园区侨联还应根据新侨的特点拓展形式，多办一些看得见、摸得着的实事好事，不断提供他们所思、所虑、所需、所急的服务，帮助他们解决后顾之忧，促进他们在事业上的发展。

三、创新新侨活动形式，提高工作的针对性

目前，我们面临着一个相对尴尬的问题，就是用做老侨工作的方法开展新侨工作，这样做不到新侨心里去。老一代华侨华人根植中国、情系中华，面对他们，我们讲家乡的发展变化，讲亲人的惦念，讲民族大义行得通，而新华侨华人更习惯于基于自身利益需求和发展需要开展交往与合作，与祖（籍）国的关系更多建立在事业发展而非亲缘基础上。老侨领是在海外经过多年打拼成长形成的优秀人才，而新侨领诞生与成长的氛围与老侨领有很大的不同，这些情况对做好园区侨联工作提出了新的更高的要求。新侨在上海创业发展中面临的投融资、知识产权保护、个人社会保障、子女入学等问题也是老侨工作中未曾提到的。我们如何在人大代表、政协委员新侨推荐工作中创建一些新的制度化的东西？如何创新参政议政的方法？如何引导新侨自我发展、自我包容、自我管理？这些都需要我们把握侨情变化发展的新特点，提高工作的针对性。

四、积极争取党委政府和园区管委会对侨联工作的支持

上海市委办公厅印发了《关于加强和改进新时期侨联工作的意见》，为上海市侨联事业更好更快发展提供了有力的政策支持，上海市

侨联和相关部门正在积极推动《意见》的贯彻实施。希望大家抓住机遇，充分利用这个好时机积极向党委、政府汇报，争取他们的支持和关心，解决工作中遇到的问题和难题，促进侨联事业可持续发展。同时，要继续深化新形势下的侨联党建工作，依托“党建带动侨建，侨建服务党建”，发挥侨联组织在经济社会发展中的独特作用，将侨界群众紧密地团结在党的周围。

同志们、朋友们，做好园区侨联工作是上海市侨联组织在新时期需要突破的一个领域。希望上海市在新侨工作上不断创新，同时也为全国侨联系统的新侨工作创造成功经验，为侨联组织发展更上一层楼做出不懈努力！

（本文根据录音整理）

在全国城市侨联工作经验交流暨侨联文化项目推进会上的讲话

（2012年10月12日）

乔　卫

尊敬的武汉市委胡曙光副书记，

全国侨联系统的各位同事，同志们：

在全党、全国人民喜迎十八大召开之际，全国城市侨联工作经验交流暨侨联文化项目推进会在美丽的江城开幕了，我谨代表中国侨联和林军主席向会议的召开表示热烈的祝贺，向一贯重视和支持侨联工作的武汉市委、市人大、市政府、市政协的领导表示衷心的感谢！这次会议表彰了武汉市“侨界十杰”、“侨企十佳”，他们的先进事迹充分体现了武汉市广大归侨侨眷、华侨华人和侨资侨属企业在全市经济社会发展中所做出的突出贡献。在此，我向获得表彰的个人和企业表示热烈的祝贺，向为武汉市的发展做出了积极贡献的全市侨界群众表示深深的敬意！

全国城市侨联工作经验交流会经过17年的实践，其规模、影响日益扩大，目前已经发展成为全国省会城市和大中城市侨联研讨工作、交流经验、加强联谊与区域合作的重要平台。今年的会议以“文化聚侨力、创新促繁荣”为主题，着力交流侨联文化工作，有很多创新之举、务实之策，体现了传承与创新、务虚与求实、研讨与交流的有机结合。我相信，这次会议一定会取得预期效果。下面，我借此机会，就侨联相关工作讲几点意见。

一、自觉为党的十八大胜利召开营造良好的社会氛围，把侨界群众的智慧和力量凝聚到中央决策部署上来

举世瞩目的党的十八大即将召开，这是我们党在全面建设小康社会关键时期和深化改革开放、加快转变经济发展方式攻坚时期召开的一次十分重要的大会。大会将认真总结过去5年的工作和党的十六大以来的实践，回顾总结党团结带领全国各族人民坚持和发展中国特色社会主义的历史进程和宝贵经验，全面审视当今世界和当代中国发展大势，全面把握我国发展新要求和人民群众新期待，科学制定适应时代要求和人民愿望的行动纲领和大政方针，对全面推进我国改革开放和社会主义现代化建设、全面推进党的建设新的伟大工程做出战略部署，进一步动员全党全国各族人民，坚定不移沿着中国特色社会主义道路前进，继续推动科学发展，促进社会和谐，继续改善人民生活、增进人民福祉，为全面建设小康社会而奋斗。

胡锦涛总书记在省部级主要领导干部专

题研讨班开班式上发表的重要讲话，对于统一全党思想、明确前进方向，团结动员全党全国各族人民解放思想、实事求是、与时俱进、开拓创新，满怀信心地为全面建成小康社会而奋斗具有十分重大的意义，为党的十八大召开奠定了重要的政治、思想和理论基础。各级侨联要进一步深入学习领会胡锦涛同志重要讲话精神，把思想和行动更好地统一到中央重大决策上来，踏踏实实地做好事关改革发展稳定的各项工作，自觉为党的十八大的胜利召开营造良好氛围。党的十八大召开后，各级侨联要按照中央和地方党委和中国侨联的统一部署，做好十八大精神的贯彻落实工作，切实把侨界群众的智慧和力量凝聚到党的十八大确定的各项目标任务上来。

二、主动争取地方党委的领导和支持，努力为侨联工作创造更加宽松的环境

侨联工作是党的群众工作的重要组成部分，加强党的领导是侨联工作坚持正确方向的根本保证。中央书记处每年都听取中国侨联党组工作汇报并做出重要指示，是党中央加强对侨联工作领导的重要方式之一，现已形成制度。地方各级侨联也要形成党组定期向地方党委和分管领导汇报的制度。这既是地方党委加强对侨联工作直接领导所需要的，也是侨联作为人民团体主动接受党的领导应该坚持的。各级侨联党组要切实建立定期向本级党委汇报工作的机制，更好地推动侨联工作全面融入本地区工作的大局。

截至目前，已有20个省（区、市）相继出台了关于进一步加强和改进新时期侨联工作的意见，包括武汉市在内的7个省会城市也出台了相应意见。这些意见的出台，充分体现了地方党委和政府对侨联工作的高度重视，也引起社会各方面对侨联工作的关注和支持，对促进相关省市侨联工作的科学发展已经并将继续发挥重要作用。希望相关省市侨联认真抓好意见的贯彻落实工作，同时也希望有更多的城市出台切合地方实际，具有可操作性的文件。

三、高度重视文化工作，充分发挥文化在凝聚侨心方面的重要作用

博大精深的中华文化既是中华民族生生不息、团结奋进的不竭动力，是团结凝聚海内外中华儿女为实现中华民族的伟大复兴而努力奋斗的精神纽带，也是增进中国人民与各国人民友好往来的沟通桥梁。作为一个国家、一个民族、一个时代的精神旗帜，文化的力量比以往任何时候更强大，文化的影响比以往任何时候更广泛。转变发展方式、实现科学发展，增进民生幸福、促进社会和谐，文化都是重要内容和衡量指标。

林军主席在今年召开的全国侨联文化宣传工作会议上指出，各级侨联组织和广大侨联干部要做好侨胞工作和海外工作，首先必须懂文化，必须深谙文化工作的重要性。这是因为推动文化大发展大繁荣和中华文化走向世界的过程，就是弘扬以爱国主义为核心的民族精神和以改革创新为核心的时代精神，团结凝聚广大侨胞为实现中华民族伟大复兴共同奋斗的过程；就是“以侨为桥”开展中外人文交流，广泛参与世界文明对话，共同推动人类发展进步的过程；就是增强对一个中国、对中华民族、对中华历史、对中华文化的认同，促进海内外中华儿女大团结，共同致力祖国和平统一的过程；就是各级侨联组织坚持“为侨服务”宗

旨，切实做好群众工作的过程，也是海内外侨界凝心聚力的过程。

四、积极参与社会管理，提高侨联组织做好群众工作的本领

侨联是党领导下的群众组织，是直接面对广大侨界群众的人民团体，能够在加强和创新社会管理方面有所作为。要充分认识侨联参与社会管理的重大意义，进一步增强做好侨联参与社会管理的责任感和使命感，发挥侨联群众工作的传统和优势，为加强和创新社会管理做出新的贡献。要把为侨服务作为侨联参与社会管理的出发点和落脚点，坚持思想上尊重侨界群众、感情上贴近侨界群众、工作上依靠侨界群众，把“以侨为本、为侨服务”的宗旨落实在各项具体工作中，着力解决好侨界群众最关心、最直接、最现实的利益问题。要努力把握侨界群众工作的特点和规律，不断创新，大胆探索侨联群众工作的新思路、新方法，切实履行好组织侨界群众、引导侨界群众、服务侨界群众和维护侨界群众合法权益的职责。

五、努力创新城市侨联工作，充分体现大中城市侨联工作的特殊重要性

大中城市在全国经济社会发展中处于重要的地位，具有独特的聚集和辐射功能。大中城市也是华侨华人和归侨侨眷在国内的重要聚居地，侨务工作的发展和活力突出体现在大中城市的侨务工作之中。近几年来，省会城市和大中城市侨联结合各地实际，创造了很多新经验、推出了很多新举措，为全国侨联工作的创新发展、科学发展做出了积极贡献。但是，我们应当看到，大中城市侨联工作总体发展还不平衡，我们对其工作特点和规律的认识还有待深化，工作思路和方式方法还要不断创新。

大中城市是新侨回国创业聚集的地方，而新侨与老侨有着许多不同，两者间的利益需求差异大，用传统的方式方法不容易把工作做到新侨的心坎里。前天，我参加了上海市侨联召开的加强和推进园区新侨工作会议，深感面对世情、国情和侨情的新变化，侨联组织要真正实现为侨服务，就必须开拓创新，这既是适应党委、政府的新要求和广大归侨侨眷、海外侨胞的新期盼，也是侨联组织生存发展所面临的客观要求。我们创新成功了，作用、地位都会得到凸显，如果不创新那只能是维持现状，外界对我们的看法也会一成不变。另外，要实现为国家大局、为城市中心工作服务和为侨服务的统一，也需要我们大胆探索，勇于实践。在大中城市投资创业的海外侨胞有相当一部分是非本地籍的侨胞，这就要求我们要切实贯彻和落实“大侨务”观念，在发挥地缘亲缘优势的基础上，更加重视发挥城市业缘的纽带作用，不断聚合侨务资源。

我就讲以上几点意见，供同志们参考。在今后的工作中，中国侨联将进一步加强对大中城市侨联工作的支持和指导，也希望大中城市侨联的同志们不断增强使命感和责任感，振奋精神，开拓创新，创造出大中城市侨联工作的新局面，为“十二五”时期全国侨联工作的跨越式发展做出新的更大的贡献。

最后，预祝会议取得圆满成功。

中国侨联年鉴

大 事 记

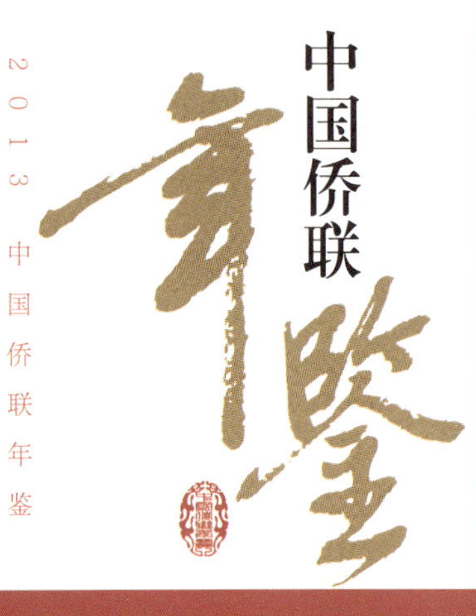
中国侨联
年鉴
2013 中国侨联年鉴

中国侨联关于认真学习宣传贯彻党的十八大精神的通知

中侨发〔2012〕63号

各省、自治区、直辖市侨联，中央直属机关、中央国家机关、中央企业侨联，各计划单列市侨联，新疆生产建设兵团侨联，各副省级城市侨联：

根据《中共中央关于认真学习宣传贯彻党的十八大精神的通知》(中发〔2012〕10号文件)的要求，按照中共中央政治局第一次会议的部署，为了深入学习宣传贯彻党的十八大精神，把侨界群众的思想统一到党的十八大精神上来，进一步做好新时期的侨联工作，把侨界力量凝聚到实现党的十八大确定的各项任务上来，现通知如下：

一、充分认识学习宣传贯彻党的十八大精神的重大意义

党的十八大是在我国进入全面建成小康社会决定性阶段召开的一次十分重要的大会，是一次高举旗帜、继往开来、团结奋进的大会，对凝聚党心军心民心，推动党和国家事业发展具有十分重要的意义。大会批准了胡锦涛同志代表十七届中央委员会所作的《坚定不移沿着中国特色社会主义道路前进，为全面建成小康社会而奋斗》的报告，审议通过了《中国共产党章程(修正案)》，选举产生了新一届中央委员会和中央纪律检查委员会。报告高举中国特色社会主义伟大旗帜，分析了国际国内形势发展变化，回顾总结了过去5年的工作和党的十六大以来的奋斗历程及取得的历史性成就，确立了科学发展观的历史地位，提出了夺取中国特色社会主义新胜利必须牢牢把握的基本要求，确定了全面建成小康社会和全面深化改革开放的目标，对新的时代条件下推进中国特色社会主义作出了全面部署，对全面提高党的建设科学化水平提出了明确要求。报告旗帜鲜明、思想深刻、求真务实，描绘了全面建成小康社会、加快推进社会主义现代化的宏伟蓝图，为党和国家事业进一步发展指明了方向，是我们党团结带领全国各族人民夺取中国特色社会主义新胜利的政治宣言和行动指南，是马克思主义的纲领性文献。《中国共产党章程(修正案)》体现了党的理论创新和实践发展的成果，体现了党的十八大确立的重大理论观点和重大工作部署，对以改革创新精神全面推进

党的建设新的伟大工程、提高党的建设科学化水平提出了明确要求。大会选举产生了以习近平同志为总书记的新一届中央领导集体，一批经验丰富、年富力强、德才兼备、奋发有为的同志进入中央领导机构，实现了党的中央领导集体的又一次新老交替，充分显示了中国特色社会主义事业蓬勃兴旺、薪火相传、后继有人。

认真学习宣传贯彻党的十八大精神，关系党和国家工作全局，关系中国特色社会主义事业长远发展，对于动员全党全国各族人民在以习近平同志为总书记的党中央领导下，高举中国特色社会主义伟大旗帜，满怀信心为全面建成小康社会、夺取中国特色社会主义新胜利而奋斗，具有重大现实意义和深远历史意义。各级侨联要把深入学习宣传贯彻党的十八大精神作为当前和今后一段时期的重要政治任务，切实抓紧、抓好、抓实，真正把思想和行动统一到党的十八大精神上来，团结和动员广大归侨侨眷和海外侨胞为实现党的十八大确定的各项目标任务作出新的贡献。

二、全面准确学习领会党的十八大精神

各级侨联要认真组织学习贯彻党的十八大精神，首先要认真研读党的十八大文件，原原本本学习党的十八大报告和党章，学习习近平同志在党的十八届一中全会上的重要讲话精神，全面准确领会党的十八大精神。要着重深刻领会党的十八大的主题；深刻领会过去 5 年和 10 年党和国家事业取得新的历史性成就；深刻领会科学发展观的历史地位和指导意义；深刻领会中国特色社会主义的丰富内涵和夺取中国特色社会主义新胜利的基本要求；深刻领会全面建成小康社会和全面深化改革开放的目标；深刻领会社会主义经济建设、政治建设、文化建设、社会建设、生态文明建设等方面的重大部署；深刻领会全面提高党的建设科学化水平。

要通过学习深刻认识到，全面建成小康社会是党和国家到 2020 年的奋斗目标，是全国各族人民的根本利益所在；科学发展观是指导党和国家全部工作的强大思想武器，是党必须长期坚持的指导思想；中国特色社会主义道路是当代中国发展进步的根本方向，只有中国特色社会主义才能发展中国；我国发展仍处于可以大有可为的重要战略机遇期，要全面把握机遇、沉着应对挑战；必须坚持发展是硬道理的战略思想，决不能有丝毫动摇；人民民主是我们党始终高扬的光辉旗帜，中国特色社会主义政治发展道路是团结亿万人民共同奋斗的正确道路；文化是民族的血脉，是人民的精神家园；加强社会建设，是社会和谐稳定的重要保证；建设生态文明，是关系人民福祉、关系民族未来的长远大计；全体中华儿女携手努力，就一定能在同心实现中华民族伟大复兴进程中完成祖国统一大业；中国将继续高举和平、发展、合作、共赢的旗帜，坚定不移致力于维护世界和平、促进共同发展；只有植根人民、造福人民，党才能始终立于不败之地。

三、坚持联系实际、推动工作

各级侨联组织要紧密联系工作实际和广大侨界群众的思想实际，坚持学以致用、用以促学，把用党的十八大精神武装头脑、指导实践、推动工作作为学习的出发点和落脚点。一是坚持用科学发展观指导侨联工作，更好地团结、组织、引导、服务侨界群众。要坚持党的指导思想，广泛宣传 10 年成就；科学总结工

作成绩，充分肯定侨界贡献。二是强化共同信念，进一步加深对中国特色社会主义道路的认识。要引导侨界群众牢记历史、展望未来，进一步增强对制度的自信，强化共同信念。三是坚持以宏伟的目标和扎实的工作凝心聚力，把握全面建成小康社会的新要求。要以宏伟的目标鼓舞侨界群众，以扎实的工作凝聚侨界力量，以"五位一体"的总布局指导侨联工作。四是紧紧围绕"两个加快"，努力在经济建设中发挥侨联组织的独特优势。要围绕全面深化经济体制改革促进侨资企业健康发展，围绕实施创新驱动发展战略招贤引智，围绕推进经济结构战略性调整招商引资，围绕推动城乡发展一体化展现作为，围绕提高开放型经济水平发挥优势。五是在参与民主政治建设中提高工作水平，充分发挥党领导的人民团体的独特作用。要深入了解社情民意，积极反映侨界呼声；发挥侨联组织的协同作用，大力推进基层民主；加强侨法宣传普及，进一步推动依法治国；广交朋友，建立一支宏大的对我友好力量。六是在社会主义文化强国建设中体现侨联特色，进一步弘扬中华优秀文化。要努力丰富海内外侨胞的精神文化生活，广泛开展文化联谊，传承中华传统美德，弘扬时代新风。七是围绕改善民生和创新管理，在社会建设中更好地为侨界群众服务。要坚持以人为本，竭诚为侨服务，强化社会服务职能，积极倡导侨资企业履行社会责任，全力维护社会和谐稳定，不断发展社会公益事业。八是提高对"五位一体"总布局的认识，在生态文明建设中不断做出新的贡献。要积极倡导文明生活理念，促进国际交流合作，促进生态文明建设。九是加强海内外侨界联系，为促进祖国和平统一大业贡献力量。要进一步推动"一国两制"丰富实践，促进两岸关系和平发展，积极支持海外侨胞促进祖国和平统一。十是不断促进与世界各国人民友好往来，进一步推动形成于我有利的国际环境。要引导海外侨胞树立良好形象，加强与住在国社会融合，积极开展民间交流交往。十一是围绕服务党的建设新的伟大工程，努力推进侨联组织的自身建设，进一步加强思想建设、组织建设、队伍建设、机制建设、作风建设。

四、切实加强宣传和组织领导

各级侨联组织要把学习宣传贯彻党的十八大精神摆上重要议事日程，切实加强宣传和组织领导。要按照《中共中央关于认真学习宣传贯彻党的十八大精神的通知》要求和各级党委的部署，结合侨联实际，制定详细的学习宣传贯彻方案，通过中心组学习会、民主生活会、座谈会、报告会，举办各种研讨班、培训班、学习班，利用侨刊乡讯、网站载体等多种学习宣传形式，把学习宣传贯彻党的十八大精神不断引向深入。要提倡领导干部带头学文件、谈体会、作报告，及时了解侨界群众的思想状况，有针对性地做好工作，加强对敏感问题和热点问题的正确引导，解疑释惑。要加强学习宣传指导，务求取得实效，切忌形式主义，努力增强学习宣传贯彻十八大精神的吸引力感染力和针对性实效性。要善于在学习宣传贯彻中发现典型，总结经验，及时将学习宣传贯彻党的十八大精神的情况报告中国侨联。

中国侨联

2012 年 11 月 21 日

·重要会议·

【八届六次常委会议】1月3日—4日，中国侨联八届六次常委会议在北京召开。中国侨联主席林军，副主席董中原、李卓彬、王永乐、乔卫、何小平、李昭玲、张小建、张元龙、雪克来提·扎克尔、吴幼英、张玉卓、李欲晞、王荣宝、王成云、朱奕龙以及常委委员共84人出席会议。林军主席传达了中央书记处办公会议关于侨联工作的重要指示精神，并对提请八届四次全委会议审议的《凝聚广大归侨侨眷和海外侨胞力量　为全面建设小康社会再立新功　以优异成绩迎接党的十八大胜利召开》工作报告（审议稿）作了说明。董中原副主席对提请八届四次全委会议审议的有关人事事项作了说明。会议审议通过了《关于召开中国侨联八届四次全委会议的决议》，审议通过了提请全委会议审议的《工作报告（审议稿）》的决议和提请全委会议审议的有关人事事项。

【八届四次全委会议】1月5日，中国侨联八届四次全委会议在京召开，中共中央政治局委员、全国人大常委会副委员长王兆国同志出席会议并代表党中央发表讲话，充分肯定了侨联工作所取得的成绩，强调要进一步坚定信念、振奋精神，发挥优势、勇于创新，切实履行侨联各项工作职责，为夺取全面建设小康社会新胜利作出新的更大贡献。中国侨联党组书记、主席林军主持会议时指出，各级侨联组织一定要认真学习、深刻领会、坚决贯彻王兆国同志代表党中央发表的重要讲话精神，坚定信念、振奋精神、发挥优势、勇于创新，切实履行侨联各项工作职责。林军传达了中央书记处对侨联工作的重要指示精神并代表中国侨联八届六次常委会作工作报告。中国侨联党组副书记、副主席董中原向大会作了《关于中国侨联八届四次全委会议建议卸免和增补名单（草案）及选举办法（草案）的说明》。中国侨联副主席李祖沛、李卓彬、王永乐、乔卫、何小平、李昭玲、张小建、张元龙、雪克来提·扎克尔、吴幼英、张玉卓、李欲晞、王荣宝、王成云、朱奕龙以及中国侨联委员（含港澳地区）、在京顾问、法律顾问委员会负责人和中国侨联直属机关各部门负责人等400余人参加了会议。会议表决通过了有关决议，同意聘请李祖沛为中国侨联顾问。经过大会选举，增补王宏为中国侨联秘书长，增补万立骏、王强、王亚君、王宇科、王滨沙、文上乾、邓秀新、朱敏、华清文、刘松勇、安全忠、李兴钰、李曙光、吴小濠、吴化民、吴永平、汪瓦水、沈敏、沈峒孚、张文、张海鸽、陈红、陈泽峰、陈钟林、林东、林文云、林威爵、岳鸿声、周伟建、周松一、段林、贺林、黄维、康健一、蒋晓筠、赖英群、蔡铭、廖清江等为中国侨联委员，增补万立骏、王亚君、王宇科、王锦彪、史宇、朱敏、李曙光、吴化民、吴换炎、沈敏、沈丽荣、陈迈、陈宪、陈桦、陈泽峰、陈钟林、胡振木、颜宝铃等为中国侨联常委。

【八届七次常委会议】8月8日，中国侨联八届七次常委会议在北京隆重召开，主席林军，副主席董中原、李卓彬、王永乐、乔卫、陈有庆、何小平、李昭玲、张小建、张元龙、梁国扬、吴幼英、张玉卓、李欲晞、王荣宝、王成云、朱奕龙，中国侨联常委、各省区市侨联驻会党组书记，中国侨联机关部门、单位负责人等共120余人参加会议。林军主席在会上作了重要讲话，对全国侨联系统上半年以来的主要工作进行总结，对下半年工作进行了部署。李卓彬副主席主持会议。会上，地方党委、政府制定印发的《关于加强和改进新形势下侨联工作的意见》的省区市侨联对贯彻落实《意见》的经验和做法进行了交流，北京市、浙江省、江西省、河南省、湖南省、广东省侨联负责人分别在大会上发言。经过全体与会人员分组认真讨论，董中原副主席作会议总结，王永乐副主席主持会议。中国侨联八届七次常委会议在京闭幕。

· 领导重要活动 ·

2012年1月

1. 1月3日—4日，中国侨联八届六次常委会议在北京召开。中国侨联主席林军，副主席董中原、李卓彬、王永乐、乔卫、何小平、李昭玲、张小建、张元龙、雪克来提·扎克尔、吴幼英、张玉卓、李欲晞、王荣宝、王成云、朱奕龙以及常委委员共84人出席会议。

2. 1月5日，中国侨联八届四次全委会议在京召开，中共中央政治局委员、全国人大常委会副委员长王兆国同志出席会议并代表党中央发表讲话。中国侨联党组书记、主席林军主持会议。中国侨联党组副书记、副主席董中原向大会作了《关于中国侨联八届四次全委会议建议卸免和增补名单（草案）及选举办法（草案）的说明》。中国侨联副主席李祖沛、李卓彬、王永乐、乔卫、何小平、李昭玲、张小建、张元龙、雪克来提·扎克尔、吴幼英、张玉卓、李欲晞、王荣宝、王成云、朱奕龙以及中国侨联委员（含港澳地区）、在京顾问、法律顾问委员会负责人和中国侨联直属机关各部门负责人等400余人参加了会议。

3. 1月4日，中国侨联青年委员会在北京召开第二届一次会长会议。根据中国侨联新的领导班子工作分工，李卓彬副主席接替董中原副主席担任中国侨联青年委员会会长。

4. 1月4日—5日，乔卫副主席出席全国宣传部长会议。

5. 1月5日中午，2012年中国华侨历史学会迎春茶话会在京召开。中国侨联主席、中国华侨历史学会会长林军，中国侨联副主席李卓彬、王永乐、乔卫、李欲晞，全国政协港澳台侨委副主任、中国华侨历史学会顾问林兆枢，全国人大华侨委副主任委员、中国华侨历史学会副会长李祖沛，全国政协常委、中国华侨历史学会副会长林明江，中国华侨历史学会顾问庄炎林、肖岗、朱添华、彭光涵、丘立本、巫乐华、梁英明，中国华侨历史学会副会长方雄普、赵红英、王辉耀，秘书长张春旺等参加了茶话会。

6. 1月6日，乔卫副主席出席中国华侨基金会五届三次理事会。

7. 1月7日，中国侨联首次公益年会在北京召开。中国侨联主席、中国华侨公益基金会会长林军，中国侨联顾问、中国华侨公益基金会荣誉会长庄炎林、林兆枢，中国侨联顾问、基金会荣誉理事长朱添华、何添发、林明江、郭麟恭、唐闻生，以及基金会副会长、高级顾问，基金会理事会、监事会成员等50多人参加了会议。中国侨联副主席、基金会理事长乔卫在会议结束时作了讲话。

8. 1月8日，党组副书记、副主席董中原出席北京市侨联第十三届十次全委（扩大）会议并讲话。

9. 1月8日，王永乐副主席出席在杭州举行的浙江省侨商投资企业协会换届大会并致辞。

10. 1月8日下午，乔卫、朱奕龙副主席出席“2011中国慈善年会”并为获奖项目颁奖。

11. 1月9日，林军主席通过人民网发表新春致辞，向广大归侨侨眷、海外侨胞、港澳台侨界同胞和侨联工作者，致以亲切的问候和新年的祝福，并向关心支持侨联工作的海内外各界朋友，致以衷心的感谢和美好的祝愿。

12. 1月9日—10日，董中原副主席率队到云南看望慰问困难归侨侨眷，并专程到云南省侨联机关看望干部职工，听取了云南省侨联主席李嵘同志的工作汇报，并代表中国侨联和林军主席向大家表示亲切的问候和节日的祝福。

13. 1月9日—11日，王永乐副主席带队赴河南慰问侨界困难群众及老侨联工作者。

14. 1月10日中午，林军主席在机关接受凤凰卫视《问答神州》栏目组、凤凰卫视首席新闻主播、凤凰卫视信息台副台长吴小莉的专访。

15. 1月10—11日，乔卫副主席专程赴宁夏回族自治区银川市看望慰问归侨侨眷，中国侨联副主席、宁夏回族自治区侨联主席朱奕龙陪同慰问。

16. 1月11日，李卓彬副主席看望慰问了中国侨联顾问唐闻生、黄军军、徐发淦，对他们表示亲切的问候并送上节日的祝福。

17. 1月11日，中央企业侨联二届五次全委扩大会议在北京举行。中国侨联副主席乔卫，中国侨联顾问、中央企业侨联顾问唐闻生，中国侨联副主席、中央企业侨联主席、神华集团有限责任公司党组成员、总经理张玉卓，中国侨联办公厅副主任、中国华侨公益基金会副理事长兼秘书长刘奇，国资委党委统战部副部长张相红，中央企业侨联副主席兼秘书长张文亮，中央企业侨联副主席罗秋菊等50多人出席了会议。

18. 1月12日，全国人大华侨委员会、国务院侨务办公室、全国政协港澳台侨委员会、中国致公党中央委员会、中华全国归国华侨联合会在人民大会堂联合举行2012年首都侨界新春茶话会，中共中央政治局委员、全国人大常委会副委员长王兆国，全国人大常委会副委员长严隽琪，国务委员戴秉国，全国政协副主席白立忱、万钢出席茶话会。中国侨联党组书记、主席林军，党组副书记、副主席董中原，副主席李卓彬、王永乐、乔卫出席。

19. 1月13日，中国侨联在机关办公楼举办了2012年迎新春联欢会，林军主席，董中原、李卓彬、王永乐、乔卫副主席，王宏秘书长，林兆枢、庄炎林、肖岗、林明江、李祖沛、林淑娘、黄军军、徐发淦、陈兰通、朱添华、郭麟恭顾问以及中国侨联机关各部（厅）、直属事业单位全体干部职工和直属企业单位负责人、部分离退休老同志共270余人欢聚一堂，喜迎新春佳节。

20. 1月14日，乔卫副主席出席以“聚善中华情，思源爱无疆”为主题的“经典城市之夜”2011大型慈善晚宴。

21. 林军主席分别看望慰问了侨界老同志林兆枢、庄炎林、杨泰芳、邹瑜、肖岗、唐闻生和伍绍祖，向他们致以新春的问候，祝老同志们健康长寿。

22. 1月16日—17日，党组书记、主席林军赴山西慰问；1月18日—19日，赴河北慰问。

23. 1月16日—17日，党组副书记、副主席董中原看望慰问了全国政协常委、中国侨联顾问林明江，全国人大常委、华侨委副主任、中国侨联顾问李祖沛，中国侨联法顾委常务副主任、最高法院原常务副院长祝铭山，中国侨联老同志李银玉、苏渊海等，代表中国侨联和林军主席，向各位老领导、老同志表示新年祝福，并征求了老领导、老同志们对中国侨联的意见和建议。

24. 王永乐副主席看望慰问了在京的中国侨联顾问陈兰通、林淑娘，代表中国侨联和林军主席向他们致以新年的祝福。走访了中国华侨出版社、《海内与海外》杂志社，对他们一年来的工作给予充分肯定，并希望他们继续保持正确的发展方向，加强队伍建设，紧贴侨联工作，走出一条适应市场竞争、具有侨界特色的发展路子。

25. 1月19日，中国侨联召开新闻发布会，副主席、新闻发言人乔卫说，援建北川中学工程于2011年10月完成了竣工决算审核，2011年11月国家审计署重庆特派办进行了竣工决算审计，最终审定总造价20379.05万元，减去所减免建筑营业税587.1万元，本项目实际总造价19792.9万元，实现了总投资不突破2亿元的控制目标。由此中国侨联兑现了对社会的承诺，圆满完成了北川中学援建任务。由中国侨联主办的“祖国惦念你——2012亲情中华春节晚会”，在中央电视台的大力支持下将在中央电视台中文国际频道播出，时长100分钟。

26. 1月18日—20日，乔卫副主席看望慰问了中国侨联顾问朱添华、郭麟恭和已故中国侨联原副主席陈宗基的夫人陈文姝，代表中国侨联和林军主席，向各位老领导、老同志表示新年祝福。

2012年2月

1. 2月1日，林军主席主持召开八届40次党组会议，董中原、李卓彬、王永乐、乔卫副主席出席。

2. 2月6日—15日，李卓彬副主席率团出访委内瑞拉、古巴和墨西哥三国。

3. 2月7日，乔卫副主席受邀在北京为“中美杰出青年培训项目”冬季培训班学员讲授“侨情概况”课程。

4. 2月8日，乔卫副主席会见“中美杰出青年培训项目”美方合作人一行。

5. 2月12日，乔卫副主席受邀在上海为“中美杰出青年培训项目”培训班学员授课。

6. 2月13日，林军主席、乔卫副主席会见中央610办公室副主任高以忱一行。

7. 2月14日，中国侨联召开老干部座谈会，林军主席到会讲话，董中原副主席等出席座谈会。

8. 2月15日上午，王永乐副主席赴湖南长沙出席三一集团第一次归侨侨眷代表大会暨三一集团侨联成立大会。

9. 2月16日，乔卫副主席会见了印尼东岳太极拳协会主席廖展远女士一行。

10. 2月16日下午，壬辰年黄帝故里拜祖大典新闻发布会在北京举行，乔卫副主席代表中国侨联出席新闻发布会。

11. 2月17日，董中原副主席出席中直机关文明委会议。

12. 2月20日，林军主席主持召开八届27次主席办公会议，董中原、李卓彬、王永乐、乔卫副主席出席。

13. 2月21日—22日，林军主席赴福建省泉州市调研。

14. 2月21日，李卓彬副主席组织召开中国华侨博物馆建设领导小组会议。

15. 2月21日，王永乐副主席出席北京市侨联新侨课题补充调研座谈会。

16. 2月23日，林军主席、李卓彬副主席赴厦门出席亚太地区中国侨联海外顾问、海外委员、青年委员年会。

17. 2月23日下午，中央纪委、中央组织部在京西宾馆召开视频会议，对严肃换届纪律深入整治用人上不正之风进行再推动、再部署。董中原副主席出席。

18. 2月24日，厦门市第十五次归侨侨眷代表大会在厦门小白鹭艺术剧院隆重召开，中国侨联党组书记、主席林军出席开幕式并讲话。

19. 2月24日，董中原、李卓彬副主席在人民大会堂出席中央召开的党外人士建设会议。

20. 2月25日，福建省委书记、省人大常委会主任孙春兰会见了在福建省考察调研的中国侨联党组书记、主席林军一行。

21. 2月25日—28日，李卓彬副主席出席全国政协十一届十六次常委会议。

22. 2月29日，李卓彬副主席出席2012年对台工作会议。

2012年3月

1. 3月2日，林军主席接受《人民画报》记者专访。

2. 3月2日，李卓彬副主席出席全国统战部长会议。

3. 3月3日—13日，董中原、李卓彬、王永乐副主席出席全国政协十一届五次会议。

4. 3月4日下午，中共中央政治局常委、全国人大常委会委员长吴邦国参加全国政协致公党、中国侨联界委员联组讨论，与委员亲切交流，共商国是。全国政协副主席杜青林、帕巴拉·格列朗杰、万钢陪同出席，中国侨联主席林军列席，副主席董中原、李卓彬、王永乐出席联组讨论。

5. 3月4日晚，中国侨联举行十一届全国人大归侨代表座谈会。林军主席出席并讲话，董中原、李卓彬、王永乐、张小建、雪克来提·扎克尔、吴幼英、李欲晞、王荣宝、朱奕龙副主席出席了座谈会。

6. 3月6日晚，中国侨联举行全国政协十一届侨界委员招待会。林军主席主持并讲话，董中原、李卓彬、王永乐、李昭玲、张元龙、吴幼英、李欲晞副主席与全国政协侨联界、港澳侨界、民革、致公党、对外友协、工商联界、科学技术界、民族界、无党派人士、台盟、社会科学界、经济界等界别有侨身份的委员共计90多人出席了招待会。

7. 3月7日晚，中国侨联举行招待会，热烈欢迎列席全国政协十一届五次会议的海外侨胞代表。林军主席，董中原、王永乐、王荣宝副主席及机关各部门负责人出席招待会，李卓彬副主席主持并致辞。

8. 3月7日上午，全国政协副主席万钢参加全国政协十一届五次会议致公、侨联界委员第二次联组讨论，董中原、李卓彬、王永乐副主席出席联组讨论。

9. 3月8日，中国侨联与甘肃省人民政府在北京钓鱼台国宾馆签署了战略合作协议。中国侨联党组书记、主席林军，甘肃省委书记、省人大常委会主任王三运，甘肃省委副书记、省长刘伟平，甘肃省政协主席冯健身，中

大事记

国侨联党组成员、副主席王永乐，甘肃省委常委、常务副省长刘永富，甘肃省委常委、省委秘书长刘立军，甘肃省委常委、副省长、统战部长泽巴足，中国侨联副主席王荣宝、朱奕龙出席签约仪式。林军与刘伟平分别代表双方签署战略合作协议。

10. 3月9日，林军主席会见贵州省副省长蒙启良，就中国侨联支持贵州经济社会发展达成共识。董中原副主席，王宏秘书长，贵州省侨联主席吕虹会见时在座。

11. 3月9日下午，林军主席再次来到全国政协侨联界委员小组讨论会场，听取委员们对中国侨联工作的意见建议。董中原、李卓彬、王永乐副主席参加了讨论。

12. 3月10日下午，中国侨联主席林军与宁夏回族自治区主席王正伟进行了座谈，拟由中国侨联和宁夏回族自治区政府共同举办世界侨商宁夏行活动。中国侨联副主席王永乐、乔卫，宁夏自治区党委常委、统战部长马三刚，宁夏回族自治区政府秘书长左军，中国侨联副主席、宁夏回族自治区侨联主席朱奕龙，中国侨联秘书长王宏，宁夏回族自治区商务厅、宁夏回族自治区招商局和宁夏回族自治区侨联的有关负责同志出席座谈会。

13. 3月11日，林军主席、王永乐副主席会见青海省委常委、副省长骆玉林一行，就中国侨联和青海省政府合作事宜深入交换意见。

14. 3月11日，中国侨联在京举办“亲情中华”2012春节海外巡演团组答谢招待会，林军主席、乔卫副主席出席。

15. 3月12日晚，中国侨联主席林军拜访西藏自治区政府主席白玛赤林，并就如何加强做好海外藏胞和藏族归侨侨眷工作进行了深入交谈，西藏自治区政府副主席丁业现，中国侨联秘书长兼办公厅主任王宏等陪同在座。

16. 3月13日，王永乐副主席出席中科院新侨座谈会。

17. 3月14日，王永乐副主席出席中央企业新侨座谈会。

18. 3月15日上午，中国侨联机关召开全体干部职工大会，传达贯彻全国“两会”精神。中国侨联党组书记、主席林军就贯彻落实“两会”精神、做好当前侨联重点工作、维护机关和谐稳定等作了重要讲话。全国人大常委、全国人大华侨委员会副主任、中国侨联顾问李祖沛传达了全国人大十一届五次会议精神和政府工作报告、人大常委会工作报告、全国人大立法和“两高”工作报告的主要内容。中国侨联党组副书记、副主席董中原传达了全国政协十一届五次会议精神和中共中央政治局常委、全国人大常委会委员长吴邦国同志参加致公党和侨联界联组讨论的情况以及列席政协会议的海外侨胞代表的有关建议。中国侨联党组成员、副主席王永乐主持大会。会议通报了2011年中国侨联机关受到中央、国务院有关部委表彰的先进集体和先进个人。中国侨联顾问庄炎林、唐闻生、林淑娘、黄军军、徐发淦、陈兰通、郭麟恭以及机关、直属事业单位、企业总机构和离退休干部职工共150多人出席会议。

19. 3月15日，李卓彬副主席会见并宴请中国侨联海外顾问、菲律宾侨领曾缅应、林玉慈一行。

20. 3月16日上午，外交部高级外交官创新实践委员会孙显宇参赞应邀到中国侨联机关作关于海外领事保护问题的讲座，李卓彬副主席出席讲座。

21. 3月19日，李卓彬副主席会见并宴请以季友松先生为团长的巴西里约华人联谊会访问团一行。

22. 3月20日，李卓彬副主席会见并宴请旅美作家招思红女士。

23. 3月21日，首届世界晋商大会新闻发布会暨招商项目推介会在人民大会堂新闻中心举行。中国侨联副主席王永乐、全国工商联副主席谢经荣，山西省委常委、统战部长聂春玉，山西省副省长郭迎光等出席发布会。

24. 3月23日上午，第七届中国河南国际投资贸易洽谈会在郑州国际会展中心隆重开幕。本届投洽会由商务部、科技部、住房和城乡建设部、国务院侨办、国务院台办、全国工商联、中国侨联、国家粮食局和中国贸促会共同主办，中国侨商联合会等80多家境内外知名客商协会协办。全国政协副主席、全国工商业联合会主席黄孟复，中国侨联主席林军等领导出席了开幕式。

25. 3月24日上午，中国侨联林军主席担任壬辰年黄帝故里拜祖大典主司仪。十一届全国人大常委会副委员长韩启德、十一届全国政协副主席黄孟复、十届全国人大常委会副委员长许嘉璐等有关方面领导向黄帝像敬献花篮。吴伯雄及夫人戴美玉、郭台铭、陈有庆、施万轸、董洪宣、杨功德、高满堂、曹辉等先后走到台前，净手上香。十届全国人大常委会副委员长许嘉璐恭读拜祖文。

26. 3月28日中午，乔卫副主席会见并宴请以法国法华工商联合会会长黄学铭为团长的参访团一行。

2012年4月

1. 4月1日，董中原副主席向北京市侨界传达十一届全国政协五次会议精神。中国侨联副主席、北京市人大常委会副主任、北京市侨联主席李昭玲出席。

2. 4月5日，王永乐副主席出席第十六届中国东西部合作与投资贸易洽谈会（“西洽会”）开幕式。

3. 4月9日，林军主席出席“第六届世界华侨华人社团联谊大会”开幕式。

4. 4月10日—13日，王永乐副主席赴云南出席新侨调研课题座谈会。

5. 4月13日，李卓彬副主席和机关干部职工一起赴河北怀来官厅华侨农场参加机关义务植树。

6. 4月16日，王永乐副主席赴江西出席江西省侨联特聘专家委员会成立大会。

7. 4月17日，林军主席主持召开八届42次党组会议和八届29次主席办公会议，董中原、李卓彬、王永乐、乔卫副主席出席。

8. 4月18日，林军主席、李卓彬副主席会见并宴请参加2012年第二期大使参赞学习班的31个国家和地区40位驻外使节及外交部相关部门的负责同志。

9. 4月18日，林军主席会见福建省侨联副主席陈联合、厦门市侨联主席王德贤一行。

10. 4月21日，全国侨联文化宣传工作会议在山西太原召开，林军主席出席会议并作重要讲话，乔卫副主席主持会议，山西省委常委、统战部长聂春玉出席会议并代表省委致辞。来自全国各省（区、市）侨联、副省级城市侨联的领导和负责文化宣传工作的同志、山西省地市侨联负责同志、中国侨联机关各部门的负责同志、中央及山西部分新闻媒体的记者共170余人出席会议。会上，由中国侨联文化交流部和人民网共同主办的“亲情中华——中国侨联文化交流官网”正式开通，中国侨联主席林军、中国侨联副主席乔卫、人民网副总裁罗华等出席网站开通仪式。全国侨联文化宣传工作会议4月22日在山西太原闭幕，乔卫副主席出席并作总结讲话。

11. 4月23日，林军主席会见新疆侨联主席王永刚、副主席李佩芳一行，并听取新疆侨联工作汇报。

12. 4月24日—5月5日，王永乐副主席率团出访德国、瑞士、土耳其三国。

13. 4月25日，林军主席、董中原副主席出席中国侨联直属机关工会举办的第四届职工保龄球团体比赛。

14. 4月26日，林军主席、董中原副主席出席冯远画展开幕式。

15. 4月27日，林军主席赴浙江金华调研。

16. 4月27日，董中原副主席赴中国华侨出版社调研。

17. 4月27日，乔卫副主席在水立方出席民政部“2012慈善排行榜典礼”。

18. 4月28日，董中原副主席出席法顾委主任会议。

19. 4月28日，李卓彬副主席出席中央统战部学习践行社会主义核心价值体系活动经验交流会。

2012年5月

1. 5月1日上午，李卓彬副主席出席北京市缅甸联谊会成立24周年大会。

2. 5月1日，乔卫副主席赴成都出席《中国汶川·从悲壮走向豪迈》大型国画展。

3. 5月2日，李卓彬副主席会见并宴请全美台湾同乡联谊会“和平之旅”参访团一行。

4. 5月4日，林军主席、董中原副主席出席机关团委举办的“五四”青年节歌咏比赛。

5. 5月5日，林军主席出席“纪念中华职业教育社成立95周年大会”。

6. 5月5日—8日，李卓彬副主席赴云南昆明出席中国侨联海外委员、海外青年委员座谈会。

7. 5月8日，中国侨联法律顾问委员会成立30周年纪念大会在北京人民大会堂召开。全国人大常委会副委员长桑国卫、十届全国政协副主席罗豪才到会祝贺，林军主席在会上作了重要讲话。董中原副主席主持会议，王永乐副主席和中国侨联顾问、中国侨联法顾委常务副主任、副主任、委员，各省区市侨联主席、法顾委主任，中国侨联机关、企事业单位负责人等近300人出席了大会。

8. 5月8日，乔卫副主席赴上海出席上海市侨联干部培训班开班式、上海侨爱心休养中心崇明基地揭牌仪式。

9. 5月8日—11日，李卓彬副主席到云南腾冲、瑞丽调研。

10. 5月9日，林军主席赴深圳出席第三届侨界书画艺术展。

11. 5月9日—19日，董中原副主席率团出访阿联酋、肯尼亚、南非三国。

12. 5月10日，乔卫副主席会见画家何明耀、张少根、王丽娜，并接受大型国画作品捐赠。

13. 5月10日，乔卫副主席出席2012年度《中国侨联年鉴》编纂工作会议。

14. 5月11日，由商务部、天津市政府、中国侨联联合主办的“中国·天津第十九届投资贸易洽谈会”在天津梅江会展中心隆重开幕。中共中央政治局委员、天津市委书记张高丽，市委副书记、市长黄兴国，中国侨联副主席王永乐，中国侨联副主席、中国侨商联合会会长陈有庆等80余位海内外侨商出席开幕式。

15. 5月14日—25日，林军主席率团出访俄罗斯、匈牙利、意大利。

16. 5月14日，乔卫副主席出席“东芝侨心足球万里行”暨“2012东芝侨心杯全国少年足球赛”启动仪式，并接受了东芝公司的捐赠。

17. 5月14日—16日，乔卫副主席赴广东就“华侨与公益事业”进行调研。

18. 5月15日，由中国侨联派出的“亲情中华”艺术团在缅甸仰光国家大剧院举行首场演出，取得圆满成功。此次演出恰逢中共中央政治局委员、全国政协副主席王刚同志在缅甸访问。演出由中国民间组织国际促进会和中国侨联共同主办，这场盛大的演出不仅是中华文化的艺术盛宴，还是中缅民间交流系列活动的开幕庆典。演出前，王刚同志与缅甸巩发党第一书记吴泰乌分别发表了热情洋溢的讲话。

19. 5月17日—18日，王永乐、陈有庆副主席赴湖南出席以“开放崛起、绿色发展”为主题的第七届中国中部投资贸易博览会开幕典礼。

20. 5月17日，中德（中国）环保有限公司董事长陈泽峰先生向中国华侨公益基金会捐赠300万元人民币，用于支持举办首届“亲情中华——世界华侨华人美术书法展”。乔卫副主席出席捐赠仪式并讲话。

21. 5月17日，中国侨联召开新闻发布会，中国侨联副主席、新闻发言人乔卫向新闻媒体通报了近期中国侨联将开展的大型活动和主要工作，并就记者关心的问题进行了解答。

22. 5月18日，李卓彬副主席出席中国华侨历史博物馆座谈会并讲话。

23. 5月18日，中国侨联办公厅、服务中心联合召开规范机关办会研讨会，乔卫副主席出席并讲话。

24. 5月22日—25日，董中原副主席出席中央“创先争优”工作座谈会。

25. 5月22日—25日，李卓彬副主席、唐闻生顾问赴浙江出席“2012相约春天·浙江侨界名媛故乡行”活动。

26. 5月22日，王永乐副主席出席侨界元老彭光涵同志遗体告别仪式。

27. 5月22日，王永乐副主席出席“第四届中国侨界贡献奖”评审工作会。

28. 5月22日，乔卫副主席出席“华侨与公益事业专题研究”学者座谈会并讲话。

29. 5月23日，乔卫副主席会见并宴请应全国人大华侨委邀请来访的日本侨领代表团一行。

30. 5月24日，王永乐副主席会见并宴请澳大利亚国际商会代表团一行。

31. 5月25日，中国侨联组织召开了“华侨与公益事业”座谈会，乔卫副主席出席并讲话，部分省市侨联负责人等30余人参加了座谈会。

32. 5月28日，李卓彬副主席赴杭州出席“何水法美术馆”落成典礼。

33. 5月28日—29日，乔卫副主席赴安徽为省侨联干部培训班授课并出席长三角地区侨联联席会议。

34. 5月29日，林军主席出席宋庆龄基金会成立30周年大会。

35. 5月30日，林军主席主持召开八届43次党组会议和八届30次主席办公会议，董中原、李卓彬、王永乐、乔卫副主席出席。

2012年6月

1. 6月2日—18日，乔卫副主席率“亲情中华”艺术团赴法国、巴西、巴拿马、苏里南慰问演出。

2. 6月4日，董中原副主席出席中国侨联第十七期干部培训班开班式并讲话。

3. 6月4日—6日，林军主席赴台湾开展恳亲活动。

4. 6月4日—10日，李卓彬副主席赴台湾出席海峡两岸侨联论坛。

5. 6月4日，王永乐副主席赴南京出席创业中华创新江苏侨资侨智对接交流会。

6. 6月5日—7日，王永乐副主席赴云南出席华商投资贸易促进会成立大会及第二十届“昆交会”。

7. 6月7日—8日，林军主席、董中原副主席出席中直机关党代会。

8. 6月8日，王永乐副主席会见香港侨界社团联会妇女访京团一行。

9. 6月9日上午，王永乐副主席赴广东出席东莞侨联归国留学人员联谊会成立大会。

10. 6月9日—11日，林军主席赴青海省出席“青洽会”。

11. 6月10日—11日，王永乐副主席赴青海省出席“青洽会”。

12. 6月11日下午，在中国侨联第十七期干部培训班结业式上，林军主席为培训班学员授课，董中原副主席主持结业式。

13. 6月11日—14日，李卓彬副主席赴广西出席广西壮族自治区致公党换届大会。

14. 6月12日—14日，林军主席赴香港出席香港华侨华人总会庆祝香港回归祖国15周年暨第六届理监事就职典礼。

15. 6月15日—18日，李卓彬副主席赴厦门市出席第四届海峡论坛和第七届两岸侨联和平发展论坛。

16. 6月15日—17日，王永乐副主席赴深圳出席第二届中国人才发展论坛。

17. 6月16日—18日，林军主席赴厦门市出席第四届海峡论坛和第七届两岸侨联和平发展论坛。

18. 6月18日—19日，董中原副主席出席中国和平统一促进会八届二次理事大会、八届三次常务理事会议。

19. 6月18日，王宏秘书长受会领导委托赴新加坡出席林绍良先生出殡仪式，林军主席，董中原、李卓彬、王永乐、乔卫副主席及我会部分顾问分别送了花圈。

20. 6月19日，林军主席陪同全国政协主席贾庆林会见出席中国和平统一促进会八届二次理事大会、八届三次常务理事会议的代表。

21. 6月19日—21日，李卓彬副主席出席全国政协十一届十八次常委会议。

22. 6月19日—21日，王永乐副主席赴湖北省黄石、荆州、宜昌市出席“健康光明行”活动。

23. 6月20日—23日，林军主席赴甘肃天水市出席公祭伏羲大典及“华侨华人与中华文化走出去”研讨会。

24. 6月25日上午，中国侨联召开创先争优表彰大会暨党员教育培训班动员会，林军主席作重要讲话，董中原副主席主持，李卓彬、王永乐副主席出席。

25. 6月25日—26日，乔卫副主席赴西安市出席中国华侨国际文化交流促进会举办的活动。

26. 6月26日下午，董中原副主席出席中国侨联直属机关党员教育培训班活动。

27. 6月27日，林军主席、王永乐副主席出席香港回归15周年图片展。

28. 6月27日上午，董中原副主席出席中国侨联直属机关第一期党员教育培训班总结会并讲话。

29. 6月27日—28日，乔卫副主席赴四川巴中市出席中国华侨公益基金会理事会。

30. 6月27日—28日，张小建副主席赴武汉市出席“2012华侨华人创业发展洽谈会”。

31. 6月29日上午，董中原副主席出席中国侨联直属机关第二期党员教育培训班总结会并讲话。

32. 6月30日，乔卫、李昭玲副主席出席以“美丽启航，爱在路上”为主题的第62届世界小姐中国区总决赛暨颁奖晚会。

2012年7月

1. 7月2日，林军主席主持召开八届31次主席办公会议，董中原、李卓彬、王永乐、乔卫副主席出席。

2. 7月2日—5日，李卓彬副主席赴成都出席“2012中国侨联海外委员、海外青年委员年会”。

3. 7月3日—5日，林军主席赴成都出席“2012中国侨联海外委员、海外青年委员年会”。

4. 7月3日，王永乐副主席会见并宴请以王调军为团长的台湾侨商联合会筹委会参访团一行。

5. 7月4日—5日，董中原副主席赴辽宁省调研并看望辽宁省侨联机关干部职工。

6. 7月4日—6日，乔卫副主席赴广东省汕尾市、东莞市调研并出席汕尾华侨农场中心小学程超辉先生教学楼落成典礼。

7. 7月5日下午，林军主席会见以王调军为团长的台湾侨商联合会筹委会参访团一行。

8. 7月5日—6日，王永乐副主席赴兰州出席“第十八届兰洽会”。

9. 7月6日上午，林军主席出席全国科技创新大会。

10. 7月6日，林军主席会见中直纪工委书记周福启一行。

11. 7月6日，董中原副主席在辽宁省大连市出席中国侨联“六五”普法工作会议。

12. 7月8日—10日，乔卫副主席赴青岛市为青岛市侨务干部培训班授课。

13. 7月9日—12日，林军主席赴江苏省出席江苏省侨联第六次代表大会。

14. 7月10日，李卓彬副主席赴香港出席香港总商会活动。

15. 7月10日下午，王永乐副主席会见以林恒毅先生为团长的马来西亚中国经济贸易总商会代表团一行。

16. 7月13日—14日，董中原副主席出席全国信访工作会议。

17. 7月13日—16日，李卓彬副主席赴武汉出席致公党十三届九次常委会议。

18. 7月15日—16日，林军主席、王永乐副主席赴银川出席世界侨商宁夏行活动及宁夏侨商联合会成立大会。

19. 7月15日，乔卫副主席在四川省绵阳市出席神华公益基金会捐资设立的“北川中学助教助学基金”捐赠仪式。

20. 7月16日—17日，乔卫副主席在四川绵阳出席2012东芝“侨心杯”全国少年足球邀请赛开幕式。

21. 7月17日，董中原副主席出席全国维护稳定工作电视电话会议。

22. 7月18日，林军同志主持召开八届44次党组会议，董中原、李卓彬、王永乐、乔卫同志出席。

23. 7月18日—25日，王永乐副主席参加全国政协侨联界委员赴山西考察活动。

24. 7月19日，林军主席，董中原、李卓彬副主席会见广东省委常委、统战部部长林雄一行。

25. 7月23日，林军主席出席省部级主要领导干部专题研讨班。

26. 7月23日，李卓彬副主席会见安徽省马鞍山市市长张晓麟一行。

27. 7月23日，李卓彬副主席会见“2012年河北省侨联两岸四地大学生交流营”全体学生。

28. 7月23日，乔卫副主席出席机关第114次例会。

29. 7月24日—8月3日，林军主席率团出访德国、芬兰、瑞典三国，并出席由中国侨联、中国西藏网、上海市侨联在德国共同举办的“和美西藏”美术作品展及中国侨联欧洲顾问、海外委员、青年委员年会。

30. 7月24日，李卓彬副主席出席海军政治部书画展。

31. 7月24日，李卓彬副主席会见博茨瓦纳和统会访问团一行。

32. 7月24日，乔卫副主席赴北戴河慰问机关离退休老同志。

33. 7月25日，董中原、李卓彬、乔卫副主席出席中国侨联五届党组书记、主席杨泰芳同志的遗体告别仪式。

34. 7月25日上午，乔卫副主席会见河北张家口市副市长郑丽荣一行。

35. 7月25日下午，李卓彬副主席会见香港侨友社访问团一行。

36. 7月26日，乔卫副主席出席全国华侨农场改革和发展工作会议。

37. 7月28日，全国人大华侨委副主任委员、中国侨联顾问李祖沛代表中国侨联出席“唐山感恩·海外寻亲”活动启动仪式。

38. 7月29日，王永乐副主席出席北京市侨联第12届海外侨界高层次人才为国服务活动启动仪式。

39. 7月29日，乔卫副主席出席第13届世界华人学生作文大赛颁奖典礼。

40. 7月30日—31日，乔卫副主席赴黑龙江省黑河市出席电视连续剧《黑河风云》开机式及有关活动。

41. 7月30日晚，王永乐副主席会见并宴请北京市侨联第12届海外侨界高层次人才为国服务团一行。

42. 7月31日，董中原副主席会见中国农林水利工会副主席王君伟一行。

2012年8月

1. 8月2日，董中原同志主持召开八届45次党组会议，王永乐、乔卫同志出席。

2. 8月2日下午，乔卫副主席赴北戴河

慰问第三批休假的干部职工。

3. 8月6日下午，林军主席、王永乐副主席会见山西省委常委、统战部部长聂春玉一行。

4. 8月6日，中国侨联副主席、北京市人大常委会副主任、北京市侨联主席李昭玲带领中国华侨公益基金会、北京市侨联将一位海外华人代表捐赠的100万元款项送至在北京“7.21”特大暴雨中受灾最严重的房山区。

5. 8月7日下午，马鞍山市人民政府与中国侨商联合会合作框架协议签约仪式在北京举行，林军主席、王永乐副主席和马鞍山市市长张晓麟等出席。

6. 8月7日下午，林军主席主持召开中国侨联八届七次主席会议，对中国侨联八届七次常委会议的有关事宜进行研究，副主席董中原、李卓彬、王永乐、乔卫、陈有庆、何小平、李昭玲、张小建、张元龙、吴幼英、李欲晞、王荣宝、王成云出席。

7. 8月8日上午，中国侨联八届七次常委会议在北京隆重召开，主席林军，副主席董中原、李卓彬、王永乐、乔卫、陈有庆、何小平、李昭玲、张小建、张元龙、梁国扬、吴幼英、张玉卓、李欲晞、王荣宝、王成云，中国侨联常委、各省区市侨联驻会党组书记，中国侨联机关部门、单位负责人等共120余人参加会议。

8. 8月8日下午，经过全体与会人员分组认真讨论，中国侨联八届七次常委会议在京闭幕。主席林军，副主席董中原、李卓彬、王永乐、乔卫、陈有庆、何小平、李昭玲、张小建、张元龙、吴幼英、李欲晞、王荣宝、王成云等出席会议。董中原副主席作会议总结，王永乐副主席主持会议，中国侨联常委、各省区市侨联驻会党组书记，中国侨联机关各部门、单位负责人120余人参加会议。

9. 西班牙当地时间8月8日上午，为期两天的欧洲华侨华人社团联合会（简称欧华联会）成立20周年暨第17届大会开幕式在西班牙马德里隆重举行。朱奕龙副主席受中国侨联委托，率中国侨联代表团参加此次盛会并在开幕式上发表致辞，代表中国侨联和林军主席对大会的召开表示热烈祝贺。

10. 8月10日上午，第四届新侨创新成果交流会在人民大会堂隆重举行。中国侨联主席林军、中国科学院院长白春礼，中国侨联副主席董中原、李卓彬、王永乐、乔卫、张小建，中国科协副主席冯长根、中科院京区党组书记何岩、中组部人才工作局副局长宋永华、国家知识产权局副局长贺化、人力资源和社会保障部专业技术人员管理司副司长李金生、中国侨联特聘专家委员会主任万立骏院士等出席开幕式。林军主席发表重要讲话，王永乐副主席主持开幕式。

11. 8月10日下午，王永乐、乔卫副主席出席“创业中华——续写春天的故事”主题报告会。

12. 8月10日，王永乐副主席出席由中国侨联主办，中国侨联公益事业管理服务中心、中国华侨公益基金会承办，侨心教育慈善专项基金和怡海教育集团协办的中国侨联第四期侨爱心学校教师培训班开班仪式并作了重要讲话。

13. 8月14日上午，李卓彬副主席到中国华侨华人历史研究所看望新进人员，并与大家亲切座谈。

14. 8月14日上午，由中国侨联、浙江省侨联和杭州市政府主办的“创业中华·相约杭州——2012侨界海外精英创业创新峰会”在杭州隆重开幕，中国侨联副主席王永乐在开幕式上致辞，浙江省委常委、组织部长蔡奇出席开幕式并讲话。浙江省侨联主席吴晶主持开幕式。200名来自海内外的侨界精英和杭州市有关部门负责人、在杭企业代表共400余人参加开幕式。

15. 8月16日，王永乐副主席在杭州出席中国侨联新侨课题结题研讨会。

16. 8月18日—20日，林军主席、王永乐副主席赴山西省出席首届世界晋商大会。

17. 8月21日，李卓彬副主席参加中国华侨历史博物馆新招录人员面试。

18. 8月22日，林军主席、李卓彬副主席会见并宴请澳门地区中国和平统一促进会访问团。

19. 8月24日，林军主席、董中原副主席会见上海市委常委、统战部部长沙海林和上海市侨联党组书记、副主席沈敏一行。

20. 8月24日，林军主席、董中原副主席会见浙江省委常委、温州市委书记陈德荣一行。

21. 8月24日，林军主席、李昭玲副主席出席北京中华厨皇协会成立三周年暨“走向世界的中华美食”活动启动仪式。

22. 8月27日，乔卫副主席赴宁夏出席第二届城市慈善指数发布会。

23. 8月29日—30日，乔卫副主席出席第四届山东文化创意产业博览交易会。

24. 8月30日，李卓彬副主席会见并宴请世界台湾商会联合总会访京团一行。

25. 8月31日，李卓彬副主席赴香港出席香港海南社团联谊总会成立大会。

26. 8月31日，乔卫副主席出席机关信息员工作、年鉴工作会议。

27. 8月31日，乔卫副主席会见以色列外交与散居犹太人事务部总司长Ronen Plot一行。

2012年9月

1. 9月1日，李卓彬副主席赴香港出席“庆祝香港回归祖国15周年大会暨香港海南社团总会第一届会董会就职典礼”。

2. 9月2日，林军主席在北京会见了以腾达为团长的加拿大中国工商联合会访问团一行。

3. 9月2日，王永乐副主席赴南京市出席由江苏省侨联主办的“侨联五洲·相约江苏——2012海外侨界社团和谐发展”论坛。

4. 9月3日，林军主席赴福州市出席福建省侨商联合会成立大会。

5. 9月3日—12日，董中原副主席赴江西井冈山干部学院参加省部级领导干部培训班学习。

6. 9月3日—4日，董中原副主席在南昌市看望慰问江西省侨联干部并座谈。

7. 9月3日，王永乐副主席会见以赛乃西·司马懿会长为团长的土耳其—中国丝绸之路经济贸易、文化艺术合作协会代表团一行。

8. 9月3日，乔卫副主席赴梅州市考察研讨大型电视专题片《客家足迹行》境外拍摄事宜。

9. 9月4日，福建省第九次归侨侨眷代表大会开幕，中国侨联党组书记、主席林军出席代表大会并讲话，福建省委书记孙春兰、福建省人民政府省长苏树林、福建省政协主席梁绮萍、福建省委副书记陈文清以及中国侨联副主席陈有庆、王荣宝等出席开幕式。

10. 9月4日，乔卫副主席出席“首届国际太极拳暨健身气功锦标赛”裁判团出访动员会并讲话。

11. 9月5日，林军主席、王永乐副主席在京会见了以孙启烈会长为团长的深圳市侨商国际联合会代表团一行。

12. 9月5日，乔卫副主席出席“亲情中华”地方团组等率（随）团干部出访动员会。

13. 9月6日—8日，林军主席赴辽宁省出席辽宁省侨联成立50周年庆祝活动。

14. 9月6日上午，乔卫副主席赴玉溪市出席第七届世界云南同乡联谊大会开幕式。

15. 9月8日上午，王永乐副主席赴厦门市出席第十六届中国国际投资贸易洽谈会开馆式。

16. 9月8日—9日，董中原副主席前往江西省吉安市、赣州市看望基层侨联干部，分别听取了两市侨联工作汇报并座谈。

17. 9月10日，中国华侨历史博物馆邀请中国侨联在京顾问就基本陈列大纲征求意见，林兆枢、庄炎林、林明江、林淑娘、郭麟恭、唐闻生、黄军军、徐发淦、陈兰通、朱添华等10位顾问出席了会议，林军主席到会向顾问们表示感谢，会议由李卓彬副主席主持。

18. 9月11日下午，王永乐副主席赴济南市出席“奕龙侨心书屋”授牌仪式并讲话，朱奕龙副主席出席。

19. 9月12日下午，王永乐、朱奕龙副主席赴枣庄市出席山东安侨集团有限公司董事长安全忠先生向中国华侨公益基金会捐资200万元人民币设立“安侨爱心专项基金”的捐赠仪式，并启动了枣庄龙子心中学图书馆项目。

20. 9月13日，林军主席、李卓彬副主席会见以陈幼南为团长的香港潮属社团总会访问团。

21. 9月13日，李卓彬副主席出席中新社成立60周年纪念大会。

22. 9月14日，由中国侨联、中国文联、中国美术家协会、中国书法家协会共同主办的“亲情中华——世界华侨华人美术书法展”在中国国家博物馆隆重开幕，全国政协副主席、中国文联主席孙家正出席开幕式并剪彩。中国侨联主席林军，中国文联党组书记、副主席赵实代表主办方讲话。李卓彬、乔卫副主席和60余位专程回国的海外艺术家和数百位国内书画界、侨界、新闻界人士出席开幕式。

23. 9月14日下午，林军主席、李卓彬副主席出席“亲情中华——世界华侨华人美术书法展”作品捐赠仪式。

24. 9月14日下午，林军主席、李卓彬副主席出席“亲情中华——世界华侨华人美术书法展”书画家笔会，林军主席为笔会开笔。

25. 9月17日，李卓彬副主席赴青岛市出席青岛市第八次归侨侨眷代表大会。

26. 9月17日晚，王永乐副主席会见并宴请英国欧华联合会代表团一行。

27. 9月19日，乔卫副主席赴四川省遂宁市出席“张清智重大题材创作大型国画展”开幕式。

28. 9月20日，林军主席主持召开八届33次主席办公会议，董中原、李卓彬、王永乐、乔卫副主席出席。

29. 9月20日中午，李卓彬副主席会见并宴请以李根泰主席为团长的香港华侨华人总会青年委员会访京团一行。

30. 9月21日下午，林军主席出席第11届海外杰出青年汇中华交流团活动。

31. 9月21日—23日，王永乐副主席赴海南出席香港省级政协委员联谊会活动。

32. 9月22日，李卓彬副主席出席华南理工大学北京校友会成立大会。

33. 9月24日—26日，林军主席、董中原副主席赴西藏出席西藏侨联挂牌仪式。

34. 9月24日，王永乐副主席赴深圳出席深圳市侨商会换届大会。

35. 9月28日上午，林军主席出席在中国美术馆举办的第五届中国北京国际美术双年展开幕式。

36. 9月28日中午，林军主席，董中原、李卓彬、王永乐、乔卫副主席出席中国侨联国庆招待会。

37. 9月28日下午，李卓彬副主席出席海外联谊会第三届五次会长会、常务理事会。

38. 9月28日下午，林军主席出席全国政协等5单位举办的国庆招待会。

39. 9月28日上午，乔卫副主席出席“先达人相聚在北京”活动。

40. 9月28日下午，李卓彬副主席出席海外联谊会第三届五次会长会、常务理事会。

41. 9月28日下午，乔卫副主席出席“中央企业侨联迎中秋、庆国庆”联谊会。

42. 9月28日晚，林军主席出席全国政协、中央统战部等5单位举办的国庆招待会。

43. 9月29日上午，王永乐副主席出席北京华文学院新校区开学典礼。

44. 9月29日上午，乔卫副主席出席华侨华人与中华文化论坛。

45. 9月29日中午，董中原副主席出席北京市政府国庆招待会。

46. 9月29日中午，林军主席、乔卫副主席出席中国侨联中秋、国庆招待会。

47. 9月29日下午，林军主席会见泰国中华总商会访问团一行。

48. 9月29日晚，林军主席出席国务院国庆招待会。

49. 9月29日晚，乔卫副主席出席北京市侨联国庆招待会。

2012年10月

1. 10月9日下午，林军主席，董中原、李卓彬副主席以及中央“五侨”机关相关部门负责人出席了第31次中央“五侨”领导联席会议。

2. 10月9日—10日，乔卫副主席出席上海“2012年侨之夜暨侨爱心慈善公益晚会”和上海市侨联加强和推进园区新侨工作会议。

3. 10月12日—13日，乔卫副主席赴湖北省武汉市出席全国城市侨联工作经验交流暨侨联文化项目推进会并讲话。

4. 10月15日—16日，部分省市侨联新侨工作研讨会在北京召开，王永乐副主席出席会议并听取了大家的讨论。

5. 10月17日，林军主席，董中原、李卓彬、乔卫副主席一行到中央电视台总部大楼走访并考察中央电视台侨联工作。

6. 10月17日，李卓彬副主席会见中华海外联谊会第十四期海外华侨华人中青年代表人士研修班全体学员。

7. 10月18日，李卓彬副主席会见并宴请2012年全国政协海外列席侨胞回国考察团一行。

8. 10月19日，董中原副主席会见中国侨联海外委员、法国侨领陈胜武一行。

9. 10月20日上午，李卓彬副主席出席法国华侨华人林加者、程超辉等一行6人为中国侨联“侨爱心工程”捐款仪式。

10. 10月22日上午，李卓彬副主席赴西安出席西安市第十次归侨侨眷代表大会开幕式并讲话。

11. 10月23日，林军主席、王永乐副主席赴河南出席“2012中国·商丘国际华商节”。

12. 10月24日，王永乐副主席赴河北省承德市出席风电应用高层论坛。

13. 10月25日，乔卫副主席赴河南省固始县出席第四届固始根亲文化节。

14. 10月26日—27日，林军主席赴浙江省杭州市出席浙江省“名家百尺长卷礼献十八大”大型笔会。

15. 10月26日—27日，王永乐副主席赴陕西省出席中国工程院陕西能源化工和循环经济论坛。

16. 10月29日，林军主席，董中原、王永乐、乔卫副主席出席中国华侨公益基金会成立20周年纪念晚会。

17. 10月29日—31日，林军主席、李卓彬副主席赴香港出席“九二共识”20周年香港座谈会和图片展。

18. 10月30日，乔卫副主席召开机关各部门负责人会议，传达中央有关文件精神。

19. 10月31日—11月1日，乔卫副主席赴福建出席湄洲妈祖文化节。

2012年11月

1. 11月1日—4日，林军主席出席中国共产党第十七届七中全会。

2. 11月1日—2日，李卓彬副主席赴深圳出席潮汕商会活动。

3. 11月1日，王永乐副主席为“第二届中国侨联直属机关职工扑克牌比赛”获奖者颁奖。

4. 11月2日，董中原副主席会见安徽省侨联副主席吴向明、安徽省马鞍山市副市长季翔及到中国侨联挂职的干部等一行9人。

5. 11月2日，乔卫副主席出席“中国侨联华侨华人研究系列讲座”，为机关全体干部职工作了《关于做好侨联工作的几点思考》的专题讲座。

6. 11月6日，李卓彬副主席赴澳门出席由国际潮青联谊会举办的第七届国际潮青联谊年会。

7. 11月6日，乔卫副主席出席《人民日报·海外版》海外网开通仪式。

8. 11月8日—14日，林军主席出席中国共产党第十八次全国代表大会。

9. 11月8日，李卓彬副主席列席中国共产党第十八次全国代表大会开幕式。

10. 11月8日—11日，王永乐副主席赴深圳出席港区省级政协委员联谊会活动。

11. 11月8日—9日，乔卫副主席赴山东出席“彬宜爱心小学”落成典礼。

12. 11月9日，李卓彬副主席参加中国侨联工会举办的第二届“健步快乐行”活动。

13. 11月12日，董中原副主席出席中国侨联第一期青年干部培训班开班式并讲话。

14. 11月12日，李卓彬副主席赴上海出席中国博物馆协会华侨博物馆专业委员会2012年年会。

15. 11月14日，李卓彬副主席列席中国共产党第十八次全国代表大会闭幕式。

16. 11月14日，乔卫副主席出席中国侨联青年干部培训班结业式，为学员颁发结业证书，并以青年干部成长为题为培训班学员授课。

17. 11月15日，乔卫副主席出席第三届海外华语电视媒体协作会议。

18. 11月16日上午，中国侨联机关召开大会，党的十八大代表、十八届中央委员、中国侨联党组书记、主席林军全面系统地传达了党的十八大会议盛况和会议精神。董中原副主席主持大会，李卓彬、王永乐、乔卫副主席出席大会。

19. 11月18日，乔卫副主席出席中国华侨公益基金会志愿者团队成立大会。

20. 11月19日—20日，中国侨联党组召开中心组理论学习会，学习贯彻党的十八大精神。林军主席主持学习并传达了胡锦涛同志在党的十七届七中全会上的重要讲话和习近平同志在党的十八届一中全会上的重要讲话。董中原、李卓彬、王永乐、乔卫副主席以及各部门主要负责人参加学习。

21. 11月19日—20日，李卓彬副主席出席全国政协十一届十九次常委会议。

22. 11月20日，董中原副主席出席中直工委召开的学习贯彻党的十八大精神的会议。

23. 11月21日，乔卫副主席为中央企业侨联干部培训班授课。

24. 11月22日—24日，林军主席、李卓彬副主席赴深圳出席中国侨联港澳顾问、委员年会。

25. 11月25日—27日，林军主席赴安徽省出席安徽省侨联成立30周年庆祝活动，并出席安徽省政府与中国侨联签订战略合作协议大会。

26. 11月24日—25日，李卓彬副主席赴上海出席2012沪港澳侨界青年“聚浦江”论坛。

27. 11月24日—28日，乔卫副主席赴香港出席香港“侨友会”成立30周年庆典活动。

28. 11月26日，李卓彬副主席出席黄格胜艺术展。

29. 11月27日，李卓彬副主席出席党外人士学习贯彻中共十八大精神座谈会。

30. 11月27日，王永乐副主席出席故宫中正殿竣工典礼。

31. 11月29日，林军主席向中共中央政治局委员李源潮同志汇报工作。

32. 11月30日，董中原副主席出席机关“六五”普法讲座。

33. 11月30日，林军主席，董中原、李卓彬、王永乐、乔卫副主席出席中国侨联干部培训中心揭牌仪式。

34. 11月30日，林军主席、董中原副主席听取西藏自治区侨联负责同志工作汇报。

2012年12月

1. 12月1日，由中国侨联、华中科技大学、张培刚发展经济学研究基金会联合主办的“第四届张培刚发展经济学优秀成果奖颁奖典礼暨2012中国经济发展论坛”在北京人民大会堂举行，林军主席和华中科技大学校长李培根为获得第四届张培刚发展经济学优秀成果奖的厉以宁、万广华、张曙光、徐滇庆、白重恩、沈坤荣等学者颁奖，王永乐副主席出席典礼。

2. 12月3日，林军主席出席中国侨联直属机关处以上党员干部党的十八大精神学习班第一期开班式并讲话，王永乐副主席主持开班式。

3. 12月3日，林军主席、李卓彬副主席出席中国致公党第十四次全国代表大会开幕式。

4. 12月3日，董中原副主席出席中组部会议。

5. 12月3日—6日，李卓彬副主席出席中国致公党第十四次全国代表大会。

6. 12月4日上午，中国侨联举办直属机关学习贯彻党的十八大精神辅导报告会，中央党校教授张希贤应邀作了题为《创造性学习贯彻党的十八大精神》的辅导报告，董中原、王永乐、乔卫副主席和中国侨联顾问林兆枢、林明江、唐闻生、林淑娘、徐发淦、朱添华、郭麟恭及干部职工140多人参加了报告会。

7. 12月5日，董中原副主席出席中国侨联直属机关处以上干部党的十八大精神第一期学习班结业式并讲话。

8. 12月5日，林军主席出席中国侨联直属机关处以上干部党的十八大精神第二期学习班开班式并讲话，董中原副主席主持开班式。

9. 12月6日，林军主席出席中国侨联法顾委2012年年会并讲话，董中原副主席主持会议，王永乐、乔卫副主席出席。会议聘请张耕同志为中国侨联法顾委主任，聘请邹瑜同志为中国侨联法顾委荣誉主任，中国侨联法顾委常务副主任孙琬钟、林淑娘、张鸣起，副主任胡之光、何访拔、方忠炳、张柏峰、梁钦汉等出席会议。

10. 12月7日，董中原副主席出席中国侨联直属机关处以上党员干部党的十八大精神第二期学习班结业式并作总结讲话。

11. 12月7日，李卓彬副主席会见并宴请以董瑞萼为团长的尼日利亚华侨华人联合会访问团一行。

12. 12月10日—13日，王永乐副主席赴香港出席友好协进会报告会。

13. 12月10日，李卓彬副主席会见并宴请来京出席活动的1999年诺贝尔经济学奖获得者、被誉为“欧元之父”的美国哥伦比亚大学教授罗伯特·蒙代尔一行。

14. 12月11日，中国侨联顾问林兆枢、副主席李卓彬到中国华侨博物馆建设施工工地，实地查看施工进展。

15. 12月12日，由香港领袖传播集团、中国侨商联合会主办的2012华商领袖年会暨颁奖典礼在香港湾仔会展中心大会堂举行，王永乐、陈有庆副主席和香港领袖传播集团主席夏萍出席典礼并颁发奖项。

16. 12月17日，林军主席，董中原、李卓彬、王永乐、乔卫副主席向中共中央政治局委员李源潮同志汇报工作。

17. 12月17日下午—12月22日，乔卫副主席在“祖国惦念你”中国侨联2013年春晚筹备现场办公。

18. 12月19日—21日，李卓彬副主席赴澳门出席澳门回归13周年庆祝活动。

19. 12月19日—20日，王永乐副主席赴海南出席中国侨联特聘专家委员会年会。

20. 12月20日，林军主席出席上海市华商联合会成立大会并致辞。在沪期间，中共中央政治局委员、上海市委书记韩正同志会见了林军一行。

21. 12月22日上午，中国侨联“健康光明行”活动在湖北孝感市举行，王永乐副主席出席活动启动仪式并看望慰问医疗队及手术患者。

22. 12月22日晚，林军主席，董中原、李卓彬、王永乐、乔卫、陈有庆、梁国扬、李昭玲、李欲、朱奕龙副主席出席“祖国惦念你”中国侨联2013年春节晚会节目录制。

23. 12月26日—27日，王永乐副主席赴湖南出席“亲情中华”总结表彰会。

24. 12月28日，王永乐副主席赴温州出席新侨调研发布会。

25. 12月28日，林军主席、董中原副主席会见湖南省委常委、统战部部长李薇薇同志。

中国侨联年鉴

综　合

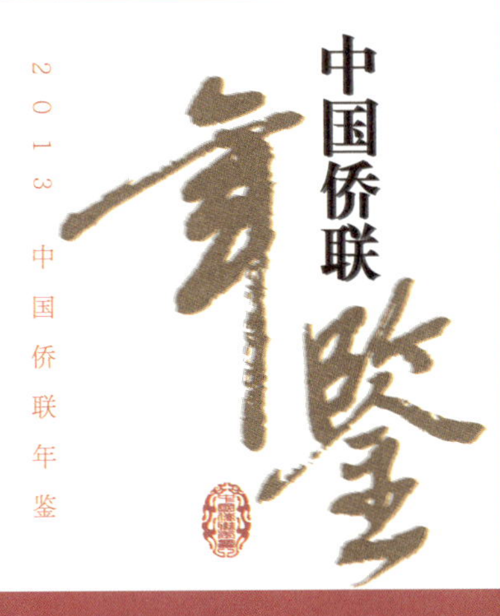
中国侨联
年鉴
2013 中国侨联年鉴

办 公 厅

【领导成员名单】

主　　任：王　宏

副 主 任：刘　奇　张　岩（女）李　洋

副巡视员：赵志敏

【综述】2012年，办公厅认真学习贯彻党的十七届六中全会和党的十八大精神，紧紧围绕中国侨联党组的工作部署，充分调动全厅同志的积极性，进一步发挥职能作用，团结一致，扎实工作，努力完成了各项任务。

【注重做好服务协调工作】一是抓紧落实会领导交办的事情，及时做好会领导活动安排，与各部门协调提交主席办公会讨论的议题，主动为会领导和机关做了大量服务工作。二是通过每周例会传达贯彻会领导有关指示精神，由各部门通报工作情况，协调各部门之间的有关工作。三是热情为地方侨联服务，协调落实请示事宜，做好来访、汇报工作安排。参与电影《钱学森》在地方侨联播映的协调工作。四是积极做好为侨界人大代表、政协委员提供提案议案素材的服务和提案答复工作，共提供提案议案素材30份，全部被侨界政协委员采纳，同时做好提案议案办理工作，向政协提案委员会推荐优秀提案，王宝生委员的提案获优秀提案奖。五是落实领导交办的大事急事，做到及时主动，注重时效，抓紧完成。

【进一步提高办会质量】2012年，办公厅先后筹办了八届六次、七次常委会和四次全委会、“两会”期间5场座谈会，参与举办“五侨”新春茶话会、“五侨”领导联席会、“五侨”机关联欢会，配合机关有关部门举办好会议和活动，做到周密计划、分工到位、主动热情、减少差错。为了进一步提高办会的质量和水平，办公厅与服务中心联合召开了如何办好会议的专题总结交流会，对举办会议的形式、内容、流程和方法等方面进行了梳理，促进了中国侨联举办会议和活动的规范化、制度化。

【认真抓好信息工作】编发《侨情专报》503期，《近日情况》12期，《侨联简报》14期，编发和转发文件30多份；编发《中国侨联工作》内刊12期，编发《重要讲话批示摘编》12期；汇编了近五年中央领导同志关于侨联工作的讲话；举办了机关信息员专题收集图片信息资料会议，加强了图片信息资料的管理，现正进行OA系统开发的前期筹备工作。

【不断规范公文处理】认真学习贯彻中办、国办关于《党政机关公文处理工作条例》，及时向机关各部门、单位传达印发有关文件，对侨联系统新进机关干部进行公文处理工作培训，按公文格式要求更换机关公文用纸和审核印发的公文。机要文件运行做到及时、保密，没有出现差错。对中办秘书局要求值班管理的绝密件，进行周密安排，确保万无一失。档案管理进一步规范，电子文档工作继续推进；起草常委会、全委会工作报告、向中央领导和中央书记处汇报稿、《2012中国侨联年鉴》编纂和会领导到地方出席会议活动的讲话40余篇。

【着力加强财务管理】按时完成2013年部门预算上报工作，做好中国侨联2011年财政拨款“三公经费”支出决算和2012年预算情况公开工作，编制2011年部门经费决算获得财政部评比三等奖，按时完成各类财务会计决算报表，做好经费使用额度申请和向财政部月报工作，严格审批经费支出、报销的程序。

【积极办好行政事务】顺利完成机关配售住房后续工作，及时做好干部职工的住房公积金管理和住房补贴发放，进一步加强机关公务用车管理，完善规章制度，清缴超标车辆。完成住房档案和土地档案信息系统的更新维护，做好房屋修缮管理。成立机关政府采购办公室，与财政部政府采购信息联网，严格按政府采购规定做好本年度购置办公设备和用品。规范机关值班，严格值班制度，重视抓机关节能环保工作。

【进一步健全规章制度】办公厅把加强制度建设作为年度重要工作来抓，先后组织办公厅各处起草制定了10多项规章制度，即中国侨联举办会议活动程序、加强督办检查工作实施办法、网络安全保密管理规定、涉密计算机安全保密管理规定、政府采购和资产管理有关规定、废旧物品回收管理办法、机关突发事件应急预案、重大突发事件风险评估制度、公务用车管理办法、中国侨联工作刊物稿酬制度等。

【召开中国侨联八届六次常委会】1月4日，中国侨联八届六次常委会议在北京召开。中国侨联主席林军、副主席董中原以及常委委员共84人出席会议。林军传达了中央书记处办公会议关于侨联工作的重要指示精神，并对提请八届四次全委会议审议的《凝聚广大归侨侨眷和海外侨胞力量　为全面建设小康社会再立新功　以优异成绩迎接党的十八大胜利召开》工作报告（审议稿）作了说明。董中原对提请八届四次全委会议审议的有关人事事项作了说明。会议审议通过了《关于召开中国侨联八届四次全委会议的决议》，审议通过了提请全委会议审议的《工作报告（审议稿）》的决议和提请全委会议审议的有关人事事项。

【召开中国侨联八届四次全委会】1月5日，中国侨联八届四次全委会在北京举行。中共中央政治局委员、全国人大常委会副委员长王兆国出席会议并讲话，他强调要进一步坚定信念、振奋精神，发挥优势、勇于创新，切实履行侨联各项工作职责，为夺取全面建设小康社会新胜利作出新的更大贡献。王兆国首先代表党中央充分肯定了侨联工作取得的成绩。他指出，各级侨联要牢牢把握正确政治方向，为在中国特色社会主义道路上实现中华民族伟大复兴而共同奋斗；要引导侨界群众充分认识改革开放以来取得的伟大成就，始终坚定对中国特色社会主义的信心，更加自觉地拥护中国共产党的领导；要紧紧围绕主题主线，为保持经济平稳较快发展和社会和谐稳定作出更大贡献；要更加主动地服务经济社会发展，努力为引进海外高层次人才牵线搭桥，积极为营造良好国际环境出力；要注重建设中华民族共有精神家园，在推动社会主义

1月4日，中国侨联召开八届六次常委会

1月5日，中国侨联召开八届四次全委会

文化大发展大繁荣中发挥独特作用；要大力弘扬爱国主义精神，开展侨界群众文化活动，参与中外文化交流；要始终把人民利益放在首位，进一步密切与侨界群众的血肉联系；要切实畅通侨界群众诉求表达渠道，不断完善侨界群众权益推动机制；要深化党群共建、创先争优活动，不断加强侨联组织自身建设，把“党建带侨建”活动引向深入，切实抓好侨联干部队伍建设。王兆国强调，各级党委和政府要从提高党的领导水平和执政水平、加强党的执政能力建设和先进性建设的高度，进一步加强和改进对侨联工作的领导，支持侨联从自身性质和特点出发，积极主动地开展工作，为侨联组织发挥作用创造更加良好的环境和条件。会上，中国侨联主席林军代表中国侨联八届常委会作工作报告。他指出，2012年，中国侨联将顺应侨情变化的特点，最大限度地调动广大归侨侨眷和海外侨胞的积极性，深化“国内海外工作并重、老侨新侨工作并重”，认真履行侨联各项工作职能，为全面建设小康社会、加快推进社会主义现代化、开创中国特色社会主义事业新局面作出更大贡献。

【召开中国侨联八届七次常委会】8月8日，中国侨联八届七次常委会议在北京召开。会议强调，侨联作为党领导的人民团体，要切实增强政治意识、大局意识、纪律意识，自觉为党的十八大召开营造良好的环境。中国侨联主席林军在会议上向常委会报告了八届四次全委会议以来的主要工作，并部署了年内后几个月的任务。林军指出，今年以来，各级侨联认真贯彻党的十七大和十七届六中全会精神，以邓小平理论和“三个代表”重要思想为指导，深入贯彻落实科学发展观，按照年初中央书记处对侨联工作的重要指示精神和中国侨联八届四次全委会的工作部署，主要在六个方面开展工作，取得了进展和实效：一是加强文化宣传工作，拓展了“亲情中华”活动；二是积极开展对台工作，扩大了两岸侨界交往；三是充分

8 月 8 日，中国侨联召开八届七次常委会

代表要充分履职，行使权力，共商国是，以优异的成绩迎接党的十八大胜利召开。林军在讲话中简要回顾了 2011 年中国侨联的工作成绩，介绍了 2012 年的重点工作安排。他说，过去的一年，中国侨联坚持“两个并重”，广泛开展中国共产党成立 90 周年和辛亥革命 100 周年纪念活动，大力引进海外侨界人才，促进经济社会又好又快发展，深入开展“亲情中华”主题活动，加强海外联谊和维护侨益工作，强化侨联组织自身建设，工作成绩得到中央书记处的充分肯定。2012 年，中国侨联将继续深化“两个并重”，围绕服务经济平稳较快发展，促进文化大发展大繁荣，充分发挥自身优势和作用，为开创中国特色社会主义事业新局面作出新贡献。林军指出，这次人大会议是本届人大的最后一次会议，各位代表要在履行好神圣职责的同时，在推动涉侨法律法规制定、修订、完善及执法检查、反映侨情民意和促进侨联组织参与社会管理等方面发挥更大作用；要重视开展调查研究，坚持“调研先行、问计于侨”，深入实际、深入群众，将有分量、有价值、有特色的调研成果形成建

发挥独特优势，拓展了侨商和新侨工作；四是密切联系海外侨胞，支持港澳侨团活动；五是扩大维护侨益宣传，提高了参政议政水平；六是深化创先争优活动，加强了侨联组织建设。林军强调，今年时间已经过半，各级侨联要以“行百里者半九十”的精神，不等待、不观望，以更加扎实勤奋的工作作风完成下半年的工作任务：一是增强政治意识和大局意识，为党的十八大胜利召开营造良好氛围；二是加强调查研究，建立向各级党委汇报工作的机制；三是做好协商推荐人大归侨侨眷代表和提名侨联界政协委员人选工作，为侨联参政议政奠定良好的组织基础；四是巩固创先争优成果，夯实基层组织基础；五是精心办好有影响的活动，确保年内任务圆满完成。会议还就地方党委政府《关于加强和改进新形势下侨联工作的意见》的经验和做法进行了专题交流和研讨。

【召开全国人大归侨代表座谈会】3 月 4 日，中国侨联在北京首都大酒店举行十一届全国人大归侨代表座谈会。林军主席出席座谈会并讲话，董中原、李卓彬、王永乐、张小建、雪克来提·扎克尔、吴幼英、李欲晞、王荣宝、朱奕龙副主席等出席了座谈会。林军强调，这次“两会”的召开意义十分重大，各位

3 月 4 日，林军主席在全国人大归侨代表座谈会上发言

3月4日，召开十一届全国人大归侨代表座谈会

议和议案，也可以将调研成果及时向中国侨联提供；要牢固树立维护社会稳定意识，多做增进团结、促进和谐、维护稳定的工作，减少侨界的不和谐因素，以侨界和谐促进社会和谐。会上，全国人大归侨代表黄美缘、麦庆泉、刘艺良、冯燕分别作了发言。

【参加全国政协侨联界政协委员小组讨论】 3月9日，中国侨联党组书记、主席林军来到全国政协侨联界委员小组讨论会场，听取委员们对中国侨联工作的意见建议。中国侨联党组副书记、副主席董中原，副主席李卓彬、王永乐参加了讨论。林军说，中国侨联同各位侨联界委员有着密切的联系，长期以来大家对侨联工作提出了非常有益的意见和建议，衷心感谢各位一以贯之的支持与帮助。这次政协会议期间，大家提出了很多真知灼见，其中不少涉及侨联工作，我们一定会尽全力去解决，推动侨联工作再上新的台阶，更好地为归侨侨眷和海外侨胞服务。同时，也希望大家本着对侨联界别负责、对政协负责、对侨胞负责的态度，总结5年来侨联界的工作，向常委会提出更好发挥侨联界别和侨联界委员主体作用的建议。我们不会忘记各位对侨联事业做出的贡献，大家是侨联永远的朋友。讨论会上，多位侨联界委员就更好推进侨联工作，发挥侨联界委员主体作用等发了言。中国侨联经济科技部部长陈桦、文化交流部部长陈迈、办公厅副主任李洋、党组秘书孔涛陪同听取意见和建议。

【召开列席全国政协十一届五次会议海外侨胞座谈会】 3月7日，中国侨联在首都大酒店举行招待会，热烈欢迎列席全国政协十一届五次会议的海外侨胞代表。中国侨联主席林军、副主席董中原、李卓彬、王永乐、王荣宝及机关各部门负责人出席招待会。李卓彬受林军主席委托主持招待会并讲话。李卓彬向大家介绍了中国侨联的工作情况，充分肯定了海外侨胞为中国改革开放和现代化建设事业所做出

3月7日，召开列席全国政协十一届五次会议的海外侨胞座谈会

3 月 7 日，列席全国政协十一届五次会议的海外嘉宾

的贡献。他指出，广大海外侨胞始终发扬吃苦耐劳、合群随众、团结互助、恋祖爱乡的优秀品质，坚持把个人的前途命运与中国的发展紧紧联系在一起，在促进国内经济结构调整、服务国家“走出去”战略、营造中国和平发展环境和推进中国和平统一大业等方面发挥了不可替代的作用。李卓彬强调，广大海外侨胞要主动加强与世界各国人民的友好交往，争做民间外交的积极推动者，努力增进中国人民同各国人民相互了解和友谊；要积极开展中外人文交流，围绕国家实施文化“走出去”工程，大力弘扬和传播中华文化；要通过开展各种形式的联谊活动，广泛凝聚海外侨胞力量，最大限度维护国家根本利益和社会和谐稳定，为党的十八大胜利召开营造良好的国际环境。

【中国侨联传达“两会”精神　谋划侨联科学发展】3 月 15 日，中国侨联机关召开全体干部职工大会，传达贯彻全国“两会”精神。中国侨联党组书记、主席林军在会上指出，学习贯彻“两会”精神，最根本、最重要的是把思想统一到中央对当前形势的分析判断上来，把行动统一到中央对经济社会发展的决策部署上来。中国侨联各部门、各单位要把学习贯彻“两会”精神作为一项重要政治任务抓紧抓实。要牢牢把握深入贯彻落实科学发展观、稳中求进的总基调，不断加强以改善民生为重点的社会建设，着力维护社会和谐稳定。要认真学习领会“两会”期间中央领导同志有关涉侨工作的重要论述和要求，继续解放思想，勇于创新，立足当前着眼长远，深入谋划侨联工作科学发展。林军强调，侨联的干部职工要深刻领会和把握过去 5 年我国经济社会发展取得的显著成绩和宝贵经验，中央对当前形势的科学判断，“十二五”时期和今年经济社会发展的主题、主线、目标任务和政策措施，正确认识改革发展稳定的关系，毫不动摇地坚持改革方向，不失

3 月 15 日，中国侨联机关传达贯彻“两会”精神大会

时机地推进改革；要讲政治、顾大局，严守组织纪律，坚持用正确的立场、观点、方法认识问题；要正确对待机关干部人事制度改革，积极稳妥推进事业单位的改革工作，确保机关内部和谐稳定；各部门、各单位要凝心聚力，形成合力，以求真务实的作风，创造性地抓好今年各项工作的落实，为党的十八大胜利召开营造良好氛围，作出应有的贡献。全国人大常委、全国人大华侨委员会副主任、中国侨联顾问李祖沛传达了全国人大十一届五次会议精神和政府工作报告、人大常委会工作报告、全国人大立法和“两高”工作报告的主要内容。中国侨联党组副书记、副主席董中原传达了全国政协十一届五次会议精神和中共中央政治局常委、全国人大常委会委员长吴邦国同志参加致公党和侨联界联组讨论的情况以及列席政协会议的海外侨胞代表的有关建议。中国侨联党组成员、副主席王永乐主持大会。会议通报了2011年中国侨联机关受到中央、国务院有关部委表彰的先进集体和先进个人。中国侨联顾问庄炎林、唐闻生、林淑娘、黄军军、徐发淦、陈兰通、郭麟恭以及机关、直属事业单位、企业总机构和离退休干部职工共150多人出席会议。

【中央“五侨”领导联席会议在北京召开】10月9日，第31次中央“五侨”领导联席会议在北京举行。全国政协副主席、致公党中央主席、科技部部长万钢出席会议并作总结讲话。全国人大华侨委副主任委员虞云耀、李祖沛；国务院侨办主任李海峰，副主任任启亮、谭天星；全国政协港澳台侨委副主任林兆枢、尤兰田；致公党中央常务副主席王钦敏，副主席闫小培；中国侨联主席林军，副主席董中原、李卓彬以及中央“五侨”机关相关部门负责人出席了会议。万钢在总结讲话时指出，近年来，在中央“五侨”单位的通力配合下，中国的侨务工作取得了很大的成绩，侨务法制建设日趋完善，侨务发展规划基本构建，侨务公共外交崭露头角，服务地方经济成果丰硕，留学人才服务热情周到，少数民族侨务工作成效明显，弘扬中华文化百花齐放，各涉侨部门的工作呈现出多样化、特色化的特点。万钢强调，形势的发展、侨务事业的发展需要进一步以人为本、为侨服务，把各自的工作做好做实，团结凝聚广大海外侨胞和归侨侨眷为全面建成小康社会而不懈努力。要进一步围绕中心，服务大局，充分发挥侨务资源优势；要研究新形势下如何更好开展海外华文教育，推动中国教育国际化，为海外中国公民提供更好的教育资源；要关注海外重点侨社的建设，引导海外侨胞树立良好形象；要积极稳妥深入开展侨务对台、侨务涉疆涉藏工作，为维护国家统一和民族团结作出努力。希望各涉侨部门不断推进侨务事业

10月9日，中央“五侨”领导联席会议在北京召开

创新发展，以优异成绩迎接党的十八大胜利召开。联席会议由致公党中央常务副主席王钦敏主持。虞云耀、李海峰、林兆枢、闫小培、董中原分别通报了各自单位今年以来的主要工作情况。董中原在通报工作后表示，长期以来，中国侨联的工作得到了全国人大华侨委、国务院侨办、全国政协港澳台侨委和致公党中央的关心、支持和帮助，中国侨联向“四侨”的各位领导和同志们表示衷心感谢。希望在今后的工作中能够一如既往，大家密切配合，通力合作，共同开创党和国家侨务工作的新局面。

【中国侨联召开大会传达贯彻十八大精神】 11月16日，中国侨联机关召开大会，十八大代表、十八届中央委员、中国侨联党组书记、主席林军全面系统地传达了党的十八大会议盛况和会议精神。林军指出，党的十八大是高举旗帜、凝聚力量的大会，是继往开来、团结奋进的大会。胡锦涛同志所作的报告是动员全党为全面建成小康社会而奋斗、共同创造中国人民和中华民族更加幸福美好未来的报告，是新形势下夺取中国特色社会主义新胜利的政治宣言和行动纲领。林军结合侨联工作就学习宣传贯彻党的十八大精神提出四点要求。第一，要充分认识学习宣传贯彻党的十八大精神的重大意义。党的十八大向党内外、国内外宣示了我们党将举什么旗、走什么路、以什么样的精神状态、朝着什么样的目标继续前进这四个关系党和国家工作全局的重大问题。认真学习宣传贯彻党的十八大精神，关系中国特色社会主义事业长远发展，对于动员全党全国各族人民奋力开创中国特色社会主义事业新局面，实现中华民族伟大复兴具有重大现实意义和深远历史意义。希望大家进一步统一思想、提高认识，以高度的政治责任感、严肃认真的态度、昂扬向上的精神，迅速融入到学习贯彻十八大精神的热潮之中，紧密团结在以习近平同志为总书记的党中央周围，凝聚海内外侨界力量，一心一意谋发展，为全面建成小康社会贡献力量。第二，要全面学习、深刻理解十八大精神，重点把握几个方面。一是深刻理解改革开放以来我国经济社会发展所取得的辉煌成就，进一步增强中华民族的自豪感和实现中华民族伟大复兴的坚定信心。二是深刻理解科学发展观是党必须长期坚持的指导思想，坚持把科学发展观贯彻到我国现代化建设的全过程、体现到党的建设各方面。三是深刻理解中国特色社会主义“五位一体”的总布局，认真思考侨联组织如何更好地围绕中心、服务大局。四是深刻理解全面提高党的建设科学化水平的新要求，进一步推进“党建带侨建、侨建服务党建”取得新成效。五是深刻理解丰富“一国两制”实践和推进祖国和平统一的重大任务，继续深化与港澳台侨界的交流与合

11月16日，中国侨联召开学习贯彻党的十八大会议精神大会

综合

作。六是深刻理解促进人类和平与发展的崇高事业，努力探索侨联组织开展民间外交的新途径。第三，要以十八大精神为指导，谋划推进侨联事业科学发展的新思路和新举措。学习贯彻党的十八大精神，要紧密联系侨联工作实际，紧密联系广大侨界群众的思想实际，坚持学以致用。要认真总结侨联工作经验，抓住和用好我国发展的重要战略机遇期，按照党的十八大精神，进一步理清工作思路，明确目标，振奋精神，强化措施，统筹兼顾，狠抓落实，确保各项任务圆满完成。要以十八大精神统领明年的工作，认真研究侨联工作的重大问题，使工作思路和工作部署能够更好地符合党的十八大精神，充分体现科学发展观的要求。第四，要精心组织，迅速兴起学习宣传贯彻十八大精神的热潮。各部门各单位要精心筹划，周密安排，制定方案，加强协调，明确学习、宣传、贯彻的具体要求。领导干部要带头学习思考，深刻领会党的十八大精神，为广大党员干部作出表率，党组将于近日召开中心组学习会，机关党委将举办处以上干部学习班，不断把学习宣传贯彻党的十八大精神引向深入。让我们高举中国特色社会主义伟大旗帜，以邓小平理论、“三个代表”重要思想、科学发展观为指导，解放思想，改革开放，凝聚力量，攻坚克难，坚定不移沿着中国特色社会主义道路前进，为全面建成小康社会而奋斗。中国侨联党组副书记、副主席董中原主持大会，中国侨联副主席李卓彬、王永乐、乔卫，中国侨联顾问庄炎林、林明江、李祖沛、唐闻生、林淑娘、黄军军、徐发淦、陈兰通、何添发、朱添华、郭麟恭，中国侨联机关及事业单位全体干部职工、离退休干部职工、中国企业经营咨询公司机关人员及下属企业中层以上干部、中国华侨出版社中层以上干部共150多人参加大会。

【编发《近日情况》】2012年共编发《近日情况》12期，分为中央领导重要批示、领导批示、会议活动、发电发文、省部领导指示、信息采用情况等栏目。

【编发《侨联简报》】印发《侨联简报》14期，编发和转发大量指导性文件。

【编发《中国侨联工作》】研究处编发《中国侨联工作》内刊12期，每年约80余万字。

【编发《重要讲话批示摘编》】编发《重要讲话批示摘编》12期，摘编主要内容包括：中央领导同志重要讲话、中国侨联领导讲话、中国侨联领导有关批示、地方党政领导有关侨联工作的批示、地方党委政府有关侨联工作的文件。

海外联谊部

【领导成员名单】
部　长：林佑辉
副部长：杨嘉明
　　　　孔　涛（2012 年 4 月任职）

【综述】2012 年，海外联谊部认真贯彻执行党的十七届六中全会、七中全会精神，以邓小平理论、“三个代表”重要思想、科学发展观为指导，围绕中国侨联的中心任务，顺应侨情变化的新特点，深化“国内海外工作并重、老侨新侨工作并重”的工作总思路，充分发挥自身优势，认真履行联谊职能，广泛凝聚海内外侨胞力量，主要体现在以下几个方面：一是注重理论学习，积极参加组织活动。组织党员干部观看影视作品，学习典型先进事迹；创建“五个好”先进基层党组织、争当“五个模范”优秀共产党员；积极参加直属机关党委组织的“科学发展、成就辉煌”图片展览等。二是服务两个大局，凝聚海外侨胞力量。注意发挥中国侨联海外顾问、委员、青年委员在促进侨界团结、维护侨胞权益、推进住在国与中国的经贸往来和民间交流、开展慈善事业、推动中华文化走向世界等方面的作用，全年共组织 4 次海外顾问、委员、青年委员会议，深入研讨交流，共同促进工作。举办“和美西藏”美术作品展。组织海外侨胞、海外委员到新疆考察，帮助他们了解新疆经济社会发展取得的巨大成就，了解中国的民族宗教政策。三是发挥港澳委员作用，维护港澳地区繁荣稳定。先后组团出席了香港潮属社团总会第六届会董就职典礼、华侨华人总会庆祝香港回归祖国 15 周年庆典活动暨第六届理监事就职典礼、香港侨友社和香港海南社团总会新一届理事会就职典礼、香港中华总商会庆祝香港回归 15 周年高峰论坛和第七届国际潮青联谊年会等重要活动；举办 2012 年港澳委员年会，组织港澳委员赴“中国革命的摇篮”江西参观考察参访、主办“沪港澳侨界杰出青年‘聚浦江’论坛”。四是推进侨务对台工作，用亲情友情加深感情。中国侨联会同福建省各级侨联组团赴台湾开展恳亲联谊活动；以“携手传承中华文明，共同建设侨乡文化”为主题的第七届“两岸侨联和平发展论坛”，探讨以共同的文化为纽带，推进两岸侨界民间交流；举办“九二共识”20 周年系列活动，增进台湾同胞对港澳社会发展及“一国两制”实践的理解。五是规范外事纪律，做好因公出访任务。认真学习了外交部外事管理工作会议精神，贯彻执行中办、国办《关于进一步加强因公出国（境）管理的若干规定》等有关文件规定，树立大局意识，认真履行职能，严格把关，提高服务质量，强化外事归口管理。在中国侨联领导的正确领导和机关各有关部门的支持下，精心安排好会领导出访路线、时间，积极主动地做好向中央有关部门的报批工作，确保出访任务顺利成行。

【李卓彬副主席率团访问委内瑞拉、古巴、墨西哥三国】2 月 6 日—15 日，李卓彬副主席应我驻委内瑞拉、古巴、墨西哥三国大使馆的邀请，在节日期间赴委内瑞拉、古巴、墨西哥三国慰问侨胞，与当地侨团进行座谈，表达对海外侨胞的亲切问候，了解了三国华侨华人

2 月 23 日，中国侨联亚洲、大洋洲海外顾问、委员、青年委员年会在厦门召开

生存发展的状况，并与三国大使馆就加强侨务工作交换了意见。

【召开 2012 亚太海外顾问、委员、青年委员年会】2 月 22 日—26 日，中国侨联在福建厦门召开亚太地区海外顾问、委员、青年委员年会。中国侨联主席林军在会上发表了题为《深入推进侨社和谐　共促亚太繁荣稳定》的主旨演讲，他概述了 2011 年中国在经济社会建设各方面取得的辉煌成绩，阐述了当前国际和亚太地区形势，介绍了中国侨联 2011 年的主要工作。他对海外侨胞提出四点希望：一要弘扬中华优秀文化，增进感情、密切乡谊，增强中华文化的凝聚力；二要促进侨界和睦相融，团结友爱、合作共赢，构建充满活力的和谐侨社；三要促进祖国和平统一，聚同化异、增进共识，推进两岸关系和平发展；四要开展民间友好交流，相互尊重、促进合作，推进中外人民友情友谊。会议期间还举办了“国情报告”，国防大学战略研究所所长金一南教授、外交部高级外交官创新实践委员会主任孙树忠大使就中国国防和外交分别作了精彩的报告。8 位来自不同国家的海外顾问、委员和青年委员在会上就增进中外人民友好友谊、促进侨社和谐发展等话题进行了深入探讨。

【王永乐副主席率团访问德国、瑞士、土耳其三国】4 月 24 日—5 月 5 日，王永乐副主席率中国侨联代表团访问德国、瑞士、土耳其三国。看望海外侨胞，了解最新侨情，并就侨商企业“走出去”发展和海外侨界人才工作进行调研。

5 月 7 日，中国侨联海外委员、海外青年委员座谈会在昆明召开

【召开中国侨联海外委员、海外青年委员座谈会】5 月 7 日，中国侨联海外委员、海外青年委员座谈会在昆明召开。李卓彬副主席代表中国侨联和林军主席对广大海外委员和海外青年委员在促进侨界团结、维护侨胞权益、推进住在国与中国的经贸往来和民间交流、开展慈善事业、推动中华文化走向世界等方面做出的积极努力给予了充分肯定。他向与会代表通报了中国侨联去年的工作情况和今年的重点工作方向。他就广大侨胞更好地发挥自身作用提

5月7日，中国侨联海外委员、青年委员2012云南项目投资推介会在昆明举行

出了五点希望：一是发挥侨界优势，为促进我国经济又好又快发展作出新的更大贡献；二是弘扬中华优秀文化，促进中外文化交流，增强中华文化的凝聚力；三是构建充满活力的和谐侨社，促进侨界和睦团结、合作共赢；四是促进祖国和平统一，聚同化异、增进共识，推进两岸关系和平发展；五是开展民间友好交流，融入当地，建设良好国际环境。十位海外委员和青年委员先后就推进和谐侨社建设、融入住在国主流社会、弘扬中华文化、开展公共外交、推动双边友好、积极参与公益事业等作了专题发言，并针对如何更好地开展侨社工作、维护侨胞权益等提出了意见和建议。

【举行中国侨联海外委员和海外青年委员2012云南项目投资推介会】5月7日，由中国侨联海外联谊部、云南省招商局、云南省侨联联合举办的中国侨联海外委员和海外青年委员2012云南项目投资推介会在昆明举行。推介会旨在为中国侨联海外委员、海外青年委员和云南省牵线搭桥，以期双方增进了解、加深友谊、推动合作、共同发展。云南省有关部门同志向与会侨胞详细介绍了云南的经济发展、桥头堡建设以及云南在区域、产业、政策等方面的优势，并对广大侨胞投资云南发出了热情邀请。昆明市招商局、文山州招商局、保山市招商局等分别对本市的投资环境、资源优势、主要产业、重点投资领域等进行了推介，对重点招商引资项目进行了介绍。与会侨胞对云南投资项目表现出浓厚兴趣。

【董中原副主席率团出访阿联酋、肯尼亚、南非三国】5月9日—19日，董中原副主席率代表团看望慰问了阿联酋、肯尼亚、南非三国侨胞，开展侨情调研。在与多个当地侨团进行座谈的同时，拜访了三国大使馆和总领馆，就如何进一步做好当地华侨华人工作、加强和谐侨社建设、促进中华优秀文化的弘扬和传播交换了意见。

【林军主席率团出访俄罗斯、匈牙利、意大利三国】5月14—25日，林军主席率团赴俄罗斯、匈牙利、意大利三国进行访问。访问期间，代表团与驻地使领馆交换了新时期侨联海外联谊工作意见，通过座谈交流、走访侨社、华文学校、侨资企业、参加侨团活动等多种形式，与三国侨胞广泛、深入的接触，受到当地华侨华人的热烈欢迎，达到密切亲情友情、推进和谐侨社建设的目的。

【乔卫副主席率中国侨联“亲情中华”艺术团出访】6月2日—18日，乔卫副主席率“亲情中华”艺术团一行18人访问法国、巴西、巴拿马和苏里南，先后在巴黎、里约热内卢、圣保罗、巴拿马城和帕拉马里博举行了5场演出，与我驻外机构和侨社进行联欢，共有万余名观众欣赏了艺术家的表演。

6月4日，林军主席（前左六）率团赴台开展恳亲活动，图为参加安溪同乡会的欢迎宴会

【举行两岸侨联恳亲活动】6月6日，中国侨联与台湾中华侨联总会共同举办的“两岸侨联恳亲大会”在台北师范大学礼堂隆重举行。中国侨联主席林军、副主席李卓彬、国民党荣誉主席吴伯雄、亲民党主席郁慕铭、台湾中华侨联总会理事长简汉生、台湾华侨协会总会理事长陈三井、国民党归侨联谊会执行主席张中春等与来自各个领域的侨界人士参加了恳亲大会。林军主席向大家介绍了即将在厦门召开的第四届海峡论坛的主题以及论坛活动的四大亮点，热忱欢迎台湾各党派、各界人士踊跃参加第四届海峡论坛及第七届两岸侨界和平发展论坛，共商两岸经贸往来，共享两岸和平发展商机，携手传承中华文明，共同建设侨乡文化。吴伯雄、郁慕明、简汉生发表了感情真挚、热情洋溢的讲话。林军主席和简汉生理事长共同书写了两幅苍劲有力的“龙”字，共同为两岸同胞祈福，同盼巨龙腾飞，携手同建中华民族复兴伟业。

6月6日，中国侨联主席林军率中国侨联“亲情之旅”代表团赴台北、台南、高雄、彭湖等地开展恳亲活动，图为台北恳亲活动现场

【林军主席出席香港华侨华人总会庆祝香港回归15周年暨第六届理监事就职典礼】6月12日，中国侨联主席林军出席香港华侨华人总会庆祝香港回归祖国15周年暨第六届理监事就职典礼并发表讲话。他首先向香港

6 月，李卓彬副主席（前左五）欢迎世界越柬寮华人团体联合会访问团

华侨华人总会新当选的各位主席、理监事表示热烈的祝贺，充分肯定了香港华侨华人总会自 1993 年成立以来，始终秉承“爱国、爱港、爱乡、爱侨”的立会宗旨，为广泛团结香港侨界同胞、维护侨界正当权益、支持祖国经济建设和统一大业、活跃香港与海外华社及内地的联系作了大量工作。特别是在贯彻“一国两制”、维护香港繁荣稳定、支持港区爱国人士参选各级议员和支持特区政府工作等方面发挥了积极作用。

【邀请世界越柬寮华人团体联合会访问团来华访问】6 月 18 日—22 日，应中国侨联的邀请，以余建强为荣誉团长、吕诗澄为团长、巫锦辉为副团长的世界越柬寮华人团体联合会访问团一行 31 人先后到访大连、沈阳和哈尔滨等地。当地党委政府和侨联对访问团的到来表示热烈欢迎。访问期间，访问团成员直观地感受到祖籍国日新月异的发展与稳定祥和的大好局面，激发了他们进一步投身祖籍国建设的热情。

【举行第四届海峡论坛·两岸侨联和平发展论坛】6 月 17 日，由中国侨联、台湾中华侨联总会共同主办，福建省侨联和厦门市侨联承办的第四届海峡论坛·两岸侨联和平发展论坛在厦门举行。此次论坛以“携手传承中华文明，共同建设侨乡文化”为主题。中国侨联主席林军、副主席李卓彬、台湾中华侨联总会理事长简汉生、福建省副省长倪岳峰、厦门市委常委黄菱等出席论坛开幕式。岛内及海外 200 多名嘉宾参加了本次论坛。李卓彬副主席代表中国侨联和林军主席致开幕辞，他回顾了海峡论坛举办四年来和两岸侨联和平发展论坛举办七年来，两岸在经济、文化等领域取得的一系列喜人成果；介绍了林军主席率领中国侨联代表团赴台“亲情之旅”的良好效应。希望两岸侨界在内的海内外侨界人士，登高望远、审时度势，从侨界和民间的角度为巩固深化两岸关系和平发展发出我们的心声，为国家的统一富强和民族复兴的美好未来作出贡献。台湾中华侨联总会副秘书长廖

6 月 17 日，两岸侨联和平发展论坛会场

7月4日，2012中国侨联海外委员、海外青年委员年会在成都举行

俊杰、厦门大学教授李明欢、中国华侨华人历史研究所研究员张秀明、台湾中华文化大学教授郑贞铭、福建社科院研究员潘叔明、台湾中华侨联总会理事宣蓬莱分别作主题演讲，探讨以共同的文化为纽带，推进两岸侨界民间交流，推进海外侨社和谐；共同传承传播中华优秀文化，增进两岸民众亲情乡情；共同推进两岸经贸合作，推进两岸侨乡繁荣发展。台湾中华侨联总会理事长简汉生对本次论坛进行了总结发言。他号召华人华侨在海外要做好中华民族的代表和中华文化的大使，号召两岸侨胞携手努力，实现中华民族的伟大复兴。论坛通过了“中华全国归国华侨联合会、台湾中华侨联总会共同征集华侨华人历史文物文史倡议书”。本次论坛的合作单位还有：台湾缅甸归侨协会、台湾印尼归侨协会、台湾高棉归侨协会、台湾越南归侨协会、台湾寮国归侨协会、台湾港澳在台人员协会等。

【召开2012中国侨联海外委员、海外青年委员年会】7月4日，2012中国侨联海外委员、海外青年委员年会在成都举行。中国侨联主席林军，副主席李卓彬，四川省委常委、省总工会主席李登菊，中国侨联副秘书长、海外联谊部部长林佑辉，四川省侨联党组书记周敏谦等出席会议。来自五大洲57个国家和地区的240名中国侨联海外委员、海外青年委员参加了年会。林军主席在会上发表了主旨演讲，他希望广大侨胞担当起5个方面的角色：一是要做中外文化友好交流的倡导者；二是要做中国经济社会发展的热心参与者；三是要做和平统一的积极推动者；四是要做和谐侨社的悉心维护者；五是要做公共外交的自觉实践者。李登菊代表四川省委、省政府对年会的胜利召开表示祝贺，并向与会代表介绍了四川经济社会发展情况。来自柬埔寨、塞内加尔、比利时、意大利、澳大利亚、斐济、美国的海外委员黄瑞华、李吉才、陈正溪、朱正敏、陆峰、施杰、庄佩源分别就住在国的侨情及侨社活动做主题报告。委员们围绕各国侨情及特点，探讨如何更好地凝聚侨心、汇聚侨智、维护侨益、发挥侨力，支持和帮助侨胞更好地融入当地社会，充分发挥友谊桥梁的独特作用。会议期间还举办了国情报告，邀请有关部门领导就侨胞们关心的热点问题和相关国家政策进行了精彩讲解。

【举办“和美西藏”美术作品展】7月下旬，在中德建交40周年、中国文化年在德国举办之际，由中国侨联、上海市侨联等单位共同主办的“和美西藏”美术作品系列展览在德国柏林、汉堡先后开幕，中国侨联主席林军、中国驻德国大使馆李念平代办、德国联邦总理府、外交部等部门的多位政要，德国商界、文化、学术界名流和媒体人士、华侨

7 月 27 日，“和美西藏”美术作品展在德国汉堡开幕

力量；容纳和倾听不同声音的接触和碰撞，使参观者更好地接受和理解；以文化交流的手段推动中德外交和中国对外关系的发展，德国社会各界给予高度评价。

【召开 2012 中国侨联欧洲顾问、海外委员、青年委员年会】7 月 27 日，中国侨联欧洲顾问、海外委员、青年委员年会在德国汉堡召开。来自欧洲多个国家的中国侨联顾问、海外委员、青年委员出席了会议。中国侨联主席林军、中国驻汉堡总领馆总领事杨惠群、中国驻德国大使馆参赞黎一建等出席了本次年会。林军主席在会上做了题为《全面深化合作交流，携手促进中欧友谊》的主旨演讲。他希望大家一要拓展战略伙伴关系，深化中欧经济合作；二要拓展民间外交，促进中欧人民友谊；三要增进中外文化交流，树立海外中华儿女优秀形象。会上，来自英国的海外顾问单声、来自荷兰的海外委员傅旭敏、来自德国的青年委员金建书分别发言，介绍了侨居国的侨情。为配合此次年会的召开，中国侨联同时举办了“中德建交 40 周年图片展”。

华人参加了画展开幕式。这次展览展出了一批具有影响力的当代中国艺术家们涉藏题材的美术力作，展示了西藏自然景观与人文景观的丰富与灿烂，以及藏民族文化的艺术与和谐之美。除展出 85 幅美术作品外，还展映了 4 部西藏题材微电影，分别为《喜》、《结》、《恋》、《情》，每部时长约 8—15 分钟；5 部涉藏题材的电视专题片，介绍西藏藏传佛教基本情况、藏族百姓安居工程、西藏交通建设及西藏现代化进程中藏族人成长为企业家的故事等，每部时长约 20 分钟。这些来自中国各地区、各领域画家的优秀作品，生动展现了西藏的自然风貌、人文景观、历史图景和宗教现状，是藏民族文化得到保护与发展的艺术缩影和真实写照。展览不仅为中国和德国美术专业人士、业余爱好者提供了一个相互交流的平台，更将为进一步推动藏民族文化，特别是西藏美术事业的发展起到积极的作用。本活动以民间交流的方式正面宣传中国对西藏的政治和政策，以社会团体为载体，举办涉及国家利益和敏感政治话题的海外宣传，具有更多的包容性和灵活性，可更好的调动民间各方面

【出席欧华联会成立 20 周年庆典暨第 17 届大会】8 月 8 日，为期两天的欧洲华侨华人社团联合会（简称欧华联会）成立 20 周年暨第 17 届大会开幕式在西班牙马德里隆重举行。本次大会的主题是“传承文化、树立形象、做好桥梁”，中国涉侨部门及欧洲各国社团代表齐聚马德里，就如何提升旅欧华侨华人整体素质和形象，促进欧洲华侨华人大团结、大发展共商大计。中国侨联副主席朱奕龙受中

9 月 28 日，中国侨联举行国庆招待会

国侨联党组委托，率中国侨联代表团参加此次盛会并在开幕式上致辞，代表中国侨联和林军主席对大会的召开表示热烈祝贺。朱奕龙表示，中国侨联愿进一步与广大海外侨胞加强联系，深交老朋友，广交新朋友，凝聚侨心、集聚侨力，共同为谋求侨胞福祉、推动侨社和谐，促进各国与中国的友好往来，实现中国和平统一大业和中华民族的伟大复兴而奋斗。

【举行中国侨联国庆招待会】 9 月 28 日，中国侨联在京举办国庆招待会，中国侨联主席林军，副主席董中原、李卓彬、王永乐、乔卫出席，与来自 21 个国家和地区的侨领欢度国庆、中秋佳节。林军主席代表中国侨联向出席招待会的侨领表示热烈欢迎并致以节日的问候。他回顾了在中国共产党的领导下，新中国成立 63 年来的光辉历程和伟大成就，并向一贯关心和支持祖国经济社会发展的归侨侨眷、海外侨胞、海外侨团、港澳侨界社团表示衷心的感谢。他表示，作为海外侨胞和归侨侨眷自己的组织，中国侨联将一如既往地坚持“以人为本、为侨服务”的工作宗旨，进一步凝聚侨心、汇集侨智、发挥侨力、维护侨益，关心海外侨胞的生存发展，依法维护海外侨胞和归侨侨眷的合法权益，最大限度地团结海内外中华儿女，汇聚起实现祖国和平统一大业和中华民族伟大复兴的强大合力。林军主席指出，日本政府所谓的“购买”钓鱼岛及其附属岛屿的行为，是日方公然侵犯中国领土主权、伤害中国人民及广大侨胞感情、损害中日关系的严重政治事件。中国侨联和广大侨胞对此表示强烈愤慨和坚决反对，坚决拥护和支持中国政府为捍卫国家主权和领土完整所采取的一切必要措施和正义行动。招待会由李卓彬副主席主持，他向与会侨领介绍了中国华侨历史博物馆的筹建进展，希望广大侨胞踊跃捐赠有关的文物史料，通过开馆后的展示，让更多的人了解广大海内外侨胞的奋斗发展历程和侨胞在各个历史时期对居住国与中国所作出的贡献。

【组织部分香港委员赴江西考察】 10 月 22 日—26 日，为迎接党的十八大，切身感受在党的领导下，中国人民在改革开放、经济发展、文化繁荣、生活和谐等方面所取得的巨大成就，海外联谊部组织部分香港委员赴“中国革命的摇篮”江西参观考察。考察团一行先后赴江西省南昌、景德镇、九江、庐山等市参观考察，受到了当地领导和企业界人士的热情接待。通过参观考察，委员们目睹了江西省十年来发生的巨大变化，感慨万千。他们普遍反映，在十八大召开前夕，中国侨联组织香港委员到江西参观考察很有意义，参观南昌八一起

10 月 26 日，中国侨联组织港澳委员赴“中国革命的摇篮”江西参观考察

义纪念馆，看到海外侨胞为支持中国革命所作的巨大贡献，深感只有中国共产党才能救中国；参观南昌和九江市，对两市的经济建设和良好的生态环境有了新的认识，深感只有中国共产党才能发展中国。

【举行“九二共识”20 周年座谈会】10 月 30 日，由中国侨联和中国和平统一促进会香港总会共同主办的“九二共识”20 周年座谈会在香港会展中心隆重举行。中国侨联副主席李卓彬、海峡两岸关系协会副会长李亚飞，以及来自“九二共识”20 周年系列活动筹委会和各发起机构负责人以及台湾、澳门的知名人士 400 余人出席了座谈会。座谈会邀请两岸三地六位专家学者：海峡两岸关系协会前常务副会长唐树备、中国国民党中评会主席团主席张荣恭、凤凰卫视董事局主席刘长乐、全国台湾研究会执行副会长周志怀、台湾大学政治系教授张亚中、香港台湾工商协会会长王乾麟等六人进行了主题发言，从不同角度论述“九二共识”对两岸关系发展的重要意义、作用和启示。

【召开 2012 中国侨联港澳地区顾问、委员年会】11 月 23 日，2012 中国侨联港澳地区顾问、委员年会在深圳隆重召开，中国侨联主席林军，副主席李卓彬、陈有庆、王荣

10 月 30 日，“九二共识”20 周年图片展开幕式及招待晚宴

11 月 23 日，中国侨联举办 2012 年港澳委员年会

在讲话中提出了四点希望：一是要进一步增强本领，发挥优势，努力促进经济发展；二是要进一步增强时代赋予的责任感、使命感和荣誉感，致力于弘扬中华优秀文化；三是要增进团结，凝聚力量，丰富“一国两制”实践，促进祖国和平统一；四是要树立良好形象，广泛联系，扩大交往，积极参与社会事务，努力推动中外友好交流。会上，上海市侨联青委会会长黄振、澳门侨界青年协会理事长毕志健、上海市侨联青委会副理事长戈峻、香港华侨华人总会青委会主席李根泰、上海枫联股权投资管理有限公司董事长丁瑜、香港侨界社团联会青委会主任梁志明 6 名杰出侨界青年作了发言。大家围绕十八大后沪港澳的经济热点进行了深入探讨。会议还专门邀请上海市委党校唐珏岚教授对十八大报告中涉及的热点经济问题作了解读，著名美籍华人、美国前商务部助理部长黄建南就中美经济发展作了演讲。

宝，中国侨联港澳顾问、委员、青年委员参加了年会，李卓彬副主席主持会议。会上，林军主席介绍了党的十八大会议盛况和会议主要精神，总结了 2012 年中国侨联港澳工作和海外工作的主要成绩，解答了委员们提出的有关问题。他希望大家充分认识十八大精神对开展好港澳工作的重要指导意义，认真学习领会党的十八精神，用十八大精神武装头脑、用科学发展观指导实践、推动工作和事业发展，开展中外友好，推动内地与港澳广泛经济合作以及在“一国两制”、“港人治港”、“澳人治澳”、高度自治的方针指引下，为维护港澳长期繁荣稳定做出新的更大的贡献。

【举办沪港澳侨界杰出青年“聚浦江”论坛】11 月 24 日，由中国侨联、上海市侨联主办的“沪港澳侨界杰出青年‘聚浦江’论坛”在上海隆重举行。中国侨联副主席、中国侨联青年委员会会长李卓彬

11 月 24 日，“沪港澳侨界杰出青年‘聚浦江’论坛”在上海召开

综合

【组织拉丁语系国家侨领赴广东部分地市访问】 12月16日—19日，海外联谊部组织拉丁语系国家近百名侨领赴广东访问。访问团一行先后前往广东省广州、肇庆、江门、中山等地市，重点考察了肇庆大旺华侨农场暨肇庆国家高新开发区、江门华侨历史博物馆、中山翠亨新区、中山故居等。在亲眼目睹了广东省改革开放以来的巨大成就后，侨领们感慨万千，他们说，广东的发展令人瞩目，一路走来，感到广东城乡一体化水平高，生态环境治理效果显著，社会生活和谐文明。尤其是看到当地归侨如今安居乐业、过上幸福生活后，侨领们非常感动，他们真切地感受到了党和政府对归侨侨眷群体的关怀，并由衷地祝愿归侨们的生活越来越好。参访中，侨领们纷纷表示，爱国爱乡是我们的本分，回到各自的侨居地后，将努力做好民间交流使者，为推动中外友好交往做贡献。

【拉美华侨华人聚濠江联谊会暨澳门庆祝回归祖国13周年系列活动】 为了促进中国与拉语系国家的合作，促进拉语系国家侨胞之间的交流，增进澳门国际影响、推动澳门旅游和经济发展，12月19日，中国侨联与澳门归侨总会、澳门秘鲁归国华侨协会共同举办“拉美华侨华人聚濠江联谊会”。中国侨联副主席李卓彬代表中国侨联和林军主席对大会的成功举办表示祝贺。他说，澳门的发展事实证明了“一国两制”的生命力，证明了中央对澳门方针政策的成功。澳门的发展得宜于海内外同胞的大力支持和广泛关注。今天的建设成就证明，祖国的发展以及澳门和香港的繁荣稳定都离不开广大海内外侨界人士的积极参与和奉献。希望广大侨界人士充分发挥联系广泛的优势，进一步共同努力把澳门打造成区域和国际的经贸合作服务平台，为澳门的经济发展和社会团结作出应有的贡献。与会侨领纷纷表示，此次在中国侨联的精心组织、悉心安排下，广大拉语系国家侨领聚首澳门，共同商谈交流合作，庆祝澳门回归祖国13周年，以澳门为平台推动传承传播中华优秀文化，是非常有新意有成效的举动。侨领们还对和谐侨社建设、文化交流合作、华文教育以及对外宣传工作等提出了建议。

12月19日，拉美华侨华人聚濠江联谊会座谈会会场

经济科技部

【领导成员名单】

部　长：陈　桦（女）

副部长：安　晨

8 月 14 日，“创业中国·相约杭州——2012 侨界海外精英创业创新峰会”开幕式

【综述】 2012 年是我国实施“十二五”规划的关键之年。面对新形势、新任务、新机遇和新挑战，经济科技部（简称“经科部”）以科学发展观为指导，紧紧围绕国家改革发展大局，依托中国侨联特聘专家委员会、中国侨商联合会两大平台，在服务“科教兴国”、“人才强国”和“走出去”战略、推动侨界人才工作、支持地方区域经济发展、助推“助侨惠民”工程和加强经科部队伍建设等方面取得一定成效。

【举办“创业中华·相约杭州——2012 侨界海外精英创业创新峰会”】 8 月 14 日，由中国侨联、浙江省侨联和杭州市政府主办的“创业中华·相约杭州——2012 侨界海外精英创业创新峰会”在杭州举行。为贯彻落实国家人才发展战略，落实“两个并重”工作思路，探索侨界人才工作新模式，中国侨联在“十二五”规划的开局之年推陈出新，经科部在连续开展十届海外侨界高新技术人才为国服务活动的基础上，在杭州首次推出“创业中华”主题活动。会上进行项目对接洽谈，共有 71 个项目与 114 家企业达成合作意向，涉及金额 37.7 亿元。“创业中华”系列活动对杭州市新侨工作的开展起到了积极的推动作用。杭州市侨联针对新侨聚集度高的特点，深入实施海外高层次人才回杭投资创业的“回归工程”和培育涉侨企业成长的“育侨工程”。“海邦基金”、“乐富海邦园”等项目也开始实施。

杭州市成为中国侨联首个“新侨回国创业示范基地”

【召开第四届新侨创新成果交流会】 8 月 9 日—11 日，为更好地配合国家人才发展战略，鼓励侨界人才在创新型国家建设中发挥独特作用，经科部在北京举办了第四届新侨创新成果交流会。大会表彰了荣获“第四届中国侨界贡献奖”的创新人才 143 名，创新成果 64 项，创新团队 54 个。获奖者中有院士 9 人，博士以上学位的占 91.6%，近三分之一为“千人计划”引进人才，他们为推动我国经济转型升级、产业结构调整做出了积极贡献。会议期间，中国科学院院长白春礼、国家知识产权局

8 月 10 日，“第四届新侨创新成果交流会”颁奖仪式

专利管理司司长马维野分别以《关于世界科技发展态势和国内科技工作》、《知识产权——转变经济发展方式的助推器》为题作了专题报告；举行了“创业中华——续写春天的故事”主题报告会；编辑出版了《梦圆中国——续写春天的故事》、《创造卓越——中国侨界贡献奖集锦》。

【开展新侨调研，完成《中国新侨发展研究报告》】为贯彻落实中央领导指示精神，做好今后侨联新侨工作和经济科技工作的创新拓展，经科部有针对性地开展了新侨调研工作。在王永乐副主席亲自主持下，依托浙江大学管理学院，会同新侨人数较为集中的北京、上海、广东、福建、江苏、浙江六省市侨联，经科部于 2011 年 10 月—2012 年 12 月通过问卷调查、座谈、走访和深度访谈等多种形式进行了为期一年多的新侨调研。期间，共召开新侨座谈会 50 余场，528 位新侨参加，其中“千人计划”入选者 43 人；收集问卷 3189 份，其中有效问卷 2280 份；深度访谈 75 人，还走访了人力资源和社会保障部、国资委、央企、中科院等相关部门，进行补充调研。在云南、杭州召开两场结题研讨会，对报告进行修改完善。在大家的共同努力下，《中国新侨发展研究报告》于 2012 年 12 月底问世。该报告较准确地把握了新侨群体所面临的问题与挑战，通过总体考察与分类比较，分析出目前“评价体系不尽合理，科研管理体制僵化”、“知识产权保护仍需加强，市场公平竞争环境亟待完善”、“创业企业面临资金难题，税务方面不堪重负”等五方面主要问题。针对以上问题，报告提出了“完善政策法规，提供可靠的制度保障”、“树立正确导向，建立科学的评估体系和激励机制”、“发挥新侨独特作用，积极争取国际话语权”等八方面建议，为有关部门决策提供了依据。为给新侨创新发展营造良好的社会环境，提高社会关注度，课题组于 12 月底在侨乡温州召开了新闻发布

4 月 11 日，中国侨联在云南召开新侨研讨会

12 月 29 日，新侨调研工作新闻发布会现场

会，并举办了新侨发展论坛。

【特聘专家为国家发展战略献计出力】 2012 年，中国侨联特聘专家委员会充分发挥人文社科、生物医药、材料与工程、资源与信息四个专业委员会的优势，围绕服务国家发展战略，积极为我国经济发展、科技创新、社会和谐、文化繁荣与生态文明建设献计出力，先后举办了“2012 中国资本成长论坛”、“华生生物科技创新峰会”、“海归论坛”、“中国工程院陕西能源、化工和循环经济论坛”和“第四届张培刚发展经济学优秀成果奖颁奖典礼暨 2012 中国经济发展论坛”。特聘专家委员会根据中国侨联工作部署，在新科技革命的战略机遇期，把推动科技创新发展作为重要目标任务，着力促进创新人才与创新主体的合作，积极为大中型企业掌握核心关键技术提供智力支持，为促进新兴产业发展，推动产业结构调整和优化升级，支持区域经济协调发展奠定坚实的科技和人力资源基础，成为侨联组织服务地方经济社会发展不可或缺的重要力量。在建言献策方面，特聘专家委员会立足自身专业优势，主动为经济发展、科技进步、国家安全、社会民生、文化产业等诸多领域献计出力，取得了累累硕果。2010 年汇编的《中国侨联特聘专家“十二五”规划建言集》、2011 年汇编《中国侨联特聘专家建言献策集锦》引起中组部、国家发改委等有关部门的关注。

【举办第四届“张培刚发展经济学优秀成果奖”颁奖典礼暨 2012 中国经济发展论坛】 12 月 1 日，经济科技部与与华中科技大学、张培刚发展经济学研究基金会联合在人民大会堂联合举行第四届“张培刚发展经济学优秀成果奖”颁奖典礼暨 2012 中国经济发展论坛，厉以宁、万广华、张曙光、徐滇庆、白重恩、沈坤荣等学者的 6 部论著获得第四届张培刚发展经济学优秀成果奖。林军主席为获奖者颁奖，王永乐副主席致辞。张培刚先生是我国著名经济学家和教育家，也是广大归侨侨眷和侨界人才的杰出代表。张培刚先

12 月 1 日，第四届“张培刚发展经济学优秀成果奖”颁奖典礼暨 2012 中国经济发展论坛

生热爱祖国、情系桑梓、甘于奉献、求真务实的高尚品格，充分体现了老一代归侨侨眷报效祖国、服务人民的精神风貌。以他的名字命名的基金会和张培刚奖，是对张培刚先生学术生涯和爱国情怀的充分肯定，也是广大归侨侨眷的共同骄傲。2012 中国经济发展论坛的主题是“转型与创新：求索中国特色发展之路”。论坛分为“求索中国特色发展之路”、“宏观经济与收入分配问题”、“转型发展与创新驱动”三个部分。厉以宁、林毅夫及来自国内众多知名高校和研究院所的经济学家会聚一堂，带来了一场场精彩的学术报告。

6 月 10 日，中国侨联与青海省政府签订战略合作协议

【发挥侨商优势，为区域经济发展服务】 经科部紧紧围绕党和国家发展大局，以加快转变经济发展方式和支持区域经济发展为主线，积极引导侨商会员将自身发展融于中国经济的大发展，在参与区域经济发展中，寻找商机，拓展事业，实现共赢。2012 年，先后组织侨商出席了第七届中国河南国际投资贸易洽谈会、第十六届中国东西部经贸洽谈会、中国·天津第十九届投资贸易洽谈会、第七届中国中部投资贸易博览会和第十八届中国兰州投资贸易洽谈会；与山东、江苏等省侨联分别主办了“海外知名侨商齐鲁行”、“创业中华·创新江苏——2012 侨资侨智对接洽谈会”等活动；首次组织侨商参与青海省政府举办的中国·青海绿色经济投资贸易洽谈会；与河南省政协等单位主办 2012 中国商丘国际华商节；与宁夏自治区政府举办的“世界侨商宁夏行”活动邀请了 320 多名侨商侨领参加，会上共签约 48 个项目，总投资达 376 亿元人民币；与山西省委、省政府共同主办的“首届世界晋商大会”，仅在“首届世界晋商大会”和“世界侨商宁夏行”这两场活动中，邀请侨商侨领超过 500 名，签约总额超过 1000 亿元人民币。同时，还先后与甘肃、青海、宁夏、安徽等省区政府签署了《战略合作协议》，有力地推动了地方经济转型发展，促进了会员自身事业的开拓，为国家

3 月 8 日，中国侨联与甘肃省政府签署战略合作协议

7月16日，世界侨商（宁夏）经贸洽谈会在宁夏召开

调整经济结构、保持经济平稳较快发展做出了贡献。

【搭建发展平台，探索侨商组织“走出去”发展途径】4月24日—5月5日，中国侨联副主席、中国侨商联合会常务副会长王永乐率团出访德国、瑞士、土耳其。期间，出席了德中华商经贸科技交流恳谈会和丝绸之路——土中华商经贸交流会，侨商代表在交流会上做了项目发布和企业推介，代表团向海外华商介绍了国内宏观经济环境，就国内侨商企业“走出去”发展模式与使领馆、侨商进行了沟通。12月12日，中国侨商联合会组团访问香港，专程拜会了香港侨界社团联会、香港总商会、香港工业总会、香港中华厂商联合会、香港中华出入口商会、香港九龙总商会、香港广东社团总会、香港福建社团联会、香港潮商会等香港主要侨社团和商会组织。6月17日—26日，以中国侨商联合会常务副会长韩国龙先生为团长的中国侨商联合会代表团，成功访问了美国洛杉矶、纽约，加拿大温哥华、多伦多等四个城市，与当地华侨商会组织进行了五场项目交流洽谈会，访问全程均得到了中国驻当地总领事馆的大力支持。中国侨商联合会与美国华商联合会签署长期合作协议；与美国和加拿大工商界举办了中美、中加侨商经贸合作圆桌会。作为中国侨联与中国侨商联合会代表团访问土耳其的回应，9月，土耳其——中国丝绸之路经济贸易文化艺术合作协会一行20人来我国访问，在经科部同志的陪同下先后在北京、天津、无锡和杭州地进行经贸考察，参加了3场专题经贸洽谈会议，与200多家本地企业进行对接，项目涉及能源、纺织、材料、矿产、物流等领域。期间，共签订合作意向12份，签订采购意向3份，当场交易金额达1000余万美元，协议交易金额达6000余万美元。该项活动不仅是中国侨联发挥网络优势将“走出去”与“引进来”有机

9月3日，王永乐副主席（前左六）会见土中协会访华经贸代表团

结合的成功案例，也是通过商务交流的形式助推地方经济社会发展和促进中外友好交往的有益实践。

【接待马来西亚中国经济贸易总商会青年团】 7月10日，经科部与马来西亚中国经济贸易总商会青年团在北京进行了工作交流，双方就进一步加强商会之间的联系，促进两国经贸发展与投资合作达成意向。中国侨联经济科技部部长、中国侨商联合会副会长陈桦会见并宴请了马来西亚中国经济贸易总商会青年团一行。陈桦部长介绍了中国侨商联合会情况，并感谢马中经贸总商会对中国侨商联合会工作的支持。马来西亚中国经济贸易总商会（简称马中经贸总商会）成立于1990年，该会宗旨是为了加强马来西亚和中国有关政府机构与民间工商团体的联系、促进两国经贸发展与投资合作。该会现任会长黄汉良曾两次应我会邀请先后出席第三届中国侨商论坛和新加坡举办的世界华商社团领袖交流会。马中经贸总商会青年团秘书长张柏垣先生介绍了马中经贸总商会青年团开展工作情况，并邀请中国侨商联合会组织企业家参加2012年9月8日在吉隆坡召开的马中企业家大会。

【推进“助侨惠民”工程，“健康光明行”活动走进湖北】 4月—6月，根据中央关于做

6月21日，中国侨联副主席王永乐（前排右一）、湖北省副省长郭有明（前排左一）等亲切看望“健康光明行”康复患者

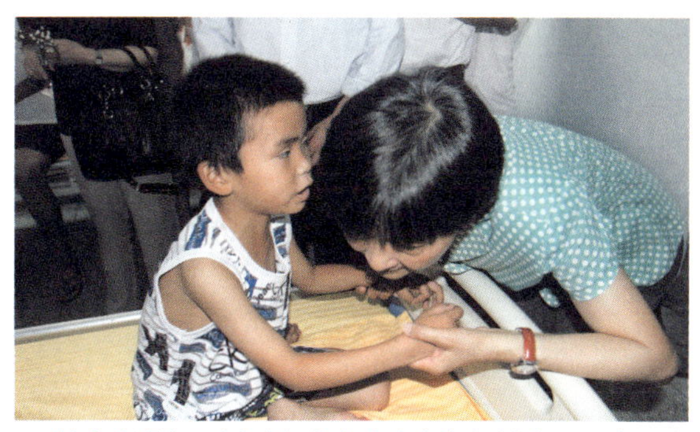

“健康光明行”活动中白内障患者年纪最小的只有6岁

好新形势下群众工作的指示精神，秉承以人为本的理念，围绕改善民生、促进社会和谐的目标，经科部组织六支医疗队分别在湖北省襄阳、黄冈、荆州、宜昌和黄石五个地区开展了中国侨联“健康光明行”活动。此次活动是由中国侨联牵头，联合湖北省侨联、天津市侨联、浙江省侨联、天津医科大学眼科中心、北京市卫生局和北京同仁医院等单位共同举办，侨界爱心人士、多家企业热心参与，捐款捐物；北京同仁医院等5家权威医疗机构派出近30名医护人员，在湖北省为当地贫困白内障患者实施免费复明手术1041例，其中年纪最小的只有6岁，最大的94岁。同时，中国侨联“健康光明行”医疗专家还为当地医护人员进行了技术培训，与他们开展学术交流等活动。“健康光明行”活动是中国侨联整合社会资源，凝聚海内外侨胞爱国之心，纾解中西部地区民生之困的公益活动；是侨联组织助推“赤子计划”实施，实现在2020年前消除可避免盲的重要举措；是发挥侨智、助侨惠民的一项实际行动。自2004年起至今，已先后帮助3741位贫困白内障患者重见光明。此项善举深受群众欢迎。中央电视台、《人民日报》海外版、中国新闻社、《科技日报》和《湖北日报》等多家新闻媒体对活动高度关注，连续多年随团进行采访报道。

【召开部分省市侨联新侨工作研讨会】10月15日—16日，京、津、沪、渝、苏、浙、闽、粤、湘等新侨集中省市的侨联领导，杭州、无锡、三一重工三个新侨创业示范基地的侨联领导，以及经科部全体同志出席在北京召开的新侨工作研讨会。王永乐副主席出席会议并传达了中央领导同志对杭州市侨联《党管人才，侨“联”人才》报告所作的重要批示。各地侨联围绕如何贯彻落实好中央领导同志批示精神，进一步推动新侨人才工作，开展新侨人才工作的思路和方法，侨联经济科技工作的优势、重点、切入点、突破点等问题展开研讨；结合本地侨联工作实际，从侨联事业可持续发展的高度，探讨了目前新侨人才工作面临的主要问题及对策、各地侨联行之有效的工作经验等。

在北京召开部分省市侨联新侨工作研讨会

【加强干部队伍建设，努力打造和谐创新型团队】经科部在紧紧围绕“两个并重”，依托“两大平台”做好各项工作的同时，还以“创先争优”为先导，以和谐团队建设为重点，着力抓好党建带侨建的工作。一是重点抓好十八大精神的贯彻实施。先后召开 11 个省市侨联新侨工作务虚会、两次部门专题研讨会，结合党的十八大精神的学习领会，谋划侨联经济科技工作的战略发展；在海南召开的特聘专家委员会年会和在深圳召开的侨商会年会上，组织侨界专家、企业家认真学习贯彻十八大精神，围绕十八大提出五位一体总部局和建成小康社会的目标任务，进行专题研讨；之后又在建立特聘专家委员会的 9 省区开展了“美丽中国　永续发展”建言献策活动。二是注重发挥党支部的引领作用，着力推进和谐团队建设。经科部以学习贯彻党的十八大精神为契机，将“创先争优”活动贯穿于经济科技工作的全过程，注重引导党员干部加强理论和专业知识学习，自觉发挥先锋模范作用，努力在工作实践中锻炼提高自身的综合能力；注重在大型活动中倡导敬业奉献、团结协作精神和求真务实的工作作风，鼓励青年干部发挥特长，勇挑重担。通过一系列的学习交流和实践活动，大家的视野不断开阔，思想观念、工作作风和工作方式有了新的转变，支部的核心作用日益显现，活力与凝聚力不断增强，协同作战机制基本形成，较好地完成了第四届新侨创业成果交流会、第四届侨商会换届大会、六省市新侨调研、健康光明行和海外拓展等重点工作。三是着力抓好内部管理和制度建设。坚持执行考勤制度、学习制度、部务会议制度、财务制度、文件签批、传阅和归档制度，进一步规范了工作职责和办事程序。逐步形成了部门全体同志自觉遵守制度，严格执行制度和自觉维护制度的良好氛围。四是着力推进工作机制与网络建设。积极指导推动新侨密集的区域率先搭建新侨人才载体，并注重加强与有关部委的联系与沟通，积极争取各方支持；充分发挥特聘专家委员会和侨商会两大创新载体的示范作用，带动地方侨联的人才工作，支持区域经济发展。目前全国侨联系统已有 9 个省市创建了特聘专家委员会，聚合各领域专家 500 余人；80 个侨联建立了商会组织，拥有会员 11000 多人。到 2012 年底，中国侨联特聘专家委员会数据库已初步建立，侨商会数据库建设也已开始启动。此外，结合中直机关与地方基层单位党支部结对子活动的开展，经济科技部党支部今年还与湖北省荆州市侨联党支部、天津医科大学眼科中心党总支签订了三方合作协议（2013 年—2015 年）。期间，将定期选派专家到荆州免费实施白内障复明手术 300 例（每年 100 例），并组织侨商进行商务考察交流活动，力争为基层扎扎实实做些力所能及的工作。

文化交流部

【领导成员名单】

部　　长：陈　迈

副 部 长：杜海东

副巡视员：何继宁　郭敏燕（女）

5月2日，乔卫副主席出席张清智《中国·汶川·从悲壮走向豪迈》大型国画展

【综述】 2012年，中国侨联文化交流部在扎实推进已有项目的基础上，锐意创新、开拓进取，在宣传服务侨界群众、弘扬中华文化、开展对外文化交流、推动海外华文教育等方面，突出重点、聚焦热点、打造亮点，做了大量富有成效的工作。2012年全国侨联系统共组25支“亲情中华”艺术团赴海外巡演，是“亲情中华”海外慰问演出行动启动以来组派团组最多的一年。其中，中国侨联组派6支“亲情中华”艺术团，在五大洲的14个国家30个城市共举行了34场正式演出和20多场联欢活动。同时，统筹联合上海、江苏、福建、湖南、江西、四川、海南、辽宁、新疆、厦门、广州、武汉、阿勒泰等地方侨联组派19支“亲情中华”艺术团，在五大洲的20余个国家和地区共巡演了近100场。2012年，为了艺术再现四川灾后恢复重建的巨大成果，展现中华儿女同心协力、奋发向上、百折不挠的精神和力量，在“5·12”汶川特大地震四周年之际，由中国侨联、中国美术家协会、四川省文化厅联合主办的张清智《中国·汶川：从悲壮走向豪迈》大型国画展在四川博物院举行。2012年，中国侨联坚持和完善新闻发言人制度，就侨联工作或侨界重大事件及热点问题，及时发布新闻，回答记者提问，同时，紧密联系中央及首都新闻媒体，对中国侨联和各级侨联在参政议政、经济科技、海外联谊、权益保障、文化交流、公益事业等方面的品牌项目、大型活动、重点工作进行宣传报道，并开展了2011—2012年度涉侨宣传报道评选活动。

6月16日，乔卫副主席（前排左二）率“亲情中华”艺术团到苏里南演出，约5000人观看演出

【召开2012全国侨联文化宣传工作会议】 4月21日，全国侨联文化宣传工作会议在山西太原召开，中国侨联主席林军出席会议并做重要讲话，山西省委常委、统战部长聂春玉出席会议并代表省委致辞。会议回顾总结了2011年中国侨联围绕党和国家工作大局，坚持“国内海外工作并重、老侨新侨工作并重”，以“大文化、大宣传”的视野和思路，充分发挥自身优势，协同海内外各界力量，在文化宣传方面所取得的重要成绩。会议提出，要深化拓展“亲情中华”主题活动，着力加强和提高侨联新闻宣传工作，着力开展丰富多彩的侨界文化活动，全方位、多角度、深层次推动侨联文化宣传工作。会议指出，由于历史原因和主客观条件的限制，侨联文化宣传工作仍面临不少问题、困难和不足，要以改革创新的精神，积极争取党政、社会支持，在解决经费、编制、体制问题方面，在有效整合资源、拓展渠道、搭建平台方面，在活动项目、工作内容、工作方法方面，积极探索解决问题的思路和办法，进一步解放思想，振奋精神，增强做好侨联工作的信心和决心。会议要求各级侨联组织和广大侨联干部要把全面学习贯彻落实党的十七届六中全会精神作为当前和今后一个时期的重要任务，在推动社会主义文化大发展大繁荣和中华文化走向世界中充分发挥侨联组织的积极作用。中国侨联副主席乔卫出席会议并作总结讲话，福建、浙江、江苏、新疆、内蒙古、湖南、辽宁、太原等8个地方侨联作了大会交流发言。来自全国各省（区、市）侨联、副省级城市侨联的领导和负责文化宣传工作的同志、山西省地市侨联负责同志、中国侨联机关各部门的负责同志、中央及山西部分新闻媒体的记者共170余人出席会议。

【做好2012年中国华侨摄影学会工作】 2012年中国华侨摄影学会举办了多项活动。1月在中国侨联网站设立了《华侨影艺》专栏（http：//www.chinaql.org/whjy/index_53.shtml），第一批会员作品在2012年1月上线。2月4日举办新春会员联谊会和中国华侨摄影学会成立25周年纪念座谈会。5月支持中国（香港）华侨摄影学会成立，与哈尔滨、沈阳侨联摄影学会建立合作关系。7月举办《小河口长城摄影》等专题作品交流活动。10月组

4月21日，全国侨联文化宣传工作会议在太原召开

织部分会员去辽宁省绥中县小河口长城进行创作。12 月与上海华侨摄影协会，美国洛杉矶摄影学会，台湾摄影学会等海内外摄影团体合作，举办《2012 上海国际“郎静山摄影艺术奖”》系列活动。

1 月 28 日，“亲情中华”艺术团在西班牙巴塞罗那演出现场

【2012 年中国侨联“亲情中华”艺术团海外巡演】 2012 年，中国侨联组派 6 支“亲情中华”艺术团，在五大洲的 14 个国家 30 个城市共举行了 34 场正式演出和近 50 场联欢活动。1 月 3 日—18 日，以中国侨联办公厅副主任李洋为团长，由中国音乐学院、全总文工团、北京杂技团、辽宁歌舞剧院等院团演员和北京金帆艺术团学生组成的中国侨联“亲情中华”艺术团一行 88 人赴瑞士苏黎世，德国法兰克福、杜赛尔多夫、卡斯尔索厄、科隆，比利时布鲁塞尔进行了 6 场慰问演出，现场观众一万余人。1 月 26 日—2 月 13 日，以中国侨联文化交流部部长陈迈为团长，由中国东方歌舞团、中国民族歌舞团、中国煤矿文工团等院团演员组成的中国侨联“亲情中华”艺术团一行 23 人赴西班牙巴塞罗那、马德里、毕尔巴鄂，葡萄牙里斯本、波尔图，荷兰阿纳姆进行了 7 场慰问演出，现场观众十万余人。1 月 26 日—2 月 11 日，由中国侨联常委、甘肃省侨联主席费亚夫和中国侨联经济科技部副巡视员苏洮铭率队，甘肃省歌舞剧院担纲，中国空政文工团、中国国家京剧院、甘肃省杂技团演员参加的中国侨联“亲情中华”艺术团一行 22 人赴意大利巴里、那不勒斯、佛罗伦萨、普拉托、布雷西亚和巴林进行了 6 场慰问演出，现场观众一万余人。1 月 26 日—2 月 12 日，以中国侨联文化交流部副巡视员郭敏燕为团长，由中国东方歌舞团、中国煤矿文工团、神骏组合等院团演员组成的中国侨联“亲情中华”艺术团一行 19 人赴美国纽约、华盛顿、罗利、迈阿密、亚特兰大进行了 5 场慰问演出，现场观众近万人。5 月 14 日—20 日，为配合国家领导人出访，以中国侨联文化交流部部长陈迈为团

1 月 8 日，“亲情中华”艺术团在德国杜塞尔多夫上演舞蹈《俏花旦》

2月1日，华盛顿当地中文学校舞蹈学员与“亲情中华”艺术团同台献艺

6月3日，“亲情中华”艺术团在法国演出的现场照片

长，在云南省侨联等单位的配合下，由云南省歌舞剧院担纲，东方演艺集团、空政文工团、国家京剧院等院团演员参加的中国侨联“亲情中华”艺术团一行53人赴缅甸仰光、曼德拉举行了5场“中缅胞波友好之夜”大型文艺演出，中共中央政治局委员、全国政协副主席王刚出席晚会现场，并在演出后与演职人员亲切交谈，高度评价“亲情中华”艺术团的演出效果，充分肯定“亲情中华”海外巡演在弘扬传播中华文化方面取得的成绩。缅方党政军要人齐聚演出现场，盛况空前。当地主流媒体高度关注，缅国家电视台对晚会进行了全程录像，并在多套电视节目实况播出。6月2日—18日，以中国侨联副主席乔卫为团长，由东方演艺集团、解放军艺术学院、空政文工团、中央民族歌舞团、中国广播艺术团、中国煤矿文工团等

5月17日，“亲情中华”艺术团在缅甸演出的合影

7月29日，第十三届世界华人学生作文大赛开营仪式合影

院团演员组成的中国侨联"亲情中华"艺术团一行20人赴法国、巴西、巴拿马、苏里南进行了5场慰问侨胞演出，现场观众一万五千余人，各场演出均有高级别的外国政要出席。"亲情中华"团组首次到访未建交国家巴拿马慰问侨胞，对增进旅巴侨胞与祖国感情，促进中巴两国人民友好交往起到积极作用。

【举办第十三届世界华人学生作文大赛】7月29日，由中国侨联、全国台联、《人民日报》海外版、中国国际广播电台、《快乐作文》杂志社主办的第十三届世界华人学生作文大赛颁奖典礼暨"亲情中华"获奖师生夏令营开营仪式在北京举行，中国侨联副主席乔卫、全国台联副会长纪斌、《人民日报·海外版》副总编李建兴、中国国际广播电台华语台负责人郭彦向获奖者颁发了证书。中国侨联副主席乔卫代表主办方在颁奖典礼上致辞。本届大赛吸引了来自海内外25个国家和港澳台地区的700余万华人学生参赛，经过各地初评和大赛评委会复评、终评，共有8815篇作文获奖，其中特等奖15篇，一等奖800篇，二等奖3000篇，三等奖5000篇，另有6530名教师获得辅导奖，150个单位获得组织奖。来自中国内地、美国、荷兰、法国、西班牙、日本、葡萄牙、意大利、匈牙利、比利时、瑞士、奥地利、澳大利亚、缅甸、新加坡等国家及中国香港、中国台湾地区的150多名获奖学生和教师代表欢聚北京，参加第十三届世界华人学生作文大赛颁奖典礼暨"亲情中华"获奖师生夏令营。7月30日—8月6日，营员们分别参加了获奖作文讲评专题讲座和传统手工艺专题课程等，开拓了视野，陶冶了性情；通过参观天安门广场、国家博物馆、科技馆、明长陵、钟鼓楼，游览长城、天坛、景山公园、颐和园等名胜古迹，丰富了知识，领略了华夏大地的独特魅力；通过欣赏中国功夫、中国杂技及传统工艺景泰蓝的制作，观看传统的皮影戏表演等，学习了国学精粹和历史常识，了解了中华文明的源远流长，体会了中华文化的博大精深；通过游览老北京胡同，在老北京四合院享用特色饮食并亲自动手包饺子，体验了老北京的风情民俗，对璀璨悠久的中华文化有了更直观的认识；通过乒乓球比赛等集体活动，磨练了个人意志，培养了积极心态，熔炼了团队精神，综合素质得到提升。闭营仪式上，同学们以表演唱、小品、朗诵、芭蕾、艺术体操、武术、舞蹈等多种形式表达着他们对夏令营的不舍和对祖（籍）国的依恋，纷纷表示回去后要更加努力学习汉语，身体力行地传承和传播中华文化。各级侨联组织获奖学生和海外华文教师开展的夏令营活动，增进了世界各国华人学生、教师之间的文化交流与沟通，推动了中华优秀文化在海外侨胞中的广泛传播。

【"亲情中华"官方网站开通】 4月21日，在全国侨联文化宣传工作会议上，由中国侨联文化交流部和人民网共同主办的"亲情中华——中国侨联文化交流官网"正式开通，中国侨联主席林军、副主席乔卫、人民网副总裁罗华等出席网站开通仪式。"亲情中华"网站设置于人民网时政频道，集中反映侨联文化交流工作的成效和进展，展示交流海内外侨界文化活动动态，进一步扩大对外宣传，定位是中国侨联主办的面向全球华侨华人提供互动式文化交流信息服务的专业平台，是中国侨联发布文化宣传工作资讯的官方网站。"亲情中华"网站将专注海内外侨界文化领域，集中报道"亲情中华"主题活动全景，集中反映全国侨联系统文化交流工作成效，展示海内外侨界文化活动动态，为各级侨联组织、海外侨社团以及社会各界开展中外文化交流提供服务。网站现辟有"侨联要闻"、"海外巡演"、"侨联文化动态"、"海外文化资讯"、"华文教育"、"艺术天地"、"人物专访"、"亲情相册"、"亲情星光榜"、"资料库"等栏目。"亲情中华"网站这一新平台的搭建有效加强了与各级侨联组织和海外侨社团的联系，通过报道发布侨界文化、教育、艺术、出版、侨史等各种资讯和策划更多形式新颖、内容活泼、可参与性强的网络活动，进一步延伸和扩展了"亲情中华"主题活动的广度和深度。经过不断的丰富和完善，"亲情中华"网站将被打造成服务全球华侨华人的文化传播新平台。

【举办首届"亲情中华——世界华侨华人美术书法展"】 5月15日，中国侨联发布首届"亲情中华——世界华侨华人美术书法展"的活动通知和征稿启事，全面启动"亲情中华——世界华侨华人美术书法展"活动。此次活动由中国侨联联合中国文联、中国美术家协会、中国书法家协会共同举办，征稿对象为具有侨身份或热心、支持侨联事业的中国美协、中国书协会员和各省（区、市）美协、书协会员，

4月21日，"亲情中华"网站开通仪式

以及旅居海外及港澳台地区的具有专业造诣和影响的华侨华人美术家、书法家。本次活动征集的作品达3000余幅，来自五大洲40个国家和地区，是近年国内书画展参与国家最多的活动之一，除内地外，还有亚洲老挝、马来西亚、日本、泰国、菲律宾、缅甸、印尼、越南、新加坡、香港、澳门、台湾，非洲南非、安哥拉，欧洲：奥地利、比利时、丹麦、德国、英国、荷兰、罗马尼亚、西班牙、匈牙利、意大利、瑞士、瑞典、法国、卢森堡、以色列，美洲美国、加拿大、哥斯达黎加、阿根廷、巴拿马、秘鲁、智利，大洋洲斐济、澳大利亚、新西兰等39个国家和地区的书画家寄送了作品。8月上旬，中国侨联会同中国美协、中国书协邀请相关人士，组成美术、书法两个评委会，对征集到的作品进行细致评审。8月29日，中国侨联公布“亲情中华——世界华侨华人美术书法展”参展作品名单，共评选出“佳作作品”83幅（其中美术作品34幅，书法作品49幅），“入选作品”193幅（其中美术作品101幅，书法作品92幅）。同时，根据展览需要，主办单位还特邀了39幅作品（其中美术作品24幅，书法作品15幅）参展，包括欧阳中石、黄永玉、范曾等大家的作品。9月14日，“亲情中华——世界华侨华人美术书法展”开展仪式在中国国家博物馆隆重开幕，全国政协副主席、中国文联主席孙家正出席开幕式并剪彩。中国侨联主席林军，中国文联党组书记、副主席赵实代表主办方讲话。全国政协港澳台侨委副主任林兆枢，中宣部副部长翟卫华，中央外宣办副主任王国庆，全国人大华侨委副主任李祖沛，中国侨联副主席李卓彬、乔卫、李昭玲、张小健、陈有庆，中国侨联顾问林明江、林淑娘、唐闻生，著名书法家欧阳中石，中国书协分党组书记、副

9月14日，林军同志（左一）陪同全国政协副主席、中国文联主席孙家正（左二）观看展览

9月14日，全国政协副主席、中国文联主席孙家正为“亲情中华——世界华侨华人美术书法展”开幕仪式剪彩

9 月 14 日，林军主席（左五）、李卓彬副主席（右五）为获奖书画家颁奖

主席赵长青等出席开幕式。60 余位专程回国的海外艺术家和数百位国内书画界、侨界、新闻界人士一同参加开幕式。9 月 14 日，中国侨联在首都大酒店举办“亲情中华——世界华侨华人美术书法展”作品捐赠仪式，中国侨联主席林军出席，中国侨联副主席、中国华侨历史博物馆馆长李卓彬在捐赠仪式上讲话。来自 17 个国家的海外获奖书画家以及来自国内 7 个省、市、区的获奖书画家出席捐赠仪式，并向中国华侨历史博物馆捐赠 43 幅获奖作品。捐赠仪式结束后，还举行了“亲情中华——世界华侨华人美术书法展”书画家笔会，中国侨联主席林军、副主席李卓彬出席笔会，林军主席为笔会开笔。来自海内外的 60 余名书画家参加笔会，现场挥毫泼墨施展才艺，笔会持续了两个多小时。9 月 15 日—16 日，中国侨联组织来自 19 个国家的 60 余名海外华侨华人书画家到河北承德访问交流、采风写生，这些书画家都是“亲情中华——世界华侨华人美术书法展”中入选的作品作者。中国侨联顾问唐闻生、文化交流部部长陈迈、河北省侨联主席马法严、副主席季加宇、承德市委副书记丁锦霞出席交流活动。此次系列活动对于展示海内外书画家创作成果，增进海内外文化人士联系联谊，团结凝聚海内外艺术家共同弘扬中华文化，具有重要意义。

【联合摄制《客家足迹行》大型系列电视片】2012 年，中国侨联与中央电视台合作，联合摄制百集《客家足迹行》大型系列电视片，全景展现客家作为中华民族一个独特民系的迁徙历程、文化传承以及当下的生活状态，中国侨联和广东、福建等地侨联配合央视，组派多支摄制组赴海外，百集专题片将在中央电视台中文国际频道向全球播出。节目采用“纪实 + 体验”的“快速纪录片”拍摄手法，以记者行走体验的形式，与中央电视台商议，《客家足迹行》境外拍摄于 2012 年 11 月初开始全面启动，由中国侨联率队组派共 8 个摄制组分别赴印尼、新加坡、泰国、马来西亚、毛里求斯、留尼旺、南非、英国、荷兰、美国、加拿大、澳大利亚、新西兰等五大洲近 20 个国家和地区及港澳台地区。11 月 3 日—7 日，由中国侨联、中央电视台联合组成的《客家足迹行》赴澳大利亚、新西兰摄制组一行 5 人在悉尼拍摄，拉开了百集大型系列纪录片《客家足迹行》海外部分的拍摄序幕。

【举行“华侨华人与中华文化走出去”研讨会等系列活动】6 月 22 日，由中国华侨国际文化交流促进会、甘肃省侨联、天水市人民政府联合主办的“华侨华人与中华文化走出去”研讨会在天水召开，来自 20 个国家的 60

多名中国华侨国际文化交流促进会理事围绕中华文化走出去交流经验、建言献策。中国侨联主席林军，甘肃省委常委、副省长咸辉，天水市委常委、纪委书记李美华出席并讲话。研讨会上，与会人员围绕“华侨华人与中华文化走出去”这一主题从中华文化走出去面临的机遇和挑战、困难和优势、战略和对策等不同角度，结合各自的实践经验和研究成果，进行了深入热烈的交流研讨，提出了很多真知灼见，对中国侨联如何进一步配合党政工作大局，在推动中华文化走出去中发挥应有的作用给予期望，形成了很多共识，对接和安排了一些具体文化交流项目。中国侨联秘书长兼办公厅主任王宏，甘肃省侨联主席费亚夫、副主席杜逸，中国华侨国际文化交流促进会副会长、美国华人票房文化传播公司董事长戴锜，中国华侨国际文化交流促进会副会长、澳大利亚澳星国际传媒董事长姜兆庆等出席研讨会。研讨会由中国侨联文化交流部部长、中国华侨国际文化交流促进会常务副会长兼秘书长陈迈主持。出席本次“华侨华人与中华文化走出去”研讨会的60余名中国华侨国际文化交流促进会理事是应邀出席由中国侨联、甘肃省人民政府共同主办的2012（壬辰）年公祭中华人文始祖太昊伏羲大典暨第二十三届中国天水伏羲文化旅游节来到天水。该次活动于6月22日上午9:50在天水市伏羲庙隆重举行，全国政协副主席李金华、甘肃省委书记王三运、省长刘伟平、中国侨联林军主席等领导同志及海内外来宾及当地各界群众约1万余人参加了庆典仪式。天水活动结束之后，应陕西省侨联和西安市人民政府等单位的邀请，海外理事代表团于6月23日—26日赴西安举行“海外侨领西安行”活动。在为期4天的考察活动中，代表团出席了西安文化产业投资环境说明会。说明会上，中国侨联副主席乔卫、西安市副市长段先念分别讲话，西安曲江新区管委会、市商务局、西安文化企业代表向海外侨领全面介绍了西安文化产业投资环境。意大利佛罗伦萨华人华侨总会会长周致敏代表海外侨领在会上发言。会后，海外侨领与西安文化企业、西安市相关部门进行了项目洽谈、对接。代表团考察了佛教文化圣地——陕西法门寺，陕西省佛教协会副会长、法门寺监院、法门寺佛学院常务副院长贤空法师等在法门寺佛学院的清凉法堂内与海外侨领举行了座谈会。考察了在国内传媒领域处于领军者地位的“侨”字号企业华商传媒集团，受到了华商传媒集团董事长张富汉等集团高管的热烈欢迎，集团总裁齐东向大家详细介绍了华商传媒集团的发展状况及省侨联主管的《华商报》情况。在西安市有关部门领导陪同下，代表团考

6月22日，“华侨华人与中华文化走出去”研讨会现场

6 月 25 日，西安文化产业投资环境说明会现场

察了中国第一个全方位展示盛唐风貌的大型皇家园林式文化主题公园——大唐芙蓉园，充分领略了大唐盛世的灿烂文明。

【组团参加“首届国际太极拳暨健身气功锦标赛”】“首届国际太极拳暨健身气功锦标赛”由印尼青年与体育部主办，中国华侨国际文化交流促进会受主办方和印尼东岳太极拳协会的邀请，组派一支 22 人的裁判团参加锦标赛。9 月 4 日，中国华侨国际文化交流促进会召开“首届国际太极拳暨健身气功锦标赛”裁判团出访动员会，中国侨联副主席、中国华侨国际文化交流促进会会长乔卫出席并讲话。这支裁判团由中国侨联办公厅副巡视员赵志敏带队，同时聚集了吴斌、门惠丰等国内著名、国际一流的裁判员，代表了目前国际上最高的太极拳与武术裁判的水平。中国侨联文化交流部部长、中国华侨国际文化交流促进会副会长兼秘书长陈迈就有关出访注意事项进行了详细说明讲解。9 月 10 日—12 日，“首届国际太极拳暨健身气功锦标赛”在印尼雅加达举行，近千名来自世界各地的太极拳和健身气功选手参加，比赛的举办有力地促进了太极拳武术与健身气功文化在全世界推广和发扬。

权益保障部

【领导成员名单】

部　长：姜凤岩

副部长：黄　晖

【综述】根据中国侨联八届四次全委会工作部署，按照权益保障部工作计划，在中国侨联党组领导下圆满完成全年工作任务，维护侨益等工作取得新成绩。第一，关注侨界民生，促进社会和谐稳定。一是认真开展元旦、春节期间送温暖、献爱心慰问活动；二是做好重大节日、“两会”、党的十八大期间的信访工作；三是加强信访工作协作联系；四是建立特困侨信息档案。第二，注重普法宣传，提高依法护侨能力。一是召开中国侨联“六五”普法工作会议；二是举办法制宣传教育讲座。第三，发挥渠道作用，做好参政议政工作。一是做好为“两会”侨界人大代表、政协委员提供提议案素材工作；二是做好全国人大常委会和有关部委委托中国侨联征求有关法律法规草案修改意见的工作；三是发挥侨联界政协委员作用为参政议政服务。第四，借助法顾委平台，加大维权工作力度。一是组织好中国侨联法顾委成立30周年纪念活动；二是加强对地方侨联法顾委工作的指导；三是召开中国侨联法顾委年会；四是组织部分法顾委委员赴有关省区市开展维护侨益调研活动。第五，加强支部建设，迎接党的十八大召开。一是继续抓好学习，巩固学习型党组织建设成果；二是继续做好党员日常管理工作；三是继续落实好中直工委和会党组布置的各项工作任务。

【处理来信来访】全年共受理归侨侨眷和海外侨胞的来信180余件（含重复来信），接待来访60余人，办理信访事项66件，答复电话咨询280余次，收到回复函16件。侨胞反映房产权益遭侵害的问题依旧突出，主要体现在落实华侨私房政策和拆迁安置补偿两个方面。反映劳动和社会保障权益问题有较大幅度增加，直接关系侨界群众的切身利益，已然成为侨界群众关注的热点、难点问题，且部分问题按照现有政策难以解决。反映投资、财产权益受损的问题依然严峻，涉及金额普遍较多，处理难度很大。反映侵害侨胞人身权益的案件与往年相比基本持平。全年反映华侨农场的问题有一定程度的减少。派人赴河南郑州协调谢某案件，了解相关情况寻求解决办法。派人赴河南焦作实地协调陈某投资权益纠纷案件，得到了妥善解决，陈某专程到中国侨联表达了感激之情，称赞权益保障部弘扬正义、温暖亲情。缠访、闹访事件虽偶有发生但因处理妥当未转变为恶性信访事件，信访工作形势呈现平稳向好态势，信访事项的办结率有小幅上升。在党的十八大召开期间，部门组织全体干部坚持周六日全天值班，认真接待来信来访，确保侨界社会和谐稳定，为十八大的胜利召开营造了良好的社会氛围。

【开展“送温暖、献爱心”活动】为深入贯彻落实《中共中央办公厅、国务院办公厅关于做好2012年元旦、春节期间有关工作的通知》精神，按照《中国侨联关于认真开展元旦、春节期间送温暖、献爱心活动的通知》要求，根据2011年各地侨联上报的申请和贫困归侨侨眷分布情况，与办公厅研究制定了2012年中国侨联送温暖、献爱心慰问活动方案。根据方案，中国侨联主席林军，副主席董中原、李卓彬、王永乐、乔卫于元旦前分别带队赴海南、广东、广西、福建、云南、江西华侨农场进行了调研慰问，春节前又赴山西、河北、云南、广东、河南、宁夏进行了慰问，为受灾的归侨侨眷、体弱多病的空巢老人、上学困难的侨胞子女、因病致贫的归侨难侨带去了侨联组织的关心。中国侨联机关有关部门负责人也代表中国侨联和林军主席，分赴内蒙古、湖南、陕西、黑龙江、湖北、安徽、重庆、四川、山东、辽宁、新疆、新疆生产建设兵团、贵州、甘肃等地访贫问苦。在此基础上，各地侨联按照中国侨联的要求积极争取配套资金，对散居在广大农村、偏远山区、落后地区的归侨侨眷进行了走访慰问，确保将党和政府的温暖送到每位困难侨界群众的心坎上。两节期间，中国侨联共走访慰问贫困归侨侨眷286户，全国各级侨联共慰问困难归侨侨眷约8.4万余人，累计发放慰问金1268.9万元，发放米、面、油等各类慰问品折合人民币280余万元。

1月16日，中国侨联主席林军（左二）赴山西慰问困难归侨

【处理涉侨涉诉案件】2012年，权益保障部共受理51件涉侨涉诉案件，组织法顾委委员召开了10场案例研讨会，分析案情、研讨处理方案，向有关部门发函呼吁公正处理，并根据情况派员实地协调。在耐心细致协调下，有不少案件得到较好的解决，维护了侨胞的合法权益，收到了侨胞的感谢信和锦旗。

10月19日，法国侨领陈胜武向中国侨联副主席董中原（右二）、权益保障部部长姜凤岩（右一）赠送牌匾

【建立贫困归侨信息档案】为贯彻落实中国侨联八届四次全委会精神，关注侨界民生，进一步做好为侨服务工作，真实了解全国贫困归侨的数量、困难种类、分布特点、致困原因，寻求帮扶机制，以中国侨联办公厅名义下发了《关于建立贫困归侨信息档案的通知》（中侨办［2012］70号），根据各省、自治区、直辖市侨联，中直机关、中央国家机关、中央企业侨联，新疆生产建设兵团侨联汇总上报的信息，建立了全国贫困归侨信息档案。根据各地上报信息，全国现有归侨79万人，主要集中在西南、华南、华东沿海及东北沿边省份；全国收入在当

地最低生活保障线以下的归侨有63724人，其中城镇人数略多，贫困归侨较多的10个省份依次为云南省、广东省、广西壮族自治区、海南省、吉林省、福建省、新疆维吾尔自治区、山东省、黑龙江省、山西省，占贫困归侨总数的94%；全国有1.6万贫困归侨未进入社会养老保险的保障范围，1万人未进入医疗保险的保障范围，分别占贫困归侨总数的24%和15%，占归侨总数的2%和1%；导致归侨贫困的主要原因依次为年老体弱、病残、失业、自然灾害，分别占贫困归侨总数的40%、20%、18%、6%。汇总中还发现，有410名贫困归侨在国内生活多年至今没有户籍，其中云南省有390名、广东省有20名。没有户籍是导致410名归侨贫困的原因之一。

【组织法顾委调研】根据中国侨联八届四次全委会精神和2012年工作部署及法顾委工作安排，经中国侨联主席办公会议同意，组织中国侨联法顾委部分委员分赴云南、吉林、江西3省进行依法维护侨益专题调研活动。调研内容包括了解各地贯彻《归侨侨眷权益保护法》情况、当前侨胞投资权益存在的主要问题、散居困难侨生产生活情况、新侨回国创业中遇到的政策和法律问题、侨联参与社会管理情况。调研采取座谈、走访、研讨、慰问多种形式进行，形成调研报告3篇，其中数十条意见被摘编上报中央。

【提供提议案素材】权益保障部围绕广大归侨侨眷和海外侨胞关心的热点问题，向全国归侨侨眷人大代表和全国政协侨联界委员提供《关于尽快修订〈归侨侨眷权益保护法〉的建议》、《关于尽快解决华侨农场被解除劳动关系人员就业和社保问题的建议》、《关于关注退休老归侨以及部分城乡散居归侨的生产生活艰辛状况的建议》、《关于对贵州提出政策扶持、生态保护、产业转型七条建议》、《关于"千人计划"和人才引进工作有待完善和加强的建议》、《关于制定移民法避免国外低层次移民大量进入中国消耗中国有限资源的建议》、《关于利用税法的机制遏制贫富两极分化、鼓励高收入阶层投身公益事业的建议》、《关于关注中小城市引进高端人才难、严重影响新侨回国积极性现象的建议》、《关于进一步做好国内工作、坚决打击腐败分子、尽快提升中国软实力的建议》、《关于有关部门应对投资移民资金进行严格监管控制的建议》、《关于对国内投资移民中介机构进行严格监督和管理的建议》等10件提议案素材。

9月3日，中国侨联法顾委主任张耕（右二）在江西调研

【参与修改法律草案】组织部分法顾委委员先后对《出境入境管理法（草案）》、《旅游法（草案）》提供了法

律意见和建议，部分建议得到采纳。

【加强支部建设】坚持每周四下午组织党员开展政治学习和业务学习，通过学习坚定正确的政治方向，不断提高党员理论政策水平和依法护侨的业务能力。坚持做到“三会一课”制度，不定期召开支委会、支部大会，举办党课，关心党员生活和进步，坚持抓廉政建设。认真开展创先争优活动，支部被评为中国侨联直属机关先进党支部，姜凤岩同志被评为中国侨联直属机关优秀党务工作者，祁德贵同志被评为中国侨联直属机关优秀党员。积极做好与广东省湛江市华侨农场基层党组织共建工作，开展了向结对支部送温暖活动，邀请华侨农场侨联主席参加中国侨联干部培训班，向结对支部党员宣讲《归侨侨眷权益保护法》，协助结对支部建立党员活动室。

【下发《关于进一步加强新形势下侨联信访工作的意见》】为贯彻落实近年来中央领导同志对信访工作的重要指示及第七次全国信访工作会议精神，进一步加强和改进侨联信访工作，以中国侨联名义下发《关于进一步加强新形势下侨联信访工作的意见》(中侨发[2012]57号)。文件包括充分认识新形势下侨联信访工作的重要意义、新形势下侨联信访工作的总体要求和目标任务、做好新形势下侨联信访工作需要明确的几个问题、建设一支高素质的侨联信访干部队伍四个部分内容。文件指出，当前我国正处于深刻的社会转型期和社会矛盾凸显期，大量社会矛盾和问题通过信访渠道集中反映出来。其中，涉侨信访政策性强、牵涉面广、敏感度高，必须予以高度重视。做好侨联信访工作直接关系到维护归侨、侨眷和海外侨胞在国内的合法权利与利益，关系到我国改革发展稳定的大局，关系到我国的国际形象和侨联组织在侨界群众中的公信力与向心力。文件要求，各级侨联组织要充分认识信访工作的长期性、复杂性和艰巨性，从党和国家事业全局的高度，重视对归侨、侨眷和海外侨胞来信来访的接待、处理工作，认真倾听他们的意见、建议和要求，虚心接受他们的监督，积极主动地解决他们最关心、最直接、最现实的利益问题，尽职尽责地为他们服务。

【举办中国侨联法顾委成立30周年纪念活动】2012年是中国侨联法顾委成立30周年。为充分展现中国侨联法顾委30年来在维护侨益方面做出的成绩，总结经验，进一步做好新时期侨联法顾委工作，经过一年多的筹备，于5月8日在北京人民大会堂召开了中国侨联法顾委成立30周年纪念大会。全国人大常委会副委员长桑国卫、十届全国政协副主席罗豪才出席纪念大会并为新增委员颁发聘书。全国人大华侨委员会副主任陈玉杰、全国政协港澳

5月8日，纪念中国侨联法顾委成立三十周年大会在人民大会堂隆重举行

5月8日，纪念中国侨联法顾委成立三十周年大会上全体委员合影

5月8日，全国人大常委会副委员长桑国卫（左一）、十届全国政协副主席罗豪才（左二）在纪念中国侨联法顾委成立三十周年纪念大会上向新聘委员颁发证书

台侨委员会副主任林兆枢、国务院侨办副主任许又声、致公党中央秘书长曹鸿鸣等应邀出席大会。中国侨联主席林军在会上作了重要讲话。中国侨联副主席董中原、王永乐，中国侨联顾问，中国侨联法顾委常务副主任、副主任、委员，各省区市侨联主席、法顾委主任，中国侨联机关、企事业单位负责人等近300人出席了大会。纪念活动还包括编印《中国侨联法顾委30年》、《维护侨益案例选编》，发行纪念邮折，召开海内外律师委员座谈会，增聘国内、海外委员等内容。

【组织全国政协侨联界委员赴晋考察】 7月，中国侨联和全国政协港澳台侨委员会联合组织全国政协侨联界委员赴山西就文化体制改革发展情况和侨务工作进行考察。全国政协常委、全国政协港澳台侨委员会副主任、中国侨联顾问林兆枢率领考察团一行18人，先后赴太原、大同、晋中、临汾、运城等地，召开5场座谈会，分别听取了当地文化体制

7月20日，全国政协港澳台侨委员会和中国侨联联合组织侨联界委员赴山西考察，左六为林兆枢

7 月 20 日，全国政协侨联界委员赴山西考察

改革发展情况和侨务工作情况汇报，并深入大同富乔垃圾焚烧发电有限公司、太原市蓝顿旭美食品有限公司、太谷县怡园酒庄、山西中远威制药有限公司、山西路鑫能源集团、山西飞虹微纳光米电科技有限公司等侨资企业进行考察，实地了解侨资民营企业的经营情况和发展过程中遇到的问题。考察团一行对山西省贯彻党的十七届六中全会关于深化文化体制改革、推动社会主义文化大发展大繁荣和侨务工作所取得的成绩给予高度评价，建议山西省及其各地、市充分发挥自身资源优势，进一步优化产业布局和结构，继续统筹做好"地下"、"地上"两篇大文章，加快文化强省建设步伐；牢固树立"大侨务"理念，充分发挥各级侨务部门的作用，不断加大招商引资、招才引智步伐，全力推动山西转型跨越发展，为山西的经济、社会、文化发展作出更大贡献。考察活动形成报告，由全国政协办公厅报中共中央办公厅、国务院办公厅，得到多位中央领导同志的批示。

【与全国总工会联合组织华侨农场调研】7 月 18 日，中共中央政治局委员、全国人大常委会副委员长王兆国同志就加强华侨农场工会组织建设、维权工作作出重要批示，全国总工会、中国侨联对此高度重视。按照全总领导和中国侨联领导的要求，中国农林水利工会和中国侨联权益保障部组成联合调研组，分赴广东、广西、海南、云南、福建、江西 6 省区，以华侨农场工会、侨联组织建设和帮扶工作为主要内容进行了专题调研。调研组先后走访了 17 个华侨农场，召开各类座谈会 19 场。同时调研组还对全国 84 个华侨农场进行了问卷调查。调研工作形成《关于华侨农场工会、侨联组织建设以及帮扶维权工作的调研报告》上报。

8 月 21 日，权益保障部部长姜凤岩带领联合调研组赴江西华侨农场进行调研

8 月 28 日，全国总工会、中国侨联联合调研后举行碰头会

座。江西、辽宁、江苏、浙江、湖南 5 省侨联负责人作了大会发言。中国侨联党组副书记、副主席董中原在会上发表讲话。辽宁省侨联主席王之锋，大连市政协副主席、统战部部长董长海到会致辞。来自全国 30 个省区市侨联，新疆生产建设兵团侨联，中直机关、中央国家机关、中央企业在京单位侨联领导和有关部门负责同志近百人参加了会议。

【召开中国侨联“六五”普法工作会议】7 月 6 日，组织全国各省级侨联在辽宁省大连市召开中国侨联“六五”普法工作会议，就全面贯彻落实全国“六五”普法规划和中国侨联“六五”普法规划、进一步做好新形势下全国侨联系统的法制宣传教育工作进行部署。这次会议是中国侨联首次以“法制宣传教育”为主题召开的专门会议，学习交流各地侨联普法工作经验，研究推动侨联系统法制宣传教育工作的创新和发展。会上，中国侨联法顾委委员、中国政法大学教授王顺安作了法律知识讲

7 月 6 日，董中原副主席在中国侨联“六五”普法工作会议上讲话

7 月 6 日，中国侨联“六五”普法工作会议在大连召开，主席台正中为董中原副主席

【参加中央“五侨”信访联席会议】9 月 20 日，中央“五侨”信访工作联席会议第三次会议在全国政协专委楼一层会议室召开。全国政协港澳台侨委员会办公室主任吕虹、全国人大华侨委法案室主任毛起雄、国务院侨务办公室国内司副司长王萍、致公党中央办公厅巡视员孟繁义、中国侨联权益保障部部长姜凤岩等

9 月 20 日，中央“五侨”信访工作联席会议第三次会议

13 位同志参加了会议。全国政协港澳台侨委员会马健副主任会见了全体参会同志。会上，中央“五侨”单位司局领导分别通报了今年以来信访和维护侨益工作的情况，对当前的信访形势进行了研讨，对大家共同关注的重点信访案件进行了认真剖析并共同研究了处理方案。姜凤岩通报了在中国侨联党组的领导和重视下，2012 年侨联信访和维护侨益工作，特别是信访接待、案例督办、困难帮扶、制度建设等方面取得的成绩。

【邀请法顾委海外委员回国考察】5 月，邀请来自澳大利亚、美国、德国、西班牙、英国、加拿大、日本、香港等 10 个国家和地区的 23 名中国侨联法顾委海外委员回国进行了考察访问。访问期间，海外委员在北京与新聘法顾委国内委员进行了座谈，参加了中国侨联法顾委成立 30 周年纪念大会，得到了林军主席、王永乐副主席接见。会后，海外委员赴浙江温州、宁波、杭州进行了为期一周的以加强联谊交流、了解国情侨情、探讨法律维权为主题的考察访问，取得丰硕成果。

综合

5 月 13 日，中国侨联法顾委海外委员在浙江考察期间与省侨联座谈

组织人事部

【领导成员名单】
副 部 长：李 杰（主持工作）
林晓东（女）
副巡视员：李鸿兴

【综述】2012年，组织人事部在中组部的指导和中国侨联党组的领导下，以中国特色社会主义理论体系为指导，深入贯彻落实科学发展观，以干部人事制度改革、侨联组织建设和干部教育培训工作为突破口，努力把中央组织人事工作的具体要求落到实处。

【稳步推进机关和事业单位干部人事制度改革】一是新招录工作人员20名，提拔处级干部19名，首次在中国侨联开展了2012年度“先进部门”、“文明处室”及“最满意公务员”评选活动。二是在全国事业单位清理整顿、撤销工作中，保留了中国侨联所属6个事业单位，事业编制115名，为今后事业单位改革分类创造了有利条件。三是认真做好人事管理相关工作，如干部任免调配工作，年度考核工作，工资福利、津贴补贴、医疗照顾工作，档案工作、事业单位及社团管理和因公（私）出国（境）管理审查工作，严格执行领导干部个人重大事项报告制度等。2011年公务员统计工作被中组部评为全优报表和优秀报表单位。2012年军转安置工作受到国务院军转办通报表扬。四是配合中组部顺利完成中国侨联领导班子和“两委”人选考察工作，受到中组部来电表扬。

【切实加强对全国侨联组织建设的调研和指导】一是全国省级侨联组织实现全覆盖。经过中国侨联与西藏自治区党委、政府的密切沟通和协调，西藏自治区归国华侨联合会于2012年9月举行了挂牌仪式，西藏侨联工作实现了零的突破，也标志着除港、澳、台地区外全国省级侨联组织实现了全覆盖。二是加强侨联组织建设调研。截至2012年底，全国共有各级侨联组织18442个，各级侨联专兼职干部156204人，分别比2008年增长了17.3%和41.5%，目前已基本形成中国侨联、省（区、市）、地（州、市）、县（市、区）、乡镇（街道）、村六级侨联组织为主要构架，企事业、大专院校、科研院所侨联为延伸组织的立体组织网络。三是认真做好省级侨联换届和届中调整领导班子人选的身份审核工作，形成建议报党组会研究并予以复函。四是完成“八代会”以来组织建设相关档案整理工作。

【积极拓展侨联干部教育培训领域】一是增强了侨联干部教育培训的力量。2012年2月，中国侨联干部培训中心正式获得国家批准，完成了组建的相关手续和法人登记工作，落实了事业编制、注册资金、办公场所和工作人员，并于11月30日举行了揭牌仪式。二是努力加大干部培训规模和力度，注重培训的实用性和指导性。组织人事部与国家行政学院成功合作举办中国侨联第17期干部培训班，与中国侨联干部培训中心成功举办中国侨联第1期青年干部培训班。三是努力拓展培训工作的领域。向财政部申请“海外侨领国情研讨班”成功立项。四是着眼提高机关干部职工素质，举办了外交部副部长谢杭生主讲的“国际形势报告会”。五是经过努力争取，用于侨联干部培训的财政经费实现增长。

【做好人大代表、政协委员推荐工作】一是向各省级侨联下发了《关于做好协商推荐省级人大归侨侨眷代表和提名省级侨联界政协委员人选工作的通知》(中侨发［2012］17号)，督促各省级侨联做好省级人大归侨侨眷代表、政协侨联界委员推荐提名工作。二是根据全国省区市党委组织部长、统战部长、中央和国家机关等有关单位负责人会议精神，按照中央换届人事安排工作总的原则和要求，在会党组的领导下完成了第十二届全国人大代表、政协委员人选的推荐和提名工作。

【扎实做好新形势下的老干部工作】一是加强老干部思想建设，认真落实老干部政治待遇。积极组织老干部学习贯彻十八大精神，认真落实“一月一会”学习制度。组织老干部支部成员参加中国侨联处以上干部十八大精神学习班。重视老干部支部建设工作，保持组织生活会制度，扎实开展创先争优活动，不断增强支部的凝聚力和战斗力。二是加大老干部服务管理力度，全面落实老干部生活待遇。积极组织老干部参加形式多样的文体活动，如春游、秋游、健康疗养和征文等。加大对因病致困老干部的帮扶力度，2012年成功为1名退休干部申领了夕阳红救助基金。为每名老干部发放了中央国家机关资源共享活动站活动卡，为离休干部和75岁以上退休干部申请并发放了“一键通”居家养老紧急呼叫系统，安装了北京市公费医疗直管医疗照顾人员管理系统和公费医疗报销系统。三是不断加强部门自身建设，努力提高服务保障水平。以“敬爱致恭”服务离退休干部为根本要求，将政策理论学习和业务培训常态化，加强与各部委老干部工作部门的沟通交流学习，不断提高老干部工作者的政策业务素质，增强服务意识，提高解决实际问题的能力。

【完成中国侨联八届四次全委会议卸免和增补工作】按照《第八次全国归侨侨眷代表大会组织方案》和《中国侨联章程》规定，根据工作需要和地方侨联的申请，在1月6日闭幕的中国侨联八届四次全委会上，完成了共涉及73人次的卸免和增补选举议程，卸免中国侨联副主席1人、秘书长1人、常委4人、委员14人；增补委员38人，常委18人，秘书长1人，是中国侨联历史上届中人事调整人数最多的一次。

4月24日，中国侨联离退休干部春游活动合影

【召开老干部座谈会】2月14日，中国侨联召开老干部座谈会，中国侨联党组书记、主席林军到会讲话，中国侨联党组副书记、副主席董中原等出席座谈会。林军代表会党组向全体老干部致以新春的问候，并通报了中国侨联近期的主要工作。与会老干部们对

2月14日，中国侨联党组书记、主席林军，党组副书记、副主席董中原与老干部座谈

近年来的侨联工作谈了各自的看法，并就开展形势教育、扩大海外联谊、加强文化交流、关注困难群体、落实有关政策、解决具体问题等提出了意见和建议。中国侨联秘书长兼办公厅主任王宏，组织人事部副部长李杰、林晓东及40多位老干部参加座谈会。

【中国侨联2012年度招录公务员面试工作】按照中组部、人力资源和社会保障部的有关部署，2月25日，中国侨联2012年度招录机关工作人员面试工作经过规范、严密、公开、平等的程序，3位考生从10位面试者中脱颖而出。根据侨联工作涉外性的特点和加强办公信息化建设的需要，还增设了专业考试，内容为公文写作、英语日常对话和计算机日常办公软件的使用。面试期间，中组部干部一局公务员二处处长郝志宏同志亲临面试现场进行指导和检查。

【召开离退休干部制度建立30周年座谈会】3月9日，离退休干部办公室组织召开了纪念离退休制度建立30周年座谈会，20多家部委老干局负责同志受邀参加。座谈会上，各部委老干局负责同志围绕中组部老干部局2012年工作要点、建立离退休制度的重要意

3月9日，中国侨联离退休办公室组织召开纪念离退休制度建立30周年座谈会

义和如何做好2012年老干部工作进行了广泛深入的交流。

【邀请外交部副部长谢杭生作国际形势报告会】 为切实加强学习型组织建设，提高侨联干部队伍素质，5月31日，中国侨联邀请外交部副部长、纪委书记谢杭生同志作国际形势报告。中国侨联党组书记、主席林军会见了谢杭生副部长，党组副书记、副主席、机关党委书记董中原主持了报告会。中国侨联副主席李卓彬、部分中国侨联顾问以及中国侨联机关各部门、直属企事业单位共100多人参加了报告会。

【举办中国侨联第十七期干部培训班】 6月3日—11日，在国家行政学院举办了中国侨联第十七期干部培训班。此次共培训全国31个省级侨联及中国侨联机关、企事业单位侨联干部59人。中国侨联主席、党组书记林军为学员授课并出席结业式，副主席、党组副书记董中原作开班式讲话并出席结业式；全国人大华侨委员会副主任、中国侨联顾问李祖沛，中央台办、国务院台办副主任孙亚夫，中组部政策研究室、中宣部文改办、人社部事业单位人事管理司的领导和各领域知名专家、教授先后为培训班

6月11日，中国侨联党组书记、主席林军为中国侨联第17期干部培训班学员授课并出席在国家行政学院举行的结业式

6月4日，中国侨联党组副书记、副主席董中原出席在国家行政学院举办的中国侨联第17期干部培训班开班式并讲话

6月4日，中国侨联党组副书记、副主席董中原（前排左七）和国家行政学院领导与中国侨联第17期干部培训班全体学员合影

综合

6月11日，中国侨联党组书记、主席林军（后排左二），党组副书记、副主席董中原（后排右一）和国家行政学院教务长杨克勤（后排左一）共同为中国侨联第17期干部培训班学员颁发结业证书

授课。中央电视台国际频道作了报道。

【完成中国侨联事业单位清理规范工作】按照中央统一部署和要求，中国侨联事业单位清理规范工作已经完成。7月30日，中央编办批复中国侨联所属原有6个事业单位全部保留（中国华侨历史博物馆、中国华侨华人历史研究所、中国侨联机关服务中心、中国侨联公益事业管理服务中心，《海内与海外》杂志社、中国侨联干部培训中心），事业编制为115名。

【西藏自治区归国华侨联合会举行揭牌仪式】9月26日，西藏自治区党委副书记、自治区主席白玛赤林，中国侨联党组书记、主席林军在拉萨共同为西藏自治区归国华侨联合会揭牌。自治区党委常委、区政协党组书记、副主席、区党委统战部部长公保扎西主持挂牌仪式。中国侨联党组副书记、副主席董中原出席，中国侨联和部分省区侨联及自治区有关部门负责人参加揭牌仪式。至此，除港澳台地区外全国省级侨联组织实现了全覆盖。

9月26日，中国侨联党组副书记、副主席董中原代表中国侨联在西藏侨联挂牌仪式上向自治区党委赠送纪念品

9月26日，西藏自治区党委副书记、自治区主席白玛赤林，中国侨联党组书记、主席林军在拉萨为西藏自治区归国华侨联合会揭牌

9月26日，中国侨联党组书记、主席林军（左五），副书记、副主席董中原（左二）和西藏自治区党、政、军及宗教界领导出席西藏侨联挂牌仪式

9 月 26 日，出席西藏侨联挂牌仪式的全体领导和同志合影

【中国侨联干部培训中心挂牌成立】2 月 8 日，国家事业登记局批准中国侨联干部培训中心法人登记，11 月 30 日，中国侨联干部培训中心举行了揭牌仪式。中国侨联党组书记、主席林军，党组副书记、副主席董中原，副主席李卓彬、王永乐、乔卫，中国

11 月 30 日，中国侨联干部培训中心揭牌仪式在中国侨联机关举行

11 月 30 日，中国侨联领导林军（左四）、董中原（右三）、李卓彬（左三）、王永乐（右二）、乔卫（左二），顾问林明江（右一）、唐闻生（左一）共同为中国侨联干部培训中心揭牌

侨联顾问林明江、唐闻生及机关各部门主要负责人参加了揭牌仪式。

【中国侨联第一期青年干部培训班在京举办】11 月 12 日—15 日，中国侨联第一期青年干部培训班在北京总政沙河基地开班。来自中国侨联机关、事业单位及全国 30 个省级侨联的 56 名干部参加了培

11 月 12 日，中国侨联党组副书记、副主席董中原（前排左七）与中国侨联青年干部培训班全体学员合影

11 月 13 日，中国侨联第一期青年干部培训班学员参观国家游泳中心（水立方）

训班。中国侨联党组副书记、副主席董中原出席开班式并讲话。中国侨联秘书长兼办公厅主任王宏，中国侨联机关党委副书记、纪委书记、中国华侨华人历史研究所所长赵红英，权益保障部部长姜凤岩，组织人事部副部长李杰分别作了专题讲座。

【开展 2012 年度先进部门和文明处室及最满意公务员评选活动】为了积极贯彻落实中央关于“带头创先争优做人民满意公务员”精神，中国侨联机关开展“带头创先争优，争做人民满意公务员”活动。以“对人民负责、为人服务、受人民监督、让人民满意”为主题，切实抓好“三个活动”：一是开展“比学习，比思想，比干劲，比贡献”活动，形成“思想统一，行动一致，无私奉献，全心为侨”良好工作氛围；二是开展“比热情服务，比文明用语，比良好形象”活动，打造“热情、温暖、文明”的华侨之家；三是开展“比办公室资料文件放置规范、整齐，室内卫生整洁，办公用具摆放合理”活动，建设机关“文明处室”。根据投票结果，组织人事部（机关党委）被评为“先进部门”；办公厅秘书处、海外联谊部联谊处、经济科技部科技服务处、文化交流部新闻宣传处、权益保障部政策法规处、组织人事部综合处被评为“文明处室”；周慧、肖翎、侯春娟、邢砚庄、刘景春、吴亮被评为“最满意公务员”。中国侨联直属企事业单位评选中国华侨华人历史研究所为“先进单位”；评选中国华侨华人历史研究所理论政策研究部、中国华侨历史博物馆办公室、中国侨联机关服务中心后勤服务处、中国侨联公益事业管理服务中心服务处、企业管理总机构办公室、中国华侨出版社社长总编辑办公室、《海内与海外》杂志社编辑部为“文明处室”；评选张秀明、王厚增、王建博、尹媛媛、郭宇红、王颖、朱小平为“最满意工作人员”。

【做好省级侨联领导班子人选调整工作】 2012年，中国侨联共接到江苏、福建、海南等3个省级侨联换届和天津、山西、安徽、福建、江西、重庆、四川、广西、湖南、宁夏、新疆生产建设兵团、中央直属机关侨联等12个省级侨联调整领导班子人选的征求意见函。组织人事部认真做好调整人选的身份审核工作并形成建议报党组会，待研究通过后予以复函。

直属机关党委（纪委）

【领导成员名单】

党委书记：董中原

党委副书记：赵红英（女）

纪委书记：赵红英（女）

【综述】2012年，中国侨联直属机关党委在中直工委的领导和会党组的指导下，高举中国特色社会主义伟大旗帜，以邓小平理论、“三个代表”重要思想、科学发展观为指导，认真学习宣传贯彻党的十七届六中、七中全会精神和十八大精神，紧紧围绕侨联中心工作，充分发挥基层党组织战斗堡垒作用和党员先锋模范作用，大力加强党的思想建设、组织建设、作风建设、反腐倡廉建设、制度建设，为建设学习型党组织，构建和谐机关，促进机关各项工作任务的完成作出了应有的贡献。第一，学习宣传贯彻十八大，用十八大精神武装头脑、指导实践、推动工作。一是及时传达学习党的十八大精神；二是下发《关于深入学习贯彻党的十八大精神的通知》，对学习贯彻党十八大精神提出了明确要求；三是举办中国侨联直属机关处以上党员干部党的十八大精神学习班。第二，对创先争优活动进行总结。一是按照中央和中直工委要求，广泛开展群众评议活动；二是深入基层调研，推动创先争优活动开展；三是认真开展评选表彰活动；四是建立健全创先争优常态化、长效化机制，在实践中总结并形成的“党建带侨建”的工作机制，此活动得到了中组部李源潮部长的肯定。第三，深入开展“基层组织建设年”活动。第四，深入做好党风廉政建设一是开展遵守党的政治纪律专项检查工作。第五，做好群团工作和机关精神文明建设，促进和谐机关建设。

【开展“基层组织建设年”活动】一是在各基层党组织中开展分类定级工作。二是坚持举办党员教育培训班、普法讲座、专题讲座等活动。三是督促各级党组织认真落实好“三会一课”制度。四是督促党员认真履行职责，按时缴纳党费，积极参加党组织举办的各种活动。五是对历年直属机关党委文件进行整理，努力做到规范化、正规化。六是认真做好党员发展和入党积极分子培养工作。七是组织各党支部核对党员交纳党费基数，印发党员交纳党费数额计算方法表，重新核算党员交纳党费数额。九是为党组召开民主生活会征求意见建议。十是做好2011年党内统计和2012年半年报党内统计工作。

【加强党风廉政建设】一是开展遵守党的

1月13日，举办中国侨联直属机关迎新春联欢活动

4月25日，中国侨联直属机关工会举办保龄球团体赛

政治纪律专项检查工作。二是建立健全反腐倡廉制度。制定施行《中国侨联机关工作人员与侨交往有关纪律》；制定《中国侨联直属机关加强廉政风险防控的实施意见》；严格贯彻落实新制定的《中国侨联机关涉密文件信息资料保密管理有关规定》、《中国侨联重大决策社会稳定风险评估工作实施细则》。三是对《中国侨联关于贯彻〈建立健全惩治和预防腐败体系2008—2012年规划〉的实施办法》中各项工作任务落实情况进行梳理、总结，起草上报《中国侨联关于贯彻落实〈工作规划〉的情况报告》。四是广泛开展典型教育和警示教育。五是建立完善“领导干部廉政档案”。六是加强工程建设和招投标项目监督。七是推进干部监督工作科学化。八是做好信访举报工作。

4月25日，董中原副主席为保龄球团体赛获奖代表颁奖

4月25日，中国侨联直属机关工会举办保龄球团体赛比赛现场

【做好群团工作，建设和谐机关】一是春节前夕举办中国侨联直属机关迎新春联欢会。二是4月25日，直属机关工会举办第四届职工保龄球团体比赛。三是11月1日，直属机关工会举办第二届中国侨联直属机关职工双升扑克牌比赛。四是11月9日，机关工会和服务中心工会联合举办第二届“健步快乐行”活动。五是直属机关团委组织团员青年认真学习胡锦涛总书记在纪念中国共产主义青年团成立90周年大会上发表了重要讲话；举行“迎五四·青春飞扬卡拉OK比赛”。六是直属机关团委与会经济科技部联合开展了“健康光明行”活动，组织团员青年深入基层了解国情。七是开展了团员青年思想状况调查并形成调查报告。八是直

属机关妇委会邀请专家举办“突破亚健康，挑战生命极限”专题讲座。九是直属机关妇委会组织直属机关妇女同志开展捐建“母亲邮包活动”，共捐建169个“母亲邮包”，共计16900元。十是直属机关侨联开展了“归国华侨光辉历程”征文和侨界风采图片征集活动。

11月1日，举行直属机关第二届扑克牌双升比赛

【广泛开展群众评议】2012年1月，接到中央创先争优活动领导小组下发的《关于对基层党组织和党员开展创先争优活动情况进行群众评议的指导意见》和中直工委《关于对基层党组织和党员开展创先争优活动情况进行群众评议的实施意见》后，林军同志、董中原同志等中国侨联领导高度重视，及时做出重要批示，要求认真抓好落实。直属机关党委按照会党组要求，迅速组织各党支部开展群众评议工作。林军同志深入到组织人事部党支部和权益保障部党支部，以普通党员身份接受评议，指导工作。董中原同志主持党委会议，听取各基层党组织开展创先争优活动情况汇报。其他会领导也分别深入到分管部门（单位），参加和指导各基层党组织的群众评议工作。据统计，全会党员276名，共有255名参加群众评议，占党员总数的92%。

中国侨联直属机关团委举办摄影知识讲座

11月9日，中国侨联机会工会组织第二届“健步快乐行”活动

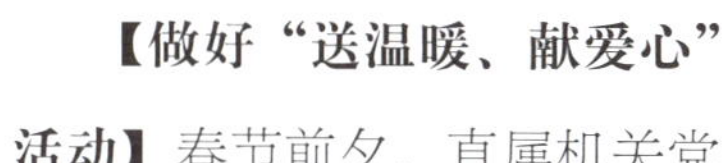

【做好“送温暖、献爱心”活动】春节前夕，直属机关党

中国侨联直属机关党委副书记赵红英、副巡视员李鸿兴慰问归侨侨眷

委会同行政部门慰问老党员、困难共产党员和困难职工归侨，为他们送去了党和侨联组织的温暖。1月9日—10日，董中原同志代表中国侨联赴云南看望慰问困难归侨侨眷。1月15日—19日，直属机关党委副书记、纪委书记赵红英赴新疆慰问困难归侨侨眷；1月14日—19日，李鸿兴副巡视员赴安徽慰问困难归侨侨眷；在此期间，直属机关党委还坚持慰问全国劳模及机关和所属企业困难职工，其中党费慰问13000元。

【完成党的十八大代表推荐选举工作】2011年11月—2012年11月，直属机关党委按照规定和程序，组织各级党组织和广大党员推荐林军同志为中直机关出席党的十八大代表候选人初步人选。同时，组织推荐林军、董中原、赵红英、李杰同志为中国侨联出席中直机关党代表会议代表。在中直机关党代表会议上，林军同志当选为党的十八大代表。在党的第十八次全国代表大会上，林军同志被推选为大会主席团成员并当选为新一届中央委员会委员。

【召开传达“两会”精神大会】3月15日，中国侨联机关召开全体干部职工大会，传达贯彻全国“两会”精神。中国侨联党组书记、主席林军在会上对中国侨联各部门、各单位学习贯彻“两会”精神提出要求。全国人大常委、全国人大华侨委员会副主任、中国侨联顾问李祖沛传达了全国人大十一届五次会议精神和政府工作报告、人大常委会工作报告、全国人大立法和“两高”工作报告的主要内容。中国侨联党组副书记、副主席董中原传达了全国政协十一届五次会议精神和中共中央政治局常委、全国人大常委会委员长吴邦国同志参加致公党和侨联界联组讨论的情况以及列席政协会议的海外侨胞代表的有关建议。中国侨联党组成员、副主席王永乐主持大会。中国侨联顾问及机关、直属事业单位、企业总机构和离退休干部职工共150多人出席会议。

3月15日，中国侨联机关传达贯彻全国两会精神大会

【开展“争创新业绩，喜迎十八大”主题实践活动】4月—11月，直属机关党委开展“争创新业绩，喜迎十八大”主题实践活动，印发了《中国侨联机关开展“争创新业绩，喜迎十八大”主题实践活动的指导意见》，对主题实践活动的形式、内容、组织领导等方面作了详细规定；8月底、9月初，在全体党员干部职工中开展了“学党史、知党情、喜迎十八大”知识竞赛活动。共有来自机关、企事业单位的干部职工和离退休干部近400人次参加了活动。

【编印中国侨联党组理论学习中心组论文集】4月中旬，按照《中国侨联党组中心组2009—2013年学习规划》的要求，直属机关党委和纪委于组织编印并向全体干部职工发送《学习·思考·探索——中共中国侨联党组理论学习中心组论文集》，林军同志《弘扬辛亥革命精神 团结联系广大华侨 为实现中华民族伟大复兴不懈奋斗》、董中原同志《进一步提高侨联工作的科学性、预见性、系统性、实效性》、李卓彬同志《深入学习党史 提高对统一战线重要性的认识》、王永乐同志《学习“七一”讲话 进一步加强侨联侨界人才工作》、乔卫同志《新时期侨联组织研究（之一）：侨联组织的属性》等收录其中，该论文集共收录了18篇理论文章，是侨联领导干部理论学习和科学实践的成果的集中体现。

【严格开展党的政治纪律专项检查】4月下旬，直属机关纪委印发通知作出开展党的政治纪律专项检查的部署，督促机关各部门和直属企事业单位按照要求通过召开组织生活会、座谈会、个别谈话等形式认真开展自查。5月中下旬会同组织人事部对部分机关部门及事业单位遵守党的政治纪律情况进行了重点抽查。在听取机关干部职工意见的基础上，按照要求综合检查情况，撰写专题报告上报会党组和中直纪工委，并及时向全体党员干部及时通报检查情况，增强机关党员干部严守政治纪律的自觉性。

【深入基层调研创先争优活动】4月27日，董中原同志带队来到中国华侨出版社就企事业单位开展创先争优活动进行调研。调研期间，董中原同志走访了华侨出版社各个部门，看望了干部职工，听取了华侨出版社社长、总编辑方鸣所作的华侨出版社开展创先争优活动的情况汇报。董中原同志指出，开展创先争优活动，要加强基层组织建设和学习型党组织建设，牢牢把握出版事业的正确发展方向，坚持为社会主义服务、为人民服务、为侨服务的统一，发挥华侨出版的优势，在党和国家大局中展现华侨出版事业的作为。

4月27日，中国侨联党组副书记、副主席、机关党委书记董中原（前左四）赴中国华侨出版社就开展创先争优活动等情况进行调研

中国侨联机关工作人员与侨交往有关纪律

一、禁止泄露党和国家机密和工作秘密。

二、禁止传播谣言，参与有损国格、人格及中国侨联形象的活动。

三、禁止在侨务活动中利用职权和职务上的影响，为本人或特定关系人谋取不正当利益。

四、禁止在与侨交往中收受贵重礼品，索取财物。

五、禁止在侨资企业或华侨华人社团报销个人费用。

六、禁止为本人及亲属在出国（境）旅游、探亲、留学、定居等方面，向华侨华人、侨界社团、侨资企业索取资助。

七、禁止在侨资企业参股或持有侨资企业干股。

八、禁止违反规定在侨资企业兼职或从事有偿中介。

九、禁止违反规定干预或插手侨资企业的经营活动。

中国侨联机关工作人员与侨交往有关纪律

【完善党风廉政及内控机制建设】 4月中旬，直属机关纪委根据要求起草上报了《中国侨联关于开展问责制执行情况的总结报告》；5月中下旬，进一步规范与侨交往的行为，经中国侨联第八届党组43次会议研究同意，制定实施了《中国侨联机关工作人员与侨交往有关纪律》；8月下旬，直属机关纪委结合侨联实际，制定了《中国侨联直属机关加强廉政风险防控的实施意见》。

【举办“迎五四·青春飞扬卡拉OK比赛”】 5月4日，中国侨联直属机关团委举办了“迎五四·青春飞扬卡拉OK比赛”，30多位团员青年高唱青春之歌、时代之歌，讴歌祖国伟大成就，展现侨联青年风采。中国侨联党组书记、主席林军，党组副书记、副主席、直属机关党委书记董中原亲临比赛现场，为选手颁发奖杯并与团员青年联欢。中国侨联秘书长、办公厅主任王宏，直属机关党委副书记、纪委书记、中国华侨华人历史研究所所长赵红英，办公厅副主任、机关服务中心主任张岩，组织人事部副部长、干部培训中心主任李杰，直属机关党委副巡视员、直属机关工会常务副主席李鸿兴等一同观看了比赛。

【开展创先争优表彰活动】 6月25日，中国侨联召开直属机关创先争优表彰大会。中国侨联党组书记、主席林军作了重要讲话。林军同志强调要及时总结创先争优活动中形成的行之有效的好经验、好做法，推动创先争优常态化、长效化，保持党员在思想上政治上的先进和纯洁。会上，对经济科技部党支部、权益保障部党支部、华侨公益基金会党支部、华侨华人历史研究所党支部等4个先进基层党组织，王欣、王建博、王婧、王颖、祁德贵、苏渊海、李志涛、李南、李舰舶、李德元、时艺、吴磊、何长松、陈小云、陈民生、武朝霞、林美龄、林涛、林萧凡、易超、郑慧、郭宇红

6月25日，中国侨联直属机关创先争优表彰大会暨党员教育培训开班

6月25日，中国侨联直属机关表彰优秀党员和党务工作者

等22名优秀共产党员，王巍、刘凤珍、刘奇、李杰、李莹、张春旺、林佑辉、郑学森、姜凤岩、高天仕、黄纪凯、崔续更等12名优秀党务工作者进行了表彰。

【在各基层党组织中开展分类定级工作】 4月—6月，直属机关党委按照“领导班子好、党员队伍好、工作机制好、工作业绩好、群众反映好”的要求，采取群众满意度测评、上级党组织点评、党委全委会讨论等形式，根据机关、事业、企业和离退休党员支部等不同类型，结合年度考核、述职述廉以及平时掌握情况等，通过填写分类定级评分标准表的方式，对所属各级党组织进行了分类定级。经过打分测评，评选出在创先争优活动中的优秀党支部、优秀党员和优秀党务工作者。

【举办党员教育培训班】 6月25日—29日，按照中央的要求和会党组的部署，中国侨联直属机关党委举办了两期党员教育培训班。培训班深入学习领会党的十七届六中全会精神，学习了中央党校教授陈宇飞、李俊伟、王长江的辅导报告，观看了优秀共产党员陈印田先进事迹和反腐倡廉案例，现场听取了人口计生委宣教司司长张建关于加强基层党组织建设的讲座，大家深入研讨，畅谈了学习体会。机关和直属企事业单位的100多名党员参加了培训。董中原副主席出席结业式并作总结讲话。

6月27日，举办中国侨联直属机关党员教育培训班

7月6日，中直工委副书记、纪工委书记周福启一行到中国侨联对开展党的政治纪律开展专项检查

年，2012年重点抓了以下几方面工作：广泛开展典型教育和警示教育；坚持组织党风廉政建设知识答题活动；把廉洁从政作为重要培训内容；坚持廉政教育"关口"前移，对新到侨联工作的干部进行廉政纪律教育。

【学习传达党的十八大精神】 11月8日，直属机关党委及时组织广大干部职工集体收看党的十八大开幕式，聆听胡锦涛同志所作的工作报告。会后，各基层党组织及时召开学习会、座谈会，畅谈对十八大工作报告的体会和感想，并将学习情况及时反馈中直工委。11月16日，党的十八大代表、十八届中央委员会委员，中国侨联党组书记、主席林军全面系统地传达了党的十八大会议盛况和会议精神，并结合侨联工作就学习宣传贯彻党的十八大精神提出要求。直属机关党委及时制定下发《中国侨联关于认真学习宣传贯彻党的十八大精神的通知》，进一步明确了学习、

【及时总结思想政治教育经验】 直属机关党委和纪委引导广大党员干部坚定不移地遵守党的政治纪律，旗帜鲜明地维护党的政治纪律，不折不扣地执行党的政治纪律，得到了中直纪工委的肯定。7月6日，中直工委副书记、纪工委书记周福启等领导到中国侨联就开展遵守党的政治纪律专项检查工作进行检查指导。7月31日，直属机关党委副书记、纪委书记赵红英同志代表中国侨联在中直机关遵守党的政治纪律专项检查总结会上作了题为《开展思想政治教育　坚定信念严明纪律　强化党员监督管理　规范言行锤炼党性》的发言。

【贯彻落实工作规划】 9月中旬，机关纪委上报了《中国侨联关于贯彻落实〈工作规划〉的情况报告》，2012年是贯彻落实《建立健全惩治和预防腐败体系2008—2012年工作规划》的最后一

中国侨联召开传达学习贯彻党的十八大会议精神大会

11 月 16 日，党的第十八届中央委员，中国侨联党组书记、主席林军同志向全体干部职工传达党的十八大会议精神

宣传、贯彻的具体要求，在全国侨联系统兴起了学习宣传贯彻十八大精神的热潮。

【学习宣传贯彻党的十八大精神】党的十八大胜利闭幕后，11 月 19 日—20 日，中国侨联党组召开中心组理论学习会，学习贯彻党的十八大精神。党的十八届中央委员，侨联党组书记、主席林军主持学习并传达了胡锦涛同志在党的十七届七中全会上的重要讲话和习近平同志在党的十八届一中全会上的重要讲话。中国侨联副主席董中原、李卓彬、王永乐、乔卫以及各部门主要负责人参加了学习。大家围绕十八大报告和胡锦涛、习近平同志的重要讲话精神，结合侨联工作实际和本职工作积极思考，踊跃发言。林军同志在总结发言中强调：一要深刻认识十八大的重大意义，二要准确把握十八大报告的丰富内涵和精神实质，三要围绕中心服务大局做好侨联工作。

【举办直属机关处以上党员干部党的十八大精神学习班】12 月 3 日—7 日，根据中央部署和中直工委要求，直属机关党委举办了处以上党员干部党的十八大精神学习班，共有 90 余名来自机关、企事业单位的处以上干部、支部委员、团委委员参加了集中学习。林军同志做了动员讲话，董中原同志作了总结讲

12 月 5 日，董中原同志在中国侨联处以上干部十八大精神学习班上讲话

11 月 19 日—20 日，中国侨联党组理论学习中心组学习党的十八大精神

话。学习期间，大家认真聆听了中央党校教授张希贤和赵绪生的辅导报告，原原本本地研读了党的十八大报告、《中国共产党章程》和中央纪委工作报告，每人提交了不少于 1500 字的学习体会。

【举办学习党的十八大精神辅导报告会】12 月 4 日上午，机关党委举办直属机关学

12 月 4 日，中国侨联举办学习贯彻党的十八大精神辅导讲座

习贯彻党的十八大精神辅导报告会，中央党校教授张希贤应邀作了题为《创造性学习贯彻党的十八大精神》的辅导报告，他从党的十八大的历史地位与主题、九个方面纲领与为全面建成小康社会而奋斗、在“决战小康”社会中全面创新与推进党的建设等方面作了精彩讲解。中国侨联党组副书记、副主席董中原会见了张希贤教授并就相关问题作了交流。

【加强工程建设和招投标项目监督】直属机关纪委定期派人参加华侨历史博物馆筹建领导小组会议和筹建办公室例会，监督有关决定和工作方案的审定过程，并对华侨博物馆馆舍建设工程招投标和开工建设的关键阶段进行了全过程跟踪监督；对华侨博物馆全程跟踪造价审计单位招标进行监督；对 2013 年亲情中华春节晚会审计单位招投标过程和程序进行监督；对机关及事业单位采购办公家具及有关设备进行监督。

【推进干部监督工作科学化】直属机关纪委对选拔任用处级干部和企事业单位提拔相当于处级的干部进行监督；全程监督会机关公务员招录、事业单位工作人员招聘及军转干部录用过程，圆满完成了新进人员的招录和招聘工作。

【做好信访举报工作】直属机关纪委严格按照中纪委《关于加强纪检监察基层信访举报工作的意见》和《中国侨联机关关于信访举报工作的规定》，发挥监督作用，畅通信访举报渠道，按照程序认真办理有关事项。

中国侨联年鉴

中国侨联直属企事业及社会团体工作简介

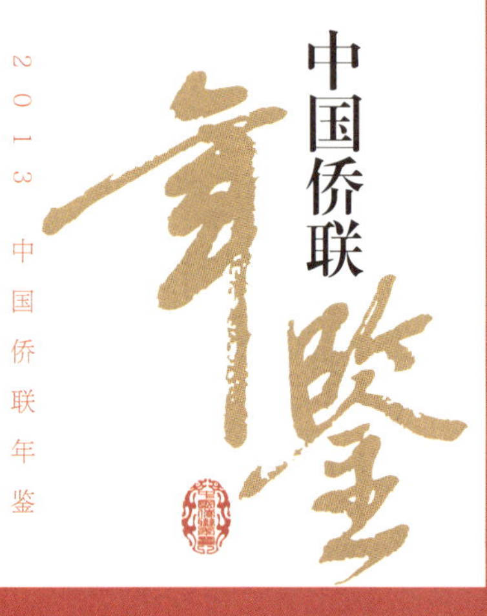
中国侨联
年鉴
2013 中国侨联年鉴

中国侨联机关服务中心（机关服务局）

【领导成员名单】

主　任：张　岩（女，兼）

副主任：傅正中　汤玉林　李　莹（女）

【综述】中国侨联机关服务中心是中国侨联直属财政补助事业单位，主要职能是：为机关提供各项后勤服务；负责机关授权使用的国有资产（机关享有受益权）的管理和保值增值；代办机关委托管理的部分行政事务；承办中国侨联综治委、爱卫办、计划生育办、交通安全委员会、绿化办、节能减排等具体工作；协助办公厅承办机关各类会议的会务工作；负责老办公楼配电室管理和维护费用的代收、代缴；兴办经济实体，增加创收，增强经济实力，为机关服务和自身发展提供保证；完成会领导与机关交办的其他事项。2012 年，在中国侨联党组的正确领导和办公厅等相关部门的大力支持下，机关服务中心以邓小平理论、“三个代表”重要思想、科学发展观为指导，认真贯彻落实十七届六中、七中全会和党的十八大、中国侨联八届四次全委会议精神，紧紧围绕侨联中心工作，在党组织建设、内部管理、后勤保障等方面下功夫，坚持抓管理、抓服务、抓节约、抓稳定，认真履行服务职能，确保中国侨联机关正常运转。

【党组织建设】2012 年，机关服务中心按照中国侨联党组的统一部署和机关党委的整体要求，坚持从实际出发，深入开展学习活动，大力加强服务中心党支部和党员队伍建设。在 5 月 11 日召开的党支部大会上，党员们踊跃发言，分别作了廉洁承诺，并就如何创建先进支部和争做优秀共产党员提出了多条建议和意见；为认真贯彻落实中国侨联机关关于加强机关交通安全管理的指示精神，迎接党的十八大召开，确保“七一”、“十一”等节日安全，在中心党支部支持下，车队组织全体驾驶员开展了为期半年的“交通安全竞赛活动”，调动起全体驾驶员的积极性共同参与，营造出“喜迎十八大、创优质服务、保安全行车”的热烈氛围，司机们积极检查车辆、排查隐患，确保行车安全，违章率明显降低，组织纪律性有所提高，建立起以交通安全为核心的安全责任体系，交通安全管理受到中央国家机关交通安全

4 月 23 日，机关服务中心副主任李莹为机关同志介绍图书角

图书角掠影

委员会、北京市东城区交通大队的通报表彰。为鼓励干部职工学习，机关服务中心还专门为职工开辟了“图书角”，准备了上百本图书供职工借阅。通过集体学习和开展特色活动，确保了党的路线方针政策及中心科学发展的规划、思路、举措得到切实贯彻落实，党员干部的党性更加坚定，工作作风更加务实，工作思路更加开阔，干部队伍更加稳定。

【内部管理】2012 年，针对中心干部职工关注的难点和热点问题，重点规范了综合性事务工作流程，严格执行人事和财务工作制度。对历史遗留下来的有关人员工资问题进行了核实，并依标准核定补发；根据中心人事专题会部署，对于个别退休干部反映的工资级别套改及有关待遇等问题进行了解释、说明。2012 年，为了加强财务管理，中心对财务报销流程进行了规范，进一步加强现金管理，配合办公厅做好中心年度财务审计工作，受办公厅委托报销机关工作人员医药费、出租车交通费，对资金使用和财务报销流程进行了规范，顺利完成与机关的后勤服务经费结算，财务管理和后勤统计工作受到了国家机关事务管理局的通报表彰。在车辆管理中，协助办公厅起草了《中国侨联机关公务用车配备管理使用实施细则》征求意见稿，修订了车队管理制度，并制成展板张贴上墙，便于执行和对照检查；坚持进行车辆统计核算工作，为与国管局中央行政和管理绩效考评工作顺利接轨，车队在前几年实行单车核算的基础上，补充完善有关项目，将单车每天的出车情况、行驶公里、油耗及燃油费、维修保养费、过路过桥费、司机车公里补贴、值班费、临时停车费、固定停车费、车辆保险费、违章记录等一一造表、统计，对重点项目比如行驶公里、油耗、维修保养费等进行全面的比较、分析，及时发现问题并提出解决对策。在日常工作中，中心领导班子始终坚持民主、公开、透明的工作作风，无论是业务工作还是人事安排，都纳入会议议程；凡涉及干部职工利益的事项都要广泛征求大家意见，并根据会议议题适时召开扩大会，中心领导还就职工反映强烈或突出的问题，与职工谈心、交换意见。2012 年，中心累计召开例会 28 次，专题办公会 4 次。

【后勤保障】2012 年，按照会领导的指示要求，适时调整工作思路，在实践中不断改进工作，坚持围绕侨联中心工作展开后勤服务，为侨联机关正常高效运转和各项工作的顺利完成提供可靠的后勤保障。全年共接待各类会议、培训班、检查组 20 多次，人数达到 2200 余人次。在会务服务中，会务组包括车队司勤人员既能服从统一领导和指挥，又能各司其职，各负其责，落实各个细节，让会议按既定程序顺利进行。在物业服务中，全年共保障新办公楼内部会议 350 多次，完成配电室和锅炉房的正常维修、检测和计量设备更换工作，保证了供电供暖两不误；同时，在老办公区积极开展节约用水、用电、防火、防盗、防易

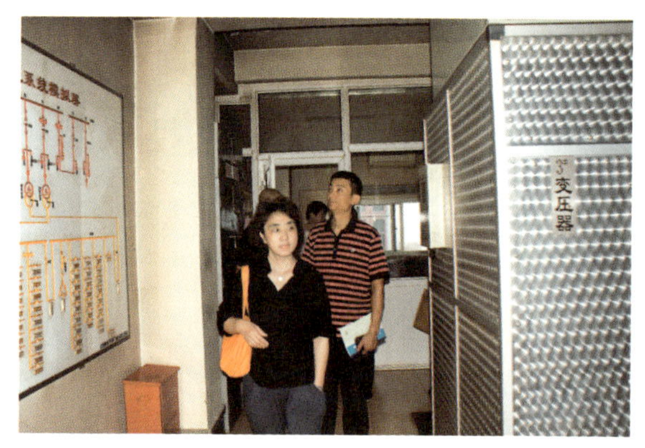

9 月 19 日，机关服务中心会同机关行政处进行安全检查

燃易爆事故安全检查及宣传工作，共更换旧办公楼、资料室、华博、聚才大厦、配电室、食堂等重点部位消防器材 175 个，维修暖气、空调、电灯、电热水器、门窗、门锁、办公设备 350 余次，保障事业单位召开各类会议 80 余次。

【机关委托的行政事务性工作】做好机关委托的综合治理、爱国卫生、绿化、节能减排、资产管理等行政事务工作是机关服务中心一项重要职能。为迎接“十八大”，开展对办公区域及食堂食品安全专项治理及保障工作，对新办公楼食堂食品添加剂不规范、食堂用具不卫生的问题提出批评和整改要求；安排机关职工赴官厅华侨农场义务植树及参加“共和国部长义务植树活动”，组织上报中央国家机关义务植树考核及基本情况登记表的文字总结；

4 月 13 日，李卓彬副主席（左四）参加义务植树并与农场领导班子合影

9 月 19 日，老办公区食堂正在进行卫生大扫除

协助行政处采购所需办公设备，参与工体停车证的办理、消防、人防的工作落实；对职工供暖费、物业费进行统计、拨付，协助海外联谊部做好会领导去国外及台湾地区访问所需物资采购、发运工作。

【遗留问题的解决】根据八届七次主席办公会议精神和会领导有关批示，中心有关人员参与了原驻厦办遗留问题的处理工作。2012 年，中心领导带队多次赴厦门处理驻厦办遗留问题，及时将工作进展情况报分管会领导，并发文给福建省有关部门及与厦门市工商局接触，并在《厦门日报》头版登报声明中国侨联驻厦办已于 2001 年撤销，原有文件及公章作废。为切实抓好中心本职工作，履行好基本服务职能，中心按照中国侨联有关规定和国家关于国有资产管理的规章制度，继续对所属企业及挂靠单位进行清理整顿，完成中侨联公司下属盛先达营养品厂工商营业执照、税务登记证等的注销和债务免除工作。

4 月 13 日，中国侨联职工参加义务植树活动

【官厅华侨农场有关工作】官厅华侨农场是由机关服务中

心管理的中国侨联直属华侨农场。为配合会领导推进官厅华侨农场土地确权，中心始终与河北省怀来县有关人员保持接触。为帮助华侨农场争取有关政策，对官厅华侨农场提出的事业单位法人登记一事进行了批复，同意其将机构性质调整为事业单位，进行事业单位法人登记。职工子弟的就业问题是关系农场职工民计民生的大事，根据发展需要，在充分考虑职工子女特长和条件的前提下，2012 年共安排 17 名职工子女就业。提高全场职工幸福指数，发展成果由全场职工共享是场党委、场务会一切工作的出发点和落脚点，2012 年围绕这个中心全心全意为职工办实事办好事：一是拨付资金 2 万元连续第四年为在职职工办理重大疾病医疗互助保险，增加了职工重大疾病医疗的报销渠道；二是考虑患病职工的身体状况和实际困难，积极同怀来县劳动人事和社会保障局联系，为部分职工办理了病退手续；三是高度重视患病职工住院治疗问题，第一时间安排专人到医院探望，送去慰问金，并发出向困难同志献爱心活动倡议书，全场党员干部纷纷响应；四是组织人员对家属院的老旧自来水管道进行了更换，彻底解决了职工生活用水问题；五是场党委于 7 月 22 日成立了职工住房安全工作领导小组，加强了对各家属院职工住房安全的巡查力度，对各家属院房屋进行维修，有效提高了职工住房的安全性，同时对各家属院周边的杂草进行了清理，重点部位清理出 10 米宽的防火隔离带，确保职工家属院的防火安全。为全面提高农场冬季防火能力，确保全场特别是中华永久陵园平安度过冬季防火期，农场党委分两个阶段组织开展了秋季防火大会战：第一阶段参战人员 374 人次，车辆 32 车次，重点完成了陵园园区内主干道及各小园树木提干工作和卫生清理工作；第二阶段参战人员 632 人次，车辆 45 车次，完成了陵园广场及两座案山的 3222 株树木提干和卫生清理工作以及园区内两条消防管道沟共 350 米的填埋、园区内 6 条 3850 米防火隔离带的清理、陵园苗圃内树木提干及杂草清理、农场主干道 3950 米路边树木提干和杂草清理工作。两个阶段会战共出动人员 1006 人次，车辆 77 车次，提干修剪各类树木 11718 棵，清除杂草 8500 平方米，清运各类垃圾 456 车，使陵园发展环境、整个场区和中华永久陵园园区的防火能力均得到了明显提升，陵园园区面貌焕然一新。

中国华侨华人历史研究所

【领导成员名单】

所　长：赵红英（女，兼）

副所长：张春旺

【综述】2012年，中国华侨华人历史研究所（简称“侨研所”）工作人员从数量到结构，工作内容从广度到深度都发生了很大变化，全所同志团结协作、开拓创新，锐意进取、务求实效，各项工作都取得了较好成绩，逐渐形成了“围绕中心的大局意识、团结和谐的团队精神、严谨科学的治学态度、开拓进取的时代风貌”的所风，为侨研所各项工作的进一步发展奠定了良好的基础。

【李卓彬副主席来所看望新进人员】2012年侨研所招聘了4名应届博士研究生和1名硕士研究生。8月14日，中国侨联副主席、中国华侨历史学会副会长李卓彬到侨研所看望新进人员，并与大家亲切座谈。座谈中，他首先对新成员的到来表示欢迎。他说，集中招聘这么多高学历、高层次的人员，这在侨研所历史上是首次，体现了中国侨联对侨研所工作的重视、支持以及对大家的高度期望。他要求新进人员尽快适应新环境、熟悉工作业务，在中国侨联和华侨华人研究的事业中充分发挥自己的聪明才智。他指出，侨研所经过20多年的发展和积累，已经打下了良好的基础，建立了不少平台。比如，我们有作为全国中文核心期刊的《华侨华人历史研究》杂志，有涉侨图书丰富的资料室，还有中国华侨历史学会联系着国内外的专家学者。他希望新进人员尽快确立自己的研究方向，充分利用现有的平台增长自身的实践才干，进一步提升侨研所的学术氛围和学术水平，大家齐心协力，共同把侨研所打造成一流的华侨华人研究机构和文化交流的平台。他还围绕如何尽快完成角色转换、端正工作态度、保持良好心态、更好地实现人生价值等方面对大家提出了殷切期望。李卓彬强调，要很好地与侨研所、与中国侨联、与社会环境融合，他鼓励大家要坚守信念，不懈追求，克服困难，积极进取，只有为自己的身后留下沉甸甸的成果，人生才不会有遗憾。大家纷纷表示，一定会努力工作，团结向上，争创佳绩，为侨史研究和侨联工作贡献自己的力量。

8月14日，中国侨联副主席、中国华侨历史学会副会长李卓彬看望新进人员

【加强理论学习，争当先进支部】2012年，侨研所根据上级部署，加强党性学习和教育，组织学习了秦光荣同志《领导干部要正确处理“六个关系”》一文；组织全所同志积极参加“学党史，知党情，喜迎十八大”知识竞赛活动；加强政治纪律教育，与党中央

在思想上、行动上保持一致。根据安排，侨研所党支部开展了创先争优活动情况进行群众评议和遵守党的政治纪律情况专项检查，集中观看了《人民好儿女》电视系列片；组织全所同志集体收看中国共产党第十八次全国代表大会开幕式直播，并将收看情况及时反应上报。自创先争优活动开展以来，侨研所党支部深入思考如何适应科研机构的特点，在高学历人员比较集中的单位开展创先争优活动。通过认真学习党中央关于开展创先争优活动要求，按照中直工委的部署和中国侨联直属机关党委的安排，针对侨研所工作和党的建设中存在的不足与问题，侨研所党支部坚持以推进侨研所工作科学发展为目标，以打造服务大局的奉献精神、团结和谐的团队精神、严谨科学的治学精神、开拓进取的创新精神为抓手，切实加强支部自身建设，团结带动全所同志大力推进各项工作，在创先争优活动中实现了创新发展。2012 年 6 月，侨研所党支部被评为“中国侨联创先争优先进基层党组织”，并被中直工委列为典型。2012 年 9 月，侨研所党员人数达到 9 人，经中国侨联直属机关党委五届十一次会议审议通过，成立了中共中国华侨华人历史研究所党支部委员会。

【召开 2012 年度《中国侨联年鉴》编纂工作会议】 5 月 10 日，2012 年度《中国侨联年鉴》编纂工作会议在北京召开，中国侨联副主席乔卫，秘书长兼办公厅主任王宏等出席了会议。会议发行了首部年鉴——《2011 中国侨联年鉴》，并部署了 2012 年鉴编纂任务。会议由侨研所所长赵红英主持。年鉴编纂工作由中国侨联办公厅和侨研所负责组织实施。在 2012 年度《中国侨联年鉴》编纂工作会议上，乔卫副主席充分肯定了《2011 中国侨联年鉴》出版的重要意义。他说，《2011 中国侨联年鉴》是中国侨联的首部年鉴，在侨联历史上是

出版中国侨联年鉴

5 月 10 日，2012 年度《中国侨联年鉴》编纂工作会议在北京召开，首部年鉴正式发行

零的突破，为我们走向年鉴编纂工作制度化、规范化开了好头，奠定了较好的基础。首部年鉴的编辑出版，得到了中国侨联领导的高度重视和有力指导，得到了各级侨联和机关各部门、各单位的大力支持，年鉴撰写人员和编辑工作者则以强烈的责任感和使命感，尽职尽责、默默耕耘，为首部年鉴的顺利出版贡献出一份力量。乔卫要求，在2011年鉴编纂工作取得成绩的基础上，要再接再厉、乘势而上，切实做好2012年鉴编纂工作。首先要加强组织领导，按时完成编纂任务；其次要精心筹划内容，全面反映工作成绩；第三要切实认真负责，严把年鉴撰稿质量关；第四要不断推动创新，提高年鉴撰写水平；第五要坚持精益求精，提升年鉴品牌影响力；第六要秉持为侨服务，提高年鉴的社会影响力。乔卫还对今后年鉴的编纂提出了殷切的期望。他强调各级侨联和年鉴撰写、编纂人员要发挥优势、扩展视野，把总结工作与加强侨联理论研究结合起来，把编辑工作与培养研究人才队伍结合起来，把肯定工作成绩与推动创新发展结合起来，充分发挥年鉴在侨联工作科学发展中的应有作用。侨研所副所长张春旺就《2011中国侨联年鉴》编纂中存在的问题和2012年鉴撰写工作注意事项作了简要说明。最后，王宏对会议作了小结，要求各级侨联和中国侨联机关各部门、各单位认真贯彻乔卫副主席的讲话精神，加强组织领导，建立稳定的年鉴撰稿人员队伍，认真完成《2012中国侨联年鉴》编纂工作。部分省市侨联主席、副主席和中国侨联部门负责人以及《中国侨联年鉴》编写人员共60多人参加了会议。

【继续举办“中国侨联华侨华人研究系列讲座”】以中国华侨历史学会和侨研所名义精心打造的“中国侨联华侨华人研究系列讲座”，2012年继续举行，今年共举办了4次讲座。3月16日，外交部创新实践委员会孙显宇参赞主讲“中国海外领事保护问题”，他介绍了领事工作的主要内容和范围，以及中国高效有力的“四位一体”的协调和处理机制。6月18日，中共中央党史研究室任贵祥研究员主讲“党的三代领导核心及胡锦涛总书记的侨务理论述评”，阐述了从毛泽东到胡锦涛时期党的历代领导人的侨务思想。10月10日，马来西亚田英成博士主讲“漫谈东马及马来西亚的侨情”，

11月2日，乔卫副主席在中国侨联华侨华人研究系列讲座上主讲“关于做好侨联工作的几点思考”

2012年中国侨联华侨华人研究系列讲座主讲专家

3月16日，李卓彬副主席、林明江顾问、林淑娘顾问参加中国侨联华侨华人研究系列讲座

6 月 18 日，李祖沛顾问、林淑娘顾问、朱添华顾问参加中国侨联华侨华人研究系列讲座

探讨了东马的历史发展、东马华人移民与社会情况和东马的华文教育、报刊情况；11月2日，中国侨联副主席乔卫主讲“关于做好侨联工作的几点思考”，从深化对侨务工作基本问题的认识、深化对侨联自身认识的问题和侨联组织创新的问题三个方面进行了生动的讲解。系列讲座紧贴侨联工作实际，增进了专家学者与中国侨联的交流，扩展了机关干部的视野，受到机关各部门同志和专家学者们的欢迎。

【开展中国侨联课题中期检查】根据《中国侨联课题管理办法》的相关规定，7 月中旬，侨研所向各课题负责人发出《关于中华全国归国华侨联合会课题中期检查的通知》及《中华全国归国华侨联合会课题 2012 年度检查表》、《中华全国归国华侨联合会课题重要事项变更审批表》。9 月 15 日，中国侨联课题 2012 年度中期检查评审会在北京召开。参加这次评审会的专家组成员有清华大学社会科学学院龙登高教授、北京大学历史学系吴小安教授、清华大学政治学系张小劲教授、北京联合大学台湾研究院陈文寿教授、北京华文学院李嘉郁教授、中华全国总工会研究室王科副主任、中国华侨华人历史研究所赵红英所长、中国华侨华人历史研究所张春旺副所长、中国华侨华人历史研究所张秀明编审、中国华侨华人历史研究所研究室巫秋玉主任等 10 位专家学者。承担中国侨联课题实施工作的中国华侨华人历史研究所的有关同志列席了会议。会议由张春旺主持。赵红英首先介绍了课题进展的总体概况以及课题中期检查的基本情况。她说，这是中国侨联成立 50 多年来第一次推出课题研究项目，体现了中国侨联对华侨华人研究的重视，旨在进一步推进华侨华人历史和现实问题的研究，促进侨务理论创新，为党和国家的侨务工作发展提供科学依据。中国侨联于 2011 年 4 月 20 日首度向全国公布 2011—2013 年度课题后，得到全国各高校、科研机构的侨界研究学者们的高度关注和积极响应。2011 年 10 月，经中国侨联主席办公会讨论通过，有 25 项课题立项。所有反馈回来的《检查表》显示，各课题研究都按原先课题设计方案顺利实施，各课题负责人在资料收集、实地调查等方面有很大收获，各课题组共完成阶段性成果 43 篇，其中包括中英文论文、调研报告、侨情专报及书籍。赵红英希望通过与会专家客观公正的评审，更好地推进中国侨联课题项目的工作。通过课题研究进一步探索华侨华人研究的方向，推动研究视野、角度和方法的创新，为国家侨务政策的制定提供更有价值的参考。专家们一致认为，中国侨联课题机制的建立，对于团结华侨华人研究力量、整合研究资源、建立研究队伍、推动华侨华人研究的繁荣与发展，起到了积极作用。课

9月15日，中国侨联课题2012年度中期检查评审会在北京召开

题负责人都是相关领域的研究专家，各项课题框架设计合理、进展情况良好，希望继续高质量地推进下一步调查研究。这次会议还就中国侨联课题管理办法修改事项、中国侨联课题（2013—2015年度）指南范围、重点方向等征询了专家们的意见。张春旺在会议结束时对专家学者的支持表示由衷的感谢，他说，各位专家学者的建言献策使本次会议对中国侨联课题2012年度中期检查的评审顺利完成，也为做好下一阶段的课题管理和实施工作打下了基础。侨研所将根据各位专家的意见，逐步完善课题管理机制，加强对各课题承担者的联系沟通与指导，强化阶段性成果的应用，推动中国侨联首度课题圆满完成。

【推进侨史工程】为更好地推进侨史工程，中国侨联成立了侨史工程编辑委员会，由林军同志担任主任，董中原、王永乐、乔卫同志担任副主任，李卓彬同志担任常务副主任，相关省市侨联领导及侨研所相关人员为成员。同时，侨研所组织全所力量，对《华侨史概要》进行修订，计划于明、后两年完成。起草制订《华侨农场史》大纲，计划用三年时间完成。

【坚持做好老归侨口述历史工作】口述历史资料在记录历史和史学研究中的作用，是其它史料所不能替代的。与传统习用的文献档案、传记日记、笔记杂考、报刊杂志等资料相比，口述历史有其独特的学术价值。多年来，侨研所坚持开展这项工作，在做好山西、天津、广西、广东、海南、福建、浙江、河北、吉林、湖北等10个省市老归侨口述历史工作的基础上，在安徽省继续推动这项工作，2012年完成了安徽省老归侨口述历史采访和资料整理工作。2012年12月，《徽风皖韵聚侨心——安徽归侨口述录》由中国华侨出版社正式出版发行。

【与国内外多个华侨华人研究机构建立合作关系】2012年，为推动华侨华人研究工作的深入开展，侨研所积极联络国内相关华侨华人研究机构，相继达成以下合作协议：与北京大学华侨华人研究中心共同主办“北京大学华

10月10日，侨研所领导向田英成博士赠书

侨华人系列讲座”；与清华大学华商研究中心合作，作为支持单位举办“清华大学华商论坛”；与暨南大学华侨华人研究院合作，共同创立“华侨华人研究协同创新中心”；与五邑大学及部分国内学者联合申请“侨批文书整理与研究”国家社科基金重大委托项目，为侨批申请世界非物质文化遗产做准备；与五邑大学广东侨乡文化研究中心和美国旧金山州立大学族裔研究学院亚裔学系共同主办“国际移民与侨乡研究”研讨会；等等。这一批合作项目的达成对于提升侨研所在侨史学界的地位，扩大侨联工作的影响，都有着积极作用。

5 月 16 日—19 日，张秀明前往加拿大参加“第五届海外华人研究与文献收藏机构国际会议”并主持两场小组讨论

6 月，侨研所派员赴马来西亚参加华人研究双年会

【积极开展国内外学术交流活动】2012 年，侨研所研究人员积极参加国内外学术交流活动。3 月，赵红英赴暨南大学参加 211 工程“华侨华人与中外关系”项目校内验收会议；张秀明赴广州参加“和谐与共赢：国家软实力及华侨华人的作用”国际学术研讨会。4 月，巫秋玉参加中国人民抗日战争纪念馆举行的学术研讨会。5 月，赵红英、张秀明、巫秋玉等 10 位同志参加侨研所与北京大学联合举办的“北京大学华侨华人研究系列讲座”，由日本东京外国语大学亚非语言文化研究所三尾裕子教授主讲“关于‘华侨华人’的文化人类学研究：以日本学者的研究为例”讲座；赵红英、巫秋玉参加国务院侨务办公室“东南亚侨情侨政务虚会”；

5 月 2 日，赵红英向三尾裕子教授（左）赠送图书张秀明作为组委会成员前往加拿大参加“第五届海外华人研究与文献收藏机构国际会议”并主持两场小组讨论。6月，巫秋玉、李章鹏、乔印伟、胡修雷4名研究人员提交论文并前往马来西亚参加“第一届马来西亚华人研究双年会”；张秀明作为嘉宾发言人赴厦门参加“第四届海峡论坛·2012两岸侨联和平发展论坛”；巫秋玉、乔印伟、胡修雷参加清华大学“北美华人学者论坛”。7月，路阳参加清华大学当代国际关系研究院主办的“2012政治学与国际关系学术共同体会议”。9月，张秀明应邀参加北京市侨联主办的“华侨华人与中华文化论坛”，并作大会发言；巫秋玉、路阳、罗杨、密素敏参加北京大学华侨华人研究系列讲座，由马来亚大学黄子坚教授主讲“头家与教会贤达：1963年前北婆罗洲客家领导层”。10月，马来西亚资深报人、作家、历史学者田英成博士来侨研所就东马及马来西亚侨情开展学术交流；路阳参加河南大学主办的“第七届中国青年政治学者论坛”。11月，在五邑大学举办的“国际移民与侨乡”研讨会上，侨研所9名研究人员提交了参会论文。

【开展华侨华人问题专题研究】2012年，侨研所学术研究工作亮点纷呈。一是研究领域有了新突破，侨研所研究人员围绕中国侨联党组关心的重大问题，主动承担了中国侨联“侨乡文化比较研究”及“少数民族华侨华人归侨研究及侨联工作对策”课题。二是推出了新的研究成果，侨研所研究人员参加的国侨办课题“传统侨乡侨务资源可持续发展研究——以潮汕侨乡为视角”已结题。三是开展国际移民与华侨华人生存发展研究，组织翻译了《2011国际移民报告》。四是积极为《中国侨联侨情专报》供稿，侨研所多篇文稿被采用，被评为“全国侨联信息工作先进单位”并获得特等奖。

【共同主办“国际移民与侨乡研究”研讨会】11月19日—21日，由侨研所与五邑大学广东侨乡文化研究中心和美国旧金山州立大学族裔学院亚裔学系共同主办的第二届“国际移民与侨乡研究”国际研讨会在广东江门五邑大学举行。来自美国、加拿大、澳大利亚、日本、西班牙、荷兰、马来西亚和新加坡等国家的23位学者和两岸四地的60多位专家学者参加会议，共收到论文62篇。开幕式由五邑大学副校长张国雄教授主持。中国华侨华人历史研究所副所长张春旺代表主办单位致辞。此次研讨会以中、英双语进行，共分12场，有近

11月19日，侨研所主办并派员参加“国际移民与侨乡研究”国际学术会议

60位学者在会上宣读了论文。会议以历史学者为主，同时还有社会学、人类学、人口学、政治学等多学科学者共同参与。与会学者围绕国际移民理论与政策、各国国际移民历史与现实、海外华侨华人、海外华侨华人与中国侨乡互动关系、中国侨乡历史与现实等研究专题展开了热烈的讨论。侨研所张秀明、胡修雷、张焕萍、罗杨、路阳、密素敏在研讨会上分别以《改革开放以来中国的海外移民与侨乡的多元化发展》、《21世纪初期中国大陆海外新移民认同初探》、《关于移民的有效传播——国际移民组织〈2011年世界移民报告〉述评》、《融合与变迁——对柬埔寨华人社会与国内侨乡信仰的比较研究》、《三十年来中国大陆的侨乡研究述评——基于〈华侨华人历史研究〉(1982—2011)载文的分析》、《云南侨乡与少数民族华侨华人》为题目宣读了论文。

【《华侨华人历史研究》首次入选双核心期刊】2012年初，由中国侨联主管、侨研所主办的《华侨华人历史研究》杂志入编《中文核心期刊要目总览》2011年版（即第六版）之政治学（含马列）类的核心期刊，也就是俗称的全国中文核心期刊。《中文核心期刊要目总览》2011年版从14000多种期刊中筛选出1000多种刊物进入核心期刊，这是《华侨华人历史研究》首次入编全国中文核心期刊。《华侨华人历史研究》在首次入编《中文核心期刊要目总览》的同时，继续入选《中文社会科学引文索引》(CSSCI)来源期刊（2012—2013年度）。目前，我国的人文社会科学期刊评价体系主要由北京大学的《中文核心期刊要目总览》和南京大学的《中文社会科学引文索引》等组成。这样，《华侨华人历史研究》成为唯一同时入选全国中文核心期刊和CSSCI来源期刊的侨界期刊。近年来，刊物坚持学术方向，实现了可持续发展，国内和国际影响力进一步增强。通过中国知网的国际用户达到3000多个，其中包括哈佛大学、斯坦福大学、牛津大学、剑桥大学、东京大学等国际一流学府；机构用户和个人用户分布在全球20多个国家和地区。

【发挥“窗口”作用，做好资料室服务工作】2012年，侨研所资料室新进图书20种90本，其中进口图书9本；交换及受赠图书318本；根据侨情变化和领导需要，《华侨华人资料》和《侨刊快讯》坚持及时、快速出版，编辑了若干专题资料。编辑并发行《华侨华人资料》5期、《外刊快讯》19期及6集4个内容；发行《华侨华人历史研究》4期；邮寄图书500余册；协助学会秘书处邮发学会通讯录488份及会议通知几十封。

【继续办好“两刊一讯一报”】2012年，《华侨华人历史研究》封面、封底实现全新改版，共出版四期；《华侨华人资料》继续根据侨情变化和领导需要，编辑专题资料，出版6期；《外刊快讯》坚持及时反映时效热点问题，全年出版24期。继2011年首次编发《侨史研究动态专报》10期以来，2012年继续做好该项工作，截至2012年底，共编发《侨史研究动态专报》25期。

【积极参与中国侨联中心任务】在做好本职工作的同时，侨研所人员服务大局，积极参与中国侨联中心任务。1月，赵红英、巫秋玉前往新疆维吾尔自治区慰问困难归侨。2月，赵红英随李卓彬副主席同志出访委内瑞拉、古巴、墨西哥三国并撰写出访报告。3月，张春旺赴福建参加基金会公益图片展调研。5月，张春旺随乔卫副主席前往广东参加华侨公益事业图片展调研；侨研所与中国华侨公益基金会一起邀请相关专家学者就“华侨与公益事业”开展座谈；赵红英、张春旺参加华侨与公益事业座谈会。8月，张春旺参加华侨农场工会建设情况调研，王兆国同志对调研报告作出重要批示；密素敏、张焕萍、段瑞龙作为工作人员参加由中国侨联经济科技部主办的“第四届新侨创新成果交流会”。9月，赵红英、李章鹏、罗杨参与中国华侨历史博物馆《展陈大纲》的相关论证，李章鹏、罗杨具体参与《展陈大纲》的修订工作。4月—10月，乔印伟参加由人力资源和社会保障部牵头，教育部、中国侨联等部委参与的“留学回国人才收入状况调查”课题，已完成课题报告。10月，张焕萍、密素敏作为工作人员参加中国华侨公益基金会成立20周年纪念活动。

【扎实做好日常行政工作】一是做好事业单位改革和侨研所财务独立等工作。3月，请人力资源和社会保障部刘炳泉研究员来所作事业单位工资改革讲座。5月，经过认真准备，侨研所取得事业单位法人资格，并办理税务登记证、组织机构代码证和国税、地税的登记申报工作。二是做好往来接待工作。6月，五邑大学副校长张国雄等来侨研所交流访问。同月，邀请印尼学者陈良玉、香港学者陈希贤、陈仲德等人到侨研所进行座谈交流。7月，暨南大学陈奕平教授来侨研所商谈合作事宜。同月，中国侨联办公厅原巡视员、研究员方雄普为侨研所新进人员就如何更好地进行侨史研究作了讲座。8月，广东省侨办副主任林琳率团来侨研所座谈，就撰写《广东华侨史》征求专家学者意见。10月，印尼《生活报》纪念丛书编委会来访侨研所，就合作召开该丛书出版研讨会事进行了磋商。三是做好干部录用和聘任工作。2012年侨研所配合组织人事部录用了5名应届毕业生，并予以定岗定级。巫秋玉、文京霞分别被聘为研究室主任（管理岗位五级职员）和管理岗位六级职员。

【加强干部岗位业务培训】2012年，侨研所继续重视员工岗位培训工作。张春旺参加了中直先进基层党支部书记培训班。全体党员参加了中国侨联直属机关党委举办的党员教育培训班。陈小云参加了国家事业单位登记管理局举办的事业单位网上登记管理培训班。新进人员参加了中国侨联组织的中国侨联青年干部培训班。

中国华侨出版社

【领导成员名单】

社长兼总编辑：方　鸣

副　社　长：刘凤珍（女）

副 总 编 辑：陈致远

【综述】2012年，中国华侨出版社在中国侨联党组的正确领导下，深入贯彻学习党的十八大精神，全社上下一心，强作风、抓落实、促发展，形成了良好的工作局面，取得了可喜的业绩。中国华侨出版社的产品规模、市场占有率和销售额近年来一直保持持续增长的势头，品牌影响力大幅提升。2012年在全国图书零售市场中排名首次进入前十名。全年出书近千个品种，出版了《2011中国侨联年鉴》、《荆山楚水系侨心——湖北归侨口述录》、《徽风皖韵聚侨心——安徽归侨口述录》、《爱的丰碑——中国侨联抗震救灾暨援建北川中学纪实》、《国际移民与侨乡研究》、《旅居者与移民——美国太平洋铁路华工与爱尔兰劳工报纸形象分析》、《昆明华侨史》、《村落遗产地政府主导开发模式研究》等一大批体现侨联工作成就、反映侨界最新研究成果的重点侨类书籍；同时策划出版了以《因为懂得　所以慈悲（张爱玲的倾城往事）》为代表的一批畅销读物。在做好主业的同时，研究、建立外向型的工作机制，一直是中国华侨出版社的工作重点，目前已与香港、台湾等地的多家知名出版机构开展了相关版权和出版业务合作。与此同时，注重文化软实力潜能的发展，通过参与筹办会展等方式，与文化创意产业项目团队及机构建立深度合作关系，逐步打造在文化创意产业领域的经营竞争能力。

【中层以上干部参加中国侨联学习贯彻党的十八大精神大会】11月16日，中国侨联机关召开大会，十八大代表、十八届中央委员、中国侨联党组书记、主席林军全面系统地传达了党的十八大会议盛况和会议精神。中国华侨社出版社干部、员工认真听取、领会林军主席所提出的要求后纷纷表示，要结合自己的业务范围，坚持贴近实际、贴近生活、贴近群众，围绕学习贯彻党的十八大精神，根据中央的统一部署，主动配合全会的工作，真正做到从自己做起，从现在做起，从每一件事情做起，为丰富社会主义文化事业贡献自己的力量。

12月7日，出版社干部参加学习十八大培训班

【董中原副主席赴中国华侨出版社调研】4月27日，中国侨联党组副书记、副主席、机关党委书记董中原专程赴中国华侨出版社，就开展创先争优活动等情况进行调研。董中原走

访了华侨出版社各个部门，看望了干部职工，听取了中国华侨出版社社长方鸣所作的华侨出版社开展创先争优活动的情况汇报。董中原说，华侨出版社深入开展创先争优活动以来，认真学习贯彻中央精神，面对激烈竞争的市场环境，出版社全体干部职工奋发努力，积极进取，坚持改革、发展、稳定的有机统一，各项工作取得了明显成效。董中原谈到，党的十八大将在今年下半年召开，推进创先争优活动，加强基层组织建设，应配合营造迎接党的十八大召开的浓厚氛围，发挥华侨出版的优势，把握正确导向，精心选择出版书目，注重宣传党和国家事业发展取得的重大成就，倡导民族团结、社会和谐。要牢牢把握出版事业的正确发展方向，坚持为社会主义服务、为人民服务、为侨服务的统一，有效增强主流意识形态和先进文化的影响力，在党和国家大局中体现华侨出版事业的作为。董中原指出，党中央对社会主义文化大发展大繁荣作出了全面部署，华侨出版社面临着新的发展机遇和有利条件。应坚持走专业化、特色化之路，强化“侨”的特色，创建“侨”的品牌，打造出更多符合市场要求、弘扬中华文化的图书产品。要坚持走信息化、数字化之路，适应新兴媒体的发展，力争在数字化时代抢得先机。要坚持“走出去”发展战略，适应海外侨胞传承中华优秀文化的需求，为推动海外华文教育、中外文化交流做出新的更大贡献。董中原表示，华侨出版社转企改制工作已经取得了重大进展。应继续解放思想、转变观念，在建立新的符合现代企业要求的体制和机制方面取得突破。着眼增强华侨出版社的核心竞争力和发展活力，推进完善法人治理机构，构建适应社会主义市场经济需要、符合出版产业发

4 月 27 日，董中原副主席与出版社中层以上干部座谈

4 月 27 日，董中原副主席与中国华侨出版社职工合影

4 月 27 日，方鸣社长向董中原副主席介绍出版社文化书廊

展规律的管理体制和运行机制。应进一步加强探索和改革实践，推动转变发展方式，调整发展战略，优化出版结构，推动华侨出版事业进一步做大做强。董中原强调，开展创先争优活动，加强基层组织建设，关键是要增强党组织的凝聚力和战斗力，充分发挥基层党支部的战斗堡垒作用和党员的先锋模范作用。应以增强党性、提高素质为目标，大力推进学习型党组织建设，积极拓展学习内容、途径和渠道，不断在武装头脑、指导实践、推动工作上取得新进展。要坚持以人才兴社强社，进一步营造有利于人才成长的环境和氛围，为华侨出版社进一步发展奠定坚实的人才基础和深厚的智力支持。董中原向中国华侨出版社赠送了著名书法家书写的“大展宏图”字幅，祝愿中国华侨出版社越办越好，使之真正成为科学发展、敢于创新、充满活力、影响广泛的世界一流出版社。中国侨联直属机关党委副书记、纪委书记赵红英等一同参加了调研活动。

【召开中层干部会议学习贯彻党的十八大精神及林军主席讲话精神】12 月 3 日，中国华侨出版社召开中层干部会议。社长兼总编辑方鸣出席会议并讲话，副社长刘凤珍主持会议。与会同志谈了自己初步学习十八大精神及林军主席讲话精神的体会和感受。方鸣社长在总结讲话中指出，做好新形势下的华侨出版工作，第一，要认真学习宣传贯彻党的十八大精神。对于华侨出版工作而言，要贯彻落实十八大精神，必须把华侨出版工作放到全面建成小康社会的高度来认识，从侨联工作全局出发，深入研究华侨出版工作面临的新课题、新任务、新要求，推动华侨出版工作健康、快速发展。第二，全体中层干部要讲党性、重品行、作表率。老同志要发挥经验丰富的优势，把好关、带好头，为青年干部和全社职工树立好的榜样，青年干部要尊重老同志，勇于创新，锐意进取，发挥敢想敢拼的精神，认真抓好本部门工作，做华侨出版社的中流砥柱。全社干部职工要认真学习宣传贯彻党的十八大精神，以对党的出版事业的高度责任心和使命感做好自己的本职工作。第三，必须围绕文化工作中心任务，不断提高出版水平。社长总编辑办公室要健全机制，改善服务，积极做好劳动人事、收入分配和岗位管理等各项工作。发行部要建立有效的营销网络机制、完善的经营管理运行机制和科学的业绩考评机制，增强活力，切实提高发行工作的能力和水平，以期在不景气的经济形势下闯出一条新路。编辑部要加强学习，不断提高编辑出版水平和能力，改善图书品种、数量、结构、质量，满足广大人民群众的阅读需求。

【创先争优活动成绩显著】中国华侨出版社党支部在创先争优活动中，组织得力、效果显著、成绩突出。按照中央创先争优领导小组统一部署，全国妇联在2012年“三八”国际妇女节期间，表彰了一批在创先争优活动中取得突出成绩的先进集体和个人。中国华侨出版社符合全国妇联提出的“领导班子好、队伍素质好、工作机制好、工作业绩好、群众反映好”的五好标准，荣获“全国妇女创先争优先进集体”荣誉称号。6月，中国侨联召开直属机关创先争优表彰大会，中国华侨出版社副社长刘凤珍同志被评为“中国侨联直属机关创先争优优秀党务工作者”，王颖和王婧两位同志被评为“中国侨联直属机关创先争优优秀共产党员”。

【出版社青年参加“迎五四·青春飞扬卡拉OK比赛”】2012年是中国共产主义青年团成立90周年，5月4日，中国侨联直属机关团委举行“迎五四·青春飞扬卡拉OK比赛”，30多位团员青年高唱青春之歌、时代之歌，讴歌祖国伟大成就，展现侨联青年风采。中国侨联党组书记、主席林军，党组副书记、副主席、直属机关党委书记董中原亲临比赛现场，为选手颁发奖杯并与团员青年联欢。中国侨联

5月4日，林军主席向青年团员致以节日的问候

5月4日，董中原副主席为获奖选手颁奖

机关和企事业单位30多位团员青年参加了卡拉OK比赛和联欢，大家纵情歌唱，抒发对人生的感悟，对未来的憧憬，对时代的赞美和对祖国的祝愿，演唱感情真挚，充满青春激情，活力四射，感染力强，现场欢歌笑语，气氛热烈。中国华侨出版社共有4位团员青年参赛，9位团员青年担任比赛评委，其他团员青年积极踊跃担任工作人员。比赛决出一等奖1名，二等奖2名，三等奖3名，优秀奖3名。

【出版社团员参加“健康光明行”活动】“健康光明行”是中国侨联募集侨界和社会各界爱心人士的资金，免费为老少边穷地区白内障患者实施复明手术的社会公益活动，先后帮助全国各地数千名贫困白内障患者重见光明，点燃生活希望，在全社会赢得了广泛的赞誉。2012年6月22日—28日，中国侨联、天津市侨联、湖北省侨联、天津医科大学眼科中心联合开展的“健康光明行”活动在湖北省阳新县启动，这是中国侨联今年在湖北实施1000例免费复明手术的最后一站。此次“光明行”活动在阳新县共为200名患者实施免费复明手术。这既为当地贫困白内障患者带去了福音，又为当地医院传播了先进的医疗技术。中国华侨出版社团员宋玉参加了这次活动。

【《指尖上的隐私》青岛书城签售圆满成功】7月14日上午10时，中国华侨出版社在青岛书城举办了《指尖上的隐私——揭秘现代人最真实的网络生活》作者图书签售暨感恩会。作者陈冰虽是文坛新秀，却有着丰富的人生经历，曾做过歌手、老板、自由撰稿人、网络编辑，也做过全职太太。目前从事影视方面的工作，对于网络生活有着自己的敏锐而细腻的感触。本次活动形式新颖，一改往日单调的签售形式，首次邀请了当地著名乐队、资深音乐人演奏献声。青岛美食节目主持人尚可作为特邀嘉宾友情主持，吸引了不少读者驻足。国际级作家刘真骅、青岛作协主席郑建华、副主席叶凡、高建刚、王音、王勤、杜帝等岛城著名的文坛前辈及近年来活跃在全国文坛的岛城年轻作家刘杰、安东等均到现场祝贺，可谓是青岛文坛的一次盛会。此次签售活动，对于提高中国华侨出版社的品牌影响力、对于《指尖上的隐私》一书的销售，起到了一定推动作用。

作家陈冰为读者签名

【中国华侨历史学会文库再添新作】采访老归侨，征求、出版老归侨口述历史是中国华侨华人历史研究所2004年以来开展的一项重要规划，这项规划得到了中国侨联领导的关心和支持。截至目前，已先后在山西、天津、广

2012年出版的部分书籍

西等十二个省市区进行了采访。中国华侨历史学会文库之二十七、之二十八：《荆山楚水系侨心——湖北归侨口述录》、《徽风皖韵聚侨心——安徽归侨口述录》两书分别于3月、12月由中国华侨出版社出版发行。

【《爱的丰碑——中国侨联抗震救灾暨援建北川中学纪实》出版】该书编委会搜集了援建北川中学过程中的大量史料，进行归类整理，精选图片100余幅，全面展示了中国侨联和地方各级侨联的救援工作和赈灾活动，广大归侨侨眷、海外侨胞和港澳台同胞以及社会各界的热情支持和奉献，记录了援建北川中学的方方面面和点点滴滴。

【《因为懂得　所以慈悲（张爱玲的倾城往事）》出版发行】继《你若安好　便是晴天》引爆畅销散文体传记后，白落梅的《因为懂得　所以慈悲（张爱玲的倾城往事）》又以数十万册的销量让广大读者重新认识了张爱玲。

《海内与海外》杂志社

【领导成员名单】

副社长兼副总编辑：陈　权

【综述】《海内与海外》杂志社为中国侨联事业单位，负责编辑、出版《海内与海外》杂志。《海内与海外》杂志为中国侨联主管、主办的社会性、涉外性、文化性综合月刊，在国内外公开发行。期刊以爱国主义为导向，以弘扬海内外侨界爱国爱乡的优良传统为宗旨，以独特视角及浓墨重彩展示海内外侨界政治家、企业家、科学家、教育家、文学家、艺术家等各界杰出人士的风采，世界各地华侨华人在中国与侨居国所作贡献及在当地的生存现状与发展、走向，以及源远流长、博大精深的中华文化、唐人街风光、异域风情等。为适应中国经济高速发展以及配合中国经济转型、企业升级换代的需要，期刊就海内外侨商所关注的国家财经政策、海内外经济形势、产业发展、投资方略等诸多层面，组织权威专家、学者及资深财经记者撰写力作，详尽分析解读，以俾参考。期刊为国际通行的大 16 开本，全彩胶印，每月在北京出版。现主要栏目有："封面人物"、"特别报道"、"高端访谈"、"经贸论坛"、"热点透视"、"中国在线"、"本刊特稿"、"华夏纪事"、"投资方略"、"名人风采"、"名家随笔"、"侨界之光"、"唐人街"、"人在海外"、"域外见闻"、"商海钩沉"、"老字号"、"名人轶事"、"艺坛之星"、"神州风物"、"神州感旧"、"文化视野"、"收藏与鉴赏"、"中华民俗"、"名人故里"、"商会瞭望"、"海内外短波"，以及"世间万象"、"往日情怀"、"心灵呼唤"、"光影瞬间"、"书屋"、"百草园"、"书画苑"等。2012 年，杂志社在中国侨联党组的领导和关怀下，坚持以邓小平理论、"三个代表"重要思想、科学发展观为指导，认真学习党的十八大精神，立足侨界，坚持正确的舆论导向，强化精品意识，认真组织优秀图文稿件，精心编排，精心印制，推出一期期受到读者欢迎和好评的精美刊物。编辑部被评为"中国侨联 2012 年度先进集体"，编辑部副主任朱小平被评为"中国侨联 2012 年度先进个人"。

【2012 年 1 月号】本期封面图片为《神州又逢春运潮》。重点篇目有：《政策应尽量引导资金投向实业》、《资本运作之"养猪论"》、《黄金，薄如蝉翼的黄金》(下)、《买方拒收，原因何在?》、《红星——六十年真情不变》、《京城"聚元号"弓箭铺》(下)、《侯宝林与"戏剧与方言"》、《兰花啊，兰花》、《家里的灯，还亮着》、《从"慰冰湖"畔开始的留学之路》(中)、《映像在羽毛上的美国》、《汉诺威红线》(上)、《找不着北——旅美谐趣之二》、《龙年说龙》(上)、《澳门游踪》、《木兰怀古》、《旧京厂甸庙会寻踪》、《"桃花女"与民俗》、《三亚六日》、《国槐情结》、《北京人趣事》(下)、《键盘上的舞蹈》、《域内几多大藏经》(上)、《俄罗斯的绿色圆舞曲》、《周洪谟与千年古刹、名碑》。

【2012 年 2 月号】本期封面图片为《第十一颗北斗导航卫星在西昌成功发射》。重点篇目有：《坎昆龙城：中国企业开拓拉美市场的好地方》、《全球金融乱世如何收场》(上)、《让知识产权成为资本》、《日本见闻》、《"选

秀”的背后》、《成语的喜剧》、《从“慰冰湖”畔开始的留学之路》(下)、《草地上的英国》、《找不着北——旅美谐趣之三》、《汉诺威红线》(下)、《从鲁迅故居到博物馆》(上)、《寻访诸葛亮出生地》、《遥远的850——忆父亲尹瘦石》、《雍和宫的龙文图饰》、《龙年说龙》(下)、《瑞丽:翡翠淘宝的乐园》、《什刹海边的古迹》、《袁世凯洹上垂钓的背后》、《域内几多大藏经》(下)。

【2012年3月号】本期封面人物为《创业新思维的追求者——访浙江省侨联副主席、中国侨商联合会副会长林东》。重点篇目有:《五项措施用于“做最坏的准备”》、《中国经济将由高速增长转入低速增长》、《全球金融乱世如何收场》(下)、《民间外交的魅力》(上)、《发挥海外联谊优势,为中华文化走向世界不懈努力——全国人大代表、中国侨联副主席、北京市人大副主任、北京市侨联主席李昭玲访谈录》、《从鲁迅故居到博物馆》(下)、《苦难的力量》、《诗的世界》、《棉兰地区的开发功臣——张榕轩纪念馆巡礼》、《海伊的旧书店》、《伊斯坦布尔:一座有故事的城市》(上)、《南海子专家张友才》、《大街上的“热带鱼”》、《“凿冰齐发捞鱼手——呼伦湖观捕鱼》、《瓷印古今谈》、《小屋的回忆》、《我爱杜鹃美》、《燕九节与白云观庙会》、《佛门戒律知多少》、《无双胜境武当山》、《闲话称谓》。

【2012年4月号】本期封面图片为《2012北京国际汽车展》。重点篇目有:《2011年中国股市为何“熊霸全球“》、《全球华人财富圈正在兴起》、《民间外交的魅力》(下)、《城市环境与艺术审美.》、《青城山散记》、《人还是应该有精神追求的》(上)、《话说禄米仓》、《旧京花木业》、《多哈三味》、《安息吧,我的

2012年第3期封面

2012年第4期封面

牙》、《奇迹是这样创造的——记北京大学第一医院肾内科专家周福德》、《又是一年芳草绿——记首都绿化公益事业优秀个人石春鸿》、《相逢樱花浪漫时》、《哈罗滋与考文园》、《伊斯坦布尔：——一座有故事的城市》(中)、《生命的推敲》、《九寨沟——童话般的世界》、《万叠燕山万叠泉》、《忆漫画家黄远林》、《社日与社稷坛》、《闲话北京的胡同》、《探访燕山古迹——仰山》、《未曾打赢的战争》、《禅宗丛林制度与百丈清规》(上)、《关于花事》、《枫叶之国》。

【2012 年 5 月号】本期封面图片为《北川新县城巴拿恰商业街》。重点篇目有：《贺强：重推 T+0 交易改革股票发行制度》、《人民币国际化进程须发展离岸市场》、《个人所得税要尽快走人家庭扣除》、《大地沙漠化的警示》、《文化名片》、《人还是应该有精神追求的》(下)、《城市环境与艺术审美》(下)、《从“京城名编”到编剧达人——记旅美作家李硕儒》、《中国传统艺术的魅力》、《九宫格与四合院》(上)、《诗人刘章印象》、《卡塔尔也有“剩男”》、《轮子上的睡意》、《京城电话溯源》、《疯狂的足球》、《北海道之旅》、《伊斯坦布尔：——一座有故事的城市》(下)、《翰林傅增湘——独具慧眼鉴古书》、《旧京绣货行》、《月季无日不春风》、《北洋水师未曾惨败黄海》、《砖茶的记忆》、《禅宗丛林制度与百丈清规》(下)、《因为山在那里》、《向日葵》、《关于朋友的断想……》。

【2012 年 6 月号】本期封面图片为《首届中国(北京)国际服务贸易交易会在京举办》。重点篇目有：《普华永道专家指点企业海外投资》、《解析世界经济热点》、《毛泽东专机长

2012 年第 6 期封面

蔡演威的传奇人生》(上)、《卢绪章：经济领域的“红色特工”》、《京城“花儿金”传奇》、《九宫格与四合院》(中)、《清代的满蒙八旗进士》(续一)、《一语道破断背山》、《巴黎有条塞纳河》、《天堂降落的彩虹》、《满族的由来》、《美食二题》、《高级简单》、《是北洋水师的素质差吗》(上)《持续 67 年的平准之战》、《梅派佳人言慧珠》、《如何是祖师西来意》、《征鹏、陈波新著《溅血的王冠》赏析》、《端阳佳节与防病养生》、《快乐种在环境里》、《曾京兰指画》、《印度洋上的伊甸园》。

【2012 年 7 月号】本期封面图片为《中国第一位女航天员刘洋》。重点篇目有：《打造通向印度洋的桥头堡黄金口岸》、《建立新的跨境人民币支付系统》、《温州金融政策有望突破》、《毛泽东专机长蔡演威的传奇人生》(下)、《恢复智慧之光——记李德生在黑龙江

的一件小事》、《"要货白"和脸谱大师双起翔》、《旧城"小门"布店协成生》、《隔膜与相遇》、《君山银针》、《不可一日无此君》、《砖塔胡同与鲁迅、张恨水》、《卢沟晓月》、《九宫格与四和院》（下）、《清代的满蒙八旗进士》（续二）、《"酒仙"演员——朱旭》、《一个女记者的斯里兰卡手记》、《从泰晤士河走出的英国》、《有大爷作派的北京人》、《是北洋水师的素质差吗》（下）、《言派佳人言慧珠》（下）、《从二祖慧可到五祖宏忍》、《马奎武和他的笔墨追求》、《美国拱门国家公园》。

【2012年8月号】本期封面图片为《易思玲夺得伦敦奥运会首枚金牌》。重要篇目有：《要深化金融体制改革》、《中国要紧紧咬住发展实体经济》、《三军仪仗队与奥运会》（上）、《香港见闻》、《旅英画家胡东放》、《杂家李滨声》（上）、《踏出国门之后》、《龙云将军的悲喜人生》、《稳健的行事风格》、《长汀：穿越风雨的守望》、《魂牵梦遗大别山》（上）、《多向蒙山览烟霞》、《西藏之行琐记》（上）、《抱朴含真之"老腔"》、《"暗算"柳云龙》、《美国校车探访记》（上）、《"自己动手"的加拿大人》、《北洋水师英雄谱之水兵王国成》（上）、《习书三昧》、《西沙记忆》、《六祖慧能与坛经》（上）、《英国随笔》、《有歌相伴的岁月》、《爱的花语——玫瑰》、《峡谷竹韵》、《恰似一场岁月的皈依》、《镜头里的澳大利亚》。

2012年第8期封面

【2012年9月号】本期封面图片为《建设中的第五个国家新区——兰州新区》。重点篇目有：《中国经济中长期发展与招商引资》、《中国企业"走出去"，机遇与风险呈上升趋势》、《我要回来，母亲！——钓鱼岛现状、历史纵横谈》（上）、《张召忠——荧屏上的将军风采》（上）、《南水北调东线散记》（上）、《三军仪仗队与奥运会》（中）、《话说末代文人》（上）、《管鲍之交》、《折磨人的往事——贺于是之85岁诞辰》、《阳光的脚步》、《杂家李滨声》（下）、《毛泽东与一副对联》、《旧京玉器行》、《丁中江其人其事》、《张大千的童年》、《魂牵梦遗大别山》（下）、《所谓的"范大成"和"翰林院修编"》、《英国的雨》、《冬季的柏林》、《美国校车探访记》（下）、《北洋水师英雄谱之水兵王国成》（下）、《云蒙遐想》、《西藏之行琐记》（下）、《中元节与盂兰盆会》、《六祖慧能与坛经》（中）。

【2012年10月号】本期封面图片为《北京金融街》。重点篇目有：《金立群谈全球投资并购趋势》、《人民币国际化之路怎么走》、《我要回来，母亲！——钓鱼岛现状、历史纵横谈》（中）、《凝聚合力铸辉煌——北京金融

街建设二十周年略记》、《金融街礼赞》、《张召忠——荧屏上的将军风采》（下）、《一位找不到“标准像”的共和国大将》、《相约格瓦拉》、《南水北调东线散记》（下）、《三军仪仗队与奥运会》（下）、《面人汤及其传承人汤夙国》、《家山无双》、《话说末代文人》（下）、《从一篇散文说起》、《成都新貌》、《比利牛斯散记》、《隔海相望的国度》、《北洋水师英雄谱：黎元洪与段祺瑞》、《比礼宾司的都“门儿清”》、《六祖慧能与坛经》（下）、《那芦苇荡、那荷花淀……》、《英伦秋色》。

【2012 年 11 月号】本期封面图片为《天安门广场立体花坛》。重点篇目有：《科技金融如何促进科技创新》、《环交所：为碳交易试点开足马力》（上）、《探索林下经济新模式》（上）、《庆十八大胜利召开》、《我为“七大”站岗》、《若是公仆如绍祖》、《我要回来，母亲！——钓鱼岛现状，历史纵横谈》（下）、《走进塔克拉玛干》、《发明的记忆》、《华枝春满，天心月圆——我与南怀瑾先生的师生情谊》（上）、《忆与费孝通先生云南之行》、《“早起的鸟儿”》、《相约波茨坦》、《中国与联合国难民署的合作》、《让世界听懂古琴》、《瞻仰塞万提斯纪念碑》、《秋临野鸭湖》、《话说马应龙眼药》、《旧京天桥的饭摊儿》、《北洋水师海战指挥和阵形无误》（上）、《满族姓氏的来源》、《傲霜秋菊夺春华》、《“话又说回来了”——富有思辨哲理的北京人。

【2012 年 12 月号】本期封面图片为《歼——15 飞机在“辽宁”舰上起飞》。重点

2012 年第 12 期封面

篇目有：《海外成功并购的关键》、《环交所：为碳交易试点开足马力》（下）、《探索林下经济新模式》（下）、《毛泽东在延安二三事》、《沙漠与资源》、《报道河南灾情第一人——回忆大公报记者、父亲张高峰》（上）、《孤直梁鼎芬》（上）、《华枝春满，天心月圆——我与南怀瑾先生的师生情谊》（中）、《在瑞典看雍和宫老照片》、《“游学”趣事》、《张学良的十年垂钓》、《三义——从镖局到客栈》、《献给配角的掌声》、《脸谱画家田有亮》、《化腐朽为神奇——王良与根雕》、《北洋水师海战指挥和阵形无误》（下）、《老北京旗人的点心盒子》、《由意大利式悠闲说起》、《玉华洞志》、《安徽山水歌》、《马车悠悠》。

中国华侨历史博物馆

【领导成员名单】

馆　长：李卓彬（兼）

副馆长：黄纪凯

【综述】2012 年，在中国侨联党组的关心和李卓彬副主席的直接领导下，在机关各部门和直属事业单位的支持下，中国华侨历史博物馆（简称“博物馆”）全体人员与相关各方共同努力，各项工作取得了突破性进展，馆舍建设主体工程进展顺利，有望在 2013 年 1 月实现主体结构封顶。展陈、藏品、研究与交流、内部管理及自身建设等各项工作都以开馆为目标，稳步推进。

【馆舍建设进展顺利】2012 年馆舍建设施工正式展开，为了加快馆舍建设，同时减少施工区域内人为干扰，营造和谐稳定的施工现场，博物馆多次与周边居民、社区居委会、街道办事处沟通，充分了解居民诉求，周密安排、合理测算，完成了对施工现场周边近 1500 户居民夜间施工扰民补偿合同的签订和补偿款的发放，为取得夜间施工的行政许可提供了前提。完成施工区域土地许可证的办理。自 4 月下旬开始，在会领导直接领导下，与施工各参与方通力合作、加强协调，克服了自然和人为的各种困难，在确保工程质量和安全前提下依次完成了深基坑护坡桩、降水及锚杆的支护施工和土方挖运。委托检测单位定期对地基沉降、护坡位移进行检测。进入雨季后，多次召开安全协调会议，制定了职责明确、措施到位的应对方案，确保深基坑的稳固安全。落实工期计划，11 月底，主体结构施工达到正负零水平，为 2013 年 1

1 月 12 日，林军主席、李卓彬副主席视察博物馆工地

8 月 14 日，林军主席在李卓彬副主席陪同下视察博物馆基坑施工现场情况

11 月 1 日，博物馆施工现场

12 月 27 日，博物馆施工现场

月实现主体结构封顶创造条件，期间，林军主席、李卓彬副主席多次到施工现场检查进度情况。在主体施工同时，积极组织，先后完成了中国侨联配电室改造及博物馆外电源的设计与施工、施工用水及上水关止的设计与施工，保证施工正常用电、用水、排水的实施。加强监督管理，严守纪律、规范程序。定期派人参加监理例会并组织有关专题会议，解决处理工程中的有关问题。严格把关，落实工程款进度款审核和申报，保证了工程款的及时支付和有效控制。严格执行筹建办的工作程序，会同监理、造价单位对工程中发生的变更和洽商及认质定价事项，认真审核并签批。严格执行国家的有关招投标规定和程序，督促总包方执行并落实实施。

【编写基本展陈列大纲】经中国侨联领导同意，博物馆成立陈列大纲编写小组，于 8 月底完成基本展陈列大纲征求意见稿（第 11 稿，8.1 万字）报会领导审定。广泛征求机关各部门和有关方面专家学者意见和建议后，小组对大纲进一步进行补充完善，至 11 月 9 日完成大纲（第 12 稿，约 4.3 万字）上报会领导。经八届三十五次主席办公会同意，将陈列大纲上报中宣部审批，并适时进行展陈设计与制作项目的招标工作。

【基本展陈列大纲专家学者意见征求会】9 月 6 日，博物馆在国谊宾馆召开基本展陈列大纲专家学者意见征求会。参加会议的有国内侨史研究学者及从事博物馆筹建工作的专家 20 余人，李卓彬副主席主持会议，会上专家学者

9月6日，李卓彬副主席主持召开基本展陈列大纲专家学者意见征求会

从专业角度就基本展陈列大纲在通篇布局、展藏结合、展示手段利用等方面提出自己的意见和建议。

【基本展陈列大纲中国侨联在京顾问意见征求会】 9月10日，博物馆邀请中国侨联在京顾问就基本展陈列大纲征求意见，林兆枢、庄炎林、林明江、林淑娘、唐闻生、郭麟恭、黄军军、徐发淦、陈兰通、朱添华等10位顾问出席了会议，林军主席到会向顾问们表示感谢，会议由李卓彬副主席主持。林军主席表示，建设中国华侨历史博物馆是大家多少年的期望，前一任班子启动建设工作，我们的任务就是把图纸变为现实。请各位来开会的主要目的是征求对于基本展陈列大纲的意见，以期集中大家的智慧，在藏品尚显不足的情况下，把基本展陈办得更好。会上李卓彬副主席向顾问们汇报了博物馆馆舍建设状况和陈列大纲编写的过程、基本原则等。参加会议的顾问们先后发言，大家一致认为，华侨博物馆建设工作进展到现在，能够形成这样一个陈列大纲，十分不易，这是现任中国侨联领导班子积极指导和筹建工作一线同志们共同努力的结果。每位顾问都从不同方面，对陈列大纲提出了具有真知灼见的意见与建议。同时，大家建议，要加大文物征集工作力度，采取多种方式，在更大范围内，积极开展征集工作，为展览提供文物支撑。

【博物馆馆徽征集及评选活动】 经八届二十九次主席办公会同意，博物馆于6月1日在人民网、中新网、中国侨联网站等媒体公开发布了征集馆徽设计方案的启示。自公告发出到7月31日公告截止期，博物馆共收到来自海内外177位投稿人的馆徽设计作品共266件。9月7日及10日，分别由中国博物馆协会华侨博物馆专业委员会代表、归侨侨眷美术家组成的专家评审会经4轮投票选出5套入围方案，并请中国侨联部分在京顾问对入围方案提出了意见。经八届三十四次主席办公会议决定，于10月底请入围设计者对设计方案进行修改调整。11月28日，通过网络向社会公布和发起公众投票，对入围设计方案进行票选。根据票选结果，博物馆将报请主席办公会审定获奖作品名单。

【展厅序厅浮雕设计方案】 经中国侨联八届二十九次主席办公会议同意，博物馆着手实施《中国华侨历史博物馆征集序厅浮雕设计方案》，通过网络查询和人员咨询等方式，了解国内雕塑行业内知名专家情况，综合考虑多方面因素，选择了国内最知名的中央美院、清华大学美术学院、中国美术学院、广州美院及部分作者并分别与他们进行了接洽。

赴美出席美国博物馆协会年会的华侨博物馆代表团在旧金山接受海外侨胞捐赠

【召开中国华侨历史博物馆建筑装饰性展陈素材讨论会】 为更好地在建筑中体现“侨”的特色，实现华侨博物馆“无处不历史、无处不文化、无处不艺术、无处不华侨”的建设理念，8 月 7 日—9 日，博物馆召开中国华侨历史博物馆建筑装饰性展陈素材讨论会。与会专家中，既有资深侨史研究专家，也有学术功底扎实的中青年骨干，还有崭露头角的青年才俊。专家们围绕更好地在建筑中体现“侨”的特色，就各项讨论内容各抒己见，对博物馆建筑装饰性展陈设计提出了许多宝贵建议。

【与央视合作宣传华侨华人和归侨侨眷】 博物馆继续与中央电视台中文国际频道的《华人世界》栏目组合作，在其《华人足迹》系列专题片中以中国华侨历史博物馆馆藏文物为主线，邀请侨史专家作为讲解嘉宾，以时间为经，以事件为纬，时长 5 分钟，讲述华侨历史，追寻华人在海外迁移的足迹，系统梳理华人华侨最早的海外发展史，让观众了解华人在世界各地自强不息，艰苦奋斗的历程。截止 2012 年 6 月，已播出 17 集，社会反响热烈，影响良好。

【藏品征集活动】 2012 年继续完成日常藏品征集工作，博物馆利用现有捐赠人信息资料、网络、媒体等资源，通过访谈、阅览相关资料等方式寻找信息，搜集征集线索。接收捐赠的藏品 1526 件（套），并完成口述采访 300 分钟。例如，接收由大洋洲越柬老华人团体联合会会长杨怡生联系的澳洲福建籍先侨古墓碑。首次完成赴美征集事项，利用赴美参加国际会议之际，到访纽约、旧金山两地，与捐赠人就拟捐藏品有关事项进行了商谈，回访感谢捐赠人并与当地华侨博物馆进行联系。

【完善内部制度建设，加快藏品管理的信息化】 博物馆集中精力，分工协作，严格按照程序规定，落实藏品账目电子库的建立，并完善藏品分类、登记、拍照、入库整理、上架保

藏品部工作人员正在对藏品进行整理入库

管工作，根据整理结果打印藏品图录。

【赴粤进行藏品调研】为了进一步了解学习全国各地华侨馆关于藏品征集和管理的各项知识，加强与地方华侨馆的交流合作，沟通信息工作，科学地进行藏品鉴定、分类、修复与复制、库房管理、建档及资料管理等工作。博物馆组成调研组先后于6月、7月赴广东华侨博物馆、江门五邑华侨华人博物馆、中国客家博物馆之华侨馆和汕头侨批馆等博物馆进行调研。

6月—7月，博物馆赴粤华侨类博物馆进行藏品调研

【华侨博物馆接受“亲情中华——世界华侨华人美术书法展”部分作品捐赠仪式】9月14日，中国侨联、中国文联、中国美术家协会、中国书法家协会主办，中国华侨历史博物馆与文化交流部共同承办的“亲情中华——世界华侨华人美术书法展”在国家博物馆隆重开幕。开幕式上全国政协副主席、中国文联主席孙家正出席开幕式并剪彩。中国侨联主席林军、中国文联党组书记、副主席赵实代表主办方讲话。来自澳大利亚的翁真如先生代表参展书画家致辞。出席开幕式的领导还有全国政协港澳台侨委员会副主任林兆枢，中宣部副部长翟卫华，中央外宣办副主任王国庆，全国人大华侨委副主任李祖沛，中国侨联副主席李卓彬、乔卫、李昭玲、张小健、陈有庆，中国侨联顾问林明江、林淑娘、唐闻生。著名书法家欧阳中石先生莅临展览现场。此次活动共收集海内外艺术家书画作品2000多件，这些作品既有来自欧美、东南亚等侨胞聚集地区的作品，也有来自非洲、南美洲、大洋洲等华侨华人相对较少国家的作品，既有来自国内著名艺术家、专业书画家的精品，也有出自基层侨联干部、海外侨领之手的精心之作。本次展览评选出“佳作作品”83幅，“入选作品”193幅。同时还特邀39幅作品参展，其中包括欧阳中石、黄永玉、范曾等大家的作品。举办海内外书画家笔会，组织海外书画家赴河北承德访问交流等系列活动。活动期间进行部分作品捐赠仪式，林军主席、李卓彬副主席出席捐赠仪式，此次共接受书画作品332幅，极大丰富了博物馆书画类馆藏。

9月14日，林军主席、李卓彬副主席在华侨大厦出席“亲情中华——世界华侨华人美术书法展”部分作者向中国华侨历史博物馆捐赠作品仪式

【研究与交流工作】发挥研究专长，协助藏品部和展出部开展工作。协助配合藏品部进行侨乡涉侨博物馆调研活动，参与博物馆基本陈列大纲第九、十稿审阅、修改工作，参与博物馆建筑装饰性展陈（捐造物）设想讨论会，负责起草说明及素材方案编写工作。参与博物馆馆舍功能与展陈设想讨论和馆徽评比工作。积极探索华侨博物馆研究交流工作的方向、内容、方式等，做出诸多有意尝试，参与中国博物馆协会华侨博物馆专业委员会 2012 年年会，撰写有关发言材料，并进行大会发言。派员出席在马来西亚召开的第一届马来西亚华人研究双年会，派员出席黑河旅俄华侨历史研究会研讨。承担北京市侨联理论研究课题两个，当年完成论文两篇，分别获北京市委统战部 2012 年理论研究与调查研究优秀成果二等奖和北京市侨联 2012 年理论研究与调查研究优秀成果（侨联工作类）二等奖。

【出席美国博物馆年会】5 月，应美国博物馆协会邀请，经会领导批准，黄纪凯副馆长及展出、藏品两部门负责人组成访问团，参加美国博物馆协会年会活动，活动期间参观考察了明尼阿波利斯美术博物馆、明尼苏达历史中心、明尼阿波利斯科学博物馆等博物馆，通过与国外博物馆同行交流，开拓视野，扩大中国华侨历史博物馆对外影响，也使得博物馆更加深入了解美国博物馆界在馆舍建设和设计、藏品管理、展览策划安排、公共教育等领域先进理念和做法。

【发布共同征集华侨华人历史文物文史倡议书】6 月 17 日，中国侨联、台湾中华侨联总会共同主办 2012 两岸侨联和平发展论坛，黄纪凯副馆长代表中国华侨历史博物馆发言，论坛通过了“中华全国归国华侨联合会、台湾中华侨联总会共同征集华侨华人历史文物文史倡议书”。倡议书说，华人华侨在漫漫历史长河中形成的具有多元文化特征的华侨历史文化遗产是数千万海外中华儿女生存发展的见证，是中华民族珍贵文化遗产中的重要组成部分，保护华侨历史文化遗产是海外中华儿女长期生存发展的需要，是建设共同精神家园的需要，也是保护中华文化遗产的需要。两岸侨联组织携手起来，共同推动海外侨社积极参与到保护华侨历史文化遗产的事业中来，为促进中外友好与交流，进而为实现中山先生提出的振兴中华的宏大目标去努力。

【华侨博物馆专业委员会 2012 年年会】为了进一步密切专委会各成员之间联系与协作，加强相关专业交流合作，促进相关专业学术研究，共同推动华侨文化遗产的保护与利用，经

11 月 12 日，中国博物馆协会华侨博物馆专业委员会在上海召开 2012 年会，李卓彬副主席（左四）、吴幼英副主席（左五）、唐闻生顾问（左三）

报中国博物馆协会同意，11月12日—14日中国博物馆协会华侨博物馆专业委员会在上海、南通召开专委会2012年年会。李卓彬副主席、吴幼英副主席、唐闻生顾问出席上海的开幕式，唐闻生顾问全程参加年会并进行了总结讲话。来自专委会13个成员单位代表、部分委员以及美国、澳大利亚、印尼等国的华侨博物馆代表、文博从业者一同出席会议。此次大会主题是“立足特色、发挥优势、凝心聚力、共同发展”。年会上，各成员单位代表结合本馆工作围绕年会主题进行了发言。代表们就如何进一步加强国内外华侨博物馆之间交流合作，整合力量共同保护华侨华人文化遗产等问题进行深入细致的探讨，就进一步合作的内容等问题达成了基本共识。复旦大学文博系教授陆建松应邀作了关于博物馆运营管理专题讲座。中国博物馆协会、中新网等多家网络媒体以及中国文物报、上海侨报等平面媒体对活动进行报道，上海电视台也于开幕式当晚进行了电视报道。

林军主席（右二）、李卓彬副主席（左二）视察博物馆并查看有关档案

【博物馆内部管理日趋完善】2012年是博物馆财务独立的第一年，博物馆顺利完成独立核算的账户设立、预算申报、资金拨付、账目建立、经费支出等工作。通过定岗定级工作，明确岗位职责，通过公开招聘及接受部队转业干部方式增加工作人员9名，为博物馆下一步工作提供了智力和人力支持。严格按照政府采购有关规定，改善办公条件，为正常办公提供了保障。建立健全规章制度，逐步完善管理机制开展规章制度建设月活动，建立符合博物馆实际的规章制度，增强全员有章必循的意识，形成人人照章办事的良好氛围，提升博物馆执行力，为开馆后科学、高效运转奠定基础。

【举办博物馆专家讲座】为进一步提升博物馆全体人员业务能力素质，满足青年干部

博物馆举行专家讲座

李卓彬副主席与博物馆新录用人员座谈

对于业务知识渴望，博物馆分别邀请中国国家博物馆研究馆员、原藏品部主任、国家文物保管专业委员会成员、《藏品保管办法》一书撰写者张德钟，原藏品部主任、国家藏品管理办法课题组副组长、《馆藏文物调拨交换借用条例》起草者丁敏京，原国家博物馆研究馆员季如训，中国华侨摄影家协会秘书长郑启东等就博物馆藏品征集、归类分档、保管、研究保护方法，摄影技术在博物馆日常工作的使用进行专题讲座，丰富相关知识内涵，在博物馆内部形成热爱学习，主动学习的良好局面。

【新招录人员座谈会】2012年，博物馆通过公开招聘及接受部队转业干部方式增加工作人员9名。李卓彬副主席高度重视，专门召开座谈会，与新录用人员进行座谈，会上，李卓彬首先代表中国侨联和华侨历史博物馆欢迎大家加入到博物馆这个大家庭中，他对侨联的历史沿革、工作任务、服务对象和建设华侨历史博物馆的源起、发展历程、承担的任务、工作架构以及目前面临的各种情况作了详实的介绍和深入的分析。李卓彬期望新录用人员能够在华侨博物馆这个大家庭中，发挥个人才智，在完成博物馆建设的同时，实现个人健康成长，各展所长，自我锤炼，在今后岗位上，不仅将自己所学的专业特长，学以致用，还要在工作中不断磨炼自己，成长为独当一面的能手。新录用人员纷纷表示，能够来到中国华侨历史博物馆工作，深感责任重大，使命光荣。在今后工作中，一定不辜负会领导的殷切希望，虚心向同事、领导请教，努力学习、发挥特长，团结协作，做事业上齐头并进的好战友，生活上相互关怀的好朋友。最后相信在华侨历史博物馆这个舞台上，一定可以施展自己抱负与梦想。

【安全保卫工作】博物馆坚持安全第一的原则，督促施工单位落实安全责任，确保施工、人员管理和工地管理等方面的安全。

10 月 26 日，博物馆成立义务消防队并进行消防培训

特别是元旦、春节期间和十八大召开等重点时段，高度重视安全保卫工作，组织协调有关业务部门，明确责任，合理规划，定期排查，将不安全隐患消除在萌芽状态。圆满完成了施工现场、藏品库房和办公室的各方面安全保卫工作任务。

【成立博物馆义务消防队】 博物馆作为公共服务机构，在消防、应急救助等防灾工作方面有着较高的要求，为了进一步明确部门和人员的消防责任，增强全体人员应急防灾知识，提高突发情况下应急防灾技能，博物馆于 2012 年 10 月 26 日组织成立义务消防队并安排培训。李卓彬副主席高度重视此项活动，作出重要批示，要求切实落实消防责任，组织好本次培训活动。在培训中，博物馆全体人员着重学习了消防器材的使用，如何扑灭各类燃烧介质的初起火等消防专业知识，组织进行了模拟 119 报警训练、模拟灭火训练、模拟火灾烟雾走势展示、楼宇火灾自动报警灭火演示、人员疏散等。

中国侨联公益事业管理服务中心

【领导成员名单】

副主任：刘　奇

【综述】 2012年，中国侨联公益事业管理服务中心（简称“公益中心”）围绕国家发展大局，按照中国侨联批准的工作职能，以《中华人民共和国公益事业捐赠法》为依据，为热心公益的归侨侨眷、海外侨胞、港、澳、台同胞实现公益愿望提供帮助，并提供有关公益捐赠的法律、政策、法规等服务。一，宣传贯彻国家关于捐赠法、社团管理、基金会管理的方针、政策和法规，承担直属和基层侨联设立基金会的业务指导和服务工作。二，负责侨联公益事业的调查研究，组织经验交流，发挥侨界基金会整体优势，为侨服务和为社会服务。通过与民政部中民慈善捐助信息中心合作，收集各地侨联组织联络的侨胞捐赠情况，发布《2011华侨捐赠报告》。三，负责提出中国侨联重大公益项目及重大公益活动建议并组织实施，如组织实施“‘祖国惦念你’中国侨联春节晚会”等。四，负责对基金会实施捐赠项目的接收、管理和监督工作。2012年，所直接管理的中国华侨公益基金会接收捐款73747488.65元，支出项目款77681073.47元。五，加强与海内外热心公益事业的侨胞和侨界基金会等公益社团的联系和沟通，促进相互间的交流与合作。六，协助考核中国侨联直属基金会领导班子成员及委派的监事，抓好公益中心党建和思想政治工作。七，对直属基金会的财务活动进行监督。如基金会加强管理，规范运行，做到公开透明，及时、定期在网上公布善款的使用，接受社会监督。八，对侨联的公益事业工作进行系统宣传，扩大影响。通过中国侨联定期的新闻发布会、日常的网站、媒体宣传等，向社会介绍公益事业的发展情况和基金会的项目活动情况。

【召开首届中国侨联公益年会】 1月7日，中国侨联首届公益年会在北京召开。中国侨联顾问、中国华侨公益基金会荣誉会长庄炎林、林兆枢，中国侨联主席、基金会会长林军，中国侨联顾问、基金会荣誉理事长朱添华、何添发、林明江、郭麟恭、唐闻生，以及基金会副会长、高级顾问，基金会理事会、监事会成员等50多人参加了会议。中国侨联副主席、基金会理事长乔卫在会议结束时作了讲话。中国侨联办公厅副主任、公益事业管理服务中心副主任刘奇向大会报告了2011年中国侨联公益、慈善工作。这次会议是首次年会，以后拟每年召开一次“中国侨联公益年会”。乔卫副主席

1月7日，中国侨联首届公益年会在北京召开

对中国侨联的公益、慈善工作给予充分肯定。他谈到，“侨爱心工程”项目实施十年来，已在全国各地捐建了近1500所学校，资助科教项目6000多个，受惠学生几十万人。乔卫副主席指出，公益慈善事业是广大归侨侨眷、海外侨胞无比热爱的事业，公益慈善工作是侨联不可或缺的一项重要工作。乔卫副主席希望各级侨联要调动一切积极因素造就侨联大慈善格局，以拓宽募捐渠道为重心，探索募捐新形式、新方法；以困难群众需求为导向，科学创新慈善救助项目；以舆论宣传为抓手，营造慈善事业发展的环境；以加强自身建设为手段，增强公益慈善组织的公信度。中国侨联主席、中国华侨公益基金会会长林军向长期支持基金会的广大侨胞和港澳台同胞表示衷心感谢，并希望他们一如既往的支持中国侨联的工作，支持中国侨联公益事业。

9月11日，朱奕龙副主席在山东捐赠的“奕龙侨心书屋”授牌仪式

9月12日，王永乐副主席接受安全忠先生捐赠200万元，设立“安侨爱心专项基金”

【实施“侨爱心工程”情况】2012年，基金会组织新建学校18所，其中爱心学校9所，分布在湖北、河南、甘肃等地；侨心学校9所，分布在广西、宁夏、四川、广东、黑龙江、云南、江苏等地。澳门同胞林东、香港同胞梅智杰先生等在江苏省盐城市捐建的“林东侨心卫生院”举行了落成典礼。李江山捐资在江西省宜春市袁州区新坊镇合浦村捐建了当地的第一所侨心卫生所。王琳达为其资助的甘肃省景泰县“怡海树人班”和江苏省盐城市明达中学“怡海树人班”分别赠送了55套“树人生”校服，今年两所学校将继续招收第二期“树人班”。袁卓京资助的湖北省荆州市沙市

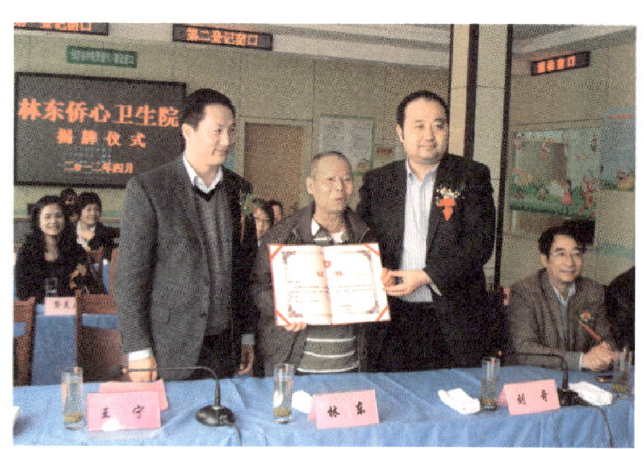

4月2日，刘奇副主任向林东侨心卫生院的捐资人之一林东先生颁发证书

中学“树人班”也将继续招生。为实地了解珍珠生的学习生活情况，总结办班经验，刘奇副主任赴甘肃省白银市第一中学探访“珍珠班”项目实施情况。工作人员还陪同捐赠人赴甘肃省探访榆中一中让娘有爱崇世珍珠班、会宁三中鹤凌崇世珍珠班的情况，捐赠人与珍珠班的学生一一进行了面谈。朱奕龙出资30万元在济南、威海共捐建14所“侨心书屋”。安全忠先生出资10万元，在枣庄一中建图书室。

8月10日，美国侨胞池士勋先生捐赠1000万元在浙江温州瑞安中学建“勤行楼”

【调查各级侨联开展“侨爱心工程”活动情况】2012年底，公益中心向各省、自治区、直辖市侨联，新疆生产建设兵团侨联，中直机关、中央国家机关、中央企业侨联发函，对中国侨联系统开展“侨爱心工程”一年来的情况进行阶段性总结。同时，为了进一步弘扬海外华人华侨爱国爱家、无私奉献的精神，全面准确地统计海外华人华侨为中国慈善事业所作出的突出贡献，与民政部所属的中民慈善捐助信息中心合作编制《2011华侨捐赠报告》。

9月24日，捐资人黄崇美女士与甘肃的珍珠班学生见面

【召开中国侨联“华侨与公益事业”系列座谈会】3月7日，中国侨联公益事业管理服务中心、中国华侨华人历史研究所在华侨大学组织召开“华侨与公益”小型座谈会。中国侨联公益事业管理服务中心副主任刘奇、中国华侨华人历史研究所副所长张春旺、华侨大学校长贾益民、副校长张禹东等共同研讨“华侨与公益”事业的相关内容。华侨大学副校长张禹东教授、华侨大学华侨华人研究院副院长许金顶教授等就如何开展“华侨与公益”的课题研究提出了很好

9月5日，刘奇副主任探访白银市的“珍珠班”

5 月 25 日，"华侨与公益事业"座谈会在京召开

的建议和意见。5 月 25 日，中国侨联在京组织召开了"华侨与公益事业"座谈会，中国侨联副主席、中国华侨公益基金会理事长乔卫出席座谈会并讲话，部分省市侨联负责人等共 30 余人参加了座谈会。座谈会上，乔卫副主席介绍了中国侨联开展"华侨与公益事业"研究的设想，并介绍了通过专家调研和实地调研获得的一些建议和想法。他希望参加这次座谈会的侨联负责同志能针对所在省份的实际情况，为研究提出丰富的创意和思路，向社会合力推出一个有份量的报告。

【举办第四期侨爱心学校教师培训班】 8 月 9 日—15 日，中国侨联第四期侨爱心学校教师培训班在北京举办。参加这次培训班的是来自山西、山东、内蒙、安徽、河南、河北、吉林、辽宁和黑龙江 9 个省份的 100 多名侨爱心学校校长、教师。他们均来自于侨爱心小学，长期奋战在教育工作的第一线。此次培训为校长和老师们精心准备了相关的课程内容，在教育政策、管理手段及教育技巧等多方面通过报告、授课、讨论及参观考察等方式进行培训。课程结束后，还举办了一个小型的联欢会，组织老师和校长前往八达岭长城和奥林匹克场馆参观。

8 月 11 日，王永乐副主席（前左六）与第四期侨爱心学校教师培训班全体学员合影

【举办首届“侨心杯”系列活动】中国侨联启动了“东芝侨心足球万里行”暨“2012东芝侨心杯全国少年足球赛”活动。7月16日，2012东芝“侨心杯”全国少年足球邀请赛开幕式在四川省北川中学举行，参加此次比赛共有全国9个省的12支代表队、168名小队员。活动得到了东芝（中国）有限公司、各级侨联及社会各有关部门的支持和帮助，北川中学亦无偿提供了场地。活动也得到了中国足协的友情支持。比赛期间，邀请到西班牙皇家马德里俱乐部推荐的青训队教练为小球员进行了培训。9月6日，“侨心”足球万里行活动在甘肃省白银市靖远县三合村“荣茂侨心小学”启动。启动仪式上，发起方向白银市五所“侨心小学”代表赠送了足球训练服装及足球器材，前国家青少队主教练郭瑞龙先生和前中国国家女子足球队队长刘爱玲女士为“荣茂侨心小学”的师生做了足球技巧培训和理论知识辅导。

7月16日，乔卫副主席在“侨心杯”少年足球邀请赛开幕式上讲话

【合作举办北川感恩文化论坛活动】9月23日—26日，中国·北川感恩文化论坛开幕式在四川省北川中学紫荆礼堂隆重举行。四川省、绵阳市、援建省（市）、北川县有关领导，慈善爱心人士、专家学者、企业界代表、北川

9月24日，乔卫副主席出席“北川感恩文化论坛”活动

中学师生、有关媒体单位等共600多人参加开幕式。中国侨联副主席乔卫应邀出席开幕式并代表中国侨联致辞。“2012中国·北川感恩文化论坛”由绵阳市委、市政府和四川省社科院共同主办，本次论坛共吸引了中国社科院、北京大学、苏州大学等20余所高校、科研机构的150余位专家、学者参与，大家深入探讨了感恩文化理论和研究方法，总结了感恩实践经验，特别是“5·12”汶川大地震后，绵阳灾区感恩文化和感恩事业发展的成功经验。论坛期间，共征集到各类论文上百篇，评选出优秀论文55篇。

【录制“2013中国侨联春节晚会”】12月22日晚，由中国侨联、中央电视台主办，中央电视台中文国际频道、中国华侨公益基金会承办，福建省归国华侨联合会、福建省侨商联合会特别协办的“祖国惦念你——2013中国侨联春节晚会”顺利在国家会议中心进行现场录制。晚会以南京四小凤的热闹舞曲“贺新年”拉开帷幕，以“故原之心”、“一片冰心”、“五洲同心”、“感恩之心”、“四海归心”五大专题围绕“惦念”展开整场晚会。海内外著名艺术家李谷一、谭晶、郑绪岚、龚琳娜、林志炫、张明敏、陆毅、筷子兄弟、Pchy等登台献艺。晚会上的许多节目是经过各级侨联，精心组织、认真筛选、层层选拔上来的，代表了地方特点和侨乡特色。当晚，来自全国各省区市侨联及归侨侨眷代表共700多人观看并参加了晚会现场录制。

12月22日，中国侨联领导及部分嘉宾在2013中国侨联春节晚会录制现场

12月22日，2013中国侨联春节晚会上参与录制的侨胞百人大家庭

中国华侨历史学会

【领导成员名单】

会　长：林　军

副会长：（以姓氏笔画为序）

王辉耀　方雄普　龙登高

庄国土　李安山　李明欢（女）

李卓彬　李　崴　李祖沛

吴小安　张应龙　林明江

赵红英（女）　谢小建

秘书长：张春旺

【综述】2012 年，中国华侨历史学会（简称"侨史学会"）在第六届理事会领导下，广泛联系、团结协作、开拓创新，做好理论研究、专业交流、书刊编辑和咨询服务工作。学会按时完成了中国华侨历史学会 2011 年度财务审计和民政部社会团体年检工作、账户年检、税务申报，《华侨华人历史研究》、《华侨华人资料》的年检和侨研所 2013 年项目预算、档案编目管理等工作。

【召开在京理事会及迎春茶话会】1 月 5 日，2012 年中国华侨历史学会迎春茶话会在京召开。中国侨联主席、中国华侨历史学会会长林军，中国侨联副主席李卓彬、王永乐、乔卫、李欲晞，中国侨联顾问、全国政协港澳台侨委员会副主任委员、中国华侨历史学会顾问林兆枢，全国人大华侨委员会副主任、中国华侨历史学会副会长李祖沛，中国侨联顾问、全国政协常委、中国华侨历史学会副会长林明江，中国侨联顾问、中国华侨历史学会顾问庄炎林、肖岗、朱添华、彭光涵，中国华侨历史学会副会

1 月 5 日，林军会长在 2012 中国华侨历史学会迎春茶话会上讲话

1 月 5 日，李卓彬副主席主持 2012 中国华侨历史学会迎春茶话会

1 月 5 日，2012 中国华侨历史学会迎春茶话会召开

长方雄普、赵红英、王辉耀，中国华侨历史学会顾问丘立本、巫乐华、梁英明等参加了茶话会。会上，中国侨联主席、中国华侨历史学会会长林军同志发表了热情洋溢的讲话。首先他向大家致以新年的祝福，随后他简要回顾了过去一年中国华侨历史学会的工作。最后，他对今后学会的工作提出展望。茶话会由中国侨联副主席、学会分管领导李卓彬主持。学会在京和部分地方理事、会员代表约 80 人齐聚一堂，畅叙学会的发展与进步，并互祝新年愉快。

【召开侨史学会六届二次理事会（通讯）】 2 月 2 日，中国华侨历史学会召开六届二次理事会（通讯），以电子邮件或电话方式向 131 位理事提请审议《关于增补李卓彬同志为中国华侨历史学会副会长的决议（草案）》。根据《中国华侨历史学会章程》，审议通过了该项决议（草案），李卓彬同志当选为中国华侨历史学会第六届理事会副会长（常务）。

【整理印制《中国华侨历史学会会员通讯录》】 中国华侨历史学会成立 30 多年来，伴随着中国改革开发的步伐，伴随着华侨华人研究事业的不断发展，学会工作不断向前推进，队伍不断发展壮大。截至 2012 年 9 月 1 日，学会会员已有近 600 名。为了加强会员之间的沟通交流，增强学会的凝聚力，学会秘书处在前几年会员登记资料的基础上重新核实、整理和编制了学会会员通讯录，并寄发给每位会员。

【编辑出版《中国华侨历史学会文库》】 2012 年继续推动文库建设，学会编辑出版了《中国华侨历史学会文库》之二十七《荆山楚水系侨心——湖北归侨口述录》、之二十八《徽风皖韵聚侨心——安徽归侨口述录》。

【编辑出版《“十一五”期间涉侨政策法规选编（2006—2010 年）》】 为了方便学习理解侨务政策法规，加强涉侨保护研究，努力做好“十二五”期间侨联工作，学会编辑了《“十一五”期间涉侨政策法规选编（2006—2010 年）》。由于《选编》具有较强的全面性、代表性和实用性，一经印行面世，即受到了相关侨务工作者的欢迎，引起了较强烈的反响。中国侨联权益保障部领取 300 本作为法顾委 30 年纪念大会材料，以方便日常维权工作，中国侨联机关其他部门纷纷索要，不少地方侨联也来电要求能多给数本，以便工作参考。

【召开《华侨史概要》修订大纲和《中国华侨农场史》写作大纲研讨会】 11 月 7 日，学会召开了《华侨史概要》修订大纲和《中国华侨农场史》写作大纲研讨会。会议由赵红英副会长主持，中国华侨历史学会副会长方雄普、中国华侨历史学会顾问巫乐华、学会秘书长张春旺、《华侨华人历史研究》主编张秀明、中国华侨华人历史研究所研究室主任巫秋玉，以及中国华侨华人历史研究所的其他同志参加了此次研讨会。赵红英首先对重新修订《华侨史概要》和开展《中国华侨农场史》的编写工作作了说明，方雄普副会长介绍了《华侨史概要》的编写背景，与会者一致认为自 1994 年该书出版以来，因其充分归纳当时的学术观点与成果，全面扼要地概述了华侨历史的发展脉络，受到侨史学界的重视，成为侨务干校、国内及海外高校讲授华侨史的基本书目之一。随着近二十年来世界局势的变化、中国改革开放的深入，海外侨情也有了新的变化与发展，综合世情、国情、侨情的变化，有必要对原书进行修订与补充。与会者分别就该书的字数、体

11 月 7 日，《华侨史概要》修订大纲和《中国华侨农场史》写作大纲研讨会

例、某些章节的合并以及可新增的内容、撰写年限、修订形式等方面，提出了修改意见。华侨农场是在特殊历史时期，国家为安置回国定居的归侨、难侨而设立的。自 20 世纪 50 年代起，中国建立了 84 个华侨农场，集中安置归难侨约 24 万人。目前侨史学界尚无一部全面而且系统介绍中国华侨农场历史的著作，因此该书的编纂具有重要意义和学术价值。与会人员就资料收集、撰写角度等方面提出了建议。

【接待《广东华侨史》编纂委员会来访】8 月 10 日，中国华侨历史学会接待了由广东省侨办副主任林琳、暨南大学华侨华人研究院副院长张应龙教授等组成的《广东华侨史》编委会来访，双方围绕广东华侨史的编纂工作开展了交流与座谈。会议由中国华侨历史学会秘书长张春旺主持，中国华侨历史学会顾问、北京大学亚非研究所教授梁英明，中国华侨历史学会副会长、清华大学人文社科学院教授龙登高，中国华侨历史学会副会长方雄普、中国华侨历史学会顾问丘立本，以及中国华侨华人历史研究所的同志参加了座谈会。与会专家学者普遍认为，广东编纂华侨史的消息令人振奋，具有很高的历史价值和现实意义。大家认为，编纂广东侨史，首先要充分收集既有的和新的史料，力争以新视角达到侨史编纂的新高度。其

8 月 10 日，接待《广东华侨史》编委会来访并召开座谈会

次，既要善于吸收世界各国移民的研究成果，也要突出广东华侨的特质。对广东华侨的特色要有深度的把握，对广东特有的侨情要有准确的认识。通过编写华侨史，理清广东华侨的总体发展脉络，充分展示广东华侨在中国历史上起到的引领作用，阐明广东华侨对所在国经济、文化、科技等方面的影响。特别是要在广东华侨史的编纂中提炼、总结和弘扬广东华侨的精神。编委会表示，广东省委、省政府高度重视广东华侨史的编纂，是当前广东省侨务部门的一项重要工作，此次专程前来征求在京专家学者的意见，会充分吸收宝贵意见和建议，做好广东华侨史编纂筹备工作。

【应邀出席黑河旅俄华侨历史研究会揭牌仪式】 8 月 11 日，中国华侨历史学会副会长、中国华侨华人历史研究所所长赵红英应邀出席黑河旅俄华侨历史研究会揭牌仪式。在揭牌仪式上，赵红英发表讲话表示祝贺。她说，随着华侨华人的发展及其学科建设的需要，华侨华人历史及现状的研究越来越显示出其重要地位。研究华侨的历史不但可以了解和把握海外华侨华人的发展脉络，探索其发展动向及规律，而且还可以通过此平台，开展爱国主义教育，加强文化建设，从而进一步促进中外文化交流与繁荣。黑河在研究和展示中苏、中俄关系和旅俄华侨的历史方面有着得天独厚的优势，相信在各方面的大力支持下，研究会一定能够发挥优势，协同各方力量，在研究旅俄华侨史方面取得新的突破，走在全国旅俄华侨史研究的前列。

中国华侨公益基金会

【领导成员名单】

理 事 长：乔　卫

副理事长：王彬成　刘　奇　庄少卿

庄永兴　何宏兴　沈伟娟（女）

陈亨利　林少迈　林龙安

姚志胜　程超辉　颜宝铃（女）

秘 书 长：刘　奇（兼）

【综述】 随着侨联事业不断发展，侨联公益慈善事业已经进入了上下全面推动、社会捐助成果显著、慈善影响不断扩大的良性发展期。一是公益项目逐年增多，除了援建学校、资助学生外，还包括捐建侨爱心卫生院、侨爱心图书室等内容，尤其是协助新华爱心教育基金会执行“捡回珍珠计划”，其影响力越来越大。基金会下属的各支专项基金，充分发挥主观能动性和积极性，倡导创意了多个公益项目，涉及扶贫帮困、奖教奖学、文化体育、低碳环保等领域，有的慈善项目在联合国会议受到表彰，产生了较好的社会效应。2012 年，基金会接收捐款 73747488.65 元，支出项目款 77681073.47 元。二是慈善宣传成效明显。除了日常的媒体宣传外，筹办了“2013 亲情中华春节晚会”。这台晚会是由侨界人士创意发起、爱心人士资助的一台文化盛典。晚会突出了“祖国惦念你”的主题，同时又浓缩公益慈善情愫，宣传和弘扬广大侨胞爱国爱乡的善举，取得了较好的宣传效果。三是募捐机制逐步健全。中国侨联援建北川中学后，侨联公益事业的声望得以扩大，基金会的知名度大幅提高，一度成为媒体关注的焦点。中国华侨公益基金会现已全面开通捐款通道，除银行转账、邮局汇款等捐款方式外，基金会新开通了手机短信捐款、网上在线捐款、pos 机刷卡捐款和“拉卡拉”刷卡捐款。在善款的使用上，做到了公开透明，及时、定期在网上公布，接受社会监督。

【乔卫副主席出席 2011 中国慈善年会】 1 月 8 日，“2011 中国慈善年会”在北京桥艺术中心举行。年会由民政部指导、中民慈善捐助信息中心发起，中国华侨公益基金会、中华慈善总会、中国青少年发展基金会等多家公益组织联合主办，全国人大副委员长陈昌智、民政部副部长窦玉沛、中国侨联副主席乔卫、朱奕龙出席大会并为获奖项目颁奖。2011 中国慈善年会以大型专题晚会的形式，分 4 个环节。在“专业·服务的力量”环节，中国侨联副主席乔卫宣读了推选词。在“奉献·捐赠的力量”环节展示了朱奕龙等一批爱心企业家作为慈善推动者的慈心善举。年会上，112 家公益慈善组织携手发起慈善透明联合行动、共同遵守承诺《透明慈善行动纲领》，中国华侨公益基金会副理事长兼秘书长刘奇宣读倡议书，为 2012 年中国公益慈善事业透明高效发展做好准备。

1 月 8 日，乔卫副主席出席 2011 中国慈善年会

【乔卫副主席出席第九届中国慈善排行榜发布典礼】4月27日，“2012善行天下第九届中国慈善排行榜发布典礼”在北京水立方举行，十届全国人大常委会副委员长司马义·艾买提、十一届全国政协副主席张榕明、中国侨联副主席、中国华侨公益基金会理事长乔卫、中国华侨公益基金会副理事长兼秘书长刘奇等领导出席会议并为获奖个人、团体及明星颁奖。

【李昭玲副主席出席向房山水灾灾区捐款仪式】8月6日，中国华侨公益基金会、北京市侨联一行在中国侨联副主席、北京市人大常委会副主任、北京市侨联主席李昭玲的带领下，将一位海外华人代表捐赠的100万元款项送至在北京“7·21”特大暴雨中受灾最严重的房山区，支援灾区重建。中国华侨公益基金会副理事长兼秘书长刘奇等参加活动。

【乔卫副主席出席2012中国（宁夏）黄河善谷慈善博览会】8月27日，2012中国（宁夏）黄河善谷慈善博览会暨宁夏“黄河善谷奖”颁奖晚会在银川市隆重开幕。来自全国部分省（区）市的有关部门负责人，百名慈善城市代表，知名慈善家、公益组织和乐善企业负责人以及媒体记者应邀参加了开幕式。中国侨联副主席、中国华侨公益基金会理事长乔卫应邀出席开幕式并参观展览。博览会由民政部和宁夏回族自治区人民政府共同主办，博览会期间举办了中国（宁夏）慈善成就展、召开城市慈善和公益慈善创新研讨会议、签约慈善项目、宁夏“黄河善谷奖”颁奖晚会，开展“宁夏黄河善谷行”活动，发布第二届“中国城市公益慈善指数”等6项重大活动。

9月24日，乔卫副主席在“北川感恩文化论坛”上致辞

【乔卫副主席出席第二届“中国城市公益慈善指数”发布典礼】8月27日，第二届“中国城市公益慈善指数”发布典礼在宁夏吴忠市举行，中国侨联副主席、中国华侨公益基金会理事长乔卫出席发布典礼并致开幕辞。本届城市公益慈善指数发布典礼，首次发布了慈善城市的百强名单，还举行了星级慈善城市授牌仪式。典礼同时启动了全国城市公益慈善与社会管理创新平台暨吴忠公益慈善与社会管理创新平台。

【乔卫副主席出席2012中国·北川感恩文化论坛】9月24日，中国·北川感恩文化论坛开幕式在四川省北川中学紫荆礼堂隆重举行。四川省、绵阳市、援建省（市）、北川县有关领导，慈善爱心人士、专家学者、企业界代表、北川中学师生、有关媒体单位等共600多人参加开幕式。中国侨联副主席、中国华侨公益基金会理事长乔卫应邀出席开幕式并代表中国侨联致辞。“2012 中国・北川感恩文化论坛”由绵阳市委、市政府和四川省社科院共同主办，本次论坛共吸引了中国社科院、北京大学、苏州大学等 20 余所高校、科研机构的 150 余位专家、学者参与，大家深入探讨了感恩文化理论和研究方法，总结了感恩实践经验，特别是“5·12”汶川大地震后，绵阳灾区感恩文化和感恩事业发展的成功经验。论坛期间，共征集到各类论文上百篇，评选出优秀论文 55 篇。

【李卓彬副主席会见法国华侨华人会访京团】 10 月 20 日，李卓彬副主席会见了法国华侨华人会访京团，法国侨胞林加者、程超辉等为中国侨联“侨爱心工程”捐款。捐赠仪式由中国侨联办公厅副主任、中国华侨公益基金会副理事长兼秘书长刘奇主持。

【侨爱心学校】 2012 年，基金会组织新建学校 18 所，其中爱心学校 9 所，分布在湖北、河南、甘肃等地；侨心学校 9 所，分布在广西、宁夏、四川、广东、黑龙江、云南、江苏等地。美国侨胞池士勋先生捐赠 1000 万元人民币为母校瑞安中学捐建的“勤行楼”已开工建设。池士勋先生获得 2011 第二届世界温州人年度人物奖。由中国华侨公益基金会推荐，湖南卫视“天声一队”节目组筹资向陕西省商洛市商南县赵川镇“光辉爱心小学”援助一辆快乐校车，5 月 26 日已送到学校。法国法华工商联合会会长黄学铭捐赠 25 万人民币，用于贫困地区教育事业。法国华侨华人会副主席刘大海先生，基金会副会长、澳大利亚侨胞邱维廉先生分别捐建的江门镇大海侨心小学和分水镇维廉侨心小学教学楼两所学校，在四川省泸州市叙永县落成。基金

10 月 20 日，李卓彬副主席会见法国华侨华人会访京团

5月28日，经基金会推荐，“天声一队”栏目募集的善款向陕西商洛“光辉小学”援助一辆快乐校车

学落成。基金会副会长、香港金龙科技集团董事局主席胡国赞先生捐建的“国赞楼”（教学楼）奠基典礼在安徽省六安市霍邱县新店镇十里村小学举行，胡国赞副会长又分别向霍邱县、金寨县各捐赠60万元，用于教学楼建设。由意大利佛罗伦萨华人华侨商贸联谊会副会长吴锋雷、潘韶峰捐建的“锋雷侨心综合楼”、“炫阳侨心综合楼”在云南省迪庆藏族

会副会长、法国侨胞林加者先生捐资建设的“加爱侨心中学风雨场馆”在内蒙古自治区鄂温克旗第二中学落成；勃利县青山“加爱侨心小学”在黑龙江省七台河市落成。基金会副理事长程超辉先生捐建的“程超辉侨心教学楼”在广东省东莞市汕尾华侨农场中心小学落成。基金会副会长、香港金龙科技集团董事局主席胡国赞先生捐建的“国赞楼”（教学楼）奠基典礼在安徽省六安市霍邱县新店镇十里村小学举行，胡国赞副会长又分别向霍邱县、金寨县各捐赠60万元，用于教学楼建设。由意大利佛罗伦萨华人华侨商贸联谊会副会长吴锋雷、潘韶峰捐建的“锋雷侨心综合楼”、“炫阳侨心综合楼”在云南省迪庆藏族自治州香格里拉进行落成典礼。基金会副理事长兼秘书长刘奇走访了“彬宜爱心小学”。基金会林加者副会长、程超辉副理事长等法国侨胞，连续第八年为“侨爱心工程”捐款，捐款额累计逾千万元。

【侨心卫生院】4月2日，林东副会长、

4月2日，澳门同胞林东先生、香港同胞梅智杰先生捐建的侨心卫生院

香港同胞梅智杰先生等共同发起捐赠25万元，在江苏省盐城市捐建的“林东侨心卫生院”，举行了落成典礼。李江山副会长捐资在江西省宜春市袁州区新坊镇合浦村捐建了当地的第一所侨心卫生所。

9月25日，捐赠人探访“珍珠班”

【树人班】王琳达副会长为其资助的甘肃省景泰县“怡海树人班”和江苏省盐城市明达中学“怡海树人班”分别赠送了55套“树人生”校服，今年两所学校将继续招收第二期“树人班”。袁卓京理事资助的湖北荆州市沙市中学“树人班”也将继续招生。

2月17日，“树人班”的学生们把手工制作的礼物送给捐赠人王琳达女士，表达感谢之情

【珍珠班】自2007年7月以来，基金会协助配合浙江省新华爱心教育基金会，在全国各地设立了463个“珍珠班”，学生人数超过23800人。为实地了解珍珠生的学习生活情况，总结办班的经验，基金会副理事长兼秘书长刘奇赴甘肃省白银市第一中学探访“珍珠班”项目实施情况。基金会工作人员还陪同捐赠人黄崇美女士赴甘肃省探访榆中一中让娘有爱崇世珍珠班、会宁三中鹤凌崇世珍珠班的孩子们，捐赠人对珍珠班的学生一一进行了面谈，详细了解每个孩子的情况。

【侨爱心图书室】9月11日，基金会副会长、银帝集团董事局主席朱奕龙出资30万元捐建的“奕龙侨心书屋”授牌仪式在济南市市中区舜园社区举行。朱奕龙先生已分别在济南、威海共捐建了14所“侨心书屋”。另外，安全忠先生出资10万元，在枣庄一中建图书室。

【成立基金会志愿者团队】11月18日，中国华侨公益基金会志愿者团队在京正式成立并举行授旗仪式。志愿者团队由在北京高校的“珍珠生”自愿报名参加，基金会将为每位志愿者提供合适的社会实践机会。

【中美杰出青年交流项目】由上海市华侨事业发展基金会与美国国际领袖基金会合作、中国华侨公益基金会支持开展的“中美杰出青年交流项目”立足于为国家长远发展培养具有国际视野的青年领导人才，有利于促进中美杰出青年之间的沟通和交流，对帮助青年健康成长和发展具有积极的导向和示范作用，有着重要和深远的意义，该项目得到了教育部的充分肯定和重视。北京大学原校长许智宏、复旦大学原校长王生洪担任项目执行主任。2012年，

2月9日，北京大学原校长许智宏先生等向参加2012中美杰出青年培训项目冬季培训的学员颁发结业证书

该项目在北京和上海两地分别举办了冬季培训、夏季培训和赴美为期半个月的海外培训。共有来自全国十多所高校和香港地区的55位35周岁以下的优秀青年参加了此次培训。赴美期间，学员们主要访问了纽约、罗德岛、波士顿、华盛顿等城市；参访了联合国总部秘书处、华尔街、联邦储蓄银行、哈佛大学、麻省理工学院、白宫、商务部、财政部、西点军校等地，参加美国——亚洲战略经济论坛活动，举行了中国大陆、台湾地区、美国三地杰出青年培训交流会，接受国际著名专家学者精彩的培训讲课，与美国当地的政府高官、社会名流和企业家进行零距离的接触和面对面的交流。乔卫理事长为学员们讲授“侨情概况”课程。胡国赞副会长为该项目资助了10万美元。

【专项基金活动情况】2012年，各支专项基金根据自身的特点，积极开展活动，增大募集资金的力度和渠道，培养基金造血能力，实现良性循环。泉州师范学院寒窗奖学专项基金和庄水金文教专项基金以奖教助学、扶持教育事业为主要宗旨。3月7日，奖学金发放仪式在华侨大学举行，此次奖学金发放共计50万元，惠及186名在读研究生；还发放5万元资助泉州师范学院的优秀学生。慈善文化传播基金参与承办“2012”祖国惦念你——亲情中华春节晚会暨海外侨胞大型公益晚会。晚会播出后，受到海内外侨胞的热烈欢迎，成为龙年最具特色与影响力的春节晚会之一，得到众多好评与赞赏，取得良好的社会反响。4月13日—15日，国粹公益专项基金负责人张佳春在清华大学新清华学堂举办了“佳音春色”的专场演出，为京剧爱好者、高校学生奉献了一场精彩的国粹艺术大餐。专场演出得到了胡国赞爱心基金和庄水金文教基金的支持。侨心教育慈善专项基金一直支持举办侨爱心学校校长培训班，无偿提供场地。今年，该基金向资助的甘肃省景泰县和江苏省盐城市两所学校的“树人班”学生各捐赠55套校服，并将继续招收第二期“树人班”。树人基金在湖北省荆州市沙市中学捐助的“泰宇树人班”今年将继续招生。2月12日—23日，气候组织专项基金发起了“区域绿色共赢——城市同行”项目，组团赴欧洲进行考察，学习借鉴国际上先进的管理理念和做法，结识新老朋友，加强与国际知名大型跨国企业集团的交流与合作，共同促进全球应对气候变化的挑战。此次考察共有四个团组成（中国华侨公益基金会和内蒙侨联联合组团，珠海市、贵阳市、兰州市分别组团），代表团先后考察了荷兰、比利时、瑞士的绿色发展情况，并出席了在瑞士巴塞尔举办的第二届可持续发展基础设施金融峰会，基金会副理事长兼秘书长刘奇担任考察团团长；携手飞利浦（中国）投资有限公司共同发起“绿色点亮未来”项目在云南省宣威市阿都乡大佐侨心小学通过一期验收，“绿色点亮未来”项目是气候组织公益碳踪平台上的首个以节能减排为主旨的公益项目。该项目在过去的一年内，为云南、河南、甘肃、山东、贵州和山西五省境内的210所乡村小学更换节能照明系统，用以改善学校的照明条件，减少能源消耗。胡国赞爱心基金捐赠200万元，其中100万元用于甘肃省天水伏羲节，100万元用于支持甘肃省的教育事业，帮助贫困学生改善学习生活条件；出资40万元，支持基金会20周年晚会的举办；捐赠20万元慰问江苏省涟水县军民村老人并欢度重阳节。崇世爱心基金在甘肃榆中一中、会宁三中，开办“鹤凌崇世珍珠班”；与“小花关爱计划”合作，治疗照护残疾弃婴与孤儿，携手努力改变他们的未来；与“爱心妈妈慈善会”合作，资助清寒优秀北京大学医学部学生与北京师范大学学生；与“协庆慈善孤儿学校”合作，协助藏族孤儿建立家园，接受教育与技能培训；10月11日，崇世爱心基金代表探访湖北恩施高中“崇世秀松珍珠班”2012年开班情况，仔细审核与面谈所有学生的资料，最终确定需要资助的28名珍珠生，并对每名困难学生家庭进行实地家访考察。7月15日，“北川中学助教助学基金”捐赠仪式在四川省绵阳市新北川中学举行。中国侨联副主席、中国华侨公益基金会理事长乔卫出席捐赠仪式并讲话。这支专项基金由中央企业侨联、神华公益基金会发起，将连续6年，每年发放50万元，支持北川中学的发展。四川省侨联副主席陈宪，中央企业侨联副主席罗秋菊，神华公益基金会副理事长兼秘

9月24日，“国赞楼”奠基仪式

7月15日，神华公益基金会捐赠“北川中学助教助学金”

10月19日，西部阳光基金“公益下午茶”活动现场

中国侨联直属企事业及社会团体工作简介

书长翟日成等出席了仪式。中国侨联办公厅副主任、中国华侨公益基金会副理事长兼秘书长刘奇主持仪式。7 月 16 日，由香港爱心人士发起组织的“可持续农业扶贫专项基金”筹备小组和香港福溢关爱基金会共同主办的“可持续农业扶贫”项目现场交流会，在四川省绵竹市土门镇三合村召开。此次现场交流会主要探讨国内公益组织参与农业扶贫的新路子，由以往的“输血”变为“造血”，帮助农民发家致富。9 月 12 日，山东安侨集团有限公司董事长安全忠先生向中国华侨公益基金会捐资 200 万元人民币，设立“安侨爱心专项基金”，并启动了枣庄龙子心中学图书馆项目。10 月 19 日，中国华侨公益基金会、西部阳光基金、《艺树》杂志社等单位联合举办的“幸福树沙龙之公益下午茶”在北京宋庄树美术馆举行。现场十几位艺术家捐赠的作品以底价进行拍卖，最终有 12 幅作品竞拍成功，现场共募得善款总额 264500 元，将全部用于西部贫困女性的疾病救助。“公益下午茶”是西部阳光筹款形式的新探索。在下午茶时光，朋友分享公益理念，欣赏艺术品，用艺术品底价拍卖的形式为公益筹款。10 月 29 日，中国华侨公益基金会发起成立了“侨爱心 365 基金”，募捐活动重点面向企业、社会团体、机关各部门及侨社团，遵循自愿、合法的原则。通过每人每天捐赠 1 元钱，一年捐赠 365 元钱，从而实现“人人可慈善、天天可慈善”的一种集体募捐形式，使更多的人奉献爱心，参与到公益慈善队伍中来。“侨爱心 365 基金”募集的捐款，根据捐赠人的意愿，将全部用于公益慈善项目。对捐赠者有明确意愿的捐款，华侨基金会将完全按照捐赠者的意愿使用；对捐赠者没有明确意愿的捐款，华侨基金会将推荐公益项目，在征求捐赠者同意的情况下再使用善款。华侨足球公益基金启动“东芝侨心足球万里行”暨“2012 东芝侨心杯全国少年足球赛”活动。中德（中国）环保有限公司董事长陈泽峰先生捐赠 300 万元人民币，专项用于支持举办了首届“亲情中华——世界华侨华人美术书法展”，为中国侨联更好地搭建海内外文化展示、交流、合作平台，增进海内外文化人士之间的联系联谊，团结凝聚海内外艺术家共同致力于弘扬中华文化，增强中华文化国际影响力。

3 月 7 日，华侨大学奖助学金发放仪式

10 月 29 日，银帝集团捐赠侨爱心 365 基金，实现“满堂红”

【召开基金会五届三次理事会】1 月 6 日，中国华侨公益基金会五届三次理事会在北京召开。中国侨联副主席、中国华侨公益基金会理事长乔卫出席会议，并作了重要讲话。会议审议通过了中国华侨公益基金会 2011 年工作报告和财务报告，研究部署了 2012 年的工作任务。

【举办“经典城市之夜”2011 大型慈善晚宴】1 月 14 日，以“聚善中华情，思源爱无疆”为主题的“经典城市之夜”2011 大型慈善晚宴于在北京柏悦酒店隆重举行。此次活动由中国华侨公益基金会主办，经典国际传媒承办，并由中国美协、中国书协、中国影协、中央美院、清华美院、首创集团、首创股份、利星行等鼎力支持。中国侨联副主席、中国华侨公益基金会理事长乔卫、副理事长兼秘书长刘奇、著名影视演员张铁林等应邀出席了此次活动。

【参与“健康光明行”活动】4 月 23 日—25 日，由中国侨联与北京同仁医院合作的“健康光明行”大别山老区行在湖北省麻城市开展。基金会参加了此项活动。“健康光明行”大别山老区行活动由中国侨联经济科技部具体组织实施。23 日，活动启动仪式在麻城市人民医院举行。基金会副理事长兼秘书长刘奇宣布活动启动。中国侨联经济科技部副巡视员苏洮铭代表中国侨联向麻城市捐赠 200 枚人工晶体及白内障手术 200 例。此次活动由中国侨联与北京同仁医院合作开展，旨在将最好的医生、最好的技术、最好的医疗服务送到最需要的人群和地方，使生活困难的农村白内障患者重现光明、重拾生活信心。

【“绿色点亮未来”项目在云南省阿都乡大佐侨心小学通过一期验收】5 月 14 日，由气候组织携手中国华侨公益基金会、飞利浦（中国）投资有限公司共同发起的“绿色点亮未来”项目在云南省宣威市阿都乡大佐侨心小学通过一期验收。来自以上三家机构的代表和阿都乡的各级领导一起参与了当天的“亮灯”仪式。“绿色点亮未来”项目是气候组织公益碳踪平台上的首个以节能减排为主旨的公益项目。该项目在过去的一年内，为云南、河南、甘肃、山东、贵州和山西五省境内的 210 所乡村小学更换节能照明系统，用以改善学校的照明条件，减少能源消耗。公益碳踪平台于 2011 年 4 月启动，旨在为低碳公益实践项目提供可衡量、核证、报告与展示的机会。其概念在国内公益界尚属首次提出。

【召开基金会五届四次理事会】6 月 26 日，中国华侨公益基金会第五届四次理事会在四川省巴中市召开。中国侨联副主席、中国华侨公益基金会理事长乔卫出席并作重要讲话。会

6 月 26 日，五届四次理事会在巴中召开

上，理事们审议并通过了《中国华侨公益基金会2012年上半年工作报告和下半年工作任务》、《中国华侨公益基金会2012年上半年财务报告》和设立相关专项基金的决议。理事们并就上半年工作提出了很好的意见和建议。中国华侨公益基金会副理事长沈伟娟、林少迈、程超辉，理事林冠标、刘霞、邵诚、郝彬、高美真，监事耿诚聪、高天仕等30多人出席会议。基金会高级顾问丁晓明、张秋月等应邀列席会议。会议由基金会副理事长兼秘书长刘奇主持。会议期间，理事、监事参加了巴中市委市政府举办的“侨爱汇集老区、共建美好巴中”——巴中投资项目说明会；来到革命老区巴中通江川陕革命根据地红军烈士陵园、川陕苏区将帅碑林学习考察，深切缅怀革命先烈的丰功伟绩。

【“发现爱·奉献爱”主题义卖活动】8月23日，由中国华侨公益基金会、绿芽公益文化交流中心联合主办的公益联合行动“发现爱·奉献爱”主题义卖活动继续在双井乐成中心开展。活动旨在促进公益文化产业发展，增加公益项目和产品展示渠道，提供公益组织交流平台，搭建快乐公益大舞台。

【“绿色承诺·低碳生活”系列环保活动】10月13日，由中国华侨公益基金会、绿芽公益文化交流中心、人民网强国社区联合开展的“绿色承诺·低碳生活”大型系列环保活动在北京双井街道富力城社区拉开帷幕。“绿色兑换·低碳生活”活动旨在逐步建立全民参与的可持续性社会行动模式，鼓励公众在日常生活中参与垃圾分类、节约资源。

【基金会20周年纪念晚会录制并播出】10月29日，中国侨联举办中国华侨公益基金会成立20周年纪念晚会，以此反映中国侨界公益事业的成就，宣传广大侨胞、港澳台同胞爱国爱乡、无私奉献的高尚情怀，弘扬扶危济困、乐善好施的中华优良传统，倡导全民慈善、创造文明和谐，激励更多侨胞和社会爱心人士投身中国欣欣向荣的公益事业。整台晚会以“侨心汇聚，大爱无疆”为主题，划分为“赤子心”、“民族魂”和“中华情”三个篇章。三个章节共反映了8个侨爱心人物、3个侨爱心项目，再现了华侨公益基金会20年走过的历程。晚会上，中国侨联主席、中国华侨公益基金会会长林军作了讲话。晚会在全国四十多家电视台播出，宣传了爱心人士的事迹和感人的故事，进一步扩大了基金会的影响力。

10月29日，基金会20周年纪念晚会录制现场

【聘请陈思思为“爱心大使”】10月29日，在中国华侨公益基金会成立二十周年纪念晚会上，青年歌唱家、二炮文工团副团长陈思思被聘请为“爱心大使”。中国侨联党组副书记、副主席董中原为陈思思颁发中国华侨公益基金

10 月 29 日，董中原副主席为基金会聘请的“侨爱心 365 基金”形象代言人陈思思颁发证书

会“爱心大使”证书。

【“侨爱心学校校长培训班”项目入选“2011 年度媒体关注公益品牌项目”】 2 月 29 日，“第四届中国公益新闻年会暨 2011 中国传媒公益推动力发布盛典”在北京香港马会会所召开。民政部原副部长、中国社会工作协会会长徐瑞新，中华全国新闻工作者协会书记处书记顾勇华、中国华侨公益基金会副理事长兼秘书长刘奇等领导出席年会。本届年会以“凝聚传媒力量，解读善意中国”为主题，从“新媒体与公益 2.0 时代”、“寻找中国公益的变革之力”、“探索中国公益的未来之路”三个纬度，对 2011 年的中国公益进行了深刻的剖析，并对中国公益事业的发展展开了热烈的讨论。中国华侨公益基金会推荐的“侨爱心学校校长培训班项目”因 2011 年获得媒体极高关注度以及较大影响力，入选“2011 年度媒体关注公益品牌项目”。

【“祖国惦念你”春节晚会荣获第七届“中华慈善奖”】 4 月 10 日，民政部举办第七届“中华慈善奖”表彰活动，中国侨联主办的“祖国惦念你——全球华侨华人大型公益晚会”获得“最具影响力慈善项目奖”。“中华慈善奖”是中国慈善领域的最高政府奖，目前已成为中国慈善领域最权威、最有影响力、参与度最高的奖项。

【基金会党支部获“中国侨联直属机关创先争优先进基层党组织”荣誉称号】 基金会党支部不断加强基层党组织建设，积极参加机关党委组织的创先争优活动，基金会党支部被评为中国侨联直属机关创先争优先进基层党组织荣誉称号，两名党员同志分别获评“中国侨联直属机关创先争优优秀共产党员”和“中国侨属直属机关创先争优优秀党务工作者”。

【基金会获“2011 年首都文明单位”】 6 月 15 日，中直机关文明单位表彰暨精神文明创建活动现场观摩会在京召开。会议隆重表彰了 223 个中直机关 2009—2011 年度全国文明单位、中直机关文明单位以及首都文明单位。中国华侨公益基金会被评为“2011 年首都文明单位”。

中国侨联法律顾问委员会

【领导成员名单】

主任委员：邹　瑜（12月6日不再担任）
　　　　　张　耕（12月6日聘请）
荣誉主任：邹　瑜（12月6日聘请）
常务副主任委员：祝铭山　陈　卓　孙琬钟
　　　　　　　　林淑娘（女）　张鸣起
副主任委员：王振川　何访拔　宿世芳
　　　　　　高卢麟　胡之光　梁钦汉
　　　　　　王秀红（女）　张柏峰
　　　　　　何少存　王培生　储亚平
　　　　　　毛志君　卢晓钟　周慹平
　　　　　　方忠炳
秘　书　长：姜凤岩

【综述】中国侨联法律顾问委员会（简称“法顾委”）以崇尚宪法、尊重法律、维护法制为准则，坚持以人为本、为侨服务为宗旨，根据《中华人民共和国宪法》、《中国人民共和国归侨侨眷权益保护法》、《中国侨联章程》以及《中国侨联法顾委章程》，遵照《中国侨联法顾委工作规则》，依法维护归侨侨眷和海外侨胞的合法权利和正当利益。其主要工作包括：（1）参与研讨有关侨务法律法规政策，向立法机关提出保护归侨侨眷合法权益和海外侨胞正当权益的意见和建议；（2）向归侨侨眷和海外侨胞宣传国家法律法规政策，义务提供法律咨询服务，引导侨胞依法表达利益诉求；（3）为侨联协助党和政府落实各项侨务政策，帮助协调处理涉侨疑难案件，对严重侵犯侨胞合法权益的案件提供法律意见和法律帮助；（4）开展维护侨益调研，为侨联参政议政，撰写提议案提供素材；（5）指导地方侨联法顾委建设，开展与海内外侨界律师联谊和业务交流活动；（6）承办中国侨联交办的其他法律事务。

【协调涉诉案件】2012年，法顾委共受理涉侨涉诉案件51件，其中刑事案件4件，民事案件44件，行政案件3件。针对疑难案件召开案例研讨会10次，向司法或政府有关部门出具意见函26个。为协调涉侨案件，委员们分赴河南、山东等10余个省地市与有关部门沟通情况，推动涉侨案件妥善解决。其中，侨商肖某房屋产权被侵害案、侨眷朱某投资权益被侵害案、归侨朱某反映医疗事故纠纷案等得到圆满解决。

4月26日，中国侨联法顾委派员赴河南省协调陈某案件

【参与修改法律草案】法顾委先后对《中华人民共和国出境入境管理法（草案）》、《中华人民共和国旅游法（草案）》提供了法律意见和建议，部分建议得到采纳。

【赴云南调研】为贯彻落实中国侨联八届四次全委会议精神，进一步做好维护侨益工作，5月25日—31日，主任邹瑜、常务副主任林淑娘等一行8人赴云南省就依法维护侨益工作进行调研。调研组先后在瑞丽市、德宏州、昆明市召开了3次座谈会，听取了当地侨联的工作汇报、侨胞的意愿诉求；走访了侨资企业瑞丽姐告怡霆国际贸易会展中心、瑞丽大通公司，鼓励他们紧抓机遇、迎难而上，不断开拓

5 月 30 日，中国侨联法顾委主任邹瑜（左三）带队赴云南调研

新的市场，争取更好发展。调研组一行还走访慰问了贫困归侨侨眷，带去了党的关心和侨联组织的温暖。此次调研活动形成报告并被摘编为《侨情专报》上报中央，提出的“变‘一家维权’为‘大家维权’”的建议得到中央领导的高度重视和批示。以此为契机，中国侨联、全国总工会对六省区 17 个华侨农场联合开展专题调研，并在 84 个华侨农场中进行问卷调查，探索建立侨联、工会长效合作机制，将在推进华侨农场工会和侨联组织建设、完善华侨农场困难职工帮扶长效机制等方面开展有效合作。

【赴吉林调研】6 月 15 日—21 日，由常务副主任、原最高人民法院常务副院长祝铭山率队到吉林省进行维护侨益调研。调研组先后赴通化市、白山市、延边朝鲜族自治州，听取当地侨联维护侨益工作情况汇报。期间，调研组赴吉林省高级人民法院进行考察，参加通化市“侨联之家”揭牌仪式。吉林省委副书记竺延风、省委副秘书长贺东平等当地领导会见了调研组。调研活动形成报告，其中加强少数民族侨务工作等建议被摘编为《侨情专报》上报中央。

【赴江西调研】9 月 2 日—6 日，常务副主任、原最高人民检察院常务副检察长张耕率队赴江西省就维护侨益工作情况进行调研。调研组一行先后赴南昌市、景德镇市、上饶市，听取了省侨联及三地侨联的工作汇报；与江西省人大外侨民宗工委、江西省政协港澳台侨委、江西省外事办公室有关领导，江西省侨联法顾委委员，归侨侨眷代表，侨商代表展开了深入交流；对三和时代低碳科技有限公司申请专利案、雅达实业有限公司购楼纠纷案进行了初步研讨；参观了协助江西省侨联开展维权工作的南昌市求正沃德律师事务所；考察了南昌恒立泰制衣有限公司、景德镇佳洋陶瓷有限公司，实地了解了侨资企业的发展现状及存在的问题。调研活动形成报告，其中修改《归侨侨眷权益保护法》等建议被摘编为《侨情专报》上报中央。

6 月 16 日，法顾委常务副主任祝铭山（右六）带队赴吉林调研期间为通化市“侨联之家”揭牌

9月2日，常务副主任张耕（前）带队赴江西调研期间走访侨资企业

【组织法顾委海外委员回国访问】应中国侨联邀请，来自10个国家和地区的23名海外委员于5月8日—14日回国进行了考察访问。5月8日，海外委员在北京与新聘国内委员进行了座谈，参加了中国侨联法顾委成立30周年纪念大会，得到了林军主席、王永乐副主席的接见。5月9日，20名海外委员赴浙江温州、宁波、杭州进行了为期一周的以加强联谊交流、了解国情侨情、探讨法律维权为主题的考察访问，先后考察了温州瓯海丽岙侨联、宁波创新128园区等，并与当地侨联干部及法顾委委员进行了广泛深入的座谈交流。

5月8日，中国侨联党组书记、主席林军，副主席王永乐会见法顾委海外委员

5月13日，法顾委海外委员赴浙江考察

5 月 8 日，中国侨联法顾委举行海内外委员座谈会

【举办成立 30 周年纪念活动】 5 月 8 日，中国侨联法律顾问委员会成立 30 周年纪念大会在北京人民大会堂召开。全国人大常委会副委员长桑国卫、十届全国政协副主席罗豪才到会祝贺，全国人大华侨委员会副主任陈玉杰、全国政协港澳台侨委员会副主任林兆枢、国务院侨办副主任许又声、致公党中央秘书长曹鸿鸣等应邀出席大会。中国侨联党组书记、主席林军在会上作了重要讲话，全面回顾了法顾委成立 30 年来所走过的历程。他指出，30 年来，中国侨联法顾委在凝聚侨心、坚持普法宣传，发挥侨力、坚持依法维权等方面积累了宝贵的经验，这些经验将推动法顾委工作取得更大的发展。中国侨联副主席董中原在主持大会时表示，希望各级侨联以法顾委成立 30 周年为契机，扎实工作、共同努力，不断提高为侨服务的工作水平。大会向新增聘的国内、海外委员颁发了聘书。主任邹瑜、委员代表郑治发、海外委员代表季奕鸿、地方侨联法顾委代表方忠炳先后发言。中国侨联副主席董中原、王永乐，中国侨联顾问、中国侨联法顾委常务副主任、副主任、委员，各省区市侨联主席、法顾委主任，中国侨联机关、企事业单位负责人等近 300 人出席了大

5 月 8 日，中国侨联主席林军在纪念中国侨联法顾委成立 30 周年大会上讲话

5 月 8 日，纪念中国侨联法顾委成立 30 周年大会在人民大会堂召开

会。纪念活动还包括编印《中国侨联法顾委30年》、《维护侨益案例选编》两本书，发行纪念邮折，召开海内外委员座谈会，增聘国内、海外委员等内容。

12月6日，邹瑜同志被聘为中国侨联法顾委荣誉主任

12月6日，张耕同志被聘为中国侨联法顾委主任

【召开法顾委2012年年会】 12月6日，中国侨联法顾委2012年年会在北京召开。中国侨联党组书记、主席林军出席会议并讲话，对侨联法顾委工作提出4点希望：一要坚持围绕中心，服务大局，发挥优势，彰显作为；二要坚持以人为本，为侨服务，凝聚侨心，发挥侨力；三要坚持深入调研，广泛普法，依法维权，讲求实效；四要坚持解放思想、实事求是，完善机制，建设队伍。中国侨联党组副书记、副主席董中原主持会议。他强调，各级侨联要站在全局和战略的高度，进一步提高对法顾委工作重要性的认识，把法顾委工作摆上侨联工作的重要日程，积极谋划法顾委的各项工作，加快建立地市级侨联法顾委组织，继续对法顾委开展的各项工作和活动给予大力支持和具体帮助，为法顾委充分发挥作用创造更加良好的条件。会议聘请张耕为中国侨联法顾委主任，聘请邹瑜为中国侨联法顾委荣誉主任。邹瑜在会上作了年度工作报告，并对2013年的工作进行了部署。张耕在致辞中表示，维护侨益是一项细致、繁琐、艰巨的工作。侨联法顾委拥有一批法律专业人才，工

12月6日，中国侨联党组副书记、副主席董中原在中国侨联法顾委2012年年会上讲话

12 月 6 日，中国侨联法顾委 2012 年年会在北京召开

作经验丰富、政治觉悟高、热爱侨联事业，有信心有决心把法顾委的工作做得更好。会议期间，法顾委委员、中国政法大学教授王顺安作了题为“学习十八大法治精神，落实侨联维权职能”的报告。中国侨联副主席王永乐、乔卫，法顾委常务副主任孙琬钟、林淑娘、张鸣起，副主任胡之光、何访拔、方忠炳、张柏峰、梁钦汉及其他国内委员，中国侨联机关、企事业单位负责人，中国侨联机关干部等 100 多人出席会议。

中国侨商联合会

【领导成员名单】

荣誉会长（以姓氏笔画为序）：

庄启程　许荣茂　张　茵（女）
张晓卿　邱维廉　陈有汉
陈有庆　陈江和　周泽荣
林　军　林文光　林文镜
林兆枢　林建岳　郭孔丞
黄双安　黄如论　彭云鹏

创会会长：邱维廉

会　　长：陈有庆

常务副会长（以姓氏笔画为序）：

丁水波　王永乐　王琳达（女）
厉育平　华　生　刘艺良
刘雅煌　庄绍绥　纪少雄
余国春　宋晓平　张恭泰
李金松　李祖沛　杨莉珊（女）
陈永滔　陈成秀　陈红天
陈金烈　林龙安　林定强
林树哲　林淑娘（女）
姚志胜　梁树森　黄士心
黄少良　彭应吉　曾智明
韩国龙　蔡冠深　颜宝铃（女）

【综述】2012 年是我国实施“十二五”规划承上启下的重要一年，中国侨商联合会紧密围绕党和国家经济发展大局，充分发挥全国性商会组织的优势，协调广大侨商和地方侨联组织，以加快转变经济发展方式和支持区域经济发展为主线，在促进区域经济发展、加强海外经贸交流、积极参与社会管理、引导侨商热心公益、推动侨商组织建设、拓展服务会员领域、创新会员服务方式等方面做了大量工作并取得了应有成绩。

【组团出席第十六届中国东西部洽谈会】4 月 5 日，在陕西西安举行的壬辰年公祭黄帝陵活动和第十六届中国东西部经贸洽谈会（简称“西洽会”），中国侨联副主席、中国侨商联合会常务副会长王永乐率中国侨商联合会代表团出席开幕式及“海内外侨商投资项目推介会”。副会长严陆根、朱建德、苏忠阳、畅瑞钢等二十余位知名侨商参加活动。

【举办“海外知名侨商齐鲁行”活动】4 月 17 日，应山东省青岛市、济南市及德州市政府邀请，由中国侨商联合会副会长陈汉才为团长的侨商考察团一行 30 人，赴青岛、济南、德州考察洽谈。参加此次考察团的侨商，主要来自美国、英国、加拿大、日本、意大利、奥地利、南非、澳大利亚、香港等国家和地区，涉及金融、机械制造、新能源、矿产、纺织、现代物流、现代农业、城市交通等多领域。

4 月 19 日，“知名侨商齐鲁行”活动现场

【组团出席中国·天津第十九届投资贸易洽谈会】5 月 11 日，中国·天津第十九届投资贸易洽谈会在天津举行。中国侨联副主席王永乐，中国侨联副主席、中国侨商联合会会长陈有庆，中国侨商联合会副会长谢湘蓉、黄焕明等 80 余位海内外侨商出席开幕式。中国侨

商联合会代表团还分别赴天津市滨海新区和宁河县考察。

【组团出席第七届中国中部投资贸易博览会】5月18日，中国侨商联合会邀请了香港侨界社团联会、马来西亚中国经济贸易总商会等社团及部分省市侨商会会员共三十余人出席在湖南省长沙市举行第七届中国中部投资贸易博览会。活动期间，中国侨商代表团还赴张家界参加“2012中国旅游日”启动仪式及项目推介会。

【举办“创业中华·创新江苏”——2012侨资侨智对接洽谈会”】6月5日，由中国侨联、江苏省侨联、中国侨商联合会、江苏省侨商总会共同举办的“创业中华·创新江苏——2012侨资侨智对接洽谈会”在南京举行。中国侨商联合会代表团出席会议，并于会后赴南通、苏州考察。

【组团出席中国·青海绿色经济投资贸易洽谈会】6月10日，2012中国·青海绿色经济投资贸易洽谈会、青海省侨商联合会成立大会在青海省西宁市隆重举行。60余位侨商组成的中国侨商联合会代表团出席大会。

【组团出席第十八届中国兰州投资贸易洽谈会】7月6日，由十余位侨商企业家组成的中国侨商联合会代表团应邀参加第十八届中国兰州投资贸易洽谈会。中国侨联副主席、中国侨商联合会常务副会长王永乐等领导出席开幕式。

【组团出席“世界侨商宁夏行”活动】6月18日，由中国侨联与宁夏回族自治区人民政府联合主办的世界侨商宁夏行活动在银川举行。中国侨联主席、中国侨商联合会荣誉会长林军出席开幕式并致辞。世界五百强企业、常青集团主席张晓卿；玖龙纸业有限公司董事长张茵等来自美国、英国、意大利、西班牙、瑞典、马来西亚等20多个国家和港澳台地区的320多名侨商侨领出席活动，会上共签约48个项目，总投资达376亿元人民币。

【组团出席“首届世界晋商大会”】8月20日，由中国侨联与山西省政府共同主办的首届世界晋商大会在山西太原举行。全国政协副主席、全国工商联主席、首届世界晋商大会名誉主席黄孟复，中国侨联主席、首届世界晋商大会主席林军出席开幕式并致辞。中国侨商联合会邀请的包括香港中华出入口商会、香港潮州商会、香港侨界社团联会等多家商会近50位知名侨商参会。王君省长会见了林军主席、王永乐副主席及知名侨领侨商代表。仅在“首届世界晋商大会”和“世界侨商宁夏行”这两场活动中，签约总额超过1000亿元人民币。

8月20日，中国侨联主席林军出席首届世界晋商大会

【协办 2012 中国商丘国际华商节】10 月 23 日，由中国侨联、河南省政协共同主办的 2012 中国·商丘国际华商节在河南省商丘市举行。中国侨联主席、中国侨商联合会荣誉会长林军，中国侨联副主席、中国侨商联合会常务副会长王永乐出席大会。由中国侨商联合会荣誉会长、香港维德集团主席庄启程，中国侨商联合会副会长、香港富鸿集团有限公司董事长朱建德等二十余位侨商代表组成的中国侨商联合会代表团出席大会。

【组团出席第七届中国河南国际投资贸易洽谈会】10 月 23 日，第七届中国河南国际投资贸易洽谈会、壬辰年黄帝故里拜祖大典以及河南省侨商联合会揭牌仪式在河南郑州举行。林军主席、陈有庆会长以及中国侨商联合会邀请的 20 余位侨商参加了相关活动。会后中国侨商联合会代表团赴漯河、焦作两市考察调研。

【组团访问德国、瑞士、土耳其】4 月 24 日—5 月 5 日，中国侨联副主席、中国侨商联合会常务副会长王永乐率团出访德国、瑞士、土耳其。期间，出席了德中华商经贸科技交流恳谈会和丝绸之路——土中华商经贸交流会，侨商代表在交流会上做了项目发布和企业推介，代表团向海外华商介绍了国内宏观经济环境，就国内侨商企业“走出去”发展模式与使领馆、侨商进行了沟通。

【组团访问美国、加拿大】6 月 17 日—26 日，由中国侨商联合会常务副会长韩国龙先生为团长的中国侨商联合会代表团一行 14 人，访问了北美温哥华、洛杉矶、纽约、多伦多四个城市，召开了五场座谈会，访问全程均得到了中国驻当地总领事馆的大力支持，中国侨商联合会与美国华商联合会签署长期合作协议。

10 月 23 日，中国侨商联合会代表团出席 2012 中国商丘国际华商节

6 月 20 日，中国侨商联合会代表团访问美国、加拿大，与美国华商组织签署合作协议

【接待台湾侨商联合会筹委会访问团】 侨商会接待由台湾著名工商团体负责人及国民党籍资深民意代表、知名企业家代表组成的台湾侨商联合会筹委会参访团。中国侨联主席林军、副主席王永乐，全国政协港澳台侨委员会副主任杨崇汇、国台办副主任孙亚夫和中央统战部、商务部、北京市侨联等领导分别会见了参访团一行。

【与多省市签署《战略合作协议》】 为推动地方经济转型发展，促进会员自身事业的开拓，整合侨商力量，在参与区域经济发展中实现共赢，为国家调整经济结构，保持经济平稳较快发展做出贡献，中国侨商联合会与甘肃、青海、宁夏、安徽等省区政府签署了《战略合作协议》，与马鞍山市政府签署《合作框架协议》。

中国侨联特聘专家委员会

【领导成员名单】

主 任 委 员：万立骏

副主任委员：王执礼　邓秀新　江　雷　贺　林　钟南山　徐德龙　顾行发　樊　纲

秘　书　长：李曙光

副 秘 书 长：黄　维

【综述】 2012 年，中国侨联特聘专家委员会在中国侨联的领导下，围绕“科教兴国”、“人才强国”战略，配合中组部、人力资源和社会保障部等有关部门，在做好人才工作、主动建言献策、服务地方经济转型发展、支持民生工程、加强自身组织建设方面取得较好成绩。专家委员会的工作得到中央领导同志及中国侨联领导的关心和重视，中国侨联主席林军等领导多次出席活动并对专委会工作提出重要指导意见。

【举办“中国资本成长论坛”】 1 月 14 日，中国侨联特聘专家委员会与北京大学经济学院、中国证券报等单位共同主办“2012 中国资本成长论坛”。论坛在北京大学英杰交流中心举行。中国侨联特聘专家委员会秘书长李曙光、中国侨联特聘专家董志勇、国务院发展研究中心副主任刘世锦、中国社科院金融研究所所长王国刚出席。“2012· 中国资本成长论坛”全方位多层次详尽阐述 2012 年中国资本成长发展的战略思考和演绎趋势，全面解读资本市场与实体经济和谐共赢的战略定位。论坛的宗旨是：充分辨析全球经济危机的演绎趋势和对中国经济的后续影响，深刻揭示这场危机对全球资本市场尤其对中国证券市场带来的严峻挑战；全面思考全球应对债务危机对策的效能及其利弊得失。论坛所呈现的战略思考和揭示的经济热点、难点及动态趋势将有利于 2012 年中国推行重大经济战略决策参考和借鉴，有利于中国所有资本市场投资者把握机遇和积累财富。

1 月 15 日，“2012 中国资本成长论坛”活动现场

【与欧美同学会 · 中国留学人员联谊会共同举办“海归论坛”】 2 月 24 日，特聘专家委员会与欧美同学会 · 中国留学人员联谊会共同举办“海归论坛”。中国侨联特聘专家、信息与资源委员会秘书长闫长明主持会议。中国证监会研究中心主任祁斌主讲，IPC 集团公司董事长周立群、建信股权投资基金董事总经理吴兴华等嘉宾参与了圆桌讨论环节。论坛旨在分析中国留学人员回国创新创业的现状与发展趋势，总结留学人员回国创新创业成功经验，探索中国发展的转型之路，寻找和实现创新创业人才的中国梦想。

当前，中国面临第二轮的改革开放，要以创新驱动，以科技支撑，背后的核心是人才。中国海外高层次人才引进“千人计划”实施以来，已成功引进了海外高层次创新创业者将近2800人。

8月14日，承办“华生国际生物科技创新峰会”

【举办“华生生物科技创新论坛”】8月14日，以“生物技术改变世界”为主题的“华生生物科技创新论坛”在杭州举办。论坛由中央电视台著名主持人王世林主持，中国科学院北京生命科学研究院副院长高福博士作了题为《生物技术与我国传染病的防控》的演讲。中国侨联特聘专家委员会秘书长、中国政法大学研究生院常务副院长李曙光、中国侨联特聘专家、北京大学经济学院副院长董志勇、浙江贝达药业有限公司总裁王印祥、中信医疗集团投资中心总经理李小强、普华永道资深合伙人张国俊、中国华生生物园管理有限公司CEO刘建亚等六位嘉宾就生物科技的重要性、生物产业发展的特点、世界及我国生物产业发展现状、生物产业发展中存在的问题及对策，以及法律和知识产权保护等各个方面发表了各自的见解。21世纪人类健康日益受到重视，健康投入将急剧增加，生物产业正面临着重大发展机遇。我国应完善政策法规，破除招投标医保准入等制度障碍，加强知识产权保护，打破产业发展瓶颈。

【协办“中国工程院陕西能源、化工、循环经济论坛”】10月26日，中国工程院陕西能源、化工、循环经济论坛在西安隆重举行。本次论坛由中国侨联支持、中国工程院主办，中国侨联特聘专家委员会协办。中国侨联特聘专家委员会副主任、材料与工程委员会主任、西安建筑科技大学校长徐德龙院士主持了论坛。中国工程院党组书记、院长周济院士，中国侨联副主席王永乐出席并讲话，陕西省人民政府常务副省长娄勤俭，中国工程院常务副院长潘云鹤院士，副院长谢克昌院士及中国工程

10月26日，协办“中国工程院陕西能源、化工、循环经济论坛”

院部分院士出席。

【积极建言献策】中国侨联特聘专家委员会立足自身优势，在经济发展、科技进步、国家安全、社会民生、文化产业等诸多领域主动献计出力，积极撰写建言材料，截至2012年10月，委员们提供了150余篇有价值的建议，其中有69篇被《中国侨联侨情专报》采用，有8篇得到中央领导同志的批示。在年会后汇编了《中国侨联特聘专家建言集》。

【发挥专业优势，协助开展新侨创新成果交流会评奖工作】由万立骏、徐德龙、顾行发、贺林、王执礼、李涵雄、黄维、王文生、何光源、李曙光等组成第四届中国侨界贡献奖评审委员会，共评出第四届中国侨界贡献奖创新人才奖143名、创新成果奖64个、创新团队53个，保证了评奖结果的科学公正。

【参与中国侨联“健康光明行”活动】特聘专家生物医药委员会秘书长、天津医科大学眼科医院院长李筱荣与中国侨联长期合作，多次参与中国侨联“健康光明行”活动，深入湖北、甘肃等地，为贫困患者免费实施复明手

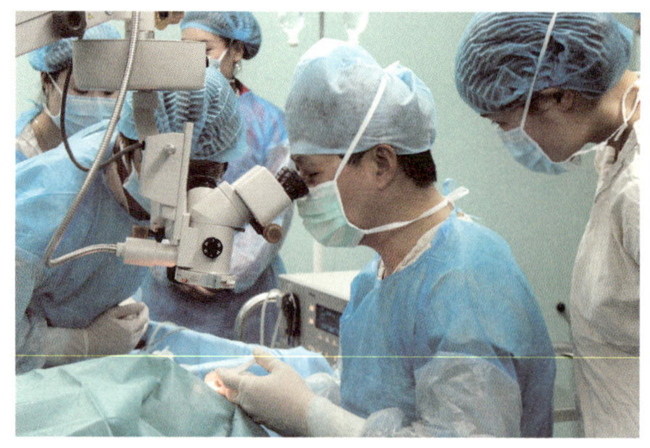
4月1日，特聘专家李筱荣免费为贫困患者实施复明手术

术。2012年李院长与浙江省温州市眼视光医院、同仁医院专家一起分赴湖北荆州、黄冈、襄阳、黄石、宜昌5地10县，为当地急需救助的1041例贫困白内障患者实施免费复明手术，并在黄岗、荆州、黄石为当地医院作学术讲座，义务帮助培训基层医务人员。特聘专家生物医药委员会委员何伟与赵本山发起“本山何氏光明行”，为贫困眼病患者提供免费手术治疗，培训基层医生，搭建眼科县乡村三级医疗网，开展百姓眼保健公共教育等活动。

【召开中国侨联特聘专家委员会年会】12月20日，中国侨联特聘专家委员会年会在海

12月20日，召开中国侨联特聘专家委员会年会

南南田农场召开。来自全国各地及英国、德国、澳大利亚、加拿大等国家的特聘专家及部分省市新侨人才组织代表共70余人出席年会。中国侨联王永乐副主席出席，他代表中国侨联和林军主席，向各位专家对侨联工作的支持表示衷心的感谢。会议听取并讨论了专委会2012年工作报告，并就专委会建言献策等方面工作做了经验交流，科学谋划专委会2013年的各项工作。下一步工作将围绕四个方面展开：一是将建言献策工作规范化、常态化；二是加强学术交流与国际合作；三是推动科技和经济的紧密结合；四是继续支持地方经济社会发展。

【加强组织建设】中国侨联特聘专家委员会经过三年的发展，到2012年底已有132位会员，其中院士24位。共分为人文社科、生物与医药、材料与工程及相关学科、资源与信息及相关学科等四个专业委员会。在中国侨联特聘专家委员会的带动下，2012年，江西、北京、山西、浙江、湖北、安徽等省市侨联先后成立了特聘专家委员会、专业人士联谊会等侨界人才组织。截至2012年底，全国侨联系统已成立9个专家委员会，共有委员近600人，其中院士35位，100多人入选国家“千人计划”人才体系。

中国侨联年鉴

省级侨联工作简介

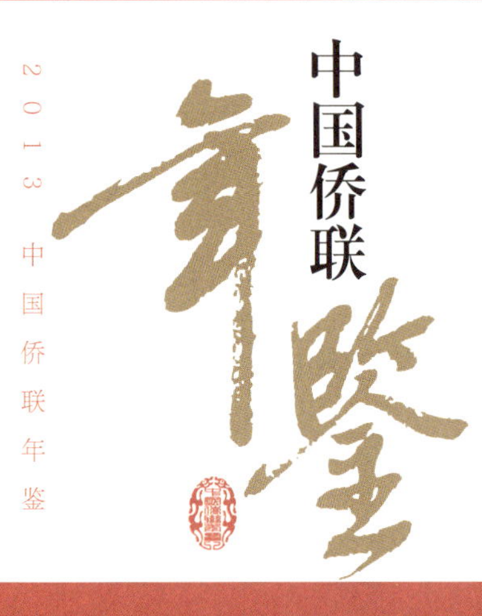
中国侨联
年鉴
2013 中国侨联年鉴

北京市归国华侨联合会

【领导成员名单】

主　　席：李昭玲（女）

党组书记：王文杰

专职副主席：苏建敏（女）

马　坚（回族，兼秘书长）

李冬娟（女）

副巡视员：李红军

兼职副主席：李安山　华　生　彭　骖

陈　杰　李曙光　陶庆华

高　杰

【综述】 2012年是党的十八大胜利召开、“十二五”规划全面实施的重要一年，在中共北京市委、市政府的正确领导下，在中国侨联的直接指导下，北京市侨联坚持以邓小平理论、“三个代表”重要思想、科学发展观为指导，以学习贯彻党的十八大精神为重点，精心筹备北京市第十四次归侨侨眷代表大会，认真贯彻落实中央和北京市委对侨联工作的一系列指示精神，凝聚侨心、汇集侨智、发挥侨力、维护侨益，为首都建设有中国特色的世界城市贡献了力量。一年来，北京市侨联着眼于统一思想，认真学习贯彻中央和市委一系列会议精神，保持侨联工作正确的政治方向；着眼中心工作，发挥资源优势，为首都经济持续健康地发展提供服务；着眼民主政治，积极参政议政，主动为加强首都民主政治建设服务；着眼和谐稳定，依法维护侨益，扎实做好为侨服务工作；着眼友好交流，拓展海外联谊，不断壮大海外对我友好力量；着眼大发展大繁荣，开展文化交流，大力传播和弘扬中华优秀文化；着眼持续发展，以筹备市侨代会为重点，加强侨联自身建设。

【出访活动】 1月24日—2月4日，北京市侨联主席李昭玲率“北京情思”侨联艺术团赴奥地利、斯洛伐克、西班牙三个国家，为当地侨胞进行慰问演出，取得了圆满成功，实现了慰问侨胞、联系侨胞、传承文化、宣传北京的主旨目的，受到我驻当地使领馆、海外侨胞以及当地政要和友人的普遍赞誉和热烈欢迎。4月5日—16日，市侨联副主席马坚率团出访意大利、法国、瑞士三国，分别参加意大利

2月2日，“北京情思”侨联艺术团赴西班牙慰问演出

华商总会换届大会、瑞士华商会年会和法国法华工商联合会新一届理事会就职典礼，促进了了解，增进了感情。5月6日—15日，市侨联副巡视员李红军率团出访了巴西、智利，分别参加“纪念中国人移民巴西200周年暨表彰大会”和智利华商联合总会成立3周年庆祝大会，增进了与两国侨界社团的友谊。5月9日—21日，市侨联派员出访了法国、古巴、墨西哥，进行了友好访问和侨情考察，拓展了海外联谊。8月3日—14日，应博茨瓦纳中国友好协会、赞比亚中国和平统一促进会、肯尼亚华人华侨联合会的邀请，市侨联党组书记王文杰率团访问了上述三个社团，进行了侨情调研以及经贸、文化、旅游等方面的交流与合作。11月10日—21日，市侨联副主席苏建敏率团出访了印度、阿联酋、尼泊尔，进行了友好访问以及侨情调研，经贸、文化、卫生等方面的交流与合作。11月25日—12月2日，市侨联副主席马坚率团访问了香港、澳门，分别参加了“庆祝香港侨友社成立30周年暨第十五届理监事就职典礼”和“香港佛山工商联会成立26周年暨第十四届会董就职典礼”，其间还顺访澳门归侨总会，进一步加强了与港澳侨界人士及其社团的交流合作。12月7日—16日，市侨联副主席李冬娟率团出访加拿大、墨西哥，进行了侨情调研，并就商贸往来、高层次人才引进等方面进行了交流与沟通。

【开展“温暖侨心”扶贫助困活动】在2012年元旦和春节到来之际，北京市侨联认真组织实施“温暖侨心”扶贫助困服务项目，开展贫困归侨家庭调查摸底工作，制订市侨联2012年元旦、春节帮贫扶困慰问计划，在全委扩大会上专题部署该项工作。组织对侨界下岗人员和侨界空巢老人家庭开展调研，建立了973位侨界空巢老人的基础信息数据库。元旦、春节期间走访慰问归侨侨眷224人，发放慰问金72000元。

【召开法顾委2012年年会】2月7日，北京市侨联法顾委在北京市华侨服务中心召开年会，市侨联法顾委主任何访拔、副主任郑刚等9名市侨联法顾委委员参加年会，北京市侨联主席李昭玲，副主席、法顾委副主任马坚出席会议。年会围绕学习、贯彻中国侨联法顾委会议精神和北京市侨联第十三届十次全委（扩大）会议精神，就进一步加强法顾委建设，做好法顾委换届工作进行座谈讨论。到会法顾委委员就进一步发挥法顾委作用进行了充分的讨论，并提出了良好的意见和建议。

2月7日，北京市侨联法顾委召开2012年年会

【召开中日经济科技文化合作交流座谈会】2012年适逢“中日国民交流友好年”及中日邦交正常化40周年。2月26日，市侨联组织

2 月 26 日，“中日经济科技文化交流座谈会”在北京市华侨服务中心召开

召开“中日经济科技文化合作交流座谈会”。北京市侨联海外顾问、日本新华侨华人会创会会长周纬生率领的日本建筑学家、企业家、艺术家、医疗机构负责人以及中日友好团体负责人共 10 人参加了座谈会。与会人员就各自从事的领域进行了较为充分的沟通和互动，所涉及的领域涵盖医疗、环保、建筑、景观设计等。中国侨联副主席、北京市人大常委会副主任、北京市侨联主席李昭玲出席并发表讲话。

【北京市侨联主席李昭玲接受专访】2 月 28 日，《人民日报·海外版》主任编辑、《华侨华人》主编聂传清，《海内海外》杂志社编辑部副主任朱小平，中国国际广播电台资深记者李红，中国新闻网记者娄晓，首都之窗视频部记者以“中华文化走向世界”为题对李昭玲主席进行了专访。李昭玲谈到中华文化走向世界，不仅是中国发展的需要，也是世界发展的需要。她分析了当前中华文化走向世界的主要形式和方法，认为在中华文化走向世界的过程中，政府机构起主导作用，民间交流则发挥补充完善作用。调动各方面的积极性，对更好地推动中华文化走向世界，做到“润物细无声”地传播中国文化，具有事半功倍的作用。她说，市侨联作为人民团体，在民间文化交流方面一向积极，努力走在前列，并发挥了重要作用。她主张，要努力发挥侨联海外联谊优势，为中华文化走向世界作出贡献。随后，各家媒体通过多种形式进行了深度报道。

【召开 2012 年北京市城区侨联工作会议】3 月 22 日—23 日，北京市侨联召开了 2012 年北京市城区侨联工作会议。中国侨联副主席、北京市人大常委会副主任、北京市侨联主席李昭玲，北京市侨联副主席苏建敏、马坚、李冬娟，党组成员李红军，市侨联各部室以及东城、西城、朝阳、海淀、丰台、石景山等城 6 区侨联负责人和驻会干部近 50 人出席了会议。

2 月 28 日，李昭玲主席接受《人民日报》等多家媒体联合采访

3月22日—23日，2012年北京市城区侨联工作会议召开

城6区侨联负责人在会议上介绍了自2010年底北京市委、市政府办公厅《关于加强新形势下侨联工作的意见》下发以来各区侨联落实《意见》的情况，以及各区侨联换届前后在工作中涌现出的新思路、新举措、新亮点。

【举办“海外侨胞看北京”活动】3月26日—31日，北京市侨联举办了“海外侨胞看北京”系列活动。此次活动邀请法国法华工商联合会代表团32名成员参加。海外侨胞先后参观访问了雍和宫、北京市华侨服务中心、北京华文学院、奥运场馆“鸟巢”和“水立方”、恭王府、清华大学等景点和单位，并受到国务院侨办、中国侨联、市侨联等涉侨单位有关领导的接见。此次来访的侨胞表示，他们从活动中感受到北京的巨大变化，同时也表示将进一步关心和支持北京的经济发展。

【举办首都侨界社团学习全国“两会”精神报告会】4月1日，北京市侨联在北京华文学院举办了首都侨界社团学习全国“两会”精神报告会。全国政协委员、中国侨联党组副书记、副主席董中原，全国人大代表、北京市人大常委会副主任、北京市侨联主席李昭玲先后传达了十一届全国政协五次会议和十一届全国人大五

3月26日—31日，北京市侨联组织“海外侨胞看北京”活动

4 月 1 日，首都侨界社团举办学习全国“两会”精神报告会

次会议精神。首都侨界社团百余人参加了会议。

【与江苏南通市侨联签署合作共建协议】4 月 24 日，北京市侨联参与组织的“南通侨胞创新创业园”系列推介活动启动仪式暨北京推介会在华侨大厦隆重举行。北京华商会 20 位华商企业家出席推介会。北京市侨联副主席马坚代表北京市侨联与南通市侨联签订合作共建“南通侨胞创新创业园”协议。

4 月 24 日，“南通侨胞创新创业园”系列推介活动启动仪式暨北京推介会在华侨大厦举行。会上，马坚副主席代表北京市侨联与南通市侨联签订了合作共建“南通侨胞创新创业园”协议

【举办“北京公益行”健康义诊活动】5 月 30 日，北京市侨联与中国医学科学院、北京中医药大学联合举办以“关爱生命·健康生活”为主题的健康义诊活动，邀请 5 名有丰富临床经验的中西医著名专家学者，面向全市归侨侨眷和群众开展健康义诊咨询，共有 100 余名归侨侨眷和市民前来就诊。

【成立全国首个直辖市侨联特聘专家委员会】6 月 16 日，召开“北京市侨联特聘专家委员会成立大会”。首批入选特聘专家由侨界高层次人才组成，共 31 位，分别来自中央在京单位、北京市重点高校及相关科研院所等 20 余个单位，全部具有博士学位及正高以上职称，平均年龄为 49 岁，其中，有全国政协委员 4 人，省市级政协常委 1 人，省市级人大代表 1 名，区级政协委员、常委 7 人。中国侨联、市委组织部、统战部、市科委、市科协、市海外学人中心等单位的领导出席成立大会。

6 月 16 日，北京市侨联召开特聘专家委员会成立大会

6 月 26 日，北京市侨联召开所属社会组织纪念建党 91 周年暨党建工作座谈会

【召开所属社会组织纪念建党 91 周年暨党建工作座谈会】6 月 26 日，北京市侨联召开所属社会组织纪念建党 91 周年暨党建工作座谈会。北京市侨联所属社会组织 8 个党建小组负责人及工作人员参加座谈，马坚副主席出席会议。会议邀请市委社会工委副主任陈建领到会并讲话。到会各社会组织党建小组负责人分别介绍了上半年党建工作情况，就党建工作小组协助支持社团理事会推动社团建设、教育党员在社团活动中积极发挥党员作用、创造条件搭建平台结合实际开展党员活动，以及如何加强党组织工作覆盖等展开座谈、讨论，提出了建设性的意见和建议。

【制定下发《购买社会组织服务管理岗位管理暂行办法》】7 月 24 日，北京市侨联召开购买社会组织服务管理岗位工作会议，学习贯彻市侨联制定下发的《北京市侨联购买社会组织服务管理岗位管理暂行办法》（以下简称《暂行办法》），进一步加强社会组织服务管理岗位工作。《暂行办法》是市侨联贯彻落实市社会建设工作领导小组办公室《关于购买市级“枢纽型”社会组织管理岗位试点工作的通知》精神，为加强社会组织服务管理工作，提高购买服务管理岗位人员的能力和水平的具体举措。该办法进一步明确了社会组织管理岗位职责、人员基本要求、购买的方式流程、经费保障以及管理考核等具体事项，为市侨联所属各社会组织规范服务管理岗位人员工作提供了依据。

【举办第十二届海外侨界高层次人才为国服务团活动】7 月 29 日—8 月 1 日，北京市侨联举办了以“情系中华，创新北京”为主题的第十二届海外侨界高层次人才为国服务团活动。此次活动共有来自世界 8 个国家的 28 位海外人才参加，携带了 50 余项高新技术项目来京交流。海外学者与西城区、海淀区进行了高新技术项目推介对接洽谈活动；参加了市科委、市海外学人中心组织的人才引进政策说明会。中国侨联副主席王永乐，中共北京市委常委、统

7 月 29 日，北京市侨联举办第十二届海外侨界高层次人才为国服务团活动

战部部长牛有成，中国侨联副主席、市人大常委会副主任、市侨联主席李昭玲等领导接见了来京参会的海外学者。

【举办走向世界的中华美食活动启动仪式】8月24日，北京市侨联与北京中华厨皇协会共同主办了“北京中华厨皇协会成立三周年暨走向世界的中华美食活动启动仪式”。中国侨联主席、北京中华厨皇协会荣誉会长林军，中国侨联副主席、北京市人大常委会副主任、北京市侨联主席、北京中华厨皇协会荣誉会长李昭玲以及中国华侨文学艺术家协会、北京市政协、商委、社团办等单位领导出席活动。北京中华厨皇协会会员、知名烹饪大师、餐饮企业代表等100余人参加活动。中国侨联主席林军向2009年“中华烹饪文化代表团”荣誉团长任梦云先生颁发了中华美食大使终身成就奖。中国侨联主席林军宣布“走向世界的中华美食”活动正式启动。

9月3日，“中土经贸论坛暨洽谈会”在北京市华侨服务中心举行。北京市侨联副主席李冬娟与土耳其驻华使馆一等参赞班居·依特古丹互赠纪念品

【举办中土经贸论坛】9月3日，北京市侨联参与举办了“中土经贸论坛暨洽谈会”。土耳其驻华使馆一等参赞班居·依特古丹和来自土耳其——中国丝绸之路经济贸易、文化艺术合作协会访华团的20多位企业家出席洽谈会。中土企业家在能源、电子、医药、会展、文化、旅游等方面进行了沟通交流，深入探讨可供合作的领域，对进一步加深中土两国在文化、经济领域的合作与发展起到了推动作用。北京市侨联副主席李冬娟出席洽谈会并讲话。

8月24日，“北京中华厨皇协会成立三周年暨走向世界的中华美食活动启动仪式”在北京民主党派人民团体办公楼召开

【举办“逍遥月色”华侨华人艺术家中秋音乐会】9月28日，北京市侨联在中山公园音乐堂举办了“逍遥月色”华侨华人艺术家中秋音乐会。本次音乐会以中国歌剧舞剧院交响乐团为主要演出班底，参演嘉宾包括世界著名女高音歌唱家孙秀苇、抒情花腔女高音歌唱家陈小朵、青年男高音歌

9月28日，"逍遥月色"中秋音乐会在中山公园音乐堂举行

唱家李振涛、美籍华裔长笛演奏家陈兆荣等。这些享誉海内外的华侨华人艺术家用精湛的演出为首都侨界朋友和前来参加国庆活动的海外华侨华人嘉宾们献上了一场情动全场的演出。

【举办"华侨华人与中华文化论坛"】9月29日，"华侨华人与中华文化论坛"在北京隆重举办。本次论坛以"传承与发展"为主题。来自海外的印尼、英国、美国、巴西、埃及、澳大利亚等16个国家的24位中文学校校长、老师以及部分海外侨团负责人、市侨联所属侨团等20个侨界社团的代表和中国华侨华人历史研究所、北京社会主义学院部分研究人员和教师代表共80多人欢聚一堂，共同研究探讨中华文化在海外的传承与发展问题。中国侨联副主席乔卫，中国侨联副主席、市人大常委会副主任、市侨联主席李昭玲，中央和市涉侨单位的领导以及相关文化教育机构的领导和研究人员出席论坛。

【举办"华诞中国·亲情北京"——市侨联庆祝中华人民共和国成立63周年活动】9月26日—30日，北京市侨联举办了以"华诞中国·亲情北京"为主题的庆祝中华人民共和国成立63周年活动。来自美国、意大利、俄罗斯、捷克、博茨瓦纳、墨西哥、马达加斯加、中国香港等22个国家和地区的120余位侨胞应邀出席了活动。海外来宾先后参加了"梦萦国粹·情动梨园——百名侨胞走进新西城"活动、"百名侨商

9月29日，北京市侨联举办传承与发展——华侨华人与中华文化论坛

9月26日—30日，举办“华诞中国·亲情北京”——北京市侨联庆祝中华人民共和国成立63周年活动

进通州”活动、“北京海外论坛”主题报告会暨市长报告会、“五侨”联宴、北京市政府招待会、“逍遥月色”2012华侨华人艺术家中秋音乐会、“华侨华人与中华文化论坛”，参观了湖广会馆、紫檀博物馆、艺博会展馆和宋庄镇中心小学。这些活动为支持首都经济社会建设，加强与各国人民的友好交往，扩大对我友好力量、推进祖国和平统一大业发挥了重要作用。

【开展以“侨心向党心·喜迎十八大”为主题的系列活动】 7月，北京市侨联开展了“党旗飘飘”首都侨界喜迎十八大征文活动，向各城区、街道、局总公司、大专院校侨联组织及各社团组织发布了征文启示。广大归侨侨眷热情响应、积极参与。整个活动共收集文稿246篇，逾40万字。经过评审，7个单位获得优秀组织奖，35篇征文被评为优秀作品。10月30日，召开了以“侨心向党心·舞墨寄深情”为主题的首都侨界喜迎十八大书画笔会。来自首都侨界的书画家和侨界人士欢聚一堂，通过书画创作的形式，抒发侨界群众拥护中国共产党、热爱社会主义祖国的高尚情怀，展示侨界群众对今天幸福生活的热爱和对美好未来的憧憬。此次活动也为侨界书画家们提供了一个相互交流的机会和平台。10月31日，举办了“侨心向党心·侨胞吐心声”首都侨界喜迎十八大座谈会。市侨联还开展了以喜迎十八大为主题的“健身展风采”培训班、“喜看北京新变化”秋季采风、“公益健康行”专题讲座、东南亚饮食风情等活动，深受侨界群众的欢迎和好评。活动展现了侨界群众健康向上的精神风貌，为迎接党的十八大召开营造了喜庆、祥和的气氛，也表达了首都广大归侨侨眷对党和祖国的真挚祝福。

【开展学习宣传贯彻落实党的十八大精神系列活动】 11月22日，北京市侨联研究制定了《关于认真学习宣传贯彻落实党的十八大精神的意见》，并下发各基层侨联组织。《意见》要求基层侨联组织把学习宣传贯彻落实党的十八大精神作为首要的政治任务，精心组织、周密安排、认真学习、深刻领会、联系实际、狠抓落实，在首都侨界迅速掀起学习宣传贯彻落实党的十八大精神的热潮。11月23日，召开学习贯彻党的十八大精神座谈会。市侨联领导班子成员、常委，以及华商会、留联会、侨界社团主要负责人，燕京华侨大学党员代表出席了会议。11月30日，举办了学习贯彻党的十八大精神专题辅导报告会。报告会邀请了中共北京市委十八大精神宣讲团成员、国防大学教授、博士生导师、中宣部、中国社科院特约研究员全林远作报告。中国侨联副主席、市人大常委会副主任、市侨联主席李昭玲出席会议并讲话。

【参与新侨工作及维护海外侨胞回国在京投资权益保护调研】2012年，北京市侨联参与了市人大重点调研项目——新侨工作及维护海外侨胞回国在京投资权益保护调研，会同中国侨联、市人大及致公党市委，走访企业60余家，调研对象近500人，召开不同层面、不同主题的座谈会12场，发放基础调查问卷700余份，并委托专业机构对调查问卷进行分析和统计，分析出当前在维护侨益及吸引海外侨界高层次人才两个方面存在的主要问题及政策层面问题，对首都下一步的对外招商引资和招才引智工作现状和未来发展进行科学研判，对相关政策的补充、调整、完善提出科学化的意见和建议。在形成调研报告的同时，还出版了《侨胞与首都发展》一书，全书共290页，近20万字，收录新侨撰写文章35篇。

【东城区侨联】东城区侨联成立于1985年6月。下设17个街道侨联和教委、卫生局2个系统侨联。东城区侨联积极引导归侨侨眷积极参政议政，为东城区经济、政治、文化和社会建设建言献策。2012年，区侨联引导归侨侨眷积极参政议政，紧紧围绕创办“首都文化中心区、世界城市窗口区”的工作大局，团结动员广大归侨侨眷按照政治、经济、文化、社会、生态文明五位一体建设的要求，为全区实现“国际化、现代化新东城”建言献策。参加党派团体协商通报会、协商东城区重大事项、协商出席北京市第十四届人民代表大会代表候选人建议人选，协商区政协人士安排及增补委员情况。上报北京市侨联信息和社情民意75条，上报区政协社情民意28条；上报区委统战部信息和社情民意52条。与区政协港澳台侨专委会合作，对全区的侨资企业发展情况进行调查研究，并执笔完成《关于东城区侨资企业发展现状的调研报告》。11月召开侨界参政议政工作会，通报了区侨联2012年参政议政的工作情况；侨界人大代表和政协委员围绕全区20年发展总规划和“十二五”计划，展开讨论，确定了提交2013年区政协全会的团体提案，提案主要涉及加强文化建设和健全养老服务体系两个方面。4月20日，区侨联召开一届三次全委会议，表决通过《东城区侨联关于设立专门委员会的决定》。共设立参政议政、文化交流、社会工作、联络联谊和维护权益五个专门委员会。5月29日和6月29日，东城区率先在全市侨联系统中成立了卫生和教委系统侨联。4月底—7月初，17个街道侨联全部完成换届任务。此次街道侨联换届后呈现出“高、优、广、强”四个方面的特点：一是“高”，即归侨侨眷积极性高；二是“优”，即基层侨联组织班子结构进一步优化；三是“广”，即街道侨联组织联系广泛；四是“强”，即组织建设得到加强。8月23日举行了区侨界代表性人士培训班，北京市侨联副主席马坚从华侨华人历史及相关概念、北京市侨联的发展历程和职能任务、当前侨联工作面临的国际国内形势和海内外侨情变化、中央和北京市委对侨联组织的要求和期望、在新形势下做好侨联工作的几点意见等五个方面进行了系统的讲解。对大家了解侨联历史、明确侨联使命、把握今后侨联工作的发展方向起到了非常重要的作用。区侨联委员、区侨联系统19个基层组织的侨联委员及部分归侨侨眷150余人参加了培训。10月18日—20日，举办常委学习班，区侨联的常委们提高了对区侨联这一组织性质、职能、作用的认识，增强了坚持党领导下充分发挥侨联组织四项职能的自觉性和坚定性，熟悉了侨联工作的相关程序，为做好新形势下的侨联工作奠定了基础。落实了提高退休老归侨临时生活补贴政策。市人力社保局《关于提高归国华侨离退休人员临时生活补贴标准的通知》（京人社公发［2011］184号）下发后，与老归侨相对集中的教委和卫生系统的党委联系，在反复研究、多次联系的情况下，区教委系统率先全面落实该《通知》精神，为76位离退休归侨发放了临时生活补贴。卫生系统也按照相关要求在系统内摸清底数、制作方案，在最短的时间内把37名离退休归侨的临时生活补助发放到位。试点推进侨联工作网格化。按照《关于加强和改进社会领域统一战线工作的意见（试行）》文件精神，根据东花市街道试点工作经验，在东花市街道侨联和东直门街道侨联尝试侨联工作网格化，重新对两个街道辖区内的侨情资源进行摸底调查，建立实时动态数据库并上传网格，取得初步成效。首次完成了购买法律服务、法律咨询等社会服务项目。结合侨联实际，从项目实施的必要性、项目实施的已有基础、项目实施的具体方法和途径、项目实施的进度安排、项目实施的预期效果等五个方面总结出购买方案向区社工委提出申请。在区社工委的严格审核下，该项目获得审批，成为区县侨联购买社会服务项目的首例。

【西城区侨联】西城区侨联下设五个专委会：维护侨益专门工作委员会、海外联谊专门工作委员会、经济科技专门工作委员会、文化交流专门工作委员会、侨情研究专门工作委员会和办公室。2012年，区侨联在区委、区政府的领导下，在市侨联和区委统战部的指导下，坚持以邓小平理论、“三个代表”重要思想、科学发展观为指导，团结带领全区侨界人士，广泛汇集侨智，主动发挥侨力，为建设“活力、魅力、和谐”新西城贡献侨界力量。在区政协十三届一次会议上，区侨联提交《关于加强西城区中小学校饮食卫生监督管理的建议》和《关于进一步加强“中华人民共和国归侨侨眷权益保护法”宣传的建议》团体提案。区侨联注重发挥侨界人大代表、政协委员的智力优势，结合专业特长及侨务工作的特点提出可行的提案议案，认真履行特约监督员、人民陪审员的职责，为加快西城区经济社会全面发展，提出有益的意见和建议。2012年，区侨联共走访慰问孤老病困归侨侨眷83人（次），投入专项资金7万余元。区侨联完善区红十字会侨联工作委员会工作机制，制定了《关于对归侨侨眷及侨联职工发放救助金的实施细则》，把侨界特困群体纳入全区综合救助范围，增强为侨服务的针对性和实性。为区内46名病困归侨侨眷提供了紧急医疗援助41000元；组织归侨侨眷为“7.21”特大自然灾害捐款共计12495元。区侨联在全区开展了归侨侨眷失业下岗人员和归侨空巢家庭情况调查，建立全区困难归侨档案。区侨联领导与德胜街道结对子，开展“访民情、听民意、解民难”工作，努力实现“全响应”社会服务管理工作体系。认真做好侨界群众来信来访的接待工作，全年共接待来访31件，政策咨询56人次，切实为侨排忧解难，努力促进侨界和谐。6月9日，区侨联举办“中友杯”西城区第一届侨界运动会。中国侨联副主席、市人大副主任、市侨联主席李昭玲，市侨联副主席苏建敏，西城区人大副主任郑然，副区长陈宁，区政协副主席姜立光应邀出席开幕式。各街道侨联、侨资企业组成的22支队伍近千人参加。7月31日，区侨联举办第十二届“海外侨界高层次人才为国服务团”走进西城活动。北京市侨联副主席马坚、副主席李冬娟，区委常委、组织部部长章冬梅，区委常委、常务副区长苏东，区委常委、统战部部长程军应邀出席活动。“服务团”共邀请海外28位高层次科技人才参加活动，他们带着近50个科技项目回国交流。在政策说明会上，北京市海外学人中心领导介绍相关人才引进政策，鼓励海外高层次人才到北京创业发展。9月27日，区侨联在湖广会馆举办“梦萦国粹·情动梨园”——“椿树梨园文化季”之百名侨胞走进新西城活动。来自28个国家和地区的120位港澳同胞和海外侨胞受邀参加活动。北京市侨联副主席马坚，区委常委、区委统战部部长程军应邀出席活动。中国侨联副主席、市人大常委会副主任、致公党北京市委主委、市侨联主席李昭玲发表讲话，她向嘉宾介绍北京市近年来在经济社会等方面的发展情况，使海外侨胞了解北京，了解西城。12月26日，区侨联和区社会主义学院共同举办“学习党的十八大精神报告会”，围绕“如何宏观正确理解党的十八大报告”和“如何全面准确地理解十八大报告”两大主题，讲解十八大报告精神，区侨联参加区委统战部组织的“爱国·同心”百姓宣讲报告会活动；区侨联举办“侨心向党心、喜迎十八大”摄影比赛，活动共征集照片76张。区侨联重视理论调研工作，确定《加强与新侨杰出人才联系创新方法研究》调研课题，该课题被北京市侨联确立为年度重点课题，荣获北京市侨联理研调研优秀成果三等奖。

【朝阳区侨联】2012年，朝阳区侨联认真履行群众工作、参政议政、海外联谊、维护侨益工作职能，广泛开展各种活动。在市政协十二届一次全委会、区政协十二届一次全委会和区人大十五届一次会议期间，共提交团体提案2件、个人议案、提案24件。1月8日，在西藏大厦与世纪佳缘网联合主办“冬季恋歌，开启幸福”——大型联谊活动，为归国留学人员牵起姻缘之线、搭建相逢之鹊桥。中国侨联副主席、北京市人大副主任、北京市侨联主席李昭玲，区人大副主任王亚贵，区政协副主席陈合庄，区委统战部常务副部长胡杰华等领导出席。2月7日上午，在蟹岛度假村召开第六届三次全会，总结工作并提出2012年区侨联工作思路。2月7日下午，在蟹岛度假村召开2012年朝阳区侨联工作研讨会，下发《朝阳区基层侨联换届工作的指导意见》，要求各街乡侨联6月30日前完成换届选举工作，23个基层党（工）委负责侨联工作的领导出席会议。3月3日，区侨联开展“践行北京精神，学雷锋见行动”志愿者活动，号召各基层侨联积极组织归侨侨眷“文明志愿者”服务队。经过各基层侨联的认真组织，共有18个单位成立了归侨侨眷“文明志愿者”服务队，志愿者人数达500余人。4月27日，举办由北京健康科普专家、有氧中心主任牛国卫主讲的“中老年健康与运动”知识讲座。6月8日，组织区属归侨侨眷一行40余人，参观了首钢老工业园，进行爱国主义教育。8月3日，举办基层侨务干部培训班，近200人参加。12月25日—26日，召开2012年基层侨联工作总结会，区侨联委员、基层侨联主席及侨务干部60余人参加了会议。5月25日，在区侨联的指导下，东湖地区办事处成立侨联组织，使朝阳区街乡侨联组织发展为24家。7月6日，召开朝阳区基层侨联换届工作总结大会，对2012年基层侨联组织换届工作进行了全面的总结。2012年7月止，全区基层街乡侨联组织共计25个，社区侨联组织8个，共有委员149人，平均年龄59岁。1月10日，召开街乡侨联开展慰问送温暖工作会。会上，传达了市区开展送温暖慰问工作精神，要求各街乡侨联在春节前夕广泛开展慰问困难归侨侨眷工作。截止到1月20日，区侨联共计走访困难归侨侨眷51人，慰问金额达3万余元。“七一”前夕，组织基层侨联对辖区困难归侨侨眷进行慰问，共计慰问困难归侨侨眷34人，为他们送去党的关怀。开展六五普法宣传教育工作，宣传落实《中华人民共和国归侨侨眷权益保护法》，全年发送相关资料2000余份。区侨联特聘法律顾问北京君合、万思恒律师事务所年内为归侨、侨眷无偿提供法律咨询达30余次。区侨联为归侨侨眷排忧解难、帮助其子女解决入学、解决房产纠纷等问题几十件。积极宣传党的各项侨务方针政策，下发各种宣传资料，全年定期出版印发《朝阳侨之声》4000余册。

【海淀区侨联】海淀区侨联成立于1984年，现为第六届委员会（2011年选出）。下属海淀区华侨咨询中心1个事业单位。海淀区现有花园路、海淀、中关村、田村路、紫竹院、北下关6个街道侨联组织。2012年，区侨联荣获市侨联理论研究和调查研究优秀成果奖，党支部获区直机关创先争优先进基层党组织荣誉称号。3名侨界高新技术人才荣获中国侨界创新人才奖，1个侨界科研项目荣获中国侨界创新成果奖。7名侨界高层次人才入选首批市侨联特聘专家。承办第十二届“海外侨界高层次人才为国服务团”走进海淀活动，接待来自美国等十多个国家的学者、政要、企业家等40余人访问海淀，宣传、推介海淀，扩大海淀影响力和吸引力。走访50余家侨资、新侨企业，了解企业发展现状和需求，充分发挥企业和政府相关部门桥梁和纽带作用，切实有效帮助企业解决问题。加强与驻区科研院所、大专院校的联系，整合区域资源，服务中心工作。与多个外地兄弟侨联进行定期交流，加强合作，探索侨联工作新思路、新举措、新方法。加强与中国侨联《海内与海外》杂志社、《人民日报·海外版》、《海淀报》等媒体的沟通和联系，宣传核心区建设，宣传海淀侨联和侨界优秀人物。联系侨界企业家为困难学生捐资助学16000元。与区人大内司委、政协港澳台侨委员会、民宗侨办、致公党、文明办、文化委举办历时近半年的“海淀区首届新侨乡文化节”系列活动，吸引了3000多名侨界群众参与，本届文化节被区委宣传部评为“喜迎十八大　建功核心区”主题宣传实践活动先进集体。组织侨界群众参加市侨联举办的“党旗飘飘”、区委统战部纪念统一战线确立90周年征文、区纪委廉政书画展等一系列活动。组织侨界群众500余人次参观“科学发展　成就辉煌”大型图片展览和纪念香港回归15周年图片展览，并参与市侨联“侨心向党心、喜迎十八大”系列活动及区委统战部“北京精神”大讲堂。在中关村学院建立“侨联活动基地”，充分利用高校资源，开展3场“侨联讲堂”活动，听众近300人次。此外，各基层侨联共举办60余次具有侨界特色的联谊与采风交流活动。与区政协港澳台侨委员会、海淀园侨联在留学人员创业园开展“海淀归国留学人员创业情况专题调研”，根据调研了解的情况提出相关意见和建议，相关议案被评为2012年度优秀党派团体提案。特邀30位侨界人士担任区侨联信息员，积极反映侨情民意、围绕区中心工作建言献策，拓展侨联参政议政信息渠道，本年共向有关部门报送提案、议案、信息、舆情等共计129件（条），内容涉及核心区建设以及海淀政治、经济、社会、文化建设等多方面内容。组织侨界政协委员向农大附中新疆班学生赠送价值10000元的生活用品。积极探索主动维权、依法维权、科学维权新方法。成立“海淀区侨联法律援助服务中心”，切实提高维权工作能力和水平，本年中心共接待来访来电法律咨询、案件27件。开展法律进社区活动，与紫竹院街道联合为侨界群众举办法律讲座。开展与困难、空巢归侨、重点人士的“心贴心结对子”活动。开展“送温暖、献爱心”活动，今年走访慰问归侨侨眷及侨属企业200余人（户），以各种活动为载体共计发放慰问品、慰问金28万余元。发挥侨联委员的主体作用，通过举办活动和完善专委会工作机制，发挥委员参与侨联工作积极性。加强基层侨联建设，成立北京市科技园区第一家侨联组织——海淀园侨联。指导、支持街道侨联开展工作，延伸为侨服务手臂。重视宣传阵地建设，改版侨联网站、创建政务微博“海侨在线”，创办《海淀侨声》杂志。

天津市归国华侨联合会

【领导成员名单】

主　席：张元龙

第一副主席：潘万青（不驻会）

常务副主席：陈钟林（驻会）

兼职副主席：潘庆林　王执礼　胥家宏　刘书瀚　黄　田　李兰兰（女）　黄骁卓　李璞琪（女）　周宁宇　王学利　张彦森

秘　书　长：杨　晖

【综述】2012 年是天津市侨联调整领导班子后的第一年，2 月召开的市侨联八届三次全委会上审议通过了 2011 年工作报告，对 2012 年全市侨联工作进行了总体部署。按照中国侨联国内海外工作并重、老侨新侨工作并重的要求和市政府工作重点，根据天津侨联实际，本着“打基础、抓重点、谋长远”的工作思路，在市委的领导下，在各级侨联组织的共同努力下，全市侨联工作实现了服务大局上有新突破，务实创新上有新成效，自身建设上有新气象的目标。

8 月 14 日，天津市侨联召开主席会

【召开天津市侨联八届三次全委会】2 月 24 日，天津市侨联召开八届三次全委会，会议审议通过了中国侨联副主席、市人大常委会副主任、市侨联主席张元龙代表常委会作的题为《凝心聚力，开拓进取，为天津又好又快发展贡献力量，以优异成绩迎接党的十八大和市第十次党代会胜利召开》的工作报告。会议增补陈钟林、王学利、张彦森为市侨联第八届委员会副主席。根据市委提名，张元龙主席提议陈钟林任常务副主席。会议还增补了 8 位委员、1 位常委。会议由市委统战部副部长、市侨联党组书记、第一副主席潘万青主持。市委统战部副部长王平出席会议并讲话。市侨联委员共 78 人出席全委会。张元龙在工作报告指出：2011 年天津侨联在中共天津市委领导下，在中国侨联和市委统战部指导下，围绕中心，服务大局，认真履行职能，坚持“国内海外工作并重，老侨新侨工作并重”，团结全市广大归侨侨眷和海外侨胞，积极为天津又好又快发展贡献力量，圆满完成了既定的工作任务。2012 年，全市侨联各级组织要进一步发挥侨联独特优势，立足国内，面向海外，拓展渠道，扩大联谊，积极探索新形势下侨联工作的新途径、新方式，充分调动侨界群众积极性，主动参与社会管理，大力弘扬中华文化，努力促进海内外交流合作，以优异成绩迎接党的十八大和市第十次党代会胜利召开。陈钟林代表新增补委员、常委、副主

2 月 24 日，天津市侨联召开全委会

席发言，她表示将牢记使命，用心学习、虚心求教、诚心为侨，以高度的责任感和使命感，认真履行职责，不辜负领导和广大归侨侨眷的殷切希望。王平副部长代表市委统战部讲话，充分肯定了天津侨联过去一年取得的成绩，对做好侨联下一步的工作提出了三点希望，一是要牢牢把握政治方向，坚定不移地走社会主义道路；二是要紧紧围绕主题主线主攻方向，为保持经济平稳较快发展和社会和谐稳定作出更大贡献；三是要用正确理论武装头脑，不断加强侨联组织自身建设，努力建设一支政治坚定、业务精通、作风优良、服务热情、纪律严明的高素质侨联干部队伍。潘万青在进行会议总结时，就贯彻全委会精神，提出明确要求，一是各区、高校侨联要及时向党委和分管领导汇报全委会精神，认真领会王兆国同志讲话和中国侨联八届四次全委会精神，认真研究和规划全年工作，结合工作报告提出的工作任务和目标要求，做好今年的计划；二是各级侨联组织要以市侨联成立 55 周年为契机，进一步凝聚侨心、汇集侨智、发挥侨力，围绕党和政府的中心工作，切实履行侨联职能，以饱满的精神状态投入到全年工作之中；三是要着力在夯实基础、锻炼队伍、增强能力、提高水平、牢记宗旨、服务侨界、开拓创新、务求实效上下功夫，谱写天津侨联事业发展的新篇章。

【召开天津市侨联八届四次常委会】 11 月 27 日，天津市侨联召开八届四次常委会学习贯彻党的十八大精神。市人大副主任、市侨联主席张元龙出席并讲话。会议结合侨联工作就学习宣传贯彻党的十八大精神提出四点要求：一、要充分认识学习宣传贯彻党的十八大精神的重大意义；二、结合侨联事业发展，全面准确学习领会十八大精神；三、以十八大精神为指导，联系实际，推动工作；四、要广泛发动，精心组织，迅速掀起学习宣传贯彻十八大精神的热潮。会议听取并讨论了常务副主席陈钟林所作的《市侨联 2012 年工作汇报》和副主席李兰兰所作的市人大最新通过的《天津市实施（中华人民共和国归侨侨眷保护法）办法》的说明。会议审议通过了增补陈钟林副主席为法顾委副主任的决定和成立老年工作、青年工作、参政议政工作三个委员会的决定，以及成立天津市侨

2 月 24 日，天津市侨联召开常委会

联法顾委律师团的决定。张元龙在讲话中充分肯定了市侨联 2012 年工作，并指出，要把学习十八大精神和侨联工作相结合，认真贯彻中国侨联林军主席提出的四点要求。要把侨法学习放在重中之重，只有懂法、知法、护法才能真正更好地为侨服务。侨联要注重自身建设，考虑中长期发展，要充分发挥侨联的特殊政治地位和作用，积极建立民间外交关系，加强海外联络、多组织一些有意义、有特色的活动，争取更广阔的发展空间，使为侨服务的核心价值得到更加充分的体现。

【天津市侨联庆祝成立 55 周年】12 月 22 日，天津市侨联、滨海高新区新年联欢会在滨海高新区海泰大厦举行。市人大副主任、市侨联主席张元龙出席并讲话。市人大、市政协、市侨办、致公党市委会、滨海高新区领导，市侨联老领导及全市基层侨联主席，归侨侨眷、留学归国人员代表 400 余人出席联欢会。张元龙在讲话中肯定了市侨联 55 年来在中共天津市委和市政府的领导下，在服务经济建设、开展海外联谊、维护侨界利益、发展侨界公益、加强自身建设等方面取得的成绩。他代表天津侨联感谢全市各级侨联组织、归侨侨眷和海外侨胞为国家建设和天津发展稳定做出的积极贡献。他希望全市各级侨联组织认真学习贯彻党的十八大精神，继承和发扬优良传统，结合天津侨情变化，找准位置、抓住重点、打造亮点，多做凝聚侨心、聚侨智、显侨力的好事、实事，把广大归侨侨眷和海外侨胞的智慧和力量凝聚到天津发展上来。他号召全市广大归侨侨眷，弘扬侨界爱国爱乡造福乡梓的爱国奉献精神，为天津发展做出新贡献。联欢会上，新老两代归侨侨眷和滨海高新区的留学归国人员为大家呈现了一台形式多样、具有侨海特色的文艺节目。“天津市侨联基层工作巡礼图片展”和“侨胞之家书画展”也同期举行。

【统一思想　凝聚共识　推动侨联工作创新发展】加强学习，提高认识。2012 年是天津市侨联调整领导班子后的第一年，市侨联领导班子调整后，注意加强学习，提高认识，促进全市侨联工作的开展。2 月，全委会对 2012 年全市侨联工作进行了总体部署。市第十次党代会后，迅速组织开展形式多样的学习实践活动。党的十八大闭幕后，组织全市侨联系统学习贯彻党的十八大精神培训班，下发了《关于认真学习宣传贯彻党的十八大精神的通知》，结合各级侨联工作实际，在全市侨联干部和侨界群众中开展多层次多形式的学习宣传活动。按照中央和市委关于改进工作作风、密切联系群众的通知精神，及时制订下发市侨联贯彻中央和市委《实施意见》

的《五条措施》，把学习贯彻党的十八大精神转化为改进工作、促进侨联事业发展的强大动力。完善机制，加强指导。建立基层侨联负责人工作会议制度和侨联领导调研和协调指导工作制度，召开“基层侨联主席年度工作协调会”、“普法工作总结交流会”、“侨联委员座谈会”、“新侨工作研讨会”；市侨联领导先后到塘沽、河西、南开、河东、河北开展调研和侨联工作的问卷调研，促进了市侨联与基层侨联组织、侨联委员间的信息沟通和交流。搭建平台，加强宣传。市侨联着重推动工作宣传平台和信息交流平台的建设。改版了天津侨联网页，使网页的信息发布、工作交流、政策宣传、舆论导向等多种功能得到更好地体现，全年累计编发近百条新闻，编辑了六期《侨联工作简讯》。加强对全市侨联系统信息工作的管理，下发信息征集文件，开通了短信平台，建立了天津侨友群，提高了工作效率。参加全国城市侨联工作经验交流会，通过展板宣传和大会交流宣传天津侨联侨界文化宣传工作，扩大了市侨联的影响力。

【积极为经济和社会发展贡献侨界力量】 发挥优势，服务经济发展。5月，天津市侨联参与承办由商务部、市人民政府、中国侨联等单位共同主办的“中国·天津第十九届投资贸易洽谈会”，邀请来自英、美、澳、加及中国香港等13个国家和地区的80余位侨商组成的中国侨商联合会代表团参会。在

3月29日，天津市侨联接待法华工商会

5月10日，天津市侨联参加津洽会

11 月 26 日，天津市侨联召开新侨座谈会

滨海新区和宁河县分别举办了两场项目推介会，意向投资额逾 100 亿元人民币。4 月和 9 月，市侨联先后接待了法国法华工商联合会经贸考察团、土耳其商务代表团、港深华商代表团，考察宁河现代产业园、滨海旅游规划区、东疆港保税区、中新生态城和北塘古镇旅游区，搭建投资合作的平台，助推地方经济发展。聚智聚力，推动新侨人才工作。7 月，在中国侨联举办的第四届“中国侨界贡献奖”评选中，天津市有 5 人获得“创新人才奖”、3 项成果获得“创新成果奖”、3 个团队获得“创新团队奖”，市侨联获得优秀组织工作奖，获奖数量位列各省市前列。11 月召开天津市新侨工作研讨会，研究推动我市侨联新侨人才工作，更好地服务天津引智引技引才工作。

【积极开展海外联谊和文化交流】拓宽联络渠道，构筑联系网络。侨联全年接待来自韩国、美国、法国、新西兰、意大利、香港 6 个代表团和 15 批次来访宾客，共计 300 余人次。3 月市侨联苏北校友会组织赴印尼访亲团，参加了在印尼举办的第三届世界棉中校友恳亲会；4 月市侨联代表团参加了澳门缅华互助会泼水节；6 月张元龙主席率代表团赴香港参加庆祝香港回归十五周年纪念活动；8 月市侨联潘万青书记率团访问英国、法国、意大利；9 月市侨联

7 月 13 日，天津市侨联主席张元龙率团访问香港

党组副书记、常务副主席陈钟林率团出访新加坡、新西兰、澳大利亚三国。邀请来津参会的港澳地区政协委员和在津台湾同胞、海外侨胞共度元旦、春节，为海外华侨华人送去祝福和问候，拓展和深化了与海外的联谊交流，初步建立了海外华侨社团和侨领数据库。以文化为桥梁，增进对外友好交流。2012 年是国家实施文化强国开局之年。4 月，市侨联举办了庆祝中国新西兰建交 40 年，新西兰著名书画家区本先生“艺术回归祖国”书画展；5 月举办了庆祝天津市侨联成立五十五周年《赤子情怀》天津·新加坡侨界歌友经典音乐会，6 月接待了香港妇女访问团，扩大了侨联的社会影响，促进了中外友好交流。

8 月 27 日，天津市侨联代表团访问欧洲三国，刘晓明大使与代表团全体成员在大使官邸合影

4 月 6 日，天津市侨联在南开大学举办新西兰华人书画家区本画展

6 月 7 日，天津市侨联接待香港妇女访问团，天津市侨联主席张元龙（前排中）与代表团合影

【提升维权和参政议政工作水平】夯实工作基础，提高维权服务水平。出席中国侨联法顾委成立30周年纪念大会和中国侨联“六五”普法工作会议，法顾委主任张柏峰被聘为中国侨联法顾委副主任；召开了我市基层侨联组织普法及维权工作经验交流会，以学习交流促进工作发展。规范侨联日常维权工作管理，全年接待和处理信访维权41人次，全部办结。通过召开侨情座谈会，不断提高市侨联维权服务的认识水平和工作实效，加强对全市侨联维权工作体系的了解和宏观指导。通过各大学、区侨联、律师协会等单位遴选推荐，成立市侨联律师团，召开了法顾委年度工作会议，促进侨联维权工作科学化、规范化。充实调整队伍，提高参政议政质量。完成侨界第十三届市政协委员和第十二届全国政协委员人选推荐工作，充实了新生力量，进一步优化了委员的素质结构。调整机关处室，成立文宣部负责参政议政工作的组织协调，组织委员座谈会、新侨企业调研、新委员培训活动。在市政协十二届六次会议上提交了《关于推进天津东疆保税港区离岸金融业务的提案》等6个团体提案和38项个人和联名提案。在市政协第十二届提案工作表彰会上，市侨联获得团体提案和个人提案8个优秀奖。

【活跃会务，凝聚人心，扩大侨联的影响力】各级侨联组织以庆祝市侨联成立55周年为契机，开展了丰富多彩的活动。落实市委、市政府“调结构、惠民生、上水平”活动要求，市侨联组织了迎三八“侨联女委员宁河文化之旅”活动，搭建侨联委员与区域发展的交流平台。6月为响应以文化促发展的号召，与宁河县委、天津美协共同举办了“走进七里海国家湿地公园”书画家采风活动。重阳节，七个校友会联合举办了“庆国庆，度重阳”老归侨联谊活动。各区、大学侨联结合区域特点和资源优势，开展学习、联谊、文化交流活动，丰富了广大归侨侨眷的业余生活，增强了组织的凝聚力。河北、南开区侨联和校友会联谊会通过换届和人员调整，吸收年轻后备力量进入领导层，实现了新老交接，领导力得到增强；组织了市侨联机关干部和基层侨联主席赴广州、北京、上海、江苏等地侨联开展联谊交流活动，接待来自江苏、江西、河北、广东等地侨联工作访问团，利用各种会议与兄弟省市侨联组织开展工作交流。4月和6月组织医疗队伍开展“健康光明行”活动，先后赴湖北十堰和黄石为近300位白内障患者免费实施了复明手术，受到当地群众的高度赞誉，展现了天津侨界热心公益事业的良好形象，扩大了市侨联的辐射力和影响力。逢年过节还积极慰问老归侨。

10月17日，天津市侨联召开侨情座谈会

省级侨联工作简介

8月31日，天津市侨联代表团到江苏省侨联学访

6月1日，天津市侨联常务副主席陈钟林（后排右四）出席河东区侨联小天使幼儿园联欢活动

【不断提高侨联机关干部队伍素质】按照市委和中国侨联建设学习型组织的要求，领导班子调整后的市侨联从机关队伍建设入手，加大对机关人员的学习培训力度，进行了内设机构调整与人员调配，将经贸部、联络部合并组成经济联络部（简称经联部），成立了文化宣传部（简称文宣部），进一步明确了分工与职责，调整充实了机关党支部和机关工会组织，进一步健全了工作的组织体系。进行了三次干部选拔任用，有四人职位得以晋升，这是七年来市侨联队伍建设的明显突破，为侨联干部队伍建设和事业发展奠定了良好的基础，使机关整体工作态度、工作作风、工作效率均有不同程度的改变和提高。按照市档案局档案晋级要求，完成十年侨联档案的整理，顺利通过评估，获二级单位的称号。完成中国侨联2011年度年鉴编撰任务。按照财政局要求，完成了国库追加预算管理制度、经费分项管理模式的调整、工资网络系统的改革及固定资产的采购工作。进一步完善了市侨联的档案工作、保密工作、信息工作制度。侨联新址的装修工程正在进行，预计在2013年6月底前完成搬迁。

河北省归国华侨联合会

【领导成员名单】

主　　席：马法严

专职副主席：包　东　季加宇

兼职副主席：张友良　屈　恩（女）

张洪波　胡　翎（女）

巨永建

秘 书 长：季加宇（兼）

【综述】 2012年，河北省侨联紧紧围绕"建设经济强省、和谐河北"这一目标，全面落实河北省委副书记赵勇在省侨联八届四次全委会上的讲话精神和省委统战部部长田向利对侨联工作提出的"凝心聚力，搭桥建家"的要求，深入开展"为侨服务年"活动，全省各级侨联分赴76个县市（区）慰问贫困归侨侨眷和侨界有影响人物726户，发放慰问金、慰问品合计30.74万元。多次到北京、石家庄、唐山、沧州、邢台、张家口等地侨资企业调研，召开座谈会11场，了解侨企所急所需所盼，帮助侨企实现创新发展。成功举办以经贸洽谈、项目推介、环境考察、文化交流、科技合作等活动为主题的海外华商、海外高科技人才河北考察交流系列活动，促成合作意向10余个，项目涉及资金80多亿元人民币。坚持立足省内，面向全国，放眼海外，以增进亲情、乡情、友情为纽带，通过请进来，走出去，多渠道、多层次、多形式地加强与海外侨胞的联

9月29日，河北省侨联邀请驻冀华侨华人代表参加河北省政府国庆招待会和中秋茶话会，与省委书记张庆黎（左四）同祝祖国63周年华诞

12月30日，加拿大多伦多河北同乡会向家乡父老乡亲送来新年祝福

谊与交流。依托“侨（爱）心工程”、“亲情中华”、“世界华人学生作文大赛”等活动，广聚侨界力量，齐心协力促进河北各项事业科学发展。把握“侨中有台，台中有侨”的特点，加强与台湾侨界民间交流，邀请台湾侨联总会来河北考察洽谈，成功组织“两岸四地大学生交流营”活动，为推进祖国和平统一进程积极努力。体现了在更广领域、更高层次发挥作用的新思路、新要求，进一步畅通了凝聚侨心的渠道，创新了汇集侨智的载体，拓展了发挥侨力的平台，丰富了为侨服务的手段。

【中国侨联主席林军慰问河北侨界群众】 1月18日—19日，中国侨联主席林军一行赴河北省石家庄、保定慰问归侨侨眷，并代表中国侨联向河北广大归侨侨眷致以新春的问候。林军主席每到一户，都详细询问他们在国外及回国的经历，当前家庭、生活等情况。林军主席强调，侨联组织是归侨侨眷之家，侨联干部要带着感情、热情、亲情做工作，把归侨侨眷当成自己的亲人，既要帮助归侨侨眷解决实际困难，又要时刻惦念归侨侨眷的情感需求，让广大归侨侨眷充

1月18日，河北省委书记张庆黎（右四）、省长张庆伟（左三）等领导在石家庄会见来冀慰问侨界群众的中国侨联主席林军（左四）

1月18日，中国侨联主席林军（左二）赴河北平山西柏坡参观

1月18日，中国侨联主席林军（左二）在河北省侨联主席马法严（左一）等陪同下看望印尼归侨、河北省手外科专家凌彤夫妇

分感受到党和政府的温暖。林军主席在省委常委、统战部部长田向利陪同下，听取了省侨联工作汇报，并与机关工作人员及部分侨商代表座谈。在冀期间，省委书记张庆黎、省长张庆伟会见了林军主席一行，省委常委、省委秘书长景春华，省委常委、统战部部长田向利、省侨联主席马法严等参加会见。

【列席河北省政协十届五次会议的海外华侨华人齐聚侨联建言献策】 1月7日，河北省侨联邀请列席省政协十届五次会议的海外华侨华人召开座谈会。来自美国、加拿大、德国、

1月7日，河北省侨联邀请列席省政协十届五次会议的海外华侨华人举办联谊会，季加宇副主席为部分海外侨胞颁发聘书

阿根廷等11个国家的18位海外侨胞出席。河北省侨联副主席包东主持座谈会，河北省侨联主席马法严在致辞中代表侨联对前来参加河北省政协十届五次会议的海外华侨华人表示热烈欢迎，对列席会议的海外侨胞为河北省经贸合作、文化交流所做出的贡献表示衷心的感谢。马法严主席还向大家介绍了河北省侨联近期的工作情况和2012年的工作规划。出席活动的海外侨胞围绕建设经济强省、和谐河北展开热烈地交流，发表各自的意见和建议，表示将一如既往地关注、支持河北经济社会发展。河北省委统战部、省政协台侨港澳委员会部分领导出席活动。

【召开河北省侨联八届四次全委会】 2月14日，河北省侨联召开八届四次全委会，到会委员及列席人员有130余人。河北省委副书记赵勇出席会议并讲话。会议传达学习了中国侨联八届四次全委会议精神，审议并通过《河北省侨联第八届委员2011年工作报告》，增补了河北省侨联第八届委员会委员、常委，组织宣讲河北省第八次党代会精神。赵勇代表省委讲话，他强调，海外华人华侨是我们特殊的资源、特殊的优势，各级侨联组织和广大侨联委员，要发挥优势、创新工作，把侨联工作做得更好，团结凝聚广大华人华侨为建设经济强省、和谐河北作出更大贡献。赵勇对各级侨联组织近年来在吸引侨资、引进高层次人才、推动两岸交流、加强自身建设等方面取得的成绩给予充分肯定。他指出，省第八次党代会确定了建设经济强省、和谐河北的奋斗目标，为侨联工作以

2月14日，河北省侨联在石家庄召开八届四次全委会议，省委副书记赵勇出席会议并讲话

及海外华人华侨到河北创业搭建了更广阔的平台。各级侨联组织要抓住机遇、乘势而上，把侨联工作提高到一个新水平，在河北经济社会发展中发挥更大作用。赵勇强调，要广结侨缘，树立大侨联思路，以中华民族共同的根、故土难离的情为纽带，紧密联系全球海外华人华侨。要广引侨资，把引进侨资作为引进外资的战略重点和全方位对外开放的重大战略。要增强对侨资的吸引力，打好环首都绿色经济圈与河北沿海地区两张牌，吸引更多的海外华人华侨来河北投资创业。要广借侨智，把海外华人华侨作为引智引才工作的重点。要广辟侨路，搭建海外华人华侨创业平台，深化科技体制改革，吸引海外华人华侨在河北投资兴业。赵勇要求，各级侨联要加强自身建设，建立覆盖市、县（市、区）的工作网络。要切实维护广大归侨侨眷和海外侨胞的合法权益，营造良好的创业和生活环境。各级党委、政府要加强对侨联的领导，把侨联工作作为扩大对外开放的重要抓手重视起来，抓在手上、抓出实效，开创我省对外开放的新局面。

6 月 20 日，河北省侨联主席马法严、副主席季加宇到侨资企业调研

【开展为侨服务年活动】 为解决广大归侨侨眷和海外侨胞生产生活中存在的困难和问题，进一步团结凝聚广大归侨侨眷和海外侨胞力量，积极参与和支持河北经济社会发展，河北省侨联在 2012 年深入开展“为侨服务年”活动，各设区市侨联坚持以侨为本、为侨服务宗旨，把侨界群众利益放在首位，深入到社区、企业、侨界孤寡老人家中察实情、解难题，推出了系列为侨服务举措，进一步密切了党与侨界群众的联系。承德、廊坊、保定等市侨联分别成立留学生眷属联谊会、法律咨询服务中心，石家庄、唐山分别为老归侨赠送“爱心卡”，组织免费体检。

【引资引技引才引智】 2012 年，河北省侨联先后邀请 18 个国家和地区的 150 余名侨

5 月 18 日，参加中国廊坊国际经济贸易洽谈会的部分侨商赴河北省唐山市参加唐山市曹妃甸新区投资环境暨重点项目推介会，河北省政府副省长张杰辉（左三）会见侨商代表

商分别参加中国·廊坊国际经贸洽谈会、石家庄（正定）国际小商品博览会和“大好河山张家口·名企名商荟名城”大型主题招商活动，围绕推进科学发展、致力跨越赶超、实现绿色崛起、打造强市名城等主题，落实引资成果，搭建宣传推介、信息交流、对接合作平台，与有关部门及企业进行了项目对接，推动了匈牙利与石家庄飞机工业集团合作制造小型飞机、欧布达大学与河北师大留学生交流、山海关石河生态防洪综合治理等6个在谈项目的落实，达成合作意向10余个，项目涉及资金80多亿元人民币，得到省政府及地方有关领导的肯定。

5月20日，河北省侨联邀请部分海外华商赴唐山曹妃甸货运码头参观考察

5月20日，河北省侨联在唐山组织海外华商参加经贸文化推介洽谈会

【河北省政协副主席刘永瑞率政协委员调研侨资企业】4月17日，河北省政协副主席刘永瑞率部分政协委员考察侨资企业。刘永瑞在结束河北东旭集团的考察后，听取了省侨联主席马法严的工作汇报。刘永瑞对省侨联近两年工作给予充分肯定。刘永瑞指出，侨联要积极履行作为政协参加单位的职能，组织侨界力量参政议政、建言献策，积极拓展联系渠道，为人民政协海外联谊提供更多的生力军。刘永瑞强调，

4月17日，河北省政协副主席刘永瑞（左二）率政协委员调研侨资企业，省侨联主席马法严陪同调研

侨联要积极组织动员侨界力量，为建设经济强省、和谐河北做出新贡献，要宣传河北，为河北构建起进一步扩大开放的平台提供更多的条件。要充分利用侨力资源，助推河北经济建设发展。坚持“引进来”与“走出去”相结合，积极引导和推动河北有条件的企业“走出去”，拓展国际发展空间。发挥海外侨胞的桥梁和纽带作用，借助他们在海外的人脉关系和商业网络，帮助支持河北重点企业“走出去”、实现跨国经营。要做好引领和服务工作，为加强海外统战工作做出新贡献。要主动为归侨的工作和生活搞好服务，服务既要有热情，也要有方法，有平台，希望侨联坚持总结经验与创新形式相结合，坚持“为大局服务”与“为侨服务”相结合，通过教育和引导，让更多的人拥护中国特色社会主义，拥护国家统一、民族团结。

【举办 2012“两岸四地大学生交流营”】7 月 15 日—24 日，河北省侨联在河北省张家口市、承德市，以及北京市三地成功组织了第二届“两岸四地大学生交流营”，来自河北、香港、澳门及台湾的 66 名大学生成员参加了交流营。活动得到香港文汇报社、澳门归侨总会、台湾侨联总会及法国青田同乡会等海内外侨团的大力支持。河北省侨联制作了交流营营旗、营徽、营歌、营服、营员通讯录及接待手册，保证了活动的顺利展开。河北省委有关领导，相关市委市政府领导也十分重视，积极协调公安交通、安全、卫生等有关部门，让大学生们充分感受到“回家”的温暖。该活动以弘扬燕赵悠久历史文化、展示燕赵文化对中华文明的独特贡献及近现代河北人文精神为主线，通过参观张家口阳原泥河湾遗址、涿鹿中华三祖祠、蔚县古堡古镇，承德避暑山庄、金山岭长城，北京故宫、颐和园、鸟巢、水立方等诸多历史古迹，领略燕赵文化神韵，使学员们对中华民族的悠久历史有了比较深刻的了解。加深了对同根、同宗、同族、同历史、同文化的认同，增进了相互间的了解和友谊，增强了民

7 月 20 日，河北省侨联组织两岸四地大学生交流营，来自香港、澳门、台湾以及内地的 60 余名大学生参加为期一周的交流活动

7月24日，中国侨联副主席李卓彬（三排中）在北京欢迎参加两岸四地大学生交流营的同学们

族凝聚力。中国侨联副主席李卓彬在北京设宴欢迎港澳台大学生的到来，他鼓励两岸四地大学生要携手面向未来，共同继承和弘扬中华优秀文化传统，积极开展各种形式的交流，不断增强对中华文化的认同，在交流互鉴中共同发展，在传承创新中共同进步，努力建设美好的精神家园，携手铸造中华文化新的辉煌，努力成为实现中华民族伟大复兴的中坚力量。

【邀请台湾侨联总会出席河北大型主题招商活动】为密切海峡两岸侨界交流与合作，推动冀台经贸、文化往来，河北省侨联邀请台湾侨联总会简汉生理事长率参访团一行16人，于7月30日—8月3日到河北访问，出席河北省张家口市“大好河山张家口——名企名商荟名城”大型主题招商活动，探访东方人类的故乡，共拜中华三祖。河北省侨联主席马法严在致辞中强调，近年来河北省侨联与台湾侨联总会建立了长期稳定的交流机制，双方一年一次的交流互访，推动了两地侨界全方位、多领域、多层次的合作，将来河北省侨联愿为促进两岸和平发展、促进两地的共同繁荣发展做出更多的贡献。台湾侨联总会简汉生理事长表示将会组织更多团组到河北省访问，让台湾人更多的了解大陆，了解河北。河北省侨联副主席季加宇全程陪同考察。

【启动“唐山感恩·海外寻亲”活动】7月28日，由中国侨联支持，河北省侨联、唐山市人民政府主办，唐山市侨联、唐山市地震局承办的“唐山感恩·海外寻亲”活动启动。全国人大常委、全国人大华侨委员会副主任委员、中国侨联顾问李祖沛，中国侨联办公厅副主任李洋，河北省侨联党组书记、主席马法严，唐山市委书记王雪峰，市委副书记、市长陈国鹰等领导出席启动仪式。“唐山感恩·海外寻亲”活动源于唐山抗震纪念馆保存的1976年唐山大地震时千余名旅欧旅美华侨华人签名条幅。该条幅长12米，宽1.2米，写着“向灾区

7月31日，台湾侨联总会理事长简汉生先生（前排左三）率参访团赴河北涿鹿参加祭拜“中华三祖”活动

7 月 28 日，河北省侨联与唐山市政府主办的“唐山感恩・海外寻亲”活动启动仪式在唐山地震遗址公园举行

7 月 28 日，第十一届全国人大常委、中国侨联顾问李祖沛（左二）出席“唐山感恩・海外寻亲”活动启动仪式

中国人民致慰致敬”，是海外华侨华人与唐山人民血浓于水骨肉深情的历史见证，被地震博物馆誉为“镇馆之宝”。为表达对当年声援唐山地震灾区人民抗震救灾的海外华侨华人的感激之情，并以此为媒介宣传推介唐山，唐山市通过侨联组织寻找当年声援、慰问唐山的海外侨胞，尽力与他们取得联系，并拜访和邀请他们来唐参观做客，加强唐山与海内外广大华侨华人的联系，促进唐山与海外的经济文化交流。活动将持续开展到 2016 年纪念唐山抗震救灾 40 周年。唐山市直有关单位主要负责同志、包括侨界群众代表在内的唐山市各界群众代表参加了活动。

【河北省副省长张杰辉在河北省侨联调研】10 月 29 日，河北省副省长张杰辉到河北省侨联调研，看望侨联机关干部。张杰辉简要听取河北省侨联工作汇报，对侨联近年来围绕中心服务大局开展的各项工作给予充分肯定。他强调，侨联的工作一定要围绕河北省委省政府的中心工作展开，中心就是建设经济强省，和谐河北。河北省侨联要结合自身优势，充分发挥好桥梁纽带作用，进一步突出服务经济建设，以引进和推动项目建设为重点，提出更加务实工作举措，不断把各项工作提升到一个新的水平。要创新工作思路，借力全国侨联的资源优势，通过高水平举办活动，积极开展招商引资，把更多的好项目和先进人才引进来，让更多的侨胞

10 月 29 日，河北省副省长张杰辉（左一）到省侨联调研，听取侨联工作汇报

投资河北，发展河北。

【救助受灾侨界群众】2012年8月，河北省张家口、承德两市所属的张北县、沽源县、尚义县、康保县、围场满族自治县、丰宁满族自治县等遭受了特大低温冷冻灾害。此次灾害受灾面积大，人数多，灾情重，其中部分侨界群众家庭土地绝收，生产和生活十分艰难，尤其是本来就比较贫困的蒙古归侨入冬的生计面临巨大困难。河北省侨联及时将侨界群众受灾情况通报省民政厅，请求给张承两市受灾的侨界群众解决过冬的救灾款物。河北省民政厅了解情况后立即部署救灾工作，要求相关市民政局落实此事。上述两市民政局会同市侨联制定落实措施，并加班加点开展行动，抢在入冬第二场暴雪之前，用一周时间将救灾款物送到受灾的侨界群众家中，帮助受灾侨界群众度过生产、生活难关。本次行动共救助张承地区6县归侨侨眷38户、138人。

9月12日，河北省侨联主席马法严出席石家庄市第十次归侨侨眷代表大会

【落实“两办”文件，设区市侨联组织实现全覆盖】5月—10月，河北省沧州市、衡水市、石家庄市侨联先后分别召开归侨侨眷代表大会，审议通过侨联工作报告，选举产生新一届侨联领导班子，表彰了一批侨务工作先进集体、优秀侨务工作者和归侨侨眷先进个人。至此，全省11个设区市侨联组织均实现独立开展工作，侨联组织在设区市一级实现了全覆盖。与此同时，邢台市在全省率先成立社区小组，邢台市守敬社区侨联小组成为河北省首个社区侨联组织。

7月29日，河北省侨联与内蒙古自治区侨联签署友好合作协议，缔结友好社团关系

【唐山市侨联“侨之家”活动站揭牌】6月28日，唐山市开平区“侨之家”活动站在开平区街道普光南里社区成立，河北省侨联主席马法严，开平区区长常庆久为“侨之家”揭牌。“侨之家”的设立是唐山市侨联指导基层侨联切实开展“为侨服务年”活动的一项重要举措。开平区侨联紧紧围绕凝聚侨心、汇聚侨智、发挥侨力这条主线，把为侨服务与为建设经济强区、文明和谐社区服务紧密结合在一起，研究建立了“社区为侨搞服务、侨为社区做贡献”的双向互惠机制，为基层侨联组织更好发挥作用提供了重要载体。开平区“侨之家”的设立，得到唐山市统战部、开平区委、区政府的大力支持，这也为“侨之家”搭建为侨服务平台，完善服务机制，创新服务方式，

6 月 28 日，唐山市开平区“侨之家”活动站揭牌

扩大功能，办出特色，办出水平奠定了坚实基础。出席揭牌仪式的还有唐山市政协副主席、统战部部长张艳春，唐山市侨联主席胡平、副主席朱秋华，开平区委副书记朱文礼、区政协副主席、统战部部长李晓东等。

【秦皇岛市侨联出版《侨影》画册】 6 月 11 日，秦皇岛市侨联召开“出版《侨影》画册座谈会”。来自秦皇岛市涉侨部门、有关单位及侨资侨属企业负责人，秦皇岛市侨联以及专家、学者，侨界代表人士近 60 人参加座谈会。会上，秦皇岛市侨联主席杨宏伟介绍出版《侨影》画册的基本情况，与会人员一起回顾了秦皇岛市侨联 30 多年来建设发展的历程。秦皇岛市委统战部副部长白焕新在致辞中指出，《侨影》出版是侨联工作的一件大事、喜事，很有意义。《侨影》突出反映和讴歌了秦皇岛市归侨侨眷、侨资侨属企业在改革开放的大潮中，为祖国、为秦皇岛的建设勇于担当、积极奉献的崇高精神，体现和展示了秦皇岛市归侨侨眷和侨资侨属企业热爱祖国、热爱秦皇岛的精神风貌。画册从搜集资料到编辑成册历时一年，秦皇岛市政协副主席、市委统战部部长刘晓平作序。画册由秦皇岛市概况、市侨联简介、领导关怀、凝侨聚力 助力发展等七部分组成，共有图片 300 多幅，配有万余文字介绍及说明。

【沧州市华商联合会成立】 7 月 24 日，河北省沧州市召开华商代表大会，成立沧州市华商联合会，180 名华商企业家和海外客人出席。中国侨商联合会副秘书长安晨、河北省侨联主席马法严、沧州市委副书记邓沛然、市人大副主任张瑞桥以及市委统战部、市政协领导到会祝贺并致辞。沧州市华商联合会是由沧州归侨侨眷、海外华侨华人和港澳台同胞在沧投资的企业单位共同组成的非盈利社会团体。商会以服务会员、贡献社会为宗旨，帮助会员协调有关事项并致力配合政府改善沧州市的营商环境，广泛联系海内外各工商企业及经济组织，促进会员间的经济交往，提高沧州市涉侨企业的管理水平和技术进步，有力推动沧州经济发展。河北省侨联主席马法严在致辞中强调，要加强领导，广泛组织开展联谊交流活动，拓宽与世界各地华商组织和海内外华商的合作，促进广大华商侨胞充分发挥聪明才智，积极参与支持沧州的发展，在服务发展的过程中，成就个人事业、展示个人风采。把拓展和延伸服务作为立会之本，认真倾听华商呼声、维护华商利益，真正把沧州华商会建成华商、侨胞温馨的家。会议审议通过《沧州市华商联合会章

7 月 24 日，河北省侨联主席马法严出席沧州华商联合会成立大会

程》、《沧州市华商联合会理事会选举办法》，选举产生了沧州华商联合会第一届理事会会长、副会长，蔡华同志被聘为为沧州华商联合会第一届理事会名誉会长。

【廊坊市侨联举办秦唐廊京侨联区域合作与发展论坛】8 月 8 日—9 日，河北省廊坊市侨联主办的秦唐廊京侨联区域合作与发展论坛在中科科技谷召开，秦皇岛市侨联、唐山市侨联、北京市侨联华商会参加了会议，会上签署了《秦皇岛市、唐山市、廊坊市侨联、北京华商会加强区域合作交流框架协议》（以下简称《协议》），建立起联席会议制度，促进四地侨联、华商会工作，旨在打造侨联工作品牌，助推环首都绿色经济圈发展。四地市侨联组织将在五个方面加强合作交流。一是在牵线搭桥、招商引资、招贤引智等方面开展合作。二是及时互通各地经济、社会发展情况，提供相关的投资政策、项目，以及科技人才信息。三是对归侨侨眷和在上述四市工作的华侨华人及其眷属，在工作、生活中遇到的维权问题，实行“同城待遇”，提供必要帮助和支持。四是开展定期和不定期的互访，交流新形势下侨联工作的新思路、新方法、新经验，提高侨联整体工作水平。五是充分利用侨联组织对外联谊的优势，积极向海外侨胞社团、侨商财团、华侨华人宣传推介秦唐廊京，促进对外宣传。

山西省归国华侨联合会

【领导成员名单】

党组书记：王立业（2012年6月到任）

主　　席：许并社

专职副主席：范安龙

兼职副主席：刘越泽（女）　王　帆（女）

方敬爱（女）　李　慧（女）

张三货　郭晋普　黄成胜

秘书长：黄成胜（兼）

【综述】2012年，在中共山西省委的坚强领导下，在中国侨联的大力指导下，山西省侨联高举中国特色社会主义伟大旗帜，以邓小平理论、“三个代表”重要思想、科学发展观为指导，认真学习贯彻党的十八大和山西省第十次党代会精神，紧紧围绕省委、省政府决策部署和转型综改的总体战略，深化“国内海外工作并重、老侨新侨工作并重”，充分发挥自身优势和作用，着力加强基层组织和自身建设，科学谋划、多措并举，各项工作取得显著成效。

【认真学习贯彻山西省《关于加强和改进新形势下侨联工作的意见》】2012年3月，山西省委办公厅、省政府办公厅印发了《关于加强和改进新形势下侨联工作的意见》（以下简称《意见》）。《意见》充分阐述了加强和改进新形势下侨联工作的重要性，提出新形势下侨联工作的主要任务，就切实加强对侨联工作的组织领导提出明确要求：一是要加强对侨联工作的领导，二是要建立健全侨联组织网络，三是要加强干部队伍建设，四是要积极为侨联工作开展创造条件。《意见》下发后，省侨联立即下发通知，对学习贯彻《意见》进行了安排部署，并将其列入年度考核范围，省侨联先后召开主席扩大会议、机关全体会议进行学习贯彻。结合7月进行的工作调研，省侨联对各市侨联学习贯彻《意见》情况进行督查，并于11月召开了学习贯彻《意见》精神座谈会。各市、县侨联也纷纷通过各种形式组织侨联干部认真学习贯彻《意见》，并及时向当地党委分管领导进行汇报。在太原市侨联的积极努力下，太原市委办公厅、市政府办公厅于5月率先出台了《关于加强新形势下侨联工作的意见》，沁水县、长治市郊区也先后以党委、政府两办名义下发《意见》。

【主动服务发展大局，积极参与并认真做好首届世界晋商大会的各项工作】8月19日—20日，首届世界晋商大会在太原召开。作为首届世界晋商大会的承办单位，省侨联按照大

6月25日，山西省委常委、统战部部长聂春玉（右二）听取省侨联邀商招商情况汇报（左一为山西省侨联党组书记王立业）

会执委会的统一部署，在中国侨联积极支持和帮助下，认真研究制定了《首届世界晋商大会省侨联工作方案》，确立了“百名侨领侨商参会、千亿项目签约”的工作目标。先后6次召开专题工作推进会，认真做好工作动员与安排。经过全省侨联系统的共同努力，省侨联共确定邀请到海（境）外侨领侨商代表、世界500强企业代表、国别代表共计105人前来参加首届世界晋商大会，其中贵宾6人、嘉宾27人，涉及美国、加拿大、英国、澳大利亚、巴西、港澳等32个国家和地区。各市侨联共为大会邀请到海（境）外代表97人。共落实签约项目81个，项目总投资额1155亿元人民币，拟引资额1061亿元人民币，其中合同和协议签约项目32个，签约金额532亿元人民币。顺利完成“千亿项目签约”和“保四争五”的工作目标。同时按照大会执委会的统一安排，圆满完成大会交办的各项接待任务，接待工作做到了零误差零失误。同时，我会紧紧抓住晋商大会海内外侨团、侨领及专家学者云集山西的重大历史机遇，借势发力，举办了“侨之盟·晋之约——海内外侨团缔结友好仪式”和“山西省侨联特聘专家委员会成立大会暨首批专家聘书发放仪式”，构建了侨联更好地助力服务全省经济社会发展的海外合作平台和人才技术合作平台。我会参与组织首届世界晋商大会的工作得到了大会组委会和中国侨联的高度评价。中国侨联主席林军等领导在山西省侨联报送的《紧紧抓住首届世界晋商大会历史机遇，发挥优势、积极作为、为转型跨越做贡献——首届世界晋商大会省侨联工作总结》上作出批示，指出山西省侨联认真贯彻落实省委要求，积极发挥联系广泛、资源丰富的独特优势，扎实做好招商、邀商、接待等各方面工作，圆满完成了各项任务，为首届世界晋商大会的成功举办做出了重要贡献。省委袁纯清书记在省侨联上报的工作汇报上批示：工作成绩明显。在首届世界晋商大会中作出积极贡献。今后要努力发掘山西的联“侨”资源，在联才、联智、联商上作出更多成绩。

8月8日，首届世界晋商大会签约仪式

【拓展海内外联谊，加强文化宣传】山西省各级侨联充分发挥联系广泛的优势，主动延伸工作触角，拓展工作平台，组织开展了多项活动。一是承办了全国侨联文化宣传工作会议。2012年4月，全国侨联文化宣传工作会议在我省召开，此次会议的规模大、层次高，是山西省侨联第一次承办的全国性会议，在省侨联和太原市侨联的共同努力下，大会取得了圆满成功。二是承办了第四届全球华人羽毛球团体锦标赛。来自十多个国家和地区以及大陆各省市约1500名羽毛球运动员和爱好者参加了比赛。三是成功组织“侨之盟·晋之约——

7月14日，山西少年足球队出征仪式（后排左十为山西省侨联党组书记王立业）

海内外侨团缔结友好仪式”，56家海内外侨团与省城侨团缔结友好，共同发表合作宣言，实现共促发展，共享繁荣，构建了省侨联更好地助力服务全省经济社会发展的海外合作平台。四是积极参加中国侨联主办的各种活动。由中国侨联主办的2012东芝“侨心杯”全国少年足球邀请赛、“亲情中华——世界华侨华人美术书法展”、第十三届世界华人学生作文大赛等各项活动，山西省各级侨联都积极组织人员参加，并取得了较好的成绩。五是加强网站建设。太原、晋城、晋中、阳泉、运城、临汾等六个市侨联相继建立了网站。省侨联网站经过近3个月的努力，初步完成了改版升级工作，改版后的省侨联网站更符合新形势侨联工作的需要，也更贴近侨界群众。

【中国侨联主席林军到山西调研慰问】 1月16日—17日，在新春佳节来临之际，中国侨联党组书记、主席林军在中国侨联权益保障部部长姜风岩等领导的陪同下，在山西进行调研慰问。山西省委书记袁纯清，省委常委、太原市委书记陈川平，省委常委、省委统战部部长聂春玉分别会见林军主席一行，对中国侨联多年来对山西和山西侨联工作的支持和关心表示感谢，林军主席代表中国侨联对各级党委和政府对侨务工作的重视和支持表示感谢。林军主席一行冒着严寒，带着党中央、国务院和中国侨联对山西归侨侨眷的牵挂和关爱，深入到太原、晋中两市困难和重点归侨家中进行走访慰问。每到一户都与他们亲切交谈，对老归侨们为国家经济社会和侨联事业发展作出的贡献表示感谢。林军主席饱含深情地向重点侨户和困难归侨送上鲜花和慰问金并祝他们新年快乐，身体健康。受到慰问的困难归侨拉着林主席的手，一再感谢党和政府及中国侨联对他们的关心。他们表示将发挥余热，为山西经济建设和侨联事业的发展再

1月16日，林军主席（左一）在山西省侨联调研（右二为山西省委常委、统战部部长聂春玉）

尽一份力。在晋期间，林军主席一行看望了机关干部并听取省侨联工作汇报。林军对山西省侨联工作给予充分肯定，他希望各级侨联紧紧围绕省委、省政府的中心工作，努力践行为转型跨越发展服务和为侨服务的宗旨，不断加强海外联谊工作，大力拓展引智引资渠道，着力推进山西省与海外的经贸合作与文化交流，依法维护广大侨胞和归侨侨眷的合法权益，充分发挥桥梁与纽带的作用，为再造一个新山西作出新的更大贡献。

3 月 21 日，山西省侨联召开九届四次全委会议

【召开山西省侨联九届四次全委会】3 月 22 日在太原召开。省委常委、统战部长聂春玉出席会议并讲话。省侨联委员、顾问，各市侨联党组书记、侨联主席，省侨联所属社团负责同志 80 余人参加会议。聂春玉代表省委和省委统战部对全省各级侨联 2011 年的工作给予充分肯定，并要求全省各级侨联着眼于迎接党的十八大胜利召开，进一步做好凝聚侨心的工作；着眼于为全省转型跨越发展做贡献，进一步充分发挥侨联组织的优势和作用；着眼于提高为侨服务的水平，进一步加强侨联自身建设。聂春玉指出，省委、省政府对侨联工作高度重视，寄予厚望。希望全体委员和各级侨联开拓创新，锐意进取，创造性地做好各项工作，在山西省率先实现转型跨越发展新路、加快全面建设小康社会进程中作出新的更大贡献，以优异的成绩迎接党的十八大的胜利召开。会议通过许并社主席代表省侨联九届常委会所作的《工作报告》，对 2011 年度侨联工作先进集体、首届华人华侨“共赢·发展”三晋年会暨新材料新技术高端项目专场推介对接会优秀集体和先进个人进行了表彰。

【承办全国侨联文化宣传工作会】4 月 21 日—22 日在山西太原召开。中国侨联主席林军出席会议并作重要讲话。山西省委常委、统战部长聂春玉出席会议并代表山西省委致辞。来自全国各省（区、市）侨联、副省级城市侨联的领导和文化宣传工作负责人、山西省各市侨联

4 月 21 日，全国侨联文化宣传工作会议在山西太原召开

负责人、中国侨联机关各部门负责人等170余人出席会议，中国侨联副主席乔卫主持会议。会上，举行了“亲情中华——中国侨联文化交流官方网站”开通仪式，福建、浙江、江苏、新疆、内蒙、湖南、辽宁、太原等8个地方侨联作了大会交流发言，从不同角度介绍了本单位在文化宣传工作方面的做法与经验，与会代表围绕会议主题，谈感想、谈认识、谈举措，对进一步加强侨联文化宣传工作提出了很好的意见和建议。

【“山西国信杯”第四届全球华人羽毛球团体锦标赛】 4月28日在省城太原隆重开幕。此项赛事是由中国羽毛球协会指导，全球华人羽毛球联合会、山西省球类运动管理中心主办，省侨联等单位部门共同承办，是山西举办的群众性体育球类项目中规模最大、参赛人数最多、规格最高的一次赛事，来自世界各地111支代表队950多人报名参赛，参赛选手年龄最大的90多岁。

4月28日，山西省侨联主席许并社在第四届世界华人羽毛球团体锦标赛开幕式上致词

【走出去开展邀商招商活动】 5月26日—30日，受首届世界晋商大会组委会的委托，

5月29日，山西省侨联赴港招商邀客

中国侨商联合会副会长兼秘书长安晨带队，山西省华商会会长畅瑞钢、翼城县委书记等领导和部分企业家一行15人赴港进行邀商招商活动。省侨联赴港邀商招商团在香港侨界社团联会的大力支持下，拜会了中国侨商会会长、亚洲金融集团董事局主席陈有庆先生和全国政协常委、香港侨界社团联会会长、裕华国货集团公司董事局主席余国春先生，并向香港侨界社团联会、香港工业总会、香港中华厂商联合会、香港总商会、香港广东社团总会、中华出入口商会、香港潮州商会（香港潮属社团总会）、香港福建社团联会等8大主流商会主要会领及重量级侨商100余人就首届世界晋商大会及重点招商引资项目进行了推介。通过推介在港签定了6亿元的牛仔布厂建设项目、8亿元的历山风景旅游区建设意向2个，签约金额14亿元；中华出入口商会会长董欲拟在太原建设城市商业综合体项目的投资意向1个，拟投资金额20亿元。

6 月 21 日，上海市侨商考察团在阳城县考察座谈

【山西省侨联系统参政议政工作经验交流会】7 月 21 日在阳泉举办。全省各市侨联主要负责人、省人大侨界代表、各级政协侨界委员、部分县、市、区的侨联负责人共 80 余人参加会议。会上阳泉市委常委、统战部长许霞代表阳泉市委市政府致欢迎词；中国侨联权益保障部黄晖副部长代表中国侨联对大会的召开表示祝贺，并对今后侨联参政议政工作提出了具体的指导性意见；阳泉、太原、晋中侨联，省政协委员黄华为、运城市政协委员朱建中、原省政协委员李冠遥在大会上作了大会发言，进行经验交流。各市侨联和部分省政协委员、省人大代表为大会提交交流材料。最后，省侨联党组书记王立业作了讲话。王书记从全局高度，深刻阐述了加强侨联参政议政工作的重大意义；对近几年侨联参政议政工作给予了充分肯定；就今后侨联参政议政工作重点和具体措施提出了提高两个认识、增

【请进来进行投资考察活动】为积极迎战首届世界晋商大会，应山西省侨联和晋城市侨联邀请，上海市华商会、侨青委企业家一行 21 人在上海市侨联副主席张癸、杜宇平的带领下，于 6 月 20 日—23 日到晋城市阳城县进行考察。考察团一行通过实地考察参观、召开座谈会等形式了解了阳城县的经济发展规划、城市发展规划和招商引资情况介绍，通过与阳城县部分乡镇和民营企业家面对面交流沟通、洽谈和深入了解、对接，增强了双方的友谊，拉近了双方合作意向。经过几天的考察、交流、洽谈，22 日上午，上海华商和阳城县 7 家企业就七个项目成功签约，签约资金 55 亿，上海市侨联和山西省侨联结成友好侨联。山西省侨联主席许并社、副主席范安龙，晋城市侨联党组书记朱瑜国，阳城县委常委、统战部长霍丽丽等领导陪同考察并参加签约仪式。

7 月 21 日，山西省侨联召开参政议政经验交流会

强五种能力、完善四种途径、抓好两项工作的总体要求。这次会议是山西省侨联首次就参政议政工作召开的全省性专题会议，是研究推进侨联参政议政工作的一次十分重要的会议，是指导今后一段时期各市侨联参政议政工作的动员会。达到了理清思路、明确方向、相互交流、谋求共识、为进一步提高今后全省侨联系统参政议政水平奠定坚实基础。

【山西省侨界在中国侨联第四届新侨创新成果交流会上受到表彰】 8月10日，由中国侨联主办的第四届新侨创新成果交流会在北京人民大会堂举行。中国侨联主席林军、中国科学院院长白春礼、中国科协副主席冯长根等领导出席开幕式，并为获得“中国侨界贡献奖”的创新人才、创新成果和创新团队代表颁发了奖牌和证书。会上，山西省侨联推荐的北京银辉生化科技有限公司忻州分公司董事长、总经理银小龙，太原理工大学国际教育交流学院院长谢刚，山西兰花汉斯瓦斯抑爆设备有限公司总经理喻晟和山西乐百利特科技有限责任公司董事长、晋城市侨联副主席伍永安4人获得“创新人才奖”；省侨联获得组织工作奖。

【侨之盟·晋之约——海内外侨团缔结友好仪式】 8月19日在太原举行。来自海内外的56家侨团缔结友好，共同发表合作宣言，实现共促发展，共享繁荣，构建了山西省侨联更好地助力服务全省经济社会发展的海外合作平台。中国侨联党组书记、主席林军，中国侨联副主席王永乐，山西省人大常委会副主任王雅安，山西省侨联党组书记王立业，山西省侨联主席许并社，太原市委常委、统战部部长刘海芸等领导出席活动。山西省侨联副主席、太原市侨联主席李慧主持缔约仪式。此次活动旨在搭建海内外侨商投资山西的平台，促进海外侨团和太原的合作共赢，为山西转型跨越发展、为打造具有国际影响力的区域化大都市助推发力。欧美工商会会长高滢代表缔结侨团发表了“海外侨团缔结友好（太原）宣言”，宣言提出：海内外侨团要联系乡邦、促进友谊，加强山西和侨团所在地经贸、文化等领域的深入交流；要资源共享、优势互补，充分利用海内外侨团人才、资金、讯息等方面的优势，助推经济转型发展；要传承文明、弘扬文化，在世界范围内传播源远流长、魅力无穷的三晋文化，努力扩大山西在海内外的影响力；要回馈社会、构建和谐，发扬爱国爱乡和团结互助的优良传统，为山西发展汇集更多海内外力量。在全场热烈的掌声中，与会领导和侨团代表共同启动象征海内外56家侨团正式缔结友好的“水晶球”。与会侨团表示，将积极发挥自身优势，通过缔结友好搭建合作平台，加强沟通与合作，实现多赢发展，为山西转型跨越发展、为建设一流省会城市做出贡献。

8月19日，“侨之盟·晋之约”海内外56家侨团缔结友好仪式

8 月 19 日，山西省侨联特聘专家委员会成立大会召开（主席台左起为中国侨联经济科技部副部长安晨、中国侨联副主席王永乐、山西省侨联主席许并社、山西省侨联副主席范安龙）

【山西省侨联特聘专家委员会成立大会暨首批专家聘书发放仪式】8 月 19 日在太原举行。首批聘请了中科院院士万立骏、薛其坤、黄维、李亚栋及美国微软亚太研发集团主席、国际电气和电子工程师学会院士张亚勤博士，生物遗传学领域国际领军人物、美国弗吉尼亚大学终身教授李明定先生等 44 位海内外各专业研究领域的学科带头人和领军人物担任专家委员会成员。为今后推进“海外专家服务山西行”活动，构建了人才技术服务平台。中国侨联副主席王永乐、中国侨联经科部副部长安晨出席大会并为特聘专家委员会顾问、主任、副主任委员、委员颁发聘书。

【全省侨联系统干部培训班】11 月 11 日—15 日，为开拓视野、提高全省侨联干部素质，学习借鉴兄弟省市侨联工作的好经验、好做法，进一步推动我省侨联事业全面发展，根据年度工作计划，省侨联在江苏省举办了全省侨联系统干部培训班。全省各市侨联和省侨联各部、室主要领导参加培训，省侨联副主席范安龙全程跟班学习。举办这次培训班是全省侨联学习贯彻党的十八大精神和省两办《意见》的具体举措，是省侨联党组改变工作作风、创新工作方法的新尝试。培训班全体同志先后参观了无锡市侨资企业国际干细胞联合研究中心、南通市华侨活动中心和新加坡苏州工作园区。并与无锡市侨联、南通市侨联、苏州市侨联进行了交流座谈，无锡市侨联主席冯雷、南通市侨联主席吴亚军、苏州市侨联主席沈晋华分别就基层组织建设，延伸工作手臂、创新工作思路、拓展工作领域，开展招商引资、招贤引智和为当地经济社会发展服务情况以及认真履行职责等方面介绍了经验和做法。正在南通市出席中国博物馆协会华侨博物馆专业委员会年会的中国侨联顾问唐闻生和江苏省侨联副主席镇翔亲切会见了培训班全体成员。

11 月 11 日，山西省侨联干部培训班举行（左五为山西省侨联副主席范安龙）

【干部下乡住村活动取得新突破】自干部下乡住村“六个一”活动开展以来，山西省侨联党组高度重视，严格按照省委的统一部署和省委统战部的具体要求，以“组织创先进、党员争优秀、干部变作风、群众得实惠”为目标，结合实际，精心组织，周密安排，狠抓落实，机关全体人员争做深入基层的先行者，争当转型跨越的排头兵，下乡住村工作进展顺利，达到了“深入调查研究，理清发展思路，制定发展规划，解决民生难事，密切干群关系，转变干部作风，维护社会稳定，促进经济发展”的目的。2012 年共筹措帮扶资金 112 万元，其中用于中药材种植补助资金 8 万元，牛群圈养工程建设资金 20 万元，省侨联机关还从机关有限的经费中挤出 4 万元用于对该村的老党员、困难户进行了救济慰问；通过省侨联的协调，帮扶村所在县、乡两级政府拨付资金 80 万元，其中 50 万元用于该村道路修复硬化，30 万元用于“五件实事”工程（红白理事会、浴室、理发室、便民超市、磨面坊）。

6 月 25 日，山西省侨联党组书记王立业（右三）在下乡住村点调研

【太原市侨联】立足服务全市经济发展，立足解决侨胞侨眷生活难题，立足服务海归青年创业开展了“架心桥、通商桥、搭鹊桥”三桥工程，进一步延展形式，扩充内容，使办实事、解难事活动更加接“地气”，出实效。一是立足服务基层，“架心桥”解难事。由侨界人大代表、政协委员、侨界企业家与省城老归侨侨眷爱心结对“架心桥”，形成新侨、老侨手牵手的长效救助机制。2012 年侨界人大代表、政协委员对患有白血病、癌症、精神病、心梗术后的贫困省城老归侨侨眷进行救助，对遇到煤气中毒等重大灾难的家庭重点帮扶，为农村发展绿色农业提供资金和技术支持，全年捐赠资金达 25 万元。二是立足服务发展，“通商桥”办实事。紧紧围绕抓投资、上项目、惠民生、促转型，把服务招商引智作为重点，加强同海内外侨商团建立紧密联系。成立侨商会和法律服务中心，为侨企之间、侨企与职能部门之间、侨企与重点项目之间的对接搭建交流平台，为侨资企业发展提供信息服务和义务的法律顾问。主动做好归国留学生创业帮扶工作，牵头组织了自主创新项目对接会，帮助留学人员解决创业、就业过程中的资金问题。形成了服务招商，服务发展，合作共建的良好机制。三是立足服务群众，“搭鹊桥”抓小事。把解决好广大群众切身利益相关的“小事”，作为贯彻以人为本、执政为民的“大事”，从维护侨界稳定的角度出发，从帮助侨界群众生活实际问题出发，为

解决留学归国人员交友难、成家难问题，通过举办省城侨界联谊会、乒乓球友谊赛及各种交友沙龙活动，为大龄留学人员“搭鹊桥”。同时积极为回国创业人士牵线搭桥，解决资金不足或创业渠道闭塞问题。两名海归青年分别获得全国十杰优秀海归创业奖和全国百佳留学生企业最具创业潜力奖。

【晋中市侨联】紧紧围绕该市建设全省“四化”率先发展区的部署要求，充分发挥自身优势，坚持“主动、创新、服务、奉献”的工作方针和“大侨联、大海外”的工作思路及“为侨服务、为经济建设服务、为祖国统一大业服务”的侨联工作宗旨，积极开展各项工作，在创建学习型组织、海外联谊、文化交流、支持经济建设和为侨服务等方面都取得了可喜的成绩，在海外联谊和支持当地经济建设方面成绩尤为突出，被省侨联评为“2012年度工作先进集体”。海外联谊方面：进一步拓宽海外联谊渠道，先后与福建武夷山、河北廊坊市、山东威海市、四川省、深圳市、内蒙古市等省外侨联结成友好关系；与美中体育文化协会、美国山西同乡会、澳大利亚山西同乡会、德国山西同乡会等社团和组织建立或进一步加强了联系。成立“山西华夏书画院”、“晋中市留学人员联谊会筹委会”、“国际心意功夫联盟山西办事处”等侨界群众联谊组织，并依托平台积极开展活动，有效地凝聚侨心，充分发挥海外人才资源优势，为我市经济、社会和文化建设服务。支持经济建设方面：2012年共争取到捐赠资金507.6万元，捐助金额达到历年最高水平。在昔阳、左权、榆社新建希望小学3所，在灵石、祁县、寿阳、和顺、左权等五个县新建或装备新农村卫生所30所，资助16所大中学校以及1所特殊教育学校的614名贫困学生完成学业，并为山西农业大学进行了文物建筑维修。配合省侨联筹备“首届世界晋商大会”，积极搭建海内外晋商联系平台，吸引资金项目和人才技术支持当地经济建设。经审查、筛选最终上报项目17个，总投资额282.82亿元，拟引资额280.5亿元，100亿元以上项目1个，50亿元以上项目2个；上报拟邀请人员即海外籍在晋投资的华人华侨23名，为实现“百名晋商精英参会、千亿招商项目引资签约”的活动目标奠定了基础。

【阳泉市侨联】高度重视参政议政工作，领导带头撰写提案、议案、各类意见建议及社情民意信息等。2012年，向市政协提交提案8件，反应社情民意信息36篇，撰写各种信息简讯200余份。省人大代表、阳泉市政协常委信秀莲主席撰写的《建议适当调整我省煤炭可持续发展基金分配比例》的社情民意被省政协单篇采用，前任省长王君作出重要批示。在省人代会上提出的《关于部分归侨退休金补贴的建议》得到相关部门的重视。由于阳泉市侨联参政议政工作扎实有效，2012年7月，“山西省侨联参政议政经验交流会”在阳泉召开，此次会议是省侨联首次在阳泉市召开的重要会议，也是山西省侨联首次就参政议政工作召开的全省性专题会议。阳泉市侨联维护侨益、为侨服务工作做到了“四个突破”。一是在夯实基础上求突破。定期不定期地做侨情调研，实现全市侨情信息库动态管理，随时掌握侨界人士动态与切实需求。二是在创新工作上求突破。不断创新工作方法和载体，把工作落到实处。10月份，与市侨联法顾委联合举办“新时期依法维护侨益研讨会”。组织有关涉侨涉法部门的领导及归侨、侨眷就业人数较多的企业、部分侨企、合资企业和侨界代表人士，共同研究侨界人士存在的困难、问题，探讨、商榷维护侨益的新思路、新方法。阳煤集团的领导当场提出帮助一位老归侨解决住房困难问题。三是在提升素质上求突破。通过创建“文明和谐单位”活动及深入开展“创先争优”活动，改进工作作风，提高工作效率。做到来信来访不拖沓、不推诿，件件有落实、事事有结果。四是在服务方法上求突破。坚持做到“三必访”即春节前夕老归侨必访、困难归侨必访、生病归侨必访。坚持开展“免费健康体检”活动，全年共为30名老归侨及侨联工作者提供免费体检，费用近万元。春节、重阳节走访慰问老侨和困难归侨97户近300人次，发放慰问品、慰问金36000元。

【晋城市侨联】在侨联组织参与社会管理创新工作上进行了积极的探索和尝试，并取得突破，形成新亮点。4月18日召开了“侨联参与社会管理理论研讨会”，专题研讨侨联在参与社会管理创新中如何发挥作用，探索参与机制、服务形式、服务方法、服务内容，会上交流论文30余篇。《晋城经济》对此给予高度评价，撰写了卷首语，并刊登论文3篇，《晋城统一战线》摘录了六位同志的论文要点。随后市侨联又会同市社会管理综合治理委员会等相关部门通过走访、座谈、调研，联合下发《晋城市侨联组织参与社会管理创新的实施意见》。市侨联在《意见》的基础上又提炼出“1346”工作模式。即：“一个目标”——充分调动广大侨界群众参与社会管理和服务的积极性、主动性、创造性，通过协调各相关部门畅通各种渠道、搭建各种平台为我市侨界群众解决实际困难，维护侨界合法权益，把侨界群众更加紧密地团结在党的周围，协助党委政府做好协调关系、理顺情绪、化解矛盾、维护稳定工作，为我市实现转型跨越发展，建设和谐晋城建功立业。“三个原则”——坚持围绕中心、服务大局的工作原则；坚持以人为本，为侨服务的工作原则；坚持党委领导、政府负责、社会协同、公众参与的工作原则。“四项任务”——1. 发挥侨联组织参政议政的作用；2. 依法维护侨界群众合法权益；3. 开展扶贫助困，扎实为侨服务；4. 积极开展海外联谊，为经济发展服务。“六个机制”——1. 组织协调机制；2. 维权机制；3. 为侨服务机制；4. 服务发展大局机制；5. 宣传造势机制；6. 考核奖励机制。为更好地为侨服务，督导各相关单位做好为侨服务工作，我们又创造性地制定了晋城市侨联为侨服务工作流程，即：申请、受理、处理、回复。晋城市侨联的工作得到了市党委市政府和省侨联的重视和肯定，被晋城市社会管理综合治理委员会授予“2012年度社会管理综合治理先进单位”，在省侨联考核评比中位列全省第一，被省侨联授予“2012年全省侨联系统年度工作先进集体”称号。所辖阳城县侨联、沁水县侨联和泽州县侨联也受到省侨联表彰。

内蒙古自治区归国华侨联合会

【领导成员名单】

主　　席：吴化民（蒙古族）

专职副主席：高庆国

兼职副主席：（以姓氏笔划为序）

乌晓光（蒙古族）

卢世翔（蒙古族）

白晓飞　刘广义（蒙古族）

闫　贺（女）

伊　平（女，蒙古族）

毕力夫（蒙古族）

张勇东

秘 书 长：孙忠华（女）

【综述】2012年，内蒙古自治区各级侨联以喜迎党的十八大召开为动力，以学习贯彻党的十八大精神，坚持“两个并重”，发挥自身优势，围绕中心，服务大局为主线，以侨为本，为侨服务，求真务实，团结奋斗，各项工作取得了显著成绩。

【内蒙古侨联举办侨界迎春联谊会】1月13日，内蒙古侨联举办了迎新春联谊会。内蒙古自治区党委组织部、统战部、人大民侨委、政协港澳台侨外事委、外侨办、台办等部门的主要领导，驻呼各高校组统部负责人，在呼归侨侨眷代表和内蒙古侨联部分副主席、常委、委员等100多人出席联谊会。内蒙古侨联主席吴化民致辞，他说，过去的一年，是我们党和国家不平凡的一年，也是内蒙古侨联工作硕果累累的一年。一年来，内蒙古侨联努力践行科学发展观，以开展创先争优活动为动力，凝侨心，聚侨力，围绕中心，服务大局，为自治区的经济建设、政治建设、文化建设、社会建设和生态文明建设做出了应有贡献。

【内蒙古侨联就达拉特旗侨村整体搬迁及归侨侨眷社保问题进行调研】2012年1月，内蒙古侨联吴化民主席，高庆国、伊平副主席一行赴鄂尔多斯市调研并协调落实达拉特旗华侨村搬迁以及侨村老龄城镇户口归侨侨眷社保问题。达拉特旗委副书记、旗长吉格定向吴化民主席一行详细介绍了达旗经济社会发展情况；达旗政协副主席、统战部长巴图，旗侨联主席云霄等介绍了达旗侨村搬迁及社保工作的落实情况。近几年，在各级涉侨部门的多方呼吁、协调下，鄂尔多斯市委、政府、达拉特旗委、政府高度重视侨务工作，2012年落实资金2200万，划拨专用土地，建设了两栋总面积为1万平米的住宅楼，解决了111户侨村归侨侨眷的搬迁问题。工程定于7月动工，年内楼体封顶。鄂尔多斯市、达拉特旗两级侨联还拨款112万元，

1月13日，内蒙古侨联主席吴化民在侨界迎春联谊会上致辞

1月23日，内蒙古侨联就达旗侨村整体搬迁及归侨侨眷社保问题进行实地调研

解决了侨村有城镇户口的25名老龄归侨侨眷的社保问题。吴化民主席一行实地察看了新建华侨楼的宅基地，约见了承建住宅楼的房地产公司的尹书春副总经理，对其提出了确保建筑质量和工期的希望要求。

【乌兰察布市召开成立侨联暨第一次归侨侨眷代表大会】 2月10日，乌兰察布市召开成立侨联暨第一次归侨侨眷代表大会。内蒙古侨联副主席高庆国应邀出席大会。会前，乌兰察布市委书记王学丰、市委副书记艾丽华、市委常委、宣传部长云淮，以及人大、政府、政协等有关部门领导亲切会见全体代表并合影留念。市委副书记艾丽华代表市委、市政府发表了热情洋溢的讲话。高庆国代表内蒙古侨联向大会表示祝贺，同时向关心支持侨联工作的乌兰察布市委、人大、政府、政协及有关部门表示衷心的感谢！向为乌兰察布市经济社会发展做出积极贡献的广大归侨侨眷、海外侨胞致以最崇高的敬意！会议审议通过了杨玉莲同志作的题为《主动作为，善谋实干，开创侨联工作新局面》的工作报告。选举产生了乌兰察布市侨联第一届委员会，杨玉莲等9位同志当选为乌兰察布市侨联主席、副主席、秘书长。

2月10日，内蒙古侨联副主席高庆国（左六）出席乌兰察布市侨联成立暨第一次归侨侨眷代表大会

【新华爱心基金会理事长张君达先生看望珍珠班学生】 4月8日，新华爱心基金会理事长张君达先生一行在内蒙古农业大学与在呼和浩特市各大学就读的30名珍珠生开展联谊活动。张理事长对“珍珠班”学生提出了要学习好、品德好、身体好的三项要求，他还鼓励珍珠生们一定克服家庭贫困的自卑心理，以坚强自信的精神状态完成好大学学业。他表示，基金会要为同学们提供就业和回馈社会的工作机会。张先生还赴包头市33中看望了150位珍珠生，并同珍珠班师生面对面谈心，同唱“感恩的心”。

【内蒙古侨联组织广东籍归侨侨眷赴广东省参观考察探亲访友】 5月20日—27日，内蒙古侨联组织在内蒙古的广东籍归侨侨眷回家乡考察经济社会发展情况，探亲访友感受亲情、乡情和友情。此次活动的目的是为侨办实事，为内蒙古与发达地区的交流合作牵线搭桥，密切兄弟省市侨联间的横向联系，更好地为内蒙古科学发展服务。在与广东省侨联的座谈会上，吴化民主席说：这次来广东的归侨侨眷代表都是上世纪50年代因为有海外关系，被错误地从广东遣送到内蒙古劳改农场劳动改造的归侨侨眷的子女，他们出生在内蒙古，成长和工作在内蒙古，多年来，为内蒙古的发展作出了积极的贡献。他们中的多数人都是第一次回故乡广东，家乡情结非常浓。吴主席就内蒙古的自然资源、生产生活环境、经济社会发展情况做了介绍，希望广东省侨联多组织广东的企业家、海外侨商和港澳台商到内蒙古参观、考察、投资，促进两地经济在互惠互利的基础上，共同发展。考察团一行在广州、中山、珠海、东莞、深圳市分别参观考察了部分侨资企业，拜访了当地侨联。在安排广东籍考察团成员探亲访友的同时，全体人员还专程看望了多次为内蒙古困难地区的学校、学生捐资助学过的张文谓先生，参观了张文谓先生的企业及庄园。

7月3日，法国侨领林加者先生（左四）出席内蒙古呼伦贝尔市"加爱侨心中学"风雨教室落成剪彩捐赠仪式

【法国侨领林加者先生赴呼伦贝尔市"加爱侨心中学"考察】7月1日—3日，法国华侨华人会名誉主席林加者先生一行，专程从法国来到呼伦贝尔市鄂温克旗考察"加爱侨心中学"，并看望全体师生。中国侨联办公厅副主任刘奇、内蒙古侨联主席吴化民、呼伦贝尔市和鄂温克旗有关领导及侨联负责人陪同考察。2010年经中国华侨公益事业基金会牵线，法国侨领林加者夫妇为鄂温克旗第二中学捐资建设风雨体育馆，值此工程竣工之际，当地各族各界为感谢华侨华人之善举，将学校更名为"加爱侨心中学"。

【达拉特旗举行侨村住宅楼奠基仪式】7月20日，鄂尔多斯市达拉特旗举行华侨村归侨侨眷住宅楼奠基仪式。内蒙古党委统战部副部长李汉迎、内蒙古侨联主席吴化民，鄂尔多斯市政协副主席娜仁图雅、统战部副部长额尔敦巴图、侨联主席伊平，达拉特旗委副书记、政府旗长吉格定等领导及施工单位负责人出席了奠基仪式。吴化民、吉格定等领导在奠基仪式上讲话。吉格定在讲话中说，达拉特旗是鄂尔多斯市乃至自治区的侨务大旗，长期以来，广大归侨侨眷与全旗人民一道，热爱达拉特、扎根达拉特、建设达拉特，成为促进民族团结、深化改革开放、推动经济社会发展的一支重要力量，为达拉特旗的

7 月 20 日，内蒙古达拉特旗举行侨村住宅楼奠基仪式

和谐稳定、繁荣富庶做出了积极贡献。侨村归侨侨眷住宅楼的开工建设，一定会进一步改善归侨侨眷居住条件，对进一步推动达拉特旗侨务工作再上新台阶将起到积极作用。吴化民主席在讲话中说：达拉特旗举行归侨侨眷住宅楼奠基仪式是内蒙古侨界的一件喜事。五十年代因历史的原因，有一批归侨侨眷从广东、福建沿海地区来到相对落后的边疆少数民族地区，为内蒙古及当地的经济社会发展做出了重要贡献，但因条件有限，他们的生产生活中还有一些困难和问题，还有不尽如人意的地方。今天鄂尔多斯市委、政府，达拉特旗委、政府积极为归侨侨眷排忧解难办实事，投资 2000 多万元，为其建设住宅楼，并解决部分人员的社保问题，为我们认真解决归侨侨眷生产生活中的困难开了个好头，起到了示范作用。我们一定要把这种好做法、好经验，介绍推广到其他地区侨村的工作中去。出席仪式的领导共同为住宅楼的开工剪彩并培土奠基。

【内蒙古三位新侨博士及一项科研成果获“中国新侨创新贡献奖”】 8 月 10 日，第四届新侨创新成果交流会开幕式在北京人民大会堂举行。内蒙古三位获奖新侨博士参加会议。这次活动是中国侨联在中国科学院、中国科协和国家知识产权局的支持下举办的。会议表彰了 143 名创新人才，64 项创新成果，54 个创新团队。内蒙古侨联推荐的内蒙古农业大学副校长忙来、内蒙古大学化学化工学院院长苏海全、内蒙古科技大学教授张建旗三位新侨博士获得“中国侨界（创新人才）贡献奖”；内蒙古大学李光鹏团队的“高端奶牛培育与应用”获得“中国侨界（创新成果）贡献奖”；大会授予内蒙古侨联“组织工作奖”。

8 月 10 日，内蒙古三位新侨博士及一项科研成果获“中国新侨创新贡献奖”

【江西省侨联赴内蒙古参观考察并进行联谊活动】8 月 15 日—19 日，江西省侨联主席周锦率领江西省侨联领导班子成员及部分地区侨联主要负责人一行 17 人，在内蒙古呼伦贝尔市、呼和浩特市考察。在呼和浩特期间，两地侨联进行座谈交流并开展了联谊活动。内蒙古侨联主席吴化民介绍了内蒙古的人文、地理、经济社会发展情况以及侨联工作状况。周锦主席对内蒙古侨联的热情接待表示感谢，她说，内蒙古侨联近年来取得了长足的发展，开展了许多卓有成效的工作，在开展“亲情中华”活动中有许多好的经验，希望双方今后能够更好地协作交流。内蒙古侨联副主席高庆国、闫贺、刘广义参加座谈交流。

8 月，江西省侨联在内蒙古参观考察并进行联谊活动

【应邀参加蒙古国华侨友谊学校文化中心落成典礼】9 月 1 日，蒙古国华侨友谊学校文化中心落成典礼在乌兰巴托举行，中国驻蒙古国大使王小龙，旅蒙华侨协会主席白双占，学校师生代表及部分赞助企业代表出席仪式。内蒙古人大民侨委、政府外侨办、政协港澳台侨委主要负责人和侨联主席吴化民出席仪式。内蒙古涉侨四部门赞助了四万元人民币。中国驻蒙古国大使馆参赞王福康、内蒙古人大民侨委副主任云晓明分别讲话，对旅蒙华侨友谊学校文化中心的落成表示热烈祝贺，希望蒙中友谊学校越办越好，为传承和弘扬中华传统文化，培养汉语人才及中蒙两国的友谊作出更大贡献。白双占说，友谊学校文化中心的落成将为广大在蒙华侨华人的相聚和开展体育活动提供很好的场所，友谊学校的同学们从此拥有了自己的体育活动中心。友谊学校校校长江仙梅代表学校师生及家长，对各个方面给予学校的支持和赞助表示衷心感谢。王小龙大使向各赞助单位颁发了荣誉证书。

9 月 1 日，内蒙古“四侨”应邀参加蒙古国华侨友谊学校文化中心落成典礼

9月10日，东三省、内蒙古侨联达成“战略合作”协议

【东三省、内蒙古侨联达成战略合作协议】 9月5日—10日，应辽宁省侨联的邀请，内蒙古侨联主席吴化民等7人，参加了辽宁省侨联成立50周年庆典暨东北籍侨领辽宁行活动。中国侨联党组书记、主席林军，辽宁省委副书记夏德仁出席庆典活动并致辞，辽宁省政协副主席程亚军出席会议。来自海内外的东北籍侨领和有关省市侨联及有关单位负责人共300多人参加了此次活动。期间，吴化民主席一行7人出席了东三省、内蒙古侨联工作座谈会。辽宁省、黑龙江省、吉林省侨联和内蒙古侨联共同签定了《东北三省、内蒙古侨联为“十二五”规划目标任务服务战略合作协议》。

【内蒙古大学侨联举办迎中秋庆国庆联欢会】 9月26日，内大侨联迎中秋庆国庆联欢会在桃李湖宾馆举行。内蒙古侨联主席吴化民、秘书长孙中华、内蒙古大学党委书记侯元出席联欢会。内蒙古大学部分归侨侨眷参加了联欢活动。内蒙古大学党委书记侯元致辞，高度评价了归侨侨眷的爱国情怀和参加社会主义现代化建设所付出的努力，他代表内大党委和师生对归侨侨眷表示亲切的慰问，感谢大家对学校党委工作的支持以及为学校改革建设与发展所作的贡献，希望大家一如既往积极发挥作用，为内蒙古大学的建设发展添砖加瓦。吴化民主席在致辞中介绍了自治区侨联近年来的工作情况，向各位归侨侨眷表示节日的问候，对内蒙古大学侨联工作给予充分肯定，希望内大侨联进一步团结归侨侨眷，为自治区和内大各项事业发展贡献力量。

【内蒙古医科大学侨联举办学习贯彻十八大精神座谈会】 11月15日，内蒙古医科大学侨联举办学习贯彻党的十八大精神座谈会。20多名归侨博士、硕士、专家教授出席座谈会，内蒙古侨联主席吴化民、医科大学党委副书记李建出席会议并讲话，呼和浩特市统战部副部长、侨联主席斯日，内蒙古侨联、呼市侨联以及呼市回民区侨联、医科大学统战部和侨联有关负责人出席座谈会。座谈会上，医科大学侨联主席其其格作了校侨联工作汇报。与会人员结合在国内外学习、工作和生活的体验，畅所欲言。大家一致认为，改革开放以来，特别是近十年的快速发展，使国家综合国力大增，人民生活改善，归国人员各尽所能、心情舒畅。他们一致表示，要认真学习贯彻党的十八大精神，要尽显聪明才智，为实现十八大确定的2020年全面建成小康社会建功立业。

11 月 15 日，内蒙古医科大学侨联举办学习贯彻十八大精神座谈会

【内蒙古侨联参访团赴台湾考察】 11 月 25 日—12 月 3 日，应台湾中华侨联总会邀请，以内蒙古侨联主席吴化民为团长的参访团，赴台湾考察交流。12 月 2 日，参访团和台湾中华侨联总会举行了侨联工作交流座谈会。简汉生理事长代表台湾中华侨联总会，对内蒙古侨联参访团的到来表示热烈欢迎，他回顾了在今年 7 月率团到内蒙古考察的情景，介绍了中华侨联总会的工作情况，希望两地侨联多联系、多来往，要“互通有无、守望相助、荣辱与共、团结对外”，共同为两岸的和平发展多办实事。吴化民主席谈了在台的考察感受，简述了内蒙古经济社会发展情况，介绍了侨联工作情况，同时对台湾中华侨联总会及台湾友人给予内蒙古侨联的捐资助学活动的关心帮助，表示衷心的感谢。在交流座谈中，大家一致认为，要加强两地侨联联系，增进两地侨联互动，多做有利于两岸繁荣发展的工作，要紧密团结海外侨胞，同心协力，为中华民族的伟大复兴作贡献。

【吴化民主席当选为内蒙古海外联谊会四届理事会副会长】 12 月 13 日，在内蒙古海外联谊会四届理事会上，内蒙古侨联主席吴化民

12 月 13 日，吴化民主席当选为内蒙古海外联谊会四届理事会副会长

当选为副会长。同时，内蒙古侨联副主席、包头太平商贸集团董事长白晓飞，内蒙古侨联秘书长孙忠华等 8 人被选为该会理事，美国金城集团 CEO、金城（邯郸）冶金有限公司董事长曾文，德国鑫圣有限公司总经理海峰岭，英国蓝橡资本总裁杨超，英国华侨、奥日道斯（内蒙古）房地产开发有限责任公司总经理杨永雄等 4 人为海外理事。

【中国侨联为内蒙古困难归侨侨眷“送温暖、献爱心”】12 月 24 日—27 日，中国侨联组织人事部副巡视员李鸿兴一行 3 人，代表中国侨联在内蒙古通辽市开展新年和春节“送温暖”活动。内蒙古侨联主席吴化民、通辽市委常委、统战部部长高琦、内蒙古侨联副主席乌晓光、通辽市侨联主席乌兰哈达以及通辽市和有关区（旗）领导陪同慰问。严冬时节，科尔沁草原天寒地冻，李鸿兴一行在通辽市先后深入内蒙古民族大学、科尔沁区、科尔沁左翼后旗看望慰问了 4 户侨界有贡献的代表人士和 7 户困难归侨侨眷，之后考察了通辽侨商会会员单位通辽恒润集团和通辽博爱医院。

【内蒙古侨联赴乌兰察布市开展慰问贫困归侨侨眷活动】12 月 19 日，内蒙古侨联主席吴化民一行赴乌兰察布市开展慰问贫困归侨侨眷活动。乌兰察布市委常委、统战部部长李建平、侨联主席杨玉莲以及有关负责同志陪同慰问。在乌兰察布市集宁区，吴主席一行深入归侨侨眷家中，向归侨侨眷致以新年的问候和祝福，给每户送去 1500 元慰问金。在与归侨侨眷的亲切交谈中，吴化民主席

内蒙古侨联主席吴化民（左一）深入鄂尔多斯市开展慰问贫困归侨侨眷活动

12 月 24 日，中国侨联李鸿兴一行在内蒙古通辽市困难归侨侨眷家中“送温暖、献爱心”

了解了各家归侨侨眷的生产生活和海外亲人情况，及其存在的困难和诉求。

【包头市侨联发挥优势，为新侨建功立业创造条件】2012 年，包头市侨联针对包头市经济社会发展和海外侨胞需求，努力搭建引资、引智平台，营造侨胞回国创业发展的良好环境。一是搭建平台，先后举办

了“中国留学人员西部科技交流洽谈会”、“海外高层次人才包头行座谈会”和“高新技术项目、技术转移合作洽谈会”，以及留学人员项目专场对接会，高等院校、科研院所、企业留学人才招聘会等，邀请了三十多个国家和地区的华侨、华人中高层次人才及专业人才来包。通过参观考察、对口洽谈，海外侨胞增进了对包头的了解。2012年底，累计有来自美国、法国、加拿大、日本、俄罗斯等国家的289名海外留学人员创办企业263家。一批华侨、华人专业人才携带含有自主知识产权的项目落户包头，成为包头市高新技术研发的领军人才。目前，包头有海外博士60名、海外硕士97名，其中获得国家“千人计划”创业人才的4名，获得内蒙古自治区“草原英才”工程的创业人才15名，他们创办的企业，实现销售收入近40亿元，安排就业31500多人。二是建立和完善留学归国创业人员重点人才档案，建立侨界人才数据库。为了更好地发挥侨的资源、侨商、侨智的优势，利用国际资源服务、促进包头市经济发展，市侨联在全市范围内，对改革开放后出国留学并获得硕士以上学位的包头市海外华侨、华人高层次人才，进行了详细的摸底调查，掌握了他们的基本情况。三是认真做好为新侨服务工作。包头市侨联积极适应侨情的发展变化，转变工作思路，加大做好新侨工作力度，做到老侨、新侨工作并重，国内国外侨务工作并重，创新工作方法，搭建工作平台，在服务、凝聚新侨和留学归国人员方面进行了有益探索。

内蒙古侨联主席吴化民（左二）在包头市考察新侨企业

【通辽市侨联发挥独特优势，促进当地经济社会发展】2012年，通辽市侨联积极发挥独特优势，内引外联，牵线搭桥，促进当地经济发展。5月韩国文宁基善意福祉财团会长一行，在通辽市考察期间，市委常委、副市长李永刚会见了文宁基会长一行，并介绍了通辽市经济社会发展情况及招商引资概况。应通辽市侨联邀请，广东清远玻璃塑料制品有限公司董事长刘深宁、广州雅莹玻璃制品有限公司总经理黄应昭等一行五人，6月参加了“侨商—科尔沁草原行”活动，先后到科尔沁区、工业开发区、科尔沁后旗就光伏玻璃、微晶玻璃生产、LOW-E玻璃加工等项目进行了考察洽谈，并与后旗政府达成合作意向。这是通辽市侨联2012年迎来的首批侨商，标志着市侨联开展的“侨商——科尔沁草原行”活动正式启动。“侨商——科尔沁草原行”是通辽市侨联紧紧围绕内蒙古侨联工作部署，贯彻落实市委、政府“开放转型、创业富民”的总体要求，充分发挥侨联的组织优势，利用沿海地区丰富的侨务资源，“借船出海”，为各地侨商到通辽发展铺路搭桥，为地方经济发展引进资金、项目和人才所进行的一个系列活动。活动的特点，一是针对性强，力求实效。邀请对象都是有实力、有意愿到通辽发展的各地侨商。为使招商取得实效，市侨联多次到长三角、珠三角、东北等经济发达地区联系和推介，待客商有意向后才邀请其到通辽市实地考察洽谈；二是规模小、多批次，力求精干。每次邀请人数在10人以下，有利于接待和洽谈，做到政府、客商双满意。经通辽市侨联引荐介绍，浙江今飞集团旗下凯达轮毂有限公司正式与扎旗签订了铝轮毂生产项目合作协议，该项目总投资5亿元，分两期建设，其中第一期投资2亿元，设计年生产5万吨铝合金和120万只铝轮毂，于2013年投产；第二期投资3亿元，设计年产320万只铝轮毂，于2015年投产，届时年实现销售收入6亿元。

【赤峰市侨联开展服务侨胞进社区活动】 2012年赤峰市松山区振兴街道木兰社区侨联小组本着热心、诚心为侨服务的宗旨，积极开展“侨”字特色活动，积极推进社区建设、坚持为侨办实事，全力为侨排忧解难，形成了良好的社区侨联工作机制，构建了基层为侨服务工作网络，得到了该社区广大归侨侨眷的充分肯定。2012年以来，社区侨联坚持开展“四访三送”活动，组织召开了归侨侨眷新春茶话会，社区主要领导先后接待了居住在美国的卢世川先生、卢世敏女士，定居加拿大的李树奇先生，使他们体会到家乡人的热情。同时，还为高龄侨眷武国珍老人过生日，送去了花篮和礼金，老人生病住院期间，街道党工委领导到医院看望，在其病故后向其家属表示慰问，老人国内外的儿女们都非常感动。还为因病致困的2户归侨侨眷，办理了城镇低保，为建国前入党的老党员胡世彬办理了特困补助。社区动员振兴街道商会开展了感恩回报社会行动，对10户归侨侨眷进行了慰问和救助。社区还建立了《归侨侨眷结对帮扶制度》，由社区侨务工作者和社区志愿者结对帮扶归侨侨眷，及时帮助他们解决实际困难。对空巢家庭实行定期走访。

辽宁省归国华侨联合会

【领导成员名单】

主　席：王之锋（驻会）

副主席：王曲娜（女，驻会）

胡　平（女，驻会）

裴达树　沈丽荣（女）

王庆伟　伊效民　侯明晓

白　玮　许　丽（女）

王文良　张　伟　董喜刚

秘书长：沈峒孚（驻会）

【综述】2012 年是党的十八大胜利召开之年，也是辽宁省侨联建会 50 周年之际。在省委、省政府的大力支持下，在中国侨联的正确指导下，辽宁省侨联认真学习贯彻党的十八大精神，全面展示省侨联成立五十年的丰硕成果。顺应省情、侨情的新特点和新变化，创造性地履行各项职能，充分调动全省广大归侨侨眷和海外侨胞的积极性，务实创新，攻坚克难，为建设富庶文明幸福新辽宁作出了积极的贡献。

【认真学习贯彻党的十八大精神】十八大闭幕后，根据中国侨联 2012 年 11 月 21 日下发的《关于认真学习宣传贯彻党的十八大精神的通知》精神，辽宁省侨联迅速召开传达学习贯彻十八大精神会议，向各市侨联下发中国侨联的文件精神，组织机关党员干部和支部委员集中学习培训。同时，辽宁省委也作出关于改进工作作风、密切联系群众的十项规定，辽宁省侨联迅速组织传达学习，对照自身寻找存在的不足和差距。2012 年 12 月，经辽宁省侨联领导研究制定了《辽宁省侨联关于改进工作作风、密切联系群众的措施》，从而不断加强理论学习，提高思想认识，为确保侨联工作正确的政治方向提供可靠保证。辽宁省侨联切实结合侨界群众特点，利用会议、调研、走访慰问等多种时机和场合，通过侨联网站、杂志等手段，采取学习培训、集中宣讲等行之有效的方式，努力把归侨侨眷的思想和行动统一到十八大精神上来，引导海外侨胞积极参与全面振兴辽宁老工业基地，为实现富庶文明幸福新辽宁再做新贡献。

【辽宁省侨联成立 50 年，一路兼程一路歌】1962 年 11 月，辽宁省归国华侨联合会成立。从此，千千万万、一代一代从辽宁这片黑土地上远行和归来的游子，有了一个共同的家。回顾五十年的风雨历程，辽宁省侨联始终坚持党的领导，紧密联系广大归侨侨眷和海外侨胞，充分发挥自身作用，为辽宁省政治、经济、文化、社会全面发展作出了积极的贡献。特别是八代会以来，新一届领导班子带领全省各级侨联主动投入到辽宁省经济建设的主战场，开展“走进辽宁华侨行”、创建“辽宁华侨创业基地”等品牌活动成效显著，各级侨商会成为侨商发展和经济建设的“服务器”，近千位侨商走进辽宁，达成投资意向近 2 百亿元。“亲情中华”辽宁情品牌活动在海外引起轰动并取得良好效果。辽宁省侨联与近百个社团签订友好协议和合作意向。辽宁省侨联网站、《侨声》杂志、《华商晨报》等侨刊报纸成为侨联开展文化传播和对外宣传的“喉舌”。辽宁省侨联努力当好侨界群众利益代表者和维护者，与法学会联合成立的法律顾问委员会成为维护侨益的利器，近四年来共接待来信来访 500 余人次，解决近百个问题。大力开展

9 月 7 日，辽宁省侨联庆祝建会 50 周年，左十一为省委副书记夏德仁，左九为省侨联主席王之锋

扶贫助困工作，全省基本解决“急、危、重”贫困归侨侨眷的生产、生活问题，近四年来累计救助 800 多人次，实际救助款物近千万元。不断加强自身建设。八代会以来，辽宁省侨联主动争取并赢得省委、省政府的支持，增加内设机构一倍，增加行政编制 50%，全省 9 个市级侨联增加了内设机构、人员编制和干部职数，增加县（区）、大中型企业、高校及研究所侨联组织 11 个，辽宁全省县区侨联组织覆盖率达到 87%。2012 年 9 月 7 日，辽宁省侨联五十周年纪念大会暨颁奖盛典在辽宁人民会堂隆重举行。中国侨联党组书记、主席林军到会并对辽宁省侨联的工作给予高度评价，中共辽宁省委副书记夏德仁出席会议并讲话。原辽宁省人大常委会主任王专、省政协副主席程亚军、省委统战部部长孙远良、省委副秘书长刁绍良等涉侨单位领导出席会议。吉林省侨联、黑龙江省侨联、内蒙古自治区侨联、天津市侨联、重庆市侨联、江苏省侨商会等单位负责人专程赶来参会。来自海外十余个国家的辽宁籍侨领 80 余人参会。辽宁地区归侨侨眷代表、各市侨联及侨商会会员共计 700 余人参加了庆典仪式。此次大会表彰了近百位为侨联事业发展、开拓作出贡献的老一辈侨联工作者和归侨侨眷，编辑印刷了《辽宁侨联 50 年》、出版了《侨界精英谱》画册，集中展示了辽宁省侨联成立五十年来的工作成果。《华商晨报》还

9 月 7 日，辽宁省侨联庆祝建会 50 周年，图为中国侨联主席林军（左三），省侨联主席王之锋（左一），省侨联副主席王曲娜（右一），沈阳市侨联主席王庆伟（左二）

9月7日，辽宁省侨联庆祝建会50周年，图为中国侨联主席林军（左四）、省委书记王珉（左五）、省委副书记夏德仁（右三）、中国侨联办公厅副主任张岩（左二）、中国侨联海外联谊部副部长孔涛（左一）、省委统战部部长孙远良（右二）、省委副秘书长刁绍良（右一）、省侨联主席王之锋（左三）

开辟了“50年50人”专栏，同时出版《侨心》、制作纪念邮册《锦绣辽宁》。各市侨联以辽宁省侨联建会50周年为契机，回顾历史、评选表彰、宣传典型，举办培训班和经验交流会等，进一步激发了工作热情，全省侨联工作又上了新台阶。

【辽宁省侨联召开八届四次全委会】2月24日，辽宁省侨联在沈阳市辽宁大厦召开了八届四次全委会，中共辽宁省委副书记夏德仁到会并讲话，辽宁省委统战部部长孙远良出席会议，辽宁省侨联主席王之锋主持会议并做总结讲话，辽宁省侨联委员150余人参会。辽宁省侨联兼职副主席、大连市侨联主席沈丽荣代表辽宁省侨联八届常委会作了题为《凝聚侨心　汇集侨智　发挥侨力　为建设富庶文明幸福新辽宁再创佳绩　以优异成绩迎接党的十八大胜利召开》的工作报告，回顾了2011年省内各级侨联开展的重要工作，总结了工作经验。会议审议通过了《工作报告》、《关于开展庆祝建会五十周年活动的决议》，会议审议通过并增补11名常委、35名委员、9名海外委员，增补王文良、张伟、董喜刚为辽宁省侨联第八届委员会副主席。

【深化“走进辽宁华侨行”、“华侨创业基地”两大品牌活动】2012年5月，辽宁省侨联并法顾委、省外经厅、省中小企业厅组成的调研小组对铁岭、营口、锦州等华侨创业基地、侨资企业开展了走访调研活动，了解华侨

2月24日，辽宁省侨联在辽宁大厦召开八届四次全委会，前排左九为省委副书记夏德仁，右八为省委统战部部长孙远良，左八为省侨联主席王之锋

创业基地的发展状况及存在的问题，侨商、侨企发展现状及亟需解决的问题。6月18日—21日，越柬寮华人团体联合会侨领共30多人走进辽宁赴大连、本溪、沈阳等地参观考察。2012年各级侨联深入开展“走进辽宁华侨行”活动，近三百位侨商走进辽宁，总投资达90亿元。2012年7月，辽宁省侨联在葫芦岛市召开了辽宁省第二次华侨创业基地工作会议，进一步提升了为侨企服务的工作水平。2012年9月，辽宁省侨联以东北籍侨领聚辽宁为主题，邀请了来自欧、美、日、韩、澳大利亚、香港等国家和地区及江苏省、重庆市、唐山市侨商会的近百位东北籍侨商赴锦州参观考察洽谈项目。

【积极开展“侨商会”、“特聘专家委员会”工作】1月10日，辽宁省侨商会在沈阳市金慈铭华侨健康管理中心召开二届四次理事会议。新增常务理事16名和理事2名，为中国侨商会选送会员22名、理事15名、副会长2名。1月11日，辽宁省侨联特聘专家委员会在陆军总院金利宾馆召开以“美丽辽宁·永续发展”为主题的座谈会，会上专家提出21条建议和意见，会后整理上报中国侨联。8月10日，在中国侨联举办的第四届新侨创新成果交流会上，辽宁省侨联推荐的胡知之、贡毅、严欣宁、张东辉等四人荣获“中国侨界（创新人才）贡献奖”，娄竞的科研成果和李天来科研项目团队分别荣获“中国侨界（创新成果、创新团队）贡献奖”。辽宁省侨联荣获“组织工作奖”。在中国侨联特聘专家委员会年会的工作报告中，特别提到辽宁省特聘专家李曙光、郭方准委员上报了多篇有份量的建议，郭方准委员的建议还荣获了建言献策特等奖。2012年11月，辽宁省侨商会与葫芦岛市侨商会联合考察项目并组织联谊活动，大连市侨商会依托辽宁省侨商会成立了大连市侨商分会，抚顺市侨商会和本溪市侨商会活动成果显著，呈现出“组织起来、活跃起来”的新态势。

【强化基本职能，提升为侨服务能力】依据中侨办［2012］70号文《关于建立贫困归侨信息档案的通知》精神，辽宁省侨联组织辽宁省各市侨联系统对辖区内贫困归侨开展统计调查。辽宁省共建立贫困归侨档案319份，细分了致困原因与贫困归侨分布，并于2012年11月对辽宁全省部分市的重点扶贫对象进行了回访，使全省侨联系统扶贫帮困工作逐步呈现出常态化、制度化、规模化的良好局面。按照《关于促进全省特困归侨侨眷救助活动加强落实扶贫配套工作的通知》的要求，朝阳、盘锦等市积

7月6日，辽宁省侨联在大连市召开“六五”普法工作会议，主席台右四为中国侨联副主席董中原，左三为省侨联主席王之锋

极做好地方配套工作。2012年全省各市侨联筹措扶贫配套款物89余万元，救助款物总金额达140余万元，救助贫困归侨侨眷234人，解决“急、危、重”26户。7月6日，辽宁省侨联在大连市召开“六五”普法工作会议，中国侨联副主席董中原到会并讲话，为下一年度维权工作指明了任务。

【聚侨力、献爱心帮扶贫困村】按照辽宁省委党员领导干部直接联系基层党组织的统一部署，辽宁省侨联负责包扶朝阳县西五家子乡半截沟村。3月—5月，辽宁省侨联主席王之锋四次赴半截沟村实地考察，协调沟通有关部门为该村改造了村级路5条，共3.5公里，为小学修建500米河道护岸坝，为村里打了两眼抗旱水源井，翻修了村部，并为村里图书室捐赠图书近2000册，为村委会偿还拖欠农民款项6万元，为有劳动能力的贫困户送去40只绒山羊，帮助他们发展养殖业，为无劳动能力的贫困户送去慰问款5万元，组织省内侨商60余位热心人士赴朝阳县西五家子乡半截沟村举办“我们是一家人”大型扶贫助困捐赠仪式。辽宁省侨联为半截沟村总计捐款70余万元，协调社会各方捐助资金100余万元。

5月12日，“海内外侨商走进朝阳暨我们是一家人”扶贫助困捐赠仪式举行，居前者为省侨联主席王之锋

11月22日，辽宁省侨联主席王之锋（右一）在朝阳扶贫

【着力健全机制，增强维权力度】为贯彻落实《中华人民共和国归侨侨眷权益保护法》，2012年5月，辽宁省侨联法顾委增聘了“五侨”等相关部门的领导与法律界热心侨联事业的19位委员与律师，进一步增强了维权工作的力量。鞍山、朝阳等市侨联相续成立了法律机构，并制定了工作规则和章程。现全省14个市侨联均已建立不同类型的法律维权机构。2012年8月，辽宁省侨联制定了《辽宁省归国华侨联合会维权公函》，规范了维权工作方式，使相关领导能迅速了解侨商、侨企、华侨民事、经济案件，促进案件的解决。辽宁省侨联多次参加涉侨案件庭审，深入了解案情发展进程，掌握案件事实。2012

年12月，辽宁省侨联与辽宁省高法联合起草了《关于开展涉侨纠纷诉调对接工作的意见》。2012年，辽宁省侨联维权机构共接待处理归侨侨眷、华侨、侨商侨企人员来信、来访119件（人次），已处理56件，63件正在协调处理中。当年，争取政府维稳资金百余万元，为辽宁省侨属企业下岗职工解决社保、医保问题。

【参政议政工作呈现新局面】辽宁省侨联发挥侨界人才荟萃、智力密集、联系广泛的优势，多渠道、多层次、多形式地集中侨界智慧为推动经济社会发展建言献策，积极参与涉侨政策法规的制定和执法监督检查，引导侨界群众有序参与社会管理和公共服务。2012年下半年辽宁省侨联权益部与法顾委参政议政调研组积极开展调研工作，深入各市、县（区）走访了当地贫困归侨，了解贫困归侨真实生活情况。根据辽宁省侨情特点，2013年2月22日，向辽宁省政协提出了《关于建立全省帮扶困难归侨长效机制的建议》并得到高度重视。同日，向辽宁省人大提《关于各级人民代表大会应增加侨界名额的建议案》。辽宁省各级侨联2012年提出的议案数为60余件，议案主要关注文化、经济建设、侨界民生等方面。

【海内外联谊工作呈现新突破】辽宁省侨联持续三年做好"亲情中华"辽宁情演出慰问活动品牌。9月22日，辽宁省侨联组织的"亲情中华"辽宁情慰问演出团，由辽宁省侨联主席王之锋亲任团长，应邀出访美国和墨西哥。本次出访是受中国侨联委派的一次巡演慰问之旅。艺术团在洛杉矶、圣地亚哥、休斯顿、达拉斯和墨西哥城等地举办了多场文艺演出和联欢活动，为广大华人华侨欢度中秋佳节和中华人民共和国成立63周年献上了一份充满独特韵味并满怀深情的文化厚礼。通过本次出访，结交了海外华人社团中的海外高端专业人士社团和东北籍、辽宁籍的华人社团，分别与美国华夏学人协会、达福美中专业人士协会、美国南加州华人联合会等近13个社团正式签订友好协议书，为今后深入

9月17日，与阿联酋华侨华人联合会签署了"友好合作关系协议书"，左六为省侨联主席王之锋、左五为省侨联副主席王曲娜、左四阿联酋华侨华人联合会会长张少平

9月22日，辽宁省侨联组织的"亲情中华辽宁情"慰问演出团在美国演出。二排右六为省侨联主席王之锋

开展交流活动奠定了基础。2月8日，辽宁省侨联与省外经贸厅签订《在对外经济合作工作中建立协调合作机制的备忘录》，双方将充分利用各自资源，联手推动辽宁省企业走出国门。2012年7月，辽宁省侨联按照“请进来，走出去”的工作要求分别与澳大利亚中华文化基金会、阿联酋华侨华人联合会签署了“结友好合作关系协议书”。双方约定，充分发挥各自优势，尽快落实协议中有关“代行联络办事机构之职能”条款，加强在经贸、科技、文化等方面的交流合作，协助支持侨商企业开展跨国经贸和投资活动。阿联酋华侨华人联合会还在省侨联设立了辽宁办事处，以方便双方在经贸文化等方面的交流合作。东北三省侨联互动交流活动已开展三年，9月8日，东三省侨联与内蒙古自治区侨联共同签署了《东北三省、内蒙古侨联为“十二五”规划目标任务服务战略合作协议书》。2012年辽宁省侨联分别与福建省侨联、湖北省侨联、浙江省五市侨联和广西省侨联等省市侨联签订友好合作协议，形成了省内外侨务资源共享的良好局面。

9月22日，辽宁省侨联与美中专业人士协会签订友好合作关系协议，前排右一为省侨联主席王之锋

2月21日，王之峰（右二）会见克罗地亚驻华大使司马安（左三）

2月8日，辽宁省侨联与省外经贸厅签订《在对外经济合作工作中建立协调合作机制的备忘录》，前排左一为省侨联主席王之锋、前排右一为省外经贸厅厅长何明清

省级侨联工作简介

【延伸工作触角，扩大组织领域】辽宁省侨联认真贯彻辽宁省侨联工作座谈会的精神，进一步加强“党建带侨建，侨建服务党建”工作。延伸工作触角，根据省情、侨情的新变化，重点对高校侨联组织建设加强了指导。11月30日，在沈阳化工大学召开沈阳市高校侨联工作座谈会。9月19日，大连市侨联召开大连归国教授联谊会成立会。沈阳化工大学和沈阳医科大学先后成立了侨联。沈飞集团公司侨联主动与鞍钢集团公司侨联签属了联合协议，使大企业侨联工作更加活跃。

【加强干部队伍建设】辽宁省侨联高度重视省委、省政府提出的各项要求，通过集中培训、挂职锻炼、竞争上岗等方式，努力提高侨联干部素质，干部队伍建设得到了显著加强。根据辽宁省侨联机关工作职能和工作需要，先后建立或修定了一系列行之有效的规章制度，通过制度的建立和规范管理，使机关的各项工作逐步制度化、程序化、规范化和现代化。广泛开展创先争优活动，带动整体工作水平全面提升。

7月4日，中国侨联副主席董中原（前排左四）来辽宁侨联机关调研，前排右三为省侨联主席王之锋，前排右二为《华商晨报》总编许丽

【鞍山市侨联积极拓展工作新领域，积累工作新经验】9月26日，鞍山市侨联组织策划的“鞍山侨林”建林仪式在鞍山市玉佛山风景区内举行。辽宁省侨联副主席王曲娜，鞍山市政协副主席、市委统战部部长王洪生等领导出席仪式并讲话，鞍山市侨联主席张庆洲主持开幕仪式。中国侨联主席林军先生亲手书写的“鞍山侨林”四个大字镌刻在碑上。此次建林面积为5000平方米，对区域内现有银中杨树林定期养护，首期协议期为5年。此举在辽宁省侨联系统内尚属首次。4月10日，鞍山市侨联主动同鞍山市委党校、鞍山高校、城区政府部门联系，选派侨界能源问题专家金文桓作了“能源形势报告会”。8月9日，鞍山市侨联副主席陈鉴应YBC鞍山办公室的邀请，为鞍山市立山区团委主办的“立山区青年就业创业讲堂”作了题为“性格决定命运，机会决定成就”的讲座。3月12日—16日，鞍山市侨联主席张庆洲参加由鞍山市副市长秦国夫带队的赴广州、深圳招商引资活动。8月20日—21日，张庆洲同志参加了由鞍山市委书记谷春立率领的鞍山经贸代表团赴上海及长三角地区开展招商活动。两次招商活动加强了鞍山市侨联同珠三角、长三角侨资企业的联系，拓宽了引资引智和交往渠道，取得良好成果。

【本溪市侨联贯彻主题主线迎接党的十八大胜利召开】2012年11月，本溪市侨联为迎接党的十八大胜利召开，开展了迎庆十八大系列活动，全面增强归侨侨眷对我国政治体制、政治发展道路的认同度。3 月 8 日，本溪市侨联在归侨侨眷中开展了为十八大敬献祝福语的征集活动。9 月 20 日，本溪市侨联组织归侨侨眷参加了辽宁省侨联举办的迎接十八大的征文活动。10 月 10 日，本溪市侨联组织归侨侨眷参演辽宁省侨联庆祝十八大的联欢会。党的十八大胜利召开后，11 月 25 日，在本溪市政协 14 楼会议室，本溪市侨联组织侨联部分党员委员和机关全体同志学习胡总书记所作的报告。参会同志表示，作为党员要努力学习、深入贯彻党的十八大精神，不断提升自己的认知能力和认知范围，不断提高自己的综合文化素质和应对各种复杂情况的能力。本溪市侨联深入贯彻十八大精神并指导实际工作，围绕“实践科学发展、创新侨联机制、更好为侨服务”的主题，创新工作思路，精选工作载体，通过开展群众活动，使侨联的群众工作有新发展。

【锦州市侨联“挥优势、强联谊”，成功举办侨商锦州行活动】锦州市侨联于 9 月 8 日—9 日举办了“魅力世园会，兴业锦州湾，东北籍侨领锦州行”招商引资推介会。参加本次活动的领导有：辽宁省侨联主席王之锋、吉林省侨联主席张张守信、黑龙江省侨联主席王伟、内蒙古侨联主席吴化民和重庆市、江苏省、唐山市侨联代表团成员，来自欧洲、美国、日本、韩国、澳大利亚、香港等国家和地区的东北籍侨领、侨商 130 余人齐聚锦州，锦州市政府举行了隆重的欢迎仪式，锦州市委书记王文权致词表示热烈的欢迎。9 月 9 日，参加锦州行的各位领导、侨领、侨商参观考察了龙栖湾新区、白沙湾工作园区、锦州港、锦州华昌光伏科技有限公司，锦州市政府举行了“招商引资推介会”，会上锦州市市长刘凤海做了重要讲话，锦州市、县（市）区及有关二十余家企业与侨商成功签约，签约额达 70 多亿人民币，此次活动以侨商锦州行为舞台，实现了双方在更大范围、更宽领域、更深层次的交流与合作，为锦州的经济发展与创建辽宁沿海第二大城市作出了积极贡献。

【铁岭市侨联坚持以侨为本，依法维护侨益】铁岭市侨联坚持为侨服务的宗旨，密切联系归侨侨眷，帮其所需，纾其所困，尽心竭力做好维护侨益工作。从 1 月 16 日—2 月初，铁岭市侨联走访困难归侨侨眷 42 户，共发放 2400 斤大米、2400 斤白面、480 斤豆油和 9000 元现款。5 月 14 日，铁岭市侨联组织侨商会会员献爱心，8 位省侨商会会员自发筹资 6000 多元，看望银州区陈玉行、魏秀娥、刘喜申等 10 户困难归侨。结成了帮扶对子，资助这些特困户。6 月 15 日，铁岭市侨联接到本市侨商董国新被骗一案的诉求，为维护侨商的利益，立即向上级反应情况，得到了辽宁省侨联主席王之峰和铁岭市政法委书记的支持，使董国新所经营的铁岭新优特彩板制造有限公司被骗案在铁岭市公安局经侦支队及时立案。铁岭市侨联始终坚持以侨为本，竭诚为侨服务，依法维护侨益，努力把侨联建成归侨侨眷和海外侨胞之家。

吉林省归国华侨联合会

【领导成员名单】

党 组 书 记：包晶华（女）
主　　　席：张守信
专职副主席：李云奎
兼职副主席：郭孔辉　陈燕洲　陈向民
秘　书　长：赵　杰（女）

【综述】2012年，吉林省侨联在省委、省政府的正确领导下，紧紧围绕省委、省政府中心任务开展工作，解放思想，开拓进取，发挥优势，较好地完成了各项任务。省侨联全面贯彻省委十次党代会精神和中国侨联八届四次全委会精神，围绕省委确定的奋斗目标和工作思路，积极开展各项工作。

【贯彻落实十八大精神】2012年，省侨联把深入学习宣传贯彻党的十八大精神作为当前和今后一段时期的重要政治任务。及时下发了《吉林省侨联关于认真学习宣传贯彻党的十八大精神的通知》（吉侨联字［2012］19号），召开学习会、报告会等多种形式深入学习宣传贯彻党的十八大精神，进一步把侨界群众的思想统一到党的十八大精神上来，进一步把侨界力量凝聚到实现党的十八大确定的各项任务上来，认真做好新时期侨联工作。中共中央印发了《十八届中央政治局关于改进工作作风、密切联系群众的八项规定》后，省侨联召开全体机关干部会议，认真学习中央和省委关于改进工作作风、密切联系群众的八项规定精神。《八项规定》充分体现了党中央求真务实、狠抓作风转变的坚定决心，侨联作为党领导的联系广大侨界群众的人民团体，要充分认识改进工作作风、密切联系群众的极端重要性和紧迫性，要以实际行动贯彻落实中央和省委的有关规定。根据全省侨联工作实际，及时制定了《吉林省侨联关于改进工作作风、密切联系群众的措施》，下发到全省各级侨联。

【参加天津第十九届投资贸易洽谈会】2012年，吉林省侨联参加了由商务部、天津市政府、中国侨联联合主办的中国天津第十九届投资贸易洽谈会暨第八届PECC国际贸易投资博览会，拜会了中国侨商联合会会长陈有庆、常务副会长梁树森、副会长严陆根、畅瑞刚、林枝春等近百位海内外侨商。

6月16日，吉林省侨联主席张守信（右五）参加通化侨联侨胞之家揭牌仪式

【参加2012侨资侨智对接洽谈会、南通侨胞创新创业园推介活动】2012年，吉林省侨联参加了在南京举行的“创业中华·创新江苏——2012侨资侨智对接洽谈会”、“创业中华·创新南通——南通侨胞创新创业园推介活动”，考察

了昆山市经济技术开发区、高新技术产业开发区，与南通市侨联签订了共建“南通侨胞创新创业园”的协议并与和龙市的领导一道宣传推介和龙市的项目。组织上海市的侨商与和龙市领导会谈、商洽合作项目。

【参加2012中国·廊坊国际经济贸易洽谈会】2012年，吉林省侨联参加了2012中国·廊坊国际经济贸易洽谈会。其间，省侨联帮助白城市推介项目。白城市委、市政府在深圳召开的招商推介活动，省侨联介绍了10余位港商到会，他们组团赴白城市进行商务考察。

【参加第二十三届中国哈尔滨国际经济贸易洽谈会】2012年，吉林省侨联参加了第二十三届中国哈尔滨国际经济贸易洽谈会。会上，向上海市侨联、侨商会推介吉林省部分县市区项目，向与会的海内外侨商宣传吉林、推介第八届东博会并邀请他们参加第八届东博会，省侨联还邀请了部分浙江侨商参加了“5.8走进敦化旅游经贸交流”活动。

【参加“世界侨商宁夏行”活动】7月15日—19日，吉林省侨联参加了中国侨联、宁夏自治区政府主办的“世界侨商宁夏行”活动，与来自美国、澳大利亚、加拿大、马来西亚、意大利等20多个国家和港澳台地区的300多位侨商进行沟通。活动中，省侨联与辽源市西安区领导一起约见侨商，推介项目，促进了解。

【组织优秀基层侨联干部到辽宁省侨联学习考察】2012年，吉林省侨联组织优秀基层侨联干部到辽宁省侨联学习考察，参加了辽宁省侨联成立50周年纪念大会，与来自海内外的300多位侨胞建立了联系。积极与辽宁省侨联沟通，在50周年纪念大会期间召开了由多位侨商参加的辽源市投资项目说明会；会后，马达加斯加华商专程赶到辽源市考察并参加了辽源市袜业国际贸易洽谈会。此项活动受到辽源市政府领导的高度赞扬。

【接待来访的国内外侨团、工作考察团，促进友好往来和交流合作】2012年，吉林省侨联接待了广西自治区、山东省、河北省、福建省厦门市等侨联考察团；接待了云南省人大民侨外委到吉林省考察学习团一行；接待了美国旧金山全美萃胜工商会元老会主席池洪湖先生一行19人、埃及中国和平统一促进会副会长李文东等华侨华人。省侨联还向葡萄牙中华总商会成立15周年、休斯顿湖南同乡会成立10周年、西班牙瑞安华侨华人经贸总会新任会长就职典礼等10多个海外侨团活动发出贺信。

【积极开展侨心工程活动】2012年，吉林省侨联积极向中国侨联华侨公益基金会申请，捐建的侨心小学——和龙市光明小学现已落户。省侨联积极与台湾爱心基金会沟通、联系，在白山市、松原市共建了4个“珍珠班”，每年为吉林省困难学生解决了学费难题。

【在第四届中国侨界贡献奖评选中荣获组织工作奖】2012年，在中国侨联评选的第四届中国侨界贡献奖（创新人才）活动中，吉林省侨联推荐的陈燕春、郭孔辉、黄大年三名荣获创新人才奖，吉林恒安电子机械有限公司的JSH—100、125、150/35型救生缓降器荣获创新成果奖，吉林大学干细胞组织工程转化医学团队荣获创新团队奖，省侨联荣获了组织工作奖。

【壮大完善省侨联法顾委队伍】吉林省侨联法顾委成立后，省侨联邀请了很多司法界的领导、专家和学者担任法顾委主任、副主任。

6 月 15 日，吉林省侨联主席张守信（左二）陪同中国侨联法顾委一行参观吉林省高级法院

入开展调查研究；积极与侨界人大代表、政协委员沟通、联系，鼓励和支持他们提出有价值的提案议案。省侨联十分重视信息等基础性工作，提高工作水平，推动全省侨联系统工作迈上了一个新台阶。

2012 年 6 月，中国侨联法律顾问委员会副主任祝铭山一行来吉林调研考察，维护广大归侨侨眷、海外侨胞及在吉侨资企业的合法权益。省高级法院的主要领导会见了中国侨联法顾委一行，并与他们在维护侨益等方面进行了探讨，省侨联陪同他们到通化市、集安市、白山市、延边州、和龙市、延吉市等地调研并参加了通化市、珲春市、图们市侨联换届大会。

【宣传信息工作效果显著】 2012 年，吉林省侨联共编发《吉林侨联》2 期，在《吉林日报》、《统战纵横》等新闻媒体刊发文章 20 余篇。派员参加中国侨联年鉴编纂工作会议，编写 2012 年卷《中国侨联年鉴》吉林省侨联篇。继续丰富扩充省侨联网站内容，目前已有各类新闻报道资料达 350 多篇。省侨联荣获全国侨联信息工作先进单位奖牌。

【参政议政工作再上新台阶】 吉林省侨联高度重视参政议政工作，紧紧围绕省委、省政府的中心工作，抓住构建和谐吉林的热点、难点问题，针对归侨侨眷权益保障的薄弱环节和基层侨联组织建设的新情况，组织力量，深

【白城市侨联宣传推介招商引资项目，积极为侨服务，为当地经济建设服务】 2012 年白城市侨联充分运用“海内”、“海外”两个交流平台，努力为白城市招商引资，加快做大做强吉林西部特色经济区，实现白城富民强市历史性跨越奋斗目标服务。发出倡议，动员全市广大归侨侨眷通过向兄弟省、市侨联、国内外亲友写信、打电话、发传真、发短信、寄贺卡、网上联系等方式，宣传推介白城招商引资政策。采取“借船出海”的方式，借助省侨联在参加全国和一些省、市侨联活动时帮助宣传推介白城投资环境和招商引资项目，先后向 20 多个省、市侨联及侨商组织发送宣传资料 200 多份。利用参加中国侨联侨商会和一些省、市开展的有众多侨商参与的大型会议，主动接触侨商，向他们宣传推介，共发送招商引资项目册 300 多份。与广东省侨联、深圳市侨联及侨商会联系，为白城在深圳召开的招商联谊会介绍 12 名较有实力并有投资意向的企业家，签订意向协议 3 项，总投资 1 亿多元。2012 年全市侨界共引进项目 5 项，到位资金 1.2 亿元。在为经济建设服务中注重发挥侨界人大代表和政协委员的做用，引导他们深入调研，多提关于经济建设和社会发展的提议案。张守业主席

5 月 8 日，吉林省侨联派员参加中国侨联法顾委成立 30 周年纪念大会

经过调研撰写的《关于做大做强芦苇产业的调研与思考》被确定为市五届政协一次全会的大会发言，受到高度重视。为了进一步加强联系，相互了解，增进友谊，更好地发挥侨联独特的优势和作用，实现资源共享，开展了与其他城市侨联“携手结对，科学发展”活动。已与哈尔滨市等 7 个城市的侨联结为友好侨联，签订了《友好侨联协议书》。为全面了解侨商企业经营状况，使他们能够顺利与域外企业对接项目，建立了动态侨商数据库，指定专人经常深入到归侨侨眷当中，深入侨资企业中，对人员、地点、资金、经营项目等企业经营状况进行调查，以做到及时更新数据，为引进域外资金提供支撑。经过深入基层调查，发现有些侨资中小微企业面临资金紧缺融资难的问题，便与中国银行白城分行签订了战略框架协议，由他们以最低的贷款利率、最简便的手续、最快的放贷速度向这些企业提供资金，并举办了两次中国银行白城分行与侨资中小微企业金融服务对接会，共为侨资中小微企业发放贷款 3000 多万元，有力地扶持了侨资中小微企业在市场竞争中渡过难关。在为侨服务工作中还开展了“送温暖、献爱心”活动，全市侨联筹集资金和物品折合资金共计 2.7 万元，帮扶 65 户 130 多人，使 10 户 26 人脱贫。共接待并妥善处理涉及拆迁、投资、就业、子女生学等来访 63 人、来信 13 件、电话 190 多人次。为他们挽回经济损失 200 多万元。有效地化解了矛盾，增强了侨联的凝聚力。

【吉林市侨联送温暖，献爱心，认真做好为侨服务】2012 年“两节”期间，吉林市侨联对全市 20 多户困难归侨侨眷、所属企业困难职工及侨联离退职工进行了走访慰问，为他们送去了米、面、油等生活用品和节日的祝福，让他们充分感受到党和政府对他们的关怀和温暖。一年来，吉林市侨联帮助全市归侨侨眷解决子女入学、折迁补贴、办理社保和提供法律维护、法律咨询、政策解答等各种服务 110 多件，接待各类上访 47 件，为吉林市归侨侨眷合法权益提供了有力的维护和服务。原籍在吉林市的香港同胞李桂荣因着急交费办

吉林市侨联领导“干部下基层”走访慰问中亲自送米、面、油上门

理社保事宜，情急之下向吉林市侨联打来求助电话，在没有任何担保的情况下吉林市侨联垫付8000多元，为其代办了社保手续。市侨联真情帮助侨胞，热心为侨服务的工作作风让李桂荣深受感动，回到吉林后的第一件事就亲自到吉林市侨联表示感谢，并为侨联献了锦旗和表扬信。2012年，吉林市侨联认真按照市委“干部下基层，发展上水平”工作要求，分别对昌邑区文庙街道天胜社区和东局子街道锦东社区的70个困难户、7个工商户和2户企业进行了入户走访。对每个家庭的就业、住房、医保、子女入学及工商户和企业的经营、生产情况，做了详细的了解和认真的调查。走访中为每户居民送去了《城区城市低保困难家庭再保障政策解答和操作指导读本》，并针对每户居民的不同情况帮助他们及时解决了各种困难十几件。积极与吉林市残联沟通、联系，为天胜社区特困智残居民王文峰争取到了今年的残疾人生活补贴；针对走访工商户员工的反映情况，为方便员工和市民的出行，及时同吉林市公交集团进行协调，将46路公交车运营时间由晚上18点调整至晚上19点；端午节前期，市侨联为2名困难党员和2户特困群众，共4户家庭每户送去了500元的生活慰问金；5月，组织这4户困难党员和群众到市华侨医院进行了免费体检，体检结果出来后，吉林市侨联又将结果及时送到每个人的手中；在送岗位进社区过程中，积极帮助需要就业岗位的3户困难居民联系工作岗位，为他们找到了适合自己的工作；元旦前，吉林市侨联又为2户特困户每家送去了500元钱的生活必须品和500元现金。

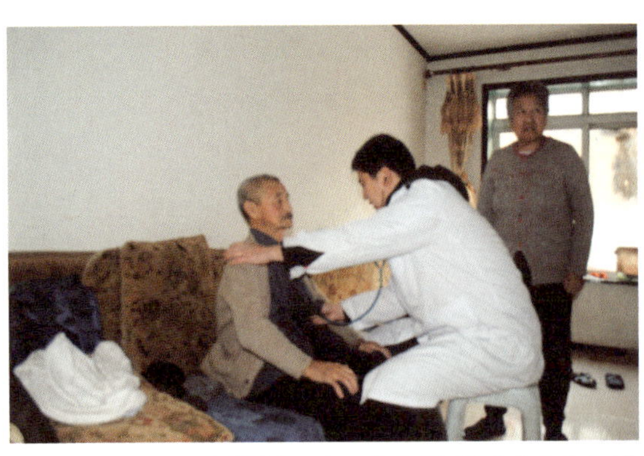
吉林市侨联组织市华侨医院医务人员为困难户上门进行义诊

【延吉市侨联面向基层，群众工作达到新水平】2012年，延吉市侨联坚持开展“五必访”、“送温暖、献爱心”活动。“五必访”即：对归侨侨眷生产生活遇到困难时必访，对归侨侨眷海外亲属回国的必访，中秋、春节重大节日必访，对发生家庭、邻里纠纷的归侨侨眷必访，归侨侨眷权益受到侵害时必访。市侨联积

5月11日，延吉市侨联接受朝鲜华侨赠送的锦旗

6月29日，延吉市侨联主席姜文丽向困难归侨侨眷送温暖

极开展“送温暖、献爱心”活动，今年“两节”期间，协调相关部门，对50户贫困归侨侨眷进行了春节慰问，送去了4万余元慰问金；“六一”儿童节来临之际，走访慰问了20名贫困归侨，并为其子女送去了1万元慰问金；一年来，通过走访、慰问、助学、救助、补助等方式为贫困归侨及归侨困难党员送去价值8万余元的现金及生活用品。积极开展“迎州庆、创五好”活动。2012年，延吉市侨联组织全市350余名侨属企业代表及归侨侨眷，开展了“爱祖国、爱延吉，我为州庆添光彩”主题活动，集中展现了延吉市侨界群众的新作为、新风尚。同时，积极宣传学习“三讲三爱”、“市民文明公约”等活动内容，提高了广大归侨的道德修养和职业素养。在清明节来临之际，侨联组织部分归侨代表在烈士陵园开展“清明节祭扫”活动，缅怀革命先烈，感恩幸福生活。市侨联还通过“侨帮侨”、结对帮扶等形式帮扶重点贫困归侨20户，捐资助学贫困归侨子女11名，缓解了贫困归侨生活困难的状况；认真开展“一包四”、“三帮扶”等载体活动，定期到包

6月21日，延吉市侨联组织全市350余名侨属企业代表及归侨侨眷开展“爱祖国、爱延吉，我为州庆添光彩”主题活动

9月26日，延吉市侨联到当地企业参观视察

6月26日，延吉市侨联接待海外侨胞

延吉市侨联举办全市归侨侨眷新春联谊会

延吉市侨联积极参政议政，为家乡经济建设言献策

保单位了解情况，提供办公用品、慰问金等，投入金额达1.5万余元；积极开展“以每名党员干部联系10户群众”为主要内容的“一联十”心连心活动，与朝阳川镇德新村40名村民结成对子，通过深入基层，了解情况，及时协调相关部门，为德新村村民解决实际问题12件（次）。开展“侨”特色活动，活跃精神文化生活。延吉市侨联坚持重大节日活动制度，组织全市归侨侨眷举行茶话会，新春、中秋联谊会等，加强与归侨侨眷、海外侨胞的联系，扩大了侨联组织的影响力和吸引力。市侨联还集中精力深入挖掘王根平、于治海、尹海清等侨企成功人士的事迹材料，在归侨侨眷中广泛宣传推广，进一步激发归侨积极向上的良好情感。2012年中共十八大召开之际，市侨联还组织归侨观看了大会开幕式，共同见证了我国改革开放以来所取得的巨大成就。

黑龙江省归国华侨联合会

【领导成员名单】

主　席：王　伟（女，驻会）

副主席：迟国强（驻会）

　　　　刘其林　冯　燕（女）

　　　　蒋贤云　杨世民

秘书长：王　伟（女，兼）

【综述】黑龙江省归国华侨联合会（以下简称“省侨联”）在省委、省政府的正确领导下，在中国侨联的指导下，以邓小平理论、“三个代表”重要思想、科学发展观为指导，认真学习党的十八大精神，紧密围绕全省工作大局，坚持“国内海外工作并重、老侨新侨工作并重”，全面推进经济科技、文化交流、海外联谊、维护侨益、公益事业、参政议政等各项工作，充分调动全省广大归侨侨眷和海外侨胞的积极性，为黑龙江省经济社会更好更快发展，为全面建成小康社会做出了积极的贡献。

【坚持政治学习】11 月 8 日党的十八大在北京召开，省侨联组织全体机关干部，收听收看了大会盛况和胡锦涛同志向大会所作的报告，并在会后进行了认真的讨论学习。大会闭幕后，省侨联在第一时间召开专门会议，传达了会议精神及省委领导的重要指示，省侨联结合工作实际，制定了切实可行的学习落实计划，把思想和行动统一到会议精神上来，落实到日常工作当中去，全力推进侨联各项事业的开展。各地侨联组织通过集中学习、专题讨论、知识竞赛等形式，深入开展了对十八大精神的学习贯彻活动。此外，全省各级侨联组织，还紧密围绕省十一次党代会所提出的各项工作要求，突出工作重点，狠抓贯彻落实，结合本地区、本部门工作实际，在引进侨资、发挥侨力、维护侨益、建言献策等多方面开展工作，如哈尔滨市侨联认真落实市委十三届二次全会提出的“三个围绕、三个促进”（围绕经济发展中心，促进侨商企业发展；围绕职能工作任务，促进平台建设；围绕创城工作，促进文化发展）全会精神，取得了实际效果。

【为经济建设服务】一，招商引资工作。6 月 15 日，第二十三届哈尔滨国际经济贸易洽谈会（以下简称哈洽会）在哈尔滨召开，省侨联邀请了来自美国、俄罗斯、加拿大、南非、新西兰、韩国及香港、台湾等国家和地区的 106 名客商参会参展。经省侨联牵线搭桥，由北京嘉华天成集团与哈尔滨城投公司共同投资 255 亿元人民币的群力和哈西联络空间棚改及 19 条道路改造工程项目在哈洽会期间成功签约。省侨联因此被哈洽会组委会授予“哈洽会突出贡献奖”。省侨联邀请中国侨商会副会长、北京国绿特总裁杨新能先生对牡丹江宁安等地进行考察，将东北优势大米列入北京“国绿特”特供米项目。全省各市地侨联也发挥自身优势为地方经济建设服务。双鸭山市侨联协助当地政府引进广东粤海核电集团投资 3.7 亿人民币建设风力发电项目。鹤岗市侨联邀请莫斯科中国北方华人商会会长关百新考察物流基地立项情况。齐齐哈尔市侨联联系美国东北同乡会会长王玉明在依安县投资 4000 万元建设矿泉水厂。二，引贤引智工作。“黑龙江省海外人才信息库”建设进步显著，一大批优秀海外人才收入“黑龙江省海外人才信息库”，为黑龙江经济社会发展提供了坚实的人才储备。

在中国侨联举办的第四届新侨创新成果交流会上，黑龙江省辰能哈工大高科技风险投资有限公司获得创新团队奖，大庆油田采油一厂总工程师王研获得创新人才奖，哈尔滨四海数控集团的SKCP—D型石油平台数控自动组队焊接生产线获得创新成果奖。

8月13日，哈尔滨市侨联举行2012“侨之声”海外家乡学子专场音乐会

【拓展海内外联络】 4月，黑龙江省侨联组团分别考察访问了南非、马达加斯加、阿联酋等国家，看望慰问了当地的黑龙江籍华人华侨，向他们宣传了黑龙江的发展形势，鼓励他们回到家乡投资兴业。全年省侨联先后接待了加拿大、希腊、韩国等地华侨华人侨领及访问团。其中与“世界越柬寮华人团体联合会”缔结了友好团体协议，加强了与侨界同仁的联系，进一步扩大了对外联络渠道。9月6日—9日，邀请美国、加拿大、日本、马达加斯加等十余名海外黑龙江籍侨领参加了“东北籍侨领故乡行”活动。活动期间，省侨联与辽宁省侨联、吉林省侨联和内蒙古侨联共同签定了《东北三省、内蒙古侨联为“十二五”规划目标任务服务战略合作协议》。黑河市侨联组织县市区侨联干部到山西等地学习交流，建立友好侨联。牡丹江市侨联与侨商会赴哈尔滨、大庆、齐齐哈尔三市学习考察调研，该市侨商会与哈尔滨市侨商会建立了友好商会关系。

【通过参政议政参与社会管理】 黑龙江省各级侨联提高参与社会管理的认识水平，增强责任感，推动参政议政工作的开展。全省各级侨联继续组织侨界人大代表、政协委员深入调查研究，认真履行职责，围绕民生、教育、环保等热点难点问题，撰写提案、议案，表达侨界心声。省侨联向省政协十届五次会议提交的《关于加强保障性住房质量监管》等2份团体提案，得到省直有关部门的高度重视。在2012年的两会期间，全省各级侨界政协委员、人大代表累计撰写提案、议案70余件，其中，哈尔滨市侨联创办“侨之声”议政沙龙，以此为平台引导侨界政协委员、人大代表撰写提案、议案，其撰写的团体提案《进一步加快我市蔬菜生产基地建设，提升“菜篮子”工程保障能力》，被哈尔滨市

4月24日，省侨联主席王伟（左二）率团出访非洲

2012 年 5 月，省侨联、侨办、人大民侨外委、省政协台港澳侨委联合调研

3 月 26 日，哈尔滨市侨联“侨之声”议政沙龙启动仪式

政协列为 2012 年度十大重点提案之一；齐齐哈尔市侨联撰写的《关于推进大项目建设的几点思考与建议》，得到了市政府和市政协主要领导的高度评价并给予批示，刊载在《齐齐哈尔通讯》和《鹤城政协》上；牡丹江市侨联撰写的《五年解决不了一段路，陷住了车轮，更陷住了人心》，得到了该市主要领导的高度重视，使问题很快得到了解决。大庆市侨联组织撰写的《关于加快我市农村医疗卫生事业发展的建议》，被大庆市政协评为优秀提案。

【创建和谐侨界】省侨联在全省各级侨联组织开展“牢记宗旨、保持作风”活动，倡导侨联干部紧密联系广大归侨侨眷，听侨言、诉侨愿、解侨忧。一，帮扶贫困归侨工作。1 月 9 日—11 日，省侨联陪同中国侨联权益保障部部长姜凤岩走访慰问黑龙江贫困归侨侨眷，为贫困归侨侨眷送去党委、政府和各级侨联组织的温暖。春节期间，省侨联慰问组深入牡丹江、鸡西、七台河、双鸭山、佳木斯、鹤岗等 6 市开展走访慰问。各地侨联也组织开展形式多样的“献爱心、送温暖”活动，累计捐资捐款 20 余万元，帮助贫困归侨侨眷度过了一个温暖的春节。此外，森工总局侨联落实《归侨侨眷权益保护法》，按照“在同等条件下，困难归侨侨眷优先”的具体要求，通过当地统战部门与沾河、八面通、穆棱林业局的民政部门沟通协商，为 3 名特困侨眷办理了低保。哈尔滨市侨联在重

1 月 15 日，省侨联主席王伟（左）慰问贫困老归侨

11 月 17 日，齐齐哈尔医学院医疗专家为患者进行义诊

芬河市侨联主动联系，协助市政府解决了三亚候鸟老人异地看病结算难的问题。哈尔滨市侨联开展侨属企业调查，发放《哈尔滨市侨属企业基本情况调查统计表》100 余份，梳理出阻碍企业发展人才、资金、管理等方面 10 余个问题，制定解决措施，助推侨属企业发展，获得侨属企业赠送的题为“维护侨益、贴心娘家”锦旗。

大节日走访慰问贫困归侨侨眷、“三老”人员等弱势群体 20 余人，慰问品和慰问金总计近 30000 元；联合相关部门在全国助残日举办“真爱奉献、共建和谐”大型公益活动，共募集善款 77664 元。二，维护侨益工作。全省各级侨联组织全年累计受理各类上访案件 120 余件，95% 以上的问题都得到了回复和解决，做到了事事有回音，件件有落实。各地侨联还拓展渠道，为侨界群众谋福利、办好事。其中，绥化市侨联提交的《关于为全市归侨免费体检的工作方案》，得到市委、市政府的支持，今后将每年为全市归侨进行一次免费体检。齐齐哈尔市侨联多方协调，为加拿大侨属王璇解决了其与北钢医院的医疗纠纷，帮助她得到了 19 万元补偿金。齐齐哈尔市侨联与医院合作，为生活困难的归侨侨眷上门提供医疗服务，减免医疗费用，减轻了患病归侨侨眷的经济负担。绥

【深化“侨爱心工程”】在黑龙江省侨联的努力和争取下，中国侨联副主席、宁夏银帝集团董事长朱奕龙在黑龙江省嘉荫县常胜乡、沪嘉乡捐建 2 所侨心小学，全力扶持当地教育事业的发展。台湾磊山慈爱社建立“华山磊山珍珠班”，资助黑河市 50 名品学兼优特困生，帮助他们完成学业。法国华侨华人会名誉会长、中国侨联海外顾问林加者先生，在参加“青山加爱侨心小学”剪彩仪式后，被师生感动，决定再捐赠 6 台电脑以进一步改善办学条

3 月 7 日，黑龙江省侨联表彰侨界公益事业先进集体和个人

8 月 13 日，黑龙江省侨联参加中国侨联第四期侨爱心学校教师培训班

件。齐齐哈尔市侨联与齐齐哈尔医学院侨联共同组织医疗专家团，开展下乡义诊送医送药活动，为梅里斯区卧牛吐乡 200 余名患者进行了义诊和保健知识宣传，并赠送了价值 3000 余元的药品。牡丹江市侨联积极参与该市“十大公益公园”建设，募集捐建款物共计 60 万元。佳木斯市侨联在得知张丽莉老师为救学生被汽车碾压造成双腿截肢的英雄事迹后，第一时间组织市华商会会员，向张丽莉老师捐款 58200 元，以表达广大归侨侨眷对张丽莉老师的敬佩之情。全省侨资侨属企业家用于救灾、助学、扶贫项目上的公益赞助超过 1000 万元人民币。哈尔滨市景通化工有限公司总经理、雷锋车队队长栾景通捐款 60 多万帮扶老弱群体。哈尔滨国泰贸易有限公司董事长马任远捐资 60 万元帮助贫困学生。哈尔滨市侨联启动“亲情哈尔滨”系列活动，赠送给贫困学生近万元的节日礼物；“侨心送光明”免费实施白内障复明手术 1000 例；“侨商扶持就业”新增 800 个就业岗位，“爱心助学子”募集善款 10 万元，“大学生就业导航”举办创业、就业辅导讲座 4 场；“热线送温暖”为哈市留学生在法律、生活、医疗等方面提供服务 10 余次。

【加强侨联队伍建设】 一，贯彻落实省委文件精神。按照中国侨联要求，经黑龙江省侨联积极争取，在相关部门的配合下，2012 年省委下发了《关于进一步加强新时期侨联工作的意见》，强调了新形势下侨联工作的重要意义，明确了做好侨联工作的主要任务，对各级党委就加强侨联工作的组织领导提出了要求，全省各级侨联组织认真学习，抓好贯彻落实。二，加强基层侨联组织建设。为推动基层侨联组织建设，省侨联组织人员赴绥芬河市开展侨情调研，并就绥芬河市侨联机构设置、人员编制、经费等问题提出意见。鸡西市侨联经过多年努力，该市编办于 2 月下发文件，确定各区增设侨联主席 1 名，为副科级。该市鸡冠区已于 10 月率先成立区级侨联组织。齐齐哈尔市侨联确定 2012 年为齐齐哈尔市基层侨联组织建设年，制定并下发了《关于创建“和谐侨联、文明侨联、创新侨联、先进侨联”的实施方案》，并对该市基层侨联组织进行考核评比。哈尔滨市侨联举办《全市侨联信息工作培训讲座》专题报告会，以提高各区县、高校、企业事业机关侨联的信息工作水平。双鸭山市两名侨联机关干部分别获得“2012 年度依法治市先进个人”和“三八红旗手”。

【香港中国烛光教育基金黑龙江乡村英语教师培训班】 由香港中国烛光教育基金和黑龙江省侨联联合主办、省农垦管理干部学院承办、香港圆玄学院全资赞助的黑龙江乡村英语教师

8 月 4 日，香港烛光教育基金黑龙江乡村英语教师培训班开班

培训班于 8 月 3 日—10 日在哈尔滨举办。6 位香港资深的英语教育专家，对来自黑龙江省 13 个市地及农垦教育系统的 80 余位乡村英语教师进行了培训。此次培训为期 7 天，培训内容侧重聆听及口语训练，介绍生动、灵活、有效的新教学法，包括唱英语歌曲、专题讲话、观看电影及小组会话练习，旨在通过有趣、活泼的活动，加强口语能力，提高英语教学能力和技巧。

【开展华人学生作文大赛】按照中国侨联的安排，省侨联开展了“第十三届世界华人学生作文大赛”活动，全省共 10 个市地参加，征集上报作品 837 篇，共有 72 篇作品获奖，其中特等奖 1 篇、一等奖 2 篇、二等奖 18 篇、三等奖 51 篇。省侨联、哈尔滨市侨联、齐齐哈尔市侨联、佳木斯市侨联、鹤岗市侨联、七台河市侨联、鸡西市侨联、双鸭山市侨联及大兴安岭地区侨联获组织奖。齐齐哈尔市侨联推荐的参赛作品获得了“第十三届世界华人学生作文大赛”特等奖。双鸭山市侨联、鸡西市侨联的获奖学生参加了颁奖会并参加了世界华人学生作文大赛组委会组织的北京一周夏令营活动。省侨联开展了“第六届黑龙江省华人学生作文大赛”活动，从 765 件参赛作品中评选出 306 篇优秀作品，其中一等奖 30 篇、二等奖 122 篇、三等奖 154 篇。

【举办黑龙江省第十五届“酬勤杯”少儿书画大赛】大赛以“同心思想跟党行，繁荣文化惠民生”为主题，共有来自全省十三个市地的千余名少年儿童参加。该活动旨在弘扬和传承中华民族优秀文化，培养少年儿童继承和发扬民族优秀文化传统，发现少年书画人才，为广大少年儿童书画爱好者提供一个良好的展示平台。

5 月 26 日，省侨联副主席迟国强（左一）出席黑龙江省第十五届“酬勤杯”少儿书画大赛

【“亲情中华——世界华侨华人美术书法展”作品征集活动】黑龙江省各级侨联与文联、书画家协会、书画院等相关单位联系，广泛征集作品，全省共收集报送作品49幅。9月14日—20日在中国国家博物馆举办的“亲情中华——世界华侨华人美术书法展”中，省侨联选送的3幅书法作品、3幅美术作品在展览中展出。此外省侨联还推荐4幅作品参与了由省委宣传部、省纪检委共同组织的廉政书画作品评展活动。

9月21日，黑龙江省华商会会长杨世民（前排右一）与贵州省侨商会签订友好协议

【黑龙江省华商会参与龙江经济建设】黑龙江省华商会发挥商会组织独特优势，广泛参与龙江经济建设。2012年，省华商会组织部分优秀侨资侨属企业先后赴肇东、阿城、木兰、兰西、望奎等市县进行经济考察，配合地方政府招商引资。3月，省华商会与黑龙江东信农业科技开发有限公司合作推广了商会会员、高级农艺师李树春研制的具有较高价值的多功能系列肥料项目。此外，省华商会还赴贵州、江西、广西、云南等省区推介黑龙江，并与全国20多省市的华（侨）商会建立了密切联系。

【哈尔滨市侨联深化“请进来”战略】哈尔滨市侨联主动与国内外侨团组织沟通联络，为地方经济发展服务。哈尔滨市侨联邀请法国、日本等国外知名企业和社团主要负责人

8月15日，黑龙江省华商会与望奎县政府签订了友好经济合作协议书

10 月 16 日，哈尔滨市委书记林铎（左五）会见海外华商

10 余人次来哈考察交流；邀请纽约中华总商会代表团和 2 个日本团组参加哈洽会，为引资、引智拓宽了渠道。邀请博纳集团董事局主席于冬、美国新闻集团全球副总裁高群耀、著名电影导演徐克和黄建新等一行来哈考察“哈尔滨市职工文化艺术宫影院招商合作项目”。邀请浙江金球影业有限公司来哈市考察访问，初步达成在哈市兴建五星级娱乐城、文化信息产业园和影视拍摄基地的合作意向。组织海外华侨企业家参加“哈尔滨市服务非公有制企业发展联席会”和“方正县项目招商推介会”等。8 月 13 日—17 日，“第四届鲁辽吉黑四省省会暨口岸城市侨联工作会议”在哈成功召开。来自济南、沈阳、长春、青岛、丹东、延边州和齐齐哈尔等各省会及口岸城市的侨联主席和工作者近 20 人参加了此次会议。这一协作会议机制，有效加强了各地侨联之间的相互协作，实现资源共享，开拓了侨联工作思路和视野。

【齐齐哈尔市侨联扎实做好为侨服务工作】一，开展“情暖侨心”活动。齐齐哈尔市侨联长年坚持节日走访侨界重点人士和贫困归侨侨眷，送上慰问金，送去祝福；坚持“三必访”（家有丧事必访、有重大疾病必访、有重大困难必访）。齐齐哈尔市侨联与医学院侨联共同组织 12 位医疗专家到梅里斯区卧牛吐乡义诊，为 200 余名患者“把脉”，宣传保健知识，赠送药品，有效缓解了农村及偏远地区看病难的问题。富裕县侨联协调县民政、林业等部门为老归侨孙树华在县城南郊种植了 3700 颗葡萄树。二，普及侨法。齐齐哈尔市侨联立足实际，走进社区、走进学校、走进家庭、走进企业，广泛开展了形式多样的侨法普及宣传活动。借助“青少年法制教育宣传周暨法律广场”活动，设置了宣传点和宣传栏，释疑解惑，普及侨法，印发《侨法宣传手册》、《中华人民共和国归侨侨眷权益保护法》及《黑龙江省实施〈中华人民共和国归侨侨眷权益保护法〉办法》500 余份，营造学法、懂法、用法的

8 月 14 日，第四届鲁辽吉黑四省省会暨口岸城市侨联工作会议

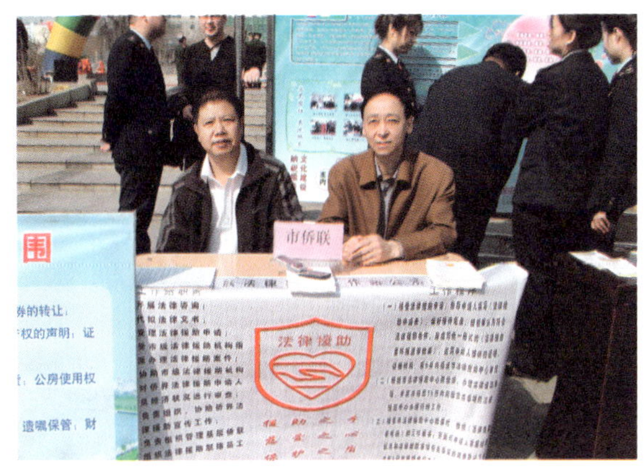

4 月 21 日，齐齐哈尔市侨联开展侨法宣传活动

浓厚氛围。三，维护正当侨益。齐齐哈尔市侨联 2012 年接待来信来访数十件，均得到落实。富裕县侨联在小城区改建过程中，为 7 户归侨侨眷协调解决了拆迁补偿问题。碾子山区侨联主动深入侨企了解困难，专程走访相关职能部门进行政策咨询和协调处理。昂昂溪区侨联发挥协调作用，创优服务环境，两次深入台资企业，为侨企提供信息咨询服务，为他们投资创业营造良好的环境。

【七台河市侨联参政议政成绩显著】七台河市侨联以参政议政、建言献策为平台，汇集侨界智慧，为归侨侨眷参政议政创造条件。一，建立了侨界人大代表、政协委员档案信息库，对侨界代表、委员参政议政情况做到有数有据。二，不断完善侨联收集侨界群众意见建议信息平台，随时将群众反映的建议归纳整理，作为开展调研的重点。三，创造机会，鼓励支持侨界人大代表、政协委员深入基层开展调研，提出高质量的议案提案。《关于加快市经济开发区建设的建议》、《关于加强困难群众医疗救助工作的建议》两份提案分别在市政协常委会议和市政协民主评议会议上发言，并编入到市政协主办的《七台河政协》中。2012 年共提出提案、建议 11 件，涉及城市建设、医疗卫生、文化教育、社区建设等方面，都得到了有关部门的答复。

【黑河市侨联发掘地方文化底蕴】由黑河市侨联主席、旅俄华侨纪念馆馆长曹明龙主编的 30 集反映旅俄华侨抗战的电视连续剧《黑河风云》，于 7 月 31 日正式开机。中国侨联副主席乔卫、黑龙江省侨联主席王伟参加了 30 集电视连续剧《黑河风云》的开机仪式。中国侨联主席林军为电视剧题写片名。电视剧《黑河风云》是完全由侨联机关工作人员创作、制片、出品的。电视剧《黑河风云》已于 10 月 2 日封镜，现在已经进入后期制作阶段。黑河旅俄华侨历史研究会于 8 月 10 日成立，并举行了揭牌仪式暨黑河旅俄华侨历史研究会第一届年会。第一届年会通过了《黑河旅俄华侨历史研究会章程》；选举产生了第一届理事；选举产生了黑河旅俄华侨历史研究会会长、副会长、秘书长、副秘书长及名誉会长、特约研究员。

7 月 31 日，中国侨联副主席乔卫（前排左二）为《黑河风云》开机剪彩

上海市归国华侨联合会

【领导成员名单】

主　　　席：吴幼英（女）

党组书记、副主席：沈　敏（女）

副　主　席：张　癸　杜宇平

兼职副主席：陈　刚　屠　杰　顾佳丹
　　　　　　郭景平　屠海鸣　程　东

秘　书　长：杜宇平（兼）

中国侨联副主席乔卫（左二）为市侨联干训班授课

【综述】 2012 年，上海市侨联在中共上海市委的领导下，充分发挥全市各级侨联组织的作用，团结凝聚广大侨界群众和海外侨胞，坚持“国内海外工作并重、老侨新侨工作并重”，加强建设，履行职能，各项工作都取得了新的成效，年初确定的十项重点工作已经圆满完成。各区县、高校和社区、园区、楼宇侨联组织全年共召开各类报告会、交流会、学习会近 800 次，撰写学习论文近 700 篇。在党的十八大召开后，市侨联及时举行“十八大精神学习辅导会”、机关中心组学习会和印发市侨联有关学习贯彻意见，上海各级侨联掀起学习新高潮。市侨联发挥侨联组织资源优势，促进经济又好又快发展。强化为华商服务工作，增强侨资企业的发展后劲。组团赴山西参加“首届世界晋商大会——晋城（阳城）行”考察活动，促成 5 家上海企业与阳城县在农产品、建材等领域的 7 个项目达成合作投资意向。积极为江苏省南通市侨联在上海举办的“南通侨胞创新创业园”推介会、为吉林和龙市的招商引资项目做好服务工作。支持华商联合会先后参加第七届中国河南国际投资贸易洽谈会、侨商助推天府新区建设活动等，为广大侨商寻找商机、实施“走出去”战略铺路搭桥。市侨联加强参政议政工作。根据人大、政协换届人事安排工作要求，严格按照规定和程序完成了 1 名全国政协委员、10 名市政协委员和 3 名市人大代表的推荐、考察、谈话等工作。继续做好侨联界别政协委员向市侨联全委会述职工作。健全例会制度，进一步加强与侨界人大代表、政协委员的联系、沟通和服务工作。“两会”期间，市、区侨联和侨界人大代表、政协委员共提交提案、议案近

8 月 30 日，上海市侨联向区县代表赠送《归侨侨眷维权问答手册》

10 月 31 日，上海市侨联党组书记、副主席沈敏（左五）会见上海籍欧洲侨领

电 1000 余人次，各区县侨联全年累计处理来信来访 1000 余人次。市侨联坚持有针对性地“请进来”、“走出去”，促进海外交流，2012 年先后组团、参团出访德国、奥地利、美国、加拿大等国家；同时，市侨联接待海外华侨华人、港澳台客人 112 批 1310 人次，区县侨联接待 186 批 1767 人次。市侨联举办中美杰出青年培训项目，组织 50 位 30 周岁以下的优秀青年参加培训，有效促进了中美杰出青年之间的沟通和交流。市侨联进一步加强自身建设。通过“目标化管理、项目化推进”的举措，提升机关干部的业务能力和工作水平。努力拓宽信息工作渠道，提升信息工作质量，被中国侨联授予信息工作特等奖。虹口、徐汇、金山、嘉定等区侨联和复旦大学、同济大学侨联成功换届。全市街镇侨联分会达到 196 个。在东航党委的大力支持下，中国东方航空集团公司侨界联合会成立，标志着在沪中央企业和上海大中型国有企业的侨联组织建设进入了新的发展阶段。

300 篇。市侨联提案《关于支持人民团体参与上海外宣工作的建议》获 2012 年市政协优秀提案奖。市侨联切实履行法律赋予的职责，强化维权工作。积极落实中国侨联“六五”普法规划精神，组织力量编写《归侨侨眷维权问答手册》，召开“《归侨侨眷维权问答手册》首发仪式暨维护侨益工作交流会”。继续组织开展上海侨界群众对涉侨政府部门工作情况评测活动，定期召开司法部门联席会议和涉侨政府部门联系会议，加强沟通、合作，提高维权工作水平和影响力。市侨联处理归侨侨眷来访 116 批 315 人次、来信 101 封 138 人次、来

12 月 27 日，上海市侨联主席吴幼英（右二）祝贺中国东方航空集团公司侨联成立

【中共上海市委办公厅印发《关于加强和改进新时期侨联工作的意见》】经市委领导同意，中共上海市委办公厅印发了《关于加强和改进新时期侨联工作的意见》(以下简称《意见》)。《意见》阐述了加强和改进新时期侨联工作的重要意义，进一步明确了新时期侨联工作的主要任务和工作要求，强调要切实加强党对新时期侨联工作的领导，特别是要建立和完善侨联工作领导机制、加强侨联自身建设、

2月7日，上海市侨联领导与老归侨联欢

积极为侨联开展工作创造条件，为侨联工作在新的历史起点上进一步创新发展指明了方向。《意见》充分体现了中共上海市委对上海侨联工作的高度重视，体现了科学发展观对侨联工作的新要求，是新时期上海市侨联工作的纲领性文件。7月11日，中共上海市委统战部、上海市侨联党组在市委统战部会议室联合举行“学习贯彻《关于加强和改进新时期侨联工作的意见》会议”。市委常委、统战部部长沙海林出席会议并代表市委讲话。市侨联党组制定《关于学习贯彻〈关于加强和改进新时期侨联工作的意见〉精神的实施意见》，有计划地组织各级侨联干部重点学习、深刻领会《意见》精神，并迅速向广大归侨侨眷传达、宣传。各区县党委、政府重视《意见》的贯彻落实，先后举行侨务工作会议；黄浦、杨浦、虹口、浦东、崇明等区县相继出台“实施意见”。各级侨联抓住《意见》印发的有利时机，乘势而上，侨联工作获得新发展。基层侨联“五有”（有组织、有队伍、有经费、有阵地、有活动）落实情况得到推进。

【中国侨联主席林军出席上海市华商联合会一届一次会员大会】 12月20日，上海市华商联合会在市侨联支持下依法登记注册、宣告正式成立，举行一届一次会员大会。中国侨联主席林军和中共上海市委常委、统战部部长沙海林等出席大会并讲话。林军对上海市华商联合会提出四点希望：一，希望上海市华商会有效整合资源，更加积极主动地服务地方经济建设；二，希望上海市华商会紧密团结、凝聚力量，不断探索服务侨商的新举措；三，希望广大会员珍惜荣誉，自觉维护商会的形象；四，希望上海市侨联进一步加强对华商会工作的指导。大会通过了上海市华商联合会章程，选举产生了上海市华商联合会一届理事会理事。陈坤校在随后举行的一届一次理事会上当选为上海市华商联合会会长。

12月20日，中国侨联主席林军（右）和市委常委、统战部部长沙海林（左）出席上海华商会成立大会

【召开上海市侨联十届五次全委会议】 2月14日，上海市侨联十届五次全委会议召开。中共上海市委常委、统战部部长杨晓渡出席会

议并代表市委讲话。中国侨联副主席、市侨联主席吴幼英代表市侨联常委会作了题为《围绕中心 服务大局 开拓创新 勇于实践 以侨联工作的优异成绩迎接党的十八大胜利召开》的工作报告。报告从五个方面回顾了2011年主要工作，强调：面临新形势、新侨情，上海侨联工作在思想认识上，一要进一步提升“围绕中心、服务大局”理念，二要进一步提升“开拓创新、勇于实践”理念，三要进一步提升“组织协调、借势发力”理念。在工作方法上，一要突出重点，深化“国内海外工作并重、老侨新侨工作并重”，着力围绕服务转型发展、创新驱动，促进文化大发展大繁荣，维护社会和谐稳定；二要培育亮点，做好做深原有的特色工作，形成品牌，推动侨联工作好上更好、优势更优；三要拓展新增长点，保持侨联工作资源优势、推进侨联事业可持续发展。报告提出了2012年市侨联工作总体要求：着力围绕服务上海转型发展、创新驱动，促进文化大发展大繁荣，维护社会和谐稳定，认真履行侨联各项工作职能，充分发挥自身优势和作用，为上海加快推进“四个率先”、加快建设“四个中心”和社会主义现代化国际大都市作出新贡献，以优异成绩迎接党的十八大胜利召开。根据这一指导思想，报告强调2012年市侨联要重点做好五项工作：一，认真贯彻落实中央书记处重要指示精神，为做好新形势下的侨联工作凝心聚力。二，继续发挥侨联独特优势，为促进上海转型发展、创新驱动和文化大繁荣大发展作出新贡献。三，扎实工作，锐意进取，不断推进参政议政、维护侨益、海外联谊、群众工作跃上新台阶。四，不断拓展新增长点，保持侨联工作资源优势、推进侨联事业可持续发展。五，深入开展创先争优活动，为促进侨联事业科学发展提供持久动力。

【共同主办“和美西藏”美术作品展】7月27日—31日，由上海市侨联与中国侨联、中国西藏网主办的“和美西藏”美术作品展在德国举行。中国侨联主席林军在开幕仪式的致辞中指出：“这次展览不仅为中国和德国美术专业人士、业余爱好者提供了一个相互交流的平台，更将为进一步推动藏民族文化特别是西藏美术事业的发展起到积极的作用。”作品展通过展出一批具有影响力的当代中国艺术家们涉藏题材的美术力作，以艺术的形式向海外藏胞和当地主流社会介绍、宣传西藏的社会发展和建设成就，展示了西藏自然景观与人文景观的丰富与灿烂，展示了藏民族文化的艺术与和谐之美，有效打击了“藏独”宣传的负面影响，取得了超出预期的效果。当地德国政要、媒体、市民和华人华侨纷纷前来参观。汉堡市议会议长卡罗拉·费特指出：“在德国展出关于西藏的画作，并开展相关的主题交流活动，是正确而充满勇气的决定。”许多观众参观后留言说道：“从这些美术作品中，感受到一个和谐、美丽、真实的西藏。”这是上海侨联系统通过民间团体渠道，以文化艺术交流形式，

7月26日，中国侨联主席林军在“和美西藏”画展开幕式上致辞

省级侨联工作简介

并以公益为特点的一次国际性交流的探索，是一次开展民间公共外交、服务国家核心利益项目的有益尝试，取得了四项成效：一是开辟了涉藏外宣工作的新战场；二是推动了中德外交和中国对外关系的发展；三是扩大了上海侨联和华侨基金会的影响力；四是锻炼了侨联干部队伍。中国侨联主席林军和中共上海市委常委、统战部部长沙海林多次予以高度评价，外交部两次致电表扬。

8 月 13 日，上海市侨联党组书记、副主席沈敏（后排左六）率团赴台湾参加青少年朗诵比赛

【加强港澳台工作】 11 月 24 日，上海市侨联和中国侨联在上海成功举办“沪港澳侨界杰出青年‘聚浦江’论坛”。中国侨联副主席李卓彬出席。聚焦十八大后沪港澳经济热点，三地百余位青年精英进行了深入研讨，参观了上海江南长兴造船厂一期工程、上海振华重工（集团）股份有限公司长兴基地和东海大桥、洋山深水港等。上海市侨联还支持上海市华商联合会组团赴澳门出席第九届世界华商高峰会，专程访问澳门归侨总会和澳门侨界青年协会，加强了联谊与合作。8 月 12 日—18 日，上海市侨联党组书记、副主席沈敏率团赴台湾参加在台湾高雄举行的第 14 届两岸四地青少年朗诵比赛，进一步推进了这项两岸四地青少年交流交往的文化品牌活动。以“爱与和平”为主题，来自台北、上海、香港、澳门四地的青少年选手，用共同的语言、和谐的旋律，表达了热爱和平、热爱生活的美好心声。2013 年 1 月 10 日—16 日，应台湾中华侨联总会的邀请，上海市侨联首次以侨务交流身份正式组团赴台湾访问。市侨联副主席张癸先后拜访了华侨协会总会理事长陈三井、中华侨联总会理事长简汉生和幸福人寿保险公司董事长邓文聪等侨团侨领，就加快两岸经济与文化交流、推动上海区县侨联与台湾方面进行互访和市侨联青委会参加两岸四地领袖青年论坛等方面进行了深入的交流和座谈。

中国侨联副主席李卓彬出席沪港澳侨界杰出青年论坛

【举行“亲情中华”系列文化活动】 6 月 30 日，上海市侨联在上海体育学院举行“亲情中华　海上律动”暨首届上海侨界体育运动会。来自全市各区县、高校侨联的 26 支队伍报名参加，运动员年纪最轻的 23 岁，最长者已年近古稀，充分体现了老中青三代侨界共同

6 月 30 日，举行首届上海侨界体育运动会

7 月 13 日，上海市侨联副主席张癸（右）出席“亲情中华·魅力国学”夏令营闭营式

参与的体育精神。7 月 13 日—8 月 13 日，上海市侨联利用暑假，推出“亲情中华·魅力国学——中华经典启蒙推广项目”。在长宁区、徐汇区、浦东新区、复旦大学等 7 个教学点，通过传授《弟子规》等中华传统文化精髓，来自世界各地的 200 余名侨界青少年领略了国学魅力，感受到中华文化亲情。9 月 1 日，上海市侨联在上海音乐学院贺绿汀音乐厅举办“亲情中华　海上韵律——上海侨界文化名人展演”首场演出“玫瑰与蝴蝶——陈歌辛与陈钢父子作品音乐会”。“亲情中华海上韵律——上海侨界文化名人展演”旨在全面贯彻党的十七届六中全会精神，发挥“亲情中华”品牌优势，展示上海侨界文化名人风采，深入做好新形势下侨联文化宣传工作。10 月下旬，上海市侨联副主席杜宇平率团出访美国，市侨联与上海音乐学院侨联共同主办“亲情中华　海上韵律——上海市侨联与上音艺术家赴芝加哥地区文化交流系列活动”，与海外侨团、“孔子学院”对接，推动中华音乐艺术文化的对外交流，扩大了侨联组织在海外的影响。上海市侨联还主办了“首届上海国际书画摄影大赛”、“第九届心连心手拉手上海国际青少年书画摄影大赛”；广泛联系上海著名书画家参与“亲情中华——世界华侨华人美术书法展”，上海侨界有 10 余名书画家创作的成果分别被评为“美术、书法作品佳作”和“美术、书法入选作品”；和市华侨摄影协会等共同举办 2012 年上海国际“郎静山摄影艺术奖”慈善摄影大赛。

10 月 19 日，上海市侨联副主席杜宇平（左二）率团赴美开展文化交流活动

【加强新侨工作】6月25日，上海市侨联在玫琳凯（中国）化妆品有限公司召开“楼宇新侨工作现场交流会”。市侨联党组书记、副主席沈敏在主旨讲话中总结了上海楼宇新侨工作的三种主要模式：一是聘请区侨联专员的方式，即通过设立楼宇专员直接凝聚楼宇新侨领军人物；二是在商务楼宇中建立侨联分会的方式，即通过组建侨联分会覆盖楼宇中侨界企业和新侨；三是在商务区中建立联合型楼宇侨联组织的方式，即在楼宇众多的商务区中通过搭建侨联组织集聚高端楼宇侨界白领。沈敏提出要从三个方面加强楼宇新侨工作，一要加强需求分析，做到“三个推动”，即推动新侨参与社会管理，推动新侨企业发展，推动新侨自身成长。二要加强机制建设，做到“三个融入”，即融入到党建工作中，融入到区域发展中，融入到侨联社团工作中。三要加强工作探索，做到“三个创新”，即创新工作理念，创新工作载体，创新工作方式。10月10日，上海市侨联在张江园区浦东国际人才城召开“加强和推进园区新侨工作会议”。中国侨联副主席乔卫出席会议并讲话。乔卫指出：新时期的园区新侨工作大有作为、大有可为。面对新的机遇和新的挑战，我们必须从新的历史起点出发，按照党中央、中国侨联和上海市委对侨联组织提出的新任务、新要求，适应新形势、新侨情的发展变化，抓住机遇，应对挑战，与时俱进，开拓创新，把为侨服务作为园区侨联工作的出发点和落脚点，加强对园区侨联组织建设的理论研究和实践探索，将新侨更广泛地吸引、团结到侨联组织的周围。12月11日，上海市侨联在长宁区图书馆召开“加强和推进社区新侨工作会议”。会议指出社区侨联在新侨工作中发挥了三个重要作用：一是为社区做好新阶层人士、留学归国人员工作发挥了重要作用，二是为全市新侨工作的推进发挥了重要作用，三是在参与社会管理中发挥了重要作用。会议强调要发挥社区侨联和“侨之家”作用，进一步做好社区新侨工作。以上三个会议推动了上海市楼宇、园区、社区新侨工作和侨联组织建设。上海市侨联编辑出版了《新侨回国来沪创新创业服务指南》一书，中国侨联主席林军亲自题

10月10日，上海市侨联召开加强和推进园区新侨工作会议

3月31日，上海市侨联主席吴幼英（左）和市侨联党组书记、副主席沈敏（右）祝贺贺林院士（中）荣膺上海市科技功臣奖

写书名。上海华侨口译工作者协会、闵行区园区侨联联合分会、市北高新技术服务业园区侨界联合会等新侨组织相继成立。上海市侨联还积极参与中国侨联会同6省市侨联实施的新侨人才调研，并组织了“上海新侨现状与发展及对策研究”专题调研。在“第四届全国新侨创新成果交流会”上，上海侨界有6人获“创新人才奖”，6人获“创新成果奖”，4个团队获“创新团队奖”，上海市侨联获“优秀组织奖”。

7月18日，早期归侨健康体检项目启动仪式

【做好“侨爱心工程”项目】 5月8日，由上海市侨联、上海华侨基金会主办的“上海市侨爱心休养中心崇明基地启动仪式”在崇明德云养老院举行。中国侨联副主席乔卫出席并致辞，中国侨联副主席、上海市侨联主席吴幼英为基地揭牌。经过近一年的运转，基地落实专人（指定服务专员）、专车（落实专车接送）、专项（组织专项活动），安排了近2000位侨界老人入住疗养。10月9日，由上海市侨联、上海华侨基金会主办的“2012年侨之夜暨侨爱心慈善公益晚会”在大宁剧院举行。中国侨联副主席乔卫出席晚会并讲话。晚会首次把上海市侨联与上海华侨基金会服务全市侨界的两大品牌项目——“侨之夜”与“侨爱心

10月9日，2012年侨之夜暨侨爱心慈善公益晚会现场

实施工程”有机结合起来，为观众呈现出一台精彩热烈的晚会，展现了近年来上海侨界慈善公益事业的感人故事，更为大家展示了一年来侨界群众文化活动的成果。2012 年，上海市侨联组织了老归侨“真情送健康免费体检”，受惠面达 1400 余人，为他们节省了 35 万元；为 80 岁以上老归侨春节、敬老节、生日“三节送温暖”补助 599 人总计 36 万元；老归侨大病重病补助 69 人总计 13.8 万元。组织好日常帮困和节假重点帮困的侨界送温暖工作，慈善医疗帮困 496 人总计 24.8 万元，农村老归侨定期补助 20 人总计 2.4 万元，白内障复明手术补助 14 人总计 0.7 万元，春节、敬老节帮困慰问 800 人次合计 30 万元。向 22 个老侨社团发放活动费 6 万元。

【加强“侨之家”平台建设】 4 月 24 日—5 月 7 日，上海市侨联组织力量深入全市 17 个区县的有关街道、镇，逐一考查和分析研究社区“侨之家”工作，对全市“侨之家”体现出的生命力和活力予以高度肯定，并结合区域特点，对进一步做好“侨之家”工作提出了指导意见。中国侨联副主席、市侨联主席吴幼英亲自到青浦区夏阳街道、松江区方松街道等郊区街镇调研“侨之家”工作，并仔细查阅有关工作台帐，实地查看活动场所。11 月 7 日，2012 年上海市侨联加强“侨之家”建设工作会议在长宁区举行。中国侨联副主席、市侨联主席吴幼英在讲话中指出上海的“侨之家”建设有四个特点：第一，维系侨界群众感情纽带的“侨之家”是上海侨联工作顺应呼声的创新成果；第二，“侨之家”落实“有组织，有场所，有人员，有经费，有活动”的“五有”要求，体现了推动社区侨联工作不断规范化发展

5 月 3 日，上海市侨联主席吴幼英（右一）在基层侨之家调研

的新要求；第三，“侨之家”促进社区和谐，勇于承担社会责任，成为上海基层侨联组织参与社会管理的新载体；第四，“侨之家”成为上海侨联工作一大品牌，声名播扬，影响不断扩大，是上海侨界和社区统战工作的一道亮丽的风景线。吴幼英要求全市各级侨联组织要进一步开拓创新，加强“侨之家”建设，为党的群众工作增添浓彩重笔，作出新贡献。会议下发了《上海市侨联“侨之家”星级评定标准》（2012 年试行）。

【开展 2012 年度区县侨联特色工作（项目）的申报、评选】 为鼓励区县侨联工作不断适应上海侨情变化而开拓创新、争创特色，上海市侨联首次开展区县侨联特色工作（项目）的申报、评选。通过召开中期推进会和强化指导、交流，一批涵盖“服务经济”“新侨工作”“为侨服务”“组织工作”等七大类的 31 个具有创新理念、示范作用和一定社会影响力的特色工作（项目）得到总结和推广，推动了区县侨联找准突破工作瓶颈的切入口。在上海市侨联召开的区县侨联特色工作评审会上，市侨联党组书记、副主席沈敏指出：17 个区县侨联工作各有特色、各有优势，体现了创造力、凝聚力和影响力。她希望区县特色工作一要相互学习，相互借鉴，不断深化；二要挖掘内涵，

2 月 22 日，上海市侨联党组书记、副主席沈敏（左）调研区县侨联工作

拓宽领域，形成机制，提升价值；三要化散为聚，资源整合，争取在全市乃至全国层面推广其中的优秀项目。经评审，有 7 个特色工作（项目）评为一等奖。

【黄浦区侨联牵头举行侨资企业大型招聘会】 2008、2009、2010、2012 年，黄浦区侨联积极应对经济形势，贯彻落实中央有关保民生精神，会同市区相关部门联动，吸纳侨界团体参与，组织侨界企业“献一份真诚爱心、保一方和谐稳定”，举办了 4 届“促进就业，构建和谐——侨界企业的社会责任”大型招聘会。据不完全统计，4 年招聘会共组织 300 余家侨资企业参加，其中有跨国公司、全国和上海市明星侨资企业、优秀侨界民营企业，还有知名人力资源中介机构，涉及高新技术、计算机信息技术、IT 通讯、机械电器制造、食品加工、物流、金融投资、贸易、餐饮、房地产、酒店管理、咨询、房地产、对外服务等行业；先后推出 5000 余个工作岗位，共吸引了 2.2 万多名侨界人士、应届大学生毕业生及社会其他就业人员前来应聘，其中有 6000 多人和企业达成初步用工意向，推进了本市及本区的促进就业工作，在社会上引起了良好反响。

【虹口区侨联运用专委会模式创新侨联委员履职机制】 虹口区侨联以换届为契机，根据侨联组织职能和侨情大调查后新侨人数激增的新情况，大胆尝试在新一届侨联会中引进专委会工作模式，在区侨联委员会下设立青年工作、基层工作、经济发展服务、文化宣传工作 4 个专委会，区侨联 7 位兼职副主席和 5 位兼职常委分别担任专委会正副主任，53 名委员根据特长、职业和性格爱好，每人参加一个专委会；区侨联常委会研究制定了《虹口区侨联专门工作委员会主任工作职责》、《虹口区侨联委员与全区侨界群众联系的实施意见》和《区侨联委员联系侨界群众情况反馈表》，分工明确，责任到位，从工作制度上确保专委会正常运作；区侨联以每人每年 300 元的额度下拨专委会活动经费，从经费上确保专委会快速启动和正常运转。经过半年多的运作，收到较好的效果，解决了以往几十位侨联委员基本上只是每年参加一次全委会的“开会委员”的尴尬，从而为侨联委员参与侨联工作搭建了平台，最大限度调动了侨联委员的工作积极性。不少专委会委员纷纷思考如何在做好本职工作的同时，兼顾好专委会工作。有的委员在公司开展社会公益活动时，把专委会走访慰问困难老归侨和社区特困户任务考虑进去；有的委员利用自己学生社会实践的机会开展为侨服务活动；等等，形成了争先创优的喜人局面，增强了侨联委员的工作责任感、使命感和光荣感，增强了侨联组织的战斗力和凝聚力。

江苏省归国华侨联合会

【领导成员名单】

江苏省侨联第五届委员会（至2012年7月）：

主　　席：郁美兰（女）

专职副主席：史　宇

兼职副主席：孙仲华（女）　颜健健　舒华忠

秘　书　长：蓝晓霜（女）

江苏省侨联第六届委员会（2012年7月始）：

主　　席：史　宇

专职副主席：镇　翔（蒙古族）　宫　琳（女）

兼职副主席：黄　维　李　琨　张辰宇　曾焕沙

秘　书　长：宫　琳（女，兼）

【综述】2012年，江苏省各级侨联围绕迎接十八大、学习宣传贯彻十八大，坚持服务大局、服务侨胞，坚持求真务实、开拓进取，各方面工作取得新的成效。中共江苏省委出台了《关于进一步加强和改进新形势下侨联工作的意见》，江苏省侨联顺利完成换届工作，侨联事业发展迎来新机遇；努力促进侨界和谐稳定，侨界群众工作、依法维权工作和参政议政工作水平有了新提升；大力推动侨商和科技新侨创业创新，为经济建设服务取得新成效；不断增进与海外侨胞的亲情乡谊，大力弘扬中华优秀文化和江苏地域文化，海外联谊和文化宣传工作迈出新步伐；坚持走基层、转观念、改作风，侨联自身建设取得新进步。

【江苏省委首次出台关于加强侨联工作的文件】江苏省侨联会同江苏省委办公厅共同起草了《中共江苏省委关于进一步加强和改进新形势下侨联工作的意见》（以下简称《意见》）稿。6月4日，《意见》稿提交省委常委会议讨论通过，并以苏发［2012］10号文件印发。《意见》是江苏历史上首次以省委名义印发的关于侨联工作的文件，对加强和改进新形势下侨联工作的重要意义、重视发挥侨联在推进“两个率先”中的重要作用作了深刻阐述，明确提出了健全和完善做好侨联工作的长效机制，在江苏侨联事业发展史上具有重要意义。《意见》印发后，在全省各级侨联和广大侨界群众中引起强烈反响，并受到中国侨联领导的高度评价。中国侨联领导批示：“江苏省委的《意见》，规格很高、力度很大、内容很实，具有很强的可操作性，予以转发。”为贯彻落实省委《意见》，江苏省侨联研究制定并下发了贯彻省委《意见》的意见，要求全省各级侨联进一步增强服务意识、履职意识、问题意识、创新意识、争先意识、自律意识等“六种意识”，多做围绕中心、为大局服务，联系侨界群众、为侨服务，联系海外侨胞、广交深交朋友，宣传侨联、扩大侨联影响，扬长避短、注重实效，完善机制、打基础、利长远等“六个方面工作”，合力推进“创业中华·创新江苏”、“汇集侨智·建言江苏”、“温暖侨心·幸福江苏”、“侨联五洲·相约江苏”、“亲情中华·锦绣江苏”、“党建带侨建、侨建服务党建”等“六项主题活动”，建设和完善省侨商总会、省侨界青年总会、省华侨书画院、省华侨艺术团、省侨界专家委员会、省侨界法律顾问委员会等“六个侨界组织”。淮安、连云港、扬州、无锡市委先后出台了贯彻省委《意见》的实施意见。

【召开江苏省侨联第六次代表大会】 7月10日—12日，江苏省侨联第六次代表大会在南京隆重召开。江苏省委书记罗志军向大会发来贺信；中国侨联主席、党组书记林军，江苏省委副书记石泰峰，省人大常委会副主任张艳，省政府副省长徐鸣，省政协副主席范燕青，以及省涉侨单位、省各人民团体负责人出席大会开幕式，林军、石泰峰分别发表讲话；省政府副省长张卫国出席大会闭幕式并讲话。来自全省各条战线的归侨侨眷代表以及海外华侨华人嘉宾等共400余人出席了大会。大会审议通过了郁美兰代表江苏省侨联第五届委员会作的工作报告；修订了江苏省侨联实施《中国侨联章程》的若干补充规定；表彰了全省侨界“十杰”、全省归侨侨眷先进个人和全省侨联工作先进集体、先进个人；选举产生了江苏省侨联第六届委员会，聘请了部分海（境）外人士担任省侨联第六届委员会海外顾问、海外委员。在江苏省侨联第六届委员会第一次全体会议上，史宇当选为江苏省侨联第六届委员会主席，镇翔（蒙古族）、宫琳（女）、黄维、李琨、张辰宇、曾焕沙当选为副主席，宫琳当选为秘书长（兼）。

7月10日，中国侨联主席林军（左二）、江苏省委副书记石泰峰（左一）在南京亲切接见了出席江苏省侨联第六次代表大会的全体代表和海外嘉宾

7月11日，在江苏省侨联六届一次全委会议上，史宇（左一）当选为江苏省侨联第六届委员会主席，镇翔（左三）、宫琳（右三）、黄维、李琨（右一）、张辰宇（左二）、曾焕沙（右二）当选为副主席，宫琳当选为秘书长（兼）

【迎接和学习宣传贯彻党的十八大精神】 为迎接党的十八大召开，江苏省侨联联合南京市侨联举办了“爱国爱乡·侨心向党——全省侨联系统喜迎十八大文艺演出”。徐州、常州市侨联通过开展“寄语十八大、笑看新变化”、侨界文艺作品展等活动，营造了喜迎盛会的良好氛围。党的十八大召开后，全省各级侨联迅速提出学习宣传贯彻十八大的具体意见，并通过座谈会、报告会、培训班等形式，认

10 月 13 日，江苏省侨联在南京举办了“爱国爱乡 · 侨心向党——全省侨联系统喜迎十八大文艺演出”活动

真学习十八大报告、《中国共产党章程（修正案）》和习近平总书记一系列重要讲话精神，深刻理解中国特色社会主义道路、理论体系和制度以及建设中国特色社会主义的总依据、总布局、总任务，在全省侨联干部和侨界群众中掀起了学习宣传贯彻十八大精神的热潮。同时，各级侨联紧密联系实际，积极谋划服务于“五位一体”总布局的思路和举措。

【举办侨资侨智对接洽谈活动】6 月 4 日—8 日，中国侨联、江苏省侨联联合南京、南通和昆山市侨联共同举办了“创业中华 · 创新江苏——2012 侨资侨智对接洽谈会”，吸引了来自美国、加拿大、德国等 20 多个国家和地区的 160 多名海内外侨商企业家、侨界专业人士参会。中国侨联副主席王永乐、江苏省委副书记石泰峰、省人大常委会副主任张艳等领导出席活动，王永乐、石泰峰分别讲话。

6 月 4 日—8 日，中国侨联、江苏省侨联联合南京、南通和昆山市侨联共同举办了“创业中华 · 创新江苏——2012 侨资侨智对接洽谈会”

洽谈会为海内外侨胞在江苏创新创业搭建了交流合作的平台，与会嘉宾就装备制造、光电显示、生物医药、现代服务业和新材料新能源等70多个科技项目进行了深入洽谈。会议期间还举办了第四届中国侨商“南京新港杯”高尔夫球邀请赛。

【支持侨商和科技新侨创业创新】江苏省侨联组织省侨商总会开展了“侨商泗阳行”等活动，召开了“稳增长促转型座谈会”，组织侨商参加了河南、天津等地的经贸活动；组织省侨青总会参与举办了“2012中国长三角青商论坛暨海内外杰青嘉年华”活动；开展了“江苏侨界贡献奖”和“江苏省侨界人才创新创业示范基地”评选表彰活动；积极组织推荐侨界创新人才、创新成果和创新团队参加第四届“中国侨界贡献奖”评选活动，江苏获奖数再次名列全国各省市之首。南京、苏州、盐城、南通市侨联通过举办“相聚金陵、创业交流”联谊会、“国际精英周推介会”、“香港闽商沿海开发行”和加强侨胞创业园建设等举措，有力推动了地方经济的发展。2012年，全省各级侨联共协助引进经济、科技等项目140多个，协议利用外资30多亿美元，实际到账7.9亿美元；协助引进海外高层次人才300多人，邀请和接待海外人才回国考察2500多人次。

12月8日，江苏省侨联副主席镇翔（左二）在连云港为首批获评“江苏省侨界人才创新创业示范基地”的单位授牌

【做好侨界群众工作】为确保十八大召开之年侨界的和谐稳定，江苏各级侨联始终坚持以侨为本、为侨服务的宗旨，逐级建立了贫困归侨档案，并持续开展“送温暖、献爱心”活动。2012年，各级侨联共走访、慰问困难归侨侨眷3800多人次，发放慰问金164万元。江苏省侨联利用省“华侨之家”举办了“庆国庆、迎中秋”老归侨祝寿联欢活动，开办了以关爱老侨为主题的健康知识讲座。

春节前，江苏省侨联主席史宇（左二）一行赴无锡、镇江走访慰问困难归侨

【依法维护侨益】江苏各级侨联通过完善信访工作制度、推动出台涉侨法规、健全侨界维权组织等举措，有效地维护了侨界群众合法权益。2012年，共处理来信300多件，接待来访1100多人次，协助解决经济纠纷近100起。江苏省侨联组织开展了全省侨联系统侨法学习系列活动；与省高院联合举办了侨界特邀调解员培训班，为做好涉侨案件诉调对接工作培训骨干。

9 月 13 日，省侨联、省高院在南京联合举办了江苏省侨联系统特邀调解员培训班

【履行参政议政职能】江苏各级侨联努力汇集侨智建言献策，参政议政工作水平不断提高。在江苏省政协十届五次会议上，省侨联提交了《关于促进“双创”人才创办的中小微型科技创新企业健康发展的建议》界别提案和《关于增加省政协侨联界别委员名额的建议》等 11 份提案。2012 年，全省侨联系统共向各级“两会”提交提案 674 件、建议案 180 件、社情民意 514 条、调研报告及大会发言 129 篇。江苏省侨联向省人大提交了针对华侨投资权益保护、引进侨界高科技人才等问题的立法规划建议。全省各级侨联高度重视侨情信息报送工作，编发侨情信息的数量增多、质量提高。江苏省侨联侨情信息工作被中国侨联评为特等奖，被省委办公厅评为先进单位，多条信息得到中央领导和省领导的批示。

【举办侨界社团和谐发展论坛】9 月 3 日，江苏省侨联在南京举办了“侨联五洲·相约江苏——2012 海外侨界社团和谐发展论坛”活动，100 多名来自世界五大洲 34 个国家和地区、73 个侨团的侨领围绕传播中华文化、促进和谐侨社建设等主题进行深入研讨。中国侨联副主席王永乐、江苏省委副书记石泰峰出席论坛并讲话。台湾中华侨联总会理事长简汉生、马来西亚中国经济贸易总商会总会长黄汉良、美国北加州华人文化体育协会创办人戴锜、东部非洲中国总商会暨东部非洲中国和平统一促进会主席韩军、法国法华工商联合会名誉会长林光武、澳大利亚江苏会会长陈杨国生等 6 位侨界社团代表分别在论坛上作了演讲。论坛期间，海外嘉宾出席了江苏省华侨艺术团成立揭牌仪式，观看了“亲情中华·锦绣江苏”文艺演出，赴如皋、太仓等地进行了参观考察。中新社、江苏卫视等主要新闻媒体对论坛活动做了专题报道，《新华日报》做了专版宣传，引起了海内外社会各界的广泛关注。

2 月 8 日，江苏省政协侨联界委员在南京出席省政协十届五次会议

9月3日，江苏省侨联在南京举办了以“以侨为本·携手共进”为主题的“侨联五洲·相约江苏——2012海外侨界社团和谐发展论坛”活动

前助理部长黄建南等一批海外侨团和侨界知名人士；重视加强与台湾侨界的联系，接待了台湾中华侨联总会理事长简汉生一行；省侨联组织代表团访问了阿联酋和美国，拜会使领馆，走访慰问侨团和侨胞。无锡、扬州、泰州市侨联通过增设海外联络处、筹建高层次人才联谊会、建立友好社团等形式，不断深化海外联谊。2012年，全省各级侨联共接待来自世界各地的海外侨胞5000多人次，组团或参团出访550人次，密切了与海外侨胞的联系，扩大了侨联组织的影响。

【拓展海外联谊】江苏省侨联接待了马来西亚经贸总商会青委会代表团和美国商务部

11月19日，江苏省侨联主席史宇（右二）、副主席宫琳（右一）等在南京会见了台湾中华侨联总会理事长简汉生（右三）一行

【打响文化宣传工作品牌】江苏省侨联和无锡、扬州市侨联联合组织开展“亲情中华·锦绣江苏”主题活动，组织地方文艺团体先后赴欧洲、东南亚等地进行了多场慰问演出活动，收到了很好的反响。省侨联与省演艺集团合作，成立了省华侨艺术团；组织省华侨书画院选送作品参加了“国际水墨艺术大展2012”和“亲情中华——世界华侨华人美术

11月26日，以江苏省侨联主席史宇（左二）为团长的江苏省侨联代表团访问阿联酋，拜会了中国驻迪拜总领事詹京宝（右二）

9月24日，江苏省侨联副主席宫琳（右二）一行在徐州市调研华侨华人文化交流基地建设工作

省级侨联工作简介

9月12日—17日，应马来西亚隆雪三江公会的邀请，江苏省侨联“亲情中华·锦绣江苏”艺术团赴马来西亚开展文化交流活动

书法展”活动；先后将徐州华夏传统文化专修学校、丹阳天地石刻园、南京中山陵园、宜兴陶瓷博物馆、盐城中国海盐博物馆、常州华夏工艺美术产业博览园6个单位命名为“江苏省华侨华人文化交流基地”，全省侨文化交流基地已有14个；依托侨文化交流基地组织开展了“海外华裔青少年寻根之旅”等活动，扩大了江苏地域文化在海外的影响。省侨联“亲情中华·锦绣江苏”海内外文化交流活动荣获江苏省宣传文化创新项目提名奖。南通、淮安市侨联通过建设华侨博物馆、编写侨史书籍等，使侨联文化工作更加丰富多彩。

【开展侨界公益活动】江苏省侨联组织侨界力量向社会奉献爱心，开展了“江苏侨商慈善之星”评选表彰活动；协助中国侨联落实了盐城“怡海树人班”、林东卫生院等“侨爱心工程”；组织省侨商总会、省侨界青年总会开展了捐建爱心图书室、向敬老院赠送物资、为乡村路灯建设捐款、资助贫困学生等活动。2012年，海外侨胞通过江苏省各级侨联捐赠慈善款共计7613万元。

【加强侨联自身建设】江苏省侨联积极推动宿迁市成立了侨联组织，实现了省辖市侨联组织的全覆盖；做好省级机关侨情调查工作，推进成立省级机关侨联；组织开展了部分市、县（市、区）基层侨联组织建设情况调研，分析存在的问题，研究建立覆盖面更广、凝聚力更强、作用更明显的全省侨联组织网络；在省侨界专业人士联合会的基础上组建省侨界专家委员会，突出侨界人才建言献策的作用；省侨界法律顾问委员会进行了换届，吸收省公、检、法、司等部门的现职领导进入法顾委，加强了维权队伍建设。省

4月20日，江苏省侨青总会和苏南五市的近50名侨界青年在句容茅山老区开展公益活动

10月26日，江苏省侨联召开机关党员大会，选举产生了中共江苏省侨联机关第一届委员会

10 月 30 日，江苏省侨联“第二届侨界法律顾问委员会”聘任仪式在南京举行

侨联成立了机关党委，理顺了机关党组织关系，加强了机关党的建设。连云港、镇江市侨联通过成立社区侨联分会、开展“创新侨联工作品牌”活动等举措，不断加强侨联组织建设。2012 年全省新成立街道（乡镇）和社区侨联组织 29 个。

【南京市侨联维护侨益工作】南京市侨联自觉当好侨界群众利益的代表者、维护者，积极主动维护侨界群众的合法权益。一是加强侨法宣传。市侨联以《南京市华侨归侨侨眷权益保护办法》（以下简称《办法》）施行为契机，通过深入社区宣讲、开设“侨法广角”等多种形式开展法制宣传教育活动，使侨界群众和社会各界了解《办法》、熟悉《办法》；举办了两场涉侨法律法规知识讲座，300 多名归侨侨眷聆听了讲座；注重把侨法宣传与解决侨界群众关心的热点难点问题结合起来，使侨法宣传更贴近侨界群众。二是主动为侨企侨商排忧解难。针对南京侨资企业多、涉侨法律纠纷增多的情况，市侨联通过周到细致的服务，为广大侨商和侨界人才创业创新提供支持。充分发挥法律顾问委员会的作用，每季度召开一次涉侨法律问题咨询会，为侨企侨商现场答疑；举办了两场法律援助现场会，为涉侨纠纷提供法律援助。三是注重提高维权工作能力。针对归侨侨眷、创业侨商和科技新侨等不同服务对象，市侨联合理确定社会保障、投资权益保护、知识产权保护等维权工作重点。同时，通过专题培训、以会代训等形式，增强侨联干部、法顾委成员维护侨益的责任感，提高他们为侨服务的能力。

【淮安市侨联文化宣传工作】2012 年，淮安市侨联注重挖掘侨文化内涵，不断拓宽宣传渠道，努力打造侨联文化工作特色。一是通过海外联谊大力宣传淮安地域文化。以“淮扬菜美食文化节”、“盱眙龙虾节”等活动为契机，市侨联向广大侨胞积极宣传美食文化等淮安地域文化，邀请了法国浙江商会会长吴志平、捷克华商会副会长陆汉斌、阿根廷华商总会名誉会长郁建等一批知名华商和侨领来淮安考察，促成了海外侨胞出资亿元投资建设文化美食景区项目。二是编写侨史书籍展示侨界人物风采。2012年12月，由中国侨联主席林军题写书名、淮安市委书记刘永忠作序的《淮上游子吟——淮安侨史人物剪影》正式出版发行。该书讲述了建国以来淮安籍侨界人士爱祖国、爱家乡的感人事迹，进一步扩大了侨界人士的社会影响，是研究淮安华侨历史的重要文献。三是加强侨文化阵地建设。市侨联以市“华侨之家”为活动基地，设立了华侨书画院，广泛开展群众性文化活动，把“华侨之家”建成丰富侨界群众文化生活的幸福之家；积极搭建中外文化交流的平台，组织海内外侨胞参观考察江苏省华侨华人文化交流基地——周恩来童年读书旧址，大力弘扬淮安侨文化。

【盐城市侨联服务地方经济建设】盐城市侨联围绕市委市政府中心工作，凝侨心、聚侨力，服务经济建设取得新成效。一是为沿海开发搭建平台。市侨联组织开展了“香港闽商盐城沿海行”、“海归创业在园区”等活动，吸引了香港鸿丰利集团董事长林明海一行投资10亿元建设国际商贸城，该项目可为8000人提供就业，年创利税将超亿元。引荐国家“千人计划”学者、从美国加州“硅谷”学成归来的姜肇国携带32项专利来盐城创立了极立电子（江苏）有限公司，订单规模达上亿元。二是全市侨联系统招商引资实现新的突破。坚持市、县两级侨联上下联动，2012年全市侨联系统共协助引进经济建设项目4个，协议利用资金5.5亿元，实际到账1.5亿元。三是服务企业取得实效。按照市委市政府服务企业、服务项目、服务基层的“三服务”要求，市侨联协助挂钩企业解决厂房用地102.8亩，协调解决了因征地拆迁、抵制日货等引发的影响企业发展的棘手问题6个，挂钩企业年度销售收入和利税增长10%。市侨联主席季卫军被市委市政府表彰为“三服务”先进个人。

【泰州市侨联参政议政工作】泰州市侨联认真履行参政议政职能，为全市经济社会发展贡献侨界智慧。一是提案工作受肯定。市侨联深入26家新侨企业进行调研，完成了《大力支持海外人才创业，加快推进医药名城建设》的专题报告，并在市政协大会上作交流发言。提出的《关于进一步加强泰州市高新技术创业服务中心建设的建议》、《关于建议创建泰州医药科技学院》等提案，被列入市政协重点提案；《关于进一步加强引进海外高层次人才工作》的提案获优秀提案奖；《关于将侨联基层组织建设纳入党建带群建工作范畴的意见》的提案，被市委组织部列入工作计划。二是汇集侨智促转型。市侨联向全市侨界发出了“服务转型升级、侨界建功立业”的倡议，广泛征集侨界人士对经济转型升级的意见建议；召开了新侨创业人士座谈会，将座谈会成果整理编印成内参信息，得到了市领导的重视；聘请了16名侨界人士为“侨情民意特约信息员”，报送的社情民意数量增加、质量提升。三是建言献策有成果。市侨联提出了《关于挖掘侨务资源，将泰州侨界名人旧居建成爱国主义教育基地》的提案，促成了单声珍藏文物馆的建成。2012年，单声珍藏文物馆参观人数超过了6万人次。

浙江省归国华侨联合会

【领导成员名单】

主　　席：吴　晶（女）
党组书记：岑国荣
驻会副主席：张维仁
兼职副主席：陈励君（女）　连小敏
余梅生　章明伟
朱筠筠（女）　杨晓宏
郑　耀　林　东　汤春甫
陈乃科　陆雅仪（女）
冯定献
秘 书 长：周松一

【综述】2012年，浙江省侨联以邓小平理论、“三个代表”重要思想、科学发展观为指导，深入学习贯彻党的十八大精神和浙江省第十三次党代会精神，紧紧围绕浙江省委、省政府的部署要求，适应世情、国情、省情、侨情的发展变化，凝聚全省侨界群众的智慧和力量，发挥各级侨联组织的优势和作用，开拓创新，奋发有为，在为中心大局服务和为侨服务等方面取得了明显的成效。

【深入开展学习宣传贯彻党的十八大精神主题活动】十八大召开前夕，浙江省侨联联合中国美院精心策划，盛邀浙江省36位著名书画家，在杭州西溪举办“丹青迎盛会·翰墨抒豪情——书画名家齐聚西子湖百尺长卷礼献十八大”书画雅集活动，浙江省委书记赵洪祝、中国侨联主席林军出席活动并作重要讲话，浙江省委副书记李强等领导到会祝贺，在海内外侨界产生了深远影响，在全省文化界引起了广泛关注，荣获2012年度浙江省统战宣传创意奖。大会期间，省侨联组织机关党员干部集中收看十八大开幕式盛况，认真学习聆听胡锦涛同志所作的工作报告。大会闭幕以后，省侨联及时下发了《浙江省侨联关于认真学习宣传贯彻党的十八大精神的通知》，举行了会机关中心组学习会、党员干部职工学习会和在

10月27日，西溪书画雅集活动在杭州举办

10 月 27 日，喜迎十八大西溪书画雅集活动

杭归侨侨眷代表辅导报告会，通过侨联网站、《钱江侨音》向分布在 170 多个国家和地区的浙籍华侨华人广泛宣传。

【深入开展学习宣传贯彻省第十三次党代会精神主题活动】浙江省第十三次党代会召开后，浙江省侨联迅速下发了《关于认真学习贯彻省第十三次党代会精神的通知》，开展学习宣传贯彻活动，举办了从“两创”到“两富”主题辅导讲座活动，广泛动员侨界干部群众践行以“务实、守信、崇学、向善”为内涵的当代浙江人价值观，积极参加浙江省委统战部组织的“我的价值观”主题演讲比赛，将认真学习、深入领会浙江省党代会精神与大力弘扬“甘于奉献、善于创新、乐于相助、勇于争先”的新时期浙江侨联精神相结合，在侨联网站和刊物上开设专栏，刊登学习贯彻心得体会文章。

【贯彻落实省委《意见》精神】7 月 2 日—7 日，浙江省侨联主席吴晶、党组书记岑国荣分别带领由浙江省委督查室、浙江省侨联联合组成的 2 个专题督查调研组，赴温州、丽水、宁波、台州等 4 个市和鹿城区、青田县、象山县、温岭市等 4 个县（市、区），其他 7 个地市由会机关主要领导率队自行组织开展调研活动，采取实地查看、听取汇报、走访群众、查阅资料等方式，对各地市贯彻落实《关于加强新时期侨联工作的意见》（浙委办［2010］103 号）文件精神进行专题调研，推动了舟山、衢州、丽水、嘉兴、金华、绍兴等地市出台了《关于进一步加强和改进新时期侨联工作的意见》，全省 11 个地市中现有 9 个地市出台了《关于进一步加强和改进新时期侨联工作的意见》。侨联组织基本实现了单独设立，杭州、宁波、温州、衢州等市侨联建立了党组。配齐配强侨联领导班子和干部队伍，杭州市侨联增加了 5 个事业编制，宁波市侨联增加了 3 个处级以上职数和 3 个事业编制，丽水市侨联增加了一个副主席职数。工作经费得到有效保障，办公条件逐步得以改善，温州

7 月 12 日，贯彻落实省委《意见》活动

鹿城区财政以归侨侨眷每人 5 元的标准设立基层侨联专项经费，衢州市侨联新的办公场所宽敞明亮。逐步形成了党政重视、侨联主动、各界配合、成效明显的良好局面。浙江省侨联贯彻落实省委《关于加强新时期侨联工作的意见》精神的做法和经验，在中国侨联八届七次常委会上作重点发言，得到中国侨联和兄弟省市侨联的肯定与好评。

12 月 28 日，新侨课题研究新闻发布会现场

【服务中心大局】围绕全省和侨界发展、民生等重大问题，积极建言献策，不少建议直接转化为领导决策成果，再次荣获中国侨联信息专报特等奖。唱响“创业创新闯天下，合心合力强浙江”主旋律，广泛开展“侨商回家”活动，先后组织来自 60 多个国家的 480 多名侨商，赴衢州、金华、丽水、舟山等市及杭州的江干区和桐庐县、衢州龙游县、丽水松阳县等地，开展项目推介、参观考察活动，促成嘉兴、丽水、金华等地华侨回乡投资签约 100 多亿元人民币。圆满完成中国侨联新侨课题研究工作，在浙江温州发布首份《中国新侨研究发展报告》，该项研究成果得到中国侨联、浙江省领导的充分肯定。深入开展“进村入企大走访”活动，先后走访宁波、温州、丽水、嘉兴等重点侨乡，深入 30 余家重点侨企调研慰问。联合杭州市政府举办“海外侨界精英创业创新峰会”活动，促成 71 个项目达成意向，投资金额达 37.7 亿

4 月 28 日，林军主席考察金义都市新区

4 月 28 日，金华市投资环境推介会举行

元。组织由浙江省9所高校24名高层次海归专家组成的为国服务志愿团，暑期赴绍兴县开展智力帮扶活动。重视科技侨商工作，浙江省14位侨界代表在中国侨联第四届新侨创新成果交流会上荣获“中国侨界贡献奖”，浙江省侨联荣获优秀组织工作奖。支持参与世界“宁波帮”大会、世界温商大会、绍兴越商大会及浙商博物馆筹建，凝聚侨商力量，回馈桑梓。支持温州瓯海、苍南、瑞安等地实施“侨爱心工程”项目等。

6月20日，赴湖北荆州开展“健康光明行”活动

【建设五项品牌】浙江省侨联青年总会、浙江侨界名媛会、浙江侨界文协、浙江省留联会、浙江省侨商会“五项品牌”工作取得新发展。青年总会召开第二届全球会员代表大会，来自65个国家和地区的200多名代表出席，选举产生了新一届会长团成员，表彰了首届侨界“闯天下”、“强浙江”“双十杰”青年，举行了“彩虹桥”发展基金捐赠仪式，编印了《向前走》五周年纪念刊，建立了墨西哥和乐清分会。名媛会开展“相约春天·2012浙江侨界名媛故乡行”活动，吸引了来自38个国家和地区的120余位侨界名媛参加；与绍兴市政府共同举办“浙江侨界名媛论坛”，发表《名媛论坛绍兴宣言》，诠释侨界“新时代、新女性、新形象”的新内涵；举行侨界名媛“健康光明行动”慈善晚会，筹集善款38万元，并赴湖北荆州为300多名贫困白内障患者复明。侨界文协启动文化走廊，联合中国美院组织会员赴义乌开展书画雅集活动，与西泠印社联合出版《浙江侨界书画名家》大型精品画册丛书，编辑《百尺长卷礼献十八大》书画特辑、

11月27日，召开浙江省侨联青年总会第二届全球会员代表大会

5月23日，中国侨联副主席李卓彬（右一）、省委副书记李强（中）、中国侨联顾问唐闻生（左一）为浙江侨界名媛会开幕

1月9日，侨界文协文化走廊正式启用

江省侨联侨友社成员赴海盐参观考察，举办机关老干部迎春和中秋茶话会、年中工作通报会，举办留学人员家属医疗健康知识讲座，浙江省侨联华侨事业发展服务中心联合杭州空军疗养院开展华侨体检服务工作等。杭州市侨联实施了公益助农计划，温州市侨联举办侨界留守儿童快乐营活动，嘉兴市侨联挂牌成立华侨华人医疗保健康复定点医院等。

【拓展联谊联络】2012年，浙江省侨联先后组团赴非洲、欧洲、亚洲等9个国家进行侨务访问，调研海外侨情、侨商发展状况、华文教育现状等，开展招贤引智和浙商回归工作，推动了旅外浙江商会等侨团的筹建和成立。先后接待了法国、柬埔寨等十多个国家和地区的20多个经贸考察团和浙籍著名侨领100余人次。加强与福建、上海、广东、云南、甘肃等兄弟省市侨联之间的交流与合作。

《钱江侨音·收藏》专刊等。留联会召开第四次会员代表大会并圆满完成换届工作，举办“情暖侨心·相约美院”浙江高校归国留学人员迎新联欢会，支持杭州市留联会举办“春天有约”和“爱在深秋”联谊大会等。目前在杭高校实现了留联会组织全覆盖。侨商会先后组团参加宁波“浙洽会”及赴云南腾冲等地经贸考察，参加长三角地区侨商组织法顾委成立大会，推进长三角地区侨商组织维权机制的建立。浙江省11个地市都建立了侨商会。2012年，共接待侨商会员和侨商企业法律咨询计110多人次，帮助协调处理侨商经济纠纷投诉案件21起。

【致力群众工作】做好元旦、春节、中秋等传统节日的“送温暖、献爱心”走访慰问活动，浙江省侨联先后赴基层走访慰问了630余名侨界群众，发放慰问金、慰问品计13.6万余元。举行在杭归侨侨眷新春集中慰问活动，组织浙

9月1日，浙江省侨联代表团出访非洲

【积极参政议政】 做好浙江省侨界人大代表、政协委员的推荐工作，重视发挥侨界人大代表、政协委员参政议政作用，先后组织开展经济科技、文化建设及参与浙江省综合交通网络建设调研等。浙江省“两会”期间，累计提交提（议）案35件，其中涉侨提（议）案17件，浙江省侨联《关于发挥侨务资源大省优势，助推经济转型升级》的大会发言，引起与会领导的充分肯定和中新社、人民网等多家主流媒体的关注，《发挥我省侨务资源优势，积极推动中华佛教文化“走出去”》提案列入了浙江省政协重要提案。举行侨界人大代表、政协委员届末述职评议会，开展侨界代表委员履职评议活动。成立浙江省侨联特聘专家委员会，汇集侨智，建言献策。

10月19日，浙江省侨联开展“送法进侨企”活动

【依法维护侨益】 配合浙江省人大在温州等地开展《中华人民共和国归侨侨眷保护法》执法调研，大力推进“六五”普法宣传活动。接待中国侨联法顾委海外律师团来浙考察，聘请20位海外律师担任浙江省侨联海外法律顾问。组织浙江省侨联法律顾问团赴诸暨开展“送法进侨企”活动。加强对海外侨胞的守法引导，配合使领馆做好浙籍西班牙华侨华人树立新形象工作。2012年，浙江省各级侨联共受理侨界群众来信来访1849起，办结率达86%。

【侨联文宣工作】 参加中国侨联举办的书画展和作文比赛，浙江省遴选的17件书画佳作入选首届“亲情中华”世界华侨华人美术书法展，有200多篇学生征文在第十三届世界华人学生作文大赛中获奖。精心选送“祖国惦

9月9日，联合浙江电视台赴青田开展送文艺下乡活动

11 月 6 日，省侨联主席吴晶在温州统战讲坛作《国家关系中的侨民问题》主题报告

念你”2013 年中国侨联春节晚会节目，温州文成县金莲珠四世同堂华侨家族、温州七都镇侨界留守儿童快乐之家、平湖新华爱心基金珍珠班计划等，相继在中央电视台中文国际频道播出的晚会现场亮相。联合浙江卫视，组织侨界艺术团赴青田、文成开展“送文艺下乡”活动。积极推进“侨联知识进党校”活动，会领导先后为浙江省委党校主体班次的 200 多名党政干部学员授课，应邀在重点侨乡温州统战讲坛作侨务知识主题报告。召开浙江省侨联系统信息宣传工作座谈会，组织信息骨干开展学习培训。联合中国曲艺家协会、法国华商会主办巴黎中国曲艺节活动。《钱江侨音》再探发展新模式，与重点侨乡青田侨报社合作办刊，2013 年发行近万册。浙江侨联网站优化版页设计，及时更新内容，增设活动品牌动态、高校侨（留）联等栏目，现网民月点击量逾 10 万人次。

【侨联对台工作】做好台湾新同盟会名誉会长许历农、台湾侨联总会理事长简汉生、钱王后裔钱煦等一行来浙访问工作。支持中国美术学院、宁波市侨联等与台湾侨界青年开展文化交流活动。

【加强自身建设】加强领导班子和干部队伍建设。在浙江省侨联八届四次全会上，增补了 17 名委员、10 名常委。举办浙江省侨联主席暑期读书班，提升班子和干部的政治业务水平和能力。进一步健全完善浙江省侨联第八届主席、副主席、秘书长工作分工及会领导对口联系制度。加强侨联组织建设。推进侨联组织进机关工作，召开浙江省直属机关第一次归侨侨眷、留学人员和家属代表大会，成立了浙江省直属机关归侨侨眷、留学人员和家属联合会。举办浙江省侨联基层组织建设经验交流会，总结推广“党建带侨建”工作新成效。开展浙江省侨联组织建设和华侨村官情况调查。浙江省侨联经科维权部挂牌运作，经济科技、维护权

8 月 20 日，浙江省侨联主席读书班在杭州举办

11 月 21 日，浙江省直机关侨（留）联成立

益职能得以增强。完成浙江省侨联机关华侨大楼装修，文明机关建设不断加强。加强能力作风建设。在委员中深入开展“五个一”主题活动，委员履职工作取得明显成效。会机关出台了《浙江省侨联机关规章制度修订完善补充规定》，修改完善了财务开支等 6 项制度。抓好机关党建工作，制定了《浙江省侨联机关党支部创先争优活动制度》。组织党员干部赴贵州遵义开展红色之旅活动，接受革命传统教育。实施“捡珍珠”行动，发动机关党员及侨界爱心人士为平湖中学“珍珠班”学生捐款 3.75 万余元。组织观看《钱学森》、《失德之害》等教育片，通过手机短信平台定期发送名言警句，开展廉政教育。2012 年浙江省侨联机关党支部被浙江省直机关工委授予“基层党建工作示范点”称号。

【召开浙江省侨联八届四次全委会】2 月 17 日，浙江省侨联八届四次全委会议在杭州召开。会议传达学习了浙江省“两会”精神、中国侨联八届四次全委会议精神和浙江省委副书记李强到浙江省侨联机关调研时的讲话精神，审议通过了浙江省侨联主席吴晶代表八届常委会所作的《发挥侨务优势，服务转型升级，为全面建成惠及全省人民的小康社会再立新功》工作报告，表彰了 2011 年度浙江省侨联系统先进集体、先进个人以及最具影响力工作，增选了浙江省侨联委员、常委和海外委员，聘请了浙江省侨联国内顾问。会议要求，要全力以赴服务转型升级，为助推全省经济平稳较快发展作贡献；多措并举涵养侨务资源，为推进人才强省战略而不懈努力；深入开展侨联文宣工作，为促进文化大发展大繁荣发挥积极作用；深化创先争优活动，为加强侨联自身建设提供持久动力，以优异成绩迎接党的十八大和省第十三次党代会胜利召开。

【召开浙江省侨联八届六次常委扩大会议】8 月 20 日，浙江省侨联八届六次常委扩大会议在杭州召开。浙江省委副书记李强出席会议并作讲话。会议回顾总结了浙江省侨联上半年的工作，对下半年工作作

9 月 23 日，浙江省侨联党支部赴遵义开展红色之旅活动

8 月 19 日，浙江省侨联特聘专家合影

来的工作情况及下半年重点工作，部署了当前及下半年浙江省侨联的主要工作。会上，各市侨联分别就贯彻落实浙江省委《关于加强新时期侨联工作意见》文件精神情况，进行逐一汇报。10 月 22 日，浙江省各市侨联主席工作会议在桐乡市召开。会议听取了各市侨联工作情况及 2013 年工作思路，部署当前及接下来浙江省侨联的主要工作。会上，部署了浙江省“两会”提议案工作及 2013 年《钱江侨音》发行工作。

出布署：一是在大力营造氛围，学习贯彻党的十八大精神上有高度；二是在继续发挥侨联优势，助推物质富裕的现代化浙江建设上有强度；三是在致力文化传承，服务精神富有的现代化浙江建设上有亮度；四是在始终恪守职责，爱侨护侨为侨服务上有广度；五是在深入创先争优，贯彻省委《意见》精神和推进侨联自身建设上有深度。会议聘请了朱敏等 30 位专家学者为浙江省侨联特聘专家。浙江省侨联与浙江大学全球创新研究中心举行战略合作签字协议。

【召开各市侨联主席工作会议】2012 年，浙江省侨联召开了两次各市侨联主席工作会议。5 月 31 日，浙江省各市侨联主席工作会议在松阳县召开。会议听取了各市侨联今年以

【举行“党建带侨建”基层组织建设经验交流会】8 月 20 日，在浙江省侨联八届六次常委扩大会议上，举行了浙江省侨联“党建带侨建”基层组织建设经验交流会。杭州市侨联、宁波市侨联、温州鹿城区侨联、金华兰溪市侨联的代表分别作了侨联“党建带侨建”基层组织建设经验的典型发言。

【杭州市侨联“党管人才、侨‘联’人才”工作】杭州市侨联新侨人才工作取得新成效，创立了党管人才、侨“联”人才工作新经验，为全国侨联系统提供了经验，得到中央、中国侨联和杭州市委等领导的重要批示。

安徽省归国华侨联合会

【领导成员名单】

主　　　席：文海英（女）

党组书记、常务副主席：康晓萍（女）

专职副主席：吴向明

兼职副主席：邱江辉（女）　仲兆宁

　　　　　　叶向东　方徽琴（女）

副巡视员、秘书长：罗　芳（女）

副 秘 书 长：徐滋跃　许茹玲（女）

【综述】安徽省归国华侨联合会成立于1982年，是省委直接领导的由全省归侨侨眷组成的人民团体，是党和政府联系全省广大归侨侨眷和海外侨胞的桥梁和纽带。现内设机构有办公室（权益保障部）、联络部、文化宣传部。安徽省拥有海外华侨华人、港澳同胞50万人，分布在世界100多个国家和地区，其中改革开放以后移居到海外的新侨民4万多人，大多是学有所成的科技专才。省内归侨侨眷100多万人。全省归侨侨眷和海外侨胞群体呈现出教育文化程度高、经济科技实力强、参政议政意识强、报效桑梓愿望强等特点。2012年，安徽省各级侨联组织紧紧围绕全省工作大局，坚持国内海外、老侨新侨“两个并重”的工作方针，求真务实，开拓创新，为安徽经济社会发展作出了积极贡献。在服务经济建设方面，利用省侨联成立30周年为契机，联合有关部门举办了“2012华商安徽行”活动，促成了25个项目对接。新成立了安徽省侨联特聘专家委员会、青年委员会、安徽张治中教育基金会。成功主办了长三角地区侨联2012年协作年会。在参与社会管理方面，接受捐款1400余万元，实施了兴建侨爱心学校、资助贫困学生等10多个公益项目。筹集慰问资金近100万元，慰问困难归侨侨眷2500余人次。妥善处理了黄山创联洗涤有限公司等信访案件。在文化宣传工作方面，连续七年邀请美国洛杉矶安徽之友访问团来皖开展文化交流。与安徽广播电视台合作，新采访了7位皖籍侨界精英。举办了“侨界高歌颂祖国”文艺晚会和侨界书画作品展，编印了《安徽归侨口述录》和《安徽省侨联成立30周年纪念画册》，制作《徽风侨韵聚侨心》专题纪录片。在推动自身建设方面，成功召开省侨联法律顾问委员会第二次会员大会，举办了第二届安徽省侨联系统干部培训班。推动亳州、阜阳等7个市县成立侨联组织，指导蚌埠市、合肥市侨联换届，督促合肥等4个省辖市出台了《关于加强新形势侨联工作的实施意见》，当涂县、无为县在全省率先出台县级《实施意见》。积极组织机关干部参加在线学习，学习通过率达100%，人均学分80.14分，在省直机关中名列第四位。2012年，省侨联获得全国侨联系统信息工作一等奖、全省公共机构节能优秀单位、省直机关老干部协作组先进单位等荣誉称号。

【召开安徽省侨联五届五次全委会】2月8日，安徽省侨联五届五次全委会议在省政务大厦召开，省委副书记孙金龙、省人大常委会副主任文海英出席会议，省侨联五届委员会委员、常委、部分省辖市外侨办负责人，机关退休干部、省侨商会代表、省侨联法顾委委员及有关县区代表130余人参加会议。省侨联党组书记、常务副主席康晓萍主持会议。会议传达

2月8日，省委副书记孙金龙（左五）、省人大常委会副主任文海英（左六）出席省侨联五届五次全委会

了中央书记处指示精神和中国侨联八届四次全委会精神，听取了安徽省侨联2011年度工作报告。会议对2011年度工作业绩突出的先进单位进行了表彰，并授予了对侨联工作特别重视和支持的县区党委政府"侨联事业特别支持单位"称号。会议还增补了省侨联五届委员会委员、常委、秘书长。

【举行安徽省侨联顾问联络活动】 2月24日，省人大常委会副主任、省侨联主席文海英出席省侨联五届委员会顾问联络活动并讲话。省人大常委会原副主任吴昌期，省政协原副主席张润霞、卢家丰等省侨联顾问参加了活动。省侨联党组书记、常务副主席康晓萍通报了省侨联2011年工作和2012年工作安排。省侨联秘书长罗芳主持活动。顾问们对省侨联今后如何进一步创新、进一步提升影响等提出了宝贵意见，并表示将继续发挥顾问作用，给侨联工作以新的支持。

2月24日，省人大常委会副主任文海英出席省侨联顾问联络活动

省级侨联工作简介

5 月 23 日，全国人大华侨委员会来皖开展调研，省侨联党组书记、常务副主席康晓萍出席并发言

5 月 26 日—28 日，省侨联举办第二届侨联系统干部培训班，中国侨联副主席乔卫出席并授课

【全国人大华侨委员会来安徽开展调研】5 月 23 日，全国人大常委、华侨委员会副主任委员李祖沛率调研组来皖，主要就《归侨侨眷权益保护法》执法检查整改建议落实情况进行调研。省人大常委会副主任胡连松主持座谈会。省侨联党组书记、常务副主席康晓萍出席座谈会。座谈会上，省侨办、省公安厅、省人社厅、省商务厅、贸促会等省直有关单位负责人及合肥市人大常委会负责人，围绕安徽省归侨侨眷和海外侨胞投资权益保护情况、散居贫困归侨侨眷生产生活困难解决情况向调研组进行了汇报，并对修改完善《归侨侨眷权益保护法》提出了意见和建议。

【举办第二届全省侨联系统干部业务培训班】5 月 26 日—28 日，全省侨联系统干部业务培训班在合肥举办。中国侨联副主席乔卫莅临培训班为学员授课。安徽省侨联党组书记、常务副主席康晓萍作开班动员讲话并授课。省侨联党组成员、专职副主席吴向明作总结讲话。省辖市侨联、高校侨联和部分县区侨联负责人，从事来信来访和信息宣传工作的侨联干部，尚未成立侨联的部分市、县侨办负责人，省侨联部分在肥常委、委员，侨资侨属企业负责人，以及省侨联机关全体干部职工 100 余人参加培训。培训班邀请了中国科学技术大学教授徐飞、省政府外事办副主任陆友勤、省委办公厅信息处处长杨冰、省地税局征管和科技发展处副处长朱志等领导和专家，分别就东西方文化史、国际形势、信息宣传、税法知识等进行了专题讲座。

【举办长三角地区侨联工作协作会议】5 月 28 日，长三角地区侨联工作协作会议在肥

5 月 28 日，长三角地区侨联工作协作会议在合肥召开，中国侨联副主席乔卫出席并讲话

召开。省人大常委会副主任、省侨联主席文海英出席会议并致辞。中国侨联副主席乔卫应邀出席并讲话。上海、浙江、江西、安徽、南京、杭州、南昌、合肥和省内其他地市侨联负责人以及部分侨商代表参加了会议。会议围绕“侨与区域经济发展”的主题，共商加强联动协作、携手发展、推动互利共赢事宜。

9月8日—14日，马来西亚星洲日报爱心助学团来皖开展捐助活动。图为助学团在宁国市开发区小学举行捐助仪式

【美国洛杉矶“安徽之友”访问团来皖开展交流活动】7月14日—28日，应安徽省侨联邀请，美国洛杉矶“安徽之友”语文交流团在会长汤定国先生带领下，来皖开展为期两周的中英文交流活动。交流活动旨在促进海外华裔同安徽青少年在中英文方面的交流，不断提高双方人员语言文字水平，加强沟通和了解，同时加强华文教育，弘扬中华文化，进一步向外界积极宣传安徽。

【马来西亚星洲媒体集团来皖开展爱心助学活动】9月8日—14日，应安徽省侨联邀请，马来西亚星洲媒体集团爱心助学团一行26人在萧依钊总编率领下来皖访问并开展助学活动，先后赴马鞍山、宣城、芜湖三市发放爱心助学款和走访。省侨联党组书记、常务副主席康晓萍，副巡视员、秘书长罗芳在合肥会见助学团一行。省侨联联络部有关人员陪同助学团赴各地开展助学活动。此次爱心助学活动共资助全省2012年度贫困小学生3054名，发放助学款220万元。在马鞍山市当涂县亭头小学、芜湖市无为县松院小学、宣城宁国市开发区小学隆重举行助学款现场发放仪式。

7月14日，省侨联党组成员、专职副主席吴向明出席在马鞍山市举办的洛杉矶安徽之友2012“情系徽魂”语言夏令营开营仪式

【举行香港金龙科技集团捐建教学楼奠基仪式】9月24日，香港金龙科技集团捐建霍邱、金寨两县教学楼奠基仪式在霍邱县新店镇十里村小学举

9 月 24 日，香港金龙集团捐建教学楼仪式在霍邱县举行，省侨联党组成员、专职副主席吴向明出席

行。安徽省侨联党组成员、专职副主席吴向明出席仪式并致辞。香港金龙科技集团董事局主席胡国赞，中国侨联办公厅副主任、公益事业管理中心主任刘奇，六安市政协副主席司敏，霍邱县委副书记、代县长胡恩泽等约 200 余人出席奠基仪式。奠基仪式上，胡国赞先生分别向霍邱县十里村小学、金寨县熊家河小学各捐赠了 60 万元人民币，并与学生们合影留念。

【组织开展“庆中秋国庆，喜迎十八大”活动】 9 月 26 日，适逢中秋、国庆来临之际，安徽省侨联组织了以“庆中秋国庆，喜迎十八大”为主题的文化联谊活动，合肥市、中科大、合工大等在肥归侨侨眷近 60 人专程赴太湖县五千年文博园参观考察。在参观考察活动中，归侨侨眷纷纷表示，这种集体活动加深了对中华璀璨文明的理解和认识，感悟到中华文化与大自然天人合一的伟大创造力，有利于归侨侨眷之间的相互交流，让广大归侨侨眷感受到了侨之家的温暖。

9 月 26 日，省侨联组织在肥归侨侨眷在安庆市太湖县五千年文博园参观

【中国侨联副主席王成云来皖考察】 10 月 25 日，中国侨联副主席王成云率团来安徽省马鞍山市考察。省侨联党组书记、常务副主席康晓萍陪同考察。马鞍山市市长张晓麟在市会议中心会见了考察团一行。王成云表示，此次马鞍山之行，印象很好、感受很深、收获很大，今后将充分发挥侨联的独特优势，继续牵线搭桥，积极引荐更多的侨资企业来马鞍山投资兴业，在推动合作中实现优势

10 月 25 日，中国侨联副主席王成云在马鞍山市考察

省级侨联工作简介

互补、共赢发展，为马鞍山的经济社会发展做出更大贡献。

11 月 26 日，省委书记张宝顺（右）会见来皖出席活动的中国侨联党组书记、主席林军（左），并亲切交谈

【隆重举办安徽省侨联成立 30 周年庆祝大会】 11 月 26 日，省侨联成立 30 周年暨省侨联特聘专家委员会、青年委员会和张治中教育基金会成立大会在合肥召开。中国侨联党组书记、主席林军，省委副书记孙金龙，省人大常委会副主任、省侨联主席文海英，中国侨联副主席雪克来提·扎克尔，省政府副省长花建慧，省政协副主席郑牧民出席会议。会议由省侨联党组书记、常务副主席康晓萍主持。来自 29 个国家和地区的侨领、侨商、杰出的科学家和高层次人才等 200 余人参加会议。会上举行了省侨联特聘专家委员会、省侨联青年委员会和安徽张治中教育基金会揭牌仪式，并向新当选的省侨联特聘专家委员会主任先锋、省侨联青年委员会会长赵军、安徽张治中教育基金会副理事长张素久颁发了聘书。

11 月 26 日，省侨联隆重举行成立 30 周年庆祝大会，中国侨联主席林军，省委副书记孙金龙等领导出席大会并分别讲话

【省委书记张宝顺、省长李斌会见中国侨联主席林军】 11 月 26 日，省委书记张宝顺、省长李斌在合肥亲切会见了中国侨联党组书记、主席林军一行。中国侨联副主席、全国人大民族委员会副主任雪克来提·扎克尔，省委常委、省委秘书长唐承沛，省人大常委会副主任、省侨联主席文海英及省政府秘书长韩先聪和省直有关部门负责人会见时在座。张宝顺对中国侨联给予安徽的关心支持表示感谢，希望中国侨联一如既往地支持安徽发展，积极发挥侨界资源优势，广泛宣传推介安徽，吸引更多的海外侨胞来皖考察交流、投资兴业，不断提升安徽省开放型经济发展水平。林军对安徽的侨务工作给予充分肯定，表示中国侨联将进一步发挥自身优势，在引侨资、汇侨智、聚侨力等方面加大工作力度，助推安徽经济社会又好又快发展。

【中国侨联主席林军参观侨界群众书画作品展】11月26日，中国侨联党组书记、主席林军专程来到省侨联举办的侨界群众书画展厅，参观侨界群众书画作品展。省人大常委会副主任、省侨联主席文海英，省侨联党组书记、常务副主席康晓萍，党组成员、副主席吴向明，党组成员、副巡视员、秘书长罗芳陪同参观。林军同志在侨界群众书画作品前，不时驻足停留，认真欣赏，详细询问书画作品和作者的有关情况。对安徽省侨联积极组织丰富多彩的活动，丰富侨界群众的精神文化生活需求的做法给予充分肯定，对安徽侨界群众书画功底深厚，创作的许多佳作精品给予高度赞誉。希望安徽省侨联以成立30周年为契机，进一步创造性地开展工作，建设和谐侨界，引导侨界群众积极投身安徽经济社会发展，为美好安徽建设贡献智慧和力量。此次侨界书画展，得到了全省各级侨联的积极响应和侨界群众的广泛参与，共收集书画作品近100幅，摄影作品200余幅。

11月26日，中国侨联主席林军（左一）在省人大常委会副主任文海英（右三）陪同下参观侨界群众书画作品展

11月27日晚，海内外侨界歌唱家申保山、许雯、王玉红在文艺晚会上深情演唱

【举办“侨界高歌颂祖国”文艺晚会】11月27日，安徽省侨联举办了“侨界高歌颂祖国”文艺晚会，为海内外华商送上了精彩纷呈的艺术盛宴。中国侨联副主席、全国人大民族委员会副主任雪克来提·扎克尔，国侨办副主任任启亮，省政府副省长花建慧，省长助理邵国荷等观看演出。精彩的演出，赢得了与会领导和广大华商高度赞誉。花建慧副省长高度评价了侨界群众的精彩表演，她说：“省侨联对晚会节目精心编排，既体现了安徽的特色，又彰显了侨的风采，演出效果很好。”

【“2012华商安徽行”在皖考察】11月28日—29日，“2012华商安徽行”项目推介暨投资环境说明会分别在合肥、宿州、蚌埠举行。安徽省侨联党组成员、副主席吴向明率代表团赴合肥、宿州、蚌埠考察并进行项目对接洽谈。合肥市领导吴建国，宿州市领导张曙光、史翔、张冬云，蚌埠市领导白金明、方志宏、秦武、吴中尧，省侨联党组成员、副巡视员、秘书长罗芳及省侨联、省侨办有关部

11 月 28 日，省侨联专职副主席吴向明率 2012 华商安徽行考察团出席宿州市委市政府举行的项目推介暨投资环境说明会

室负责人出席活动，来自西班牙、美国、瑞典等国的 50 余位华商代表参加了活动。推介会上，与会嘉宾观看了宿州、蚌埠等市的专题宣传片，经济开发区及有关部门分别推介了重点招商项目。与会华商还就相关具体项目进行座谈交流，各市领导及有关部门负责同志现场解答了华商就优惠政策、项目定位、市场前景等方面的问题。通过参观考察与项目对接，促成了纺织、服装、电子、环保等 25 个项目达成初步意向。

【深入开展"保持党的纯洁性、迎接党的十八大"主题教育活动】根据省委统一部署，省侨联从 2012 年 7 月至党的十八大召开前，在侨联系统集中开展"保持党的纯洁性、迎接党的十八大"主题教育实践活动，并成立了领导小组，由党组书记康晓萍任组长。活动的主要目的是进一步坚定广大党员干部理想信念，提升党性修养，加强基层组织建设，提升为侨服务水平，全面促进各项工作。活动主要分学习教育、分析检查、整改落实三个阶段进行，取得了较好成效。

【积极开展参政议政工作】根据省委统一部署，安徽省侨联在统筹考虑和充分酝酿的基础上，积极参与协商和推荐省十二届人民代表大会归侨侨眷代表候选人，提名省政协十一届委员会归侨侨眷委员候选人。组织省政协侨联界委员和侨界省人大代表赴宣城、马鞍山、六安等 10 余个市调研，提交了《政府主导，创新机制，加快推进社会化养老服务体系建设》、《应多策并举减少燃放烟花炮竹对环境的污染》等 20 多件提案议案，其中《握紧拳头，强化品牌，提升竞争力》、《参与社会管理创新的策略选择》在省政协会议上交流。省侨联牵头提交的《关于进一步修缮张治中将军故居的建议》获得 2010—2012 年度省政协优秀提案表彰。

3 月 6 日，省侨联党组书记、常务副主席康晓萍赴芜湖伯特利有限公司调研

6 月 10 日，省人大常委会副主任、省侨联主席文海英到中国（合肥）非物质文化遗产园考察调研

省级侨联工作简介

10 月 24 日—25 日，省侨联党组书记、常务副主席康晓萍率领省政协侨联界委员在宣城市开展综合调研

【组织赴外省开展学习调研】 为了加强与兄弟省市侨联的交流合作，学习借鉴先进地区的成功经验和做法，安徽省侨联分批组织机关干部赴浙江、福建、陕西、山西等地开展学习调研。考察团分别与各级侨联组织就新时期侨联工作、为侨服务、侨商组织建设、文化宣传等工作进行了深入交流探讨，并与陕西省侨联、福建省侨联、厦门市侨联等签订了友好合作协议。考察报告得到了省政府领导的两次批示肯定。

8 月 12 日—22 日，省侨联专职副主席吴向明率团访问意大利、法国、冰岛。图为吴向明与冰岛华人华侨协会许雯会长签订友好合作协议

【大力涵养侨务资源】 坚持请进来走出去相结合，安徽省侨联先后组团赴德国、瑞典、法国、意大利、冰岛等国家，拜访了意大利华商总会、法国法华工商联合会等 30 多个社团和 400 多位高层次人才。邀请拉脱维亚拉中贸易协会等 50 多个经贸代表团和英国曼彻斯特大学天文与物理学院终身教授张恒贵等近百位海外高层次人才来皖考察洽谈，为美好安徽建设积聚了一批优势资源。

4 月 12 日—19 日，省侨联副主席方徽琴、秘书长罗芳率考察团一行赴浙闽地区学习考察。图为考察团与舟山侨联座谈交流

【马鞍山市侨联全面加强自身建设】 马鞍山市侨联认真组织学习贯彻落实安徽省委、省政府《关于加强新形势下侨

联工作的意见》和马鞍山市委、市政府《关于进一步加强侨联工作、发挥侨联作用的实施意见》。一是侨联工作平台得到大提升。市委、市政府主要领导多次肯定侨联工作，多次拜访上级侨联组织，马鞍山市人民政府与中国侨商联合会签订战略合作协议，中国侨联组团来马考察，在全市范围内遴选了 2 名干部赴中国侨联经济科技部、海外联络部进行为期 1 年的挂职锻炼，市侨联第一次独立组团出访海外。二是为侨服务能力水平得到大提高。市侨联依法维护侨界群众合法权益，为侨界群众排忧解难，妥善处理了 10 件次重要信访事件。开展慰问走访活动，发放慰问金（品）共计 15 万余元。举办 2012 全市侨界人士迎春联欢会等 30 多场次联谊活动，形式多种多样，内容丰富多彩，进一步把广大归侨侨眷组织起来，凝聚起来。三是侨联组织建设日臻完善。在市委的关心支持下，市侨联在实现党支部独立、党组独立的基础上，在全省侨联系统中率先实现党组主要负责人由驻会同志担任，使市侨联的议事规程得到进一步规范，决策机制得到进一步加强。截止到 2012 年 12 月底，在全省侨联系统中率先实现县区、开发园区、新区侨联组织全覆盖。和县、博望区、雨山区、示范园区先后召开了第一次归侨侨眷代表大会，开发区、慈湖高新区、郑蒲港新区也已按照要求召开了侨联成立大会，基层侨联组织顺利挂牌成立并实现有机构、有人员、有经费、有场所。花山区召开了第二次归侨侨眷代表大会；当涂县在全省率先出台了《关于进一步加强新形势下侨联工作、发挥侨联作用的实施意见》，依照《中国侨联章程》已启动换届工作；含山县县委常委会、县编委已研究通过县侨联的机构、编制设置，明确了侨联负责人。

【铜陵市侨联大力拓宽联络联谊渠道】一是加强与海内外华人华侨的交流与合作。为加深香港与内地交流、增进对国情和对铜陵的了解，9 月 15 日—17 日，邀请香港特别行政区高级公务员国情班一行 29 人来铜，进行为期三天的“走进世界铜都——铜陵”主题访问考察交流活动。访问团先后深入社区、农村、企业、学校、市民家庭等处进行实地参观，考察社区建设、铜产业及循环经济发展、新区建设、文化旅游设施建设、新农村建设和教育等方面情况，并通过交流座谈等方式，向市直有关部门介绍了香港城市管理的经验和做法，为进一步宣传推介铜陵，加深铜陵与香港两地多领域交流与合作提供了良好契机，为增加两地友谊、实现互利双赢奠定了坚实基础。二是开展海外铜陵人电视拜年活动。为了创新工作方式和手段，不断增进与海外游子的乡情、亲情和友情，春节期间首次尝试在铜陵电视台开展了海外铜陵人向家乡人民视频拜年活动，让远在异国他乡的铜陵籍海外游子，通过视频表达出他们对家乡人民的新春祝福、良好祝愿以及对家乡发展的高度关注，此项活动受到全市广大归侨侨眷一致称赞，收到了很好效果。三是广泛汇集海内外侨务资源。利用参加“2012华商安徽行”和出访美国、加拿大等契机，广泛联系海内外的华人华侨，加强与他们的沟通与交流，并推荐了两名原籍铜陵的有影响、有造诣的年轻华侨当选安徽省侨联青年委员会委员。市侨联还与加拿大加中国际经济文化发展促进委员会、西班牙华侨华人协会等多个国家和地区的侨团侨社建立了密切联系，保持同他们的不间断联络，与江苏扬州、泰州，浙江丽水、广东中山等市侨联缔结了友好合作关系。

【亳州市侨联积极参与承办2012国际中医药博览会】2012年9月，亳州市侨联积极邀请来自韩国、澳大利亚、希腊等5个国家的经贸代表团和英国中医药专家、兰中医院院长汤淑兰等50多位中医药专家出席2012国际（亳州）中医药博览会暨第28届全国（亳州）中药材交易会。参会嘉宾通过发表专题演讲、设展台展出特色产品、举行专家广场义诊、开展经贸座谈会等多种形式，广泛参与融合药博会的各种活动，并与亳州市相关部门、企业进行广泛交流，达成了医药、红酒、保健品、旅游等多方面的合作意向，受到市民及社会各界一致好评。其间，亳州市侨联还积极利用各种资源，加强沟通和交流，成功推动亳州市政府与澳大利亚郝本沙尔市政府共同签署了《关于推进亳州市与郝本沙尔市友好交流合作的协议书》。此外，还主动邀请人民网、《安徽日报》、《新安晚报》、希中网等海内外媒体对亳州药博会活动进行了跟踪报道，扩大了活动影响，提升了亳州在海内外的知名度和美誉度。

【安庆市侨联积极开展招商引资获佳绩】安庆市侨联紧紧围绕市委、市政府的中心工作，发挥内延活、外延广、资源厚的优势，积极开展引大资、招大商活动。一是健全组织，明确责任。3月10日，市侨联召开了主席办公会，认真学习了市委、市政府《2013年招商引资工作的方案》，研究成立了以市侨联副主席胡莹为组长的招商工作小组，并明确了秘书长李松柏为招商引资的责任人，由联络科科长为办公室主任，负责招商引资的日常工作。招商小组的成立为招商引资工作奠定了组织基础。二是积极奔走，捕捉商机。2012年春节刚过，招商小组就利用各种平台四处奔走，4月参加了市委、市政府的招商工作会议，了解全市今年主要的引资意向；6月，参加了市政府举办的商机推介会，同时，还积极利用“华商安徽行”、“安庆市黄梅戏艺术节”等平台，会见各方宾客，热情介绍了安庆的投资环境及发展前景，受到了一致好评。三是锲而不舍，确保质量。5月初，在市政府组织的座谈会上，得知山西省大同市一家企业有来安庆投资的意向，招商小组立即主动出击，邀请他们来安庆参观考察，进一步加深对安庆的印象。随后，招商小组派市侨联秘书长李松柏前往山西大同，与企业董事长徐灿龙深入接触。通过多次考察和反复磋商，6月底企业终于在安庆投资1亿元人民币成立了富中小额贷款有限公司。由于工作成绩突出，市侨联荣获“安庆市2012年度市直招商引资工作先进单位”称号。

福建省归国华侨联合会

【领导成员名单】

主　　席：王亚君（女）

专职副主席：谢小建

陈式海（2012年9月任职）

翁小杰（2012年9月任职）

副巡视员：杨　石

兼职副主席：（以姓氏笔划为序）

王德贤　许健康

李　敏（女）　吴换炎

陈水波　陈明金　陈泽峰

陈晓玉（女）　陈家泉

林泽春　林树哲　周永伟

郭加迪　黄朝阳

程　璇（女）　蓝桂兰（女）

赖庆辉　潘邦炎

秘 书 长：翁小杰（兼）

【综述】2012年，福建省侨联坚持以科学发展观为指导，以落实《关于进一步加强和改进新形势下侨联工作的意见》（福建省委［2011］16号文件）和召开省第九次“侨代会”为契机，突出做好“建功立业、献智出力、和谐侨界、海外联谊、创家交友”五篇文章，团结协作、开拓创新、努力进取，各项工作取得明显成绩。福建省侨联获全国侨联系统信息工作一等奖，被评为“省直机关第十一届文明单位”。

【协助政府引资引智有新贡献】据统计，福建省侨联系统配合党委政府举办招商推介会85场次，参与洽谈、引进侨外资项目127个，投资总额131亿美元，实际到资71.18亿美元；发起成立福建省侨商联合会，16名侨商会会长（副会长）在福建投资较大型项目36个，投资总额500多亿元人民币；成立福建省侨商会科技创新顾问团，协助引进新侨高层次人才（团队）37个，科技项目成果6项，形成高新产业项目投资额约1.4亿元，16位闽籍侨界高层次人才（团队）获得中国侨界贡献奖。福州市侨联利用“海西引智试验区”等平台，协助引进20名海外人才。

【联谊交流和文化宣传有新拓展】福建省侨联深入开展“大走访、大交流”活动，共接待团组540多个，海外华侨华人及港澳台同胞7100多人次；组织文化寻根夏（冬）令营14场（次），邀请20个国家（地区）的900多名华裔青少年参加；组织5支福建“亲情中华”艺术团，到8个国家（地区）慰侨演出24场，观众达2万多人次；福建省侨联与省文化厅、新闻出版局联手筹建“闽侨文化中心”、“闽侨书屋”，与省侨商联合会特别协办中国侨联2013“祖国惦念你春节晚会”，与各地联办海外侨胞回国书画展等活动；举办第22届“华昇杯”侨界业余羽毛球邀请赛、侨界迎新春团拜等品牌活动；采访、收集、整理37位侨界精英人物事迹，编辑出版《闽侨之光》，在福建省第九次归侨侨眷代表大会上首发，以此展示侨界人物的风采；推动《八闽侨声》杂志和《福建侨联网》的改版、升级。龙岩市侨联参与举办爱国侨领陈灼瑞先生诞辰100周年纪念活动，三明市侨联参与承办第25届世界客属恳亲大会，福建省华侨历史学会参与承办“中国侨批·世界记忆”国际学术研讨会。

【侨务对台工作有新突破】福建省侨联举办两岸侨界龙年恳亲活动，承办两岸侨联和平发展论坛，协办两岸青年论坛、百姓论坛、第三届海峡两岸船政文化研讨会；与国台办合作承办海外台湾留学生文化寻根夏令营；签署闽、豫、台三地侨联战略合作框架协议，聘请台湾侨界人士为特邀委员和顾问。

【维护侨益和参政议政有新内涵】福建省侨联建立每季度一次的下基层联合接访制度。2012 年，全省侨联办理涉侨信访件 731 件，其中省侨联 146 件；推动各设区市侨联成立法律顾问委员会，全省 9 个设区市以及 39 个县（市、区）侨联与当地人民法院建立涉侨维权工作衔接互动机制，或成立涉侨维权工作协调指导小组；全省法院共设立 32 个涉侨案件审判组或合议庭，聘任 131 名涉侨案件特邀调解员，聘任 123 名侨联组织、侨界人士担任人民陪审员；在省委省政府的关心重视和有关部门的支持协作下，将归侨离退休职工生活补贴标准从每月 60 元提高到 100 元；分片区开展省侨联“委员活动日”活动，组织侨界人大代表、政协委员考察调研，积极参政议政；编印《来自侨界的心声》一书，收集整理福建侨界人大代表、政协委员提案议案 191 篇，展示参政议政成果。

【服务公益事业有新作为】元旦、春节期间，全省侨联深入开展“送温暖、献爱心”活动，共筹集资金 235.62 万元，慰问贫难侨 3036 户，走访侨领（侨资企业家）572 位、知识分子 91 位，看望老侨联工作者 260 位。2012 年，全省各级侨联共引导海外侨胞在闽捐赠公益事业 5.88 亿元，其中：“侨心工程”捐款 1.4 亿元，捐建中小学 29 所，捐助科教项目 35 个，发放奖助学金 73 项，资助贫困学生 4585 位，设立侨界助学、扶贫等公益基金会 3 个（金额 1.83 亿元），引建交通、环境、福利、体育等其他公益慈善项目 85 个（金额 2.65 亿元）。泉州市侨联首批筹资 2566 万元，启动全省“百侨帮百村——共建美丽乡村”活动。福建省侨联做好挂钩帮扶的县（乡、村）新农村建设助推工作，发起成立大型福建侨心公益基金，首批接受捐资 1.63 亿元，直接引进“侨心工程”捐款 411.9 万元，引进侨心学校 10 所。

【加强自身建设有新成效】落实福建省委［2011］16 号文件，推动九个设区市的《关于进一步加强和改进新形势下侨联工作的实施意见》全覆盖；将福建省华侨史交流服务中心改设为福建省侨联服务中心，增加 2 名事业编制；召开福建省第九次归侨侨眷代表大会，一批侨界精英贤达进入领导班子；指导厦门、漳州、泉州、龙岩等设区市侨联和一批县（市、区）侨联按时换届，使一批优秀年轻干部进入侨联领导班子；创新侨联组织活动模式，依托闽籍侨领在北京、上海成立省侨联联络处，新成立泉州台商投资区侨联等，全省侨联组织达 3706 个，形成了“广覆盖、多层次、全方位”的侨联组织网络；命名 48 个省第三批“侨友之家”、20 名首届四星级“侨友之星”，打造出一批广大归侨侨眷和海外侨胞认可的温馨“侨之家”。

【召开福建省侨联八届六次常委会和八届五次全委（扩大）会议】3 月 16 日—17 日，福建省侨联八届六次常委会和八届五次全委（扩大）会议在福州召开。会议传达学习了中央书记处关于侨联工作的指示精神和中国侨联八届四次全委会议、省委常委会专题研究侨联工作的会议精神，传达学习了全国“两会”精神，总结了全省贯彻落实省委省政府《关于进

9月4日—5日，福建省第九次归侨侨眷代表大会在福州隆重召开

一步加强和改进新形势下侨联工作的意见》的工作情况，审议通过了王亚君代表省侨联八届委员会所作的《工作报告》。省委副书记陈文清、中国侨联秘书长王宏出席会议并讲话。会议决定2012年7月召开福建省第九次归侨侨眷代表大会。

【召开福建省第九次归侨侨眷代表大会】 9月4日—5日，福建省第九次归侨侨眷代表大会在福州隆重召开。福建省委书记、省人大常委会主任孙春兰，省委副书记、省长苏树林，省领导梁绮萍、朱生岭、张昌平、杨岳、陈桦、叶双瑜、苏增添、张志南、张广敏、倪岳峰等出席开幕式，老同志方忠炳、陈荣春，省各民主党派、工商联和有关单位负责人到会祝贺。中国侨联主席林军，省委副书记陈文清，省政协副主席、省委统战部部长雷春美出席会议并讲话。大会通过了省侨联主席王亚君代表省侨联第八届委员会所作的工作报告，授予福清市侨联等35个单位为2008—2012年度福建省侨联系统先进集体，李盛王等35位

闭幕式后，福建省侨联新老班子成员合影。前排左九为省委副书记陈文清，左八为省政协副主席、省委统战部部长雷春美，左七为省侨联主席王亚君

同志为2008—2012年度福建省侨联系统先进工作者，长乐市侨联等48个单位为第三批福建省侨联系统“侨友之家”，王燕燕等20位同志为首届福建省侨联系统四星级“侨友之星”。授予许健康等16人为“福建侨心公益事业”突出贡献奖。大会经无记名投票选举产生福建省侨联第九届委员会，王亚君当选主席，谢小建、陈式海、翁小杰当选专职副主席；王德贤等18位社会各界知名人士当选兼职副主席；翁小杰兼任秘书长。闭幕式后，省委副书记陈文清会见了省侨联新老班子成员。

11月9日，福建省侨联举办侨界人士党的十八大报告学习座谈会

【认真学习贯彻十八大精神】十八大召开后，福建省侨联紧密结合学习省第九次党代会、省委全委（扩大）会议等一系列会议精神，通过党组中心组学习会、党员领导上党课、侨界人士学习座谈会、专题培训班、下基层宣讲等方式，组织广大侨联干部和归侨侨眷、海外侨胞共学十八大精神，向各级侨联发出《通知》，推动十八大精神进机关、进侨企、进学校、进侨乡、进侨界。提出了围绕一个目标（全面建成小康社会），坚持两个并重（国内海外并重、老侨新侨并重），深化三项服务（为侨服务、为两岸和平发展服务、为地方经济社会发展服务），履行四大职能（群众工作、参政议政、维护侨益、海外联谊），实施五大工程（党建引领、建功海西、亲情中华、和谐侨界、自身建设），开展六项行动（“我为美丽中国美丽福建献一策”行动、世界闽籍侨商“创业中华，相约福建”行动、“百侨帮百村——共建美丽乡村”行动、两岸侨界携手共建美丽家园行动、爱侨护侨为侨惠侨行动）的工作新思路。

【组织侨商代表创业中华福建行】2012年，福建省侨联多次组织侨商参加考察调研，为闽籍侨商回乡发展搭建新的平台。6月26日—27日，省侨联组织印尼、菲律宾、新加坡、加拿大、德国和香港、澳门等国家和地区的20多位侨商代表，到福州、泉州、厦门参观考察华侨农场，侨商代表们考察了福清江镜华侨农场、泉州洛江双阳华侨农场和厦门同安竹坝华侨农场，深入了解福州闽台蓝色高新产业园区、洛江经济技术开发区、厦门竹坝南洋风情度假区、同安滨海新城发展规划和投资软硬环境，并初步达成一批合作意向。7月10日，福建省侨联副巡视员杨石、福建丰泉环保集团董事长陈泽峰、龙岩市武平福景房地产有限公司董事长吴换炎率福建省部分侨商到福州台江金融街和马尾新区进行考察，参加侨商投资区项目对接洽谈会，了解福州各区县发展情况和投资环境，为侨商投资区项目选址做准备。10月15日—18日，福建省侨联主席

6 月，福建省侨联组织侨商考察团到泉州洛江华侨农场参观考察并座谈

王亚君，福建省侨商联合会会长许健康率省侨联、省侨商会调研考察组一行赴泉州、漳州、龙岩和南平调研各地市侨联工作和考察侨商投资环境、投资项目。省侨联副主席谢小建、翁小杰及省侨联各部室负责人，省侨商会执行会长陈泽峰等 20 多位侨商参加调研考察。考察组一行参观了漳州碧湖生态园、台商投资区、田园都市生态之城主题馆，龙岩城市规划展示馆，南平闽北产业集中区管委会、紫阳古城招展中心，并对漳州福欣特殊钢有限公司及台商投资区工业用地、龙岩国际美食城、南平武夷新区及闽北产业集中区建设项目进行实地考察，详细了解了所在市区的规划定位、发展方向、用地布局、交通系统、总体城市设计、公共设施规划、拆迁工程及优惠政策等软硬投资环境。通过考察交流，侨商们对投资家乡建设表现出浓厚的兴趣，就侨商投资区、华侨城、华侨之家等项目初步达成合作意向。调研考察组的到来受到了各地市领导的高度重视和热忱欢迎，他们向考察组一行介绍了所在地基本市情，经济社会发展情况，潜在商机及政策、区位、产业、资源等不同优势，希望通过这次调研考察，侨商们能抓住大好商机，投资兴业，当地政府将以优质的服务和良好的保障，全力支持侨商们大展宏图，互利共赢。此外，福建省侨联还借助“5·18”、“6·18”等各种平台，组织侨商参加“第十四届海峡两岸经贸交易会”、“中国海峡项目成果交易会”、“世界侨商（宁夏）经贸推介洽谈会”等，积极引资引智，促进侨资回归，服务福建创新型省份建设。

【荣获“中国侨界贡献奖”组织奖】8 月 10 日，“第四届新侨创业成果交流会”在北京召开，中国侨联主席林军、中科院院长白春礼等领导为全国 143 位获得“中国侨界贡献奖”表彰的创新人才、创新成果和创新团队代表颁发了奖牌和证书。福建省侨联荣获中国侨联授

8 月 10 日，福建省侨联获“中国侨界贡献奖”组织奖

予的“中国侨界贡献奖”优秀组织工作奖。福建省16位新侨专业人才和侨资高新技术企业家在大会上受到表彰。这些获奖专家是福建省科研院所、高等院校的重点科研人才或侨资高新企业主要负责人，并有半数以上入选过国家“千人计划”、“百人计划”和“新世纪人才”等高端人才引进项目，研究领域涵盖了计算机、

在福建省侨商联合会成立大会上，侨商们为“福建侨心公益基金”认捐1.63亿元

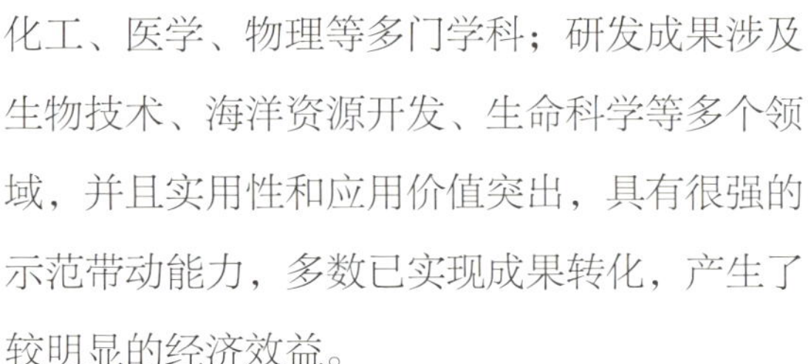

化工、医学、物理等多门学科；研发成果涉及生物技术、海洋资源开发、生命科学等多个领域，并且实用性和应用价值突出，具有很强的示范带动能力，多数已实现成果转化，产生了较明显的经济效益。

【成立福建省侨商联合会】 9月3日，福建省侨商联合会在福州成立，推选许健康为会长，陈泽峰为执行会长，吴换炎为监事长，丁水波等47人为常务副会长，丁宗寅等34人为副会长。新成立的福建侨商会是由海外华侨华人、港澳同胞在福建投资企业组成的社会团体，是深化为侨资企业服务的重要平台。它将以服务会员、奉献社会为宗旨，充分发挥桥梁纽带作用，支持会员发展事业并积极参与福建经济社会建设，为推动福建科学发展跨越发展作出应有的贡献。在成立大会上，专门设立了“福建侨心公益基金”，与会侨商为该公益基金认捐总金额达1.63亿元；会上，还举行商业银行与侨商会战略合作签约启动仪式，5家银行共为侨商会授信1000亿元。

【赴莆田、厦门、宁德调研慰问】 11月1日—7日，福建省侨联主席王亚君，副主席谢小建、陈式海、翁小杰，副巡视员杨石以及各部室负责人一行分别赴莆田、厦门、宁德调研

9月3日，福建省侨商联合会在福州成立

11 月，福建省侨联调研组一行参观考察侨资企业

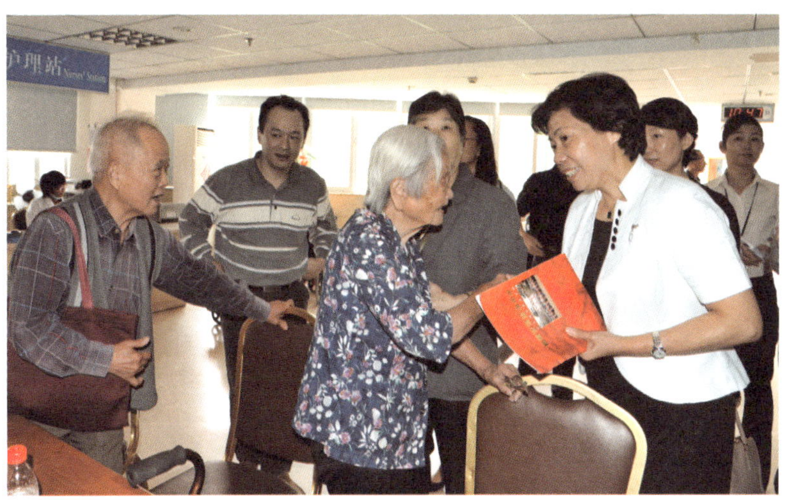

调研期间，福建省侨联主席王亚君（右一）看望慰问贫病归侨侨眷

慰问。调研组一行先后走访了莆田赤港华侨农场、涵江区江口镇官庄村、厦门思明区筼筜街道、宁德华侨新村等基层贫困归侨侨眷，了解他们的困难和近况，与当地部门领导探讨结对帮扶的措施，并送上慰问金。调研组一行先后到莆田新飞天鞋业有限公司、汇达时装有限公司、安特·欧洲城一期，厦门艾德生物医药科技有限公司、三安光电股份有限公司，宁德东湖塘华侨农场等侨资项目、新侨创业企业、华侨农场参观考察，并与相关负责人进行座谈，了解企业、农场的发展情况及存在困难，听取侨联如何为侨企服务的意见和建议。调研组一行还听取了莆田、厦门、宁德市侨联的工作汇报，详细了解基层侨联状况、工作思路、存在问题及换届情况等。

【举办文化寻根夏令营】 8 月 4 日，“福建之旅”文化寻根夏令营在厦门华侨博物院正式开营，王亚君主席向夏令营营长——来自美国 University of California Irvine 大学的薛树蔚同学授旗。夏令营由福建省侨联和福建省闽台交流协会联合举办，30 位来自美国、加拿大、澳大利亚、泰国、哥斯达黎加等五个国家的台湾海外留学青少年和 20 位福建当地的大学生共同经历了一场名副其实的闽南文化洗礼。海峡两岸大学生通过八天的学习、参观，体验闽侨文化、上古文化、土楼文化、闽南建筑文化、惠安石头文化等，领悟中华文化的博大精深及其魅力所在。

8 月 4 日，“福建之旅”文化寻根夏令营在厦门华侨博物院开营，福建省侨联主席王亚君（左二）向夏令营营长授旗

【组团出访美国、加拿大和香港】9月13日—24日，应美东华人社团联合总会主席陈清泉、加拿大福建社团联合总会主席欧阳元森、香港福建社团联合会主席林树哲的邀请，福建省侨联主席王亚君率访问团一行6人赴美国、加拿大、香港，开展以调研侨情、走访侨社和考察设立闽侨书屋、"闽侨文化中心"为主要内容的访问活动。访问团一行先后访问了美国芝加哥、华盛顿、纽约和加拿大渥太华、蒙特利尔、多伦多、温哥华以及香港等国家和地区的重点侨团、侨领，参加了近20场各类联谊活动，举行了9场座谈会，拜访了芝加哥福建同乡会、美国福建同乡联合会、加拿大福建社团联合总会及香港福建社团联会等50多个全国性、全省性和地区性的重点华侨华人社团和近百名侨领或侨团骨干，进一步扩展了美国和加拿大一些新侨地区的工作领域，为省侨联系统在美国芝加哥、加拿大蒙特利尔等新侨地区开展联谊活动填补了空白。在香港，访问团召开了福建省侨联香港委员、顾问座谈，进一步密切侨联和香港侨界委员、顾问的联系，拓宽了闽港合作联谊渠道。访问期间，王亚君主席充分利用同领事馆、闽籍社团和海外乡亲会面、座谈等机会，宣传推介海西建设的最新成就。访问团还就设立闽侨书屋和"闽侨文化中心"做了深入细致的考察调研，先后在芝加哥、纽约、蒙特利尔、多伦多、温哥华等地进行实地考察，和部分有意向建设"闽侨书屋"和"闽侨文化中心"的重点社团，形成了初步的合作意向。此次访问活动得到了海外多家媒体杂志的关注和报道，《中国侨声》、《侨报周末》、《加中时报》、《大华商报》以及香港凤凰卫视、新时代电视等多家报刊杂志和媒体对访问活动进行专题报道，从而进一步扩大了侨联组织在海外的影响。

9月，福建省侨联主席王亚君（前排左四）拜访美国福建同乡会

【贯彻落实"全民健身计划"】11月17日—18日，福建省第22届"华昇杯"侨界业余羽毛球邀请赛在厦门市体育中心举行。邀请赛由福建省侨联、福建省羽毛球协会主办，福州华昇投资开发有限公司协办，厦门市侨联承办。这是福建省侨界弘扬奥运精神，贯彻落实"全民健身计划"，推动群众性体育运动，展示侨界传统羽毛球竞技活动的一次盛会。参加邀请赛的有香港侨友社代表队、马来西亚福州十邑同乡总会代表队、金门代表队、福建省侨联昇兴代表队、福州华昇公司代表队以及福州、厦门、宁德、泉州、龙岩、三明、南平、莆田等13支队伍，近200名运动员参赛。各地市侨联积极开展"全民健身"活动，厦门市侨联举行"千名侨界群众环岛健步行"活动，厦门湖里区侨联组织侨商休闲拓展活动，泉州市侨

省级侨联工作简介

联开展以羽毛球赛和乒乓球赛为内容的健身活动，思明区侨联与思明区海外联谊会联合举办2012年“同心杯”侨界游泳比赛。

【协办中国侨联2013年春节晚会】12月22日，福建省侨联主席王亚君，副主席、省侨商联合会会长许健康，执行会长陈泽峰、监事长吴换炎等10位省侨联、侨商会领导，应邀赴京参加“2013年中国侨联春节晚会”的录制活动。晚会由中国侨联、中央电视台联合主办，福建省侨联和省侨商会特别协办，中央电视台中文国际频道、中国华侨公益基金会共同承办，以“祖国惦念你”为主题，以春晚的形式，于2013年春节期间通过中央电视台中文国际频道向美洲、欧洲及亚洲地区播放，是一台由侨界人士创意发起、爱心人士资助的文化盛典。在晚会录制现场，王亚君和许健康分别代表福建省各级侨联和侨商会，向闽籍海外乡亲拜年，送去诚挚的问候和浓浓的新春祝福。

12月，在北京“2013年中国侨联春节晚会”录制现场，福建省侨联主席王亚君与侨商会领导及社会各界人士合影。第一排左五为福建省侨联主席王亚君，左六为福建省侨商会会长许健康

【承办两岸侨联大型恳亲活动】6月4日—10日，两岸侨联恳亲活动在台北、台南、高雄、澎湖举行，这是两岸侨联首次合作在台举办的大型恳亲联谊活动。此次活动由中国侨联与台湾侨联总会共同主办，福建省侨联承办。中国侨联与福建省、市、县、镇、村六级侨联百位代表首次联袂入岛恳亲，也拉开了第四届海峡论坛的序幕。作为“两岸侨联和平发展论坛”的前奏，6日，两岸侨联恳亲大会在台北举行。中国侨联主席林军、中国国民党荣誉主席吴伯雄、福建省侨联主席王亚君、副巡视员杨石等与岛内外200多位知名人士、侨界朋友出席了大会。7日，福建省侨联还与台南文化交流协会、台南南安商会在台南联合主办“两岸侨联台南恳亲会”。活动期间，省

6月7日，省侨联与台南文化交流协会、台南南安商会在台南联合主办“两岸侨联台南恳亲会”

侨联还在台北和台南举办“灵秀侨乡”、“龙的故乡”摄影作品展。厦门、泉州、南安、石狮等地侨联还分别与台南市文化协会、台南市南安商会、高雄市泉州晋江同乡会等18个同乡会、商会、宗亲和文化机构进行了恳谈交流，并签订了友好合作协议，赠送了族谱。在7天的“亲情之旅”参访活动中，中国侨联、福建侨联代表团还拜会了中国国民党荣誉主席吴伯雄、海基会董事长江丙坤等岛内知名人士，拜访了“中华侨联总会”等组织；参访了台塑集团、台盐集团和台南农场等企业。此次活动实现了“两岸侨联和平发展论坛”由大陆到台湾、高层到基层、侨界到乡亲、内容到形式的新提升和新突破，在台湾岛内引起了强烈反响，得到了台湾侨界和福建乡亲的充分肯定和热情欢迎。

【承办两岸侨联和平发展论坛】6月17日，以“携手传承中华文明，共同建设侨乡文化”为主题的第四届海峡论坛·两岸侨联和平发展论坛在厦门开幕。中国侨联主席林军，副主席李卓彬，台湾中华侨联总会理事长简汉生，福建省副省长倪岳峰，厦门市委常委黄菱，中国侨联副秘书长、海外联谊部部长林佑辉，福建省侨联主席王亚君等出席论坛开幕式。论坛由中国侨联和台湾中华侨联总会主办，福建省侨联与厦门市侨联承办，岛内及海外200多名嘉宾参加了本次论坛。来自两岸的侨界代表和专家学者围绕“根亲文化”、“侨乡文化”进行交流、互动，探讨以共同的文化为纽带，推进两岸侨界民间交流，推进海外侨社和谐。中国侨联和台湾中华侨联总会还联合发出了《共同征集华侨华人历史文物文史的倡议》。

【开展侨法普法宣传活动】12月4日，为配合全国法制宣传日活动，福建省侨联、福州市侨联、鼓楼区侨联与福建省高级人民法院、福州市中级人民法院、鼓楼区人民法院在福州鼓楼前遗址公园联合开展“12·4”全国法制宣传日暨侨务法律宣传咨询活动，福建省侨联副主席谢小建、副巡视员杨石代表省侨联参加了此次活动。在活动现场，三级法院的法官和侨联工作人员为群众答疑释惑，进行普法宣传，发放《诉讼指南》、《司法进社区》、《司法进学校》、《司法进企业》和《涉侨政策法律问答选编》等宣传材料800多册，共有300多名社区和侨界群众到场，向专家咨询拆迁补偿、离退休待遇、房产和民事纠纷及教育等疑难问题。

【开展“学雷锋，见行动，走基层，三下乡”志愿活动】2月28日，省侨联副主席谢小建，副巡视员杨石以及福建省侨联艺术团文艺工作者、福建医大附一医院医疗专家、省农科院的果蔬专家和侨联机关工作人员一行30人，赴漳州龙海双第华侨农场开展文化、医疗、科技“三下乡”志愿活动。双第华侨农场、附一医院、漳州芗城区的医疗专家现场为农场的归侨侨眷进行义诊160多人次，免费送上了2000多元的医疗药品；省农科院专家向果农们传授先进的果蔬种植和果蔬病虫防治知识；省侨联文化艺术团和双第华侨农场的舞蹈队一起为归侨侨眷献上“亲情中华”的慰侨演出。

【开展“下基层、办实事、聚侨力、促发展”活动】5月和10月，福建省侨联分别赴南平和三明开展扶贫捐赠活动。5月15日—17日，福建省侨联主席王亚君一行与部分侨资企业家、福建医大专家医疗队，深入南平市的政和、松溪、浦城、武夷山，开展义诊、扶贫、捐赠活动。在政和县杨源乡，侨资企业家苏建华、何萍萍、李木理分别向坂头中奥侨心小学和乡希望幼儿园捐款25万元，陈文海向乡卫生院捐赠一部救护车。医大专家免费接诊200人次，赠送药品3000多元。在松溪县，调研组考察了当地一些企业和社会公益事业项目，决定引导即将成立的福建省侨商会与松溪县在项目、资金、技术、管理等方面进行合作对接。在浦城县，苏建华先生捐建的浦城河滨街道北山中奥侨心小学正式落成揭牌。在武夷山市朱子学校，菲华侨领陈永栽博士捐款40万元成立了“陈延奎朱子文化教育基金”。10月22日—24日，福建省侨联主席王亚君，副主席谢小建、翁小杰和各部室负责人，福建省侨商联合会常务副会长周道芳等，深入三明市、明溪县调研，召开座谈会。会上，王亚君一行详细了解了市侨联工作的现状和思路以及存在问题，并就当地侨联工作中存在的困难和问题，与当地领导进行了商讨，得到了妥善解决。王亚君一行还深入明溪县夏阳乡御帘村开展捐赠活动，在2011年捐赠60万元的基础上再次捐赠50万元作为农民增收的帮扶资金。周道芳捐赠2万元支持明溪县侨联开展新侨工作，捐赠25万元支持夏阳“侨心幼儿园”建设项目。在明溪县期间，王亚君一行还考察了御帘村红豆杉苗木培育示范基地，了解该项目的种植规模，生长情况和经济、社会效益等，并与当地村支书就如何推进红豆杉基地发展交换了意见。

【启动“百侨助百村”活动】12月19日，福建省侨联系统“百侨助百村——共建美丽乡村”启动暨捐赠仪式在泉州举行，省侨联主席王亚君、副主席陈式海参加了捐赠仪式。菲律宾、新加坡、马来西亚、阿根廷以及香港、澳门等国家和地区的侨亲慷慨解囊，捐资2000

6月7日，省侨联与台南文化交流协会、台南南安商会在台南联合主办“两岸侨联台南恳亲会”

12 月 19 日，福建省侨联系统“百侨助百村——共建美丽乡村”启动暨捐赠仪式在泉州举行

多万元，项目涉及老年活动中心、学校、村休闲中心、水泥路拓宽、公园扩建、广场建设等。按照党的十八大关于“把生态文明建设放在突出地位，努力建设美丽中国，实现中华民族永续发展”的要求，省侨联决定开展“百侨帮百村——共建美丽乡村”活动，在未来 3 年左右的时间，全省侨联系统帮扶 100 个村居和华侨农场。

【福州市侨联开展中马交流活动】 7 月 28 日—8 月 6 日，经福州市委、市政府批准，福州市侨联副主席兼秘书长余岸明率福州十邑青年交流访问团一行 79 人应邀赴马来西亚访问。访问团先后访问了吉隆坡、沙巴州首府亚庇市、砂拉越州民都鲁市、诗巫市和古晋市，与世福总会青年总团，马来西亚中华青年商会等 5 个华人青年团进行交流，还访问了世界福州十邑同乡总会、诗巫福州公会等侨团。马来西亚是福州籍华侨华人的重要侨居国，访问团的到访得到了当地华人社会的关注，我国驻马大使临时代办陈德海和我国驻古晋领事皮庆等都到交流现场，并对福州市侨务部门重视开展中外青年交流表示赞赏。该团是福州近年来规模较大，访问时间较长的青年交流团，人民日报福建分社、福建侨报都派出资深记者随团，福州日报和福州电视台也派出记者随行报道。马来西亚几家主要中英和马来文报纸每天都整版报道访问团的行程。继“福州十邑青年交流访问团”成功赴马后，马中青年交流访问团一行 93 人于 11 月 30 日—12 月 5 日到福州市访问并开展交流活动。访问团游览了三坊七巷、镇海楼、鼓山和罗星塔，参观了福州市博物馆、中国船政文化博物馆，在夜游闽江的同时，与本地青年朋友开展了联谊交流，还受到了福州市委、市政府的热情接待。

12 月 1 日，马中青年交流访问团与福州代表在福州镇海楼合影

【厦门市侨联组团出访欧洲推介“九八”投洽会】7月21日—8月1日，由厦门市侨联组团，以厦门市人大常委会副主任陈昭扬为团长、厦门市侨联副主席洪春凤为副团长的欧洲“九八”投洽会推介招商团一行6人，赴欧洲英国、法国、意大利等国家访问，开展第十六届“九八”投洽会推介和海外联谊活动，取得圆满成功。推介招商团一行在英国、法国、意大利分别拜访了伦敦华埠商会、英国福建总商会、旅法福建同乡会等20多个华侨华人社团，在伦敦、巴黎、佛罗伦萨、罗马等城市举行了5场“九八”投洽会专场推介会，向众多侨商、侨领介绍了厦门市经济社会发展基本情况、市情侨情，重点推介“国际性更加凸显，平台功能更加完善，项目对接更加紧密，服务保障更加优化”的第十六届中国国际投资贸易洽谈会，并邀请英国、法国、意大利侨商参加投洽会，共谋发展。5场推介会共吸引了100多位重要侨领、侨商代表参加，大家对投洽会表现出浓厚兴趣，并有意向组团回国参加投洽会寻找商机。

【宁德市侨联主办“首届宁台两岸城隍文化节”】11月22日，由宁德市侨联主办、宁德城隍庙承办的首届宁台两岸城隍文化节在宁德市蕉城区城隍庙开幕。基隆护国城隍庙、屏东城隍庙等7个台湾城隍庙共58人组团前来，共祭城隍。连战、王金平、洪秀柱等台湾知名人士分别发来贺词。同时，还邀请到台湾基隆市文化局副局长许梅贞女士、桃园县议会秘书丁台屏、中坜市民政文化委员孙桂滨、中坜市民意代表陈中央、台湾传统文化促进协会理事长王亿凤女士等台湾嘉宾。文化节期间，还举行了宁台城隍文化研讨会、宁台城隍庙结对子仪式、绕境巡安踩街以及“城隍缘·两岸情”文艺晚会等活动。宁德城隍文化与台湾同根同源，此次文化节的成功举办，对两岸城隍文化交流、民间互动产生了积极的推动作用。

11月，“首届宁台两岸城隍文化节”期间，“城隍缘·两岸情”文艺晚会现场

【漳州龙海市侨联开展下基层办实事活动见实效】在全省开展“下基层、解民忧、办实事、促发展”的活动中，龙海市侨联深入基层开展走访调研活动，历时48天，走访党员群众84人、侨资企业20多家、归侨侨眷70多户，开展大走访、大接访15次，接访6人，化解矛盾纠纷2起，解决涉及群众切实利益的突出问题5个，送去慰问资金1万元。特别是在开展大走访活动中，努力做好侨界群众帮扶送温暖工作。一是建立健全贫困归、难侨的动态档案，争取民政、上级侨务部门的资金补助。二是开展结对帮扶活动，帮助归侨侨眷就业、就学，关心侨界孤寡老人，送爱心、送温暖。

江西省归国华侨联合会

【领导成员名单】

主　　席：周　锦（女）

巡 视 员：黄荣福（2012年12月卸免）

专职副主席：王　强　陈世春

兼职副主席：陈光宇　张吉翔　郑兆国　胡彪斌　梁淦基　颜奕萍（女）

【综述】2012年，江西省侨联在中共江西省委领导和中国侨联指导下，全面贯彻落实党的十七届六中、七中全会和十八大精神，以邓小平理论、“三个代表”重要思想和科学发展观为指导，坚持以科学发展为主题，以加快转变经济发展方式为主线，以富民兴赣为主要任务，团结动员广大归侨侨眷和海外侨胞，凝聚侨心，汇聚侨智，发挥侨力，维护侨益，认真做好侨界群众工作，维护社会和谐稳定，连续第四年荣获全省服务开放型经济工作先进单位。贯彻落实江西省委《关于加强和改进新形势下侨联工作的意见》精神，进一步加强侨联组织建设，省侨联机关增设了文化工作部，增配了处级领导职数，增加了财政预算经费，全省有4个设区市侨联新成立了党组，3个设区市侨联顺利换届，3个设区市侨联机构或人员编制得到增设或增加，6个县、市（区）及科研院所新成立侨联组织，全省侨联事业呈现出蓬勃发展的大好局面。

【召开江西省侨联六届六次全委会】1月12日—13日，江西省侨联六届六次全委会在南昌召开，江西省委副书记张裔炯出席会议。会议传达学习了《中央书记处关于侨联工作的几点意见》和中国侨联八届四次全委会精神，审议通过了省侨联主席周锦所作的题为《凝心聚力谋发展，发挥侨力促和谐，为建设富裕和谐秀美江西贡献力量》的工作报告。会议号

1月12日，江西省侨联召开六届六次全委会

召：全省各级侨联要全面贯彻落实党的十七届六中全会和省第十三次党代会精神，以邓小平理论和“三个代表”重要思想为指导，深入贯彻落实科学发展观，坚持以科学发展为主题，以加快转变经济发展方式为主线，以鄱阳湖生态经济区建设为龙头，以富民兴赣为主要任务，团结动员广大归侨侨眷和海外侨胞，振奋精神，凝聚侨心，汇集侨智，发挥侨力，抢抓机遇，奋发作为，努力推进全省侨联工作不断取得新进展，以优异的成绩迎接党的十八大胜利召开。会议增选了陈世春为江西省侨联专职副主席，增补了 18 名江西省侨联委员、7 名江西省侨联常委，增聘了 13 名海外顾问。

【学习贯彻党的十八大精神】为认真学习贯彻党的十八大精神，11 月 20 日，江西省侨联专门下发了《关于认真组织学习宣传贯彻党的十八大精神的通知》，号召全省各级侨联开展形式多样的学习宣讲活动。全省各级侨联纷纷组织侨界群众和侨联工作者收听收看十八大开幕盛况，召开专题会议，发放辅导书籍，撰写学习笔记，并通过授课学习、专题研讨、网站宣传等营造学习氛围，丰富学习形式，增强学习效果。11 月 27 日，省侨联在乐平市召开全省侨联学习宣讲党的十八大精神暨基层工作经验交流会，邀请省委讲师团专家作了党的十八大精神专题辅导报告，从充分认识党的十八大重大意义、深刻领会十八大的主题主线、密切联系江西实际贯彻落实党的十八大精神等三方面深入解读了十八大报告。会议还按照江西省基层建设年活动要求，开展侨联基层组织建设交流研讨活动，16 个县（市、区）和社区侨联交流了近年来侨联基层组织建设的经验和做法。

【中国侨联副主席董中原来赣调研】9 月 4 日，中国侨联副主席董中原来到江西省侨联看望侨联干部职工并座谈。在听取省侨联党组的汇报后，董中原传达了胡锦涛总书记在省部级主要领导干部专题研讨班上的重要讲话精神，并结合侨联工作强调各级侨联要认真做好六项工作。第一，要围绕服务经济建设，切实在科学发展中发挥侨联组织的独特优势，动员广大归侨侨眷和海外侨胞为实现经济社会又好又快发展贡献力量。第二，要围绕服务政治建设，引导侨界群众坚定走社会主义政治发展道路。第三，要围绕服务文化建设，引导侨界群众为弘扬中华优秀文化贡献力量。第四，要围绕服务社会建设，切实维护广大归侨侨眷和海外侨胞的合法权益。第五，要围绕服务生态文明建设，倡导侨界群众树立健康文明的生活理念。第六，要围绕加强党的建设，进一步激发侨联作为党领导的人民团体的活力。

11 月 27 日，江西省侨联召开全省侨联系统学习宣讲党的十八大精神会议

9 月 4 日，中国侨联副主席董中原（左六）在江西省侨联视察工作

授职称或具有博士以上学历，分布在经济学、法学、城市规划、生物医学、材料科学、电信、遥感、自动控制、航空宇航、环境科学、基因组学等十余个专业领域。美国科学院何大一院士、中国科学院陈新滋院士当选为江西省侨联特聘专家委员会名誉主任，黄路生当选为江西省侨联特聘专家委员会主任。

9 月 4 日，中国侨联副主席董中原（右）与江西省侨联主席周锦亲切交谈

4 月 16 日，江西省委副书记尚勇（右）会见中国侨联副主席王永乐

【中国侨联副主席王永乐出席江西省侨联特聘专家委员会成立大会】 4 月 16 日，江西省侨联特聘专家委员会成立大会在南昌召开，中国侨联副主席王永乐出席大会，并向江西省侨联表示祝贺。江西省委副书记尚勇会见了王永乐及中国科学院院士、江西农业大学校长黄路生等参会专家代表。江西省侨联特聘专家委员会首批共聘任 54 名专家，分别来自美国科学院、中国科学院及国家重点高校；其中有院士 3 人，95.9% 具有教

4 月 16 日，江西省侨联特聘专家委员会成立

【中国侨联副主席乔卫慰问华侨农场】 2011 年 12 月 28 日—30 日，中国侨联副主席乔卫来到江西，先后深入上高县敖山华侨

2011 年 12 月 28 日，中国侨联副主席乔卫（左五）来赣调研慰问

2011 年 12 月 29 日，中国侨联副主席乔卫（右一）在敖山华侨农场看望慰问困难归侨职工

农场和峡江县金坪华侨农场调研慰问，听取当地政府、农场关于华侨农场改革发展情况的汇报，并与农场归难侨职工代表进行座谈，重点了解农场归难侨职工在劳动就业、土地确权、侨房改造、社保缴纳和权益维护等方面的情况。乔卫指出，江西省华侨农场这几年在各级党委、政府的正确领导和关心帮扶下，认真贯彻国务院关于推进华侨农场改革和发展的实施意见，成绩比较突出，取得了较大进步。华侨农场只有坚持解放思想、改革创新，才能走上脱贫致富的康庄大道。一定要紧紧抓住当前机遇，深化改革，创新发展，摸索出一条适合自身发展的道路，才能建设成文明富裕的新农场。乔卫在调研中还走访慰问了 4 户华侨农场的困难归侨职工，实地察看他们的家庭住房条件，询问他们的经济收入、身体状况，并送去了慰问金。

【承担 2012 江西（香港）招商引资周邀商工作】 6 月 6 日—10 日，2012 江西（香港）招商引资活动周在香港举办，省侨联巡视员黄荣福率工作组赴香港开展邀商服务工作。在港区广大侨社侨友和各界人士的支持下，省侨联共邀请了包括全国政协常委、香港香江集团主席杨孙西，全国政协常委、香港四洲集团董事长戴德丰在内的 90 余位侨领侨商出席开幕式及签约仪式，协助参会侨商

6 月 6 日—10 日，2012 江西（香港）招商引资活动周在香港召开

6月6日，江西省侨联巡视员黄荣福（左六）在2012江西（香港）招商周期间拜访香港华侨华人总会

【承办首届华侨华人赣鄱投资创业洽谈会】 9月26日，由国务院侨务办公室与江西省人民政府联合举办的首届华侨华人赣鄱投资创业洽谈会（以下简称“华赣会”）在南昌召开。作为承办单位之一，江西省侨联为“华赣会”广邀海内外客商50余人。此次“华赣会”共签约项目40个，合同资金78.77亿美元。项目涉及低碳生态、新型能源、新兴制造、电子电器、生物医药、家具建材、数字文化、旅游商贸、加工服务、现代农业等领域。“华赣会”期间，省侨联还与美国南加州华人社团联合会、香港华侨华人总会、秘鲁中国统一促进会、博茨瓦纳江西同乡与江西省招商单位就相关合作项目开展洽谈。

9月27日，江西省侨联主席周锦（右四）看望来赣参加“华赣会”的国务院侨务委员会顾问、美国南加州华人社团联合会主席张素久（左四）

9月26日，首届华人赣鄱投资创业洽谈会在南昌开幕

4 月 21 日，江西省侨联副主席陈世春（右三）在澳门出席明月山（澳门）旅游与经贸推介会

菊和温汤富硒矿泉水等明月山特色旅游产品。

【组织“亲情中华”艺术团赴海外演出】9 月 20 日—10 月 1 日，江西省侨联首次与中国侨联联合组织“亲情中华”赣鄱文化之旅艺术团，分赴马来西亚、印度尼西亚、阿联酋慰问演出，向海外华侨华人社团及侨胞献上富有赣鄱文化特色的艺术盛宴。艺术团先后在马来西亚吉隆坡、马六甲，印度尼西亚雅加达，阿联会等海外侨社广泛开展了联谊活动。

【主办明月山（澳门）旅游推介会】4 月 20 日—23 日，江西省侨联与宜春市人民政府组团在澳门举办明月山（澳门）旅游与经贸推介会。澳门特区政府社会文化司司长张裕，澳门中联办协调部副部长叶俊斌，外交部澳门特派公署特派员胡政跃，中国侨联副主席、广东省侨联主席王荣宝，以及澳门侨界代表、港澳旅游界同仁、港澳新闻媒体记者等 200 余人参加了推介会。在推介会上，宜春市明月山风景区与澳门万国旅游有限公司签署了旅游合作协议，来自明月山风景区的相关旅游企业在推介会上展示了高效富硒的金蕊皇

9 月 20 日，江西省侨联“亲情中华”艺术团在马来西亚慰问演出

9 月 24 日，江西省侨联“亲情中华”艺术团在印尼慰问演出

省级侨联工作简介

9 月 30 日，江西省侨联“亲情中华”艺术团在阿联酋慰问演出

酋迪拜等地为海外侨胞及国际友人 3000 余人演出 5 场次，凤凰卫视、央视国际频道等媒体均对演出进行了报道。

【开展送文化下基层活动】5 月，在中国侨联、江西省司法厅、江西省新闻出版局和民进江西省委会的支持下，省侨联深入金溪县秀谷华侨农场、丰城市石滩镇、南昌市西湖区团结路社区及赣州市章贡区张家围社区，开展“送文化进侨场、进侨乡、进社区、进学校、进农村”等活动，通过法顾委、青委会和侨商

4 月 6 日，江西省侨联“送文化、送侨法进侨场”活动现场

会，联系动员海内外侨团组织、侨界青年以及侨商人士，捐赠图书和影视网络播放设备，总价值近 50 万元人民币。其中，英国华夏文化协会会长、省侨联青委会副会长贝学贤先生为全省 80 余所“侨心小学”捐赠附有中英文对照的爱心图书 2.5 万余册，受到侨心学校师生的欢迎；江西省新闻出版局捐赠的 2000 余册以花卉种植、养生保健为主要内容的综合类图书，深得老年归

5 月 11 日，江西省侨联“送文化、送侨法进侨乡”活动现场

侨侨眷的喜爱；中国侨联和省司法厅捐赠的法律常识读本受到丰城侨乡村民的热捧；民进省委会捐赠的农业科普图书赢得华侨农场侨民职工的青睐。

5 月 15 日，修水县慈爱民林东侨心小学落成典礼

【开展侨法学习宣传月活动】为扎实推进侨联“六五”普法工作，2012 年 8 月，省侨联与省普法办联合在全省开展《侨法》学习宣传月活动。全省 10 多万人参与了网上侨法知识竞赛答题，2 万多人参与了侨法学习宣传活动，发放法律书籍和宣传资料 3 万多册（份），以宣传专栏或 LED 电子宣传屏编辑侨法知识问答 100 多期，各级侨联及其法律服务机构接受归侨侨眷法律咨询或诉讼代理 100 多人次，召开学习贯彻侨法座谈会近百场，进一步在全社会营造了爱侨护侨的法治舆论氛围。

8 月 1 日，江西省《侨法》学习宣传月活动启动仪式

【开展“侨爱心工程”】2012 年，“中国华侨公益基金会”、“郑添文、许婉华基金”、“李江山基金”、“胡彪斌基金”、“万文辉基金”、“香港雁心会乐幼基金”、香港“两地一心”爱心助学金、“香港吴星可慈善基金”、“香港东井圆佛会”、“杨林燕书侨心奖（助）学金”、“浙江省新华爱心教育基金”等慈善团体及爱心人士省侨商会常务副会长冷洁女士，筹集资金 240 多万元，在江西省部分贫困地区建设侨爱心学校和卫生院 8 所，新增“珍珠班”资助项目 5 个，向 400 余名贫困生发放奖（助）学金。在侨界爱心的资助下，“李江山侨心老年活动中心”在南昌挂牌成立，全省首个侨心卫生所在宜春市袁州区新坊镇合浦村落成，“朱奕龙侨心卫生院”、“李江山侨心卫生院”先后在遂川县左安镇和南江乡动工兴建，余江县邓埠镇仪凤村信恒善爱雁心希望小学、南昌县蒋巷镇叶楼标兵侨心小学、修水县山口镇的慈爱

3 月 30 日，杨林燕书侨心奖（助）学金发放仪式

民林东侨心小学、大余县池江镇和内良乡吴星可慈善基金教学楼相继落成。

【履行参政议政职能】 1 月，省侨联召开参政议政工作会议，为侨界人大代表、政协委员履行职能提供服务。向省政协十届五次会议提交书面发言 1 篇，联组发言 5 人次，个人提案 22 件，集体提案 2 件。其中，集体提案《关于规范公益慈善行为、重塑公益机构公信力的建议》紧扣社会热点问题提出合理化见解，被评为省政协优秀提案；集体提案《关于邀请海外侨领或知名人士列席省政协会议的建议》被新一届省政协会议采纳；侨联界别委员姚向红的提案《关于省政府整体搬迁、缓解南昌交通压力的建议》促成省政府行政中心外迁工程有序推进。省侨联还积极配合有关部门，严格按照全国和省级人大、政协换届工作要求，认真做好侨界全国和省级人大代表、政协委员的推荐工作。

【拓展海外联谊】 2012 年，江西省侨联共邀请海内外客商 81 批 500 多人次来赣访问，促进了侨务资源可持续发展。先后组团赴欧洲、大洋洲和南美洲考察侨情，慰问侨胞，密切了与海外侨团特别是江西同乡会的交流联谊，增聘了侨联顾问、侨商会会员和特聘专家，并多次召开项目推介会、省情座谈会和政

6 月 8 日，江西省侨联副主席王强（右四）拜访德国德中文化经贸促进总会

11 月 3 日—4 日，江西省侨联主席周锦（前排右四）在墨西哥与当地华侨华人开展钓鱼岛主权属于中国研讨会

策宣传会，积极宣传推介江西，邀请侨商来赣观光考察、投资兴业。在墨西哥城访问期间，省侨联访问团与墨西哥中国和平统一促进会、墨西哥华人华侨社团联合总会等侨团，共同举办了“钓鱼岛主权属于中国”研讨会，发表严正声明：钓鱼岛是中国固有领土，强烈谴责日本政府非法窃取钓鱼岛的卑劣行径。

【举办江西省侨联港情研讨班】由香港华侨华人总会、香港乐亚集团有限公司主办，香港侨界社团联会承办的江西省侨联首期港情研讨班于 2012 年 5 月 7 日—13 日在香港举办。研讨班由省侨联副主席王强带队，来自全省各设区市侨联、部分县侨联及相关省直单位侨联的专职干部 33 人参加培训。学员们学习了《香港侨情报告》、《香港侨商概况》、《一国两制和香港基本法》、《香港的政党政治》、《香港经济概况及两地经济合作前景展望》和《香港政府架构和香港政治制度议会制度》等课程；参观了香港历史博物馆、香港浸会大学；拜访了港区江西省政协委员联谊会、江西旅港同乡会、香港侨界社团联会、香港龙山基金会、香港侨骏会、香港侨友社、香港潮州商会青年委员会等侨团，促成了一批侨心助学项目和商贸合作意向。

【开展落实省委《关于加强和改进新形势下侨联工作的意见》专项督查工作】4 月 19 日—28 日，由中共江西省委督查室牵头，会同省委统战部、省侨联组成联合督查组，对九江、景德镇、抚州、鹰潭、宜春和萍乡六个设区市贯彻落实中共江西省委办公厅《关于加强和改进新形势下侨联工作的意见》文件精神的情况进行专项督查，抽查了九江市浔阳区、湖口县、乐平市、南城县、金溪县、贵溪市、芦溪县、上高县、奉新县和丰城市等 10 个县（市、区）的贯彻落实情况。在此次专项督查工

5 月 7 日，江西省侨联首届港情研讨班开班仪式

4 月 27 日，江西省侨联在鹰潭市开展落实省委《关于加强和改进新形势下侨联工作的意见》文件督查工作

作的影响下，各地各有关部门进一步重视和支持侨联工作，侨联组织建设进一步得到加强，省侨联增设了文化工作部，另有 4 个设区市侨联成立了党组，3 个设区市侨联顺利换届，3 个设区市侨联机构或人员编制得到增设或增加，6 个县（市、区）及科研院所新成立了侨联组织。

【南昌市侨联服务公益事业】2012 年，南昌市侨联突出开放性，积极服务全市中心工作，先后组团出访非洲、澳洲等地，充分发挥侨界优秀人才在服务南昌科学发展、打造核心增长极中的突出引领作用。邀请省侨联特聘专家徐玮斌博士做了主题为“解析世界经济形势、助推南昌经济发展”的专题授课。积极引导海外侨胞、热心人士致力社会公益，多形式多渠道开展扶贫帮困活动。每逢重大节日，市侨联均要开展走访慰问活动，关心关怀全市侨界党员、空巢老人、结对帮扶的贫困家庭和重点侨眷，还为 36 位年满八十岁的归侨送去生日蛋糕。

【赣州市侨联积极拓展侨爱心工程】2012 年 4 月，赣州市侨联与英国华夏文化协会共同举办《弟子规》捐赠仪式，向上犹、会昌、大余、瑞金、石城、宁都、安远等 7 个县（市、区）侨联共 9 所侨（爱）心学校赠送图书 4000 余册。5 月，由香港吴星可慈善基金会会长吴碧先生捐建的大余县池江镇板棚小学吴星可慈善基金教学楼和内良乡九年制学校吴星可慈善基金教学楼竣工。在落成仪式上，香港吴星可慈善基金会向这两所学校赠送了电脑、打印机等设备，并向两校的 100 名贫困生颁发了助学金。8 月，市侨联举办“爱心助学”捐赠仪式，市侨联常委、市侨联青委会会长潘海涛先生捐款 6 万元资助 12 名刚考入大学的贫困学生。9 月，赣州市侨联华侨公益基金成立，初始金 60 万元由市侨联青委会会长潘海涛，副会长王水川、任志勇、尤新胜、吕加辉、杜鸿波捐赠组成，该基金旨在支持华侨事业和经济、文化、科技、教育、卫生、福利等各项公益事业的发展。12 月，北京链家房地产经纪有限公司来赣州开展“长征路上的爱心图书馆”捐赠活动，该公司 6 名爱心人士前往于都 3 个乡镇的 3 所小学共捐赠图书 26520 册、书架 17 组，合计价值约 28 万元人民币。

【上饶市侨联加强基层组织建设】根据省委办公厅《关于加强和改进新形势下侨联工作的意见》精神，上饶市侨联提出贯彻意见，得到市委大力支持，印发了《中共上饶市委办公厅关于加强和改进新形势下侨联工作的意见》，针对上饶侨联基层侨联组织建设薄弱环节，积极推进侨联组织建设，在原有上饶、婺源、广丰三县侨联的基础上，相继成立了信州区、玉山县、铅山县、余干县、鄱阳县、德兴市等侨联组织。上饶市侨联以此为契机，把握机遇，凝聚侨心，努力提升工作水平和为侨服务的意识。

【宜春市侨联开展侨情普查】2012年，宜春市侨联在省侨联和市委的领导下，全面开展侨情普查活动。首先在宣传造势上下功夫，召开了全市侨情普查工作动员大会。其次在具体操作上下功夫，成立了普查工作领导小组，印发了侨情普查登记表和汇总表，对上门普查注意事项等问题作了具体规定。三是在转化普查资源上下功夫，认真细致地对普查结果梳理分析和归纳，为今后进一步发展提供新的动力。积极配合省委办公厅、省委统战部和省侨联联合督查组对宜春市贯彻落实省委《关于加强和改进新形势下侨联工作的意见》的专项督查工作，大力推动各地对侨联工作的重视，目前丰城市侨联、高安市侨联已完成换届工作，樟树、奉新、靖安三县市正科级侨联机构编制也得到了落实。

【吉安市侨联开展党建带侨建活动】2012年，吉安市侨联成立党组，选举了新的支部领导班子，拉开了“党建带侨建、侨建促党建”活动的序幕。在新班子的带领下，市侨联主动出击、广泛联系、积极作为，联系中国华侨公益基金会捐赠20万元兴建万安县窑头镇剡溪小学，香港龙山基金会捐资15万元兴建万安县武术乡社田小学，中国侨联副主席、宁夏银帝集团董事长朱奕龙捐赠100万元兴建遂川县左安镇中心卫生院大楼，浙江省新华爱心基金会与白鹭洲中学签订2012年“珍珠班”办班协议，捐助100名“双特学生”学习费用75万元，香港龙山基金会、美国海外中国教育基金会、李江山基金会等侨社团组织向吉安600多名中小学生发放助学金30多万元。12月18日，吉安市侨商联合会成立大会暨第一次会员大会顺利召开，市委副书记刘义研，省侨联副主席、省侨商会常务副会长胡彪斌及市人大、市政府、市政协有关领导出席大会。

山东省归国华侨联合会

【领导成员名单】

主　　席：梁　波
纪检组长：张福平
专职副主席：李兴钰
兼职副主席：吴玉明　胡　辛
　　　　　　张悦英（女）
秘 书 长：卢文朋

【综述】山东是全国重点侨乡省份之一，山东籍海外华侨华人、旅居港澳同胞约120万人，分布在世界96个国家和地区；全省归侨侨眷约120万人，多分布在烟台、潍坊、威海、青岛、日照、临沂、济南等地市。2012年，山东省各级侨联组织深入学习贯彻中央、中国侨联、省委相关会议精神，进一步强化大局意识和服务意识，全面推进经济联络、文化交流、海外联谊、参政议政、维护侨益等各项工作，努力为加快建设经济文化强省服务、为弘扬和传播齐鲁文化服务、为构建和谐社会服务，各项工作均取得了新的进展。省侨联机关连续七年被评为山东省省直文明单位。

【纪念山东省侨联成立50周年活动】2012年是山东省侨联成立50周年，省侨联本着喜庆热烈、务实节俭的原则，举办了一系列庆祝活动。8月，省侨联主席梁波带队到烟台、威海和潍坊等地看望慰问省侨联老委员和老侨务工作者并召开座谈会，对老同志为山东侨联事业做出的贡献表示感谢。9月19日，由省侨联青委会主办、山东北城集团冠名的"北城之夜·庆祝省侨联成立50周年文艺晚会"在山东剧院拉开帷幕，来自影视一线的薛中锐等著名影视表演艺术家和省话剧院、省京剧院、省杂技团、前卫文工团的演员们为观众奉献了一场艺术盛宴。省侨联提前组织美国纽约山东同乡会、阿联酋山东商会等多个海外社团从世界各地发来祝福视频，将晚会气氛推向高潮。9月21日，召开了纪念山东省侨联成立50周年

9月21日，纪念山东省侨联成立50周年座谈会在济南召开，中国侨联顾问林淑娘，山东省委常委、组织部长高晓兵出席会议并讲话，省侨联主席梁波主持座谈会

9 月 19 日晚，由省侨联青年委员会主办、山东北城集团冠名、莉缔雅国际传媒承办的“北城之夜·庆祝省侨联成立 50 周年文艺晚会”在济南举办。图为晚会现场

座谈会，回顾省侨联 50 年的风雨历程，规划了山东侨联事业未来的发展大计。中国侨联顾问林淑娘，省委常委、组织部长高晓兵出席会议并讲话，对省侨联 50 年的工作给予肯定，对侨联的发展提出殷切希望和要求。通过一系列庆祝活动，全面回顾了山东省侨联组织的发展历程，弘扬了广大归侨侨眷和海外侨胞爱国爱乡的光荣传统，彰显了他们的业绩，重温了党和政府对侨联组织和归侨侨眷、海外侨胞的关怀和期望。同时，也展示了山东侨联组织在服务山东省经济社会发展方面发挥的独特优势和作出的突出贡献，扩大了侨联组织的影响，坚定了全省侨联干部做好工作的信心，达到了继往开来、奋发进取、再创辉煌的目的。

8 月 30 日，第四届山东文化产业博览交易会在济南开幕，中国侨联副主席乔卫出席开幕式。图为乔卫在省侨联主席梁波陪同下参观文博会展览

【中国侨联领导参加山东文化产业博览交易会】 8 月 30 日，第四届山东文化产业博览交易会在济南开幕。全国人大原副委员长何鲁丽，省委书记、省人大常委会主任姜异康，省委副书记、省长姜大明，省政协主席刘伟，省委常委、济南市委书记王敏，共同启动第四届山东文博会。作为文博会支持单位，中国侨联副主席乔卫出席开幕式并参观了文博会展览。在山东期间，乔卫一行还到省侨联机关视察，听取了省侨联的工作汇报，并到济南市市中区舜园社区考察社区侨联工作。

【中国侨联领导出席济南市“奕龙侨心书屋”授牌仪式】 9 月 11 日，“奕龙侨心书屋”授牌仪式在济南市市中区舜园社区举行。中国侨联副主席王永乐出席仪式并讲话；中国侨联副主席、银帝集团公司董事长朱奕龙出席授牌仪式并讲话；山东省侨联主席梁波，济南市委常委、统战部部长慕建民，中国侨联办公厅副

9月11日，"奕龙侨心书屋"授牌仪式在济南市市中区舜园社区举行，中国侨联副主席王永乐、朱奕龙出席仪式并讲话

主任、中国华侨公益基金会副理事长兼秘书长刘奇，山东省侨联副主席、济南市侨联主席吴玉明出席仪式；山东省侨联副主席李兴钰主持仪式。"侨心书屋"是中国华侨公益基金会在全国"侨爱心学校"中开展的捐赠创建"侨爱心图书室"项目的延伸与发展。"奕龙侨心书屋"是由中国华侨公益基金会发起，西班牙归侨、中国侨联副主席、银帝集团董事局主席朱奕龙出资建设的公益性文化项目，山东省侨联负责项目的具体实施，首批在济南、威海共筹建7所侨心书屋。授牌仪式结束后，王永乐一行在舜园社区和南辛庄社区参观了"奕龙侨心书屋"，并来到省侨联青年委员会和济南市侨联主办的"舜园社区法律咨询活动"现场，与律师们亲切交谈。在山东期间，山东省委常委、组织部长高晓兵代表省委对王永乐、朱奕龙一行来山东表示欢迎，并简要介绍了山东侨联工作的有关情况，对中国侨联长期以来对山东侨联工作的关心、支持和帮助表示感谢。

【中国侨联领导出席枣庄市"彬宜爱心小学"落成典礼】11月9日，枣庄市"彬宜爱心小学"落成典礼在山亭区城头镇隆重举行。中国侨联副主席乔卫、省侨联副主席李兴钰出席仪式并为学校剪彩。乔卫在典礼上发表重要讲话，希望"彬宜爱心小学"全体师生铭记爱心人士乐于奉献的精神，爱祖国、爱人民、爱家乡。他说，枣庄是铁道游击队的故乡，历史悠久，人文荟萃，山清水秀，民风淳朴，至今存有许多革命历史遗迹，在发展中也取得了很大的成就，中国华侨公益基金会将继续关心学校的发展，争取更多社会爱心人士来参与并支持幸福新枣庄的建设。

11月9日，枣庄市"彬宜爱心小学"落成典礼在山亭区城头镇隆重举行。中国侨联副主席乔卫、省侨联副主席李兴钰出席仪式并为学校剪彩

【召开山东省侨联八届五次全委会】12月20日，山东省侨联八届五次全委（扩大）会议在济南召开。省侨联主席梁波，省侨联副主席、济南市侨联主席吴玉明，省侨联副主席、德州市侨联主席张悦英，省侨联纪检组长张福

12 月 20 日，山东省侨联召开八届五次全委会

平，省侨联副主席李兴钰出席会议。各市侨联负责人，省侨联青年委员会会长、副会长，海外委员、机关干部约 120 人参加会议。会议传达了省委常委、组织部长高晓兵在“省群团单位学习贯彻党的十八大精神座谈会”上的讲话精神；审议通过了《山东省侨联八届五次全委会关于认真学习宣传贯彻党的十八大精神的决议》；听取并审议了梁波同志代表八届常委会所作的工作报告。会议卸免委员 5 人，增补委员 6 人、常委 3 人，补选秘书长 1 人。

【开创为经济建设服务新局面】2012 年，山东省各级侨联紧紧围绕党委、政府中心工作，抓住加快转变经济发展方式这一主线，发挥自身优势，积极为地方经济又好又快发展作出贡献。经省侨联协调推动，山东省与意大利马尔凯大区恢复了中断多年的友好省州关系，该大区主席率代表团访问山东省并签署了进一步加强友好合作的协议。省侨联注重做好侨商在建项目的联络沟通、协调服务工作，驻会领导多次赴临沂、日照、济宁等地调研项目，推动项目进度。为做好招商工作，德州市侨联在北京设立招商办事处，市侨联作为第一引荐单位，促成深圳国侨绿色产业投资发展有限公司签订 130 亿元建设园田绿色生物科技产业园投资合同，达之路（中国）有限公司拟投资 50 亿元在夏津县建设服装工业园；临沂市侨联促进签订经贸合作合同 12 个，总金额 47.8 亿元，已到位资金 20 亿元；泰安市侨联促签经贸合作意向 36 个，开工项目 7 个，实际到位资金 10.4 亿元，组织成立了泰安华商联合会；潍坊市侨联促成各类投资协议意向 15 个，协议金额 12 亿元；济宁市侨联促成远东国际企业集团（香港）投资有限公司投资 2 亿美元建设汶上宝相寺景区综合开发项目；烟台市侨联系统参与引进项目 9 个，协议利用外资 2000 多万美元；东营市侨联促成投资 4.89 亿元的瑞克曼葡萄酒庄园项目落地；淄博市侨联组织市内 79 家企业，参加了“第六届华商企业科技创新合作交流会”，引进外资 1.4 亿元人民币。青岛市侨联先后引荐多批（次）海外团组考察 2014 青岛世园会，为对外洽谈合作牵线搭桥。

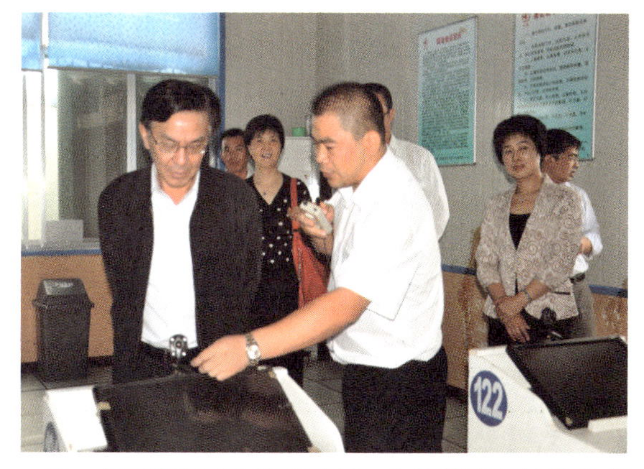

9 月，中国侨联副主席王永乐、中国侨联经济科技部部长陈桦、省侨联主席梁波一行到济宁考察指导工作。图为济宁市副市长吴霁雯陪同王永乐一行考察侨属企业

省侨联青委会积极服务山东省经济发展，组团赴西安参加“西洽会”和赴宁夏考察洽谈项目，广交朋友，宣传推介山东；促成日本本山工业株式会社与中通客车控股股份公司成立合资公司和生产客车专用线束项目。

【增进与海外侨胞的亲情乡谊】山东各级侨联积极创新海外联谊形式，加强与海外侨界的联系。省侨联组团对阿联酋、法国等欧亚6国考察访问，与主要华人华侨社团沟通交流，宣传介绍山东经济社会发展和“蓝黄”经济战略等情况，邀请和接待阿联酋华侨华人联合会、美国纽约山东同乡会、南非齐鲁同乡总会、澳中贸易促进会等海外侨社团30多批次，进一步加强了与海外侨社团的联系。为适应新时期侨情变化，顺应侨胞需求，经省侨联倡议，阿联酋山东商会、南非齐鲁同乡总会和美国纽约山东同乡会共同发起建立了旨在促进所属成员之间团结友好、信任支持、共同发展的齐鲁海外侨团合作机制。按照中国侨联的工作部署，认真组织实施了第四届中国侨界贡献奖（创新人才）评选推荐工作，山东省推荐上报的1支创新团队、2项创新成果、3名创新人才等6个候选奖项全部入选，获奖人员赴北京出席了在人民大会堂举行的颁奖大会。积极配合中国侨联为中国侨商会换届大会推荐个人会员13名、单位会员3名、团体会员3名。德州市侨联举办了“海内外知名侨商聚德州”系列活动，邀请接待海内外侨团、侨商37批；威海市侨联突出新华侨华人和新一代专业人士的联谊工作，与海外50个重点社团、100名重点人士、500名华侨华人建立并保持密切联系；烟台市侨联依托常年保持联系的60多个海外社团引荐新朋友，拓展了联络联谊的领域；临沂市侨联参加粤闽6地市重点侨乡联谊会，推进与重点侨乡侨联组织和侨界社团的联系和交流；济南、青岛、聊城侨联充分依托海外侨团组织和主流华文媒体作为宣传推介的桥梁和平台；日照市侨联开展了讲述老归侨的故事、寄一封家书等活动；菏泽市侨联打“姓氏牌”，继续加强与发源于该市的单、曹、甄等姓氏海外华人的联系。

6月13日—24日，以山东省侨联主席梁波为团长的考察团一行6人对阿联酋、匈牙利、俄罗斯进行了考察访问。图为省侨联主席梁波（中）向俄罗斯中国和平统一促进会会长虞安林赠送纪念品

【提升文化宣传与交流水平】山东各级侨联秉承文化惠民、文化为民、文化乐民的宗旨，积极组织开展富有特色的文化活动。一是组织参与各类演出、展览、比赛20多场次。省侨联积极组织向“亲情中华”春节晚会报送节目并成功入选；组织侨界群众参加“亲情中华——世界华侨华人美术书法展”，山东省有6件作品获奖；青岛市侨联在美国纽约举办“青岛名家书画展”并接受多家主流华文媒体采访，宣传推介2014青岛世园会，还与南非齐鲁同乡会联合举办了首届“南非工艺品展”；泰安市侨联主办了“2012中国国际模特大赛山东总决赛”和“旅欧华人知名书画家泰山

8 月 20 日，2012 海外华裔青少年中国寻根之旅夏令营——山东威海营举办开幕式

巡展”；日照市侨联建立港澳台侨国际经贸文化交流中心，举办了日照侨界与台湾、朝鲜等地知名艺术家的友好书画展；莱芜市侨联邀请奥地利上奥州韦尔斯乐团一行 60 人进行友好演出；潍坊市侨联主办了两位旅美艺术家微雕、书法作品联展；东营市侨联积极推进 52 集原创动画《少年孙子》项目的实施；德州市侨联组织了李春明将军捐赠图书仪式。二是继续大力开展华文教育和青少年文化交流等活动。组织全省中小学校参加了第十三届世界华人学生作文大赛，省侨联与滨州、东营、济宁、泰安、枣庄、日照侨联获大赛组织奖，日照、济宁两市侨联专门举办了大赛颁奖典礼，反响良好；泰安、淄博、威海市侨联接待海外华裔青少年夏令营、海外华校师资培训团 80 多批次，并介绍、选派优秀教师赴海外华校支教；青岛市侨联举办了第三届“中德青少年文化交流活动”，组织参加了中国侨联在北川中学举办的“侨心杯”全国少年足球邀请赛，该市太平路小学代表队荣获亚军；烟台市侨联协调争取将莱州中华武校由省级华文教育基地升格为国家级华文教育基地；聊城市侨联推动美国洛杉矶大学与聊城大学达成了学生友好交流协议。三是重视做好宣传和信息工作。青岛市侨联积极利用海外媒体宣传推介蓝色经济区核心区建设和青岛发展，与法国侨胞共同策划、拍摄了《青岛的夏天》宣传片近期将在法国电视台 MDTV 等主流媒体的黄金时间播放；年内 10 余篇《侨情专报》被中国侨联采用，其中 2 篇得到中央领导批示；泰安市侨联与海外 54 家华文主流媒体建立起长期合作关系，发放宣传泰安和泰山的手册、光盘数千份；烟台招远、莱州、蓬莱利用《山东侨报》进行对外宣传，来自美国、英国等 15 家海外媒体组成的海外华文传媒协会访问团到莱州考察和采风；潍坊市侨联携手《侨力》杂志

进行大力宣传；日照市侨联精心筹备编写《日照侨联十年 2001—2010》；德州出版 4 期内部刊物《走向世界的德州》。

【推进侨界公益和慈善事业】积极推进侨界公益和慈善事业，争取和引导侨资企业、侨界人士从事公益慈善活动，泰安市华商会慈善基金母本金总金额已达 8000 万元；泰颐置业公司捐赠总额度 600 万元设立慈善基金，支持泰安市县城和贫困山区小学建立图书馆等设施；香港江兴国际投资公司捐赠 600 万元用于烟台市农村整体搬迁，安置村民 113 户；枣庄安侨集团向中国华侨公益基金会捐赠 200 万元设立"爱心专项基金"，用于支持枣庄社会公益事业、图书室建设和救助困难归侨侨眷；威海侨企泰祥集团、侨乡集团投入资金 200 多万元，协助贫困村改善村容村貌，安排村民子女就业；香港金龙集团、香港培才基金会和已故港胞丛树伦先生的遗孀分别捐资 200 万元、75 万元、50 万元在潍坊、莱芜、威海等市建设学校、乡村图书室和多媒体教室等；日照市侨联组织知名画家进行作品义卖，所得资金 10 万元纳入"常芳助学基金"；台湾爱心第二春文教基金会在泗水县、曹县的两所中学设立"珍珠班"，共为 100 名家庭特困生解决学费、住宿费等，三年共计 75 万元。截至 2012 年底，山东省"侨（爱）心小学"已经达到 31 所。

【提高为侨服务的质量和水平】山东各级侨联坚持以侨为本、为侨服务的宗旨，努力发挥好党和政府联系广大侨界群众的桥梁和纽带作用。认真做好"送温暖、献爱心"活动，利用传统节日走访慰问侨界群众，送上党和政府的关心和侨联组织的温暖，节日期间全省侨联系统共走访归侨侨眷 1600 余户，走访慰问金及慰问物资折合人民币 75 万元；日照市侨联建立委员联系侨户"1+3"常态化工作机制，为联系对象解决实际问题；潍坊市 30 多位各级侨界人大代表、政协委员和侨联委员主动与贫困归侨侨眷结成帮扶对子；枣庄市侨联组织海外留学生利用回国探亲的机会赴敬老院慰问，到驻地部队开展"军营生活体验"活动；乳山市侨联继续开展"关爱空巢归侨侨眷活动"。各级侨联还积极为侨商侨企做好服务工作。济南市侨联与有关部门联合开展"外商服务月"活动，积极帮助外资企业解决困难和问题；东营市侨联协调银行为侨资企业发放贷款近 2 亿元；滨州市侨联协调帮助侨商企业贷款 3000 万元，并协调解决了 1000 万美元资金，用于企业在香港上市融资的准备工作；威海市侨联引导侨企参与小额担保贷款财政贴息活动，为归侨侨眷提供创业帮扶

9 月 12 日，安侨集团向中国华侨公益基金会捐赠 200 万元"爱心专项基金"暨"安侨爱心图书室"项目启动仪式在枣庄市市中区永安乡龙子心中学隆重举行。中国侨联副主席王永乐、朱奕龙出席活动。图为与会领导共同启动光电球

2012年春节期间，中国侨联组织人事部副部长林晓东（右一）在省侨联主席梁波（左一）陪同下到枣庄走访慰问

资金；德州市侨联举办了“德州市重点侨资（属）企业家联谊会”；聊城市侨联协助推介和办理APEC商务旅行卡，为企业参与全球资源配置开辟“绿色通道”。根据国家和省侨联“六五普法”规划、方案，各级侨联多次组织普法宣传和法律进社区活动，宣传《归侨侨眷权益保护法》。接待来信来访300多件，处理纠纷近百件。威海市侨联被评为“全国侨务信访示范单位”；青岛市侨联与青岛科技大学联合设立“全市侨联侨法宣传示范基地”，其信访工作成功案例入选中国侨联《维护侨益案例选编》和《中国侨联法顾委30年》；淄博、菏泽市侨联走上街头，设立侨法宣传和为侨服务工作点。对贫困归侨摸底，建立全省贫困归侨信息档案，为开展救助活动提供依据。

【做好参政议政工作】2012年是市级人大政协换届之年，山东省各市侨联积极推荐侨界人大代表、政协委员，在参政议政工作中发挥了重要作用。在省市“两会”期间，侨界人大代表、政协委员围绕经济社会发展中的难点问题、侨界群众关注的热点问题，积极反映社情民意，提出了许多高质量的提案、议案。济宁市侨联广泛发动侨界人士开展“我为济宁发展献一策”活动；烟台市各级侨界人大代表、政协委员提出提案共52件，反映社情民意73条；在全国和省人大政协即将换届之际，省侨联以及济南、青岛、泰安等市侨联顺利完成了推荐全国人大归侨代表预备人选的相关工作；省侨联主动与有关部门沟通协商，积极推荐省政协侨联界别委员和海外顾问，为进一步履行参政议政职能奠定良好的基础。

【做好选派“第一书记”抓党建促脱贫工作】按照省委要求，山东省侨联选派了1名办公室副主任到阳谷县金斗营乡西金斗营村担任“第一书记”。会党组对这一工作高度重视，切实担负起指挥部、协调部、保障部的职责，先后召开3次专题会议，研究“第一书记”抓

4月18日，山东省侨联主席梁波到阳谷县金斗营乡西金斗营村了解情况，看望“第一书记”

省级侨联工作简介

党建促脱贫工作，建立帮包机制，制定帮包计划；3名党组成员先后7人次带领机关干部到帮包村调研，为“第一书记”落实工作经费、改善工作条件、解决生活困难。为解决帮包村群众饮水质量问题，山东省侨联从办公经费中拿出10万元，整修和改造该村自来水管网，使全村3000多人用上了方便、卫生的自来水，得到全村村民的一致称赞。

【加强侨联自身建设】以选派“第一书记”为契机，山东省侨联深入开展“创先争优、争做齐鲁先锋”和“向基层学习”活动，强化机关党员干部的政治素质、思想品德和工作作风。各级侨联鼓励和支持干部加强学习，增长才干，积极选派干部参加中国侨联和各级党校、行政学院举办的培训班，组织干部赴侨联工作先进省份学习考察、开拓视野。青岛市侨联举办全市侨联干部培训班，中国侨联副主席乔卫亲临授课。威海市侨联探索走出的“党建先导、以带促建、齐抓互动、共同发展”新路子和日照市侨联“三位一体”干部队伍建设模式等经验，相继被省侨联和中国侨联推广。山东省高校侨联组织得到了发展，经济南市侨联积极工作，山东师范大学和济南大学成立了高校侨联。青岛市在已有两所大学成立侨联的

6月1日，省委常委、组织部长高晓兵（中）到省侨联机关视察

基础上，青岛理工大学和青岛农业大学正积极筹备成立侨联。青岛、日照、枣庄、潍坊、威海等市侨联系统的多名干部被调整到重要岗位或得到提拔重用，调动了侨联系统干部工作的积极性。德州市侨联增设了领导职数，健全了机构，人员编制由5人增加至11人，并已全部配备到位，办公经费由每年17万增加至120万。

【济南市侨联】开展组织建设年，实现基层侨联组织全覆盖。9月，山东师范大学侨联成立；11月，济南大学侨联成立；12月，经市编办批准，历城区侨联、平阴县侨联、长清区侨联、济阳县侨联相继挂牌成立。至此，济南10个县（市）区全部成立侨联组织。2012下半年，指导商河县侨联、天桥区侨联完成换届工作，为侨联工作的深入开展提供了组织保障。助侨平台进一步拓展。1月，设立侨界图片资料库；3月，创建“归侨侨眷图书角”1处；4月、7月，先后在加拿大、澳大利亚设立了市侨联海外第六、第七所留学生关爱中心；9月，分别在历下区、市中区、天桥区、槐荫区创建“奕龙侨心书屋”各1所；10月，开展了“仲裁进侨企”活动；11月，第三批侨联示范社区成立，先后为历下区历山路社区、市中区七东社区、槐荫区南辛苑社区、天桥区南村西区社区4个社区授牌；12月，启动“他乡有家”活动，帮助异地归侨侨眷参加侨联活动。大型招商活动有成效。4月、7月、8月分别举办“2012海外知名华商济南行重点项目推介说明会”、“2012深港女企业家济南行项目推介洽谈会”、“第四届侨商洽谈会”三次大型招商推介活动，达成合作意向15个。同时，还面向驻济侨商调研济南

发展环境情况，形成书面报告，得到山东省委常委、济南市委书记王敏的批示肯定。参政议政工作获好评。全年推荐市人大代表5名、市政协委员7名，保障了侨界的代表性和话语权；形成“解决中小企业招工难”等提案建议29份，连续四年在市政协大会上发言，并有多篇提案被评为优秀提案。为做好2013年两会期间的参政议政工作，重点围绕城市居民饮用水安全问题展开调研，多次组织代表委员实地考察，形成了《进一步加强我市城市居民饮用水安全的建议》，并作了大会发言，广受好评。2012年底，济南市侨联被评为中国侨联信息工作先进单位、济南市市级文明机关。

【青岛市侨联服务蓝色经济发展成效显著】 2012年，青岛市侨联在市委领导下，在上级侨联的指导下，紧紧围绕中心，坚持把服务蓝色经济发展作为重要着力点，充分发挥自身优势，广揽侨界人才，广征良言良策，侨联工作在服务大局中唱响了蓝色主题曲。组织侨界专家学者围绕发展蓝色产业、提高自主创新能力、生物技术应用等方面建言献策，青岛市侨联再次荣获2012年度全国侨联信息工作特等奖。中国侨联副主席董中原批示指出：“青岛市侨联围绕党和国家中心工作献计出力的努力和成果值得充分肯定。”充分发挥海外联系广泛的优势，深入推进“海外青岛”建设，举办哥伦比亚投资环境说明会，助推青岛市企业“走出去”开拓海外市场。积极牵线搭桥，邀请接待来自美国、加拿大等十几个国家和地区的重点客人37批次170多人次，与有关单位就18个意向进行了洽谈。发挥侨界智力密集的特点，邀请美国、加拿大等国家的高层次人才参加2012青岛蓝洽会，助推海外高层次人才引进工作。召开侨界专家学习贯彻十八大精神服务海洋强国战略研讨会，组织侨界专家围绕海洋强国战略、打造蓝色领军城市献计献策。《人民日报》（海外版）、《人民政协报》分别大篇幅报道了青岛市侨联汇聚侨智、服务大局的工作。

河南省归国华侨联合会

【领导成员名单】

党 组 书 记：邹文珠

主　　　席：董锦燕（女）

专职副主席：王鹏杰　姚新文（女）

副 巡 视 员：耿诚聪

兼职副主席：董子明　朱任发　罗建中　康玛水　陈锦艳　陈长宝　邢玉华　刘东晓　沈钊昌　屈　晓

秘　书　长：姚新文（女，兼）

【综述】 2012 年，河南省侨联系统认真学习贯彻党的十八大精神、省九次党代会和中国侨联八届四次全委会议精神，紧紧围绕卢展工书记“侨是历史、侨是优势、侨是力量、侨是形象”的重要指示，认真贯彻落实全面服务中原经济区建设总体战略，围绕中心，服务大局，扎实工作，成效显著。

【积极服务中原经济区建设】 2012 年，河南省侨联系统牢牢抓住加快转变经济发展方式的主线，广泛动员广大归侨侨眷和海外侨胞为中原经济区建设贡献力量。一是坚持把发挥侨资侨智优势作为服务经济建设的重要手段。以多种形式开展招商引资活动，共引进项目 100 多个，资金 300 多亿元；争取社会各界捐赠 200 多万元。二是坚持把侨商会打造成服务地方经济的重要力量。省侨联发挥业务主管单位的职能，进一步加强侨商会组织建设，要求全省各地结合当地侨情成立侨商会组织。在省侨联的推动下，继河南省侨商联合会挂牌成立后，信阳、安阳、周口也随后成立侨商会组织。开封、漯河、平顶山、许昌等地侨商会的成立工作也在筹备中。三是坚持把做好侨界人才工作作为促进科技创新、服务经济发展方式转变的重要途径。积极筹备成立河南省归国留学人员服务中心；推选河南省优秀企业和个人参加中国侨联第四届新侨创新成果交流会，三人获得第四届中国侨界贡献奖的创新人才奖，两项科技成果获得创新成果奖，一个团队获得创新团队奖；支持侨资企业百年金海集团成立河南省首家安防院士工作站；支持侨资企业河南省世通科技发展有限公司在郑州高新技术开发区筹建归国留学人员创业园。先后在信阳市挂牌成立“河南省侨联人才交流培训（信阳）中心”和“河南省归国人员创业园（信阳）基地”，在鹤壁市挂牌成立“鹤壁市归国留学人员创业基地”，为引进海外优秀人才广开门路。

3 月 30 日，河南省侨联党组书记邹文珠（右）为信阳市侨商会揭牌

【努力拓展侨联工作新思路】 根据中国侨联八届四次全

9 月 21 日，河南省委统战部副部长、省侨联党组书记邹文珠在沈钊昌画展开幕式上致辞

委会议精神，结合河南省实际，积极拓展侨联工作。一是坚持打造好根文化品牌。成功举办壬辰年黄帝故里拜祖大典、2012 中国·商丘国际华商节、第四届中原（固始）根亲文化节等活动，积极支持淮滨县主办首届海峡两岸蒋氏文化论坛暨第五届中华蒋氏淮滨寻根文化节，支持驻马店召开世界房氏宗亲第二次代表大会等。二是坚持打造文化工作新平台。成立河南省侨声文化发展中心，举办多种形式的文化宣传活动；持续提高《中原侨声》杂志的办刊质量，着力打造好河南侨联门户网站《侨声网》。积极组织省内著名书画家参加中国侨联举办的“亲情中华”世界华侨华人美术书法展；先后主办了“中国当代名家·翁真如作品展”、“水墨心境·壬辰（条屏雅集）精品展”、“客家情怀·沈钊昌山水画汇报展”等活动，并组织“侨光艺术奖”获奖书画家赴信阳开展采风。三是坚持做好侨界维权工作。全年仅省侨联机关接待处理侨界群众来电来访 310 人次，全省侨联系统共受理信访信件 562 件，来电来访 936 人次，反映的问题 90% 得到解决。结合“六五”普法宣传教育工作，制定了《河南省侨联关于在归侨侨眷中开展法制宣传教育的第六个五年规划》并下发全省侨联系统，引导侨界群众自觉学法、守法、用法。督促司法部门妥善处理重大涉侨涉诉案件，配合中国侨联解决了海外华侨陈胜武在焦作投资纠纷、郑州市侨眷张正林司法诉讼、商丘市侨眷房晓兰拆迁信访等疑难案件。全省侨联系统积极筹集慰问金、慰问品共计 70 多万元，深入到侨界贫困群众较为集中的地区持续开展“情暖侨心”活动，对困难归侨侨眷进行走访慰问，帮助解决实际困难，共慰问贫困归侨 1000 多人。四是坚持提高参政议政水平。2012 年，地方各级人大、政协换届工作陆续展开，根据中国侨联的指示精神，按照“保证原来总量不变、争取有所突破”的原则，积极与省委组织部、统战部以及各省辖市委组织部和统战部协商沟

通，发送推荐函明确提出要求，力争更多侨界人士成为各级人大代表和政协委员。加强与各级党委、政府及有关部门的沟通联系，积极推动涉侨提案议案的落实和参政议政工作成果转化；配合全国人大、省人大和有关部门涉侨法律法规执法检查和工作视察，不断提高依法维护归侨侨眷合法权益工作实效。五是坚持拓展海外联谊渠道。据不完全统计，2012 年省侨联共接待海外华侨华人、港澳台同胞近千余人次，一大批重要客人分别受到省四大班子领导的会见。根据年度工作安排，省侨联主要领导分别率团出访美国、韩国、日本、马来西亚、西班牙、希腊、摩洛哥和参访台湾，通过拜会我驻外使领馆和知名侨团侨领，看望慰问豫籍侨胞，参观走访考察华商企业，加强了与海外华侨华人社团的联谊，广交了海外各界朋友，弘扬了中原文化，宣传推介了中原经济区建设，提高了河南的知名度。

【抓好侨联队伍建设】一是坚持创新工作机制。制定了《河南省侨联领导班子职责分工制度》并下发各省辖市侨联，对不驻会副主席的职权范围、联系常委、分管省辖市侨联进行了明确分工；创立主席联席办公会议制度，研究解决重大事项，组织开展调研活动，相互之间通报工作。二是坚持加强侨联组织建设。抓住省委、省政府出台《关于进一步加强新形势下侨联工作的意见》的有利时机，不断提高侨联组织建设的科学化水平，全省侨联系统健全了党组织，壮大了干部队伍，调整了干部结构，为推进新形势下侨联工作发展增添了后劲。三是坚持加强队伍建设。先后制定《省侨联 2012 年党组中心组学习计划》等学习制度，选派机关干部进行培训、轮训。2012 年上半年，在省委省直工委对省直机关领导班子思想作风建设和机关思想作风建设进行的督查考评中，全省各级主要领导对省侨联领导班子思想作风建设测评的优良率为 98.95%，机关思想作风建设测评的优良率为 99.12%，省委省直工委专门发函予以通报表扬。

【河南省侨商联合会举行揭牌庆典仪式】3 月 23 日，河南省侨商联合会揭牌庆典仪式在郑州国际会展中心举行，中国侨联主席林军，中国侨商联合会会长、香港侨界社团联会创会会长陈有庆，全国人大农业与农村委员会委员王明义出席仪式并揭牌。河南省人大副主任储亚平，河南省政协副主席邓永俭等领导以及来自海内外的侨商企业家代表出席。省侨联主席董锦燕主持仪式。中国银行河南省分行、中国工商银行河南省分行与河南省侨商联合会互

3 月 23 日，河南省侨商会举行揭牌仪式

省级侨联工作简介

换 2012—2013 年 180 亿元人民币在豫项目授信战略合作协议文本。河南省侨商联合会与上海市华商会、江苏省侨商总会、山西省华商会等侨商会结为友好商会。

3 月 25 日，河南省侨联与漯河市人民政府战略合作框架协议签订现场，左为河南省侨联签字代表副巡视员耿诚聪，右为漯河市委常委、统战部部长吕岩

【中国侨联主席林军出席壬辰年黄帝故里拜祖大典】3 月 24 日（农历三月初三），壬辰年黄帝故里拜祖大典在新郑市黄帝故里景区隆重举行。此次大典由河南省人民政府、政协河南省委员会、国务院侨务办公室、中华炎黄文化研究会、中华全国归国华侨联合会、中华全国台湾同胞联谊会共同主办，主题为“同根同祖同源，和平和睦和谐”。林军主席出席大典并主持典礼。

3 月 24 日，中国侨联主席林军作为主司仪出席壬辰年黄帝故里拜祖大典

【河南省侨联与漯河市政府、焦作市政府签订战略合作框架协议】3 月 25 日、26 日，河南省侨联分别与漯河市政府、焦作市政府签订战略合作框架协议。此次战略合作框架协议签订是河南省侨联与地方人民政府首次进行战略合作，标志着河南省侨联在服务党委政府中心工作、服务中原经济区建设、服务河南改革开放中迈出新步伐。

【第五届中华蒋氏淮滨寻根文化节在淮滨开幕】4 月 7 日—8 日，首届海峡两岸蒋氏文化论坛暨第五届中华蒋氏淮滨寻根文化节在“天下蒋氏故里”信阳市淮滨县举行，来自海内外的蒋氏宗亲代表齐聚蒋氏祖根地，共同祭拜蒋氏始祖伯龄，并与海峡两岸的姓氏文化专

4 月 7 日，蒋氏文化节活动在河南省淮滨县举办

家、学者参加了首届海峡两岸蒋氏文化论坛。省委统战部副部长、省侨联党组书记邹文珠出席开幕式。

6月18日，河南省侨联到新密开展“三化”协调发展现场观摩

【举行“中原经济区·世界的机遇”座谈会】 6月7日，由河南海外联谊会、新加坡南洋理工大学、省商务厅、省侨联等单位主办的“中原经济区·世界的机遇”座谈会在郑州召开，部分在豫考察的新加坡南洋理工大学“MBA海外商务考察团”成员及省内外企业界人士，就中原经济区建设的前景和发展机遇进行交流研讨。省委常委、统战部部长、省海外联谊会主席史济春出席座谈会并致辞。省委统战部副部长、省侨联党组书记邹文珠主持座谈会。

6月7日，河南省侨联主办“中原经济区·世界的机遇”座谈会

【召开“三化”协调发展主题观摩会】 6月18日，河南省侨联“三化”协调发展主题观摩会在新密市召开。河南省侨联领导班子及各部室负责人在郑州市及新密市等有关负责人员的陪同下，参观了新密市岳村镇任岗正兴社区、来集镇浮山雅居社区、超化镇超化新区中心社区、超化镇黄固寺社区，走访了侨资企业新密港华燃气有限公司。在组织召开的观摩调研座谈会上，与会人员观看了新密市“三化”协调发展宣传片，就侨联组织如何在三化协调发展中发挥独特优势进行了交流和探讨。

【召开九届一次主席联席办公会议】 6月18日，河南省侨联第九届委员会主席联席办公会议在新密市召开，省侨联领导班子及不驻会副主席出席会议。会议通报了省侨联上半年的主要工作和下半年的工作安排，听取了各位副主席分管工作的开展情况，重点讨论

6月18日，河南省侨联举行第一次主席联席会议暨“三化”协调发展观摩活动

了如何发挥侨界力量为中原经济区建设作贡献。

【省侨联党组书记邹文珠率团访问台湾】7月29日—8月5日，应台湾中华侨联总会邀请，河南省委统战部副部长、省侨联党组书记邹文珠率团赴台湾考察访问，信阳市侨联主席冯磊，淮滨县委书记吴刚、县委统战部部长方波等一行8人陪同访问。参访团先后走访拜会了台湾监察院院长、台湾爱心第二春文教基金会理事长王建煊先生，台湾中华侨联总会理事长简汉生先生，台湾蒋姓宗亲会理事长蒋炳岩先生、秘书长黄启华先生，以及世界陈氏宗亲总会理事长陈盛根先生，开漳圣王庙组委会等华侨社团和重要人士，就公益事业、文化交流、项目合作等方面进行了详细考察和深入探讨。期间，邹文珠代表省侨联与台湾中华侨联总会签订了“豫台文化创意产业园”项目合作协议书。

8月24日，河南省侨联主席董锦燕出访韩国、日本、马来西亚

8月3日，河南省侨联党组书记邹文珠（右）与台湾中华侨联总会理事长简汉生（左）签署合作协议

【省侨联主席董锦燕率团出访韩国日本马来西亚】8月20日—31日，河南省侨联主席董锦燕，平顶山市委常委、汝州市委书记李全胜，以及汝州市部分乡镇、局委、企业负责人及汝瓷专家共27人，分别在韩国首尔、日本东京、马来西亚吉隆坡举办3场投资贸易合作洽谈会、3场汝瓷精品展。参访团一行还参观丰田汽车等国际知名企业和韩国新村运动中央研修院，拜访华侨华人团体和知名人士，结识了一批朋友和客户，签约了一批项目，圆满完成了各项考察交流任务。

【召开九届二次主席联席办公会议】9月11日，河南省侨联第九届委员会第二次主席联席会议在鹤壁市召开。邹文珠出席会议并作总结讲话。董锦燕、姚新文、耿诚聪及不驻会副主席出席会议，董锦燕主持会议。会议通报了筹备成立省侨商投资集团和侨商银行的相关事宜，并听取了各位副主席分管工作的开展情况。大家踊跃发言，结合各自实际畅谈想法，从不同角度、不同领域建言献策，对河南省侨商会工作提出了建议和意见。

9 月，河南省侨联主席董锦燕出访希腊、西班牙、摩洛哥

【省侨联主席董锦燕率团出访摩洛哥西班牙希腊三国】9 月 18 日—29 日，河南省侨联主席董锦燕率代表团赴摩洛哥、西班牙、希腊三国，就侨情变化、海外联谊等工作进行了为期 12 天的考察访问，拜会各国知名侨领和华侨社团，深入华侨华人企业，看望慰问当地侨胞，并出席侨界座谈会，认真听取考察侨情，推介河南省情，达到了增进友谊、加强了解、扩大交流、促进合作的目的，圆满完成了各项考察交流活动。周口市侨联主席冯连根、信阳市侨联主席冯磊、漯河市旅游局局长晁伟、商丘市侨联主席王玥陪同访问。

【河南省首家安防院士工作站成立并举行揭牌仪式】9 月 23 日，河南省智慧城市技术与应用院士工作站成立暨揭牌仪式在郑州举行。至此，经河南省科技厅批准的河南省首家安防院士工作站正式在河南百年金海安防科技有限公司建立。中国科学院、中国工程院、国际亚欧学院院士，国家智慧城市和物联网行业首席专家李德仁作了“智慧城市：概念、支撑技术与应用”的学术报告。该活动由河南省科技厅、河南省工信厅、河南省公安厅、河南省侨联主办，百年金海安防科技有限公司承办，是河南省电子信息产业和安防行业的一件大事。

【省政协主席叶冬松在商丘会见中国侨联主席林军、副主席王永乐】10 月 22 日，2012 中国·商丘国际华商节期间，河南省政协主席叶冬松在商丘会见中国侨联党组书记、主席林军及副主席王永乐。林军表示，中国侨联及中国侨商会将继续发挥职能优势，加强与河南、与商丘的紧密联系，邀请更多的海内外知名侨商侨领来商丘投资兴业，为中原经济区建设贡献力量。邹文珠、董锦燕、耿诚聪，商丘市委书记陶明伦、市长余学友等领导参加了会见。

10 月 22 日，河南省政协主席叶冬松（右三）会见中国侨联主席林军（中）、副主席王永乐（左二）

【2012 中国·商丘国际华商节隆重举行】10 月 23 日，由中国侨联、全国工商联、河南省政协主办，河南省侨联、河南省工商联、商丘市政府承办的 2012 中国·商丘国际华商节

商祖故里拜谒大典在商丘华商广场隆重举行，主题为“聚天下华商合力，兴中原崛起伟业”。中国侨联党组书记、主席林军，河南省委副书记、省长郭庚茂，河南省政协主席叶冬松出席大典。中国侨联副主席王永乐担任拜谒大典主司仪。以荣誉会长庄启程为团长的中国侨商联合会代表团出席华商节，来自美国、德国、西班牙、匈牙利、澳大利亚、赞比亚等国家的知名侨领、华商代表，国内外知名企业家代表，台湾、香港、澳门等地客商代表1万多人参加了拜谒大典。河南省侨联党组书记邹文珠、主席董锦燕出席拜谒大典。

【中国侨联主席林军、副主席王永乐出席中国·商丘国际华商产业园项目奠基仪式】 10月23日，中国侨联主席林军、副主席王永乐及河南省副省长赵建才出席“中国·商丘国际华商产业园”揭牌奠基仪式。商丘国际华商产业园是在中国侨联的大力支持下，由中国侨商联合会、河南省侨联、商丘市人民政府联合为广大华商在商丘创业打造的一个平台。中国侨联经济科技部副部长、中国侨商会常务副会长、秘书长安晨，中国侨联海外联谊部副部长孔涛，以及邹文珠、董锦燕、耿诚聪出席奠基仪式。

【中国侨联副主席乔卫出席第四届中原（固始）根亲文化节】 10月26日，“唐人故里·闽台祖地”第四届中原（固始）根亲文化节在固始县根亲文化园广场盛大开幕。中国侨联副主席乔卫，中央台办、国台办主任助理龙明彪，省人民政府副省长王铁，省政协副主席邓永俭，九届河南省政协副主席、河洛文化研究会常务副会长陈义初，全国台联会长助理黄京华，省委统战部副部长、省侨联党组书记邹文珠等出席开幕式。来自加拿大、澳大利亚、马来西亚、缅甸等10个国家和台港澳地区以及

10月26日，第四届中原（固始）根亲文化节开幕

10月23日，中国侨联主席林军（左）和河南省副省长赵建才出席商丘国际华商产业园奠基仪式

福建、浙江、北京等18个省市的政要、学者、宗亲代表、商界精英等1000人参加了开幕式。

【举办新能源企业家专家济源行暨高峰论坛】10月29日，由河南省侨联和济源市政府主办，省新能源商会、市委统战部、玉川产业集聚区承办的新能源企业家、专家济源行暨高峰论坛在济源举行，来自全国各地的新能源企业家、专家齐聚一堂，共同分析新能源产业现状及发展趋势，探讨新能源产业为城市建设带来的美好前景。省委统战部副部长、省侨联党组书记邹文珠及省侨联副主席、省新能源商会会长刘东晓，济源市领导王宇燕、王天顺、白玉成以及60多名新能源行业的知名企业家、专家参加了高峰论坛。

【省侨联党组书记邹文珠出访美国】11月16日—18日，"纽约中国和平统一促进会成立30周年暨全美中国和平统一促进会联合会2012年年会2012年两岸关系新契机、新机遇、新发展论坛"在美国纽约举行，应美国纽约和平统一促进会邀请，省侨联党组书记邹文珠率代表团出席论坛并演讲。

11月16日，河南省侨联党组书记邹文珠出访美国

【商丘市侨联以文化品牌为着力点服务经济建设】2012年，商丘市侨联以打造商丘文化品牌为着力点，充分利用商文化、姓氏文化、汉梁文化等独特优势，广泛开展多种形式的寻根问祖、文化交流活动。成功支持、帮助、参与举办了宋氏、殷氏、牛氏、高氏、沈氏、戴氏等大型恳亲活动，增强了海外乡亲对"根在商丘"的认同感和归属感，共吸引海外侨胞及港澳同胞1500余人次来商寻根谒祖和经贸洽谈。尤其是近年来着力打造的"华商节"文化品牌，在海内外产生了重要影响。10月23日，"2012中国·商丘国际华商节"如期举行，按照商丘市委"出新出彩"的要求，市侨联主动作为、积极作为，邀请到全国政协副主席万钢作为国家领导人出席本次节会，确立了节会继续由中国侨联主办、省侨联承办的规格，实现了市委、市政府高规格办会的意图；中国侨联党组书记、主席林军和副主席王永乐亲临节会；王永乐副主席作为主司仪主持了拜谒大典仪式；林军主席、王永乐副主席出席了在"中国商丘国际华商产业园"园区内举行的投资8亿元的玄鸟新能源汽车生产项目奠基仪式；邀请了全国政协委员、中国侨商会名誉会长、香港太平绅士、香港维德集团主席庄启程先生等政治上有影响、经济上有实力的知名华商69人；林军主席还专门为产业园题写了园名墨宝并亲自揭牌，成为本次节会的一大亮点；在商丘市情说明暨项目签约仪式上，商丘市共签约项目216个，总投资413

亿元，项目涉及机械制造、纺织服装、农副产品深加工、物流园区、新能源、新材料等领域。市侨联出色地完成了组委会交办的各项任务，真正做到了与会领导和客商满意，受到市委、市政府的表彰。2012年，市侨联依托中国侨商会、省侨联和市政府三方联手进行战略合作，在全国侨联系统率先打造了“商丘国际华商产业园”，目前已成为侨联组织服务经济建设的新窗口和新平台。产业园规划面积29.43平方公里，是以机电装备制造业、新材料产业为主导的新型产业引领区、体制创新的实验区、开发开放的先导区、转型升级的示范区、产业集聚的新城区。目前，进驻产业园规模以上企业已达到42家，完成道路、供排水、电力通信、绿化景观等公用辅助设施的建设，园区各类企业营业收入192亿元，国内生产总值完成28.27亿元，规模以上工业企业增加值完成21.1亿元，全社会固定资产投资完成66亿元，对外贸易出口总额完成6405万美元，财政总收入完成16.76亿元。

【安阳市侨联抓好“六个一”聚侨心、促发展】2012年，安阳市侨联深入学习贯彻党的十八大精神，进一步解放思想，开拓创新，紧紧围绕“六个一”，各项工作成绩显著，先后被评为省侨联信访维权工作、信息工作先进单位，全市对外宣传工作先进单位，全市统战宣传工作、信息工作先进单位。一是召开一个大会——安阳市侨联成立五十周年庆祝大会。2012年11月28日，安阳市侨联成立五十周年庆祝大会暨安阳市侨商联合会成立大会隆重召开。省侨联主席董锦燕和市委副书记、市委统战部部长李文斌出席会议并讲话。省侨联副巡视员耿诚聪、市四大班子领导出席大会。来自匈牙利、美国等10多个国家的华侨华人代表及全市归侨侨眷代表共120余人参加了会议。市侨联精心策划编撰，出版了《安阳市归国华侨联合会50周年华诞》纪念画册，赢得了各级领导和侨胞们的广泛好评。二是成立一个商会——安阳市侨商联合会。经过认真筹备，于11月下旬召开了安阳市侨商联合会第一次代表大会，省侨联主席董锦燕、副巡视员耿诚聪，省侨商会常务副会长罗建中、李光华应邀出席大会，市直有关部门领导、50余名侨资侨属企业代表参加了会议。会议审议通过了《安阳市侨商联合会章程》及会费收费办法，选举产生了第一届理事会会长、常务副会长、副会长、秘书长、理事，并聘请了名誉会长。三是落实一个项目——河南东泰医药产业园项目。7月18日，由河南省侨商联合会常务副会长、河南东泰控股有限公司董事长苗青投资6亿元的东泰医药产业园项目开工奠基仪式在汤阴县产业集聚区隆重举行，市四大班子领导，市侨联、市直有关部门及汤阴县委、县政府的领导出席仪式并为该项目培土奠基。四是开辟一档节目——大型系列节目《海外安阳人》。充分发挥海外联系面广、信息渠道多的优势，与市广播电视台合作筹划、制作了反映当代安阳人在海外奋斗经历的大型系列节目《海外安阳人》，其欧洲篇、美洲篇和大洋洲篇已于2013年春节期间亮相安阳荧屏，播出后社会反响强烈。五是创办一个期刊——《安阳市留学生眷属联谊会会刊》。由安阳市侨联与市留学生眷属联谊会创办的《安阳市留学生眷属联谊会会刊》于7月创刊发行，市委副书记、市委统战部部长李文斌为《会刊》创刊题词：“搭建平台、广交朋友，促进友谊、服务大局。”《会刊》旨在宣传党和国家的有关侨务方针政策和法律法规，反映市侨联、市留学生眷属联谊会工作动态，传递乡音乡情，宣传推介安阳，同时也为会员间进一步联络感情、交流信息、促进合作与发展提供了服务平台。六是举办一次活动——安阳市侨联春季山地运动会。为丰富活跃侨界文化体育活动，4月，安阳市侨联组织部分归侨侨眷、留学生眷属70余人在林州市鲁班壑举行了第三届春季山地运动会。运动会使大家不仅锻炼了身体，磨练了意志，彼此之间也增进了友情、促进了交流，展示了侨界良好的精神风貌。

【周口市侨联认真履行工作职责，推动侨联事业科学发展】周口市侨联积极拓展海外联谊，服务中心工作，多渠道多层次保持和加强与海外华侨华人及其社团的经常性联系和针对性联谊，先后与台湾中华侨联总会、龙脉新加坡侨商会等9个海外华侨华人社团和《侨讯》、《欧华报》、《联合时报》、《中希时报》4个华文媒体建立新的友好关系，积极宣传推介周口；加大“请进来”力度，邀请台湾中华侨联总会理事长简汉生，澳大利亚华人书法家、太平绅士家翁真如，龙脉新加坡侨商会会长徐明钟，西班牙河南同乡会会长韩启立等15批海外考察团来周访问考察、讲学交流、投资创业。促成正大集团与商水县政府签订了发展100万头生猪产业链项目及现代农业项目的协议；加快“走出去”步伐，随同河南省侨联考察团访问西班牙、希腊和摩洛哥，考察海外侨情，进行海外联谊，访问摩洛哥华人商会、西班牙华侨华人协会、希腊华侨华人总会等侨团，拜访中国驻希腊大使馆，考察侨资企业，并与侨界代表座谈，邀请侨商来周口参观考察，合作发展。扎实实施情暖侨心工程，组织开展“走进基层，走进归侨侨眷，走进侨资侨属企业”的“三走进”活动，完善侨联干部与归侨侨眷和留学生家属的“一对一”联系服务机制，坚持不懈地为侨界群众办实事、做好事、解难事，坚定不移地维护侨界群众的合法权益，共走访慰问困难归侨侨眷和侨界重点人士210余户，筹集发放慰问品、救助金合计9万元，调研侨资侨属企业57家，帮助解决困难30件次；建立完善内容翔实、信息准确、联络畅通的《周口市侨情信息库》，共有《归侨侨眷信息库》、《困难归侨侨眷档案库》、《侨界人大代表政协委员信息库》、《海外人才信息库》、《海外联谊名录》五大部分，收录393户，反映了全市侨界基本情况。建立归侨侨眷手机联络库，发送“手机侨讯”4000条次，收集海外华侨华人、国内归侨侨眷QQ号，成立周口人在海外QQ群，定期发布侨情信息，依托大河网、大河论坛发布侨联工作信息13篇，阅读量累计5000多人次；研究制定并下发《周口市侨联关于在归侨侨眷中开展法制宣传教育第六个五年规划》，认真做好侨界信访维稳工作，变被动接访为主动下访，深入到基层和侨界群众家中，及时发现和化解各种矛盾和隐患；成立了周口市侨商联合会，促进侨商与政府部门的沟通联系，依法维护企业合法权益，加强侨商之间的联谊、交流与合作，引导帮助侨资侨属企业不断发展壮大；积极引导鼓励海外华侨华人、归侨侨眷和侨资侨属企业发扬乐善好施、扶危济困的光荣传统，关心社会性、公益性活动，参与慈善事业，为社会弱势群体和困难群众解决困难，筹措资金25万元。2012年，被省侨联评为“信访维权工作先进单位”和“信息工作先进集体”。

【信阳市侨联率先成立市级侨商会】3月29日，信阳市侨商会第一次会员代表大会召开，近150名会员代表参加会议，并隆重举行信阳市侨商会揭牌暨侨商项目投资签约仪式，这是河南省成立的第一个市级侨商会组织。省委统战部副部长、省侨联党组书记邹文珠和市委副书记、组织部长乔新江共同为侨商会揭牌。中国侨联主席林军亲自为信阳市侨商会题写匾额并题写了“侨联四海聚申城 商通九州旺信阳”的题词。目前侨商会已发展会员近200人，会员企业100多家。在侨商项目投资签约仪式上，共签署了8个投资项目，总投资金额达35.08亿元。信阳市侨商会成立后主要做了四个方面的工作：一是抓好商会自身建设和宣传。先后建立了领导分工、会议、值班、走访、汇报、情况通报和财务审批等工作和管理制度，规范了商会的内部管理，发挥了商会领导班子的领导核心作用。在队伍建设上，注重商会的特殊性和包容性的灵活结合，充分发挥骨干会员和顾问团的作用，积极发展接收新会员，不断扩大侨商会的队伍和实力，并建立了会员档案和信息库。在宣传上，出了一期专版，办了一期专刊，建立了一个网站，同时侨商会的所有重大活动和事件，各新闻媒体都予以宣传报道，信阳侨商会在全市党政机关、社会各界和人民群众心目中已经有了较大的影响和良好形象。二是围绕中心，服务大局。2012年，侨商会直接和间接参加的招商引资活动达20多项，商会会员和经侨商会牵线搭桥引进的项目20多个，投入资金50多亿元；积极支持、参与信阳茶文化节和固始县根亲文化节，赞助支持大型豫剧《开漳圣王陈元光》在信阳的首演和赴福建各地的巡演；与信阳福建商会、温州商会共同发起筹建“信阳市爱心发展基金”，一次性筹资60多万元；为积极响应市政府号召的“爱心助学圆梦大学”的活动，13名会长、副会长捐资6.1万元，使本市15名品学兼优的贫困大学新生圆梦大学，《信阳日报》、信阳电视台均给予了宣传报道；副会长企业、固始县恒康房地产开发有限公司董事长陈本军向固始县徐嘴小学捐资两千万元人民币用于扩建学校；常务副会长王海龙先后6次为数名贫困大学生、白血病人、敬老院捐助近14万元，为“信阳市爱心发展基金”筹资50万元，被授予“2012年浉河区十大慈善人物”之一。在信阳市人大、政协换届前夕，市侨商会积极配合市侨联将一部分政治上优秀、经济上有实力、社会上有影响、参政议政能力强的会员企业家作为市、县区两级人大代表、政协委员向市委统战部、市政协、市人大推荐，其中有十六人当选为市人大代表、政协委员，五人当选为县区人大代表、政协委员。他们的积极参与和表现极大地提高了侨商会的知名度和影响力。三是积极开展联络联谊活动。侨商会成立以来，与信阳市工商联、温州商会、福建商会建立了良好的合作互动关系，在商会建设、社会公益、项目投资等方面相互进行交流、学习、合作，共同进步与发展。

湖北省归国华侨联合会

【领导成员名单】

主　　席：谢余卡

专职副主席：刘文华（女）　何光源

兼职副主席：梁亮胜　王爱民　刘艺良
余鹏春　陈义红　舒　心
韩爱萍（女）
颜宝龄（女）　秦　锋

【综述】2012 年，湖北省各级侨联组织认真学习党的十八大和省第十次党代会精神，服务党委、政府工作大局，努力加强侨联组织自身建设，全面推进经济科技、文化交流、海外联谊、维护侨益等各项工作，为“五个湖北”建设贡献了力量。一年来，基层组织建设有了新的突破，新增市州级侨联组织 1 个、县区侨联组织 3 个、高校和大型企事业单位侨联组织各 1 个，全省基层侨联组织实现市州级全覆盖；“侨爱心工程”共接受捐款 379 万元，建设学校 3 所，建立“珍珠班”7 个，“树人班”1 个，图书室 1 个，爱心卫生院 1 个；“健康光明行”活动完成了 1091 例白内障免费复明手术，累计为困难群众免除手术费用 550 余万元；慰问困难归侨侨眷 300 余人次，下发慰问金 30 万元，省侨联扶贫帮困基金拨付资金 10.1 万元，帮扶特困归侨 10 人；组织了 3 个访问团出访了 5 个国家和地区，进一步拓展了侨务资源，增强了与海外华侨华人及社团组织的联系和友谊。

【召开湖北省侨联九届三次全委会】2 月 28 日，湖北省侨联九届三次全委会议在武汉召开，到会委员及列席人员 150 余人。省委副书记张昌尔出席会议并讲话，强调要进一步凝聚侨界群众共识，发挥人才荟萃、智力密集、联系广泛的优势，汇聚广大归侨侨眷、海外侨胞、港澳同胞的智慧和力量，服务湖北跨越式发展。会议传达了中国侨联八届四次全委会议精神，对湖北省侨联扶贫帮困基金运作和使用情况作了说明，会议期间还成立了湖北省侨联青年委员会，举行了“梁亮胜侨界科技奖励基金”第十次颁奖，并且增补了海外及港澳顾问、委员，进一步充实和壮大了湖北省侨联九届委员会的海外队伍和力量。

【加强基层组织建设】2012 年，湖北省侨联继续落实“两办”文件精神，加强调研，推动基层侨联组织建设。5 月 29 日，咸宁市侨联成立，标志着全省侨联组织实现了市州级全覆盖；十堰市“两办”联合下发了《关于进一步加强和改进侨联工作的意见》，市侨联顺利换届；东风汽车集团公司侨联正式成立；荆门市侨联领导班子进行了调整；仙桃市侨联编制

5 月 29 日，咸宁市侨联成立，标志着湖北省侨联组织实现市州级全覆盖

已批复；襄阳市侨联多方协调，促成南漳县、襄州区成立侨联组织，并在谷城县召开了全市基层侨联组织先进经验交流现场会；宜昌市伍家岗区侨联正式成立，松滋市、潜江市、汉阳区、武昌区、孝南区等地侨联先后召开换届大会。武汉市硚口区宗关街成立全市第一家街道侨联组织；荆州、鄂州、恩施、仙桃、潜江等地侨联和有关高校侨联相继开展了侨情普查工作。在中国侨联八届七次常委会议上，湖北省推动基层侨联组织建设的做法被作为大会书面材料交流。

【成立湖北省侨联青年委员会】2月27日，湖北省侨联青年委员会成立大会在武汉举行，省侨联主席谢余卡到会并致辞，勉励湖北省侨联青年委员会为凝聚侨力，充分发挥侨界青年的蓬勃活力，为湖北发展做出贡献。会议审议通过了《湖北省侨联青年委员会章程》，首届湖北省侨联青年委员会选举产生了会长1人、副会长8人、委员43名。省侨联副主席、华中科技大学校特聘教授、博士生导师何光源担任首届会长，匡汉晖、李涛、杨凡、周杨紫、周鹏飞、欧梁锋、黄恺、雷爱文等八人任副会长，欧梁锋兼任秘书长。3月30日，湖北省侨联青年委员会召开第一次会长会议，学习了《中国侨联章程》等有关文件，并就青年委员会的活动开展作出部署，会上大家就如何做好侨界青年工作进行了探讨。

【成立湖北新侨专业人士联谊会】10月19日，湖北新侨专业人士联谊会在武汉成立。联谊会由67名理事组成，平均年龄为43岁，其中博士45名、硕士16名、大学本科6名，其中多人为“国家千人计划”、“湖北省百人计划”入选者，都是各自行业中的佼佼者。陈义红任首届会长，万颖、刘立海、张泽伟、汪纯莲、金海、周怀北、谢韶生等七人为副会长，汪纯莲兼任秘书长。11月17日，湖北新侨专业人士联谊会第一次会长会议在武汉光谷召开，增补3位新侨专业人士为联谊会理事，初步拟定在2013年春节前开展迎春联谊会活动，并就计划组织商务考察、专业讲座、休闲联谊、文体比赛等活动达成了一致意见。

10月19日，湖北新侨专业人士联谊会在武汉成立

2月27日，湖北省侨联青年委员会在武汉成立

【继续推进高校、科研院所、大型企事业单位侨联工作】5月30日，第八次在汉高校、科研院所、大型企事业单位侨

联联席会议在武汉举行。来自上述单位的20多位侨联主席及负责人共30多人参加了会议。与会人员学习了省高校工委和省侨联联合下发的《关于加强新时期高校侨联工作的意见》文件精神，并就如何发挥侨界人才资源优势的独特作用、新时期高校侨联工作模式等进行了交流和探讨。12月28日，召开部分在汉高校、科研院所、大型企事业单位统战部长座谈会，围绕贯彻落实党的十八大会议精神，就如何进一步加强对侨联组织的领导、发挥新侨作用进行了探讨。

【举办湖北省侨联系统第七期干部培训班】7月17日，湖北省侨联系统第七期干部培训班在恩施开班，各市州、县、区侨联以及高校、大型企事业侨联和统战部门负责人共63人参加培训。培训班上，14家侨联组织代表发言，介绍工作经验做法；省侨联机关各部室负责人向学员们介绍了各自主要工作职能和工作思路。在小组讨论中，大家纷纷发言，提出问题，探讨破解难题方法。此次培训，一改以往以专家老师授课为主的形式，采取交流、讨论相结合的方式，以研代训，受到基层侨联干部的欢迎。

10月16日—20日，湖北省侨联组织部分基层侨联负责同志赴湖南考察

【组织部分基层侨联负责同志赴湖南省考察】10月16日—20日，湖北省侨联组织部分基层侨联负责同志一行22人赴湖南省侨联、衡阳市侨联考察学习。双方就健全组织网络、服务经济发展、参政议政、拓展联谊等方面所做的一些“特色工作”、经验体会进行了交流。

【开展“三万”活动】2011年12月—2012年4月，湖北省侨联克服人员少、资金不足等困难，筹资11万元帮助“三万”活动联系村开展塘堰整治并进行走访慰问，发动各村投资投劳20多万元，共清淤扩建25口当家塘和6口示范塘，修建整治干渠800多米。在春节前走访慰问五保户、困难户、老党员41户，保质保量地完成了省委省政府交给的任务。在省委省政府召开的第二轮“三万”活动总结表彰大会上，省侨联获得先进工作组。2012年底，又迅速启动第三轮“三万”活动，经工作组与当地干部群众一起努力，联系点的四个村生态环境已明显改善。

7月17日，湖北省侨联系统第七期干部培训班在恩施开班

【开展“双联双促”活动】5月和12月，湖北省侨联先

后两次深入“双联双促”联系点——英山县石龙头村，进行一对一帮扶。机关25名干部、职工和当地25户困难群众结成帮扶对子，每人捐款600元给帮扶对象，并送给每个困难户1袋化肥；省侨联还捐赠办公设备，申请省体育局捐赠农民健身器材，改善其办公条件，丰富村民文体生活；同时联系香港侨友社，为该村捐赠20万元用于卫生室建设。

【送医送药送科技下乡活动】 活动9月29日，湖北省侨联联合荆门市、京山县侨联在京山县新市镇洪泉村共同举办医疗义诊科技下乡活动，邀请了武汉亚洲心脏病医院、荆门市第二人民医院、京山县新市镇血防站等单位的医学专家，为村民免费进行义诊，共发放了近2万元的药品，赠送了农技资料3000多份，近2000名群众受益。12月12日，在英山县方家咀乡组织“科技讲座”活动，邀请华中农业大学水产学院的专家教授，分别就“渔业发展生态系统建设”、“鱼病的特点及其防治”等进行专题讲解，来自周边10多个村的60多名技术员和养鱼专业户参加了讲座。

【“献爱心、送温暖”活动】“两节”期间，湖北省侨联筹措30万元资金，由会领导牵头，

1月9日，在“双节”慰问期间，湖北省侨联扶贫帮困基金对特困归侨予以帮扶，省侨联副主席何光源（右）为特困归侨送上慰问金一万元

分批带队奔赴基层访贫、问暖、助困；利用省侨联扶贫帮困基金，为黄石、宜昌等地的特困归侨购买了养老保险和医疗保险，为受灾、重病老归侨给予援助，为老归侨子女创业提供资金支持。

【“健康光明行”活动】 在中国侨联、中国扶贫基金会等机构的大力支持下，湖北省侨联与地方政府、有关高校、医院和爱心人士通力配合，先后在襄阳、黄冈、荆州、宜昌、黄石、孝感等地实施免费复明手术1091例，累计为困难群众免除手术费用550余万。为确保该项公益品牌活动的连续性，省侨联又与钰龙集团签订协议，由其捐款1000万元，连

1月16日，湖北省侨联主席谢余卡（右二）走访慰问困难群众

4月1日，中国侨联“健康光明行”活动在襄阳正式启动

省级侨联工作简介

续10年在湖北省有关市县开展“健康光明行”活动。

【“侨（爱）心工程”】湖北省侨联积极与中国华侨公益基金会、浙江新华爱心教育基金会等机构联系，加强同海外华人华侨、港澳台同胞的沟通交流，大力拓展湖北侨界公益事业。共动员爱心人士捐款379万元，在宜昌、十堰、恩施等地捐建“侨（爱）心学校”3所，在宜昌、荆州、黄石、十堰、襄阳、恩施开办“珍珠班”7个，在荆州开办“树人班”1个，建成侨心卫生院1个，图书室1个。

【第十次梁亮胜科技奖励基金颁奖】2月28日，第十次湖北省侨联“梁亮胜侨界科技奖励基金”颁奖典礼在武汉举行。省委副书记张昌尔出席颁奖仪式并为获奖者颁奖。中国工程院院士、华中科技大学博士生导师段正澄等46名科技战线归侨侨眷的44个项目获得奖励。

8月10日，中国侨联第四届新侨创新成果交流会在北京举行，湖北省侨联主席谢余卡（中）和新侨代表出席大会

8月10日，在中国侨联第四届新侨创新成果交流会上，湖北省侨联获优秀组织工作奖，省侨联主席谢余卡（左三）领奖

2月28日，在湖北省侨联九届三次全委会议上，第十次梁亮胜科技奖励基金颁奖。图为中国工程院院士、华中科技大学博士生导师段正澄（中右）领奖

【参加中国侨联“第四届新侨创新成果交流会”】8月10日，在中国侨联“第四届新侨创新成果交流会”上，由湖北省侨联组织申报的武汉大学生命科学学院院长舒红兵等7名人才、“动物流感快速检测技术的创建及应用”等4项成果和“具有生命功能的仿生复合材料”创新团队等6个团队分别荣获中国侨界贡献奖的创新人才、创新成果和创新团队奖项，湖北省获奖总数居全国前列。湖北省侨联荣获中国侨界贡献奖评选活动“优秀组织工作奖”。

【侨界信访工作】湖北省侨联高度重视来信来访工作，对每一信访件都认真处理，及时回复，如意大利侨领杨正昭先生在黄石投资受阻一事、加拿大华侨张良全先生就亲属房屋被拆来信求助一事、奥地利华侨徐品华先生货物在宜昌被扣留一事等。通过积极协调做工作，这些问题得到了妥善解决，取得了良好的效果，得到了侨胞的好评。全省各级侨联组织共接待来信来访200余件（次），基本做到了件件有答复，事事有回音，有效地化解了矛盾，稳定了“侨心”，促进了侨界和谐。

6月7日，湖北省委副书记张昌尔（中右）会见了第十七届国际潮团联谊年会主席陈少荣（中左）一行，并表示将全力支持办好年会

【参政议政】湖北省侨联利用换届机会，主动与组织部门、统战部门沟通，积极推荐侨界人大代表、政协委员，切实发挥侨联在协商推荐侨界人大代表、政协委员中应有的作用；加强侨联参政议政职能，在省政协十一届一次会议上，省侨联提交了《加大改善民生力度　切实解决城市老归侨生活补助》的提案，目前正在办理中。

【欧洲中国书法家协会一行来鄂考察访问】4月16日—25日，应湖北省侨联邀请，以荷兰华侨总会副会长、欧洲中国书法家协会秘书长陈文彬为团长，由意大利、法国、西班牙、荷兰等华侨华人商业精英组成的“欧洲文化经济考察团”一行13人，对武汉、襄阳、十堰、宜昌、麻城等地进行了文化交流与经济考察活动。

【召开第十七届国际潮团联谊年会第一次理事会议】第十七届国际潮团联谊年会第一次理事会议于6月8日在武汉召开，来自法国、泰国、新加坡、马来西亚、澳大利亚等国家和港澳地区的潮团理事会代表出席会议。6月7日晚，湖北省委副书记张昌尔会见了第十七届国际潮团联谊年会主席陈少荣一行，并表示将全力支持办好年会。在鄂期间，与会的潮团理事会代表先后考察了武汉、襄阳、十堰等地，对湖北投资环境给予了较高的评价。

【协助举办第十二届“华创会”】6月28日—7月2日，由国务院侨务办公室、湖北省人民政府暨武汉市人民政府共同举办的第十二届华人华侨创业发展洽谈会在湖北召开。湖北省侨联作为“华创会”协办单位之一，邀请了来自德国、阿联酋、日本、新加坡、美国、奥地利、新西兰、莫桑比克和北京侨商会、江苏南通侨商会等20多个国家和地区的30多位华侨华人企业

4月24日，欧洲中国书法家协会一行访问湖北，陈文彬团长（左）向湖北省侨联赠送书法作品

家来汉参会。在“华创会”襄阳分会场，部分侨商就文化产业项目与襄阳达成了意向性协议。

【首次组团出访瑞士、冰岛、阿联酋】应瑞士瑞中友好交流协会、冰岛华侨华人协会、阿联酋湖北商会的邀请，湖北省侨联主席谢余卡率湖北省侨联代表团一行5人，于7月10日—21日赴瑞士、冰岛、阿联酋考察访问。在瑞士、冰岛、阿联酋期间，考察团分别拜会了瑞士瑞中友好交流协会、冰岛华侨华人协会、阿联酋华侨华人联合会、阿联酋湖北同乡会、阿联酋湖北商会等社团，并向他们介绍湖北的区位优势和经济社会发展情况，邀请他们来湖北参观访问、投资兴业。

【组织侨商赴荆州、松滋、当阳考察】10月29日—11月1日，湖北省侨联组织香港（武汉）商会、香港贸发局武汉办事处、湖北新侨专业人士联谊会携亚洲实业、融侨地产、和记黄埔、东亚银行、港龙航空等17家华商、侨资企业代表赴荆州、松滋、当阳三市进行投资考察，取得丰硕成果。侨商代表先后与荆州市政府就荆州香港商务区项目（投资100亿元）、松滋市政府小龙虾养殖项目（投资1亿元）达成了有关意向性协议。

7月13日，湖北省侨联代表团一行访问瑞士，向瑞中友好交流协会赠送纪念品

10月29日—11月1日，湖北省侨联组织侨商赴荆州、等地考察，省侨联主席谢余卡（左一）在欢迎宴会上致辞

7月19日，湖北省侨联代表团出访阿联酋，与阿联酋华侨华人联合会交换纪念品，省侨联主席谢余卡（左七）与阿联酋华侨华人联合会副主席张少平（右七）出席

7 月 18 日，《荆山楚水系侨心——湖北归侨口述录》在湖北恩施举行首发仪式

【老归侨口述录湖北卷正式首发】7 月 18 日，《荆山楚水系侨心——湖北归侨口述录》在湖北恩施举行首发仪式。该书收集了湖北省 38 位老归侨的口述资料，记录了他们在国外的生活经历和回国、定居过程，以及他们在国内学习、工作、生活、家庭情况和取得的主要成就。首发式结束后，该书陆续送到每位参与口述历史的老归侨手中，并作为珍贵的历史资料保存到各级侨联以及有关档案馆。

【“喜迎十八大，绽放赤子心”文艺汇演】10 月 11 日，经过 5 个多月的筹备，湖北省侨联系统“喜迎十八大 · 绽放赤子心”文艺汇演在武汉音乐学院编钟厅隆重举行，演出历时两个半小时，获得了圆满成功。来自全省各市、高校、科研院所的 19 个基层侨联组织参加汇演，400 多位归侨侨眷观看演出，武汉理工大学、宜昌、天门、荆州、武汉工程大学、中国地质大学等 6 家侨联分获一、二、三等奖。

【开展华人华侨青年文化交流活动】3 月—7 月，组织湖北省 10 余万名学生参加了“第十三届世界华人学生作文大赛”，347 名学生分获一、二、三等奖，湖北省侨联连续第十三次获得组织奖；8 月 21 日—25 日，继续与省侨联港澳委员陈国成先生合作，组织来自荆州、黄冈、天门等地国成侨心学校的 70 名优秀学生代表赴澳门开展了第三届“国成侨心学校”夏令营活动；9 月 22 日，省侨联协助澳鄂大专人士协会，在武汉举办澳门大学生中秋联谊会；10 月 13 日，联合浙江新华爱心基金会及爱心人士在华中师范大学举办湖北“珍珠”大学生联谊会，近 300 名“珍珠”大学生参加活动；12 月 9 日，组织 13 名澳门在鄂大学生赴松滋市开展为期一周的义教活动，并与当地小学的师生进行文化交流。

10 月 11 日，湖北省侨联系统文艺汇演在武汉音乐学院举行。图为全体演员和省侨联领导合影

【湖北各级侨联开展经贸文化交流活动】2012 年，湖北省各级侨联纷纷开展了丰富多彩的经贸文化交流活动，一些活动的品牌效应不断凸

11 月 25 日，“亲情中华”艺术团在香港演出。图为王爱华、王爱民表演原生态歌曲《花咚咚的姐》

显。武汉市侨联以全国城市侨联工作经验交流暨侨联文化项目推进会为契机，推动侨联文化交流工作，组建中国侨联“亲情中华”艺术团武汉分团，赴港参加香港侨友社成立30周年等庆典活动，受到邀请方香港侨友社充分肯定和参加庆典活动众多侨友的高度评价；宜昌市侨联组织了侨商“看西陵”、“看伍家”、“侨胞枝江行”等活动，共达成合作项目5个；黄石市侨联成立海外留学人员和家属联谊会，建立了留学人员档案库；荆门市侨联以建设“中国农谷”为契机，推动引资引智；黄冈市侨联以开展海外华裔青少年“中国寻根之旅”夏令营为契机，加深中国青少年与海外华裔青少年的了解与友谊；十堰市侨联依托武当文化，积极推动武当山“华侨华人文化交流基地”建设；鄂州市侨联继续做大乡友会规模，搭建招商引资平台；咸宁市侨联借国际温泉旅游文化节，推动“香城泉都”建设；随州市侨联以世界华人炎帝故里寻根节为契机，邀请了40余个国家和地区的100多位侨领到随州开展寻根活动。

【武汉市侨联开展全市首届侨界“双十”评选】武汉市侨联与市外办、总工会、工商联、科协、经信委、人社局、中国银行汉口支行等8家单位联合开展全市首届“侨界十杰”、“侨企十佳”评选表彰活动。3月1日，与市外宣办联合举行了新闻发布会，中新社、人民网等20家国家级、省、市新闻媒体对“双十”评选活动进行了全方位报道。9月8日，由中国科学院院士、中国工程学院院士、武汉大学李德仁教授挂帅，相关部门领导和专业人士共19人组成的评审委员会经过严肃认真的评审，最终评选出了桂希恩等10人为“侨界十杰”、

9 月 8 日，中国科学院院士、中国工程院院士李德仁教授宣布武汉市侨界“双十”评选结果

丝宝集团等10家侨企为“侨企十佳”。

【襄阳市侨联积极走访侨企，搭建企业与职能部门交流平台】襄阳市侨联联合市人大等涉侨部门，先后深入到湖北瑞德车联科技股份有限公司、襄阳市盈乐卫生用品有限公司、正大种子公司进行走访视察，了解企业生产经营情况，为侨企发展排忧解难。根据侨商企业的反映和建议，襄阳市侨联联合市地税局为全市侨资侨属企业开展“襄阳地税大讲堂”走进侨企税务知识讲座，80多位侨商企业家和商会负责人参加听课学习，税务部门专家重点讲解了税收相关知识及税收优惠政策，侨商企业家们就各自关心的问题与税务部门进行了交流，活动的开展得到了税企部门的广泛好评。

11月2日，襄阳市侨联、市侨商联合会与市地税局联合开展的“襄阳地税大讲堂走进侨企税务知识讲座”在襄阳南湖宾馆水上礼堂举行，市人大常委会副主任罗琼玖（主席台中）、市侨联主席陈红（右三）出席活动

【宜昌市出台《关于涉外、涉侨执法服务工作的暂行规定》】9月，《宜昌市关于涉外、涉侨执法服务工作的暂行规定》出台。《规定》的主要内容包括7个方面，即“建立涉外、涉侨案件执法协作机制，信息通报机制，委托调解机制，加强涉外、涉侨法律服务工作，建立涉外、涉侨社会治安安全防范、预警机制，建立涉外、涉侨案（事）件回访机制，建立涉外、涉侨执法服务联席会议机制”。文件的出台对依法维护归侨侨眷、华人华侨、外商侨商和外资、侨资企业的合法权益，及时处理涉外、涉侨案件，充分发挥外侨办、侨联在处理涉外、涉侨案件中的作用有着重要意义。

【荆州市侨联主抓经济工作，招商引资成绩斐然】荆州市侨联围绕“壮腰工程”开展引资引智，出访拜会或接待海内外回（来）荆探亲访友、观光考察的海内外侨胞侨眷及外国友人118人次，协助市委、市政府有关部门引进项目2个——香港商贸综合体、松滋水产品加工及冷链，协议投资金额达110亿元，跟进项目5个——沙北新区人防工程打包、海子湖高档休闲农庄、纺织产业园、关公主题微电影、护城河游艇等。一是打“乡情牌”，以情引智。5月，市侨联主席赵智龙随市委组织部的人才工作代表团出访美国、加拿大，在看望荆州籍华人华侨和海外学子的同时，宣传、推介荆州，并围绕荆州市“壮腰工程”的实施，召开人才恳谈会，吸引了近200人华人华侨和海外学子参加。二是打“友情牌”，以商招商。6月，在“健康光明行”活动中，适时邀请晶体捐赠人代表——浙江侨界名媛会执行会长邹素莲女士等一行5人来荆考察。接待晚宴上，市侨联兼职副主席金庆荣董事长详细介绍了在荆发展情况，并宣

10 月 30 日，侨商代表与荆州市政府就荆州香港商务区项目（投资 100 亿元）达成了有关意向性协议

传了荆州区位、资源、历史文化等诸多优势，鼓励她们大胆来荆创业，最终考察团与市侨联就纺织产业园等项目达成合作意向。三是打“文化牌”，学术会商。借全市举办“中国荆州·国际关公文化学高峰论坛暨湖北省壮腰工程招商大会”之际，邀请阿联酋、意大利、毛利塔利亚、澳门、香港等地侨团领袖和企业家代表共计 32 人来荆参会，邀请嘉宾人数居各部门之首。四是打“壮腰牌”，合作联商。为了深入贯彻落实省委、省政府《关于实施“壮腰工程”加快荆州振兴的意见》精神，市侨联在全市群团里率先争取到省级部门的支持，6 月 20 日，湖北省侨联与荆州市政府签订《关于助推荆州实施“壮腰工程”的战略合作框架协议》。协议明确：共享侨界资源，加强海内外交流，促进荆州经济发展；组织特色活动，加大内引外联，促进荆州文化繁荣；凝聚海外力量，落实公益项目，促进荆州社会进步。为履行协议，10 月底，省侨联组织了由 30 名海外华商、侨资企业负责人组成的考察团来荆考察，在荆州市侨联的积极推介下，促成香港武汉商会与荆州市人民政府签署了投资 100 亿建设香港特色商贸综合体的合作意向。

湖南省归国华侨联合会

【领导成员名单】

党组书记、副主席：
李　宁（2012年12月卸任党组书记）
朱建山（2012年12月任党组书记）

主　　　席：曹　亚（女）
副厅级纪检员：章伯岗
巡　视　员：肖泽华
兼职副主席：吴金水　谢鼎华
李　伟　冯丹藜（女）
秘　书　长：朱建山（兼）

【综述】2012年，湖南省各级侨联认真学习贯彻党的十八大精神以及十七届六中全会精神，在中共湖南省委、省政府的正确领导下，在中国侨联的指导下，围绕中心，主动服务全省经济、政治、社会、文化、生态文明建设工作大局，切实履行职能，各项工作均取得了新的可喜成绩。

【学习贯彻党的十八大精神】党的十八大召开前，湖南省各级侨联以多种形式开展了“喜迎十八大、再创新佳绩”、“喜迎十八大、讲文明、树新风”活动。省侨联、长沙市侨联、省直侨联、高校侨联在长沙望城区以“学习雷锋精神”为主题开展系列活动；湘潭市侨联开展了侨界迎接十八大歌咏朗诵比赛。中国共产党第十八次全国代表大会在北京召开时，全省各级侨联认真组织侨联干部职工集中收看了胡锦涛同志作工作报告的直播。省侨联下发了学习贯彻十八大精神的通知，全省侨联系统形成了学习贯彻十八大精神的热潮。省侨联主席曹亚学习十八大的体会得到中国侨联领导和省委领导的批示。中央作出改进工作作风、密切联系群众的八项规定，省委制定九项规定后，省侨联认真组织学习传达，对照自身作风建设方面存在的不足和差距，研究制定了《湖南省侨联关于改进工作作风、密切联系群众的措施》。

湖南省委宣讲团在省侨联宣讲十八大精神

【湖南省委下发关于侨联工作的意见】1月31日，湖南省委办公厅、省人民政府办公厅下发了《关于进一步加强和改进新形势下侨联工作的意见》（湘办发［2012］5号）。这是湖南省委、省政府下发的第一个关于侨联工作的指导性、规范性、纲领性文件。文件明确了侨联组织的地位、作用与工作任务，提出了促进侨联事业发展的保障措施与侨联工作服务于全省科学发展的要求。全省各级侨联积极贯彻落实，省侨联在中国侨联八届七次常委会议上就贯彻落实文件情况作了大会典型发言。省侨联下发了关于贯彻落实文件的通知，确定了七个工作重点：即要在理顺管理体制、切实履行职能、推荐侨界代表人士、加强侨联基层组织建设、选拔培养侨联干部、争取专项工作经费、争取党政支持上下功夫。省侨联领导分别在省侨联法顾委年会和省侨商会年会上传达学习了文件，并深入到市州调研，宣传文件主要精神。全省各级侨联以贯彻文件为契机，积极争取党委、政府的支持。各市州党委常委会或分管领导听取了侨联工作专题汇报；怀化、长沙、湘西自治州、邵阳、衡阳等市州党委先后下发了实施意见，目前已有包括湘潭、娄底在内的7个市州委下发了实施意见。湖南农业大学、湖南师范大学党委要求本校各有关部门要大力支持校侨联工作。全省各级侨联积极与组织部、统战部、编办、财政等部门协调沟通，解决基层组织建设中的突出问题，常德、娄底、怀化、永兴、双牌、澧县等市州、区县侨联明确了机构、增加了编制或增设了内设机构。湖南人文科技学院、南华大学成立了侨联组织，目前高校侨联组织已达9个。国家级长沙市高新区、经开区侨联组织筹备成立工作已经就绪。三一集团成立了全国第一个大中型民营企业侨联。衡阳、永州、娄底、长沙市侨联完成了换届或届中调整工作。湘潭市成立了市直侨联；娄底市5个区县侨联中4个成立了党组；长沙市将侨联工作进社区列为工作重点，评比出芙蓉区西湖社区等8个“侨联工作示范社区”；邵阳市共建立基层乡镇侨联联络小组138个，新宁县侨联为全县15个乡镇侨联小组每年拨付3万元的专项活动经费；蓝山县15个乡镇社区党委、政府（办事处）下文成立了侨联工作领导小组；张家界市永定区侨联在南庄平社区成立了归侨侨眷文化活动中心。怀化市委大幅度增加了市侨联预算经费；湖南师大明确侨联经费与民主党派同等对待。

【湖南省委政法委下发支持侨联维权工作文件】为进一步贯彻落实省委关于加强和改进侨联工作的意见，经湖南省侨联协调，9月17日，省委政法委下发《关于各级政法机关与同级侨联组织建立健全涉侨案件工作机制的通知》（湘政法［2012］30号），省侨联在全国率先建立了各级侨联组织与政法机关就涉侨涉法案件的审查、通报、协调、监督和信访联席会议等新的工作机制。文件要求各级政法机关应明确涉侨案件及工作的对口联络机构和联络员，在各类案件立案时应增加审查案件当事人是否具有侨的身份，涉侨案件可以听取侨联组织的意见建议，邀请侨联组织参与案件的协调处理，应安排侨联专职干部担任执法机关的“人民陪审员”、“人民监督员”、“执法监督员”等，要建立各级政法机关与同级侨联组织共同参与的涉侨信访案件办理联席会议制度。中国侨联党组书记、主席林军，党组副书记、副主席董中原作出批示，要求在全国侨联系统推广，并以《侨情专报》的形式报告中央政治局。省侨联此项工作获得2012年度全省统战系统“实践创新工作成果奖”。

2月21日，湖南省委常委李微微（主席团左四）出席湖南省侨联六届四次全委会

【湖南省侨联召开六届四次全委会】2月21日—22日，省侨联六届四次全委会议在长沙召开。省委常委、统战部部长李微微出席会议并作重要讲话。李微微首先代表省委充分肯定了2011年侨联工作取得的成绩。她指出，各级侨联要深入学习贯彻党的十七届六中全会精神和省第十次党代会精神，以“同心”思想为引领凝聚侨界共识，在服务“四化两型”建设中凝聚侨界力量，在推动社会主义文化大发展大繁荣中彰显侨联作为，在促进社会和谐发展中发挥侨联优势，在不断壮大侨联事业中提升工作水平，团结拼搏，开拓创新，不断开创全省侨联工作新局面，为全省全面推进“四化两型”、实现“两个加快”作出新的更大贡献。省侨联主席曹亚作了题为《凝聚侨界力量　发挥侨联优势　积极服务“四化两型”建设　以优异成绩迎接党的十八大胜利召开》的工作报告，总结了2011年全省各级侨联的工作情况，对2012年的工作任务作出部署。曹亚提出2012年侨联工作的总体要求是：全面贯彻党的十七大和十七届六中全会精神，高举中国特色社会主义伟大旗帜，深入贯彻落实科学发展观，以《中共湖南省委办公厅·湖南省人民政府办公厅关于进一步加强和改进新形势下侨联工作的意见》为指导，围绕服务经济又好又快发展，促进社会主义文化大发展大繁荣、维护社会和谐稳定，认真履行侨联各项工作职能，为加快建设全面小康和“两型”社会作出更大贡献，以优异的成绩迎接党的十八大胜利召开。会议还增补、卸免了部分省侨联委员、常委。

【经济科技工作取得新成绩】一是组团参加了在湖南举办的“第七届中国中部投资贸易博览会”。省侨联组织57名海外侨商参加了此项活动，参会组织工作得到省政府组委会的表扬。省侨联、省商务厅与省侨商会就建设侨商大厦、华侨城在中博会上签署了协议，计划一期投资80亿元。长沙、常德、张家界侨联也积极参与、服务中博会；耒阳市侨联在中博会成功签约10个项目。二是积极主动招商引资引智。据不完全统计，2012年全省侨联系统牵线搭桥引资90多亿元人民币。宁乡县、长沙市开福区侨联分别引进绿野香田温泉生态健康城和丹麦绫致仓储等项目，投资额都在10亿元以上。郴州市侨联促成香港工业总会建设香港工业园，香港信伟集团、荣达集团在郴州投资预计都在20亿元以上。衡阳市侨联系统引进项目15个，资金达20多亿元。常德市侨联通过华侨华人促成与德国汉诺威市的水利建设合作；留学归国人员到常创业解决了1万余人就业，纳税4000多万元。三是积极推荐新侨创新创业代表人士。在第四届全国新侨创新创业交流会上，湖南省6名新侨荣获中国侨界贡献人才奖，获5项创新成果奖，获3个创新团队奖。获奖总数进入全国前五名。省侨联获"组织奖"。中国侨联特聘专家戴立忠提出的《关于扶持高端人才创业的几点建议》获中央领导批示，获得中国侨联特聘专家委员会年度建言献策奖。省侨联、三一集团侨联在中国侨联新侨创新创业座谈会上作为典型发言。四是加强侨商组织建设。省侨商会在张家界市召开了年会，增补了一批理事和常务理事。继邵阳市侨商会成立后，衡阳、永州、怀化市先后成立了侨商会。

【文化宣传工作实现新拓展】一是加强对外文化交流和海外联谊。受中国侨联委派，省侨联联合常德市人民政府组成"亲情中华·梦萦桃花源"侨心艺术团赴澳大利亚、新西兰进行慰问演出取得圆满成功，4万多华侨华人观看了慰问演出，开创了侨联组织与政府合作的新模式。省侨联联合省文化厅组织全省文艺团体400余人在泰国举办"亲情中华·魅力

9月14日，湖南省侨联"亲情中华·梦萦桃花源"侨心艺术团赴澳大利亚、新西兰演出

8月24日，"亲情中华·魅力湖南"泰国湖南民间文化艺术节汇报演出，省侨联领导李宁、朱建山、章伯岗出席

2月15日，中国侨联副主席王永乐（左三）、省侨联主席曹亚（左二）出席"亲情中华"作文大赛湖南赛区启动仪式

湖南”民间艺术交流月，开创了省侨联与省直部门联合开展对外文化交流活动的新模式。为纪念印尼雅加达中华中学创办73周年暨华中旅港校友会成立20周年，省侨联委派益阳国基实验学校赴香港进行了“亲情中华”慰问演出和联谊交流活动。省侨联还选派侨界青少年参加了香港侨界社团联会组织的泛珠三角省区侨界青少年香港夏令营。长沙市侨联组织“知青艺术团”赴美慰问演出，并与中华侨讯网签订战略合作协议；郴州市侨联打造了“郴港澳活动平台”，一年多次与香港进行联谊；岳阳市侨联“侨心舞蹈团”在“多彩秋韵—第二届全国中老年才艺展演”韩国站活动中获中年组舞蹈类金奖。省侨联在全国侨联文化宣传工作会议上作了典型发言。二是广泛开展侨界特色活动。省侨联精心组织了第十三届世界华人学生作文大赛启动仪式，选送的作品有近200份获奖，省侨联获得组织奖。省侨联与省文物局联合为黄兴故居等8处文物保护单位举行第一批湖南省涉侨文化遗产授牌仪式，这也是全国侨联系统首次确定涉侨文化遗产单位。开展了近10场“亲情中华”李丽主题演讲活动。东安县侨联联合县人民医院，启动了东安县“海外专家联点交流工程（医学类）”。株洲市侨联组织归侨侨眷观看电影《钱学森》，弘扬爱国主义。三是加强了湘台侨界交往。在中

6月8日，湖南省首批涉侨文物授牌仪式

6月19日，“亲情中华”李丽主题巡讲活动走进郴州监狱，为5000余名郴州监狱学员授课

6月19日，第四届“海峡论坛”湖南参访团一行来湘访问，省侨联主席曹亚与全体成员合影

国侨联的安排下，出席第四届“海峡论坛”的台湾侨联总会149人访问湖南，拜祭了黄兴墓和衡山抗日烈士陵园。省人民政府副省长李友志会见了代表团成员。此次活动在长沙、衡阳、湖南大学、湖南师范大学等侨联的支持下取得圆满成功，湘台侨界交流进一步密切。

【为侨服务工作开创新局面】全省侨联继续开展“察侨情、送温暖、献爱心”活动，发放慰问金、物资折合人民币300多万元，常德市委领导春节前慰问贫困归侨制度化；省侨联组织各级侨联集中为归侨侨眷办理归侨侨眷证；三一集团侨联慰问了企业海外员工的困难家属；衡南县侨联华侨农场建立了归侨侨眷培训基地；长沙市芙蓉区侨联通过“社区思亲QQ室”加强与海外亲人的联系。全省各级侨联进一步发挥侨联法顾委组织的平台作用，推动湖南省维护侨益工作制度化、规范化、常态化，形成了与新形势、新侨情、新任务基本相适应的新格局。省侨联，岳阳、株洲、娄底、湘潭市侨联解决了多起涉侨疑难纷争。省侨联的普法教育工作在中国侨联召开的“六五”普法工作会议上作了典型经验介绍。

1月18日，湖南省侨联领导朱建山（左一）陪同中国侨联权益保障部副部长黄晖赴益阳慰问老归侨

7月6日，湖南省侨联副主席朱建山（左一）在中国侨联“六五”普法工作会议上作大会典型发言

【参政议政工作有了新提高】一是人大、政协中侨界代表、委员的推荐工作获得突破。各级侨联加强与人大、政协、组织部、统战部的汇报与协商，加大了对侨界代表人士的推荐。省委在关于全省人大、政协换届的文件中首次明确要求侨界人大代表和政协委员与少数民族一样，其候选人要作为政治要求予以保障。目前，全国人大归侨界、全国政协侨联界均有湖南省代表和委员；省人大侨界代表12名，省政协侨联界委员9名；市州人大侨界代表53名，政协侨联界委员112名。不少市州、区县实现了人大、政协均有侨界代表和委员，衡阳市等侨联驻会领导分别担任了市人

2 月 22 日，湖南省侨联参政议政委员会召开 2012 年年会

大常委和市政协常委。株洲市侨联为做好推荐工作，在《株洲日报》上发表了题为《加强海外代表人士队伍建设应做到四个到位》的专题文章。二是调研和信息工作成果累累。各级侨联广泛开展调研，听取侨界群众意见，形成了一批高质量的建议书或调研报告。省侨联召开了新一届省人大侨界代表、省政协侨联界委员座谈会，提出了《关于加大对侨界困难群众帮扶力度的建议》和《关于扶持海外高端人才创业的建议》两篇提案。创办了《侨情专报》，周强、李微微、易炼红等省委常委多次对省侨联报送的有关信息作出了批示；省侨联获得中国侨联信息工作二等奖。省侨联领导朱建山与湖南大学侨联副主席陈晓春联合主持的《非政府组织发展与和谐社会治理研究》课题，荣获国家社科基金项目二等奖；长沙市侨联系统 2012 年在省侨联网站上稿 90 篇；娄底市侨联撰写的《情牵侨界空巢老人》获市委“民情日记”评比一等奖；湘西自治州侨联的论文《发展湘西州红色旅游的思考与对策》获得全州红色旅游征文一等奖；张家界市侨联撰写的《新时期无党派代表人士“代表性”之我见》获省委统战部 2012 年度统战理论调研成果优秀奖。

【慈善公益事业迈出新步伐】按照中国侨联的部署，省侨联在全省开展了“华侨与公益

10 月 22 日，吉首市太平乡仕洪侨心学校落成典礼

事业百年图片展”资料的收集工作，各市州侨联和省直有关单位通力配合。据不完全统计，华侨华人共向湖南省捐善款4亿多元。一是侨爱心工程领域和渠道不断拓宽。省侨联完成2所“侨爱心学校”验收，6所学校在建。“珍珠班”项目运行良好，全省新增4个“珍珠班”，邵阳市一中和怀化市一中“珍珠班”共106名学生参加高考，都达到大学录取线，其中一本上线59名。省侨联组织长沙育才小学少儿足球队参加中国侨联主办的“侨心杯”足球赛获得第四名，省侨联荣获“优秀组织奖”。邵阳市侨联系统引进慈善资金621.7万元。由香港“阅读·梦飞翔文化关怀慈善基金”在湖南省捐助农村爱心书屋已持续5年，建成书屋100多所。中国狮子联会为湖南省4所农村小学捐建书架36个，图书28000余册。省侨联在中国侨联第二届公益年会上作大会典型发言。二是侨企侨智服务社会成果不断涌现。省侨联副主席谢鼎华主持实施的儿童人工耳蜗救助手术300余例，资助价值4000多万元。省侨联副主席吴金水为县域小流域生态建设提供关键科技支撑。湖南农业大学侨联组织专家学者深入永兴县为三农服务。邵阳市侨企与全市28个贫困自然村开展结对“侨企助村”活动，扶助资金总额达242万元。永州市侨联为扶贫点村筹措资金近200万元。省侨商会胡淼等7位会员捐资30余万元为张家界、湘西自治州、浏阳贫困学校改善教学条件。娄底市侨联副主席曾亚平致富不忘回报社会，被评为娄底十大杰出青年。益阳市侨联牵线为安化陈王小学争取了价值21万元的“快乐校车”。长沙市岳麓区侨联促成西湖建筑集团捐资256万元成立了“西湖·健行天下”和“西湖·爱心慈善”基金。湘潭市岳塘区霞光社区侨联小组多次组织侨眷向受灾地区捐款。

【自身建设再上新台阶】一是干部培训得到加强。湖南省侨联通过多种途径选派干部到中国侨联、各级党校参加培训；联合省委党校举办了侨商和侨联系统干部经济法律研讨班，115名侨联干部和侨商参训。省侨联积极向省

11月18日，湖南省侨联党组书记李宁（后排右二）出席“阅读·梦飞翔”在湘援建农村书屋五周年活动

8月23日，省侨联领导李宁（中）、曹亚（右二）、朱建山（右一）出席湖南省侨联系统经济与法律政策学习研讨班开班仪式

委组织部等部门汇报，将“侨务知识与涉侨法律法规政策”列入各级党校、行政学院主体班的学习内容，省侨联领导朱建山应邀到省直机关党校等地进行了多场专题讲座。二是创先争优喜结硕果。各级侨联广泛深入开展创先争优活动，使“党建带侨建，侨建服务党建”工作常态化。省侨联机关被评为“省直文明标兵单位”。娄底市侨联被评为市直机关创先争优学习型党组织先进集体和社会治安综合治理先进单位，市侨联主席向国蓉被授予“全市十佳党员学习明星”。衡阳市侨联突出县级侨联特色，开展“一县一品”工程，获得领导好评。怀化市侨联主席童少斌在考察捐赠项目途中勇救落水儿童，体现了侨联干部的良好道德风采。郴州市苏仙区侨联与非公企业“结对共建”，其做法在《湖南日报》头版头条登载。

【湖南省首届“湘品出湘—湖南名优产品香港展示月”成功举办】湖南省侨联积极实施省委省政府提出的“湘品出湘”战略，在2011年成功主办“侨商侨智聚三湘”活动的基础上，联合省商务厅、香港侨界社团联会共同于2012年12月28日—2013年1月20日在香港裕华国贸商场举办了湖南特色产品展示活动。2013年1月3日，活动举行开幕式。湖南省人大常委会副主任陈叔红出席开幕式并致辞。全国政协常委、中国侨联副主席、香港侨界社团联会创会会长陈有庆，全国政协常委、香港裕华国产百货公司董事长余国春，全国政协常委陈永棋、戴德丰，省人大财经委主任委员葛汉栋，省政府办公厅副厅长熊方平，省商务厅厅长谢建辉，全国政协常委、省侨联主席曹亚，省侨联党组书记、副主席朱建山，来自香港工商界、侨界等领域的嘉宾以及湖南省直有关部门、企业负责人，湖南各市州商务局、侨联负责人共同参与此次活动。其间，湖南省商务厅、省侨联及裕华国货联合举行促进湘港两地经贸合作项目签约仪式，湖南将有近百个企业产品入驻裕华国货，双方建立了长期

1月3日，省人大常委会副主任陈叔红（左六）等出席湖南省首届“湘品进港展示月”活动开幕式

的合作关系。此次活动以“湘品出湘，绿色发展”为主题，突出湖湘特色，首次实现了湖南本土商品与香港零售终端市场的直接对接。参与此次展示的产品主要包括：湘字号的优质食品、特色小吃和农副土特产；传统民间工艺品及瓷器；精工湘绣、民族饰物与优质纺织品；湖南特色文化产品；特色旅游产品等。在活动现场，湘酒、湘茶、湘瓷、湘绣、湘米等，让香港裕华百货里湘味浓浓，香港市民穿梭其中热情选购，黑茶、珍珠、中药材等销售尤其火爆。

【三一集团侨联成立】2月15日，中国机械制造领军企业三一集团在湖南长沙召开第一次归侨侨眷代表大会暨侨联成立大会。会议采用视频会议形式，以长沙三一集团总部为主会场，在上海、苏州、沈阳等五地设立分会场。会议选举郑建明为三一集团侨联第一届委员会主席，朱大成、王建明、邵威、王立和为副主席。中国侨联副主席王永乐，中国侨联经济科技部部长陈桦，湖南省侨联主席曹亚，长沙市委常委、统战部长文树勋，省侨联副主席朱建山、李伟等出席会议。王永乐对三一集团侨联组织的成立表示祝贺。他说，在新侨集中的大专院校、科研院所、大中型企业成立侨联组织，是进一步凝聚侨心、汇集侨智、发挥侨力的要求。他希望三一集团侨联成立后，积极探索企业侨联的运行模式，强化联系、服务功能，把集团的侨界群众团结起来，发挥优势，为深化国际化交流服务，把侨联建成三一集团真正的归侨侨眷之家。曹亚说，三一为湖南科技创新作出了积极贡献，凝聚了大批留学归国人员，有利于发挥侨界力量。希望三一集团以此次成立侨联组织为契机，团结一切“侨”的资源，服务湖南经济发展。三一集团党委第一副书记兼副总裁何真临表示，华侨在三一的“字典”中堪称精英，具有强大的精神和智慧力量，三一的发展离不开归国华侨的贡献。今后，他们将吸引更多的海外赤子归国发展，为中华民族的崛起和中国品牌的重大贡献力量。三一集团现有国家人才“千人计划”者3人、

2月15日，三一集团侨联成立大会主会场，中国侨联副主席王永乐出席

湖南省人才“百人计划”者3人，归侨侨眷及海外留学归国人员千余人。2011年，三一集团被中国侨联授予“新侨创新创业示范基地”，属侨智密集型企业。三一集团是全国第一家成立侨联组织的大中型民营企业，将对加强全省基层侨联组织建设起到极大的推进作用。

【长沙市侨联工作】2012年，长沙市侨联紧紧围绕市委、市政府工作大局，凝聚侨心，发挥侨力，团结带领广大归侨侨眷、海外侨胞，为长沙经济社会发展作出了应有的贡献。以侨为桥，服务经济社会发展。一是引侨资。天心区侨联引进港资企业青和物业管理有限公司，总投资63万美元；开福区侨联力促丹麦的绫致仓储服务项目、法国的华创索菲特大酒店项目和英国的渣打银行长沙分行项目签约该区，引进资金共计11.65亿元；宁乡县侨联推动投资10亿元的绿野香田温泉生态健康城项目落户该县。二是保侨智。市侨联联合市人大民侨外委、市外事侨务办、市人社局举办的留学归国新侨调研座谈会，了解留学归国新侨目前的工作和生活状况。推荐11位新侨创业人才和科研成果参加中国侨联第四届新侨创新成果交流会，其中有7项成果获评“中国侨界贡献奖”，数量占全省1/2。三是汇侨力。经岳麓区侨联争取，岳麓区侨资企业——西湖建筑集团捐款256万成立“西湖·健行天下”和“西湖·爱心慈善”基金，救助贫困人群。经浏阳市侨联争取，香港扶轮社继续与浏阳市淳口镇应战完小结对共建，持续给予资金资助，并组织香港大学生到该校义务支教。侨属谭岳鑫带领鑫远集团建立“鑫远心灯”项目，免费救治贫困先天性心脏病患儿。以侨为本，助推侨界和谐发展。一是扶贫帮困。春节期间开展“送温暖、献爱心”活动，共登门慰问困难群众400余户，发放慰问金8万余元和价值2万余元的慰问物资，并争取到中国侨联、省侨联、市委市政府以及海外侨商对长沙市侨界群众的7万多元慰问金，及时下发给侨界困难群众。响应市委“一推行四公开”制度，派干部长期驻联点社区荷花园，为社区居民分忧解难，并多次对社区困难居民发放慰问物资共计近2万元。二是维护侨益。2012年初召开的省人大会议上，市侨联副主席翁少兰提交的《关于在我省建立涉侨案件通报机制的建议》的提案，得到相关部门重视和采纳；省政法委出台了相关文件。12月由市侨联和政法委牵头，联合公、检、法、司等部门，就长沙市各级政法机关与同级侨联组织建立健全涉侨案件工作机制进行研讨，贯彻省政法委文件精神，拟出台长沙市相关实施意见。三是服务侨企。推荐了5家优秀侨企进入中国侨商会，并组织20多位在长沙侨商赴张家界参加省侨商年会。12月中旬举行了海外侨领及在长沙侨商联谊会，探讨侨联工作新思路、服务侨企创新方法及新形势新背景下如何更好地投资运营产业，搭建信息共享、合作共赢平台。四是创建示范社区。市侨联在全省率先开展了“创建侨联工作示范社区”活动，芙蓉区西湖社区、天心区芙蓉南路社区等8个社区获评长沙市侨联首批“侨联工作示范社区”称号。以侨为纽带，联络联谊富有成效。一是加强与海内外侨胞联络联谊。一年内接待了来自美国、英国、法国等国家以及港澳台地区华侨华人280人次。接待参加“第四届海峡论坛—2012两岸侨联和平发展论坛”的访湘团共149位海外侨胞和台湾同胞在长沙的参观交流活动。联合市外事侨务办举办了2012年侨界迎春联谊会，与200多名侨界人士共迎新春。配合中国侨联在全市范围开展第十三届世界华人学生作文大赛，精选出600多篇优秀作文参加比赛。二是加强与各地侨联的经验交流与经济协作。全年接待娄底、沈阳、日照、唐山等地侨联、侨团考察访问团60人次。9月，市侨联副主席翁少兰赴贵州参加2012年泛珠三角省区侨联（社团）协作会议。10月，市侨联主席李伟带队赴武汉参加2012年全国省会城市暨部分大中型城市侨联工作经验交流会，探讨当前文化工作现状及文化发展新思路，并与中华侨讯网签订《战略合作协议书》，实现信息资源相互宣传共享。促侨发声，参政议政长抓不懈。今年各级“两会”上，侨界人大代表、政协委员提交了提交了20多篇高质量的建议、提案、议案，其中市侨联集体提案“关于解决我市停车难的几点建议”和侨联界市政协委员吴晓佳、陈慧所提交的3件提案获得市政协年度优秀提案。在省侨联参政议政工作会议上，长沙市侨联再次被评为参政议政工作先进单位。练好内功，开展侨联事业新局面。一是学习贯彻十八大精神。市侨联于11月8日组织全体机关干部收看胡锦涛同志所作的十八大报告后，掀起了学习贯彻十八大精神的热潮，领导带头深入学习《报告》，力争做到先走一步，多学一些，领悟更深一层；保证党员和干部的学习时间，每周抽出半天时间集中学习、辅导和讨论。二是学习贯彻湘办发5号文件精神。省委办公厅、省政府办公厅联合下发《关于进一步加强和改进新形势下侨联工作的意见》（湘办发［2012］5号）后，长沙市侨联迅速召开全委扩大会议，部署学习贯彻《意见》精神，并在全市各基层侨联组织和侨界群众中广泛宣传。同时，市侨联立即以书面形式向市委分管领导汇报，得到市委领导的重视和支持，中共长沙市委常委会议（第十二届22次）同意以市委办公厅、市政府办公厅的名义出台《〈关于进一步加强和改进新形势下侨联工作的意见〉的实施意见》，文件于8月正式出台。三是完善工作班子。12月中旬，市侨联依据侨联章程规定，召开了八届十一次全委（扩大）会，改选了主席、增补了一名副主席、辞免并增补了一批侨联委员，为侨联工作注入了新血液新活力。

【湘潭市侨联工作】2012年，湘潭市侨联以科学发展观为指导，以为侨服务为宗旨，扎实工作，锐意进取，为加快“两个率先”、建设幸福湘潭作出积极贡献。发挥优势，对外交流和公益事业同步推进。一是拓展海外联谊。全年接待来潭考察、回乡探亲的海外人士5批20人次。陪同日本湖南同乡会会长、著名画家吴之东参观湘潭的书画展和艺术精品拍卖会，为他在潭举办个人画展作前期准备；邀请新西兰湖南联谊会会长史宏钧来潭交流并缔结友好；根据省侨联的安排，赴泰国参加由友好侨团泰王国中国湖南商会主办的“亲情中华·魅力湖南——2012泰国湖南民间艺术节”。二是助力招商引资。接待来潭考察的上海市侨商会长宁区分会考察团并与之建立友好往来；陪同省侨商会副会长罗锡周一行到湘潭九华示范区和荷塘现代综合物流园考察投资新建华侨城项目。召集湘潭籍海外侨商座谈交流，为他们互寻商机牵线搭桥。泰国湖南商会会长刘纯鹰拟在湘潭县建立泰国工业园，商会副会长沈祖强拟在湘乡市投资建设东南亚生态文化园，市侨联陪同省侨联党组成员、副厅级纪检员章伯岗赴湘乡市和湘潭县调研进展情况，召开座谈会推动项目进一步落实。三是积极争取侨捐。全年落实捐赠资金近 70 万元。香港吴星可慈善基金会向湘潭县桂花小学捐赠 25 万元用于新建教学楼；中国星火基金会向韶山银田学校捐赠 40 万港币用于新建教学楼和修缮礼堂，向 4 名贫困学生发放 2 万港币的助学款；岳塘区霞光社区侨联向湖南洪灾地区捐赠善款 2000 多元。参政议政，反映侨界群众利益诉求。一是建言献策。组织市侨界人大代表、政协委员围绕改善民生、为侨代言的主旨，深入调查研究，广泛征集民意，形成多项侨界参政议政成果，其中提交市人大的建议 8 项，提交市政协的提案 4 项，《关于推进我市海外人才引进工作的建议》被列为市政协大会口头发言。赴民政部门、敬老院、养老院等地，对湘潭市老龄人口与养老服务的现状进行调研，形成《弘扬尊老爱老传统，发展居家养老事业》的调研报告和《关于加强我市老龄工作机构和队伍建设的建议》。在湖南省侨联参政议政会议上，湘潭市侨联荣获“湖南省侨联参政议政工作先进单位”称号。安排两位市政协侨联界别委员在侨联全委会上进行述职。二是推荐侨界人大代表、政协委员。多方考察侨界具有一定影响力并热心社会事务的人士，积极向各级人大、政协推荐，加强侨界参政议政和为侨代言的力量。换届后，有市人大侨界代表 2 名，市政协侨联界别委员 8 名。扶贫帮困，维护归侨侨眷合法权益。一是落实信访。积极为侨界群众办实事、解难题，多起涉侨信访案件得到落实，先后共收到感谢信两封和书有“春风苏万物，侨联润吾家”的牌匾一幅。为解决侨眷周俊杰一家 30 年前的侨房被无偿征拆一事，市侨联负责人多次与市房产局、市总工会等相关单位进行协调，经过查阅档案、走访知情人、与拆房收益单位反复沟通、宣传侨务工作方针政策、召开案情分析会等多个环节，帮助侨眷周俊杰兄弟拿到房屋征拆补偿。二是走访慰问。对 100 多名困难、重点归侨侨眷和近 10 家侨资侨属企业、双联单位进行走访慰问和集中慰问，发放慰问金（品）数万元。按照市委开展“走访群众听民声，深入基层解难题”作风建设主题活动和“千万帮扶工程”的统一安排，走访侨界群众和帮扶对象，听取侨情民意，开展党员干部一对一帮扶活动。夯实基础，不断增强侨联组织活力。一是开展联谊活动。与致公党湘潭市委联合主办“欢庆十八大，传唱中华情”歌咏会，侨界群众、侨联干部和致公党员通过独唱、合唱、京剧、歌伴舞等多种形式的演唱来隆重庆祝十八大的胜利召开，为颂扬中国共产党的丰功伟绩营造良好氛围。开展侨界迎春联谊活动和“迎中秋，庆国庆”健康行活动，组织归侨侨眷前往曾国藩故居和湘乡市云门寺、玉泉山庄老年公寓等地参观。二是加强组织建设。4 月 27 日，举行湘潭市直单位侨联成立暨第一次代表大会，选举产生湘潭市直单位侨联第一届委员会，市委副秘书长、党史市志办主任易小兰当选为主席。11 月 20 日，雨湖区三义井社区成立社区侨联小组。三是筹备成立留联会。赴常德学习考察，了解常德留联会的运作模式和发展情况；赴市内各园区、高校、大型企业走访，了解留学归国人员情况，对掌握的对象进行一一拜访，听取意见和建议，确定合适的人员作为联谊会的发起人；建立湘潭市留学归国联谊会QQ群，不断拓展新对象，开展联谊活动；草拟联谊会章程和组织框架，向民政局社团登记处提出成立申请并获批同意。

【蓝山县侨联积极开展“党建带侨建”工作】蓝山县侨联于1982年成立，现有驻会机关工作人员11人，成立了县侨联党组。蓝山县侨联积极探索“党建带动侨建、侨建服务党建”的侨联工作新思路，不断扩大侨联基层党组织的覆盖面，在助推县域经济发展、维护社会稳定和涉侨利益中发挥了桥梁和纽带作用，使侨建基层组织工作得到了蓬勃发展。一是党旗映红侨资企业。蓝山归侨、侨眷人数众多，落户蓝山的侨资企业是蓝山经济发展的主力军。蓝山县侨联在广泛摸底、全面掌握全县归侨和侨属分布状况的基础上，与县委组织部联合，深入侨属和华侨集中的单位和企业，建立党的基层组织，让鲜艳的党旗飘扬在全县所有的侨资企业。蓝山县侨联共组建了侨资企业和社区侨联小组党组织146个。管理党员776人，一大批归侨、侨属紧紧团结在党的周围，为县域经济发展和社会稳定打下了坚实的基础。二是典型带动活力四射。在工作中发现典型、培养典型、学习典型，充分发挥典型示范引领作用，带动侨联工作开展，增强侨联工作活力，这是县侨联党建工作的又一道亮丽风景。蓝山县毛俊镇毛俊村党支部书记、毛俊镇毛俊村侨联小组组长廖仁旺是侨眷代表的典型，上任以来，他团结带领全体村民走特色建村之路，村集体经济由原来每年不足30万元上升到每年突破300万元，毛俊村被评为湖南省社会主义新农村建设示范村，廖仁旺被评为全国劳模。全县掀起了“学习廖仁旺、做致富标兵”的热潮，侨属侨眷干事创业的热情空前高涨。三是创新机制科学发展。县侨联不断创新侨务工作新机制，开创侨务工作新局面。在全县所有乡镇办事处成立了侨联工作领导小组，由党委书记负总责，分管统战工作的党委委员任工作组长，安排专兼职人员协调处理辖区涉侨工作。县城所在地塔峰镇根据归侨、侨属和侨资企业多的特点，成立了专门的“侨务工作办公室”，加强涉侨工作的统筹，出台科学规范的侨务工作考核机制，做到工作有明确目标、有具体任务、有可行章程。2012年，县、乡、社区侨务组织共协调处理涉侨矛盾纠纷80余起，进一步强化了辖区内侨资企业和侨属、侨眷的管理，对侨联工作的发展和维护社会稳定发挥了积极作用。

【东安县侨联积极开展“联侨工程”】湖南永州东安县侨联结合侨情实际，创新工作思路，认真组织谋划，在全县侨界深入开展了以“东安海外精英人才推介工程、东安海外专家联点交流工程、海外人才支持东安发展工程、归侨侨眷致富工程”等四个方面为主要内容的“联侨工程”，以充分发挥侨联优势作用，做好为侨服务和海外联谊工作，为当地经济社会又好又快发展服务。一是东安海外精英人才推介工程。加强与东安在海外的优秀精英人才的沟通联络，深入进行了解，总结他们的成长史、奋斗史及主要成就，在媒体进行宣传推介，宣扬东安在外精英人才的风采。二是东安海外专家联点交流工程。即联络一批东安籍海外的专家学者，与该县专业机构中的对口专业人员建立点对点的联络交流模式，开展业务交流和指导，不断开阔当地专业技术人员的眼界，提高其业务能力水平。县侨联于2012年7月举行了“东安县海外专家联点交流工程

(医学类)”结对交流启动仪式，引入美国南伊利诺大学医学院教授、临床神经生理学实验室主任、博士后导师王增钰教授和美国俄亥俄州医院全科医生，先后取得分子生物遗传学博士后、医学博士的谢恩钟博士，分别与该县人民医院的两位年轻优秀医生结成了交流对子。三是海外人才支持东安发展工程。通过加强沟通联络，多途径争取海外人士为东安的经济社会发展建言献策，提出好的意见建议；联系引进一批侨资企业；并争取海外人士联系推荐一批爱心慈善团体到东安考察，开展爱心帮扶慈善活动。2012 年县侨联与美国美中联合商会会长、美国华威集团董事长谢春华先生进行了多次接触，谢先生到东安县进行了实地考察，就项目投资达成初步意向。通过发动在港人士积极开展联络，引进一家香港慈善团体到东安开展慈善爱心活动。四是归侨侨眷致富工程。即扶持一批归侨侨眷开展创业、发家致富。通过摸底调查确定一批重点联系对象，并协调相关部门，对他们创业发展提供政策、技术、人才、融资及关系协调等方面的支持和帮扶，不断为侨界群众的创业致富创造有利条件，增强侨联工作的影响力。通过走访和调研，已确定了 6 户重点联系扶持对象，并制定了具体的扶持实施方案，积极稳步地推进工作。

广东省归国华侨联合会

【领导成员名单】

主　　席：王荣宝（女）
专职副主席：李　崴　区德强　华清文
副巡视员：何宏兴
兼职副主席：李　喻　孔爱玲（女）
麦庆泉　刘艺良　曾智明
纪少雄　黄庆华　林振辉
黄少良
秘书长：曹堪宏

【综述】2012年，广东省侨联深入贯彻党的十八大精神和广东省第十一次党代会、中国侨联八届四次全委会会议精神，紧紧围绕省委关于“加快转型升级、建设幸福广东”的核心任务，立足基层，面向侨界，锐意创新，强化服务，侨联组织焕发了新活力，工作水平得到了新提升，引领广大归侨侨眷和海外侨胞、港澳同胞在经济社会建设中作出了新贡献、实现了新发展。

【侨联自身建设得到新加强】3月15日，广东省委副书记朱明国专程到省侨联调研、座谈。朱明国看望了省侨联机关干部职工，并就新形势下如何发挥侨联枢纽型社会组织的作用，推动侨联工作进行了座谈。省侨联党组书记、主席王荣宝，省侨联副主席李崴、区德强、华清文，省侨联副巡视员何宏兴和各部室负责人参加了座谈，王荣宝主席代表省侨联做了详细的工作汇报。朱明国充分肯定了省侨联的工作，强调侨联组织作为枢纽型社会组织，要加强提供服务，在服务中体现领导、在服务中体现管理、在服务中体现联系、在服务中体现规范，真正打造成为归侨侨眷和海外侨胞的娘家。侨联组织在省委加强社会建设的形势下，通过发挥作用，必将迎来发展的春天，焕发新的活力，创造新的辉煌。中国侨联将朱明国同志的讲话印发至各省市侨联，供各省市侨联特别是新走上侨联领导岗位的同志悉心领会。7月19日，广东省委常委、统战部部长林雄刚分管省侨联工作后，专程到北京拜访中国侨联，就进一步做好新形势下广东侨联工作进行座谈交流。广东省各级侨联在学习贯彻十八大

3月15日，省委副书记朱明国在省委副秘书长刘日知等陪同下到广东省侨联机关调研

省级侨联工作简介

7月19日，广东省委常委、统战部部长林雄专程拜访中国侨联，受到中国侨联主席林军，副主席董中原、李卓彬等热烈欢迎，双方就如何进一步做好新形势下广东侨联工作进行座谈交流

精神中，紧密联系工作实际和广大侨界群众的思想实际，认真谋划未来5年侨联事业的发展和明年的工作。2012年，梅州、汕尾、清远、茂名、汕头等市侨联领导班子相继调整或完成换届工作，地级市侨联主席平均年龄从52岁降低到49岁，最年轻的侨联主席只有38岁。

【侨联组织参与社会管理工作取得新突破】 2012年初，广东省委办公厅、省政府办公厅下发《关于加强宜居社区建设工作的指导意见》，在全省范围内加强宜居社区建设工作。广东省侨联以此为契机，联合广东侨界人文学会提出在侨界群众聚居的地区创建侨界人文社区（乡村）工作思路，制定了《省侨联创建侨界人文社区工作方案》和实施计划，从化市成康村、江门市范罗冈社区、新会菱东社区、深圳沿山社区、中山市南区、汕尾华侨管理区等作为创建试范点，以点带面在全省推广。各市侨联也积极发挥优势，参与社会管理。广州市荔湾区委组织部、区委统战部、区侨联联合下发了《关于开展党建带侨建工作的实施意见》和《荔湾区“党建带侨建”工作目标管理考核评分细则》，以制度推进、以考核监督“党建带侨建”工作促进全面发展。

【开展新侨工作有新进展】 根据中央书记处提出的“国内海外工作并重、老侨新侨工作并重”的工作要求，广东省侨联出台了《关于开展新侨工作的方案》，对新侨工作进行了全面部署。对内重点抓广州、深圳、佛山、东莞、中山、江门6个市新侨工作试点以及归国留学生、高新技术人才群体的组织建设和服务。积极做好中国侨联“第四届新侨创新成果交流会”组织推荐和评选工作，广东省有14人（含创新成果奖、创新团队奖）获奖，准备在此基础上，成立广东省

为响应省委、省政府关于加强宜居社区建设工作的部署，广东省侨联结合侨联的工作性质和特点向全省侨联提出了“创建侨界人文社区”的倡议，各地侨联积极配合，纷纷向省侨联申报创建试点

广东省侨联积极做好中国侨联“第四届新侨创新成果交流会”组织推荐和评选工作，共有14人（含创新成果奖、创新团队奖）获奖

侨联侨界创新人才联谊会。对外主抓潮汕、广府（五邑）、客属三大语系板块的侨界青年工作。此外，省侨联连续四年举办友好社团青年侨领研讨班，对海外侨团秘书长、理事长和社团接班人进行培训。省侨青委成立了广东省侨界青年商会，广泛团结凝聚了一批积极参与广东社会经济建设的商界青年华侨华人。

【维护侨益、参政议政水平有新提高】广东省侨联配合全国总工会、中国侨联联合调研组到广东省调研，先后开展全省贫困归侨建立信息数据库档案调查，全省侨界人大代表、政协委员基本情况调查，对全省23个华侨农场开展工会、侨联组织建设和困难职工帮扶工作情况调查。省侨联法顾委多次奔赴深圳市宝安区、大鹏新区、广州市公安局越秀分局、广州市越秀区东山街道办、广州市国土房管局、省公证处等有关部门和地方协办案件，推动多项案件得到解决，维护了侨胞的合法权益。为推进全省维权工作一体化进程，省侨联积极推动地级以上市侨联成立法律服务咨询机构。2012年，已有广州、深圳、汕头、韶关、梅州、江门、中山、潮州等8个市侨联成立法顾委或法律服务机构。在省侨联领导及经济维权部的多次协调下，深圳市侨联积极协调有关部门，妥善解决美国杰出华人医药专家黄志伟侨房问题。省侨联成立了参政议政专题小组，对全省侨界人大代表、政协委员基本情况进行调查统计，认真做好为2012年“两会”侨界人大代表、政协委员提供提案、议案素材工作。配合有关部门做好新一届省人大归侨代表、政协侨联界委员的推荐工作，推荐5名列席省政协十一届一次会议海外侨领人选。全国政协委员、省侨联主席王荣宝《关于创建侨界青年人士创业园区的提案》（全国政协第4292号）和《关于彻底解决华侨农场改革遗留问题的提案》（全国政协第4075号），受到有关部门高度重视。全国政协常委、省侨联副主席李崴的提案《关于进一步完善中央对地方财政转移支付制度，推进基本公共服务均等化》被全国政协评为优秀提案并受表彰。

【扶贫济困工作有新成效】广东省各级侨

6月29日，广东省侨联机关举行“广东扶贫济困日捐款”活动启动仪式，中国侨联副主席、广东省侨联主席王荣宝，广东省侨联副主席李崴、区德强、华清文，广东省侨联副巡视员何宏兴等带头捐款

省级侨联工作简介

联认真落实省委“扶贫双到”（规划到户，责任到人）任务，做好对口扶贫和救灾济困工作。省侨联3年来共筹得资金265万元，完成70多户贫困户农房改造，修建了2公里多的硬底化村道和路灯，帮助投资镇水电站，扶持村发展种植观景树，实现了村集体经济收入脱贫，完善了村委办公设施，村里修建了公共卫生间、垃圾池、公共运动健身器材以及改善村小学教学条件，78户贫困户经扶持发展了种养增加收入，实现稳定脱贫，为全面完成省委、省政府关于三年扶贫“双到”任务打下坚实基础。各级侨联也积极配合，发挥自身优势，调动侨界力量，做好“扶贫双到”工作。广州市侨联筹措23万多元支持梅州市丰顺县建桥镇三社村“扶贫双到”工作，涌现出了“侨联大叔”好干部——陈华明。广东省侨界仁爱基金会在资金募集方面有新进展，成立了郭荣昌侨界帮扶基金和广东省侨界务实教育基金。

【文化宣传工作开拓新局面】 2012年，广东省各级侨联认真学习贯彻党的十七届六中全会精神和全国侨联文化宣传工作会议精神，有效拓展了侨联文化宣传工作。6月，省侨联召开首次全省侨联文化宣传工作会议，总结交流近年来全省侨联文化宣传工作的情况和经验，并围绕当前建设文化强国及广东“文化强省建设”的中心任务，就如何做好新时期侨联文化宣传工作进行了研究和讨论，形成了共识。省侨联举办了“艺术回归祖国”区本书画展、“2012龙年国际龙书画大展”等活动，取得圆满成功。省侨联与澳门励志青年会在澳门联合举办了“粤港澳三地励志青年音乐会”，进一步加强了粤港澳三地侨界青年的交流，推动三地侨界青年社团的合作。广州市海珠区后乐园街小学足球队代表广东省侨联参加中国侨联2012东芝“侨心杯”全国少年足球邀请赛获得冠军。广州市侨联组织艺术团赴澳洲、新西兰、

7月19日，中国侨联2012东芝“侨心杯”全国少年足球邀请赛在四川北川中学圆满落下帷幕，广东省侨联足球队获得冠军，张家杰同学获得“希望之星”个人奖奖杯，刘家谦、何凯疃、刘悦达同学获得最佳阵容奖

11月18日—22日，广东省侨联主办的“2012（中国·凤岗）客侨文化节暨首届婚博会”在东莞市凤岗镇举行

12月18日，“中新建交40周年文化交流——区本书画展”在东莞市艺展中心隆重开幕

迪拜开展“迎中秋庆国庆”主题慰问演出，反响很大；与澳大利亚V酒店餐饮集团共同举办“2012中澳慈善美食文化交流节”，并在澳洲开展为贫困社群筹款（100万元以上）等活动，促进中澳两国的友谊。深圳市侨联成功举办了“龙的传人”侨界文化艺术节之第三届深圳市侨界书画艺术展，展览在海内外侨界反响很大，中国侨联林军主席亲自莅临剪彩；联合市侨媛协会、市侨界文化艺术交流协会倾情打造了深港澳侨界亲善晚会，影响很大。珠海市侨联举办“2012中华青年民族交流营”活动，加强与香港、澳门、台湾青年的友谊交流；配合、协助做好“2012年中国·珠海‘印度尼西亚之夜’友好交流文艺演出”的组织工作；开通了“珠海侨网”。惠州市侨联开展了为期五个多月的“和谐惠州·幸福侨乡”惠州侨乡文化摄影大赛系列活动。有近500名摄影爱好者参与创作，收到参赛作品1000多幅，涵盖了惠州侨乡的自然风光、人文景观、历史文化、风土人情及侨联的工作成效。中山市侨联举办2012中山市侨界群众文化节；与广东侨界人文学会联合举办了“世界青年汇·人文中国行”（中山站）活动，取得圆满成功。清远市侨联着力开展“侨文化沙龙”系列活动，打造文化交流新平台；着力挖掘“陈凤台古迹”，培育本土侨界新品牌；创办《清远侨声》等刊物，展现侨界新风采。

【海外联谊和港澳台工作迈出新步伐】2012年，广东省侨联组织4个团组出访了阿联酋、马来西亚、新加坡、新西兰、澳大利亚、波兰、土耳其、爱尔兰等国家，拜会了省侨联海外友好社团、海外文化交流中心和海外重要的华侨华人社团近百个，拜会省侨联海外

12月3日—6日，广东省侨联第四期海外友好社团负责人研讨班在暨南大学举行，来自港澳台和美国、加拿大、斐济等国家和地区的20多个友好社团的30多位负责人参加了研讨班

12 月 15 日—19 日，中国侨联组织来自西班牙、巴西、阿根廷、秘鲁、墨西哥、苏里南、委内瑞拉、智利、巴拉圭、巴拿马、厄瓜多尔、玻利维亚等 12 个拉丁语系国家的侨领访问团，赴广东省进行参观考察，受到省侨联领导的热情接待

顾问、名誉委员和海外知名侨领近 500 人。5 月 23 日—27 日，王荣宝主席带队访问阿联酋，拜会阿联酋广东商会等当地主要侨社，会见了当地知名侨领和侨胞近 200 人，这是广东省侨联首次组团出访阿联酋，被当地华侨社团、侨领和粤籍乡亲誉为广东侨务部门对阿联酋侨界的正式“首航”，受到了当地重要华侨社团、侨胞和粤籍乡亲的热烈欢迎。6 月 1 日—6 日，华清文副主席带队出访马来西亚，出席第三届世界江门青年大会，与来自世界 30 多个国家和地区的 1000 多名江门五邑籍青年精英共叙乡情、共谋发展，并拜访了马来西亚沙巴州四邑联合会、马来西亚古晋会宁同乡会等当地侨团。8 月 15 日—26 日，李崴副主席率省侨联访问团一行 6 人访问了爱尔兰、波兰和土耳其，拜访了爱尔兰华人中心、土耳其——中国友好基金会、波兰福建商会等侨团组织，与波兰格涅兹诺市政府官员会谈，并签署了“2013 波兰广东文化节”合作协议。9 月 16 日—27 日，以林雄常委为团长、李崴副主席为秘书长的省侨联代表团一行六人访问了新西兰、澳大利亚和阿联酋，拜访了新西兰广东同乡会、澳大利亚潮州同乡会、阿联酋广东商会等侨团，并出席了澳大利亚广东联谊会成立揭牌仪式和阿联酋广东商会成立两周年庆典活动。通过出访，宣传了广东省省情和侨联工作情况，进一步了解当地侨情，加强与重要华侨华人社团和知名侨领的联系和沟通，增进双方的友谊，既巩固了老朋友，又结交了一大批新朋友。一年来共安排出访港澳台 27 批共 116 人次，进一步密切与港澳侨联成员的联系，广泛联络港澳台侨界社团，为港澳台的繁荣稳定作出贡献。11 月底，省侨联侨青访问团首次赴台湾交流考察，拜访了中华侨联总会、世界广东同乡总会等十多个侨界社团、乡亲社团，分别与 200 余名乡亲进行了交流和联谊，深入了解了当地侨社和乡亲社团的状况，宣传了侨联、侨青委，

6 月 23 日，由澳门励志青年会主办、广东省侨联协办的“粤港澳三地励志青年音乐会”在澳门综艺一馆隆重举行，澳门各界青年代表约 3000 人观看了音乐会，中国侨联副主席、广东省侨联主席王荣宝，广东省侨联副主席、省侨青委主任华清文等出席了音乐会

8 月 20 日，在波兰第一古城格涅兹诺市政府新闻发布会现场，全国政协常委、广东省侨联副主席、广东侨界人文学会会长李崴与格涅兹诺市市长科瓦斯基共同签署了“2013 波兰广东文化节”合作协议，确定于 2013 年 4 月格涅兹诺每年一度的“城市节”期间，正式在格市举办首届广东文化节

11 月 21 日—29 日，广东省侨联副主席、广东省侨青委主任华清文率领省侨联侨青访问团一行赴台湾进行为期九天的交流、考察活动

增进了“九二共识”，对台工作取得了实质性的突破。

【广州市侨联深入开展新型城市化发展学习考察调研】2012 年上半年，广州市侨联分 4 个学习考察调研小组共 28 人先后赴西安、沈阳、鄂尔多斯、昆明等地学习考察调研，重点围绕如何进一步挖掘、整合侨务资源，积极推介打造广州侨乡新优势；侨联组织如何团结联系新侨为走新型城市化道路建设作贡献等内容开展学习考察交流活动，并撰写了相关考察调研报告。8月底，召开市侨联十二届五次常委会议，专题安排部署市委理论学习中心组（扩大）推进新型城市化发展两次务虚会精神；海珠、荔湾、天河、黄埔、番禺等侨联分别介绍了开展走新型城市化道路活动情况，并及时编发《广州市侨联走新型城市化道路材料》，供各基层侨联学习交流。草拟《广州市侨联走新型城市化道路的实施意见》（征求意见稿），举办了两期全市侨联干部培训班。

【深圳市侨联继续打造各种工作平台】3月5日，深圳市侨联联合市侨媛协会、市侨界文化艺术交流协会倾情打造了深港澳侨界亲善晚会。整台晚会分“让爱飞翔”、“让爱传递”、“让爱延续”三个篇章，彰显了侨界大爱，特别是侨界女性亲善至美的良好风貌，是深、港、澳侨界的一次高规格、高水准的文艺爱心晚会。3月25日，深圳市侨联卫生医药保健委员会（简称侨卫委）正式宣布成立。这是继2011年深圳市华侨资本管理委员会（简称侨资委）、深圳市侨联体育委员会（简称侨体委），以及港澳深圳市侨联联谊会、深圳市侨界文化艺术交流协会、深圳市侨媛协会之后，深圳市侨联推出的又一个创新性组织。深圳市侨联卫生医药保健委员会是在市侨联的积极推动和指导下，由市卫人委侨联牵头，经过一年多时间筹备而成立的，成立这个创新性组织，旨在更加广泛地团结和凝聚卫生医药保健战线的归侨、侨眷和海外侨胞，为侨服务，促进医疗卫生界交流合作，联谊各界，发挥市卫人委侨联的自身优势，回报社会。

【佛山市南海区侨联成功打造“南海海外留学生联盟”】“南海海外留学生联盟”致力构建留学生交流平台，积极探索新侨工作新路子。一是留学前的宣传服务。针对将要出国留学的学生及其家长普遍关心的留学安全问题，提前介入服务，加大对将要成为留学生的群体的宣传力度，宣传预防性领事保护相关知识，介绍海外侨情和旅外社团，并在留学生群体内树立根的意识。二是留学期和留学后的服务。为在留学期的学生提供侨团和领事保护协助；发挥海外留学生工作站的联络作用，交流沟通、凝聚力量，建立起留学生的海外联系和与家乡的联络；向留学期间和已毕业的留学生推介家乡的发展情况及就业、创业机会。三是打造留学生联盟品牌活动。举办南海海外留学生联谊活动，以“海外人才恳亲会”的形式，搭建留学生沟通联谊平台，举办南海推介会，重点介绍南海的发展形势、人才政策和发展机遇等。四是建立起南海海外人才库。通过网站注册登记等方式，建立留学生信息档案，为南海的经济社会发展储备各类人才，将联盟打造成国际化、专业化的人力资源平台，引荐一批在专业领域有卓越成就的人才回南海讲学交流、就业创业等，为南海新一轮发展提供强有力的人才保障。

【中山市侨联成功举办侨界群众文化节】中山市侨界群众文化节每两年举办一次，本届侨界群众文化节有两大特点：一是内容进一步丰富。推出了9大系列活动，包括“弘扬国学修身立德——于丹国学修身大讲堂”、“世界青年汇·人文中国行”、“2012中山市侨界群众文化节暨龙腾中山——全球华人龙书画展、亚美欧八家书画联展开幕式”、“和美侨声音乐会”等，以“侨”为特色，以文化为纽带，内容丰富，形式多样，节目精彩，高潮迭起。二是规模进一步扩大，广泛联系了省内兄弟市

省级侨联工作简介

侨联和侨友组织10个、香港中山社团18个、澳门中山社团17个、海外其他国家和地区华侨华人团体21个以及有关单位和团体12个参与了文化节的相关活动，参与的侨界群众和各界人士超过5000人（次），一些海外华裔新生代为参加本次侨界群众文化节也首次登陆中山，成为中华文化的承继者和传播者。

【清远市侨联开展文化交流活动】清远市侨联努力打造文化交流新平台。一是开展“侨文化沙龙活动”。8月28日，由清远市侨联和市侨青会联合主办了“清远市归国华侨文化沙龙（Ⅰ）”活动，主题是“侨青文化的研究与探索”，清远市侨青会全体会员、特邀人士、新闻媒体记者等共130多人参加了当天的侨文化沙龙活动，新浪、搜狐等有关网站全程实时现场直播活动盛况，整个活动在社会各界反响很好。10月22日，在“粤港澳越柬老归侨侨眷第三次联谊活动”举办期间，围绕“探讨越柬老侨文化”主题，组织举办了“清远市归国华侨文化沙龙（Ⅱ）”。二是继续深入挖掘“陈凤台古迹”及探讨陈凤台历史文化内涵，推动以侨引资引智工作的广泛开展。9月15日—16日，清远市陈凤台历史文化研究会第二届第一次全体理事会暨成立五周年庆祝大会在台山市召开。清远市陈凤台历史文化研究会自2007年8月成立以来，做了大量卓有成效的工作，成果丰硕，已逐渐成为清远本土侨界面向全世界的一个新品牌。

广西壮族自治区归国华侨联合会

【领导成员名单】

主　席：韦　干

副主席：刘汉祥

林振龙（2012 年 12 当选）

冯祖华（兼）

钟志英（女，兼）

磨长英（女，兼）

秘书长：刘汉祥（兼）

4 月 20 日，“美在广西”旅游推介会在澳门成功举办

【综述】广西是全国重点侨乡，现有各级侨联组织 400 个，其中自治区侨联 1 个，地级市侨联 15 个（含自治区农垦局侨联），县级侨联 58 个，归侨安置单位侨联 4 个，大中专院校侨联 9 个。侨联专职干部 200 多人。全自治区归侨侨眷 220 万人，旅居海外的桂籍华侨华人 700 万人，其中 70% 以上居住在东南亚国家。2012 年，广西各级侨联开展招商引资、招贤引智、海外联谊、慈善公益、文化交流等方面工作，为广西的政治稳定、经济发展、文化繁荣、社会和谐提供有力的思想保证、精神动力和舆论支持，取得了明显成效。

【开展招商引资工作，为经济建设服务】在澳门举办“美在广西”旅游推介会系列活动取得良好效果。4 月下旬，广西侨联与澳门缅华互助会、广西旅游局共同举办了“美在广西”旅游推介会和“美在广西”旅游图片展，并召开了广西侨联（澳门）委员、顾问和广西侨联青委会委员座谈会，组织钦州市民族歌舞团进行了五场专场演出等联谊和文化交流活动，在澳门各界中产生了极好的效果：澳门一大批重量级人士出席了旅游推介活动；桂澳两地签署了旅游合作协议书；澳门市民近万人参观了广西旅游图片展。“华商八桂行”活动方式不断创新，效果见好。此项活动已连续开展三年，2012 年创新了活动方式，以有意愿的广西境内外华商、港澳企业家为主，并为他们准备好相关项目，组织他们到各市考察投资环境和当地的重大投资项目。根据广西领导引进世界顶级酒店入邕的指示精神，广西侨联向中国侨联、中国侨商联合会作了汇报，促成中国侨商联合会副会长、南京利

4 月 19 日，在澳门成功举办广西侨联（澳门）委员、顾问和广西侨联青委会委员“亲情中华”座谈会

4 月下旬，“美在广西”旅游推介会在澳门成功举办，广西侨联与钦州市侨联组织钦州市民族歌舞团在澳门举办了五场演出

源集团董事局主席严陆根 3 月中旬率团来邕考察南宁高端城市综合体项目；5 月中旬邀请中国侨商会副会长、广西政协委员、澳门第一国际物业策划管理有限公司董事总经理胡家仪率领的澳门澳中侨青企广西考察团和澳门昭日旅游公司等澳门多个考察团赴广西来宾、河池、百色等地考察投资项目。广西区党委常委、统战部部长范晓莉会见了澳中侨青企考察团。11 月中旬组织广西华商到来宾市开展“华商来宾行”活动，广西华商会、南宁华商会、柳州华商会等单位会员和 100 多名个人会员参加了在来宾市象州县和来宾市的经贸推介会。广西华商会创会会长单位广西凯宁置业投资集团旗下广西经济职业学院与象州县人民政府签订了《自强升学就业保障班合作协议》，实施“教学扶贫”活动。做好第九届中国——东盟博览会的服务工作。确实做到会前全力动员，邀请一批有实力的海外华商参加东盟博览会，促使更多的华商到广西投资兴业；会中热情接待，服务周到，做好参会华商的接待和考察工作，帮助他们寻找商机，力争多签约；会后及时跟踪推进有关项目，为华商服务，为全区经济大局服务。推进华商经济持续健康发展。以服务经济建设为切入点，助推华商经济健康持续发展，与有关部门协调广西华商会马相邕会长的西林锑金冶炼厂的项目、许峰副会长南宁——东盟经济园区养老院项目、覃展敏副会长在崇左东

6 月 23 日，由中国侨商会副会长胡家仪率领的澳中侨青企广西考察团来广西进行考察活动，广西区党委常委、统战部部长范晓莉（右二）亲切会见了考察团的全体成员

盟国际商务文化交流中心项目、罗祖晓副会长筹建广西财贸职业学院项目申请。会员企业日田企业和常务理事单位——广西环球集团发展形势喜人，发展势头良好。据不完全统计，广西华商会2012年上缴税金5.36亿元，新增投入17.5亿元，公益慈善事业捐资818.28万元。中国侨联侨商会换届大会上，广西华商当选中国侨商会副会长的人数由上届的1名增加到了3名，为广西华商赢得了荣誉。积极引荐海外高科技项目。将留美学者张增芳教授的《广西海上渔业安全应急指挥系统》项目引荐给广西海洋局、畜牧水产局等单位对接。

【搭建侨联爱心平台，拓展侨联公益事业】开展2012年元旦春节期间“送温暖、献爱心”活动。一是广西侨联领导先后陪同中国侨联副主席董中原、广西区党委常委范晓莉到华侨农场调研并走访慰问困难归侨侨眷。二是在广西侨联系统开展“送温暖、献爱心”活动，把党和政府的关怀送到广大归侨侨眷中去，广西侨联领导亲自带队率机关的同志深入基层，走家串户，慰问归侨侨眷、华商。据统计，广西各级侨联共慰问困难归侨侨眷和华商近万人次，慰问金300万元，其中广西侨联面向全广西归侨侨眷共慰问500户，慰问金额近15万元。广西华侨爱心基金会慈善公益事业保持良好势头。在广西侨联的积极支持下，广西华侨爱心基金会2012年共收到善款400多万元，落实侨心工程项目17个，共支出项目款380万元，为贫困华侨农场、乡村注入了活力。其中广西华商会何兴维理事为新建的东兴市华侨学校捐善款350万元，他是广西归侨中捐资最多的人。广西华侨爱心基金会以规范的管理、良好的运作，获得5A级全区性社会组织称号。各地市侨联公益事业积极推进。南宁市侨联首次举办归侨侨眷就业招聘会，帮助华商企业向归侨侨眷提供就业岗位；玉林市侨联争取马来西亚李生先生捐赠50万元支持北流市的教育事业；梧州市侨联积极争取马来西亚太平局绅吕天保、吕海庭和浦金德先生等，为岑溪中学捐资70多万元人民币、为梧州市振兴小学捐赠课桌椅1889套。

【关注侨情民生，依法维护侨益】为熟悉和掌握广西侨情，进一步加强和改进新时期广西侨联工作，广西侨联于8月—10月在全广西开展侨情调研工作。要求各市侨联对侨联基层组织建设、干部队伍建设情况、归侨侨眷和海外侨胞的数量和分布情况、生活和生产情况、侨务工作中存在的问题以及今后工作的意见和建议等方面进行调研，撰写调研报告。据统计，广西侨联基层组织为400个，归侨侨眷220万人，海外华侨华人700万人。广西侨联综合整理后将调研成果上报中国侨联和广西区党委。

【拓宽联谊渠道，推进对外联谊工作】广西侨联在开展“走出去”工作的基础上，积极开展“请进来”的工作。据统计，2012年广西侨联共接待了各种类型的海外华侨华人考察团40多批600余人（次）。抓好“三个机会”，加强与广西传统侨务重点地区东南亚和欧美等地侨社团和重要侨领的联谊交流工作。一是抓住广西举办重大活动的机会，广西侨联领导亲自会见来广西参加重大活动和广西政协会议的海外考察团和重要侨领，如马来西亚文化交流考察团、马来西亚广西总会会长钟广北和前会长、总秘书长孔庆庶拿督，美国广西同乡会常务副会长崔勇带队的联谊恳亲团，以及广西政协邀请参会的海外嘉宾。二是抓住第九届中国——东盟博览会召开的机会，接待来自东南亚和欧美侨社团十余批次。三是抓住参加海外侨社团重大活动和公务出访的机会，广西侨联领导亲自率团和随团出访了美国、印度、土耳其、阿联酋、马来西亚、新加坡和泰国等国家，参加在海外桂籍侨社团的成立大会活动，拜会侨社团重点侨领，与他们共同交流和达成双方合作的意见。据统计，2012 年已和近 30 个国家和地区的 50 多个侨社团建立经常性联系。港澳台联谊交流工作进一步深化。4 月在澳门开展旅游投资推介会，拜访了澳门归侨总会、澳门广西联谊总会、澳门印尼归侨协会等侨社团和侨领。11 月，广西侨联领导出席了澳门广西 14 个市联谊会成立大典和香港广西社团总会第四届常务理事会就职典礼，深化了与港澳的交流合作；与台湾侨界社团继续保持着密切联系。区际省内交流协作进一步加强。参加了泛珠三角侨联协作年会；与来访的兄弟省市如广东华商会、黑龙江省华商会、辽宁华商会进行了座谈交流，商议合作，经贸关系得到加强。

【培育侨联文化阵地，拓展对外文化交流】大力宣传侨界时代典型。2012 年年初，南方电网公司广西十万山华侨林场供电营业站职工、归侨黄春强、侨眷黄春宁，光荣当选南方电网公司 2011 年度“感动南网”十大人物，成为广西侨界的杰出代表。中共中央政治局委员、全国人大常委会副委员长、中华全国总工会主席王兆国为此做出批示。广西区党委书记郭声琨、广西区党委副书记危朝安相继做出进一步总结、学习、宣传“南网兄弟”的批示。广西侨联以此为契机，深入防城港市防城区十万山华侨林场慰问，协助广西宣传部、南网公司及时宣传学习，在全广西归侨侨眷中掀起学习宣传“南网兄弟”先进事迹活动的热潮。启动并完成了广西华侨捐赠历史百年回顾收集资料工作。配合中国侨联开展华侨捐赠历史百年回顾收集资料工作，成立了以韦干主席为组长的机构领导小组，制订收集方案，精心部署收集工作，做到分工明确、层层落实、责任到人。经过努力，基本完成了广西近百年华侨捐赠历史资料的收集、整理、上报工作，为广西留下了宝贵的华侨历史资料，为今后开展华侨历史研究工作打下了坚实的基础。推举广西侨界书画家艺术作品参加中国侨联“亲情中华——世界华侨华人美术书法展”。广西侨联发动广西的侨界画家广泛参与，各市侨联密切配合，与市有关部门协商，在广西和海外艺术界中开展侨界艺术作品征集工作，共征集作品 72 幅（其中书法 40 幅、绘画 32 幅），其中 15 幅书画作品获奖。世界著名画

广西区党委常委、统战部部长范晓莉，中国侨联权益保障部部长姜风岩，广西侨联主席韦干看望并慰问“南网兄弟”

家、美籍桂籍侨胞周氏兄弟，刘海粟艺术研究院院长、广西漓江书画院谢天成等知名画家给予了大力的支持。组织参加“第十三届世界华人学生作文大赛”，参赛获奖多。广西侨联把它作为一项重点工作认真抓紧抓好，除在广西侨界广泛发动外，还向海外的桂籍侨社团发送征文函。据统计，广西 35 所学校，400 多名学生参加（其中，中学 5 所，小学 30 所，共收到征文 420 多篇）。经评审，共有 70 名学生获奖，其中，一等奖 13 人；二等奖 30 人；三等奖 27 人。广西侨联以及桂林市侨联和钦州市侨联获得组织奖。组织广西“东芝侨心杯”少年足球队参加“侨心足球万里行活动暨 2012 侨心杯全国少年足球赛”。广西侨联努力争取中国华侨爱心基金会的支持，组建了广西“东芝侨心杯”少年足球队。为全国十省区侨联参赛队之一，7 月，在四川新北川中学举办的“东芝侨心杯”全国少年足球赛中获第三名。海外文化交流工作跃上新台阶。广西侨联以挖掘海外侨胞中文化名人资源，拓展海内外文化交流为重点工作，邀请一批享誉世界、文化成果丰硕的桂籍华人、文化名人来广西进行文化考察和交流，推动广西文化建设的大发展。5 月底，在广西侨联的邀请下，美籍华人、原国民党桂系将领白崇禧之子、作家白先勇到桂林进行学术研讨活动，广西侨联领导专程会见并邀请他在适当时候到南宁进行文化交流活动。7 月，邀请周氏兄弟到桂林、柳州创作了一批以桂林、柳州山水为题材的画作，为下一步在世界范围内宣传广西打下了基础，并为南宁市初步创作了城市壮乡艺术地标雕塑。

7 月 16 日—28 日，著名美籍华人画家周氏山作、周氏大荒到桂林、柳州观光访问并进行艺术创作，参加系列片《走南闯北广西人》——周氏兄弟专辑拍摄

【参与社会管理，强化参政议政工作】各级侨联组织侨界人大代表、侨联界政协委员深入基层、深入侨众，开展调查研究，倾听侨的呼声，收集材料，撰写提案。按照要求，广西侨联向有关部门推荐了广西政协侨联界委员 10 名。

【加强自身组织建设，提高侨联工作水平和干部素质】机关内部配置有所改善。广西侨联获准增加 4 个编制和一个内设机构——海外联谊部。目前广西侨联机关内设机构 3 个，事业编 17 个、机关后勤控制数 2 个，总编制达 19 个，长期以来困扰广西侨联的机关人员紧缺的状况得到了改善。机关办公条件进一步改善。在 2011 年完成办公楼全面装修的情况下，广西区党委批准广西侨联进行办公楼门廊改造工程，现已基本完工。

【梧州市侨联】2012 年，梧州市侨联共走访慰问归侨侨眷 52 户。坚持每月到三县一市慰问农村困难归侨制度，为6户困难归侨侨眷成功申请廉租性住房，且已搬进了新家。组织开展了多次联侨护侨活动，看望慰问困难老归侨26户，为他们送去了慰问品和慰问金。扶持侨属企业，到海康印刷有限公司、神冠蛋白肠衣有限公司、市茂圣茶业有限公司、鼎晟投资有限公司、不锈钢厂、陶瓷工业园等6家侨资企业开展调研活动，协调解决投资环境问题；促成英籍华人、食品投资商潘伟廉总裁与神冠公司达成初步合作意向。年内共接待美国、法国、意大利、英国、马来西亚及台湾、香港等国家和地区的侨胞和港澳同胞83人次。马来西亚侨胞吕天保先生等人为梧州市振兴小学捐赠课桌椅1889套，价值20多万元。马来西亚的130多位侨胞共捐资人民币70多万元，为岑溪中学建教学楼1层、教室12间、办公室二间。争取广西华侨爱心基金会资助，捐赠岑溪市第一中学“爱心图书”2700多册，价值6.5万元；捐赠梧州市中山小学、苍梧岭脚大隆小学、岑溪市第一幼儿园“电教设备”各一套，价值6万多元。利用各种平台开辟联谊渠道，广交朋友，向外界发出侨联的声音，分别到广东茂名市、肇庆市和贵港市开展联谊活动，积极借鉴兄弟省市先进理念，寻求适合自己的对策和工作方法。两会期间，提交了《加强领导、精心筹备，办好第十三届区运会》、《关于创新党员管理机制，促进社区工作开展的建议》、《加大社区居委会建设，推动社区事业发展》等1份大会发言与5份提案。做好定点扶贫开发工作，多次到定点扶贫村调研了解情况，与梧州市扶贫办、交通运输局进行协调沟通，为村民解决出行问题。

【北海市侨联】2012年，北海市侨联加大招商引资力度，发挥联系面广的优势，积极为引进和利用侨资牵线搭桥，其中引荐一家侨资企业投资兴办造船厂，项目总投资3亿元，目前正在办理土地预审手续；另一家企业创办海产品加工厂，项目总投资1000万元。充分利用国家技术改造资金政策，为两家侨资企业争取到近300万元的企业技术改造资金。对50多家侨资企业进行摸底调查，与企业负责人商讨组建北海市侨商会的有关事宜。2012年争取到助学款1.8万元，资助6名贫困大学生和6名贫困中学生。向华侨小学捐献价值1万元的图书。与北海市外侨办共同筹资6700元，奖励10名2012年优秀“三侨”高考学生。为铁山港区赤江中学、钦廉林场天堂分场小学和华侨医院争取到价值6.1万元的器材设备一批。开展2012年“12·4”法制宣传暨医疗服务活动，组织了一批药品和法律宣传资料，为广大归侨侨眷送医、送药、送法。组织侨界政协委员撰写了《关于加快解决归难侨安置点饮水安全问题的建议》、《关于加强电建渔港安全建设的建议》、《加强以改善民生为重点的社会建设》、《关于整合社会各界力量，努力改善新生代农民工精神文化生活的建议》等提案。动员侨界书画家参加中国侨联、中国文联、中国美协和中国书协联合主办的首届“亲情中华——世界华侨华人美术书法展”，组织14幅书画作品参选，其中2幅荣获佳作作品奖，2幅荣获入选作品奖，北海市侨联荣获优秀组织工作奖。组织参加“第十三届世界华人学生作文大赛”的78篇作文，其中1篇获得一等奖，3篇获得二等奖，3篇获得三等奖。与北海市外侨办、侨港镇政府联合举行“2012年北海市海外华侨华人恳亲会”。

【钦州市侨联】钦州市侨联积极参加钦州市招商团队组织的推介会，捕捉机遇，邀请并接待香港广西钦州市联合总会、香港广西钦州市同乡联谊会、香港油尖旺工商联合考察团考察钦州保税港区、中马钦州产业园、钦州市高新科技孵化基地（含华商创业园）和各县区工业园等。2012 年，钦州市各级侨联组织接待新加坡、马来西亚、加拿大及香港、澳门等国家和地区的侨社团以及广西华商会考察团共 10 多批 150 多人次，召开投资项目推介会 3 场，助推中马钦州产业园区以及钦州市高新技术产业孵化基地建设工作，与有关部门协调推进东盟农产品大市场项目征地拆迁、“华信・香江花园”二期项目开工等 10 多个华商重大项目建设，坚持每年均组团参加在南宁召开的东盟博览会专场招商推介会，热情接待相关东盟国家华商进行项目考察。牵头组织由钦州市侨联、钦州市文化局和钦州市新闻出版局、钦州市旅游局等部门组成的广西钦州艺术团（30 多人）赴澳门参加“第十七届澳门缅华泼水节”系列活动，举办“美在广西”旅游推介会、旅游风光摄影图片展。与钦州市海外联谊会联合举行了“庆澳门回归祖国 13 周年暨桂澳文化交流活动（钦州行）粤剧联谊晚会”以及书画摄影展等活动，走访慰问落户钦州的华商企业 20 多家；加强与重点侨领、重点侨团、侨商会和新生代华人联系，组团赴香港参加“香港广西钦州市联合总会创会暨第一届常务理事会就职典礼”活动。积极做好华商及归侨侨眷正当权益的维护工作。一年来，共接待来信来访 60 多起，走访慰问困难的归侨侨眷 500 多人次，累计发放慰问金及慰问品 17 万多元。开展“走基层捐助侨界困难学生”活动，筹集善款 6 万多元，资助侨界贫困学生共 57 人（大学生 22 人，高中生 17 人）；打造“同心——安居”华侨新村，争取申请广西壮族自治区每户拨款 2 万元。组织侨界人大代表、政协委员撰写议案建议，共收集提案、议案 20 多件。组织侨界学生参加中国侨联举办的第十三届世界华人学生作文大赛，荣获“组织奖”，20 名学生及老师分别荣获一、二、三等奖。组织侨界书画家参加首届“亲情中华——世界华侨华人美术书法展”，荣获“优秀组织工作奖”，三名侨界书画家作品入选本次展览佳作。

【玉林市侨联】2012 年，玉林市侨联共邀请 80 多名海外侨领、侨商到玉参加第九届玉博会，邀请和组织美国、俄罗斯、法国、瑞典、印尼、日本、泰国、马来西亚、新加坡侨胞以及港澳台地区同胞到玉林开展休闲旅游、农产品开发、农业种植、物流集散等经贸考察共 16 批 142 人次。多次协调做好泰国方面与当地政府有关部门的联系对接和服务搭桥工作。重点建立与侨属企业的经常性联系机制，调解遇到的困难和问题。其中，协调解决容县侨旺生物发展有限公司搬迁和申报龙头企业问题；广西华商会企业容县新新家具厂联系解决扩大生产用地问题。帮助华商企业拓展业务，促成在广东创业的玉林籍归侨侨眷企业生产的电子产品出口至俄罗斯、法国、印度等国家；率先在侨属企业广西侨旺生物技术有限公司中创立广西第一个“归侨侨眷科技创新示范基地”。大力发展侨联公益慈善事业，引荐第十四届世界广西同乡联谊会主席、马来西亚侨胞李生捐款 50 万元建设北流市白马镇茶新小学；香港“两地一心”慈善会捐资 25 万港元建设容县六王镇古里小学教学楼；马来西亚广西雪隆会馆捐资66万元兴建容县容州镇第二小学教学楼；引进40万元，资助贫困学生632人次，捐赠教学用品一批。履行参政议政职能，参与推荐提名第十一届广西政协侨联界委员2名；组织侨界人大代表、政协委员参加视察日、代表活动日16人次；通过侨界人大代表、政协委员为区、市“两会”提出提案、建议5件，为《玉林市“十二五”期间侨务工作规划》的制定和出台提出修改意见5条；办理答复市政协四届二次会议提案1件。接待来信来访62人次，帮助解决侨胞在侨房退还等方面的困难和问题11件，帮助查找亲人16户，走访慰问归侨侨眷242户，发放慰问金和慰问品6.78万元。接待了来自美国、法国、俄罗斯、瑞典、印尼、日本、马来西亚、新加坡、泰国及香港、澳门、台湾等10多个国家和地区的侨团和海外侨胞、港澳台同胞2000多人次；组团出访香港参加香港马鞍山扶苗之友会第五届理事会就职典礼、广西14市澳门联谊会成立庆典、马来西亚雪隆广西会馆成立85周年、第25届世界客属恳亲大会，赴澳门、深圳、温州、杭州、苏州、无锡、江阴、南通、南京和上海张江高新区等地开展交流座谈。新聘请市侨联海外顾问5名，市侨联港澳委员2名。开展一系列以弘扬中华文化为主的民间文化交流活动，与容县侨务部门共同举办三期海外华裔青少年“中国寻根之旅”夏令营活动；邀请香港理工大学师生在玉州区城西小学举办了“快乐英语在玉林”暑期英语义务培训班，培训学生200名；报送参加中国侨联举办的首届“亲情中华——世界华侨华人美术书法展”作品3幅，其中一人获得佳作奖，玉林市侨联获活动组织奖。通过市客家海外联谊会组织安排日本两位学者到玉考察岭南文化，组织安排台湾台南历史博物馆3位学者到玉考察客家民俗文化。协助玉林市华侨历史学会收集和整理了玉林市作为“广西第一侨乡”在经济、社会、文化、民俗等各方面情况的大量图片、数据和文字，依托中国华侨出版社《侨力》杂志“侨乡行”栏目，让更多的海内外朋友认识玉林、了解玉林。

海南省归国华侨联合会

【领导成员名单】

主　　席：何云霞（女）
专职副主席：邢福孝（2012年7月离职）
　　　　王小玉（女，2012年8月任职）
兼职副主席：张　伟（2012年12月离职）
　　　　张泰超（2012年12月离职）
　　　　黄玲珍（女，2012年12月离职）
　　　　彭隆荣
　　　　陈　敏（2012年12月离职）
　　　　卢焕雄（2012年12月离职）
　　　　王　胜（2012年12月任职）
　　　　周敬民（2012年12月任职）
　　　　黄和伍（2012年12月任职）
　　　　李桂英（女，2012年12月任职）
　　　　吴青展（2012年12月任职）
巡　视　员：邢福孝（2012年7月任职）
秘　书　长：王小玉（女，2012年12月离职）
　　　　潘建雄（2012年12月任职）

【综述】海南省现有归侨侨眷130多万人，海外侨胞和港澳同胞340多万人，遍及50多个国家和地区。全省现有19个市县（区）侨联，1个农垦侨联及2个华侨农场侨联，5个院校所侨联，170个乡镇（街道）侨联。省侨联直属单位3个，下属社团18个。2012年，海南省侨联紧紧围绕党政工作大局，紧紧抓住“国内海外工作并重，新侨老侨工作并重”这两条工作主线，把服务大局与服务侨界群众结合起来，在服务大局中谋划和推进侨联工作，在推动解决侨界群众利益问题中创新侨联工作，抓重点，创品牌，取得了明显的成效。围绕经济建设，着力做实群众工作，发挥“联”字优势联手，多方共建生态文明村；争取项目支持，推进扶贫点建设；开展培训活动，帮助群众提高劳动技能。围绕社会和谐稳定，着力推进参政议政和维护侨益，开展调研，争取参政议政席位和依法依规行使话语权；重心下移，在市县侨联创建省侨联律师团法律咨询服务站，深化维权工作；力抓重点，推进涉侨案件解决。围绕服务对外开放，着力深化海外联谊，推进联谊实事化、项目化，力求联谊成果落地；积极服务文化发展，扩大对外文化宣传；加强自身建设，不断提升群众工作能力，坚持思想引领，推进领导班子思想作风建设；加强组织建设，夯实工作基础。

【传达学习党的十八大和海南省委六届二次全会精神】11月21日，海南省侨联召开传达学习党的十八大精神和省委六届二次全会精神的会议，研究部署省侨联贯彻落实十八大精神的工作。何云霞主席传达了省委六届二次全会精神，并结合侨联工作实际就学习贯彻党的十八大精神，完成好年内的工作任务做出了具体的部署。何云霞主席提出，一是要把学习党的十八大精神作为省侨联当前和今后一个时期的重要政治任务，以高度的政治责任感和历史使命感，迅速在全省侨联系统掀起学习贯彻热潮。二是全体党员干部要切实把思想统一到党的十八大和省第六次党代会精神上来，坚持高举社会主义伟大旗帜，解放思想，凝聚力量，攻坚克难。三是全体党员干部要进一步行动起来，以一天也不耽搁的实干精神，把重点工作抓好抓实，抓出成效，为加快海南国际旅游岛建设，实现海南“科学发展、绿色崛起”贡献力量。

【学习贯彻中央八项规定和海南省委省政府二十条规定】12月18日，海南省侨联召开专题学习讨论会，组织全体党员干部职工学习中央关于“改进工作作风、密切联系群众”的八项规定和省委省政府关于“改进工作作风、密切联系群众”的二十条规定。会上，何云霞主席结合省侨联实际，对学习贯彻中央八项规定和省委省政府的二十条规定做出了具体部署，决定将原计划发放给省五次侨代会代表的纪念品，转作为春节对困难归侨侨眷的慰问品。同时，研究制定了《海南省侨联关于改进工作作风、密切联系群众的实施办法》，以及进一步修订完善了《海南省侨联财务管理办法》，以实际行动学习贯彻中央八项规定和省委省政府二十条规定。

【开展治理“庸懒散贪”问题专项工作】根据海南省委关于全省开展集中整治“庸懒散贪”问题专项工作的部署安排，省侨联高度重视，大力推进该项工作，切实加强机关干部思想、工作和生活作风建设，使全体干部职工作风明显转变，服务意识明显增强，办事效率明显提高，促进了各项工作目标任务的完成。6月15日，省侨联召开开展集中整治“庸懒散贪”问题专项工作动员大会，对开展集中整治“庸懒散贪”问题专项工作进行了全面动员和部署。何云霞主席作了动员讲话，并提出，一要坚持学习，进一步增强学习的自觉性，不断提高政治素质和业务水平，以适应新形势的要求；二要进一步完善有关规章制度，建立长效机制，推进侨联工作上新台阶；三要围绕大局，服务中心，通过整治“庸懒散贪”工作的常态化、制度化，全面提高侨联服务大局的能力和水平。

【召开海南省归侨侨眷第五次代表大会】12月28日，海南省归侨侨眷第五次代表大会在海口市召开。省委副书记李宪生，中国侨联

12月28日，海南省归侨侨眷第五次代表大会在海口市隆重召开

12月28日，与会领导在海南省归侨侨眷第五次代表大会上为全省侨联系统先进集体、先进工作者和全省归侨侨眷先进个人代表颁奖

12 月 29 日，新当选的海南省侨联第五届委员会领导班子成员（从左至右依次为：吴青展、黄和伍、王胜、王小玉、何云霞、彭隆荣、李桂英、周敬民、潘建雄）

顾问唐闻生，省政协副主席、省委统战部部长王应际等领导以及 219 名归侨侨眷代表出席了大会。会议审议通过了关于《认真学习贯彻党的十八大精神，凝心聚力服务大局，为全面加快国际旅游岛建设做出新的更大的贡献》的工作报告，选举产生了省侨联第五届委员会 99 名委员以及 39 名常委，何云霞连任省侨联主席，王小玉、彭隆荣、王胜、周敬民、黄和伍、李桂英、吴青展任副主席，潘建雄任秘书长。会上，参会领导还为全省侨联系统先进集体、先进工作者和全省归侨侨眷先进个人代表进行了颁奖。

【联手共建生态文明村】会文镇藏宝坑村是文昌市的革命老区和重点侨村，群众生活水平长期处在文昌市贫困线以下。为了帮助村民改变乡村的落后面貌，共享改革发展的成果，海南省侨联将其作为重点联系点。何云霞主席带队深入实地调研，并结合村民的思想、资源和发展现状，实施了以创建生态文明村为抓手的老区新农村建设方案：一是逐户与村民进行思想交流，了解他们的所思所盼，宣传创建生态文明村的好处；组织村民到已建成的生态文明村参观学习，激发村民支持和参与生态文明村建设的热情和积极性。二是积极协调推动当地政府把该村列入全镇创建文明生态村总体规划，在政策、资金和项目等方面给予支持。三是充分发挥“联”字优势，争取中国侨联和文昌市政府支持，并动员境外乡亲捐款和村民自筹，筹集建设资金共计 135 万元，用于村生态文明建设。经过省、市侨联的协调推动，过去道路坑洼、房屋破旧、环境脏乱的藏宝坑村，如今已建成村路硬化，路灯明亮，房屋整洁，文化室、排球场、文化广场等文体设施齐全，村容村貌和村民的精神面貌都焕然一新的生态文明村。村民在共建生态文明

11 月 4 日，海南省侨联主席何云霞在文昌市会文镇藏宝坑文明生态村建成仪式上讲话

村的实践活动中团结互助，形成了文明和谐的良好村风，生活质量也明显提高。同时，为了帮助村民发展生产，增加收入，巩固生态文明村建设成果，省、市侨联还争取市有关部门支持，发动和组织村民成立了藏宝坑村农业开发农民专业合作社，全村51户村民全部以土地入股的形式加入合作社。目前，合作社已投入资金150多万元，整理土地300亩，建设柠檬种植基地160亩。

12月22日，海南省侨联2012年物业管理专业助侨培训班开班典礼在文昌华侨农场举行

【加强定点扶贫工作】海南省侨联认真贯彻省委关于扶贫工作的部署，围绕“帮思想、帮门路、帮技术、帮资金”的工作思路，扎实工作，促进贫困地区的经济发展，定点扶贫工作取得成效。2012年，省侨联帮助扶贫点落实开展生产资金50万元（含小额信贷）；帮助上马扶贫项目6个；举办实用技术培训班3期，培训村民200多人次；推动村民新增种橡胶、槟榔、益智3000多亩；组织发动村民发展种桑养蚕特色产业项目近120亩，产值增收50多万元；帮助制作村务宣传栏3个；春节前慰问孤寡老人、贫困群众和贫困党员33户。省侨联还积极协调省水务部门支持25万元经费，用于六十仟村（属什插村委会管辖）的饮水工程项目建设，从根本上解决了村民饮水难的问题。同时，推动琼中县发改委立项投入308万元，为什插村修建通往外界的硬化公路5公里，结束什插村多年与外界隔绝的历史。据统计，2012年什插村委会人均经济收入达4391元，比2011年增加了547元，增幅达12%。

【举办第二期中职助侨班和助侨培训班】海南省侨联与省扶贫办、省华侨商业学校联合举办了第二期3年制的中职助侨班，旨在帮助侨界困难家庭培养专业技能人才，扩宽侨界群众就业渠道。助侨班的60名学员除免缴学杂费外，在校学习期间每月还得到300元的生活补贴。同时，为了拓宽智力助侨的领域和范围，帮助侨界群众掌握上岗就业技术和实际操作技能，12月22日，省侨联与省华侨商业学校在文昌华侨农场联合举办了“海南省侨联2012年物业管理专业助侨培训班”。培训课程包括“职业道德与职业指导”、“维修电工”、“客房服务员理论与实操”、“物业管理概论”、“保安员”等。培训期间，学校按照国家劳动部就业准入制（持证上岗）考核标准，组织学员参加理论、技能操作考核，考核合格者将获得国家劳动部统一颁发的“职业资格证书”。

【资助侨界优秀特困学生】8月14日，海南省侨联在海口市举行资助侨界优秀特困大学生仪式。这是省侨联第11年对海南侨界优秀特困大学生进行资助，资助金来源于省侨联自

8 月 14 日，受助的海南侨界优秀特困大学生与海南省侨联领导合影（右三为海南省侨联主席何云霞）

筹以及热心人士、热心企业的支持。2012 年获资助的 24 名特困归侨侨眷子女来自 9 个市县以及农垦和华侨农场，均经过所在地侨联细致的调查了解，通过申报、筛选，并经省侨联审核确定。根据困难程度不同，每人得到 3000 元或 5000 元不等的资助金。

【促进参政议政工作】2012 年，海南省侨联积极参与省人大常委会华侨外事工委组织的关于全省散居归侨侨眷生产生活情况的调研活动，并就确定儋州市东城、侨风等 7 个农场归侨侨眷的身份，给予基本国民待遇，解决其征地补偿和社保的问题；落实危房改造资金，争取省、市的危房改造配套资金，推动解决侨界困难群众的住房问题；妥善解决好文昌市征地拆迁补偿当中的涉侨问题；切实解决退职困难归侨侨眷生活补贴问题；农垦国营农场改革属地管理后，应进一步加强基层侨联队伍建设问题；建议省政府组织开展全省侨情调查，并根据出现的新情况、新问题及时出台相应的政策法规等方面，提出了七条意见和建议，并被采纳到向省人大常委会和省政府的报告中。2012 年，适逢海南省人大、政协换届，何云霞主席主动协调有关部门，据理力争，努力推动侨界人大代表和政协委员的推荐工作。经过协调争取，五届省人大侨界代表人数为 19 名，比四届省人大侨界代表人数增加 1 名；在省侨联推荐的 18 名侨联界省政协委员中，有 8 人当选政协委员。

【召开法顾委 2012 年年会】6 月 8 日，海南省侨联法顾委（律师团）2012 年年会暨基层侨联法律咨询服务站建设座谈会在海口市召开。省人大常委会原副主任、省侨联法顾委主任毛志君莅临指导，省侨联主席何云霞、副主席邢福孝，有关涉侨单位及省司法厅、省高级人民法院、省人民检察院、省第一中级人民法院、海口市中级人民法院等有关部门领导出席了会议。毛志君主任代表法顾委在会上做工作报告，总结 2011 年省侨联法顾委及其律师团的工作情况，部署 2012 年工作安排。省侨联法顾委常务副主任廖向琦传达了中国侨联法顾委成立 30 周年纪念大会精神。何云霞主席充分肯定了法顾委一年来的工作成绩，并对进一步做好法顾委工作提出五点意见：一是要继续抓好已建立的基层侨联法律服务机构建设，服务工作走向规范化、科学化、制度化；二是要认真总结建设经验，为计划建设的法律服务机构提供指导借鉴；三是要加强工作力度，充分发挥出法顾委普法宣传的推动作用、法制建设的参谋作用、案件处理的指导作用、法律咨询的服务作用、参与社会管理的积极作用；四是要创新工作机制，以制度化来推动此

6 月 8 日，海南省侨联法顾委（律师团）2012 年年会暨基层侨联法律咨询服务站建设座谈会在海口市召开

次会议成果措施化、落地化、具体化；五是省侨联要为法顾委及其律师团顺利开展服务创造良好、宽松的环境。

【推动重点涉侨案件处理】海南省侨联及时组织律师团律师深入儋州市调查和推动处理侨民因土地征用补偿纠纷导致的群体上访案件，受到侨民的欢迎，有效地制止了群体性事件的发生。何云霞主席出面协调三亚市有关部门，帮助泰国侨领林先生解决了其早年在三亚投资项目的遗留问题，追回项目资金 600 多万元。何云霞主席还亲自与海南中级人民法院协调海南通澳公司债权债务、土地拍卖纠纷案，提出了意见建议，得到重视。

【推进外联工作的实事化、项目化】2012 年，海南省侨联共接待来自新加坡、马来西亚、泰国、文莱、美国、新西兰、德国和港澳台地区的海（境）外乡亲近 300 人次。海南省侨联继续协调新加坡海南会馆组织义诊团来琼实施“微笑工程”项目。2012 年，义诊团为澄迈、三亚、海口、文昌、琼中、保亭等 5 个市县的 50 名兔唇患者进行义诊，免费实施手术 36 例。为表彰义诊团所做的突出贡献，10 月 25 日，省侨联和澄迈县政府联合举行“2012 年新加坡海南会馆义诊活动澄迈县新闻通气会暨荣誉称号授予仪式”，向社会各界通报了 2012 年新加坡海南会馆义诊团在澄迈的义诊情况，阶段性总结了新加坡海南会馆义诊团 4 年来的工作成果，授予新加坡海南会馆义诊团领队、新加坡中央医院高级顾问李胜德先生“澄迈县荣誉市民”称号，授予新加坡海南会馆义诊团“爱心奉献奖”、新加坡海南会馆“情系桑梓贡献奖”。在省侨联的努力推动下，澄迈县成立了“微笑工程基金会”，目前已筹集善款 460 多万元。全省唯一的兔唇专科诊疗大楼也已在澄迈县建成，医疗团队的组建和培训工作也已正式启动。为服务对外开放和经济建设，省侨联作为冬交会组委会成员单位之一，发挥境外联系广泛的优势，积极邀请落实了海南冬交会港澳展区 20 个展位的参展商，现场交易金额达 26.9 万元。同时，为了延伸和拓展参展成效，积极帮助参展客商与省内企业对接，促成澳门星视服务有限公司、味盟（香港）食品有限公司、香港海龙货运公司等公司成功地签约了海

10 月 25 日，海南省侨联主席何云霞（右）和澄迈县县委书记杨思涛（左）为新加坡海南会馆义诊团颁发“爱心奉献奖”奖牌

10 月 24 日，新加坡海南会馆义诊团专家与患者及其家属在澄迈县医院合影留念

南代理商，美国南加州水果公司与东方祥麟菜果基地有限公司也成功地签订了合作销售意向，省侨联的工作得到了组委会的高度赞扬。为支持海南企业开拓海外市场，省侨联协调泰国、马来西亚海南社团，为海南企业赴东南亚国家开展农产品加工合作提供帮助；为海胶集团赴柬埔寨、老挝等国家开辟橡胶产业基地提供服务。省侨联还协助新加坡青年义工团做好来琼开展活动的前期准备工作。

3 月 16 日，海南省侨联主席何云霞（二排右六）在海口会见并宴请了马来西亚山打根琼州合作社一行 48 人访问团

【扩大文化宣传工作】4 月 2 日，海南省侨联何云霞主席在文昌市“南洋文化节”上作了题为“弘扬华侨文化，促进海南经济社会发展”的主旨发言，并就深入挖掘、宣传华侨文化提出建议，受到来自美国、新加坡、马来西亚、澳大利亚、新西兰、泰国等 10 多个国家和地区的 200 多位海南乡亲的欢迎。12 月 9 日—20 日，省侨联与白沙县人民政府应邀联合组织“亲情中华”白沙黎族文化交流访问团，赴马来西亚、新加坡进行为期 9 天的访问演出。承担此次演出的白沙黎族自治县黎族歌舞展演团为海外乡亲带去黎族婚俗舞蹈《神奇图腾伴婚歌》、被列为海南省黎族非物质文化遗产的鼻萧演奏、黎族风雅舞蹈《捕鱼舞》、黎族原生态歌曲《劳动歌》等精品节目，让乡亲们感受到琼剧之外

4 月 2 日，海南省侨联主席何云霞在文昌市“南洋文化节”上作题为“弘扬华侨文化，促进海南经济社会发展”的主旨发言

12 月 10 日，海南省侨联副主席王小玉在“亲情中华”活动中与马来西亚新山海南会馆张文强理事长（左）互赠纪念品

12 月 15 日，新加坡乡亲热情参与“亲情中华”白沙黎族文化交流访问团的演出节目

的海南其他传统文化，受到了当地琼属社团和乡亲们的热烈欢迎。一些社团领导和乡亲从近百公里外赶来观看，希望省侨联今后能组织更多的演出团体前去演出。马来西亚《星洲日报》、《南洋商报》、《东方日报》、新加坡《联合早报》，以及海南电视台、《海南日报》、中新社等主流媒体纷纷进行了宣传报道。

【推动颁发《关于进一步加强和改进新形势下侨联工作的意见》】为使侨联工作具有强有力的政策保障，海南省侨联积极协调推动省委办公厅和省政府办公厅于 2012 年 9 月联合

12 月 10 日，海南“亲情中华”白沙黎族文化交流访问团在马来西亚新山的专场演出

颁发了《关于进一步加强和改进新形势下侨联工作的意见》（琼办发［2012］31号）。省侨联立足操作性，力求创新性的意见建议被纳入《意见》之中，得到了中国侨联领导的高度肯定。

【海口市侨联开展“送侨法进侨企、进社区活动暨普法知识讲座和涉侨咨询”活动】 2012年5月，海口市侨联开展“送侨法进侨企、进社区暨普法知识讲座和涉侨咨询”活动。市侨联法顾委的律师们讲授了《中华人民共和国归侨侨眷权益保护法》和新颁布的《婚姻法》等法律知识，发放了一大批侨务法律法规等学习书籍，龙华区、琼山区、秀英区、美兰区侨联还分别举行了侨法知识讲座。此次活动的开展，旨在充分发挥海口市侨联法顾委和侨法咨询点依法护侨的作用，通过正当的渠道来表达、解决侨界群众的合法合理诉求问题，为建设海南国际旅游岛和“四宜三养”最精最美省会城市做贡献。

【海南省农垦侨联积极开展归难侨培训工作】 在海南农垦提倡二次创业的背景下，为了给垦区归难侨提供更多的创业机会和平台，帮助他们提高就业机会和经济收入，摆脱贫困，农垦侨联根据各农场归难侨的需求，积极开展高效农业技术培训班和种养殖技术培训班。2012年，邀请有丰富经验的种养殖技术专家先后到三道、金江、山荣、东兴等农场举办8期高效农业技术培训班，共有1220人参加培训，另外还选派14名难侨子女参加海南省侨办举办的海水养殖培训班。通过培训，归难侨不仅掌握了种养殖知识，还得到技术员的帮助，解决了生产中遇到的困难。同时，省农垦侨联与省华侨商校、省财税学校联合办学，分别举办为期3个月的全封闭就业培训班，全垦区共有61名难侨子女参加培训。通过3个月的培训，难侨子女掌握了烹饪、汽车维修、计算机、财务会计、美容美发、酒店管理的各项技能并领取了结业证，省农垦侨联还负责跟踪就业情况。

【文昌市侨联配合举办“南洋文化节”】 4月2日—3日，文昌市委、市政府举办了“南洋文化节”，文昌市侨联大力配合，切实做好前期准备工作，采取措施，抓好落实，顺利完成了“南洋文化节”活动的各项工作任务。一是积极与海外社团、侨领联系，动员海外乡亲回乡参加文化节活动，落实好回乡参加文化节人员名单，确保文化节的各项活动顺利进行；二是切实做好海外乡亲回乡参加文化节期间的接待安排、会务等各项细节工作，确保让每位华侨都感觉到家乡的真诚和热情；三是主动与上级部门沟通协调，邀请省主管领导和国家侨联侨务专家参加文化节活动；四是专门组织了海内外乡亲文化交流座谈会，搭建海内外乡亲交流平台。此次活动共邀请来自美国、新西兰、泰国等15个国家和地区的216位海外乡亲和省有关部门领导及全国政协常委、中国侨联顾问林明江等领导参加。在海内外乡亲文化交流座谈会上，全国政协常委、中国侨联顾问林明江、省侨联主席何云霞做了重要发言，更好诠释了广大海外乡亲的博大爱乡情怀。为期两天的南洋文化节，内容丰富，影响深远，乡亲们欢聚一堂，互叙乡情侨情，不仅增进了海内外乡亲的情谊，弘扬了南洋文化，还促进了海内外文化的交流，加强了海内外乡亲的合作，为推进文昌市文化的大发展大繁荣注入新的生机和活力。

【万宁市侨联建设“侨心林”基地】 11月30日，海南省侨联、万宁市侨联在兴隆热带花园联合举行了“侨心林”基地揭牌仪式。万宁市“侨心林”基地始建于1998年，位于被国家确定为环境生态示范教育基地的兴隆热带花园，现占地面积168亩，经历届世界海南青少年冬（夏）令营，海南归侨侨眷青少年（冬）夏令营营员以及侨界领导、侨界工作者、侨界群众代表的共同培植，目前“侨心林”基地已种青皮、母生、花梨等树种3万多株。万宁“侨心林”的建设是省侨联和万宁市侨联以实际行动学习贯彻党的十八大和省第六次党代会精神，激发侨力服务海南“科学发展、绿色崛起”的具体体现。万宁市“侨心林”基地的建设不但为海南的“绿色崛起”锦上添花，也为世界海南人留下了一份珍贵的“根”源，得到了中国侨联的高度重视。中央委员，中国侨联主席、党组书记林军同志专门为“侨心林”石碑作了亲笔题词。

11月30日，海南省侨联主席何云霞（右）为万宁市“侨心林”基地揭牌

省级侨联工作简介

重庆市归国华侨联合会

【领导成员名单】

主　　席：蒋　平（2012 年 11 月卸任）

　　　　　张　玲（女，2012 年11月任职）

党组书记：李联军（2012 年 8 月任职）

专职副主席：刘松勇

党组成员：王　巍

兼职副主席：彭应吉　钟　燕（女）

　　　　　蒋绍华　代焕江（满）

　　　　　邓明鉴　李百战　宋晓平

　　　　　鲁　进　董瑞葆　张自力

　　　　　蔡耀平

秘书长：刘松勇（兼）

【综述】重庆地处中国西南部，是中国最年轻的直辖市，西南地区和长江上游最大的经济中心城市和重要的交通枢纽。2012 年，重庆市侨联在市委、市政府的坚强领导下，在中国侨联的科学指导下，始终坚持学习实践科学发展观，始终坚持围绕中心、服务大局，在组织建设、参政议政、维护侨益、海外联谊、助推发展、队伍培养上着力创新、实现突破、取得实效。一年来，重庆市各级侨联组织继续贯彻落实市委办公厅《关于加强和改进新形势下侨联工作的意见》精神，深入开展党建带侨建工作，全市 38 个区县侨联组织实现全覆盖，20 余个区县支持侨联事业发展的政策措施纷纷出台。2012 年度，重庆市侨联的工作得到中国侨联和市委统战部多项表彰奖励：中国侨联第四届新侨创新成果交流会优秀组织奖，中国侨联信息工作一等奖，第十三届世界华人学生作文大赛优秀组织奖，重庆市统战系统单位信息工作一等奖，重庆市统战系统优秀党支部。

【助推经济发展】全市各级侨联组织始终坚持以助推发展为己任，多渠道、多层次开展招商引资、招贤引智活动，为助推地方经济社会发展贡献侨界力量。一是发挥平台作用，推动项目落地。充分发挥重庆华商会、重庆渝闽经济文化交流促进会、重庆侨界青年联谊会三大平台的作用，助推地方经济发展。组织闽商考察大渡口区房地产开发、酒店建设和江津区生态环保、新区建设等项目，组织侨商考察南川区旅游地产、医院建设和铜梁县有色金属加工、新材料等项目。一年来达成意向性投资 20 多亿元。二是创新工作方式，新侨成果喜人。重庆市侨联推荐新侨创新成果参加全国交流，获“中国侨界贡献奖”创新人才奖 8 名、创新成果奖 2 项、创新团队奖 2 个，并获优秀组织奖。重庆市侨联代表全市侨界推荐科技界代表 5 位、共青团代表 3 位、妇女代表 2 位分别出席重庆市科学技术协会第四次代表大会、共青团重庆市第四次代表大会、重庆市第四次妇女代表大会，助推优秀新侨人才在各自界别发挥作用、贡献力量。三是着眼事业长远，创新服务手段。重庆市侨联积极衔接市金融办和部分华商，在落实首期出资、组建管理公司等方面继续推进华侨西部资本的筹建工作。重庆市侨联利用“渝闽经济文化交流促进会”核心成员力量，研究在渝修建福建大厦和设立小额贷款公司，为广大侨商和闽商提供更全面的服务。

【侨界参政议政】重庆市侨联切实为侨界政协委员、人大代表服好务，协助他们履行好参政议政职能。2012 年重庆市“两会”期间，重庆市侨联向市政协提交集体提案 7 件，全部立案交办；侨界人大代表向市人大提交建议和议案 60 件；侨界政协委员向市政协提交提案 22 件；重庆市侨联在市政协三届五次大会上作了题为《关于加快我市主城区滨江路连通建设的建议》的大会发言。2012 年全年共上报社情民意 830 余条，重庆市侨联荣获市政协反映社情民意信息工作先进单位二等奖，名列市级机关第四位，市级人民团体第一位，2 位副主席荣获“反映社情民意信息工作先进工作者”称号。

【关注侨界民生】重庆市侨联致力于建设和谐侨界，依法维护侨益，扎实为侨服务。坚持办理好涉侨来信来访，广泛开展看望慰问，真心实意维护归侨侨眷合法权益。一年来，重庆市侨联共接待来信 35 件、来访 90 余人（次），办结率达 98%，挽回经济损失 1200 余万元。在元旦、春节、中秋、国庆、重阳等传统节日，先后看望慰问归侨侨眷 1200 余户，为他们送去慰问金和节日慰问物品共计 30 多万元。4 月，重庆市司法局、重庆市侨联联合下发《关于在全市开展新修订〈市实施〈中华人民共和国归侨侨眷权益保护法〉办法〉学习宣传活动的通知》。9 月，重庆市侨联组织号召全市各级侨联开展主题为“依法护侨、为侨服务，科学发展、富民兴渝”的“侨法宣传周”活动，共发放侨法宣传资料 15 万余份，解答涉侨法律咨询 500 余人次，受益群众逾万人。

【开展调研活动】重庆市侨联关注侨情变化，组织机关干部通过问卷、实地走访、召开专题会议座谈等多种形式，获得第一手资料和数据，形成有价值的调研报告。一年来，形成了《充分发挥侨联组织在加强和创新社会管理中的独特作用》、《借势借力发展民企　做优做强助推华商——市侨联助推全市侨资民营企业发展对策与研究》、《构建华侨参与社会公益事业长效机制的思考》、《关于重庆市早期归国华侨现状及对策研究的思考》4 篇调研报告。特别是通过对老归侨开展专题调研，准确掌握了重庆市老归侨的数量、现状、生活中存在的困难和问题，形成有针对性、可行性的调研报告上报重庆市委、市政府，力争为老归侨办好事，办实事。

【侨爱心工程】2012 年共向重庆华商会会员募集助侨关爱基金 12 万余元，陆续向数十个侨界困难群众及家庭伸出援手。重庆华商会常务副会长黄金盾，副会长王光强、孙江榕、汪剑峰、李文勋、罗韶颖，理事周舟等 6 位会员，义务为市侨联《新华侨》第 50 期特刊筹集编辑经费 18 万元，寄望侨界刊物越办越好。5 月，台资企业重庆永固新型建材有限公司捐赠 20 万元，以台湾春慈基金会的名义在巴南区界石镇小学校建设

10 月 11 日，重庆市委统战部副部长、市侨联党组书记李联军（中）、重庆市司法局副局长、市侨联法顾委副主任张晓涛（左二）、重庆市侨联副主席刘松勇（右三）参加江北区侨法宣传周活动

5 月 30 日，重庆永固新型建材有限公司总经理简国钏（右二）捐赠 20 万元，以台湾春慈基金会的名义在巴南区界石镇小学建设“春慈国画书法培训基地”

“春慈国画书法培训基地”。“六一”儿童节，重庆市侨联、重庆侨界青年联谊会与南岸区侨联青年委员会和渝北区侨联的 10 余名侨界青年前往渝北区隆仁皇洋侨心小学开展“大手牵小手·侨青献爱心”活动，并现场募集价值 2 万余元款物，为留守儿童送上一份难忘的节日礼物。2012 年 9 月，重庆市渝闽经济文化交流促进会捐赠 20 万元，修建闽商侨心学校一所。

【宣传文化工作】2012 年度，重庆市各级侨联信息被中国侨联采用 40 余条，被市委统战部采用 60 余条，位列市级统战系统单位年度排名第一。区县、高校、大中型企业侨联信息被市侨联采用 1025 条。重庆市侨联网站刊发各级侨联信息 1500 余条，编辑出版《新华侨》6 期，其中特刊 1 期。组织全市 27 个区县参加“第十三届世界华人学生作文大赛”，共推荐征文 5000 余篇。共有 327 篇获奖，其中一等奖 40 名、二等奖 97 名、三等奖 190 名，重庆市侨联、重庆市黔江区侨联等 19 个侨联获得优秀组织奖。在 2012 年 8 月召开的中国侨联第四届新侨创新成果交流会上，重庆市共荣获创新人才奖 8 名、创新成果奖 2 项、创新团队奖 2 个。

【干部队伍建设】重庆市侨联多渠道、多形式培养锻炼干部，提升队伍整体素质。一是组织侨联干部专题培训班。5 月，重庆市侨联在厦门大学成功举办第二期侨联干部专题培训班，来自市侨联及各区县、高校侨联的 48 名干部参加培训，感受名校浓厚学风，聆听名师精彩讲解。二是选派干部参加相关单位组织的培训。3 月，重庆市侨联全体中层干部参加中央社会主义学院重庆市第一期统战干部理论培训班。5 月—6

重庆市侨联第二期干部培训班全体学员合影

月，重庆市侨联经济科技部负责人参加市委党校第四十七期处长班培训。7 月，选派年轻干部参加市团校举行的市级部门优秀年轻干部推动科学发展能力专题培训。9 月—11 月，重庆市侨联副主席刘松勇参加厅局级干部培训。同时，选派干部参加市委办公厅、市人力社保局、市委统战部等单位组织的业务培训。三是选派年轻干部上挂下派。重庆市侨联机关选派 1 名干部参与“百名市级机关干部与百名乡镇干部互派挂职”。经过两年的挂职锻炼，到 12 月，顺利完成挂职任务。3 月—9 月，选派江北区侨联负责人到中国侨联经济科技部挂职。

【“百名老归侨回娘家”联谊活动】1 月 15 日，重庆市侨联在广场宾馆举办 2012 年“百名老归侨回娘家”联谊活动。重庆市人大常委会副主任卢晓钟，重庆市政协副主席王孝询，重庆市委统战部副部长、市侨联党组书记、主席蒋平等领导出席活动。来自本市 20 个区县的百名老归侨、重庆市“五侨”单位负责人等相关人士参加活动。活动期间，重庆市侨联向 6 户特困归侨侨眷发放了 3 万元侨爱心基金。

【重庆市委领导看望慰问南洋老机工】1 月 18 日，重庆市委常委、统战部部长范照兵，前往重庆市第七人民医院，看望慰问马来西亚归侨、南洋机工林广怀，代表重庆市委、市政府为他送上新年的祝福和问候。

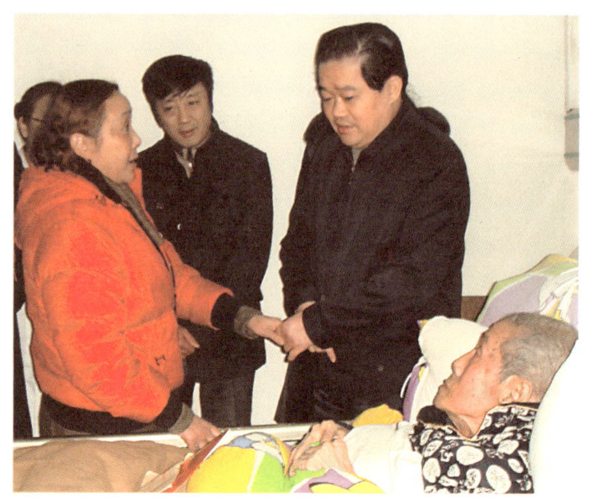

1 月 18 日，重庆市委常委、统战部部长范照兵（右）到医院看望南洋老机工林广怀

【重庆市侨联组团参加第九届中泰友好研讨会】2 月 18 日—24 日，以重庆市侨联副

1 月 15 日，重庆市侨联举办 2012 年“百名老归侨回娘家”联谊活动

主席代焕江为团长的重庆市侨联代表团一行 7 人，应邀参加在泰国首都曼谷举办的第九届中泰友好研讨会。此次研讨会的主题是“友好合作·互助共赢”，中泰双方共有 13 个代表团 300 多名代表参加，泰王国玛哈扎克里·诗琳通公主全程出席研讨会并发表主旨演讲。在泰国期间，重庆市侨联代表团与泰国泰华农民银行和泰国战略 613 公司展开密切交流，并就今后双方合力推动重庆与泰国开展经贸文化往来达成一致。

【重庆市侨联组团赴欧洲考察】8 月 18 日—27 日，以重庆市侨联专职副主席、秘书长刘松勇为团长的重庆市侨联代表团一行 6 人，应邀出访奥地利和法国，先后拜访了奥地利对华友好及文化关系促进协会和法国欧中促进交流会，签订了战略合作协议，建立了长期合作机制，走访了两地华侨华人社团，了解侨情，调研侨企，拜会侨领。出访中，代表团积极推介重庆经济社会发展情况，努力邀请两地华侨华人华商及国际友人组团来渝交流访问，参观考察，投资兴业。

11 月 21 日，重庆市委常委、统战部部长范照兵（中右）会见世界越柬寮华人团体联合会永远名誉秘书长余建强（中左）

8 月 20 日，奥地利对华友好及文化关系促进协会常务副主席卡明斯基（左三）亲切会见重庆市侨联考察团

【重庆市委领导会见世界越柬寮华人团体联合会余建强一行】11 月 19 日—21 日，重庆市侨联邀请世界越柬寮华人团体联合会永远名誉秘书长余建强先生率秘书处一行来渝考察。11 月 21 日，重庆市委常委、统战部部长范照兵亲切会见了余建强先生一行。他表示，世界越柬寮华人团体联合会在世界上享有盛誉，希望借助联合会联系广泛的优势，对外宣传重庆，积极推动重庆与世界各地的交流。第六届文化商务交流暨会员代表大会放在重庆召开，双方一定能够达成双赢。余建强先生对重庆市委、市政府就第六届文化商务交流暨会员代表大会将在渝举办所给予的支持表示感谢，并希望以此为契机，为努力推动重庆走向世界、让世界更多了解重庆作出积极贡献。

【中国侨联主席林军会见重庆市侨联主要领导】12 月 7 日，重庆市委统战部副部长、市侨联党组书记李联军，重庆市侨联主席、致公党重庆市委主委张玲到中国侨联汇报请示工作，得到中国侨联主席林军亲切会见。会见中，重庆市侨联张玲主席汇报了重庆市侨联 2012 年所做的主要工作和下一步的工作思路及打算，

12 月 7 日，中国侨联主席林军（中）会见重庆市侨联主席、致公党重庆市委主委张玲（右）、重庆市委统战部副部长、市侨联党组书记李联军（左）

重庆市侨联党组书记李联军就重庆市侨联相关人事问题作了汇报请示。中国侨联林军主席对重庆市侨联近年工作给予了充分肯定，并就重庆市侨联下一步的工作提出了要求。

【召开重庆市侨联三届三次全委会】 2 月 21 日，重庆市侨联召开三届三次全委会。重庆市委常委、统战部部长范照兵出席会议并讲话。会议研究通过了《重庆市侨联三届三次全委会议决议》，通过了《工作报告》，增补了 4 名委员。大会代中国侨联表彰了“第十二届世界华人学生作文大赛”组织奖，表彰了 2011 年全市侨联工作先进集体。

【召开重庆市侨联三届四次全委会】 11 月 5 日，重庆市侨联召开三届四次全委会。会议选举致公党重庆市委主委张玲为重庆市侨联主席，增补了部分常委和委员。重庆市委统战部副部长、市侨联党组书记李联军出席会议并讲话，重庆市委统战部副部长王茂春出席会议。市侨联委员、基层侨联负责人、市侨联顾问等共 100 余人出席会议。

【中国侨联权益保障部部长姜凤岩率队来渝慰问贫困归侨侨眷】 12 月 18 日—21 日，中国侨联权益保障部部长姜凤岩带领中国侨联慰问组，在重庆市侨联专职副主席刘松勇、市侨联副主席邓明鉴、市侨联党组成员王巍及有关区县领导、侨联主席的陪同下，亲切看望了重庆市 6 名贫困归侨侨眷，送上最真挚的关怀和节日祝福。

12 月 19 日，中国侨联权益保障部部长姜凤岩（左二）、重庆市侨联副主席刘松勇（右一）到合川区看望慰问困难归侨

2 月 21 日，重庆市侨联召开三届三次全委会

【美国爱心第二春文教基金会理事章瑛女士来渝调研“侨爱心工程”】 4 月 21 日，美国爱心第二春文教基金会理事、中国侨联基金会海外顾问

4 月 21 日，美国爱心第二春文教基金会理事、中国侨联基金会海外顾问章瑛（前排左十）与重庆北碚区兼善中学“珍珠班”学生合影

章瑛，四川省侨联副主席、成都市侨联名誉主席聂剑一行来渝，考察了重庆具有代表性的“侨爱心工程”——由浙江省新华爱心教育基金会捐资在重庆北碚区兼善中学设立的“珍珠班”。在渝期间，章瑛女士还听取了沙坪坝区山洞侨爱心小学和荣昌县安富镇侨爱心小学的情况介绍，以及重庆目前“侨爱心工程”需求情况。

【马来西亚英迪控股集团陈友信总裁一行来渝考察】4 月 17 日—19 日，马来西亚英迪控股集团、马来西亚英迪国际大学董事长、马来西亚中国经济贸易总商会第一副总会长陈友信先生一行来渝开展教育项目合作交流活动，先后参观考察了重庆外国语学校、四川外语学院重庆南方翻译学院和重庆工商大学派斯学院等大、中院校，与校方进行良好沟通交流，并与重庆外国语学校、四川外语学院重庆南方翻译学院和重庆工商大学派斯学院等达成教育项目合作的初步意向。

4 月 18 日，马来西亚英迪控股集团、马来西亚英迪国际大学董事长、马来西亚中国经济贸易总商会第一副总会长陈友信（左五）来渝考察

【重庆、福建两地侨联组织缔结友好侨联】5 月 25 日，由重庆市侨联和福建省侨联共同主办的福建、重庆两地侨联组织缔结友好侨联签约仪式在福建省厦门市举行。重庆市侨联与福建省侨联，黔江区侨联、涪陵区侨联与晋江市侨联，渝中区侨联、大渡口区侨联与厦门市侨联，沙坪坝区侨

5月25日，重庆市侨联、福建省侨联缔结友好侨联，图为福建省侨联副主席谢小建（左）与重庆市侨联副主席刘松勇（右）在签约仪式上签字

联与福州市侨联，渝北区侨联与泉州市侨联，长寿区侨联与龙岩市侨联，大足区侨联与石狮市侨联分别签订了缔结友好侨联协议。

【重庆市侨联到广安开展红色之旅】6月28日—29日，重庆市侨联机关党支部和工会联合开展广安红色之旅。重庆市侨联专职副主席、秘书长刘松勇出席活动，市侨联全体党员及干部职工近20人参加活动。

11月22日，涪陵区侨联组织侨联委员、归侨侨眷代表学习党的十八大精神

6月29日，重庆市侨联副主席刘松勇（左六）带领机关全体干部参观邓小平故居

【重庆市侨联系统学习党的十八大精神】11月8日，重庆市侨联机关全体干部职工准时集中收看党的十八大开幕式盛况。十八大召开后，全市侨联系统通过集中学习、专题辅导、片区工作会、专家解读、知识竞赛等多种方式，在全系统掀起了学习贯彻十八大精神的热潮。

【重庆市侨界青年联谊会】成立于2004年，由归侨侨眷、海外侨胞、港澳同胞和海外留学回国人员中的优秀青年组成，现有会员100余人。2012年，联谊会坚持主动作为、联谊交流、服务青年、助推发展，开展了一系列丰富多彩的活动。4月，组织开展了“走进合川、相约春天”参观考察及联谊活动，领略合川新魅力。5月，侨界青年赴忠县参观考察，与相关部门进行深入交流，就环保、工业、农业等一批项目达成投资意向。6月，侨界青年与江津区投资促进办等部门对接交流，就污水处理、建设有色金属园、生产生态木、参与新区建设、建设高端生态农庄、建设高等院校等项目达成投资意向。9月，开展了“侨界青年新疆行”活动，开启了渝新交流新篇章。

【重庆市长寿区侨联深入推进“效能建设·基础夯实年”活动】为进一步深化创先争优活动，长寿区侨联采取四项措施深入推进“效能建设·基础夯实年”暨“基层组织建设年”活动：一是健全组织体系，强化党员队伍建设；二是突出民生导向，建设服务型党组织；三是完善制度机制，强化工作保障；四是实施“三抓三提升”行动（抓教育学习，提升执行意识；抓作风转变，提升执行效能；抓固本强基，提升执行保障）。

【重庆市渝北侨联引进的侨资企业项目SM（重庆）广场开业】渝北区侨联积极为侨资企业落户渝北牵线搭桥，经过多方共同努力，2006年1月，渝北区与世界500强、菲律宾第二大财团SM集团成功签约。2012年12月，耗资6亿元，在重庆投资的首个项目——位于渝北区龙山街道冉家坝核心区的SM（重庆）广场正式开业。该项目建筑面积近15万平方米，是集百货、餐饮、影院等购物休闲业态于一体的大型“SHOPPING MALL”，可让市民尽享“一站式”吃喝玩乐购。SM广场的开业，为渝北区商贸发展增加了重量级砝码。

【重庆市綦江区侨联致力于捐资助学活动】綦江区侨联组织全体机关干部和侨联委员开展“心连心捐资助学活动”。6月，在綦江区三角镇吉安侨心小学与孩子们一起欢度“六一”，向该校29名贫困学生和55名留守儿童捐赠了价值近6000元的服装、书籍和纪念品，勉励他们自立自强，勤奋学习，茁壮成长。8月、9月，分别到万盛进盛中学和綦江南州中学向14名贫困学子捐助1.4万元，帮助他们顺利完成学业，树立战胜困境的信心。

【重庆市大渡口区侨联立足参政议政发挥“智囊”作用】2012年，大渡口区侨联积极参政议政，发挥“智囊”作用，全年向区政协提交议案、社情民意14篇，议提案素材11篇，荣获区政协颁发的优秀提案工作先进集体称号，侨联提案《关于创建充分就业城区的几点建议》（第105号提案）荣获区政协优秀提案。

12月14日，SM（重庆）城市广场开业

四川省归国华侨联合会

【领导成员名单】

主　　席：冯文广（11月9日离任）
　　　　　刘以勤（11月9日当选）
常务副主席：陈　宪
副 主 席：修瑞龄　成　甦　石应康
　　　　　聂　剑（女）　孙　胜
　　　　　张家点　徐晓康（女）
　　　　　姚志胜　谭小林　薛水和
　　　　　黄焕明　蒋　蓓（女）
秘 书 长：赵建中

【综述】2012年，在四川省委的正确领导下，在中国侨联的关心支持下，四川省各级侨联认真学习贯彻中国侨联八届四次全委会和省第十次党代会精神，深入贯彻落实科学发展观，围绕加快建设富裕民主文明和谐的新四川中心工作和中国侨联坚持"两个并重"的要求，发挥优势，主动作为，充分调动四川省广大归侨侨眷和海外侨胞的积极性，全面推进经济科技、文化交流、海外联谊、维护侨益等各项工作，为四川省建设西部经济发展高地和全面小康社会打下基础作出了积极贡献。

【召开四川省侨联六届五次全委会】1月9日，四川省侨联六届五次全委会议在成都召开。省委常委李登菊出席会议并代表省委作了重要讲话。她充分肯定了过去一年省侨联工作所取得的成绩，尤其是"海外侨胞聚焦灾后重建美好新四川"活动，"亲情中华"艺术团赴加演出、"锦绣四川欧洲行"走出去活动，参与"西博会"、"海科会"等大型涉侨活动取得显著成效，实现了侨务工作的创新发展。她指出，新的一年，全省各级侨联一要围绕经济发展新目标，着力促进全省经济社会大发展；二要抢抓文化发展新机遇，着力促进社会主义文化大繁荣；三要把握侨务工作新要求，着力促进侨联服务水平大提升。最后，省侨办侨联党组书记、省侨办主任周敏谦作了讲话。省侨联常务副主席陈宪传达了中国侨联八届四次全委会议精神。会议选举增补了王莹、卿明华、罗庆伦、张平林、李群兵、田刚、王鲁原、梁晓鹰、梁琳、罗洁朴、登德贡波、张学如、吴刚、邱广华、陈善明、王泽文等16名同志为省侨联六届委员会委员，增补王莹、卿明华、罗庆伦、严小芳、张平林、王泽文6名同志为省侨联六届委员会常委；会议聘任加拿大华人黄梅女士为省侨联六届委员会海外顾问。

1月9日，四川省侨联六届五次全委会议聘任加拿大华人黄梅女士（左一）为省侨联六届委员会海外顾问，图为四川省侨办侨联党组书记、省侨办主任周敏谦为黄梅女士颁发聘任证书

【刘以勤当选四川省侨联主席】11月9日，四川省侨联六届六次全委会在成都召开。冯文广同志因年龄原因不再担任四川省侨联主席，会议按照《中国侨联章程》规定，选举刘以勤同志为四川省侨联六届委员会主席。会上冯文广发表了离职感言，刘以勤作了任职发言。省侨办侨联党组书记周敏谦对省侨联下一步工作提出要求，一是要围绕中心，服务大局，自觉

11月9日，四川省侨联六届六次全委会在成都召开，刘以勤当选四川省侨联主席，图为新老交替场景（右三为省侨联原主席冯文广，左一为刘以勤）

把工作放在大局中去定位、去思考、去落实；二是要抓好班子、带好队伍，凝心聚力，形成推动侨联事业发展的强大力量。会议讨论并原则通过了《四川省侨联第七次归侨侨眷代表大会组织方案（草案）》，建议在2013年一季度召开四川省第七次归侨侨眷代表大会。省侨联六届委员会委员100余人参加会议。

【侨商助推天府新区建设活动】4月中旬，四川省侨联与成都、眉山、资阳三市政府共同举办“侨商助推天府新区建设活动”，来自香港、澳门、广东、广西、北京、上海、江苏等地的侨商会会长和侨商企业家及新侨专业人士代表50多人参加，省侨联与资阳市政府签订了战略合作协议。此次活动对于引导更多侨资移师西部，投向四川，走进天府新区，鼓励更多的侨企进入高端制造业、高技术产业、现代服务业、现代农业和节能环保等领域，开展交流与合作，吸引更多侨商来四川投资兴业，实现互利多赢共同发展，助推天府新区建设具有积极意义。

4月16日—18日，由四川省侨联与成都、眉山、资阳三市人民政府主办的“侨商助推天府新区建设活动”在成都、眉山、资阳三市举办，图为侨商助推天府新区建设座谈会

【2012海外高新科技暨高端人才洽谈会】9月，在“2012海外高新科技暨高端人才洽谈会和华侨华人商会峰会”期间，与省科技厅等单位联合主办“生物医药成果与产业化国际研讨会”。来自海内外的160名生物医药科技精英齐聚一堂，研讨国际最新生物医药成果与产业化进展。通过此次活动引进海外生物医药类高层次人才10名，成功促成美国华人生物医药科技协会与眉山经济开发区新区签订《加强生物医药产业海外人才与项目合作协议》，为把眉山打造成为西南乃至全国有影响力的生物医药产业基地奠定了坚实基础。

【打造四川侨务信息平台项目】四川省侨联积极争取省委领导和有关部门及专家的大力支持，组织精干力量，利用先进的信息技术，建设一个以侨情数据库为核心，以开放式网络为媒介的具有一流水平的侨务信息平台，全面提升侨联文化宣传工作的效率和水平。目前，四川侨务信息平台项目已正式启动建设。

【注重华裔新生代教育】四川省侨联组织参加由中国侨联等单位共同主办的“第十三届世界华人学生作文大赛”活动，组织推荐省内学校特别是侨爱心学校学生的2000多篇作文参赛，全省184名学生和178名指导教师获奖，四川省侨联和攀枝花市侨联、西昌市侨联及大竹县侨联分别获得组织奖，助推四川省海外华文教育和海内外文化的交流与合作。组织四川侨界青少年赴香港参加泛珠三角省区侨界青少年香港夏令营，让四川侨界青少年开阔眼界，了解香港经济社会和文化教育的现状，从多角度感受香港回归后的发展和进步。

11月6日，在蓉部分老归侨召开联谊会

【推进新侨工作】为展示新侨回国创新创业成果，吸引更多海外高层次人才以多种形式回国来川服务，结合四川省实际，四川省侨联开展新侨创新创业调研，向中国侨联推荐创新人才、创新成果、创新团队，入选“中国侨界贡献奖”评选，并组团于8月10日参加中国侨联第四届创新成果交流会，四川省代表西南财经大学经济信息工程学院教授段江、四川三新生物与环境工程有限公司总经理何敏、西南财经大学中国家庭金融调查与研究中心副主任贾男获奖。在日常工作上注重吸引更多新侨加入新侨专业人士工作委员会，深入川大、电子科大等高校和高新园区开展新侨创新创业情况调研，为该方面课题研究取得一手资料。

【在蓉部分老归侨召开联谊会】11月6日，四川省侨联在蓉部分老归侨召开联谊会。原侨居印度尼西亚、马来西亚、新加坡、缅甸、泰国等国的33名老归侨出席，大家欢聚一堂，气氛热烈融洽。陈宪副主席向大家通报了侨联工作情况和成效以及近期重点工作。他高度赞扬老归侨们为四川省革命和现代化建设中所做出的积极贡献，诚挚感谢老归侨们为四川省侨联事业的发展和对侨联工作的支持。衷心希望老同志们身体健康，精神愉悦，安度晚年，合家幸福。参会的老归侨在会上座谈言欢，他们对四川侨联工作的发展感到欣慰，并感谢侨联组织对老归侨的关心和爱护，祝愿四川侨联工作越来越好。

【开展“亲情中华”主题活动】四川省侨联“亲情中华”艺术团于10月15日—28日

10月20日，四川省侨联“亲情中华”艺术团与中国驻斐济大使馆大使黄勇、当地政要、侨团侨领合影

分别在澳大利亚悉尼、布里斯班和斐济苏瓦等城市巡演和开展侨界联谊活动，获得圆满成功。艺术团为澳大利亚、斐济侨胞和国际友人献上了具有巴蜀特色的大型歌舞节目，诠释了四川各民族的奇音妙舞及多彩文化。艺术团分别与澳洲中华经贸文化交流促进会、澳洲福州同乡会、澳洲潮州同乡会、澳洲华人团体协会、澳洲福建会馆、澳洲中国各族同胞联谊会和斐济华人文化体育协会、斐济中国和平统一促进会、斐济中华总商会、斐济国家武术协会等侨团进行了联谊交流，考察了斐济第二大城市劳托卡市“中华学校”与当地侨资企业。此次活动在拓展对外文化交流渠道，密切与澳、斐侨胞的联系，促进侨社团结和谐，开展侨务公共外交，推动四川省与澳、斐两国之间的交流合作等方面发挥了积极作用，进一步扩大了四川对外的影响力。

10月四川省侨联“亲情中华”艺术团陈宪副主席一行在斐济劳托卡市中华学校考察

【配合中国侨联在川的重要活动】2012年，中国侨联先后在川举办了多项大型重要活动，分别是中国华侨公益基金会第五届四次理事会在巴中市召开，2012中国侨联海外

6月26日—29日，中国华侨公益基金会第五届四次理事会在巴中召开，中国侨联副主席、中国华侨公益基金会理事长乔卫出席并作讲话

7月4日，2012中国侨联海外委员、海外青年委员年会在四川成都召开，中国侨联主席林军（左三）、中国侨联副主席李卓彬（右二），四川省委常委、省总工会主席李登菊（左二）出席会议

委员、海外青年委员年会在成都市召开，东芝“侨心杯”首届全国少年足球邀请赛在绵阳北川县举办，“北川中学助教助学基金”捐赠仪式在北川中学举行，“2012 中国・北川感恩文化论坛”在北川中学举行，“张清智重大题材创作大型国画展”分别在四川省博物馆和遂宁市展出。四川省侨联与省级有关部门和巴中、成都、绵阳、遂宁等地侨联密切配合，做了大量联络接待和沟通协调工作，确保中国侨联在川活动的顺利开展，促进了四川省社会公益事业发展和对外联谊与交流。

7 月 15 日，“北川中学助教助学基金”捐赠仪式在北川中学举行

7 月 15 日—19 日，由中国侨联主办、中国华侨公益基金会和北川中学承办、东芝（中国）有限公司特别协办的 2012 东芝“侨心杯”全国少年足球邀请赛在北川中学举行，图为省侨联副主席陈宪同成都市盐小得胜小学代表队合影

【扎实推进“侨爱心”工程】四川省侨联投入 16 万元引导资金，发起建立北川中学助教助学基金，争取中国华侨公益基金会、中国神华教育基金投入资金 300 万元，支持北川中学发展振兴。争取上海华侨公益基金会、上海侨报社和穗宝集团捐助 20 多万元兴建北川中学文化设施。争取马来西亚星洲日报基金会 105 万元捐助四川省 1500 名贫困中小学生。协调争取香港愙教社教育基金资助什邡“5・12 心连心助学计划”中的 44 名大、中、小学生助学金 8 万多元。参与配合“四川贫困家庭脑瘫儿童康复救助工程”，向海外侨领、侨商发出倡议，争取到侨捐 20 多万元资助此项活动。

【加强基层组织建设】贯彻落实省委关于《加强和改进侨联工作意见》，四川省侨联加强对广安市的联系和指导，广安市侨联 7 月初正式成立。至此全省实现市级侨联全覆盖。同时在侨相对集中、有条件的县（市、区）及企事业单位采取灵活多样的形式加快建立侨联组织。巴中市侨联、乐山市侨联、四川大学侨联、富顺县侨联等顺利完

7 月 12 日，广安市召开第一次归侨侨眷代表大会

他们带去节日的祝福。全年全省各级侨联走访慰问侨界群众 3000 多户 6600 多人，送去慰问金及物资计 62 万元人民币。12 月 20 日—24 日，中国侨联权益保障部副部长黄晖一行 3 人来川开展送温暖慰问活动，看望慰问了余洁、邱林和郭戈奇遗孀等侨界老同志，感谢他们为侨联事业、为四川经济社会发展作出的突出贡献，向各位老同志转达中国侨联林军主席的问候并致以节日祝福。慰问组一行深入成都、资阳、眉山、乐山的社区和乡村慰问困难归侨侨眷。感谢归侨侨眷长期以来在各自的岗位上努力工作，积极为祖国的建设和社会发展作贡献，并祝愿他们健康愉快，生活美满，全家幸福。

成或正在积极筹备换届工作，阿坝州侨联配备专职干部，增设了办事机构。

【开展“送温暖　献爱心”活动】 2012 年，四川省侨联领导先后赴省内 6 个市（州），深入基层和贫困地区，深入企事业单位，深入街道社区，深入侨界群众家庭，走访慰问侨界群众。端午节等传统节日慰问全省侨界元老和老干部，为

12 月 20 日—24 日，中国侨联权益保障部副部长黄晖（右一）一行 3 人来川开展送温暖慰问活动，图为看望老归侨余洁老人

12 月 12 日—14 日，省侨联主席刘以勤（左一）在凉山州看望慰问百岁侨眷岑达之（右一）

【召开侨联参与社会管理座谈会】 4 月，四川省侨联召开全省侨联组织参与社会管理座谈会，来自 15 个市州和部分县（区、市）及高校侨联的负责人共 50 余人参加。通过学习领会，

4 月 24 日—25 日，由四川省侨联主办、成都市侨联协办、成都市锦江区侨联承办的“全省侨联组织参与社会管理座谈会”在成都召开

经验介绍，交流研讨，现场参观等形式，开阔视野，统一思想，深化对侨联参与社会管理的认识和加强和创新社会管理重点任务及创新体制机制的认识，推动了全省侨联参与社会管理工作的开展。各级侨联认真学习贯彻会议精神，全省侨联参与社会管理工作稳步推进，值得一提的有，攀枝花市侨联推荐的侨界市人大代表赵鸥一人在 2012 年就提交了 33 份建议案，取得了很好的社会影响；达州市侨联开展“侨资企业走访月活动”，协助解决了侨企面临的棘手困难。

【心连心助学金发放仪式】 4 月 6 日，四川省侨联副主席陈宪一行受香港惩教社教育基金委托，赴什邡市出席“5·12 心连心助学计划”助学金发放仪式。什邡市委常委、统战部部长鞠道志、什邡市教育局长陈川儒出席仪式并讲话，受助学生以及家长代表 100 余人参加。什邡市政府副秘书长、外侨办主任陈碧主持发放仪式。从 2008 年开始，香港惩教社教育基金会已经连续 4 年为什邡市伤残贫困学生进行捐助，资助金累计已达人民币 36 万余元。2012 年通过四川省侨联联系协调，香港惩教社教育基金会审批，原受助学生中有 8 名同学完成高中学业后，在大学阶段继续得到资助，丰富了该项目的内涵，使助学计划得到进一步延续。

【成都市侨联大力开展高校侨联工作】 5 月和 12 月，成都地区第 25 次、26 次高校侨联主席联席会议分别在四川师范大学和成都工业学院（原成都电子机械高等专科学校）召开，会议围绕“侨联服务高校文化建设、促进学生培养工作”和学习传达党的十八大精神为主题开展研讨，成都地区 13 所高校侨联负责人、党委分管部门负责人和市侨联领导参加会议，省侨联主席刘以勤出席第 26 次会议，对高校侨联工作提出要求：一是要认真学习贯彻党的十八大精神，把思想和行动统一到党的十八大精神上来，把智慧和力量凝聚到落实党的十八大提出的各项任务

4 月 6 日，四川省侨联副主席陈宪出席心连心助学金发放仪式

12 月 7 日，省侨联主席刘以勤（前排右七）出席成都地区第 26 次高校侨联主席联席会

上来。二是做好“双服务”，即为高校建设发展中心工作服务，为高校侨界群众服务。三是搭建工作平台，积极开展形式多样、内容丰富的活动，增强高校侨联的凝聚力、影响力和活力。四是切实加强高校侨联组织自身建设，主动争取校党委的大力支持。市侨联与辖区内 21 所高校开展经常性交流合作。支持理工大学侨联在金堂县小学建立社会服务基地，向该校捐赠图书、会议桌等，对口资助 12 名贫困小学生；西南石油大学、西南财经大学、成都理工大学侨联引入学生志愿者，对志愿者进行专业培训，扎实推行空巢老人帮扶计划；工业学院侨联组织开展“书香校园，悦读青春”活动；师范大学、理工大学侨联开展关心青少年大学生行动；中医药大学坚持开展“健康大讲堂”活动，深入贫困地区为群众义诊。在中国侨联第四届新侨创新成果交流会上，成都市侨联推荐的成都特普科技发展有限公司董事长黄永主持的“太抗创新生物农业技术成果的转化应用”获“中国侨界贡献奖”—“创新成果奖”，西南财经大学甘黎教授带领的“中国家庭金融调查与研究中心”获“创新团队奖”，西南交大冯志强教授、四川大学刘进教授、西南财经大学段江教授获“创新人才奖”。

【省侨联主席刘以勤向中国侨联领导汇报工作】 12 月 24 日，四川省侨联主席刘以勤在北京向中国侨联领导汇报工作，林军主席，董中原副主席、乔卫副主席听取了汇报。刘以勤向中国侨联领导汇报了四川省侨联 2012 年主要工作情况和 2013 年工作打算，重点汇报了

12 月 24 日，四川省侨联主席刘以勤（左三）在北京向中国侨联领导汇报工作，图为和林军主席（右三）合影

请中国侨联支持四川省第七次侨代会筹备工作，四川省侨务信息平台建设，侨联参与社会管理创新工作，“亲情中华”系列活动和“知名侨商天府新区行”等的设想。林军主席对刘以勤当选四川省侨联主席表示祝贺，希望她在新的岗位上再接再厉，为四川省侨联事业发展做出积极的努力。董中原副主席肯定了四川省侨联在北川中学建设等方面取得的成绩，要求继续做好北川中学服务工作，促进其持续发展。

【巴中市侨联工作】2012年，巴中侨联围绕市委“两化互动、统筹城乡、追赶跨越、加快发展”工作大局，牢牢把握“以侨为本、为侨服务”工作主线，创新创造开展工作，在以侨招商、侨爱心项目、联谊交流、为侨服务等方面取得了重大突破，招商引资工作获市三等奖，多项工作被中国侨联和省、市领导肯定。成功承办中国华侨公益基金会第五届四次理事会；承办了“侨商老区行”、“巴中投资说明会”、“侨爱汇集老区·共建美好巴中”3次有影响的大型推介活动；与德意志银行代表达成2013年来巴中市考察“农业可持续发展专项基金”皇竹草项目的协议；邀请海外知名华侨华人、社团、侨界企业家近100人次来巴中投资考察、捐资助学等；拜会了知名社团领袖、侨资企业家120余人次，开展了招商引资推介活动，共发放招商引资资料1000余套；成功引进侨商中海昊华环境集团6500万元污水处理厂项目、安徽客商1.1亿元建筑建材产业项目落户巴中，成功促成中海昊华与南江县在西博会上再签约5亿元水打捆项目。争取浙江新华爱心教育基金会捐资100万元，为8所乡镇中小学配齐了电教设备；争取央企侨联捐资20万元为9所学校建爱心图书室，赠图书9000余册。组织召开侨界新春茶话会、中秋联谊会和全市侨界建言献策座谈会，开展重阳节慰问、“访侨情·暖侨心”、侨联暖冬服务等活动20余次，走访慰问困难侨眷、侨界代表、侨企职工、老红军、老党员干部200余名，发放慰问金及物资共计25.5万元；接待并答复侨界群众各种咨询50余件（次），先后为8名归侨侨眷解决了子女升学、参军、就业问题，推荐了11名下岗侨眷再就业，解决了15名归侨侨眷的低保、社保和临时救济问题。成功召开了巴中市侨联第二次归侨侨眷代表大会；出台了《巴中市归国华侨联合会主要职责、内设机构和人员编制的规定》，进一步明确了工作职责，编制增加到8名，设主席、副主席、秘书长（按副县级配备）各1名，科级领导职数3名，全市侨联系统实现了组织健全、运转有序、工作有力。

【达州市侨联工作】2012年，市侨联发挥侨联组织优势，加强和创新社会管理，积极主动开展了各项工作，为实现科学发展、建设幸福达州做出了应有的贡献。积极为侨服务。春节前，市侨联及县（区）侨联积极开展“送温暖、献爱心”活动，慰问了全市困难侨眷50多户。全年直接受理华侨华人及归侨侨眷来信（电话）21件/人（次），市侨联对所有信访件，做到了件件有着落，事事有回音，有效地维护了社会稳定。开展“侨资企业走访月”活动，市侨联组织相关工作人员到四川蜀达化工有限公司，大竹县四川丰竹房地产开发有限公司进行调研。与公司负责人进行了交流，实地了解了企业经营困难，市侨联积极予以协助解决。开展“侨联服务基层”活动。市侨联将比较偏远贫困的达县龙汇乡花石岩村作为帮扶对象。春节前，市侨联慰问了该村贫困户，送去了价值1200元的大米、清油等；捐资8000元为该村修建村级活动式厕所；为一名贫困大学新生解决了2000元助学金。积极向外争取侨爱心资金，市侨联与渠县中学一道共同向浙江新华爱心教育基金会争取“珍珠班”项目继续在达州市实施。共60名学生获得资助，每人每年将获得助学金2500元，总资助额达45万元。引资引智工作取得新突破。邀请市侨联海外工作顾问、美国医学与生物工程院院士、国际光学学会和美国光学学会会士、美国佛罗里达大学终身教授、国家长江学者特聘教授蒋华北先生来达州市职业技术学院，为该学院相关院系老师、学生及达州市中心医院、市中西医结合医院等9家医院的影像医生代表共计500余人讲学。积极向外推荐达州市招商引资项目，一是筛选整理了达州市天然气化工产业的优质招商项目20余个，在有关杂志上向全国、全球发布、推广；二是充分利用海内外联谊机会向国内外侨界组织、友好基金会、华商朋友等宣传、推介达州优势产业项目，邀请海内外客商来达州参观考察，全年市侨联共邀请、接待客商5人（次）。加强与海内外侨胞的联系，一是元旦、春节期间向海外重点联谊对象发贺信贺卡200余封，向沿海重点侨乡侨联及部分省市友好侨联组织发贺年卡100余张，通过互联网发送电子贺卡300余份；二是加强与归国侨胞的联系，全年市侨联共接待侨胞20人（次）。积极走出去开展联谊活动。市侨联组织部分县（市、区）侨联主席、外侨办主任出席“汕尾市华侨管理区成立60周年侨界纪念活动”。参加了在贵州举办的“泛珠三角9+2协作活动”。组织全市小学生参加第十三届、十四届世界华人小学生作文大赛。市侨联共收到1300多篇参赛作文，选送500多篇作文参赛。在第十三届大赛中，其中1篇获一等奖，3篇获二等奖，12篇获三等奖；大竹县侨联获得优秀组织奖。近年来，达州市侨联积极探索内陆非侨乡地区侨联组织建设路子，分别在三个乡镇、社区成立了侨联小组。指派三名副主席分别具体指导侨联小组开展活动，选举了热心侨联工作的侨眷担任组长、副组长。用“政府出一点、侨务经费拨一点、侨界人士捐一点”三个一点的办法保证了小组经费。协调当地政府提供会议室保证侨联小组开展活动的场地，供侨眷开会、学习交流。侨联小组的活动场所设施齐全，侨务政策、侨法宣传栏内容丰富。积极稳妥推进了“归侨侨眷维权站”挂牌创建工作，将维权工作延伸到最基层，目前已在梧桐梁社区挂牌试点。

【泸州市侨联切实维护侨益】一是开展侨务法制宣传和调研。全市各级侨务部门主动配合3月法制宣传月、12·4法制宣传日，采取上街设点和入户等方式宣传，发放侨法宣传资料2000余份，接受群众涉侨法律法规咨询100余人次。3月16日，市侨办侨联有关人员，走上街头开展普法宣传，向过往群众散发《中华人民共和国归侨侨眷权益保护法》、《四川省〈中华人民共和国归侨侨眷权益保护法〉实施办法》等涉侨宣传资料100余份，接受群众咨询10余人次。5月22日，四川省人大外侨委副主任委员向玉明、刘家铎、省侨联副巡视员李扬阳带领省人大、省侨办侨联一行联合对泸州市开展了《四川省华侨捐赠条例》修订调研工作。期间，召开了《四川省华侨捐赠条例》工作座谈会，副市长刘云对泸州市贯彻实施《条例》情况进行了汇报，市人大、市政府、侨办侨联、各县区相关单位负责人参加了会议，对《条例》的修订提出了可行性的意见和建议。座谈会上，各相关单位纷纷就《条例》贯彻实施情况进行了发言，并提出了修改意见和建议。按照市法建办要求，拟定泸州市侨务系统进一步加强农村侨法宣传教育工作的实施方案并及时报送市法建办。通过形式多样的宣传活动，增强了全社会的侨务法制观念。二是开展侨法进社区活动。全市侨务部门大力开展侨法进社区主题活动，继续巩固在归侨、侨眷相对集中的龙马潭区红星街道龙桥子社区和纳溪区安富街道友谊路社区设立全国侨务系统“六五”普法“侨法宣传角”。龙马潭区龙桥子社区积极为侨办实事：为困难归侨邱里希办理了住房补贴；为下岗侨眷办理社保补贴3件、共计享受社保资金1.05万元。探索在江阳区南苑社区等地设立侨法宣传角，努力拓展“六五”侨务维权新渠道。三是做好涉侨信访工作。全市侨务部门高度重视侨务信访工作，注重提高信访工作质量和办结率，努力为归侨侨眷办好事，办实事。2012年，市侨办侨联共接待归侨侨眷来信来访来电27人次，做到了件件有落实，事事有回复，办结率达100%。6月，协助古蔺县妥善解决侨眷昆明航空联谊会理事张立志先生关于要求保护其在古蔺县水口镇祖坟的信访，圆满地处理了张立志先生的祖坟“搬迁”一事。8月，朝鲜归侨李绪兰的家属前来反映“李绪兰与泸州市中医院医疗纠纷”一事，市侨办侨联多次前往市法律援助中心商讨维护侨益的措施办法，积极与江阳区法院执行局经办人和李绪兰家属沟通，力争促成事件的平稳解决。9月，归侨子女卢培英女士反映女儿癌症手术后家庭经济困难，市侨办侨联积极协调，力争帮助解决患者的大病补助。9月，接到侨眷赵昭成（泸州市电业局职工）因精神病住院难和其弟弟赵昭贤的护理费低的信函反映，市侨办侨联积极协调，促成市电业局提高赵昭贤生活补贴至500元/月。泸县侨办坚持县级领导信访接待日制度（每月25日为信访接待日，节假日顺延），确保社会稳定。四是做好参政议政工作。在泸州市第七届人大一次会议和泸州市政协七届一次会议上，泸州市侨界人大代表、政协委员，紧紧围绕泸州经济社会发展和改革发展大局，坦诚建言，对主要涉及教育、城市建设、食品安全、养老、扶贫及基层民主等问题，提出了30多篇意见、建议和提案，反映了侨界的意愿和心声，展现了泸州市侨界人大代表、政协委员的参政议政水平。

【眉山市侨联工作】4月13日，举办了“眉山市优势产业推介会”，90多家知名华商企业负责人应邀出席，重点推介眉山市六大优势产业和特色产业，推出招商引资项目36个。4月16日—17日，举办了“天府新区眉山区域推介会”，来自泛珠三角、长三角、环渤海和港澳台地区侨商会会长及企业家代表40余人出席了会议，重点推介了天府新区眉山区域，推出招商引资项目21个。4月，筛选眉山市招商引资项目信息30个、整编14个园区资料、编撰《投资眉山邀请信》中英文版，通过四川华商网、四川海外交流协会网、中国台湾网和邮寄方式等广泛向海内外企业、协会等发布，收到反馈信息300多条次。4月，组织编写了《眉山市重点侨台资企业名录》，全面掌握全市22家侨资企业、侨属企业的分布、规模、类别和从业人员基本情况。9月20日，举办了“海外生物医药高端人才和高科技项目眉山洽谈会”，来自美国、加拿大、澳大利亚等国家和地区的生物医药行业专家、海归博士和海外生物医药产业领袖企业家代表等40余人参加了会议，牵线美国华人生物医药科技协会与眉山经济开发区新区签订了《加强生物医药产业海外人才与项目合作框架协议》，捕捉有明显投资意向的生物医药项目10个。在第十三届西博会期间，组织15家侨资企业参加“2012海科会”、“四川华侨华人商会峰会”、“眉山市投资推介会暨项目签约仪式”等活动。2012年，眉山市侨联引进招商引资项目6个，签约资金36.7亿元；引进海外慈善机构提供助学金12.95万元、资助175名贫困生，引进澳大利亚华贸协会定向捐赠30万元援建仁寿始建中心小学教学楼。2012年春节前夕，向海外侨领发贺信、贺卡400余封（张）。9月29日，邀请法国川渝同乡会会长杜鹃女士一行15人赴眉进行投资考察，市委常委、常务副市长吴小可会见了考察团一行。10月5日，邀请香港亚洲嘉祥（交通）集团董事吴杰儒先生一行4人赴眉进行投资考察。10月12日，邀请阿联酋华侨华人联合会副主席余时立先生一行15人赴眉进行投资考察，市委常委宣迅会见了考察团一行。12月26日，中国侨联权益保障部副部长黄晖一行，赴四川省眉山市开展归侨侨眷新春慰问与联系服务工作，慰问归侨侨眷2户。春节前，开展“送温暖·献爱心”活动，走访慰问贫困归侨侨眷11户，发放慰问金1.3万元。走访侨资企业14家，协调解决生产经营方面的困难3件。开展《中华人民共和国归侨侨眷权益保护法》及其实施办法等侨法宣传活动3次，发放侨法宣传小册子、宣传资料600余份，开设了1次侨法普及讲座，接待并处理信访案件16件，办结率100%。开展“主动作为创一流　为民服务当先锋　直接联系服务群众”的主题活动，与仁寿县尖柏村14户贫困群众、4户有影响力的群众建立了结对联系帮扶，协调争取场镇建设用地指标10亩，协调相关部门为尖柏村打通了一条1.6公里的村道和9.1公里的社道，制订帮扶项目7个，自筹帮扶资金3万元；深化“万侨助万村”活动，引导侨资企业四川华恒祥金属科技有限公司与铝硅产业园区铝城村开展手拉手帮扶工作，公司投入10万元对铝城村10户贫困户进行结对帮扶。

贵州省归国华侨联合会

【领导成员名单】

主　　席：吕　虹（女）

专职副主席：郑茂学（布依族）

　　　　　　陈新伦

兼职副主席：王保生　潘志建

　　　　　　程剑平　尹晓勤（女）

　　　　　　程　燕（女）　黄世兴

秘　书　长：郑茂学（兼）

【综述】2012年，在贵州省委、省政府的领导下，在中国侨联和省委统战部的指导下，贵州省各级侨联深入贯彻落实科学发展观，按照中央书记处对侨联工作的重要指示、中国侨联八届四次全委会议的工作部署和省十一次党代会、国发2号文件精神，紧紧围绕省委、省政府“两加一推”主基调、工业强省和城镇化带动主战略，“三化同步”总目标，发挥侨联优势，全面履行群众工作、参政议政、维护侨益、海外联谊四项职能。举办2012年泛珠三角省区侨联（社团）助推贵州发展大会，达成投资协议20多亿元；参政议政取得丰硕成果，十一届全国政协委员、省侨联副主席王保生提交的《关于在国庆60周年庆典活动群众游行队伍中增加华侨华人队伍的提案》获评十一届全国政协优秀提案；全年筹集海内外善款1300多万元人民币，善款使用惠及基础设施、文化、教育、医疗等各个领域；建设贵州华侨大厦取得实质性进展，已完成土地划拨等手续；慰问归侨侨眷1000余人次，发放慰问金20余万元，发放151名困难老归侨的专项困难补助金27.2万元；深入开展“帮联驻”工作，为基层发展出谋划策，参与制定发展规划20余项，协调申请扶贫开发、资源勘探、交通基础设施建设等项目20余个，项目资金760余万元；召开了贵州省侨联青年委员会第二次委员代表大会，完成省侨联青年委员会的换届工作；组团或参团赴10多个国家和地区开展海外联谊工作，全省各级侨联共接待来自美国、英国、葡萄牙、澳大利亚、阿根廷、马来西亚、阿联酋等国家和港澳地区的侨领、侨胞和华商企业家等共600余人次来黔考察、交流；荣获2012年全国侨联系统信息工作先进单位和全国侨联系统信息工作一等奖，荣获2012年度省直机关目标绩效管理考评优秀奖。

3月16日，中共贵州省委常委、省委统战部部长龙超云（左七）率访问团拜访马来西亚中国经济贸易总商会

【积极参与招商引资和招贤引智工作】2012年，以贯彻落实国发2号文件为契机，贵州省侨联协调蒙启良副省长到中国侨联拜访林军主席，促成中国侨联与贵州省人民政府就

签订战略合作协议达成共识，中国侨联将搭建平台和载体，支持贵州省的招商引资、招贤引智工作。省侨联主席吕虹，副主席郑茂学、陈新伦先后陪同省委常委龙超云、副省长蒙启良等省领导到新加坡、马来西亚及香港、海南、北京、江苏开展招商引资推介活动，并随团沿途邀请了当地部分侨领、侨商（华商）出席中国贵州招商引资专场推介会，协调促成有关招商项目。积极推荐重要侨领和实力雄厚的华侨实业家胡国赞等参加中国·贵州酒类博览会，并协调安排考察活动。吕虹陪同省政协副主席陈海峰访问西班牙、葡萄牙和意大利，并引荐省商务厅与葡萄牙企业协会共同签署了《贵州——葡萄牙经济社会合作协议（草案）》、与葡萄牙中部地区发展协调委员会签署《贵州省商务厅与葡萄牙中部地区发展协调委员会合作协议书》，引荐省旅游局与阿威罗大学签署了《合作意向书》，为加强双方经贸、旅游产业发展的交流与合作提供条件和便利。分别引荐重点客商马来西亚常青集团执行主席张晓卿、葡华侨联主席周一平、贵州黄平富城实业有限公司董事长林乐洪等拜会龙超云、蒙启良等省领导和省直业务部门，协助引进企业在黔落户。引荐阿根廷中国文化艺术协会考察贵州文化旅游产业，拟通过引进阿根廷等富有南美风情的特色民族文化与贵州丰富多彩的民族民间文化进行整合，在黔建立文化演出基地和文化休闲超市，促进贵州民族文化的发展和

7 月 2 日，贵州省人大副主任唐世礼（前排左三）会见阿根廷中国文化艺术协会会长汪永兴一行

11 月 21 日，贵州省政协副主席陈海峰（右七）和葡萄牙赴黔投资考察团一行座谈

3 月 22 日，贵州省侨联引荐澳大利亚 CSIRO 科学家卫钢博士（右二）一行在贵航汽车零部件有限公司考察

繁荣。引荐澳大利亚联邦科学与工业研究组织（CSIRO）材料与工程分部高级资深科学家、皇家澳大利亚化学会院士卫刚到黔访问，搭建 CSIRO 与贵州高校、科研单位之间的交流合作渠道。促成葡萄牙阿威罗大学与贵州师范大学签定了包含科研、教师互访、学生交换等内容的合作意向协议。在此意向框架下，贵州师范大学旅游管理学院与阿威罗大学旅游系签定了关于输送学生到阿威罗大学学习和实习的合作协议。贵州省侨联兼职副主席、贵州大学农学院副院长程剑平、毕节高原电瓷有限公司副总经理赵莽原荣获中国侨联创新人才奖。建设贵州省归侨侨眷、海外侨胞之家——贵州华侨大厦取得实质性进展，已通过立项审批、选址规划，土地已经划拨到位。各市（州）侨联参与地方政府招商引资的作用进一步显现，贵阳市侨联、安顺市侨联分别赴港参加“2012 贵州·香港投资贸易活动周”活动。

【参政议政取得丰硕成果】在全国和省两会期间，侨界人大代表和政协委员的提案和议案得到了相关部门和领导的重视，取得了丰硕成果。王保生提交的《关于在国庆 60 周年庆典活动群众游行队伍中增加华侨华人队伍的提案》在 2012 年 10 月 12 日召开的政协第十一届全国委员会优秀提案和先进承办单位表彰会上被评为优秀提案。这是十一届全国政协侨联界别唯一获奖的涉侨优秀提案，也是十一届全国政协五年中贵州省获奖的两个提案之一。省侨联副主席潘志建等政协委员提出的《关于培育我省知名品牌发展壮大的建议》被列为 2012 年省政府领导领衔督办重点提案，《关于加快我省创新型产业集群建设的对策建议》被列为 2012 年省政协主席会议督办重点提案；政协侨联界委员提案《关于成立贵州华侨经贸文化交流促进会的建议》被推荐为省政协十届五次会议联组发言交流材料。

荣誉证书

王保生等2位委员在政协第十一届全国委员会第二次会议上提出的关于在国庆60周年庆典活动群众游行队伍中增加华人华侨队伍的提案被评为优秀提案。

特予表彰

二〇一二年十月

10 月 12 日，十一届全国政协委员、省侨联副主席王保生提交的《关于在国庆 60 周年庆典活动群众游行队伍中增加华侨华人队伍的提案》获得十一届全国政协优秀提案奖

【大力推进“侨爱心工程”建设】2012年，全省各级侨联大力打造“侨爱心工程”等项目，积极开展扶助社会贫困群体活动。全年筹集海内外善款1300多万元人民币，善款使用惠及基础设施、文化、教育、医疗等各个领域，受助贫困学生4900余人次，受助贫困农户1000余人次。5月15日，省侨联在黔南州都匀市召开侨心工程经验交流会，会议邀请马来西亚32位爱心助学者出席会议并在黔南州开展助学探访及捐赠活动，现场捐助困难学生5万余元。星洲媒体集团总编辑肖依钊在经验交流会上说，此次会议邀请了爱心助学团团员出席，足见助学金运作的透明化程度；星洲日报“读者爱心助学计划”在贵州从2008年开始到2012年已资助学生1.3万多人次，投入助学金约1000万元，2012年资助2000名，每生700元，共计140万元。积极引荐香港吴星可慈善基金会在黔东南州实施“健康光明联合行动”，资助120名困难群众完成白内障手术。“珍珠班”项目取得可喜成绩，2012年新增珍珠班6个，新增资助学生278人，新增资助金额69.5万元。在2012年的高考中，遵义县一中2009级MARK FAMILY珍珠班50名珍珠生全部上一本线，平均成绩626分，600分以上有42人，其中张思伟同学以711分获得贵州省高考理科状元。

【维护侨益】2012年，全省各级侨联举办侨界迎春团拜会、中秋国庆茶话会等侨界主题活动20余次，元旦、春节期间，各级侨联领导干部深入困难侨户开展“送温暖·献爱心”活动，慰问归侨侨眷1000余人次，发放慰问金20余万元；发放151名困难老归侨的专项困难补助金27.2万元；接待归侨侨眷来信来访150件次，件件有答复，事事有回音；共印发宣传资料2000余份，举办侨法知识培训10次，黔西南州侨联走进广播宣传侨法1次。一年来，在省侨联法顾委的指导下，已妥善办理涉及侨商投标纠纷、拆迁纠纷、权益纠纷等

5月15日，贵州省侨联“侨心工程”经验交流会在都匀市召开

1月16日，贵州省2012年侨界迎春团拜会举行，省委常委、统战部部长龙超云（左六）出席并讲话，省人大副主任唐世礼（右五）、副省长蒙启良（左五）、政协副主席谢晓尧（右四）出席

1月7日，中国侨联权益保障部副部长黄晖（左三）到贵州慰问贫困归侨

参加第十三、十四届世界华人学生作文大赛，加强贵州侨界青少年与海内外中华儿女在学习、生活方面的交流与沟通，增进友谊，展示贵州侨界青少年的精神风貌。组织侨界青少年代表参加2012年泛珠三角侨界青少年香港夏令营，对青少年进行中华民族优良传统体验教育。组织全省侨联系统干部职工和归侨侨眷收看中国侨联“亲情中华晚会”，向侨界群众倡导弘扬中华文化的使命感。配合中国侨联“亲情中华”网站开通，上报信息20余篇，向外展示贵州多彩的民族文化；举办“亲情中华”贵州著名书画家创作笔会，推荐4位艺术家的作品参加亲情中华书画展。贵阳市侨联10月成功地协助市美术馆举办旅法

案件10余起，各市州侨联接待归侨侨眷来信来访140件次，把矛盾化解在基层，有效维护了归侨侨眷和在黔侨商的合法权益，维护了侨界的和谐稳定。健全侨青委工作机制，充分发挥侨界青年延伸侨联工作手臂的作用，传承“新侨帮老侨”的传统。

【举办侨界特色活动促进贵州民族文化传播】组织学生

7月13日，贵州省侨联举行亲情中华——贵州著名书画家创作笔会

画家贾鹃丽及其母亲翟惠民“在一起”画展，协助贵阳市侨办、市文广局等单位，做好参加旧金山2013年中国新年花车大巡演相关事宜的筹备工作，为贵阳市走出国门搭建宣传平台。

【加强侨联组织建设】2012年初，贵州省侨联领导分别深入各市州调研基层侨联组织建设情况，有针对性地指导工作，促成了安顺、六盘水、黔西南州等地侨联办公条件、人员编制及经费等的进一步改善；安顺市、六盘水市、铜仁市和毕节市侨联先后完成机构升格，由副县级升格为正县级。指导各市州加大县级侨联的组建工作，黔东南州黄平县成立了侨联组织，成功召开第一次归侨侨眷代表大会；仁怀、湄潭等县正筹划建立县级侨联。省侨联完成起草《〈关于加强新形势下侨联工作的实施意见〉代拟初稿》，在充分征求9个市州侨联的意见和多次修改后报省委统战部，省委统战部正在积极协调省委办公厅出台文件事宜。

【加强宣传文化工作平台建设】完成贵州侨联网的改扩版工作，增强了网站“侨”的特色，丰富了栏目内容。2012年上网信息600余条，上报信息得到贵州日报、省政协报等重要报刊的及时报道和中国侨联网、中国新闻网、新华网、人民网等主流网站的广泛转载。省侨联继2010年和2011年分别获得中国侨联信息工作三等奖、二等奖后，2012年荣获全国侨联系统信息工作先进单位和全国侨联系统信息工作一等奖。进一步加强与《星洲日报》等华文媒体和机构的联系与沟通，对龙超云、蒙启良等省领导在东南亚访问和省侨联公益事业开展情况进行了大量的跟踪报道，充分展示了贵州大发展的新气象，增进了当地侨胞对贵州的了解。安顺市侨联开通网站。首次举办全省侨联系统宣传信息员培训班，对来自全省九个市（州）侨联及部分县（区）侨联的14名宣传信息员进行培训。重视侨情调研工作，省侨联成立《贵州省志·党派群团志》省侨联篇编撰工作小组；黔西南州侨联调研望谟华侨农场取得初步成果，负责收集王伯群亲属信息，为筹办黔西南州刘、王、何三家恳亲大会作准备；安顺市侨联、六盘水市侨联开展侨情普查，一批高层次、高素质的新侨人士进入了侨联的视野。

【创新联谊平台建设】全省侨联以加强港澳、海外顾问、委员和青年委员队伍建设为抓手，密切联系海外侨胞，广泛纳贤聚才、创新联谊平台。进一步完善海外人才信息库建设，省侨联人才数据库已录入近900位遍及五大洲的重点侨商、侨领及专家学者，为全省的引资引智提供了强大资源；贵阳、遵义、铜仁等市州侨联也分别建立相应的人才数据库。启动贵州省侨联海外联络站（点）建设工作，创建贵州省与遍布五大洲的数万海外侨胞和重点侨商、侨领及专家学者之间全方位、多层次、可持续的联谊平台，为贵州省实施“请进来”和“走出去”战略提供服务。2012年，贵州省侨联与匈牙利瑞安同乡会、阿根廷中国文化艺术协会、阿联酋华侨华人联合会、新西兰贵州华人华侨联谊会等海外侨团缔结为友好侨社。六盘水市侨联与昭通市侨联签订友好侨联协议。安顺市侨联与重庆市沙坪坝区侨联签订了友好侨联协议。

【大力实施“请进来”和“走出去”战略】2012年，省侨联参与省人大、省委统战部等部门组团分赴10多个国家和地区开展海外联谊工作，走访侨社、慰问侨胞。配合省委统战部组团出访了马来西亚、印度尼西亚，陪同省委常委、统战部部长龙超云先后拜访马来西亚常青集团执行主席张晓卿、马来西亚中华大会堂总会、马中经济贸易总商会、印尼中华总商会及泛印集团等华人社团和华商企业；组团陪同省人大副主任唐世礼出访巴西、阿根廷、厄瓜多尔，进一步加强贵州与南美三国华侨华人社团、商会之间的联系和交流，为引进阿根廷等国富有南美风情的特色民族文化与贵州丰富多彩的民族民间文化整合进行了商洽；组团陪同省政协副主席陈海峰出访西班牙、葡萄牙、意大利，加强与三地经贸、旅游等产业的交流与合作；组团并陪同省委统战部常务副部长陈庆义出访以色列、斯洛伐克、意大利，增强了与三国侨界社团和文化教育机构的联系；遵义市侨联组团赴台交流。推荐1名贫困高中生就读印尼泛印集团董事长李文光先生主办的印尼总统大学。2012年，全省各级侨联共接待来自美国、英国、葡萄牙、澳大利亚、阿根廷、马来西亚、阿联酋等国家和港澳地区的侨领、侨胞和华商企业家等600余人次来黔考察、交流。

10月21日，贵州省人大副主任唐世礼（右三）率侨务团出访巴西，拜访巴西中国大西南同乡会

【深入开展“帮联驻”工作】2012年，全省各级侨联深入开展帮联驻工作，各级侨联组织干部职工深入基层调研、走访座谈、了解民情1000余人次，下派驻村干部5人；为基层发展出谋划策，参与制定发展规划20余项；协调申请扶贫开发、资源勘探、交通基础设施建设等项目20余个，项目资金760余万元，全省各级侨联为挂帮单位引进公益捐赠资金140余万元；深入帮扶点慰问计生贫困户、贫困党员、五保户等共计200余户，送去慰问金4.5万元。组织培训4次，培训农口干部和群众300人次。其中省侨联为帮扶点余庆县协调项目资金554万元，引进香港希望之友教育基金会、

8月17日，中共贵州省委常委、统战部部长刘晓凯（左三）会见匈牙利瑞安同乡会会长胡绍柄一行6人

8 月 15 日，以匈牙利瑞安同乡会为主要捐赠人的匈牙利华侨捐助余庆县 23 名优秀贫困大学生 70 多万元

匈牙利爱心助学团、香港吴星可慈善基金会捐助余庆公益资金 127.9 万元。省侨联协调组织余庆县参加招商引资活动 3 次，座谈会 4 次；组织余庆县农业代表团赴省外考察 1 次；在省侨联网站上专版宣传介绍余庆县情、引资指南和项目资料。省侨联驻村干部被评为 2012 年度省直机关“帮联驻”优秀队员。

【贵州侨商会助推贵州经济发展】2012 年，贵州侨商会发挥联络侨商、服务会员、贡献社会的平台作用，对会员开展沟通、交流、合作、咨询、培训等各项工作。组织会员单位参加“侨商侨智余庆行”、各种经贸活动，加强与海内外侨商的联系，主动牵线搭桥，推荐项目；会员企业积极参与贵州建设，扩产投资上百亿元。与黑龙江省华商会签署战略合作协议，黑龙江省华商会将发挥其与俄罗斯及其周边国家联系广泛的优势，帮助贵州侨商企业开拓俄罗斯及其周边国家市场，帮助贵州产品进入俄罗斯及其周边国家、地区。引导会员爱国爱乡，扶贫济困，捐助 10 余万元帮助余庆县贫困山村发展。

【2012 年泛珠三角省区侨联（社团）侨商助推贵州发展会议】9 月 18 日—21 日，贵州省侨联召开“2012 年泛珠三角省区侨联（社团）侨商助推贵州发展会议”，来自泛珠三角省区侨联（社团）主席、侨商及黑龙江省侨联和海外、港澳特邀嘉宾、侨商，贵州省涉侨部门及招商部门负责人，贵州侨商会会员共计

12 月 7 日，在黔侨商践行党的十八大和省委十一届二次全会精神专题讨论会在贵阳举行，省人大副主任唐世礼（主席台左四）出席并讲话

9月18日，2012年泛珠三角省区侨联（社团）侨商助推贵州发展会议在贵阳召开，中共贵州省委常委、统战部部长刘晓凯（主席台左六）出席并讲话

9月20日，泛珠三角省区侨联（社团）侨商一行在黔西南郑鲁万工业园区考察

200余人出席会议，中共贵州省委常委、统战部部长刘晓凯出席大会并讲话，同时会见了出席会议的多批侨商。9月19日—21日，组织侨商到黔西南州、安顺进行投资考察和商务座谈。会议同意泛珠三角省区侨联（社团）各方协助贵州省侨联进一步推动贵州与海外侨胞的交流和合作，协助贵州省侨联开展引资引智、侨爱心工程、海外联谊等方面工作，提升贵州在海外的知名度和影响力，助推贵州经济社会发展。本次会议增进了泛珠三角省区侨联（社团）及海内外侨商对贵州省情、投资环境等方面的了解和认识，并牵线江西兆瑞投资有限公司和江西省东升经贸有限公司与兴义市达成20多亿元的投资意向，罗马尼亚金氏集团拟在安龙县投资建中药材（石斛）基地，项目总投资6900万元。

【贵州省侨联青年委员会第二次委员代表大会】12月27日，贵州省侨联青年委员会第二次委员代表大会在贵阳召开。会议由省侨联青年委员会第一届理事会副理事长郜国祥主持。大会选举产生贵州省侨联青年委员会第二届常务理事会，陈新伦等41人当选为常务理事，陈新伦担任贵州省侨联青年委员会

12月27日，贵州省侨联青年委员会第二次委员代表大会在贵阳召开

第二届理事会理事长，郜国祥、王瑾等19人担任副理事长，王瑾兼任秘书长。会议审议通过了贵州省侨联青年委员会第一届理事会工作报告和《贵州省侨联青年委员会工作细则（修正案）》。会议聘请吕虹、郑茂学、尹晓勤为省侨青委第二届理事会永远名誉理事长，周勇为名誉理事长，俞贤强等7人为省内顾问，刘炳义等3人为海外顾问。大会要求贵州省侨联青年委员会结合自身特点，通过开展各种活动，广泛联络海内外侨界青年，为促进贵州经济社会发展做出侨界青年应有的贡献。来自全省各地的侨界青年代表，香港、澳门和海外的10名代表共120余人参加了会议。

【贵阳市侨联积极搭建交流平台宣传贵阳】2012年，贵阳市侨联积极搭建招商引资、文化交流平台，为宣传贵阳、服务贵阳经济发展牵线搭桥。广泛收集整理侨的海外资源信息和贵阳市招商引资信息，建立招商引资信息数据库，搭建海外侨商投资咨询平台。邀请及协助省侨联接待了来贵阳考察投资的侨胞200余人次，为他们提供政策咨询等。6月，赴港参加了2012贵州·香港投资贸易活动，并邀请香港侨界知名人士出席相关活动。聘请世界拳击冠军邹市明为形象大使，利用他对外交流的广泛度和知名度对外宣传贵阳、推介贵阳。10月，成功协助市美术馆举办旅法画家贾鹃丽及其母亲翟惠民“在一起”画展。协助市侨办、市文广局等单位，做好参加旧金山2013年中国新年花车大巡演相关事宜的筹备工作，为贵阳市走出国门搭建宣传平台。

【遵义市侨联在深入基层调研中提高参政议政质量】2012年两会召开前，遵义市侨联组织侨界政协委员赴仁怀市、湄潭县、绥阳县开展深入细致的调研，侨界人大代表、政协委员2012年共提出提案、议案19件。其中遵义市侨联《关于加强巷口镇红岩水库保护、管理的建议》，侨联界政协委员黄跃《关于在我市举办灯市庙会的建议》两个提案被列为市委、市政府重点督办提案；侨联界政协委员季洁提出《关于加强侨联基层组织建设的建议》被列为市人大、市政协重点办理提案，市编办正式下文同意湄潭县、仁怀市设立侨联组织。组织开展“侨资企业调研月”活动，增加了对遵义侨（外）资企业的发展情况以及新时期侨情特点的了解。

7月10日，贵州省侨联、贵阳市侨联为奥运会拳击冠军邹市明（后排左六）壮行

【黔东南州侨联帮扶困难群体】黔东南州侨联扎实践行“大侨务”工作理念，引入公益慈善团体参与地方扶贫开发，帮扶困难群体工作。2012年引进捐赠资金210余万元，修建小学5所、幼儿园1所，直接受益困难群体500

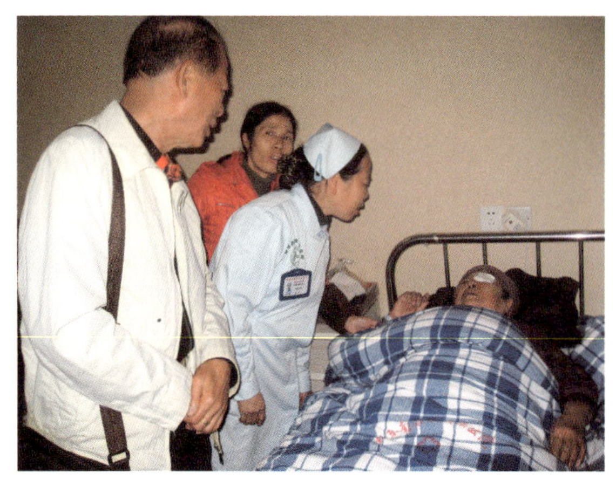

11 月 14 日，吴星可慈善基金会吴碧会长（左一）在凯里眼科医院看望受助的刚做完白内障手术的病人

余人次，其中贫困学生 300 余人次。11 月中旬，争取到香港吴星可慈善基金会捐助黔东南州 120 名白内障患者（每位 930 元），共计 11.16 万元，捐助残疾人轮椅 200 个。关怀孤独老人、下岗职工等困难群体，执行好帮扶电话联系制度，真心实意地为其家庭排忧解难，“两节”期间，慰问了 21 户困难归侨，发放慰问金 3.78 万元。帮扶贫困乡镇镇远县报京乡，协助向上申报各类项目资金 900 多万元，落实资金 68.5 万元，水泥 100 吨，联系商会企业捐助 3 万元，签订保底价收购辣椒 1500 吨的协议。帮扶镇远县江古乡军坡村，争取到扶贫资金 6.2 万元，帮扶残疾人、贫困学生 1.3 万元。

【铜仁市侨联打造“侨心工程”品牌】铜仁市侨联努力打造“侨心工程”品牌，切实加强与海外慈善机构的联系，积极牵线搭桥，鼓励和支持华侨华人及港澳同胞援建学校、卫生院、扶助贫困学生等。2012 年共引进无偿援助资金 367.31 万元，落实捐赠项目 13 个，资助贫困学生 1008 人次。加强捐赠工作管理，收到捐赠后，尊重捐赠人的意愿，借势引导，切实做好服务工作，把慈善者的捐赠意愿落到实处，让他们感到把钱捐在铜仁放心、值得。

云南省归国华侨联合会

【领导成员名单】

党组书记：童凤华（女，土家族）
主　　席：李　嵘（纳西族）
专职副主席：段　林（傣族）
　　　　　聂河云
兼职副主席：周　凡　周碧奋（女，傣族）
　　　　　于欣力　伍达天　庄哲猛
　　　　　徐　杰
秘书长：段　林（兼）

【综述】2012年，云南省侨联在省委的正确领导下，在中国侨联的关心帮助和省委统战部的具体指导下，在侨界群众和侨联干部中广泛学习贯彻党的十八大精神，深入把握省情、侨情，紧紧抓住云南建设绿色经济强省、民族文化强省和中国面向西南开放重要桥头堡的历史机遇，明确定位，充分发挥侨联的优势和特点，团结协作，拼搏进取，把海内外侨界力量和智慧汇聚到服务经济发展、促进社会和谐稳定上来，全力推进侨联各项工作的创新发展。

【中共云南省委　云南省人民政府《关于进一步加强和改进新形势下侨联工作的意见》】12月21日，中共云南省委、云南省人民政府为全面贯彻落实中央关于做好新形势下侨联工作的有关部署，充分发挥各级侨联的独特优势，更加广泛地组织和引导广大归侨侨眷和海外侨胞积极参与绿色经济强省、民族文化强省和中国面向西南开放重要桥头堡建设，推动云南经济社会又好又快发展，向全省县一级颁发了《关于进一步加强和改进新形势下侨联工作的意见》。文件共分三大部分、十六个问题。三大部分即：一、充分认识加强和改进新形势下侨联工作的重要意义；二、充分发挥侨联独特优势，努力推进我省科学发展和谐发展跨越发展；三、创新体制机制，加强和改进对侨联工作的领导。十六个问题即：（一）加强和改进新形势下侨联工作，是巩固党的执政基础的需要；（二）加强和改进新形势下侨联工作，是加快推进“两强一堡”建设的需要；（三）加强和改进新形势下侨联工作，是加强和创新社会管理的需要；（四）加强和改进新形势下侨联工作，是做好新形势下海内外侨胞工作的需要；（五）发挥侨联优势，促进开放型经济发展；（六）加强海外联谊，推动对外交流与合作；（七）坚持以人为本，做好维护侨益工作；（八）加强文化交流，促进祖

7月6日，云南省政协主席罗正富（右三）到云南省侨联调研，云南省侨联主席李嵘（左二）汇报工作

国和平统一；（九）积极建言献策，切实提高参政议政水平；（十）加大调查研究，做好少数民族侨胞工作；（十一）发挥品牌效应，促进公益事业和谐发展；（十二）建立健全侨联工作领导机制；（十三）积极为侨联开展工作创造条件；（十四）进一步加强侨联干部队伍建设；（十五）进一步加强基层侨联组织建设；（十六）进一步推进侨联工作创新。这是云南省历史上第一次以省委、省政府的名义就侨联工作专门发出的纲领性文件，为增强侨联工作创新发展，营造了良好氛围。

【举办第二届“服务桥头堡　走出去战略论坛”】6 月 5 日，云南省侨联与云南省商务厅联合承办了第二届“服务桥头堡　走出去战略论坛”。中共云南省委常委、统战部部长黄毅，中共云南省委常委、省桥头堡建设领导小组副组长李培，中国侨联副主席王永乐，中国侨联副主席、中国侨商联合会会长、香港亚洲金融集团董事长陈有庆，泰国中华总商会主席刘锦庭等出席论坛。论坛紧扣区域经济发展热点，以“推动区域投融资合作”为主题，展开研讨交流。云南省金融办公室主任刘光溪、中国—东盟商务理事会中方秘书处秘书长许宁宁、云南海外投资有限公司总经理刘勇、中国国际金融香港证券有限公司执行总经理殷玮荃、新加坡华侨银行环球企业银行业务专家林昌鸿等嘉宾分别作了专题演讲。来自 14 个国家和地区的华商，省直有关部门、科研院所、大专院校、国有大型企业、驻昆金融机构有关人员共 200 余人出席论坛。

【成立云南华商投资贸易促进会】2012 年 4 月，经云南省民政厅批准，由云南省侨联和海内外华商共同发起成立云南华商投资贸易促进会。该会旨在团结和联系海内外华商，为海外华商到国内投资及国内企业到海外投资发展牵线搭桥，服务云南“桥头堡及走出去”战略。4 月 17 日召开了第一次会员代表大会。6 月 5 日举行成立仪式。中共云南省委、省政府、部分企业代表和来自 14 个国家、地区的知名侨领和侨商代表出席了成立大会。中国侨联副主席王永乐，中国侨联副主席、中国侨商联合会会长、香港亚洲金融集团董事长陈友

6 月 5 日，云南省侨联与云南省商务厅举办第二届“服务桥头堡　走出去战略论坛”，中国侨联副主席王永乐、陈有庆出席大会

6 月 5 日，云南华商投资贸易促进会成立大会

庆，中共云南省委常委、统战部部长黄毅，中共云南省委常委李培出席大会，并为促进会揭牌。王永乐代表中国侨联对促进会成立表示热烈祝贺。他指出，云南是全国第 5 大侨乡，侨力资源十分丰富，华商经济是云南经济快速发展的重要因素。促进会的成立，符合广大华商的愿望和利益，也给侨联工作提出了新课题、新挑战和新机遇。希望促进会起好步、开好头，以服务为重点，为建设更加繁荣开放的云南发挥积极作用。黄毅代表中共云南省委、省政府、省政协祝贺促进会成立。他希望促进会加强自身建设，提高业务水平，使促进会成为推动云南跨越发展、促进地区和谐发展的有力帮手。黄毅、陈友庆及菲律宾华商联合会理事长庄前进被推举为荣誉会长，云南省侨联主席李嵘任会长，17 名企业家任副会长。促进会筹备成立云南华商投资公司。

【举办第七届世界云南同乡联谊大会】 9 月 6 日，由中共云南省委统战部、云南省政府侨务办公室、云南省侨联主办，中共云南省玉溪市委、市政府承办的第七届世界云南同乡联谊大会在玉溪市举行。大会以“叙乡情，爱云南——相聚聂耳故乡，携手共谋发展”为主题，共商云南省的科学发展、和谐发展、跨越发展。来自 23 个国家和地区的 370 余位云南同乡代表和海外特邀嘉宾出席盛会，共叙手足之情，体验家乡发展变化，寻求互利共赢商机。全国政协港澳台侨委员会副主任、中共中央统战部原副部长楼志豪，国务院侨办党组成员熊昌良，中国侨联副主席乔卫，中共云南省委常委、统战部部长黄毅，云南省人大常委会副主任杨保健，云南省副省长高树勋，云南省政协常务副主席管国忠等出席大会。大会期间，先后开展了同乡联谊会、项目推介会、社团

9 月 6 日，云南省侨联参与主办第七届世界云南同乡联谊大会

负责人恳谈会等活动。玉溪市签约内资项目15个，协议总投资207.55亿元；签约外资项目3个，协议总投资2.3亿美元，创历届投资之最。

【宣传侨法　维护侨益】2012年云南省侨联认真制定了《关于在归侨侨眷中开展法制宣传教育第六个五年规划》，下发各州市侨联贯彻执行，要求加大宣传力度，切实做好维权工作。5月25日—31日，云南省侨联陪同中国侨联法顾委主任邹瑜、副主任林淑娘一行到云南省昆明市、保山市、德宏州开展维护侨益工作调研。调研期间，调研组深入侨资企业和归侨侨眷家中，了解归侨侨眷的工作、生活、养老、医疗保障、住房保障、工资待遇和存在困难。了解侨资企业的生产、经营和权益保障情况，听取对边境贸易发展和投资环境、投资政策的意见建议。云南省侨联主席李嵘、昆明市侨联主席周凡、德宏州侨联副主席左利民分别向调研组作了工作汇报。调研组对云南省侨联在维护侨益方面所做的工作给予充分肯定和高度评价。邹瑜说："云南省侨联的维权工作紧紧依靠党和政府的支持，以政策法律为标准，为涉侨案件、问题的解决提出方案，取得了很好的成效和经验，得到了侨胞的认可和赞誉"。

【创新载体　增进联谊】云南省侨联及州市侨联依托亲情、乡情、友情，深化"走出去、请进来"工作，扩大同归侨侨眷和海外华侨华人的交往。2012年，云南省侨联5次组团2次参团出访德国、挪威、芬兰、法国、意大利、西班牙、泰国、缅甸、老挝、印尼、马来西亚、文莱以及港澳等14个国家和地区，深交了老朋友，广交了新朋友，增进了与当地华侨华人的情谊。在"走出去"的同时，省侨联还邀请来自30多个国家和地区的600余位海外侨领、华商代表，并与云南省招商合作局联合组织他们到昆明、大理、丽江、迪庆、腾冲进行商务考察，参加各地专门安排的招商推介会和研讨会。

5月7日，举办中国侨联海外委员与云南省青联委员联谊晚会，云南省侨联主席李嵘致辞

4月10日，云南省侨联主席李嵘（右二）陪同王永乐副主席（左二）参观腾冲国殇墓园

5月8日，云南省侨联主席李嵘（右一）向李卓彬副主席（左三）介绍腾冲国殇墓园

【加强合作力度　促进投资项目对接】 2012 年，云南省侨联与北京、上海、江苏、广东、浙江、福建六省市侨联和云南省招商合作局签署了战略合作备忘录，与黑龙江商会、加拿大云南商会、云南电视台国际频道单位签订了合作协议，与省招商合作局等单位举行了 4 场招商项目推介会。

4 月 12 日，云南省侨联与北京、上海、江苏、广东、浙江、福建六省市侨联签署战略合作备忘录

【赴缅甸举行“中缅胞波友好之夜”大型文艺演出】 5 月 14 日—20 日，云南省侨联为了配合中共中央政治局委员、全国政协副主席王刚出访缅甸，组织了“亲情中华”艺术团赴缅甸仰光和曼德勒举行了 5 场“中缅胞波友好之夜”文艺演出。缅甸巩发党第一书记吴泰乌、仰光省行政长官吴敏瑞、仰光军区司令山坞少将及 10 位内阁部长观看了演出。此次演出，得到了王刚、缅甸各界和中国驻缅大使馆、华侨华人的高度赞誉。艺术团在演出期间，还积极配合中国民间国际交流促进会做好向缅方赠送电脑，同缅方当地政府签署白内障患者复明手术有关文件及举行中小企业家论坛等工作。

【深化创先争优　开展“四群教育”】 2012 年，云南省侨联按照中共云南省委开展群众观点、群众路线、群众利益、群众工作的“四群教育”活动的统一部署，成立了工作领导小组，认真制定了工作计划，明确了工作任务。根据领导蹲点联户，部门挂钩联村、干部结对联户的要求，侨联党政班子先后分别率相关部门同志赴联系乡镇走访联系群众，召开镇乡及村座谈会，详细了解家庭情况、生产生活情况、政策措施落实情况及需要帮助解决的问题和困难。在对当地调研的基础上，云南省侨联领导与当地乡、村干部就自然条件、发展思路、生产生活等问题进行座谈交流，积极为联系户及当地经济发展出谋划策。及时发放“民情联系卡”，建立民情档案，并为生活困难的农户送去慰问品和慰问金。各州市侨联按照有关要求，开展了蹲点和联村入户工作，为挂钩扶贫村筹措无息贷款发展生产，协调下拨“四群教育”专项工作经费。

5 月 15 日，云南省侨联协助中国侨联“亲情中华”艺术团赴缅甸演出

3 月 28 日，中共云南省委统战部副部长、省侨联党组书记童风华到扶贫挂钩点华宁县开展“四群工作”

【加大信息工作力度】2012 年，云南省侨联在信息工作思想性、动态性、经验性和典型性上下功夫，举办了信息工作培训班，各州市县分管信息工作的领导、办公室负责人和负责信息工作的人员参加了培训。2013 年 1 月，云南省侨联荣获“全国侨联信息工作先进单位”及“全国侨联信息工作一等奖”。

【发挥基层侨联优势　服务地方经济社会发展】2012 年，云南省各州市侨联积极发挥各自优势，为地方经济发展招商引资引智。普洱市侨联主动邀请泰国清莱府尹及代表团、清孔县代表团及泰国曼谷工商总会、中华总商会、老挝万象中华理事会、老挝琅勃邦中华理事会及大湄公河区域联盟总商会到普洱参观考察，并与普洱市商务局、贸促会、文化局、旅游局和云南佳浩蚕丝绸集团等多家企业洽谈经贸合作，达成合作协议。大理州侨联先后与印尼力宝集团、丹麦嘉士伯香港啤酒集团、泰国侨商会、亚洲金融集团（控股）有限公司等 15 个考察团进行合作交流，并促使丹麦嘉士伯集团、印尼力宝集团、力宝集团北方投资控股公司在大理投资置业。丽江市侨联加强与海外侨团联系，邀请海外华侨华人到丽江考察与投资，与澳大利亚、美国、加拿大、意大利、马来西亚、日本及香港等地的华侨华人社团建立了友好往来关系。迪庆藏族自治州侨联成功引进瑞士杰麦珍啤酒厂投资项目。

【充分发挥侨界人大代表、政协委员参政议政作用】2012 年，云南省侨联组织侨界人大代表、政协委员深入各地调研，围绕社会热点、难点问题研究对策，撰写议案、提案。其中，《提升云南教育的国际化水平，为桥头堡建设提供人才保证》被云南省政协评为优秀提案，受到省政协领导的重视。

【以侨为本　关注民生】2012 年，云南省各级侨联以侨为本，关注民生，积极开展“送温暖、献爱心”活动，共慰问困难归侨侨眷 4500 余户，发送慰问金 200 万元。云南华商公益基金会不断拓展公益事业，在州市侨联的协助下，完成侨心教学楼、学生宿舍、学校食堂建设项

1 月 10 日，云南省侨联主席李嵘（右一）陪同中国侨联副主席董中原（右二）看望困难归侨侨眷

目11个，饮水抗旱项目5个。资助贫困学生及孤儿2800人次，120名贫困人员免费接受白内障手术，侨心小学获赠电脑36台。为昭通地震灾区接受海内外捐赠物款价值800余万元，为灾区捐赠棉衣6218件。各州市侨联在开展爱心公益活动中，共获得用于援建侨心学校工程、资助贫困学生的公益资金800余万元。

【开展侨情调研　推进基层组织建设】 2012年，云南省侨联在各级侨联的支持下，开展了全省贫困归侨资料的建档工作，完成了全省《侨联组织情况调查表》和《州（市）、县（区）侨联机构编制情况调查表》。全省共有16个州市、50个县区、20个大专院校、8个大中型企业成立了侨联，实现了州市侨联组织全覆盖。同时，还成立了侨青委2个、法顾委10个、华商会2个、其他侨界社团18个。全省共有侨联（社团）组织194个。

【云南省侨联南侨机工联谊会出访马来西亚】 8月10日—26日，应马来西亚槟城孙中山协会、槟城海南会馆、马来西亚二战历史研究会等海外团体的邀请，云南省侨联南侨机工联谊会“亲情中华　寻踪南洋”访问团35人赴马来西亚访问。访问团以宣传南洋华侨机工回国抗日爱国主义精神为题，以传播中华文化艺术为纽带，以促进海内外文化教育交流为抓手，在马来西亚雪兰莪州、柔佛州、槟州、霹雳州的吉隆坡、槟城、古来、麻坡、怡保、太平等城市，举行了反映南侨机工抗日爱国的英雄事迹的文艺演出、图片展览、专题报告会、中国少数民族舞蹈讲座。访问期间，拜望居住在马来西亚的南侨机工，并与南侨机工后代进行了座谈交流。中央电视台、昆明电视台等媒体记者随团跟踪采访。云南省侨联主席李嵘、副主席聂河云为访问团送行。

8月12日—26日，云南省侨联南侨机工暨眷属联谊会“亲情中华 寻踪南洋”访问团出访马来西亚

5月下旬，中国侨联法顾委主任邹瑜（左三）带领法顾委调研组到云南调研

【编纂出版《昆明华侨史》】2012年8月，昆明市侨联编纂的近40万字、图文并茂的《昆明华侨史》由中国华侨出版社出版。这不仅填补了云南省昆明市侨史的空白，同时，也成为全国省会城市出版侨史的首推之举。该书由中国侨联主席林军题写书名，中国侨联原副主席李祖沛作序。全书采用史志结合的体例，从先秦时代作为“西南丝绸之路”开端的“蜀身毒道”的开通，随之形成古代滇籍华侨的远古写起，以“离乡背井，浪迹天涯”、“救亡图存，励志报国”、“凝聚侨心，造福桑梓”、“立足侨情，服务侨界”、“同心携手，共创辉煌”共五篇十四章的构架，详实展现了昆明2000多年的华侨历史风貌和演进脉络，客观分析评价了昆明历史上华侨的地位和作用，总结了当代侨务侨联工作的历史与现状，因而既有“史”的厚实，又有“论”的升华，具有较高的学术价值和现实意义，为研究、撰写区域侨史作出了有益的实践探索。该书荣获昆明市第十届社会科学优秀成果奖，受到昆明市人民政府的表彰。

4月1日，云南省侨联副主席段林慰问马来西亚归侨百岁老人曾秀玉

【畅通民情挖渠道 发挥侨力解难题】2012年，昆明市侨联在群众路线教育活动中，一访富裕户，问致富经验，帮助群众共同致富；二访老党员、老干部，问发展良策，帮助优化发展思路；三访党员示范户，问基层组织建设见解，帮助提高基层党建水平；四访贫困户，问困难和问题，帮助排忧解难送温暖；五访意见户和矛盾纠纷户，问产生怨气和矛盾纠纷的原因，帮助化解信访问题和群众纠纷，促进社会和谐稳定。通过五访五问五帮，进一步听民生，察民情、顺民意，发挥侨力搭建连心桥。

【重走马帮路 加强海外联谊】云南地处西南边疆，在古代和近代，侨乡先民依托马帮，沿着南方丝绸之路和茶马古道，远走异国他乡，进行经贸活动。2012年，红河州侨联为了弘扬马帮精神，千里寻踪，重拾历史，加强海外华侨华人的联谊，发动侨联干部和侨界人士组成自驾车队驱车3000多公里，赴老挝、泰国开展“重走马帮路”活动，沿当年侨乡红河迤萨马帮的重要驿站，专程拜访第一代赶马人和他们的后代，并与他们座谈，亲切交流，追忆当年赶马帮的艰辛创业，参观了华侨村和华文学校。这次活动，使红河州侨联干部和侨界人士了解了周边国家的侨情，增进了红河州侨界与海外侨胞的亲情乡谊，提升了侨联“重走马帮路”的文化品牌。

【怒江傈僳族自治州归国华侨联合会成立】12月12日，怒江傈僳族自治州第一次归侨侨眷代表大会在六库隆重召开。云南省侨联主席李嵘、副主席聂河云、怒江州委副书记商小云、州委常委统战部部长李坤珍等领导出席大会，李嵘、商小云分别作了讲话。李嵘要求怒江州侨联要在州委、州政府的正确领导下，积极为怒江经济社会发展作贡献。并做好五项工作：1. 要深入学习贯彻党的十八大精神，以十八大精神统领侨联工作；2. 要认真学习贯彻省委省政府即将出台的《关于进一步加强和改进新形势下侨联工作的意见》；3. 要充分发挥侨联优势，为实现“科学发展、和谐发展、跨越发展”和“桥头堡”战略服务；4. 要加大调查研究，为拓展边疆少数民族地区侨联工作积累经验；5. 要加强侨联组织建设和干部队伍建设，不断提高为侨服务能力。怒江州是我省西北部的一个边疆少数民族自治州，有归侨侨眷16600多人，侨情独特。怒江州侨联的成立，不仅实现了我省州市级侨联组织的全覆盖，也将为进一步做好怒江州的侨务工作，调动广大归侨侨眷和海外侨胞为怒江州的经济、社会建设服务发挥重要积极作用。大会选举产生了怒江州侨联第一届委员会领导班子，钱黎燕当选主席，杜永恒当选副主席兼秘书长。

12月12日，怒江傈僳族自治州第一次归侨侨眷代表大会召开，云南省侨联主席李嵘、副主席聂河云出席大会

省级侨联工作简介

陕西省归国华侨联合会

【领导成员名单】

党组书记：刘选民

党组成员：李　路（2012年9月退休）

　　　　　王建彬　鲍　剑

主　　席：徐德龙

驻会副主席：李　路（2012年9月退休）

兼职副主席：俞文彬　张　宏　陈　超

　　　　　徐鸣喆（女）　马忠科

　　　　　张　琨

秘 书 长：袁京连（女）

【综述】 2012年，陕西省侨联坚持围绕中心、服务大局，充分发挥职能作用和独特优势，组织引导归侨侨眷和海外侨胞，为推动陕西科学发展凝聚力量。一是坚持为侨服务，维护侨益。年内，全省各级侨联共慰问归侨侨眷685人次，累计发放慰问金38.17万元。通过省侨联法顾委介入一宗重大侨商投资维权案件，促成该案重审，有效维护了侨商权益。本着以人为本的原则，依据政策，分类解决了一批原涉侨企业人员退休和参加社会保险等问题。二是拓展渠道，开展联谊。邀请并组织海内外侨胞参加公祭轩辕黄帝陵活动，组团出访俄罗斯、瑞士、希腊三国，慰问海外侨胞，扩大与海外侨团华人社团的合作与交流。三是围绕党委政府工作大局，服务经济社会发展。利用中国东西部经济贸易与投资洽谈会平台，牵线搭桥，邀请海内外侨商与省内招商部门和单

12月26日，刘选民书记（左一）慰问侨胞

4月4日，组织侨胞参加公祭黄帝陵

11月15日，陕西省侨联代表团访问俄罗斯

省级侨联工作简介

位实现项目对接，达成12亿元人民币的投资项目和一批投资意向。四是聚集侨力，促进侨联公益事业发展。成功申报中国侨联三项公益项目，建成3所质量达标的侨（爱）心小学，落实捐赠资金73万元，协调地方配套资金近300万元。“珍珠班”在西安、渭南、汉中等市滚动开班，年增帮扶特困生250人。全年累计接受慈善机构和爱心人士捐赠，款物总价值超过300万元，用于扶植弱势群体，资助陕西贫困地区医疗、卫生文化事业发展。五是加强文化宣传，促进队伍建设。全年陕西日报、省电视台、省人民广播电台、华商报等媒体共有22篇（幅）稿件（图、像）报道侨联工作。《侨联近况》及时反映侨联工作动态，全年编发9期。《陕西侨园》内容丰富，宣传侨务知识，全年按季刊发4期。陕西侨联网及时更新内容，加强侨法及侨务知识宣传，新增法制宣传专栏，开展普法及保密教育，全年刊登信息1000余条。举办全省侨联干部培训班，基层侨联和主管侨联工作的相关负责同志50余人参加。

4月5日，海内外侨商项目推介会

2012年9月，陕西侨商会捐建侨心项目

2012年6月，侨胞龙凤翔女士（中）为贫困学生捐赠字典

【召开陕西省侨联六届四次全委（扩大）会议】2月27日，陕西省侨联召开六届四次全委（扩大）会议，省侨联主席徐德龙作题为《凝聚侨心、发挥侨力、服务三秦，以优异的成绩向党的十八大献礼》的工作报告，省政协副主席李进权到会致辞。徐德龙强调，全省侨联组织要以迎接党的十八大召开为契机，进一步把海内外侨胞的心凝聚到中华民族伟大复兴的千秋事业上来，把他们的目光吸引到西部、吸引到陕西建设上来，把归侨侨眷的力量汇聚到省委省政府的中心工作上来。各级侨联组织要继续在思想创新、方式方法创新、机制创新上做文章、下功夫。李进权希望全省侨联组织在新的一年，在提高群团组织的创造力、吸引力和凝聚力，在提高服务经济社会发展能力，推动社会主义文化发展大繁荣，畅通渠道，服务侨胞等方面要有新成绩、新作为。省侨联党组书记刘选民就落实会议精神作总结发言，要求全省各级侨联一要抓大事、抓落实，二要在重点工作中一显身手，三要在常规工作中有所创新，全面推动全省侨联工作迈上新台阶。

【组织海外侨胞公祭黄帝陵】4月4日，壬辰年清明公祭轩辕黄帝典礼在陕西省黄陵县黄帝陵前隆重举行，应陕西省侨联邀请，来自美国、法国、加拿大、新西兰、香港、澳门、台湾等26个国家和地区的220余名侨界人士组成方阵，共同祭拜中华民族的“人文始祖”轩辕黄帝，缅怀共同先祖。华侨华人朋友非常感谢和满意侨联组织提供的方便和服务，并表示愿进一步通过侨联组织，加强与陕西的交流合作。

4月4日，参加公祭黄帝陵

2月27日，陕西省侨联召开六届四次全委（扩大）会议

【承办海内外侨商投资项目推介会】4月5日，由中国侨联、陕西省人民政府主办，陕西省侨联承办的海内外侨商投资项目推介会在西安举行。中国侨联副主席、中国侨商联合会常务副会长王永乐，陕西省政协副主席、省委统战部部长周一波等莅临指导。中国侨商会、美国华商总会、广东省侨商国际联合会、山东省侨联侨

4 月 5 日，中国侨联副主席王永乐在海内外侨商投资项目推介会上致辞

商、广州侨联侨商、福建永安侨商、宁化侨商等代表团 200 余名侨商与西安、宝鸡、咸阳、渭南、铜川、榆林、延安、汉中、安康、商洛等十市，以及陕西省发展改革委员会、西咸新区管委会、杨凌农业高新技术示范区等单位所提供的 100 余项招商引资项目开展推介对接。此次活动是第十六届中国东西部经济合作与投资贸易洽谈会的组成部分，旨在加强陕西与海内外侨界的联系，寻找发现商机，促进科学发展，实现合作双赢。众多侨商也对大会推介的项目表现出了浓厚的兴趣，纷纷表示要继续对有关项目进行研究了解。陕西日报、西安电视台、华商报等多家媒体对“推介会”进行了报道，对邀请来陕参加活动的海外侨领进行了采访。通过举办务实性的“推介会”活动，使更多的海内外侨胞乐于参与“西洽会”，也发挥了省侨联在参与政府经济工作中的作用和社会影响力，进一步增进了海内外华侨华人对祖国的眷恋情怀，进一步增进了侨商侨团和客商对陕西各方面的了解。

【召开全省高校侨联工作会议】高校是陕西侨联工作的重要阵地之一。为交流工作经验，促进高校侨联工作科学发展，5 月，全省高校侨联工作会议在西咸新区举行，省侨联党组书记刘选民、主席徐德龙和各高校侨联负责同志出席会议。西北大学、陕西师范大学等 15 所高校侨联负责同志就贯彻《关于做好陕西省高等学校侨联工作的通知》精神和当前制约高校侨联工作发展的主要问题进行探讨和交流。徐德龙指出，陕西省各高校侨联在搭建平台，切实增强组织凝聚力和吸引力，充分发挥人才智力优势，服务大局等方面取得了成绩。今后，要在树立更加开放的、先进的侨务工作意识，完善适应新时期要求的侨务工作制度，

5 月 31 日，陕西省侨联召开全省高校侨联工作会议

打造高校侨联特色品牌工作等方面下功夫。刘选民强调，高校侨联面对归侨侨眷要坚持“重在联系，代言慰问，活动吸引，大事参与”的原则。在如何取得党政领导大力支持上，要做好“五员”，即宣传员（宣传党的侨务方针政策、侨的贡献和成绩）、信息员（提供侨务工作信息）、协调员（做好党政与侨界的沟通与协调）、服务员（紧紧围绕党委和部门中心工作，立足侨务，做好有关急、难、险、重工作）、报告员（定期向分管党政领导报告侨联工作，积极主动争取支持）。在如何壮大自身队伍上，要加强国内外联系，引进人才，扩大侨联的队伍；要认真做好侨情调查；要总结宣传归侨侨眷成绩、成果，扩大影响力。之后，针对高校侨联反映的问题和困难，省侨联做了专题分析和研究，并以书面的形式向陕西省人大和陕西省外办提出了妥善对待、正确处理逾期未归公派出国留学人员，进一步改进新归侨回国定居手续办理程序，改善高校侨联工作人员待遇，适当增加工作经费等建议。

5 月 28 日，陕西省侨联法顾委换届

【陕西省侨联法律顾问委员会换届】5 月，陕西省侨联法律顾问委员会召开二届一次会议，聘请省侨联新一届法顾委组成人员，通过了《陕西省侨联法律顾问委员会章程》和《陕西省侨联法律顾问委员会工作规则》。新一届法顾委共有 9 名成员，包括知名法律专家、律师和法院相关负责同志。党组书记刘选民要求侨联机关工作人员要虚心向法顾委的同志们学习，学习他们的敬业、奉献精神和一身正气、认真负责的优良作风，要大力支持、主动服务法顾委的工作。希望法顾委的同志们，齐心协力为侨联工作献计献策，多提宝贵意见，努力工作，开创法顾委工作的新局面。

【陕西省侨商联合会第二次会员大会】9月，陕西省侨商联合会第二次会员大会在西安召开，全国政协常委、中国侨联原副主席林明江，陕西省政协副主席李佟玉，中国侨联经济科技部部长、中国侨商会副会长陈桦等出席大会。会议选举组成新一届理事会，陕西籍侨商、颐和集团董事长何建梁先生当选为会长。何建梁在

9 月 26 日，陕西省侨商会换届

当选后表示，将竭尽所能努力做好商会工作，力求侨商会不断发展呈现新面貌，进一步完善侨商会职能，健全侨商会组织机构，提高陕西侨商会在海内外的影响。同时，力求侨商会为陕西经济社会发展不断做出新贡献，增进同海内外侨商的友好交往，扩大合作交流区域。

【中国侨联副主席李卓彬来陕考察调研】 10月22日，中国侨联副主席李卓彬看望慰问陕西省侨联干部职工，并与大家座谈。李卓彬指出，陕西省侨联近年来在党组带领下，积极争取陕西省委、省政府和有关部门重视和支持，努力克服各种困难，充分发挥侨联组织的优势，工作开展扎实有效。尤其是树立“大侨务”的观念，在国家实施西部大开发战略中，立足陕西科研机构、高等院校数量众多、新侨增长较快的实际情况，深入做好招商引资、招贤引智、新侨联谊等活动，切实加强与沿海省份侨联的互动，有效整合侨务资源，扩大了服务对象的范围；积极争取省委办公厅出台了《关于加强和改进新时期侨联工作的意见》，并以省委名义成立检查组督促检查贯彻落实情况，推动9个市出台了相应的实施细则，对加强新时期陕西省侨联工作提供了有力的保障。他指出，省侨联存在的干部交流不畅、活动经费紧缺等问题，这虽然这在侨联系统中带有一定的普遍性，但已在部分省份得到一定程度的改善，希望陕西省侨联树立信心，积极向上级党委争取和反映，同时加强与兄弟省份的工作交流，大家共同努力，为侨联事业发展创造良好的条件。他祝愿陕西省侨联全体工作者取得更大的成绩，为陕西省的科学发展和全国侨联事业增光添彩。

10月22日，中国侨联副主席李卓彬（左一）与省侨联机关同志座谈

【组团出访欧洲三国】 11月，陕西省侨联与基层侨联组成代表团，应邀对俄罗斯、瑞士、希腊三国进行经贸文化考察并慰问海外侨胞。代表团参观拜访了俄罗斯莫斯科市工商联、瑞士瑞中经济交流协会、希腊华侨华人总会驻地，拜访当地侨领和侨界知名人士。在希腊，代表团走访了雅典中心的华人聚集区，对旅希华侨华商的工作、生活和经营等情况进行了解，并与希腊华侨华人总会、希腊青田同乡会、希腊华侨华人妇女联合总会、希腊华人旅游联合会等侨领代表在中国城会议室举行座谈，考察旅希华侨华商的生存发展状况以及探索在希腊经济危机中企业如何“走出去”的途径。代表团所到之处，宣传和介绍了陕西人文投资环境、历史文化、文物旅游资源和近年来经济建设和社会事业发展等情况，邀请侨团侨领来陕参加中国东西部经济合作与投资贸易洽谈会。期间，省侨联分别与在希腊有影响的三个华人社团签订书面合作协议，与莫

11月22日，陕西省侨联代表团与希腊侨胞代表合影

斯科市工商联签订书面合作意向协议。

【加强基层组织建设】4月—5月，陕西省侨联对各地基层组织建设进行专项督查，督促基层侨联建立健全各项工作制度，真正落实“五有”（有组织、有队伍、有经费、有阵地、有活动）要求，全面夯实基层侨联工作基础，同时，要求各地根据省委办公厅文件，不拘形式，推动侨联基层组织发展，努力提高县区级侨联组织的覆盖率。截至2012年底，宝鸡市扶风县、延安市子长县、铜川市宜君县、印台区、西部电影集团有限公司共有5个基层组织成立，延安和咸阳两市成立侨商联合会，铜川市在陕西省率先实现县（区）级侨联组织全域覆盖。

【铜川市侨联建立主席联席会议制度】铜川市侨联全力推进全市基层侨联组织建设工作，截至2012年6月，全市三区一县均建立了侨联组织，使侨联工作实现了全覆盖。为了进一步完善工作机制，推动基层侨联组织建设工作顺利开展，铜川市侨联开拓思维，创新方式，建立了全市侨联主席联系会议制度。全市侨联主席联席会议每季度召开一次，采取市侨联和各区县侨联循环办会的方式，相互参观学习，实现了基层侨联之间的交流与互动，也为相互之间提供了一个学习交流、相互借鉴的平台和机会，各区县侨联通过联席会议的平台，畅谈工作体会，提出存在问题，集思广益寻求解决办法。通过联席会议的召开，市侨联与各区县侨联之间及时交流工作情况，做到上下沟通、互动，发挥了全市侨联的整体工作合力，有效推动侨联各项工作的扎实开展。

9月12日，铜川市侨联主席联席会议

【商洛市侨联开展“百侨助百村”主题活动】3月，商洛市侨联在第五次全委会上决定，在全市侨联干部和侨眷侨属中掀起第二轮“百侨助百村”主题活动。截止到2012年底，全市已有50多人在10个村参与“百侨助百村”活动，累计投入资金200多万元，惠及群众85户250余人，使所在村群众在住房、饮水、交通、文化教育、医疗卫生、精神文明建设等方面得到了实惠。“百侨助百村”活动所在村全年创收260万元，当年人均增收1000元。

【延安市侨联重视侨务理论研究】延安市侨联重视延安时期侨务工作的保护、挖掘和整理工作。2012年年初，专门派相关人员赴京向中央统战部和中国侨联领导进行汇报，并得到大力支持。为了直接掌握延安时期第一手的侨务史料，全面系统地反映延安时期侨务工作状况，多次走访延安大学对延安时期侨务工作颇有研究的专家、教授，收集、整理了一大批珍贵的文字和影像资料。通过深层次研究延安时期侨务工作的历史条件、成就及其意义，编写完成了《延安时期侨务工作史略》一书。该书由中国侨联党组书记、主席林军作序，共32万字。该书对进一步弘扬延安精神，发挥历史资料以史资政、以史育人的作用，巩固和发展新时期最广泛的爱国统一战线，具有十分重要的现实意义。

甘肃省归国华侨联合会

【领导成员名单】

主　席：费亚夫

副主席：杜　逸（女）　闫鹏勋（兼）

马文丕（回，兼）　何元庆（兼）

陈立观（兼）

董化琪（女，回，兼）

秘书长：杜　逸（兼）

【综述】2012 年，甘肃省侨联在省委、省政府的坚强领导和中国侨联的正确指导下，始终坚持以邓小平理论、“三个代表”重要思想、科学发展观为指导，深入学习贯彻党的十八大精神和中央书记处对侨联工作的重要指示，紧紧围绕全省中心工作，坚持以人为本、为侨服务宗旨，坚持为全省大局服务和为侨服务统一，坚持国内海外工作并重、老侨新侨工作并重，发挥优势，积极进取，知难而进，勇于创新，认真履行参政议政、维护侨益、海外联谊、群众工作等职能，在服务经济社会发展大局、维护侨胞合法权益、弘扬中华优秀文化、做大做强侨界公益事业、拓展联谊交流、强化自身建设等方面做了大量卓有成效的工作，取得了令人满意的成绩。2012 年，甘肃省侨联荣获“第四届新侨创新成果交流会组织奖”、“全国侨联系统信息工作先进单位”等荣誉称号，撰写的调研报告《甘肃省少数民族地区侨联工作调研与思考》，获“全国侨联信息工作二等奖”。因成功参与组织第 18 届兰洽会，省侨联收获了兰洽会包括“先进单位”、“重大活动组织先进单位”、“宾客邀请及接待工作先进单位”、“服务保障工作先进单位”在内的所有奖项。

【开展“亲情中华”主题活动】1 月 26 日，正值中国传统新春佳节，应我国驻意大利、巴林大使馆和侨团邀请，中国侨联与甘肃省侨联共同组织，由甘肃省侨联主席费亚夫任团长的“亲情中华”艺术团赴意大利、巴林慰问演出。在意大利东南部港口城市巴里，艺术团以一场荟萃了敦煌乐舞、声乐器乐、魔术杂技、传统戏曲等多种极具中华特色的精彩演出，奏响了为期 15 天的春节慰问巡演的序曲。随后，艺术团先后在那不勒斯、普拉托、佛罗伦萨、布雷西亚及巴林等 5 个城市连续举行 6 场别开生面的文艺演出和 4 场联欢活动。演出阵容以甘肃省歌舞剧院优秀演员为主要班底，甘肃省杂技团、国家京剧院、武警文工团、空政文工团和吉林省歌舞团也派出演员参加。艺术团每到一处，都成了“华人的世界”，引起了当地公众对中华文化和敦煌文化的极大共鸣。在那不勒斯的

2 月 8 日，“亲情中华”艺术团赴意大利、巴林艺术团全体工作人员合影

演出，是迄今为止当地侨界举办的规模最大的活动，近2000名侨胞前往观看，罗马华人华侨联合会、罗马华商总会、意大利南部文成会等侨团代表驱车几百公里前去祝贺。演出之余，艺术团还尽可能深入当地使领馆和华人社区，参与各种联谊活动，有效拉近了与侨胞的距离，为开展海外侨务工作搭建了有效的平台和载体。在意大利普拉托和佛罗伦萨演出期间，突遇当地27年来最大的降雪和降温，天气寒冷，道路不畅，但很多侨胞不顾鹅毛大雪和刺骨寒风赶到现场观看演出，两场演出观众多达4000余人。"亲情中华"在海外的演出不仅面向广大海外侨胞，而且力求融入当地主流社会。这次海外巡演，观众超过上万人次。在意大利的五场演出，外国观众占10%—20%，所在城市的主要政要均出席晚会并致辞。在布雷西亚，专门邀请50余名当地名流、商界人士观看了演出。在巴林，现场的外国观众超过50%，且大部分是王室成员、当地政要和各国使节等主流人群，具有较高的文化素养和欣赏水平。

3月8日，中国侨联主席林军（左二）与甘肃省委书记王三运（右二）亲切会谈

【承办甘肃省政府与中国侨联战略合作协议签署仪式】为发挥侨务资源优势，落实国家西部大开发战略部署，加快甘肃开发开放步伐，促进经济社会跨越发展，3月8日，甘肃省人民政府与中国侨联在北京钓鱼台国宾馆签署战略合作协议。此举拉开了甘肃省委、省政府与中国侨联深化合作、携手推动全省侨联事业乃至甘肃发展的新局面。中国侨联主席林军，甘肃省委书记、省人大常委会主任王三运，甘肃省委副书记、省长刘伟平，甘肃省政协主席冯健身、中国侨联副主席王永乐，甘肃省委常委、常务副省长刘永富，甘肃省委常委、省委秘书长刘立军，甘肃省委常委、副省长、统战部长泽巴足，中国侨联副主席王荣宝、朱奕龙，甘肃省政府秘书长李沛文、中国侨联秘书长王宏、省委统战部副部长郭清祥以及部分知名侨商等80余人出席签约仪式。仪式前，甘肃省领导与中国侨联领导举行了会谈。会谈中，王三运首先对中国侨联长期以来发挥联系广泛、人才荟萃、智力密集的独特优势，致力于做好凝聚侨心、汇集侨智、发挥侨力、维护侨益等各项工作，特别是情系西部，在促进文化交流、经贸合作、公益事业、抗击自然灾害等方面对甘肃给予的特殊关心和支持表示感谢。并表示，甘肃要实现与全国同步进入全面小康社会的目标，必须要用自我加压、壮士断腕的决心，用老一辈提出的、体现甘肃人民意志的"人一之、我十之，人十之、我百之"的甘肃精神加快发展，甘肃省政府也将进一步做好服务工作，不断提升对外开放的层次和水平。同时也希望中国侨联一如既往地关心支持甘肃发展，

3月8日，甘肃省侨联主席费亚夫（前排右一）与五省（市）侨联签署友好侨联合作协议

更多地帮助推介宣传甘肃，搭建招商引资平台，不断拓展以侨引资、以侨引智、以侨促贸的广度和深度，使更多的海外侨商组织和海外侨胞来甘肃投资兴业。林军表示，甘肃是经济欠发达地区，工作困难不少，中国侨联一定会尽全力支持甘肃工作，继续积极发挥国内海外两个平台、财力智力两种资源的优势，积极打造有效的项目平台和工作载体，帮助甘肃引进资金、人才、技术和先进的管理经验，培育和拓展海外侨务资源，推动甘肃开发开放和促进经济社会发展。随后，林军与刘伟平分别代表双方签署战略合作协议。为进一步落实协议内容，甘肃省侨联主席费亚夫也分别与北京、广东、福建、浙江、江苏5省（市）侨联主席签署友好合作协议。

【召开甘肃省侨联六届三次全委会】4月13日，甘肃省侨联六届三次全委会议在兰州召开。省侨联六届委员会委员、顾问、名誉委员，非省侨联委员的部分市州侨联负责人，省直及有关单位分管侨联工作的同志60余人参会。甘肃省委统战部、省人大民族侨务委员会、省政协港澳台侨和外事委员会领导也应邀出席会议。会议传达学习了中央书记处关于侨联工作的几点意见以及中国侨联八届四次全委会议精神，费亚夫向大会作了题为《发挥资源优势，汇聚侨界力量，努力在甘肃科学发展转型跨越的历史进程中建功立业》的工作报告，审议通过了相关人事事项及会议决议。会上，费亚夫

4月13日，甘肃省侨联六届三次全委会在兰州召开

要求全省各级侨联组织要努力把思想和行动统一到中央和省委指示精神上来，进一步解放思想，放眼未来，紧紧抓住当前西部大开发、中央扶贫开发、产业向西部转移以及国务院支持甘肃经济社会发展若干意见实施的有利时机，准确把握和科学利用甘肃省当前面临的黄金发展期、机遇叠加期和奋力跨跃期，充分发挥国内海外两个平台和财力智力两种资源的优势，配合省政府与中国侨联积极开展战略合作，主动加强与东部发达省份侨联的友好合作，不断拓展以侨引资、以侨引智、以侨促贸的广度和深度，努力为加快推进全省经济转型跨越发展、社会和谐稳定发展、民族共同繁荣发展做出新的更大的贡献，以优异成绩迎接党的十八大和省第十二次党代会胜利召开。

6 月 22 日，中国侨联主席林军（前排左二）出席 2012（壬辰）年甘肃省公祭伏羲大典

6 月 22 日，中国侨联主席林军在公祭伏羲大典开幕式上敬献花篮

【参与支持甘肃公祭中华人文始祖伏羲大典】 6 月 20 日—24 日，中国侨联主席林军、副主席朱奕龙应邀考察甘肃，并亲率来自 23 个国家和地区的 70 余名海外侨领参加伏羲大典，寻根祭祖、参访交流。王三运亲切会见了林军一行，并达成了中国侨联从 2013 年起参与主办天水伏羲大典的共识。期间，中国侨联与甘肃省人民政府和甘肃省侨联在天水举办了“华侨华人与中华文化走出去”研讨会。

6 月 21 日，中国侨联主席林军（左四）、甘肃省侨联主席费亚夫（右一）考察兰州市华侨实验学校

6月22日，中国侨联主席林军（右五）、甘肃省副省长咸辉（右四）出席"华侨华人与中华文化走出去"研讨会

【招商引资引项目】在中国侨联引荐和省侨联积极推动下，香港金龙科技集团投资17亿元用于天水市麦积区马跑泉公园提升改造工程建设，该项目作为2012年度落户甘肃的12个重大项目之一，6月于深圳在甘肃省政协港澳委员及企业家座谈会上成功签约。6月22日，林军主席、甘肃省政协副主席张世珍等出席该项目的开工仪式。6月25日，在兰州市皋兰盐池工业园区土地开发项目已投入10亿元的基础上，香港福昌企业（集团）有限公司董事长、江西省侨商会会长郑兆国与安宁区政府签约兰州国际大市场项目8亿元。中国侨商会副会长、明发集团董事局主席黄焕明先生与富丽（香港）国际投资集团、兰州中科生态农业综合开发有限公司在皋兰合伙投资100亿元的兰田半岛综合开发项目也已启动。2012年，经省侨联联系的侨商在甘肃投资的在建项目总额已超过230亿元，

【参与举办第十八届中国兰州投资贸易洽谈会】中国侨联和中国侨商会继续发挥兰洽会主办单位和协办单位的作用。7月6日，王永乐亲率50余名侨商来甘参加第十八届兰洽会。期间，中国侨联常委、中德（中国）环保有限公司董事长陈泽峰与皋兰县签约生活垃圾发电厂项目12亿元。甘肃省侨联与广东省侨联交流座谈暨项目对接活动也同期举行。中国侨商代表团、广东侨联代表团以及甘肃的部分企业家、项目科研人员等60余人参加上述活动，双方达成了一批合作意向。

7月6日，第十八届兰洽会开幕式

6月22日，中国侨联主席林军、甘肃省政协副主席张世珍、甘肃省侨联主席费亚夫等出席马跑泉公园提升改造工程开工仪式

甘肃省侨联主席费亚夫（右一）查看安宁北山项目进展情况

全省侨资签约项目资金超过730亿元。

【履行参政议政职能】 做好协商推荐人大归侨侨眷代表和提名侨联界政协委员人选工作，关系到侨界话语权的分量，关系到侨界的和谐稳定，关系到侨联参政议政的质量和水平。2012年年底，在省人大、省政协换届工作启动之初，省侨联主动向省委有关部门汇报，积极与省人大、省政协沟通，争取省委组织部、省委统战部支持，依法依章程协商推荐归侨侨眷人大代表，认真落实由侨联组织提名的侨联界政协委员人选。在新一届省人大、省政协中，有归侨代表4名，占0.79%；有侨联界政协委员6名（其中省侨联领导班子成员1名、常委2名、委员1名），占1.02%。全年，省侨联围绕改善投资环境、加强少数民族地区侨联工作、优化新侨创业环境、申请增加各级侨联界政协委员名额等问题，认真履行参政议政职能，向省政协提交提案4件，其中《关于改善外（侨）资企业投资环境的提案》被省政协十届五次会议评为优秀提案。

【维护侨胞合法权益】 不断建立健全法顾委作为侨联维护侨益工作的主体地位，充分发挥其在普法宣传方面的推动作用、在法制建设方面的参谋作用、在案件处理方面的示范作用、在法律咨询方面的服务作用和在参与社会管理方面的积极作用，深入做好组织侨胞、宣传侨胞、教育侨胞、服务侨胞的各项工作。2012年，省侨联法顾委重点协调处理了俄罗斯归侨请求国家赔偿、比利时籍华人请求解决房屋产权纠纷、部分侨眷请求维护其合法权益等方面的信访维权案件3起。

【拓展联谊交流】 不断深化联谊交往，积极实施“走出去”战略。4月份，推荐并派遣兰州市人民政府和兰州市侨联人员参加中国侨联代表团，赴欧洲出席在巴塞尔举行的可持续基础设施投资峰会，并向大会推介4个城市基础设施建设重大项目。11月29日—12月8日，经由甘肃省政协港澳委员联系，应台北市两岸经贸文教交流协会邀请，甘肃省侨联组团赴台湾开展侨务经贸文教交流及考察。考察团由中科院寒旱所研究员、省侨联兼职副主席何元庆担任团长，部分市州侨联、大专院校、有关单位负责侨联工作的同志共计25人参团。考察团专程拜会了华侨协会总会、佛教慈济大学、台北市两岸经贸文教交流协会，并与之座谈交流、互赠礼品、餐叙友情。这是甘肃省侨联充分发挥民间性特点和“侨中有台、台中有侨”优势，在实施“走出去”战略中进行的又一次有益尝试，对于进一步加强与台湾各界的交流交往，促进陇台文化经贸交流与合作，拓宽侨联干部工作视野，做好对台宣传，具有重要意义。

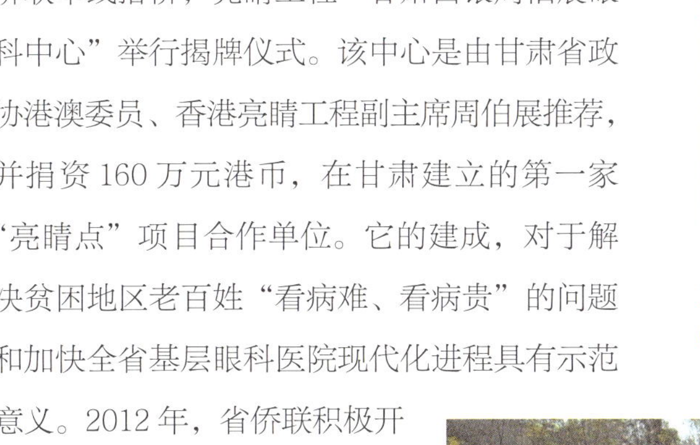

9月21日，甘肃省侨联主席费亚夫（前排右五）出席亮睛工程“甘肃白银周伯展眼科中心”开幕式

【做好侨界慈善公益事业】9月，经甘肃省侨联牵线搭桥，亮睛工程“甘肃白银周伯展眼科中心”举行揭牌仪式。该中心是由甘肃省政协港澳委员、香港亮睛工程副主席周伯展推荐，并捐资160万元港币，在甘肃建立的第一家“亮睛点”项目合作单位。它的建成，对于解决贫困地区老百姓“看病难、看病贵”的问题和加快全省基层眼科医院现代化进程具有示范意义。2012年，省侨联积极开展“送温暖、献爱心”活动，慰问困难归侨侨眷70户，发放慰问金及慰问品8万元，协调落实伏羲大典和贫困大学生资助、帮困助学、贫困地区水窖及学校电教设备援建、“侨心足球万里行”活动等各类捐赠资金超过1200万元，新设“珍珠班”18个，共有74个班的4009名贫困学生受益。

1月12日，甘肃省侨联主席费亚夫（右二）、中国侨联副巡视员赵志敏（左一）一行慰问99岁老归侨李雪（左二）

10月30日，甘肃省侨联费亚夫主席（后排右五）陪同香港惩教社教育基金代表验收援建学校

【开展“联村联户、为民富民”行动】为深入贯彻落实胡锦涛总书记等中央领导同志对甘肃工作的重要指示精神，进一步加强新形势下群众工作，加快脱贫致富步伐，推进全面建设小康社会进程，甘肃省委决定从2012年起在全省广泛深入开展省、市、县、乡单位联系贫困村、干部联系特困户的“联村联户、为民富民”行动。对于干部进一步了解省情农情，密切党群干群关系，形成全省上下凝心聚力促跨越的强大合力，具有十分重要的意义。省侨联根据省委双联工作安排部署，积极开展动员，成立领导小组，明确人员分工动。通过多次实地察看对口帮扶点——临夏县马集镇多木寺村的村容村貌及基础设施建设情况，听取马集镇和多木寺村的发展情况介绍，征求当地干部群众对开展“双联”行动的意见建议等，提出了“重点帮扶、整村推进”的工作思路和“一年有变化、二年见成效、第三年开始稳步发展”的目标。2012年，省侨联多方筹措侨胞捐赠资金30万元，为多木寺村特困户扶贫贷羊37只，种植黄芪当归试验田4亩，修建多木寺村委会办公用房188.21平方米。由于工作成效显著，省侨联被帮扶所在地中共临夏县委、县政府评为“2012年度联村联户为民富民行动先进集体”。

12月10日，甘肃省侨联系统信息员培训班开班仪式

【举办甘肃省侨联系统信息员培训班】为进一步做好全省侨联信息宣传工作，提高全省侨联系统信息员的综合素质，更好地服务于侨联事业科学发展，12月10日—11日，由省侨联主办、嘉峪关市侨联承办的“全省侨联系统信息员培训班”在嘉峪关市举办。来自全省各市州侨联、有关高校和省直单位侨联的20余名学员参加了培训。费亚夫，嘉峪关市政协副主席、统战部长曾俊礼出席开班仪式。嘉峪关市委党校何满良副教授、省信息中心李士锋处长为学员作综合文字辅导和网站知识讲座。费亚夫在开班仪式上指出，信息工作事关侨联工作全局，是外界了解侨联的重要渠道，各级侨联领导干部要切实加强对信息工作的领导，结合侨联工作重点和特色，提高信息工作质量，规范信息报送程序，让党和政府及时准确地了解侨界的社情民意。要搭建广阔的信息宣传平台，拓展信息交流渠道，加快信息网络化建设，不断扩大侨联的影响力。要加强对信息员队伍的教育培训，增强信息工作人员挖掘信息、捕捉信息的本领，进一步提高侨联服务经济社会发展的能力和水平。最后，他还结合自己多年的工作经验，从围绕党和国家工作大局、参政议政、维护侨益、海外联谊、群众工作等方面，对于侨联信息工作的地位和作用、掌握侨联信息收集与捕捉亮点的方法、把握侨联信息报送的原则和要求，以及提升信息工作者自身素质等方面做了深入阐述。

青海省归国华侨联合会

【领导成员名单】

党组书记：闵海峰（2012年9月离任）

主　　席：高永英（女，驻会）

党组副书记：罗士周（2012年9月任职）

兼职副主席：曲　平　熊　英（女）

秘书长：熊　英（女，兼）

副秘书长：朱英霞（女，驻会）

6月10日，中国侨联主席林军（右）与青海省长骆惠宁（左）在合作协议上签字

【综述】2012年，青海省侨联紧紧围绕省委、省政府的中心工作，高举中国特色社会主义伟大旗帜，以邓小平理论、“三个代表”重要思想、科学发展观为指导，认真组织省侨联常委、委员、侨商代表学习十八大、省第十二次党代会精神，按照中国侨联八届四次全委会和八届七次常委会要求，充分发挥凝聚侨心、汇集侨智、维护侨益的优势和作用，深入研究青海侨情新特点，紧紧围绕服务经济平稳较快发展，促进文化大发展大繁荣，维护社会和谐稳定，认真履行侨联各项工作职能，细化工作内容，注重突出重点，创新工作品牌，狠抓工作落实，为“建设新青海、创造新生活”作出更大的贡献。

【促成签署“中国侨联、青海省人民政府战略合作协议”】按照中国侨联和青海省人民政府的指示，青海省侨联积极参与“中国侨联、青海省人民政府战略合作协议”签字仪式的联络、协调、服务、接待工作。为推动青海实现跨越发展、绿色发展、统筹发展、和谐发展，中国侨联与青海省人民政府就发挥侨务资源、落实国家西部大开发战略部署、实现互利共赢，建立战略合作机制，6月10日，青海省省长骆惠宁和中华全国归国华侨联合会主席林军签订了战略合作协议。中国侨联副主席王永乐，青海省委常委、常务副省长徐福顺出席签字仪式并讲话，青海省委常委、纪委书记、统战部部长多杰热旦主持签字仪式，省人大副主任昂毛和省委统战部领导参加签字仪式。战略合作协议的签订，使中国侨联与青海省人民政府发挥各自优势，互相支持，通力合

6月10日，签署战略合作协议现场

6 月 10 日，青海省委统战部部长多杰热旦（左三）与中国侨联主席林军（右三）会谈

作，共同谋求侨联事业和青海省各项事业的发展。

【成立青海省侨商联合会】按照中国侨联和省委统战部的部署和要求，青海省侨联积极筹备成立“青海省侨商联合会”。中国侨联主席林军对青海省侨商联合会的成立寄于厚望，他希望新成立的青海省侨商会能按照《章程》富有成效地开展“以侨引资、以侨引智、以侨促贸”工作，为青海省引进资金、人才、技术和先进管理经验；积极鼓励东部侨务资源丰富的省、市侨联加强与青海省的合作，在引导、鼓励和组织侨商赴青海投资兴业等方面发挥更好的作用。借助中国侨联组团主办 2012 年“青洽会”的有利时机，6 月 10 日召开了青海省侨商联合会会员代表大会，中国侨联副主席王永乐，青海省委统战部部长多杰热旦出席大会并揭牌。会议通过了《青海省侨商联合会章程》、青海省侨商联合会选举办法，选举产生了青海省侨商联合会第一届理事会理事、会长、常务副会长、副会长和秘书长。王永乐在讲话中指出，近年来，青侨商企业从无到有、从小到大，来青海投资的华人华侨和港澳台同胞越来越多，为青海经济社会发展做出了一定贡献。青海省侨商联合会成立后，要进一步拓展海外联络，延伸工作触角，努力开创侨联事业新局面。多杰热旦认为，省侨商会的成立不仅是侨商组织和众多侨商的一致呼声，也是侨商事业在青海蓬勃发展的必然结果，更是我省侨联事业为全省发

6 月 10 日，省统战部部长多杰热旦（左）和中国侨联副主席王永乐（右）为侨商会揭牌

6 月 10 日，青海省侨商会成立大会

6 月 10 日，青海省侨商会第一次会员代表大会

6 月 10 日，青海省侨商会代表大会参会代表

【积极开展送温暖活动】按照中国侨联的要求，青海省侨联对全省贫困归侨的数量、困难种类、分布特点以及致困原因进行了认真调查，47 名归侨大多为企业退休职工，年龄在 70 岁左右，其中因家庭经济负担过重导致生活困难的占 85%。积极协调有关部门，帮助他们解决生活和就医困难等问题。积极争取中国侨联资金 10 万元，组织有关人员，对全省有影响的归侨侨眷代表进行走访慰问，对生活困难的 102 名归侨侨眷给予了补助，将党和政府以及侨联组织对他们的关怀送到他们的心上。

展大局服务的新形势下推动侨商企业更好更快发展而采取的一项重要举措，必将进一步拓展和延伸为侨服务的渠道和途径，推动我省侨联事业迈上一个新的台阶。

【组织侨商参与“青洽会”经贸活动】中国侨联作为 2012 年“青洽会”的主办单位，林军主席亲自带领中国侨商代表团亲临青洽会指导工作，美国、英国、德国、澳大利亚等 13 个国家和地区及国内外侨商近 100 人参与合作洽谈，与省工商联合作，签约项目 32 个，签约资金 108.6 亿元，到位资金达 11 亿元。“青洽会”期间，青海省侨联积极为中国侨商代表团和兄弟省区侨联、侨商会推荐招商引资项目，并尽最大努力做好接待、联络和服务等各项工作。

中国侨联领导与青海省侨联主席慰问侨商

中国侨联领导慰问归侨侨眷

【举行归侨侨眷联谊活动】 青海省侨联举办2012年省归侨侨眷迎新春联谊会，会上新老归侨侨眷欢聚一堂、欢歌笑语、其乐融融，大家畅谈在省委、省政府的正确领导下，青海经济社会发展取得的可喜成绩，纷纷表示决心在新的一年里立足本职、踏实工作，以优异的成绩迎接省十二次党代会和党的十八大胜利召开。在国庆、元旦等重要节日前夕，青海省侨联分别举办联谊活动，大家畅谈在省委、省政府的正确领导下，青海经济社会发展取得的可喜成绩，同话中华民族伟大复兴艰难历程，共叙"中国梦"美好前景，增强政治共识，增进了友谊。

9月28日，青海省侨联主席高永英在2012年中秋茶话会上致辞

9月28日，青海省侨联举行2012年中秋茶话会

【维护和促进祖国统一】 以"和平统一、一国两制"方针为指导，青海省侨联积极引导海外侨胞推进两岸关系和平发展实现祖国统一。依据中央对藏区稳定工作的统一部署，努力在新疆籍少数民族侨胞、境外藏胞中开展宣传教育工作，积极培养和壮大对我友好的基本力量，促进青海藏区跨越式发展和长治久安。加强与侨界代表人士的沟通和联系，鼓励和动员他们为家乡的经济建设服务。同时，积极培养归侨侨眷中的少数民族干部和知识分子，为他们搭建参观学习、挂职锻炼平台，促其加快成长。加强与涉台工作部门协调配合，研究参与制定青海省对台工作指导意见。鼓励和支持爱国友好侨团和人士积极推进两岸关系和平发展和中国和平统一大业，推动海外反独促统活动健康发展。加大对台湾省籍重点归侨侨眷工作力度，不断扩大促进两岸关系和平发展的社会基础和有利条件。加强与台湾和港澳地区侨界的交流合作，组织人员赴台参观考察，推动两岸民间交流。9月11日，青海师范大学侨联邀请了台湾传统射箭联盟领导林育德先生一行三人到师大进行射箭交流，增进了友谊，增强了联系。

【推进侨资项目】 青海省侨联发挥侨联人民团体的优势，广泛联系，沟通内外，主动工作，联络各界爱心人士、海外侨胞、华侨华人来青开展爱心济困行动，做好来青捐资助学的各界捐助单位及人员的接待与联络工作。2012年实施"侨爱心工程"项目3个，资金达380万元，其中贵南县民族中学图书项目50万元；平安、贵南县二个

贫困生与侨联、师大等领导合影

进做法和经验。9月下旬，组团赴江苏、安徽等省学习考察，签订友好侨联、友好商会协议，为加强与兄弟单位侨联的交流沟通、帮扶互助、优势互补、共同发展创造了条件，搭建了平台。2012年共接待省外侨联、社团、侨商共六批40余人，增进了与他们之间的工作和感情交流，为更好地开展工作奠定了基础。

珍珠班共120人，每人2750元，连续资助三年；争取马来西亚星洲媒体集团捐赠互助县城东小学教学楼，7月进行了落成典礼。组织北京传媒文化基金会给互助县城东小学进行捐赠活动，捐赠近5万元的学习用品，《青海日报》对此项活动编发稿件进行了广泛宣传。

【加强与兄弟省市侨联联系】本着“向先进看齐，借鉴经验，结合实际，为我所用”的工作理念，进一步拓展青海省侨联工作领域、改进侨联工作方式，创新工作思路，切实加强与中国侨联的纵向联系和与兄弟省区侨联的横向经验交流，学习“侨务大省”侨联工作先

10月22日，青海省侨联在学习考察期间与兄弟侨联互赠礼品

10月18日，青海省侨联与安徽省侨联签订友好协议

【开展侨情调研】青海省侨联认真学习和贯彻《国务院国家任务工作发展纲要（2011—2015年）》，加强全省侨情调研，摸清全省归侨侨眷、新侨底数，尤其是新侨基本情况，发现和掌握一批新的代表人士，建立了重点归侨侨眷名单；按照省委统战部《关于充实和完善党外后备队伍的通知》精神，建立侨联党外人士后备队伍人物库，为推荐侨联党外人士安排做好了准备。充分发挥各位常委、委员和广大归侨侨眷的作用，加强与侨界代表人士的沟通和联系，挖掘利用好“侨”的资源，逐步建立各地侨情基本情况调查数据库。

9月，青海省侨联召开六届五次全委会

【加强自身建设】青海省侨联党组按照中国侨联要求，组织召开省侨联常委会和全委会，认真学习十八大精神，调整工作思路，部署重点任务；召开省侨联六届二次常委会议，六届三次、六届四次全委会议，对各项工作进行了总结，确定重点工作任务。9月召开省侨联六届五次全委会，传达了中国侨联八届七次常委会议精神，确定省侨联五项重点工作；组织侨联机关干部、常委、侨商联合会、法律顾问委员会部分人员参加了由中旭股份有限责任公司青海分公司组织的执行力实效管理两场专家讲座，使广大干部、侨商开阔了视野，增长了知识，增强了自信心。为更进一步规范侨联和侨商会的工作程序，提高工作效率，建立健全了《机关工作人员基本守则》、《党组会议制度》、《主席办公工作会议》、《常务委员会工作规则》、《印章管理办法》、《侨商会工作人员考勤制度》、《侨商会财产管理办法》、《侨商会车辆管理制度》等规章制度，形成了制度、监督与责任并重的管理模式。

【加强基层组织建设】青海省侨联把贯彻落实全国侨联基层组织建设经验交流会精神，作为服务好广大归侨侨眷的基础和抓手，按照中国侨联《关于加强和改进新形势下侨联工作的意见》精神，积极加强和推进基层组织建设。根据侨联章程，指导条件成熟的青海师范大学完成侨联换届工作。组织力量对基层组织建设进行了一次全面的调查研究，参与调查的委员提出了符合我省侨情的并切实可行的具体措施来帮助和引导基层侨联加强组织建设。

【西宁市侨联工作】2012年，西宁市归国华侨联合会认真学习党的方针政策，夯实侨联基础工作，不断拓展侨联的工作新思路，在参政议政、维护侨益、为侨服务和自身建设等方面取得了新的成绩。建立了贫困归侨信息档案，深入老侨眷居住集中的区县街道办，调查了解掌握全市贫困归侨的数量，造册登记；并按困难种类、分布特点、致困原因等分类造册，建立贫困归侨资料库。开展台胞台属、归侨侨胞侨眷、国外藏胞调查，联合市台联、市国外藏胞办共同下发《关于对全市台胞台属、归侨侨胞侨眷、国外藏胞进行摸底调查的通知》(宁统字［2012］42号）文件，在四区三县及市直各有关单位对华侨、外籍华人、港澳同胞、归侨、侨眷的相关情况，侨属企业情况进行了调查。通过调查，掌握了部分变化的资料包括海外侨团及重点人士的情况，进一步建立和完善了侨情档案，明确了服务对象，提升了服务能力。侨联工作新情况、扩大了侨联的影响，基本掌握了侨情。加大政策宣传和矛盾排查化解工作力度，维护归侨侨眷的合法权益，提高他们的法律意识，增强了他们对政策的理解和认同，排查化解了一批矛盾。同时，进一步完善市侨联信访工作制度。积极开展对归国侨胞、侨眷的看望、慰问活动，在元旦和春节期分别对全市贫困台胞台属、归侨、侨眷、新侨等20名代表人士进行了走访慰问。及时帮助解决来宁旅游归国侨胞、侨眷的实际困难，争取人心，凝聚力量，增强海外同胞的向心力。积极推荐党外代表人士队伍中的港澳台界代表人士参加党外代表人士培训班；推荐林志红等3名港澳台界政协委员参加新任政协委员培训班；组织部分侨联委员参加以台湾形势、两岸焦点、祖国统一的美好前景为主题的涉台问题讲座，使与会者对当前两岸关系有了进一步的了解，更加坚定了祖国统一的信心。积极开展对外合作交流，协调中华国际文化交流协会主席、青港青年交流促进会主席、香港港骏集团主席庄伟波先生，启动"美好明天"活动，为西宁市20名贫困大学生捐赠20万元的助学金，受到了社会各界的一致好评。

【青海师范大学侨联工作】2012年，青海师大侨联认真学习党的政策方针，紧紧围绕学校中心工作，积极发挥桥梁和纽带作用，为师大发展建言献策，为师大各项工作任务的顺利完成提供了有力支持。积极开展调查研究、建言献策，以参政议政为着力点，深入实际开展调查研究工作，针对学校的发展、教学管理工作中的不足之处以及新校区建设，积极出主意、想对策、提建议，学校领导和有关部门的重视和采纳率大大提高。充分发挥侨联成员独特作用，针对师大侨联体育等方面人才优势，以体育竞技比赛为切入点，在全省大中专院校中率先组建传统射箭队开展训练，抢先占有了项目，先后参加乐都、尖扎的传统国际射箭比赛，取得全国大学生传统射箭团体亚军和个人排名赛亚军的成绩，为传统射箭进校园、进课

12月26日，青海师大侨联换届会场

堂打下了基础；与此同时，九月邀请了台湾传统射箭联盟领导林育德先生一行三人到师大交流比赛，增进友谊。为青海经济建设凝聚力量，组织人员赴浙江、福建两省考察学习，推荐、邀请侨商来青海参加青洽会，进行项目洽谈合作，并联系侨商牵线搭桥、引资引商，在开展体育文化交流等方面达成初步意向；青洽会期间，师大侨联配合省侨联及有关方面，热情接待参加青洽会的中国侨商代表团，中国侨商会副会长兼秘书长安晨对青海、对青海师大开展的工作给予充分的肯定。深入了解和掌握广大归侨侨眷和海外侨胞的愿望和要求，关心归侨侨眷中的困难群体，为侨界群众排忧解难。换届后的师大侨联聘请了2位名誉主席，为师大侨联提供了一定的活动经费，并为师大贫困学生捐助12万人民币。利用春节等节庆时机走访慰问退休侨眷，关心他们的工作生活，及时给他们送去慰问金及礼品，充分表达了党的温暖、组织的关怀，有的成员还个人出资慰问老归侨，协助组织解决他们子女就业、工作问题等实际困难，树立侨联良好形象。2012年12月，在师大校统战部、省侨联的支持下，完成了师大侨联的换届改选工作，补充了新鲜血液，增加了工作活力，为今后的发展打下了基础。

宁夏回族自治区归国华侨联合会

【领导成员名单】

主　　　席：朱奕龙

常务副主席：姜小玲（女）

兼职副主席：柯允君　哈若蕙（女，回族）　郑俊武　林文斌（2012 年 1 月 16 日增选）

秘　书　长：姜小玲（女，兼）

【综述】 宁夏的归侨侨眷主要有三个来源：第一，20 世纪五六十年代，一些有志青年响应党的号召，从东南亚或沿海省市到宁夏工作，后在宁定居的人员（相当一部分人员因海外关系被送往宁夏等西部省区）；第二，解放前夕国民党西北地区的官员移居台湾省，之后，部分人员又辗转到美国、沙特阿拉伯等国家和地区，其家属便成为侨眷；第三，改革开放后，部分探亲、留学、继承财产或经商人员，出国定居，其亲属即为侨眷。全区有归侨 132 人，侨眷 18908 人，侨务工作对象合计约 2 万多人，海外侨务工作对象合计约 3 万多人。散布在 52 个国家和地区，主要的国家和地区有：美国、欧盟各国、印度尼西亚、马来西亚、新加坡、加拿大、泰国、日本、菲律宾、朝鲜、澳大利亚、匈牙利、前苏联和港澳地区。银川市的归侨有 86 人，侨眷 10106 人，港澳同胞眷属 1808 人。石嘴山市有归侨 38 人、侨眷 5807 人，港澳眷属 108 人大多数为当年支援宁夏到此定居的青年。中卫市有归侨 3 人，侨眷 980 人，港澳眷属 49 人。固原市有归侨 2 人，侨眷 65 人，港澳眷属 19 人。2012 年宁夏侨联深入贯彻党的十八大精神，在宁夏回族自治区党委的领导和中国侨联的指导下，牢牢把握为大局服务和为侨服务相统一的指导思想，全面贯彻落实科学发展观和构建社会主义和谐社会的伟大战略构想，加强以能力建设为核心的自身建设，认真履行侨联各项工作职能，充分发挥自身优势，最大限度地团结凝聚广大归侨侨眷和海外侨胞，强化民族区域优势，维护社会和谐稳定，为宁夏全面夺取建设小康社会新胜利作出新贡献。

【加强政治理论学习】 学习是提升思想境界、推动工作科学发展的必由之路，宁夏侨联始终把抓好政治理论学习作为提高能力、增强素质、加强侨联队伍建设的一项重要任务。一是采取多种形式深入学习党的十七届六中全会精神、全国“两会”精神、国务院副总理李克强来宁夏考察时的重要讲话精神、宁夏回族自治区第十一次党代会精神和中国共产党第十八

11 月 8 日，宁夏侨联全体人员与宁夏党委统战部全体人员共同收看十八大开幕盛况

次全国代表大会精神。宁夏侨联还组织机关全体干部职工集中观看全国“两会”和十八大开、闭幕式盛况，认真学习胡锦涛同志在党的十八大上所作的工作报告及关于十八大的重要报道、重要文件、重要评论和新党章，召开专题座谈会，积极撰写心得体会和读书笔记，确保思想认识始终与中央和宁夏回族自治区党委的要求高度一致。二是加强侨务政策和统一战线理论政策的学习，向基层侨联及时下发学习中国侨联会议和文件精神的通知，明确学习重点，提出具体要求，努力增强做好工作的自觉性和坚定性。三是认真学习中共中央关于改进工作作风、密切联系群众的《八项规定》和《宁夏回族自治区党委、人民政府关于改进工作作风、密切联系群众的若干规定》，围绕实践科学发展、创新侨联机制、更好为侨服务的主题，倡导严、实、细、深的工作作风，开短会，发短文，讲短话，转作风，树立良好的作风、学风、文风。

1 月 16 日，宁夏侨联召开六届四次全委会议，右三为中国侨联副主席、宁夏侨联主席朱奕龙，右二为宁夏侨联常务副主席姜小玲

【召开宁夏侨联六届四次全委会】1 月 16 日，宁夏侨联六届四次全委会在宁夏悦海宾馆召开。中国侨联副主席、宁夏侨联主席朱奕龙、宁夏侨联兼职副主席郑俊武、柯允君、哈若蕙、宁夏侨联第六届委员会部分委员出席会议，宁夏侨联机关工作人员列席会议。会议由宁夏侨联常务副主席姜小玲主持。会议首先由朱奕龙传达了中央书记处对侨联工作重要指示精神，随后宁夏侨联副主席哈若蕙传达了全国人大常委会副委员长王兆国在中国侨联八届四次全委会上的讲话精神。

【侨联自身建设】宁夏侨联十分重视基层组织建设，会领导亲自抓落实，多次赴固原、吴忠和石嘴山协调成立基层侨联组织事宜。经过努力，固原市的摸底工作已初见成效，吴忠市也已基本具备了成立侨联组织的条件。在宁夏侨联的帮助和指导下，石嘴山市健民社区、怡心社区和银帝集团分别成立了侨联组织，这也是宁夏首批成立的基层侨联组织。

【成立宁夏侨商联合会】为了更好地发挥

7 月 15 日，中国侨联主席林军和宁夏回族自治区政府主席王正伟共同为宁夏侨商联合会成立揭牌

7 月 15 日，宁夏侨商联合会成立，中国侨联主席林军（主席台右六）、宁夏回族自治区政府主席王正伟（主席台右五）出席成立大会

侨商独特的作用，促进侨资企业和区域经济的协调发展，宁夏侨联经过两年的调研和筹备，于 7 月 15 日成立了宁夏侨商联合会。会议选举了中国侨联委员、宁夏海天集团董事长叶建敏为宁夏侨商联合会会长。宁夏回族自治区党委、政府和中国侨联对此非常重视，中国侨联主席林军、宁夏回族自治区政府主席王正伟、中国侨联副主席王永乐和宁夏回族自治区党委常委、统战部长马三刚参加了成立大会，并为宁夏侨商联合会揭牌。宁夏侨商联合会的成立，将进一步拓宽政府与侨商企业沟通的渠道，有助于进一步做好海外华人、华侨新生代的工作，也有助于侨联组织进一步拓展海外联络、延伸工作触角。

【举办“世界侨商宁夏行”活动】 7 月 15 日—18 日，宁夏回族自治区政府和中国侨联共同主办了世界侨商宁夏行活动。来自世界各地的 320 多位知名侨商首次大规模走进宁夏，考察宁夏经济社会发展状况和重点招商投资领域，寻找西部发展新机遇。参会侨商分别来自美国、英国、意大利、西班牙、俄罗斯、澳大利亚、日本、韩国、瑞典、马来西亚、新加坡等 20 多个国家和港澳台地区，国内 23 个省（市、自治区）的数百家侨商会、侨资企业和知名侨商也同时参会。参会侨商先后到银川市经济技术开发区、吴忠市红寺堡弘德慈善园区、黄河金岸等地进行了考察，并实地参观了蒙牛乳业公司、银星能源公司、农垦海峡生态农业产业园、神华创业园宁夏白浪印务有限公司、宁夏神马通用航空运动有限公司等企业，到鲁家窑生态移民区了解移民建设区建设情况。在世界侨商（宁夏）经贸推介洽谈会上，成功签约 48 个项目，总投资达 376 亿元。其中合同项目 19 个，合同金额 105.55 亿元，所签项目涉及能源、化工、机械、冶金、食品、医药等多个产业领域。世界侨商宁夏行活动圆满结束后的第一时间，宁夏侨联即将活动内容以题为《世界侨商宁夏行活动在宁隆重启幕》的简报形式分别报送宁夏回族自治区人民政府和中国侨联，并得到了中国侨联领导和宁夏回族自治区领导的好评。8 月 3 日，宁夏回族自治区政府主席王正伟高度重视，做出如下批示：“世界侨商宁夏行活动组织地很成功，探索出了一条让侨商了解宁夏、认识宁夏、投资宁夏的新思路，要以这次活动为契机，进一步加强与侨商的联系，同时，招商局、侨联对签约项目要跟踪落地。”8 月 7 日，中国侨联主席林军做出如下批示：“在自治区党委、政府的大力支持下，这次‘世界侨商宁夏行’活动获得圆满成功。这是中国侨联和宁夏侨联围绕

7 月 15 日，中国侨联主席林军（左四）和宁夏回族自治区政府主席王正伟（左三）共同参加世界侨商宁夏行活动

中心、服务大局，为地方经济社会发展做的一件实事。望继续把这项工作做‘实’。”8 月 15 日，宁夏回族自治区党委常委、统战部部长马三刚做出批示：“宁夏侨联积极主动服务于我区经济建设和社会发展事业，举办的‘世界侨商宁夏行’活动成效显著，向宁夏侨联的同志们表示感谢。望认真落实林军主席的批示，跟紧追踪，抓好签约项目落实工作”。同日，宁夏回族自治区政府副主席李锐做出批示：“请侨联不断总结经验，创新工作方式，进一步做好我区侨联工作，为宁夏建设和谐富裕新宁夏做出贡献。”12 月，美国华侨、中国侨商联合会副会长、中基浩泰（北京）投资有限公司董事长谢湘蓉女士来宁夏与石嘴山市正式签订了投资 25 亿元建设 30 个景点和景区的星海湖南域开发合作项目协议。这也是世界侨商宁夏行活动首个在宁落户的项目。

【参与 2012 宁洽会暨第三届中阿经贸论坛】9 月 12 日—16 日，中国（宁夏）国际投资贸易洽谈会暨第三届中国阿拉伯国家经贸论坛在宁夏成功举办。宁夏侨联参与接待中非总统代表团，接到任务后宁夏侨联工作人员对接待任务进行了精心设计，周密安排，立即组织人员认真查阅了相关资料，收集了大量的中非的基本国情资料、我国与中非友好关系及来访总统的相关资料，制定了包括开幕式、高峰会议、主题论坛、商品展览、文化体育交流等重要活动的详细方案，把时间争取在前面，保证了接待工作的顺利开展，圆满完成了接待任务。

7 月 15 日，宁夏回族自治区政府主席王正伟（右四）亲切会见出席世界侨商宁夏行活动的中国侨联主席林军（右五）

【积极开展参政议政工作】2012 年全国“两会”前夕，宁夏侨联围绕中心任务，针对归侨侨眷关心的热点问题，通过调研和听取宁夏各地市侨联的意见和建议，积极向侨界人大代表、政协委员提供提议案素材，主动为他们履行政治协商、民主监督、参政议政职责服务。全国“两会”期间，宁夏侨联界别的政协委员与侨资侨属企业代表、知名侨商、海外侨胞及社区侨联工作者座谈，了解侨情民意，共商侨界参政议政良策。委员们多次就当前侨界民生、侨资侨属企业发展和西部少数民族地区侨务工作等热点问题发表见解并提交相关提案。2012年全国政协十一届五次会议上，中国侨联副主席、宁夏侨联主席朱奕龙向大会提交了“促进少数民族文化交流，助推少数民族文化产业”、“关于加强新侨创新创业工作的建议”等11份高质量的提案，同时接受了新华网、中国政府网等多家媒体的专访，并应邀出席了全国两会少数民族代表委员茶话会。在侨联、致公党联组讨论会上，朱奕龙作了题为《充分发挥侨联独特优势和作用　促进少数民族地区文化大发展大繁荣》的发言，十一届全国人大常委会委员长吴邦国给予了充分肯定，引起了与会委员的强烈反响，得到了中国侨联和宁夏回族自治区政协及媒体的广泛好评。全区各级侨联向各级人大、政协提交议案、提案共41份，绝大多数都被采用并得到反馈。宁夏侨联与银川市侨联、石嘴山市侨联和中卫市侨联等相关部门在广泛调研、座谈、走访、摸底的情况下，向宁夏回族自治区党委推荐了具有代表性的侨界人士作为宁夏回族自治区政协第十届委员会委员人选，这些同志将在新一届政协中代表侨联界别，发挥积极的作用。

【积极开展侨法进社区宣传活动】根据中国侨联下发的《关于进一步加强新形势下维护侨益工作的意见》精神，宁夏侨联认真做好侨界群众来信来访和涉侨案件工作，积极开展侨法进社区宣传活动，形成了主动维权、科学维权、依法维权和规范化、制度化的维权工作新局面。为了更好更准确地向上级部门提供第一手侨情资料，宁夏侨联多次深入基层了解侨情民意，在广泛走访调研的基础上，向中国侨联提交了《关于宁夏侨情侨力资源及为侨服务政策的调研报告》。报告中同时建议由宁夏回族自治区党委、政府下发《关于加强新形势下侨联工作的意见》，对新时期侨联工作进行科学性定位和战略性部署，指导全区侨联工作长远积极发展，并建议加强少数民族地区侨联工作，打好“少数民族”这张“侨”牌。宁夏侨联先后确定石嘴山市侨联和中卫市侨联为侨法宣传联系点，经常到石嘴山、中卫、银川、固原等地指导工作。同时多次赴石嘴山市大武口区健民社区和怡心社区，开展侨法进社区和捐赠书籍活动，营造良好的维侨、护侨氛围。

【积极做好侨情信息工作】2012年宁夏侨联在《中国侨联工作》杂志上发表4篇文章和报道，宁夏侨联信息工作被中国侨联评为“全国侨联系统信息先进单位”。宁夏侨联紧紧围绕中心工作，积极宣传贯彻国家有关政策、会议及精神，及时传递中国侨联会议要求部署和相关工作动态，全年共编印《侨联简报》21份。通过《简报》展示宁夏侨联凝聚侨心、发挥侨力的良好形象。

【积极开展“送温暖、献爱心”活动】1月10日，中国侨联副主席乔卫一行在宁夏侨联领导的陪同下，走访慰问了全区50余家困难归侨侨眷、有杰出贡献的侨胞、优秀侨务工作者。1月16日，宁夏侨联举办宁夏侨界迎新春联谊会，150余位新老朋友欢聚一堂，共话侨界新事喜事，畅叙深情厚谊。中秋、国庆等重大节日，慰问归侨侨眷，并举办迎春茶话会、庆国庆、迎中秋座谈会等联谊思亲活动，节假日期间宁夏侨联还带着宁夏回族自治区党委、政府的亲切关怀和问候，分赴银川、石嘴山、吴忠、固原和中卫走访、慰问老归侨、困难归侨侨眷和侨界知名人士。

1 月 10 日，中国侨联副主席乔卫（右四）在中国侨联副主席、宁夏侨联主席朱奕龙（右一）的陪同下走访慰问宁夏老归侨

【拓展工作领域，走进社区暖侨心】2012 年宁夏侨联先后多次深入基层和社区开展侨务工作，形成了党建带侨建、侨建服务党建的新格局。3 月 5 日，宁夏侨联与石嘴山市侨联一道来到平罗县灵沙乡西灵村开展互助帮扶共建活动。宁夏侨联党支部用党费向西灵村村委会捐助了一台柜式空调，同时表示将积极联系海外侨胞为该村引进肉牛繁殖养殖优良品种；石嘴山市侨联也带来了《杨善洲》、《共产党员》等书籍和部分体育设施，用以充实村委会的农家书屋。6 月 29 日，宁夏侨联机关全体干部职工专程来到石嘴山市大武口区长城街道健民社区，向他们捐赠了宁夏侨联党支部用党费购买的包括生活服务类、家政类、小说类、医疗保健类等方面的各类书籍，用于充实社区的百姓书屋。10 月 18 日，宁夏侨联又到石嘴山市大武口区怡心社区开展侨联进社区和捐赠

1 月 10 日，中国侨联副主席乔卫（右三）在中国侨联副主席、宁夏侨联主席朱奕龙（右二）的陪同下走访慰问宁夏困难侨眷

1 月 16 日，宁夏侨联举办宁夏侨界迎新春联谊会，中国侨联副主席、宁夏侨联主席朱奕龙致辞

3月5日，宁夏侨联常务副主席姜小玲（右二）带领宁夏侨联党支部全体人员与石嘴山市侨联一道来到平罗县灵沙乡西灵村开展互助帮扶共建活动，并捐助了柜式空调、书籍和部分体育设施

6月29日，宁夏侨联常务副主席姜小玲（左二）率队赴石嘴山市大武口区长城街道健民社区捐赠了生活服务类、家政类、小说类、医疗保健类书籍用于充实社区的百姓书屋

10月18日，宁夏侨联常务副主席姜小玲（左四）率队赴石嘴山市大武口区怡心社区开展侨联进社区和捐赠书籍活动

书籍活动。在宁夏侨联的积极努力与协调下，促成中国侨联经济科技部与宁夏回族自治区卫生厅合作开展“侨心光明万里行”活动，计划在宁夏实施1000例白内障手术，项目已经签约准备实施。

【积极开展捐资助学活动】 2012年，中国侨联副主席、宁夏侨联主席朱奕龙在石嘴山市煤矿塌陷区捐资20余万元新建了一所“奕龙侨心小学”，能容纳2000多名学生，目前学校已建成并投入使用。在宁夏育才中学举办的“珍珠班”几年来在全国“珍珠班”高考中都名列前茅，许多“被捡回的珍珠”以优异的成绩考入了清华、北大等名校。2012年在宁夏育才高级中学和宁夏大学附属中学招收了4个“珍珠班”，共200名学生，目前学生已全部入学上课。10月17日，宁夏侨联领导受宁夏香港同乡会的委托赴海原县回民中学，就“侨联班”学习和资助事宜进行回访调研，并送去捐助金2万元，同时还通过电话现场争取到了明年资助60名贫困生的计划，此项计划将长期持续下去。

10 月 17 日，受宁夏香港同乡会的委托，宁夏侨联常务副主席姜小玲（中排左八）赴海原县回民中学就“侨联班”学习和资助事宜进行回访调研并送去捐助金 2 万元

6 月 28 日，宁夏侨联举行庆祝中国共产党建党 91 周年活动

【纪念建党 91 周年系列活动】6 月 28 日，宁夏侨联和石嘴山市侨联、石嘴山市文联、石嘴山市工信局及石嘴山市各辖区侨联共同举办了以重温入党誓词、唱红歌、再忆革命先驱奋斗事迹等形式的庆祝中国共产党建党 91 周年活动。

【举办宁夏香港两地青年文化交流活动】2 月 16 日—20 日，由宁夏侨联和香港特区政府青年事务委员会、香港宁夏同乡会共同举办的为期 5 天的宁夏、香港两地青年学生文化交流活动在香港取得圆满成功。活动以“薪火相传，弘扬中华文明”为主题，以宁港两地青年学生在港进行文化交流为主要形式，以促进两地青年学生开阔眼界、丰富知识、互动交流、增进了解和友谊为

2 月 16 日—20 日，宁夏侨联和香港特区政府青年事务委员会、香港宁夏同乡会在香港共同举办宁夏、香港两地青年学生文化交流活动

2月16日—20日，宁夏侨联和香港特区政府青年事务委员会、香港宁夏同乡会在香港共同举办宁夏、香港两地青年学生文化交流活动

目的。来自宁夏大学、宁夏医科大学、宁夏师范学院、北方民族大学4所高校的20名品学兼优的大学生，宁夏育才中学10名品学兼优的贫困中学生，积极参与组委会安排的各项活动，与香港青年学生进行了广泛充分地交流。

【积极参加第四届创新成果交流会评选】 8月10日，第四届新侨创新成果交流会在北京举行。宁夏有6人获奖，获奖总人数比例在全国侨联系统名列前茅，其中获得创新人才奖5人，获得创新成果奖1人。其中宁夏大学副校长、教授、德国柏林自由大学博士李星的优秀事迹被收录到中国侨联为纪念此次活动专门出版的《梦圆中国》杂志中。宁夏侨联还获得了中国侨联颁发的第四届新侨创新成果交流会“组织工作奖”。

【参加中国侨商联合会第四次会员代表大会】 2012年9月，按照中国侨商会换届工作要求，宁夏侨联推荐了具有代表性的4位侨商为中国侨商会第四届会员代表大会副会长，推荐4人为中国侨商会第四届会员代表大会理事，推荐宁夏侨商联合会为中国侨商会第四届会员单位，宁夏侨联呈报的各类推荐人选在中国侨商会换届选举中全部当选。

【缔结友好侨联协议书】 为深入贯彻落实科学发展观，创新侨联机制，更好地为经济社会发展服务和为侨服务，2012年7月，宁夏侨联先后与江西省、浙江省、山东省、广东省、河南省、福建省侨联缔结友好侨联，并签订友好合作协议。协议突出了联合协作、优势互补、互惠互利、共同发展的原则，双方充分发挥两地侨联的整体优势，在经济建设、文化建设和社会建设方面进行广泛深入的交流与合作。

7月16日，中国侨联副主席、宁夏侨联主席朱奕龙与中国侨联副主席、广东省侨联主席王荣宝签署友好协议

新疆维吾尔自治区归国华侨联合会

【领导成员名单】

主　　　　席：王永刚

副　主　席：阿不都外力·马木提（维）

副主席兼秘书长：李佩芳（女）

党 组 成 员：赛库如汗·曙亚（哈，2012年8月任职）

【综述】2012年是全面推进新疆跨越式发展和长治久安两大历史任务的重要一年，新疆各级侨联组织深入学习贯彻落实党的十八大、中央新疆工作座谈会和自治区党委第八次党代会等会议精神，按照科学发展观的要求，坚持围绕中心、服务大局、以侨为本、为侨服务、积极进取、不断开拓、认真履职、主动工作。积极顺应侨情变化新特点，不断深化“国内海外工作并重、老侨新侨工作并重”，着力围绕服务经济社会发展，维护团结和谐稳定，坚持以人为本、为侨服务的宗旨，认真履行侨联各项工作职能，充分发挥自身优势和作用，在凝聚侨心、汇集侨智、发挥侨力、维护侨益方面的能力得到了进一步提高，思想建设、文化建设、组织建设、制度建设和基础条件建设进一步加强，服务自治区经济社会发展与和谐稳定的大局意识得到进一步增强。各级侨联组织积极按照新疆侨联六届五次（全委）扩大会议提出的工作目标，在海外联谊、文化宣传、服务民生、公益事业、招商引资、基层建设等方面开展了大量工作，全区侨联面貌发生了新变化，工作取得了新成绩，事业得到了新发展。

【召开新疆侨联六届五次全委（扩大）会议】2月22日—24日，新疆侨联在乌鲁木齐市召开六届五次全委（扩大）会议，来自全疆各地的侨联六届委员会委员，自治区有关厅局、各地、州、市侨联和乌鲁木齐、区两级侨联的负责同志共计80余人，分别出席、列席了会议。新疆维吾尔自治区党委常委肖开提·依明出席会议并代表自治区党委、政府作了讲话，新疆侨联主席王永刚传达了中国侨联八届四次全委会精神，并代表新疆侨联六届常务委员会向大会做了题为“凝心聚力　锐意进取　努力拼搏　创新求变　以优异成绩迎接党的十八大胜利召开”的工作报告。23日，新疆侨联邀请新疆党校知名专家、领导和新疆外（侨）办领导为与会人员做了专题辅导报告。24日，新疆侨联召开全疆地

2月22日，新疆侨联召开六届五次全委（扩大）会议

新疆侨联邀请新疆党校知名专家、领导和新疆外（侨）办领导为与会人员做专题辅导报告

州市侨联工作经验交流大会。

【新疆侨务工作座谈会】4月10日，新疆维吾尔自治区侨务工作座谈会在乌鲁木齐市召开。新疆维吾尔自治区党委常委、侨务工作领导小组组长肖开提·依明出席座谈会并作了讲话。新疆侨联党组书记、主席王永刚主持会议，座谈会上传达了全国侨务工作会议、国务院侨务工作十二五规划纲要和中央书记处对侨联工作的指示精神，新疆大学、新疆农业大学、新疆医科大学代表高等院校作了经验交流发言。新疆涉侨部门和有关厅局、各高等院校、科研院所、新闻媒体以及乌鲁木齐市及各区县侨联有关负责同志共70余人参加了会议。中国侨联主席林军在新疆侨联《关于呈报新疆维吾尔自治区党委常委肖开提·依明同志在自治区侨务工作座谈会上的讲话的报告》上批示："自治区党委常委肖开提同志对侨联工作的理解、关心、支持尤其让人感动。自治区侨联应把新疆自治区党委、政府的关怀切实转换为自治区经济社会建设、社会稳定、民族团结作贡献上来，动员全疆侨胞一心一意跟党走，心无旁骛促发展，把广大侨胞紧紧团结在区党委、区政府的周围。"

【海外联谊和文化交流工作】3月22日，新疆侨联主席王永刚在乌鲁木齐市会见了吉尔吉斯斯坦中亚华侨华人友好协会会长虎玉梅，并就进一步开展海外华文教育有关工作进行交流座谈。6月2日，新疆侨联与吉尔吉斯斯坦中亚华侨华人友好协会经过一年筹备，在中国驻吉国大使馆、新疆外（侨）办的支持下，成立了吉尔吉斯斯坦首都比什凯克市"爱侨中文小学"，招收40余名侨胞子女入学，该校是中亚地区正式成立的第一所中文小学。6月5日，新疆侨联主席王永刚会见了中国侨联委员、阿联酋华侨华人联合会副主席常琪，双方就建立长期的友好合作关系及开展"亲情中华"慰侨活动等进行了探讨，希望能进一步加强两会之间的联系和合作。6月18日—22日，在中国侨联和新疆侨联支持下，阿勒泰地区侨联组织"亲情中华"艺术团一行30人，赴哈萨克斯坦东哈州乌斯卡缅市、赛米市、斋桑县进行了慰侨演出、侨情调研、文化交流等

4月10日，召开新疆侨务工作座谈会

比什凯克市爱侨中文小学

活动。7月23日—31日中国·新疆·阿勒泰“亲情中华”艺术团一行22人赴蒙古国巴彦乌列盖省开展文化交流和慰问演出活动，艺术团在乌列盖市剧院举行慰侨演出，并走访慰问侨胞10户。27日，艺术团赴萨克赛县举行慰侨演出，并参加了纪念巴彦乌列盖民主革命胜利91周年及2012年那达慕大会开幕式。28日下午，应巴彦乌列盖省政府和当地民族的盛情邀请，艺术团在乌列盖市剧院再次进行演出，此次出访慰侨，受到了蒙古国巴彦乌列盖省政府、民众和广大侨胞的热情接待，收到了良好效果，取得了圆满成功。9月19日—23日，新疆侨联副主席兼秘书长李佩芳赴吉尔吉斯斯坦比什凯克市为“爱侨中文小学”捐赠了价值数万元的教学器材，并前往吉国依塞克湖州卡乐昆市调研华文教育工作。12月8日—20日，在中国侨联和新疆维吾尔自治区党委、政府的重视与关心支持下，新疆侨联“亲情中华”艺术团一行25人，赴希腊和阿联酋开展了慰问演出、文化交流、侨情调研和联谊座谈会等活动，得到了中国驻两国大使馆、总领馆及侨社团和友好团体的大力支持配合。艺术团先后在雅典、迪拜和阿布扎比分别举办了“亲情中华·欢聚希腊”等专场慰问演出4场。同时，艺术团先后参加了“中华人民共和国成立63周年暨中希建交40周年招待会”和“希腊华侨华人社团圣诞义卖”等当地华侨华人和中资企业活动，友情出演3场质量较高的新疆歌舞，向华侨华人及两国人民推介源远流长的中华文化和独具特色的新疆文化，受到了当地政府和华侨华人的盛赞，雅典市副市长普罗瓦塔斯说“雅典市政府早已把华侨华人视为自己的亲人，他们帮助雅典无家可归者的善举，为希腊人树立了典范。雅典市政府会始终站在侨团旁边鼓励他们、支持他们。今天，新疆侨联亲情中华的演出非常

比什凯克市爱侨中文小学教师为华侨华人子女授课

12 月 10 日，“亲情中华”艺术团在希腊雅典市慰问演出

精彩，在希腊很少能看到水平这么高的演出，欢迎今后你们能常来希腊。”阿联酋华侨华人联合会副主席兼秘书长徐小平表示：“亲情中华是首次来阿联酋演出，活动非常成功，它拉近了海外华人和祖国的距离，拉近了世界华人之间的距离。”通过两国的慰问活动，达到了以文化交流为载体，进一步传播中国文化、加强侨界联谊，凝聚全球侨心、促进侨界和谐，激发海外侨胞的爱国爱乡热情，团结和凝聚归侨侨眷和海外侨胞为国贡献力量的目的。

【文化宣传工作】4 月 21 日，全国侨联文化宣传工作会议在山西太原召开，新疆侨联主席王永刚在会上就开展海外联谊工作作了大会交流发言。4 月 23 日，中国侨联主席林军在北京专门会见了新疆侨联主席王永刚一行。王永刚向中国侨联汇报了新疆侨联六届委员会换届 3 年来的工作开展情况，得到了林军主席的充分肯定和高度评价，专门作出了“前些日子，新疆侨联党组书记、主席王永刚同志亲自来汇报区侨联的工作，听后令人振奋。新疆侨联工作有很大变化，这是区党委、区政府关心、重视、支持的结果”的批示。5 月 29 日—31 日，新疆侨联文化宣传工作会议在伊犁哈萨克自治州伊宁市召开。会议传达了中国侨联文化宣传工作会议精神，表彰了 2011 年度全区侨联优秀信息员，举办了信息撰写和新闻摄影基本知识培训讲座，并组织与会人员赴霍城县、霍尔果斯口岸和巩留县对伊犁州侨联开展招商引资、扶贫帮困等工作情况进行了现场观摩考察。5 月，新疆侨联荣获世界华人学生作文大赛组委会颁发的“第十三届世界华人学生作文大赛组织奖”。8 月 10 日，由中国侨联主办，中国科学院、中国科协和国家知识产权局协办的第四届新侨创新成果交流会在北京人民大会堂举行，新疆侨联副主席兼秘书长李佩芳出席大会，新疆侨联荣获中国侨联第四届新侨创新成果交流会“组织工作奖”，四位侨界学者荣获“第四届中国侨界贡献奖”。其中，新疆人民医院副院长李南方和中国科学院新疆理化技术研究所研究员潘世烈荣获创新人才奖；中国工程院院士新疆大学教授吾守尔·斯拉木负责的《维哈柯汉英多语种信息处理综合系统开

新疆侨联主席王永刚在全国侨联文化宣传工作会议上做交流发言

中国侨联主席林军（左三）会见新疆侨联主席王永刚（右二）一行 3 人并听取工作汇报

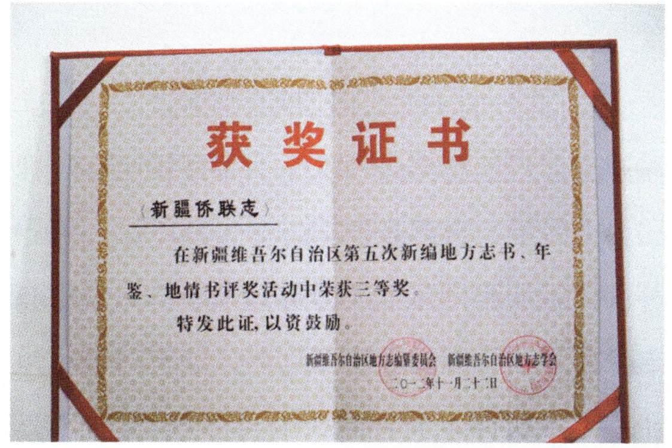

获奖证书

（新疆侨联志）

在新疆维吾尔自治区第五次新编地方志书、年鉴、地情书评奖活动中荣获三等奖。

特发此证，以资鼓励。

11 月 22 日，《新疆侨联志》荣获新疆维吾尔自治区第五次新编地方志书、年鉴、地情书优秀成果三等奖

发及应用项目》和新疆林科院副研究员王建友负责的《新疆巴旦木良种与集约栽培技术的师范与推广项目》荣获创新成果奖。11 月 22 日，《新疆侨联志》荣获新疆维吾尔自治区第五次新编地方志书、年鉴、地情书优秀成果三等奖，《新疆侨联志》是 2010 年 8 月由新疆侨联编纂出版的全国第一部侨联组织自己编写的地方侨联志书，全面宣传介绍了侨联工作，扩大了侨联组织的社会影响力。

【维护侨益，开展公益事业】1 月 12 日，新疆侨联下发通知，要求新疆各级侨联在春节前行动起来，把关心侨界困难群众生活、解决当前实际困难作为重点，在新疆侨界大力开展“送温暖、献爱心”慰问活动。1 月 16 日—18 日，中国侨联直属机关党委副书记、纪委书记赵红英、新疆侨联主席王永刚和副主席兼秘书长李佩芳等组成“送温暖、献爱心”慰问团赴新疆生产建设兵团、昌吉回族自治州、乌鲁木齐市等地慰问贫困归侨侨眷。3 月，新疆侨联制定了《新疆侨联珍珠班管理办法》以规范新疆“珍珠班”管理。参加 2012 年高考的乌鲁木齐市 101 中学的 100 名珍珠生全部考入大学，目前，新疆侨联在 4 所高级中学设立了“珍珠班”，共有 300 名在校珍珠生。5 月 8 日，中国侨联法律顾问委员会成立 30 周年纪念大会在北京人民大会堂召开。新疆侨联主席王永刚、副主席阿不都外力・马木提应邀出席会议，会上阿不

1 月 16 日，中国侨联直属机关党委副书记赵红英（中）慰问中国工程院信息与电子工程学部院士、新疆大学教授吾守尔・斯拉木（右二）

新疆侨联与新疆师范大学共同举办应善良助学金捐助仪式

都外力·马木提同志被聘为中国侨联法律顾问委员会委员。5月22日，新疆侨联在新疆师范大学举办应善良福利基金会贫困生助学金发放仪式，共有30名各族贫困学生受到了应善良福利基金会的资助，该资助项目是新疆侨联在2011年与“应善良福利基金会”多次联系后确定的，也是新疆接受“应善良助学金”的第一所高校。12月28日，新疆侨联、新疆师范大学在上海与应善良福利基金会签订了捐赠协议，将对新疆贫困大学生的资助总数扩大至60名。2012年，新疆侨联不仅在节假日期间慰问侨界老干部、侨界困难群众，权益保障部和新疆侨联法律顾问委员会一同帮助侨界群众处理了两起多年悬而未决的案件。

【服务经济建设】3月28日，万好国际集团有限公司、福建海峡国际商贸实业有限公司调研组一行四人到新疆考察果品、药材资源项目。新疆侨联协调联系新疆供销社、林业厅、卫生厅等相关单位并陪同考察调研。7月5日—10日，中国侨联海外联谊部副部长杨嘉明率领来自40个国家的120位中国侨联海外委员和海外青年委员考察团来新疆参观考察。新疆侨联先后与喀什地区、吐鲁番地区、乌鲁木齐市三地党委政府和新疆招商局、博览局等单位联系组织协调此次考察活动。8月，新疆侨联在2011年与新疆工商联合会对全疆侨资侨属企业摸底调查的基础和前期各项准备工作的基础上，向新疆维吾尔自治区民政厅申报成立新疆（国际）侨商会，8月27日，新疆民政厅下发《批准筹备各社会团体通知书》（新民社筹 第［2012］22号），批准新疆侨联筹建新疆（国际）侨商会。至此，新疆（国际）侨商会的筹备工作正式启动。9月，新疆召开第二届“中国——亚欧博览会”，新疆侨联坚持“围绕中心、服务大局”工作方针，充分发挥侨联组织广泛联系海外侨胞的独特优势，积极参与配合，利用海外出访、参加全国侨联会议等机会在国内外进行宣传推介，热情邀请侨商侨企来疆参会，积极发挥侨联组织服务经济建设的应有作用。9月21日，新疆侨联为乌鲁木齐粤新定坤炉料有限公司和阿勒泰地区天德矿业有限公司牵线搭桥，促成了粤新定坤炉料有限公司对天德矿业有限公司的收购工作。

【学习党的第十八次代表大会精神】 11月8日，党的十八大胜利召开。新疆侨联组织全体干部职工集中收听收看十八大开幕式盛况，认真聆听学习胡锦涛同志《坚定不移沿着中国特色社会主义道路前进为全面建成小康社会而奋斗》的报告。11月19日，新疆侨联召开党组会议，研究部署学习贯彻党的十八大精神有关工作，要求全体干部职工把学习宣传贯彻十八大精神作为当前和今后一个时期的首要政治任务，深刻认识其重要意义。同时，侨联机关党支部将十八大报告中的重点和亮点制作成学习宣传十八大精神专题展板供干部职工学习，各地归侨侨眷也开展丰富多彩的学习宣传十八大精神活动。新疆侨联先后组织机关干部参加“党的十八大精神中央宣讲团”和新疆维吾尔自治区党委组织部举办的中央党校教授十八大专题辅导报告会等活动，进一步深入学习党的十八大精神。

【凝聚侨心、献礼十八大】 新疆侨联为做好老归侨侨眷工作，坚持“以侨为本、为侨服务”，“老侨、新侨工作并重”，充分发挥侨联组织和老归侨侨眷参与社会管理的积极作用，有效构建和谐社会。10月23日，新疆侨联老归侨侨眷联谊总会挂牌成立。11月25日，新疆侨联编辑出版了《凝心向党 感恩报国》和《新疆侨界风采录》两本书作为新疆侨界党的十八大献礼。《凝心向党 感恩报国》收录了新疆各族归侨侨眷用自己亲身感受所写的家书，从不同角度、不同侧面反映建党90周年取得的伟大成就和侨联事业发展取得的成绩；《新疆侨界风采录》是对新疆侨界典型人物的宣传，反映他们在各自的工作岗位上建功立业的新风貌、新贡献。

新疆侨联编辑出版的《凝心向党 感恩报国》和《新疆侨界风采录》

【新疆维吾尔自治区党委常委肖开提·依明视察侨联工作】 3月14日，肖开提·依明常委莅临新疆侨联机关视察工作，并参观了侨联机关建设和办公环境，看望了侨联机关各部室的干部职工。肖开提·依明常委在与新疆侨联全体干部职工的座谈交流中勉励

10月23日，新疆侨联老归侨侨眷联谊总会挂牌成立。图为新疆侨联领导与首届老归侨联谊总会领导机构成员合影

新疆维吾尔自治区党委常委肖开提·依明（前排右二）与自治区侨联领导及干部职工合影

7月29日，新疆侨联主席王永刚、副主席兼秘书长李佩芳在乌鲁木齐市红山宾馆会见了香港侨界社团联会余国春会长一行31人。7月31日—8月3日，新疆侨联主席王永刚、副主席兼秘书长李佩芳一行前往哈密地区调研。听取了哈密地区侨联工作汇报，并到侨资侨属企业伊吾闽兴矿业科技有限公司调研考察。9月3日，新疆侨联党组成员赛库如汗·曙亚会见了来疆考察交流的黑龙江省侨联副主席迟国强一行25人。9月7日，重庆市侨界青年联谊会考察团一行8人来疆考察交流侨联工作。新疆侨联党组成员赛库如汗·曙亚会见了考察团一行。9月18日，新疆侨联党组成员赛库如汗·曙亚和部分侨联干部与山西省阳泉市侨联考察团一行14人就开展侨联工作进行了座谈。9月19日—21日，新疆侨联党组成员赛库如汗·曙亚赴阿勒泰地区就侨资侨属企业情况开展调研工作，并出席乌鲁木齐市粤新定坤炉料有限公司收购阿勒泰天德矿业有限公司签约仪式。10月12日—19日，新疆侨联副主席阿不都外力·马木提到巴音郭楞蒙古族自治州、阿克苏地区等地开展基层侨联工作调研和古尔邦节慰问活动。11月5日、13日，新疆侨联党组成员赛库如汗·曙亚先后赴乌鲁木齐市、昌吉回族自治州就侨资侨属企业情况进行调研，并与侨资侨属企业就新疆（国际）侨商会章程等问题进行交流座谈，听取企业意见和建议。

大家要将侨联精神传承下去，工作中要从大局出发，敢于担当，要多谋事，少谋人，有为才有位，要谋大局、干大事，不要辜负组织对我们的期望，要坚信只有努力才能改变，只要努力就能改变，面对困难迎难而上，在2012年的工作中取得新的更大成绩，为党的“十八大”献礼。

【调研考察座谈工作】4月24日—27日，新疆侨联主席王永刚、副主席兼秘书长李佩芳等一行专程赴河北省和内蒙古自治区考察学习，与两省、区侨联领导进行了交流座谈。同时，还考察了侨资企业内蒙古包头大安钢铁集团有限公司，了解了企业发展需求和生产经营情况，为企业在新疆进一步发展献计献策，提供服务。5月22日，新疆侨联主席王永刚、副主席阿不都外力·马木提一行前往侨属企业青湖御园生态园开展调研。新疆吉瑞祥（集团）投资有限公司党委书记、总裁、新疆侨联兼职副主席吉祥汇报了企业发展的现状和远景规划，与会人员并对《新疆华商会章程》（草案）和筹备工作进行讨论。

7 月 29 日，香港侨界社团联会来疆考察交流。图为新疆侨联与香港侨界代表团合影留念

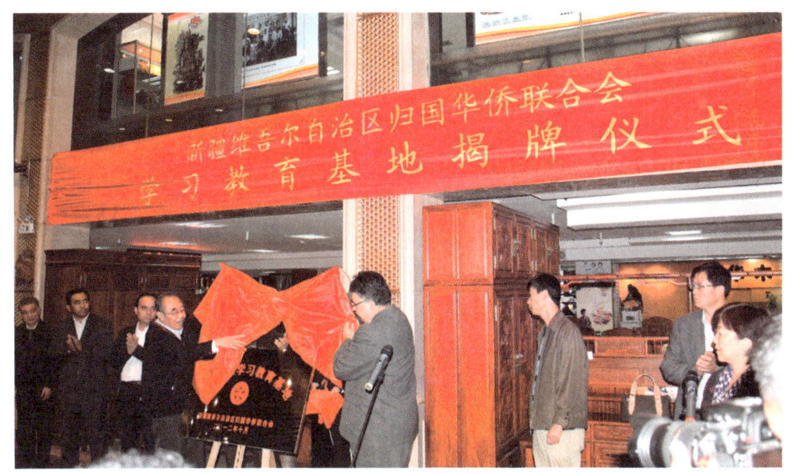

10 月 12 日，新疆侨联学习教育基地正式成立

【加强自身建设，提升机关工作水平】3 月，新疆侨联按照新疆维吾尔自治区党委切实抓好新疆“三史”学习教育活动的要求，组织机关全体干部职工收看专题讲座并进行讨论学习。5 月 7 日，经新疆维吾尔自治区机构编制委员会办公室研究批准（新机编办［2012］70 号），“新疆维吾尔自治区华侨华人历史研究所”正式成立。该机构成立后主要负担新疆籍华侨华人历史研究、侨情调研、现况研究和《新疆侨联》期刊编辑印发等工作。9 月初，新疆侨联面向社会公开招聘华侨华人历史研究所历史研究、杂志美编和新闻采编三个岗位的专业人员。通过招录干考试，招录了三名高校毕业生，增添了新的力量。10 月 12 日，经过半年的筹备，新疆侨联学习教育基地（粤新百年边疆民族情展室）正式挂牌成立。中国侨联主席林军为展室题词“粤新磐石情”。教育基地展出近百年来广东人奔赴新疆、保卫新疆、建设新疆的感人事迹，对广大干部和归侨侨眷传承援疆大爱精神，弘扬新疆精神，进行爱国主义教育和民族团结教育。

新疆生产建设兵团归国华侨联合会

【领导成员名单】

主　　席：王宇科（2012年11月当选）

驻会副主席：刘西疆（2012年11月卸免）

　　　　　轩江波（2012年11月当选）

兼职副主席：斯郎别克·阿斯勒别克

秘 书 长：廖生力

1月16日，中国侨联机关党委副书记赵红英（右）走访慰问石河子市日本归侨、百岁老人陶敏

【综述】 兵团侨联成立于1985年4月。五届侨联委员会现有委员29名，其中常委14名，主席一名，驻会副主席一名，兼职副主席一名，兼职秘书长一名。2012年，兵团侨联在中国侨联的关怀指导和兵团党委的正确领导下，坚持以邓小平理论、"三个代表"重要思想、科学发展观为指导，以贯彻落实中央新疆工作座谈会、中国侨联"八代会"和兵团侨联"五代会"精神为重点，以开展侨界活动为载体，围绕中心，服务大局，团结动员广大归侨侨眷和海外侨胞共同致力于实现全面建成小康社会，通过加强联谊交流，发挥侨联工作优势，为推动兵团跨越式发展和长治久安做出了应有贡献。

【"送温暖、献爱心"活动】 1月15日—16日，中国侨联直属机关党委副书记、纪委书记赵红英一行3人来兵团开展"送温暖、献爱心"活动，兵团侨联党组书记王宇科、副主席刘西疆陪同前往石河子市走访慰问。兵团侨联在元旦、春节期间，广泛开展了侨界"送温暖、献爱心"活动。兵团侨联党组书记王宇科、副主席刘西疆分别率慰问组先后赴六师、八师、建工师、十二师、石河子大学、新疆农垦科学院进行了走访慰问。慰问组深入基层听取归侨侨眷在生产生活中存在的困难和意见，了解归侨侨眷群众的所需所盼，掌握归侨侨眷最关心的问题和反映最强烈的困难，并现场办公协调解决有关问题。在走访慰问活动中，对企业困难职工、下岗失业人员、大病致贫家庭和知识分子典型代表进行了重点慰问，给他们送去了慰问品和慰问金。兵团侨联下拨慰问金24万元，并要求各师予以配套，以确保慰问活动顺

1月9日，兵团侨联党组书记王宇科（左一）、兵团侨联副主席刘西疆（右二）走访慰问十二师侨眷沙拉海

利开展。据不完全统计，全兵团各级侨联在两节期间共慰问贫侨家庭和有突出贡献的侨界典型代表565户。

1月18日，兵团侨界“迎新春联谊会”在乌鲁木齐举行，兵团侨联副主席刘西疆主持

【兵团侨界“迎新春联谊会”】1月18日，由兵团侨联主办的“兵团侨界迎新春联谊会”在乌鲁木齐举行，70多名来自乌鲁木齐、石河子、五家渠等地的归侨侨眷代表和侨联工作者欢聚一堂，共贺新春。兵团侨联党组书记王宇科致新春贺辞，刘西疆副主席主持会议。自治区侨办、自治区侨联和兵团有关部门领导应邀出席了会议。王宇科代表兵团侨联向广大归侨侨眷及海外亲友致以节日的问候和美好的祝愿。他说，2012年是贯彻落实中央新疆工作座谈会精神的重要一年，兵团各级侨联组织外抓招商促发展、内抓亲和聚侨心，为兵团跨越式发展和新疆长治久安作出了积极贡献。希望在新的一年里，兵团各级侨联组织和侨务干部进一步增强做好新形势下侨务工作的责任感和使命感，按照兵团党委提出的各项要求，紧紧围绕工作大局，认真贯彻落实全国侨务工作会议和中国侨联八届四次全委会议精神，引导激励广大归侨侨眷在思想政治上创先争优，在工作业绩上创先争优，在道德品行上创先争优，在文化建设上创先争优，推动新时期侨联工作不断迈上新台阶，以优异的成绩迎接党的十八大胜利召开。

【召开兵团侨联五届五次全委（扩大）会议】3月2日，兵团侨联五届五次全委（扩大）电视电话会议在兵团机关大楼十九楼会议室举行。兵团五届侨联在乌鲁木齐地区的常委、委员参加乌市主会场会议，各师（市）、院（校）侨联委员及分管侨联工作的领导在所在地分会场参加本次会议。兵团党委常委、副

3月2日，兵团侨联五届五次全委（扩大）会议在乌鲁木齐市举行，兵团副政委徐伟华（左四）出席并作重要讲话

政委徐伟华出席会议并做重要讲话，他要求侨务部门要放宽眼界、敞开胸怀，灵活运用“它山之石可以攻玉”的思维，不能仅仅着眼于自身有限的资源，而要充分发挥侨务工作的优势，借助国家和兄弟省区市的平台，更广泛地宣传兵团、推介兵团，争取社会各界和广大侨胞更多的理解和更大的支持。大会审议通过兵团侨联驻会副主席刘西疆代表五届侨联常委会所作的《凝聚侨心，发挥侨力，以优异成绩迎接党的十八大胜利召开》的工作报告。

【举办礼仪讲座】3月8日，为庆祝“三八”国际妇女节，由兵团侨联牵头，联合党委组织部、商务局、劳动和社会保障局在机关办公大楼十六楼会议室共同举办了《公务员礼仪认识讲座》。兵团党委常委、组织部长宋浩出席并发表重要讲话。兵团侨联党组成员、外事局副局长、外交部援疆干部凌军应邀主讲。兵团有关部门负责人和机关部分女干部共150人参加了讲座。凌军在讲座中阐述了规范公务礼仪的重要性，从八个方面详细介绍了公务员礼仪的主要内容。大家通过学习，进一步提高了对公务礼仪重要性的认识。通过举办讲座，对于机关公务员了解礼仪行为规范，培养正确礼仪观念，认真履行政府职能，塑造政府良好形象，提升公务员队伍整体素质具有普遍指导意义。

3月8日，兵团侨联党组成员、外交部援疆干部凌军主讲礼仪讲座

【颁发2011级“应善良助学金”】3月22日，石河子大学在学术报告厅举行2011级应善良助学金颁发仪式。兵团侨联副主席刘西疆、秘书长廖生力和大学党委副书记吴新平及大学侨联、对外交流与合作处、学工部等相关部门领导为受助学生发放了助学金。来自师范学院、政法学院、动物科技学院、文学艺术学院和农学院的30名品学兼优的贫困学生每人每学年将得到2000元资助，直至四年大学毕业。由兵团侨联牵线促成的香港应善良福利基金会资助石河子大学贫困大学生项目启动以来，应善良福利基金会已经连续两年资助符合条件的贫困大学生两批共计60名。刘西疆副主席在颁发仪式上指出，香港应善良福利基金会在石河子大学设立“应善良助学金”，无偿捐资帮助家境困难且品

3月22日，兵团侨联副主席刘西疆、秘书长廖生力参加石河子大学举行的2011级应善良助学金颁发仪式

学兼优的大学生完成学业，这是海外侨胞和港澳同胞关心祖国教育事业、关怀大学生成长进步的爱心善举，充分彰显了基金会长期乐善好施、扶危济困的公益理念。希望同学们刻苦学习、全面发展，回报社会，服务新疆，为兵团率先在西北地区全面实现小康社会贡献青春和热血，为实现自己的理想和抱负努力奋斗。

【绩效管理工作部署】5月10日，兵团侨联召开绩效管理工作动员大会，侨联机关全体干部职工参加了会议。会议传达学习了兵团党委办公厅《关于在兵团各级机关开展绩效管理工作的意见》和《刘新齐在兵团机关开展绩效管理工作动员电视电话会议上讲话》精神，认真解读了《兵团机关绩效考评实施办法（试行）》、《兵团机关绩效考评工作细则（试行）》和《兵团机关各部门2012年度职能绩效目标》。会议作出安排部署：一是成立绩效管理工作领导小组。班子成员分工负责履行职能职责、加强制度建设、提高效能效率、强化作风建设和推进党建和文明部局创建五个方面，处室领导为成员，进一步明确绩效管理工作职责，并实行责任的层层传递，把工作目标任务和责任分解到处室和个人。二是制定工作计划。按照兵团党委统一部署，结合兵团侨联实际，制定针对性强、可操作性强、切实可行的绩效管理工作实施细则，下属事业单位制定本单位的绩效管理工作实施办法。三是建立工作制度。健全责任制、首问负责制、限时办结制、服务承诺制等制度，进一步梳理细化各处室职能，简化工作流程，积极推进“一站式”服务。四是完善监督机制。在内部督导落实上下功夫，绩效管理工作实施细则及各项制度建立健全后，根据分工负责的各项工作，做到根据处室的职责和分工，对指标和任务进行细化分解，具体到每一个人，一级抓一级，真正做到“人人心中有目标、个个目标有人管”。五是做好评议工作。加强外部监督，接受各方评议。积极做好绩效考核部分目标的网上公示；同时做好台账的收集、归类、存档等工作，不搞年底突击。

【开展“三个回头看”活动】6月15日，兵团侨联召开党组会议，认真学习了兵团党委办公厅《关于认真开展“三个回头”活动的通知》精神，结合全会工作实际，进行研究和安排部署。党组书记王宇科就此提出要求：一是组织动员全体党员干部认真学习、贯彻落实好中央新疆工作座谈会和三次全国对口援疆会议及兵团党委有关会议精神，深刻领会开展“三个回头”活动的重大意义。二是通过开展“三个回头看”活动，认真总结全会过去工作中已取得的成绩、经验和不足，认清差距，明确方向，扎实推进侨务各项工作全面提升，迈上新台阶。三是尽快落实与自治区外侨办、自治区侨联等单位，建立兵地联席会议协调机制。各分管领导挂帅，召开兵地座谈会，签订合作协议，共同推进自治区和兵团侨务事业的全面发展。四是发挥援疆作用，主动与19个援疆省市密切联系，建立合作交流机制，充分共享沿海发达地区侨务资源。五是积极争取国务院侨办、中国侨联等国家有关部门的支持，认真抓紧跟进落实上级部门安排部署的各项工作任务。

【党风廉政教育月活动】7月2日，兵团侨联召开全体会议，安排部署第十四个党风廉政教育月活动。会议传达学习了车俊政委在兵团第十四个党风廉政教育月活动电视电话动员大会上的讲话精神和《兵团第十四个党风廉政教育活动安排意见》，党组书记王宇科认真解读，深入动员，周密部署，要求在开展党风廉政教育月活动中扎实抓好以下工作：一是高度重视，统一思想，端正认识；二是组织保障，责任到人，有序推进；三是突出重点，注重实效，入脑入心；四是结合实际，统筹协调，防止走过场。

7月20日，兵团侨联党组书记王宇科在自治区人大座谈会上向前来调研的全国人大华侨委员会副主任委员虞云耀一行汇报兵团侨联工作

【全国人大华侨委来兵团调研】7月20日，全国人大华侨委员会副主任委员虞云耀（正部级），中国侨联副主席、北京市侨联主席李昭玲一行8人来疆调研，兵团侨联党组书记王宇科在自治区人大座谈会上专题汇报兵团侨联工作。7月21日，在兵团副政委徐伟华的陪同下，调研组前往石河子143团（华侨农场），就归侨侨眷权益保护法贯彻实施情况进行考察调研。调研组一行在143团（华侨农场）文化中心一楼会议室分别听取了兵团副政委徐伟华关于兵团发展历史和现状的介绍、石河子市副市长张东明关于八师石河子市侨务工作开展情况的汇报、143团（华侨农场）副政委刘俊峰关于华侨农场侨务工作开展情况的汇报，并与归侨侨眷代表进行了座谈。八师师长、石河子市市长王平海主持座谈会。会后，调研组一行在徐伟华、王平海的陪同下参观了新疆军垦博物馆。

7月21日，兵团副政委徐伟华陪同全国人大华侨委副主任委员虞云耀一行在石河子143团（新疆华侨农场）座谈

7月21日，徐伟华副政委（左二）陪同全国人大华侨委副主任委员虞云耀（左三）、中国侨联副主席李昭玲（右一）参观军垦博物馆

【举办国际形势报告会】7月24日，兵团侨联会同有关部门，在乌鲁木齐举办了专场国际形势报告会，外交部外管司司长林松添应邀

主讲。兵团机关各部门、各直属机构、人民团体、政法系统、农八师、石河子大学等单位共200余人参加了报告会。林松添司长结合自己丰富的外交工作经验，以翔实的数据和典型案例，为大家详细解读了当前复杂的国际形势，阐述了我国内部环境和外部环境发生的深刻变化，介绍了我国外交工作面临的主要任务和外交政策，深刻分析了当前大国关系和国际热点问题，强调了“韬光养晦、有所作为”和“统筹国际国内两个大局”的重要性。报告内容丰富、语言生动，为兵团机关干部深入了解当前国际形势、树立世界眼光、增强战略思维和忧患意识起到了积极的促进作用，坚定了机关干部做好兵团工作的信念，增强了服务国家总体外交及地方经济社会发展的信心。

【组织参加第十三届世界华人学生作文大赛】兵团侨联根据中侨办［2011］99号《第十三届世界华人小学生作文大赛征稿通知》要求，及时向各师市侨联发出参赛通知，通过各师侨联积极组织本地学校、归侨侨眷子女和学生参加本次比赛。截至2月15日，共收到一、二、三、四、六、八、建工、十、十二、十三师参赛作文3200余篇。兵团侨联根据组委会要求组织开展了初选工作，共选出1287篇作文代表兵团参加第十三届世界华人学生作文大赛。经大赛组委会的最终评审，兵团共有58名小学生获奖，其中一等奖3名、二等奖19名、三等奖36名，有58名老师获得辅导奖；并有102名初中生获奖，其中一等奖6名、二等奖41名、三等奖55名，有96名老师获得辅导奖。兵团侨联结合各师市组稿参赛和获奖情况，评选出12名优秀工作者。

【警民共建活动】“八一”建军节前夕，兵团侨联党组书记王宇科率领处以上领导干部看望慰问了担负兵团机关警卫勤务工作的武警一中队全体官兵，并送去了书籍、猪肉等慰问品。表达了兵团侨联全体干部对子弟兵的深情厚谊和节日祝福。王宇科一行参观了中队荣誉室、士兵宿舍和学习室，在看望全体官兵时发表了热情洋溢的讲话。他说，武警兵指七支队一中队全体官兵忠于职守、无私奉献、维护稳定、保卫边疆，连续三年被武警总部授予“标兵中队”光荣称号。与兵团侨联创建警民共建单位4年来，互帮、互学、相互促进，关系融洽，亲密合作，结下了深厚的鱼水情谊。官兵们视新疆为故乡，把兵团各族人民当父母，为实现兵团跨越式发展和长治久安，默默奉献着青春和汗水，作出了应有贡献。武警兵指七支队一中队的领导表示，兵团侨联领导十分关心、惦记部队官兵，每逢春节、八一、中秋等节日都送来祝福和温暖，官兵们深受感动，大家有信心、有决心把今后的执勤维稳工作做得更扎实，把警民共建工作做得更好。

【化解信访积案】7月31日，兵团侨联党组书记王宇科亲切接待了上访户、贫困侨眷热西旦，鼓励她树立信心，战胜困难，并亲手将三万元救助金交到她手中。热西旦流着热泪十分激动地说，感谢党和政府对归侨侨眷的关爱，感谢兵团侨联为此付出的努力，兵团侨联的领导干部是共产党的好干部。至此，历时八年的热西旦信访积案终于划上句号。热西旦系克拉玛依市图书馆退休职工，其父马木提·牙克浦是20世纪30年代从原苏联哈萨克斯坦归国的爱国华侨，1949年积极支援解放军，将自己的“马木提庄园”和部分物资提供剿匪部队无偿使用，马木提本人作为进步工

7 月 31 日，兵团侨联成功化解热西旦（右三）信访积案，兵团侨联书记王宇科（右二）亲切接待并发放救助金

商业者，还携资参加了国营商业的筹备工作，并担任过阿勒泰地区商业局副局长和自治区第一、二届人大代表。信访人热西旦自 2002 年起多次上访自治区和兵团有关部门，要求归还或补偿其父马木提当年无偿提供给部队使用的马木提庄园（其庄园所在地五六十年代经过兵地两次确权划归为农十师 181 团地界管辖）。2004 年兵团侨联接案后，多次通过农十师调查取证，并派出专人赴阿勒泰地区档案馆和农十师 181 团现场进行核查，还专门邀请了兵团信访局、司法局及四维律师事务所召开专题联席会，通报案情反复研究解决办法，同时与自治区侨办、自治区侨联多次咨询协商。因热西旦无法提供原始有效证据，只提供了一些旁证和当地有关部门的间接证明材料，无法按照中办发（1984）44 号文件《关于加快落实华侨私房政策的意见》等规定落实相关政策。鉴于其父马木提为新疆解放做出过贡献，热西旦本人目前生活较为困难的情况，兵团侨联本着以人为本、促进民族团结、解决生活困难、确保侨界稳定的宗旨，决定对其实施经济救助。在刘西疆副主席的牵头协调和兵团信访局的大力支持下，最终化解了这一历史遗留问题。经与热西旦协商，同意并签订了《息诉罢访协议书》。兵团侨联一次性给予信访人热西旦三万元困难救助金，帮助其度过家庭困难。

【举办兵团侨界“迎中秋庆国庆”联谊会】9 月 19 日，兵团侨联在徕远宾馆举办了 2012 年兵团侨界“迎中秋庆国庆”联谊会，来自乌鲁木齐、石河子、五家渠等地的归侨侨眷代表和侨务工作者欢聚一堂，喜迎中秋、共贺国庆。兵团党委、兵团副秘书长焦明启出席并作重要讲话，兵团侨联党组书记王宇科致辞，兵团侨联党组成员轩江波主持会议。自治区外侨办、自治区侨联和兵团统战部等有关单位领导应邀出席了会议。焦明启在讲话中指出，今年以来，兵团各级深入贯彻兵团党委六届十次全委扩大会议精神，牢牢把握“稳中求进、进中求快、又好又快”的经济发展总基调，在全国第三次对口援疆工作会议精神鼓舞和对口支援省市的大力帮助下，兵团广大干部职工工作热情高、干劲足、信心强，措施得力，上半年兵团经济运行总体呈现稳中有进、进中有快、持续上扬的发展势头。农业稳步增长，工业生产加快，固定资产投资增势强劲，商贸流通运行平稳，居民收入稳步提高。这些成绩的取得离不开兵团广大归侨侨眷的共同努力。他希望兵团的归侨侨眷积极联系海外亲属，兵团的各级侨务部门，大力宣传兵团的优势、成就和目前的大好形势，积极引导、动员和支持

9月19日，兵团党委、兵团副秘书长焦明启出席兵团侨界“迎中秋庆国庆联谊会”并讲话

海外华侨华人参与兵团现代化建设。王宇科代表兵团侨联向广大归侨侨眷及海外亲友致以节日的问候和美好的祝愿。他说，在兵团党委高度重视和大力支持下，通过各级侨务部门和广大归侨侨眷的共同努力，兵团侨务事业取得了新的发展。兵团各级侨联组织不断增强做好新形势下侨联工作的责任感和使命感，按照兵团党委提出的各项要求，紧紧围绕大局，认真贯彻落实全国侨务工作会议和中国侨联八届四次全委会议精神，扎实做好为侨服务和管理工作，积极构建和谐侨界，努力推动侨联工作不断迈上新台阶。兵团各级侨联干部牢固树立全心全意为侨服务的宗旨，尽心尽力为困难归侨侨眷办实事、做好事、解难事，在政治上尊重、思想上关心、生活上照顾、精神上关怀，进一步营造出尊侨、爱侨、护侨的良好社会氛围。王宇科希望广大归侨侨眷一如既往地关心、支持兵团各项事业的发展，在各自工作岗位上创先争优，为推动兵团“三化”建设，实现兵团跨越式发展和新疆长治久安积极建言献策，不断作出新贡献，以优异成绩喜迎党的十八大胜利召开。

【召开兵团侨联五届六次全委会】11月5日，兵团侨联五届六次全委会议在乌鲁木齐召开，兵团侨联委员及各师（市）、有关部门和单位的特邀代表参加了会议。兵团副政委徐伟华亲切接见了全体参会代表，兵团党委组织部副部长郭灵计应邀出席会议。会议传达学习了中国侨联八届七次常委会议精神，审议通过了刘西疆同志代表兵团五届侨联常委会所作的工

11月5日，兵团副政委徐伟华（前排中）接见兵团侨联五届六次全委会议参会代表并合影

11月5日，兵团侨联五届六次全委会议在乌鲁木齐举行，兵团党委组织部副部长郭灵计（左二）出席会议

作报告和兵团侨联五届六次全委会议选举办法（草案），增补和卸免了五届侨联委员、常委、副主席和主席。王宇科同志当选为兵团五届侨联主席，轩江波同志当选为兵团五届侨联副主席。会议指出，党的十八大即将召开，兵团各级侨联要根据中央和兵团党委的部署，安排好学习贯彻十八大精神的有关事项，认真组织广大归侨侨眷学习讨论和全面贯彻十八大精神，深入落实中央新疆工作座谈会、中国侨联八届七次常委会议和兵团党委全委（扩大）会议精神，进一步内抓亲和、外抓招商，全力做好兵团侨联各项工作，推动兵团侨联工作迈上新台阶。会议要求，兵团各级侨联组织要创新工作思路，发挥自身优势，努力为兵团经济社会发展服务；要密切关注侨界民生，确保侨界和谐稳定；要加强海内外联谊交流，积极培育友我力量；要加强基层组织建设，不断增强凝聚力和战斗力。为推进兵团实现跨越式发展和长治久安作出新的更大贡献。

【学习党的十八大精神】11月15日，兵团侨联组织全体党员干部传达学习党的十八大精神。王宇科书记指出，党的十八大是在我国进入全面建设小康社会关键时期和深化改革开放、加快转变经济发展方式攻坚阶段召开的一次十分重要的会议，是一次高举旗帜、继往开来、团结奋进的大会。会议深刻阐明了我们党在新的历史关头“举什么旗、走什么路、以什么样的精神状态、向着什么目标前进”等一系列核心问题，系统总结了过去五年和十年党和国家事业取得的新的历史成就，着重强调了科学发展观的历史地位和指导意义，全面阐述了中国特色社会主义的科学内涵和夺取中国特色社会主义新胜利的基本要求，明确提出了全面建成小康社会和全面深化改革开放的目标，科学诠释了中国特色社会主义事业“五位一体”的总体布局，鲜明提出了全面提高党建科学化水平的重大任务和在新形势下“建设学习型、服务型、创新型马克思主义执政党”的努力方向。大会对凝聚党心军心民心、团结带领全国各族人民全面建成小康社会，加快推进社会主义现代化建设，开创中国特色社会主义事业新局面具有十分重大的意义。王宇科强调，学习贯彻党的十八大精神，是当前和今后一个时期的首要政治任务，侨联系统干部职工要认真领会报告全文、准确把握报告的指导思想、战略任务和总体目标。重点学习十八大报告、大会的各项决议、新党章及习近平同志在十八届一中全会上的重要讲话，要采取专题宣讲、座谈会等形式，扎实开展学习活动。11月25日，兵团侨联发文对侨联系统学习贯彻十八大精神作出安排部署，要求各级侨联切实加强十八大精神学习贯彻的组织领导，真正把侨界群众的思想、行动统一到十八大精神上来。

中央国家机关归国华侨联合会

【领导成员名单】

主　　　席：张小建

副　主　席：毛起雄　吕彩霞（女）　齐　江（女）　林　旭　顾行发　瞿弦和

秘　书　长：顾行发（兼）

常务副秘书长：孙柏瑜

副 秘 书 长：叶惠明（女）　王沙沙　赵香坤（女，兼办公室主任）

【综述】 2012 年是我国发展进程中具有重要意义的一年，中央国家机关侨联在中央国家机关工委和中国侨联的领导下，在中央国家机关各部门机关党委的大力支持和帮助下，以邓小平理论、“三个代表”重要思想、科学发展观为指导，紧紧围绕党和国家工作大局，坚持以人为本、为侨服务宗旨，求真务实，开拓进取，各项工作取得可喜成绩；中央国家机关各级侨联组织充分发挥了自身优势和作用，统一思想、明确方向，为推动机关侨联工作进一步发展作出了不懈努力。经调查统计，中央国家机关共有归侨侨眷 4654 人，包括归侨 1100 人（老归侨占 86%）、侨眷 3554 人，分布在 56 个部门，其中有 28 个部门和 4 个委管局成立了侨联会（组）。

【召开中央国家机关侨联二届五次全委会】 2 月 27 日，中央国家机关侨联召开二届五次全委会议，学习传达了王兆国同志重要讲话和中国侨联八届四次全委会会议精神，总结了中央国家机关侨联 2011 年工作，审议通过 2012 年工作要点。出席会议的有中央国家机关侨联主席张小建，副主席毛起雄、吕彩霞、齐江、顾行发（兼秘书长），常务副秘书长孙柏瑜，副秘书长叶慧明、王沙沙、赵香坤，中央国家机关侨联全体委员及特邀委员。会议认为，2011 年中央国家机关侨联工作扎实、富有成效；2012 年工作整体思路重点突出、切合实际。农业部、人力资源和社会保障部、国有资产监督管理委员会等部门机关侨联在会上

2 月 27 日，中央国家机关侨联召开二届五次全委会

进行了基层工作经验交流。最后，张小建主席作了总结讲话。此次会议圆满完成既定任务，取得了统一思想认识、明确工作方向和加强相互交流的效果，为做好2012年工作奠定了思想基础。

【召开侨联工作汇报会】 6月12日，中央国家机关侨联在人力资源社会保障部召开中央国家机关侨联工作汇报会。中央国家机关工委副书记姚志平，中央国家机关侨联主席张小建出席了会议。张小建主席向姚志平副书记汇报了2011年中央国家机关侨联开展工作的整体情况以及2012年重点工作思路及安排，并提出了目前侨联工作遇到的困难和需要请工委帮助解决的问题。姚书记对中央国家机关侨联的工作给予了充分肯定，建议可以根据工作需要，通过采取联合中央国家机关工会联合会及所属基层工会组织共同开展活动等方式和途径来解决经费不足的问题，并愿意积极参加侨联组织的走访慰问、文化交流等活动，对侨联工作给予更多的支持。

【广泛开展走访慰问活动】 2012年元旦春节期间和中秋国庆期间，中央国家机关侨联开展了两次走访慰问老归侨活动。侨联主席、副主席和几位秘书长以及工委统战（群工）部有关负责同志，先后在各有关部门机关党委和侨联同志的

10月11日，张小建（后中）一行看望国侨办杜鹏同志

10月13日，顾行发一行看望中科院阎立中同志

10月11日，张小建（右二）一行看望林业局陈莲叶同志

省级侨联工作简介

10 月 15 日，张小建（右三）一行看望对外友协卢亚降同志

陪同下，共走访了 30 位中央国家机关系统的老归侨侨眷，为他们带去了慰问信、慰问金和慰问品，更送去了各级党委和侨联对老归侨侨眷的关心、关爱和关怀。慰问工作获得了老归侨们的赞许和感谢，他们纷纷表示将尽己所能为国家建设和团结动员海外侨胞贡献力量。

10 月 15 日，张小建（右三）一行看望气象局许敏同志

10 月 11 日，张小建（右二）一行看望文物局宋森才同志

10 月 11 日，张小建（右一）一行看望国侨办何耕新同志

10 月 11 日，张小建（右一）一行看望文物局施子龙同志

【积极发挥侨联纽带作用】 2012 年中秋国庆前夕，中央国家机关工委统战（群工）部在保利剧院举办了民主党派、无党派和归侨侨眷欢度中秋国庆佳节专场慰问演出，中国歌剧舞剧院奉献了大型歌舞《五洲风情》。2013 年元旦前夕，在全国人大会议中心举办了党外人士归侨侨眷迎新年联欢会。同时，水利部、中国气象局、国家体育总局、文化部、外交部、工业和信息化部、国土资源部、交通运输部、中国科学院、中国社会科学院等部门的各级侨联组织也都通过举办茶话会、联欢会、进行走访慰问等多种形式开展活动，交流联谊，发挥了侨联凝心聚力的纽带作用。

12 月 25 日，全国人大会议中心，党外人士归侨侨眷迎新年联欢会

【召开新侨成果交流会】按照中国侨联关于做好第四届中国侨界贡献奖、创新成果奖、创新团队奖推荐评选工作要求，中央国家机关侨联向中国侨联推荐的中国科学院方忠等 9 名同志被评中国侨界贡献奖；推荐的中国气象局“我国新一代多尺度气象数值预报系统”被评为创新成果；推荐的卫生部“重要病毒感染的免疫应答与调节机制”被评为创新团队（研究团队）。2012 年 9 月 24 日，中央国家机关侨联召开了新侨成果交流会暨第二次新侨沙龙，交流了中央国家机关新侨贡献奖成果，进一步了解了中央国家机关新侨情况，探索了新侨工作的发展方向。会上，人力资源和社会保障部副司长李金生同志为新侨代表详细解读了最新制定的有关新侨和留学人才政策。同日下午，中央国家机关第二次新侨沙龙在中国科学院遥感应用研究所举办。各位新侨代表以“如何发挥新侨作用”为主题进行了相互交流，并研究商讨了中央国家机关侨联新侨成果推举机制和中央国家机关侨联沙龙的承办机制。

9 月 24 日，中央国家机关侨联举行新侨成果座谈会

9 月 24 日，中央国家机关侨联第二次新侨沙龙在中科院举行

【切实维护侨权侨益】为进一步体现中央国家机关党委和各级侨联组织对离退休归国华侨的关心爱护，在遵守国家有关规范津补贴政策规定的前提下，在每年春节和中秋国庆

走访慰问离退老归侨过程中，采取发放慰问金等形式给予照顾。2012年2月，经工委研究同意，向中央国家机关各部门机关党委发出了《关于转发〈关于提高归国华侨离退人员临时生活补贴标准的通知〉的通知》（国工办发［2012］8号），将归国华侨离退休人员临时生活补贴标准从每人每月50元提高到每人每月100元，体现了各级党组织对归侨的关怀，切实保障了侨益。

【编辑出版《祖国永远在我们心中》】为更好地发扬新老归侨爱国报国、无私奉献的精神，进一步宣传中央国家机关各部门归侨的先进事迹和个人风采，2012年，中央国家机关侨联组织编撰了《祖国永远在我们心中——中央国家机关归侨爱国报国之路》一书第四部，共印发4500册，分发到中央国家机关各部门侨联，受到归侨侨眷的广泛好评。

中央直属机关归国华侨联合会

【领导成员名单】

主　　席：李君如

常务副主席：王淑娟（女）

副 主 席：王　伟（女）　祁德贵　施辉业　谢东梅（女）　赖幼学（女）　张海鸽（女，2012年5月当选）

秘 书 长：谢东梅（兼）

副秘书长：程建国（2012年5月离任）　张万祥　吕　涛　高晶民（女）　王志敏（女）　张　伟（2012年5月当选）

【综述】2012年，中直机关侨联高举中国特色社会主义伟大旗帜，坚持以邓小平理论、“三个代表”重要思想、科学发展观为指导，以迎接、服务十八大和学习、贯彻十八大精神为主线，紧紧围绕党和国家工作大局，按照中直机关党的工作会议和中国侨联八届四次会议部署，坚持党建带侨建、侨建服务党建，结合中直机关归侨侨眷特点，充分发挥侨联组织的桥梁纽带作用，努力凝聚侨心、汇集侨智、维护侨益、发挥侨力，圆满完成了各项工作任务。

【迎接服务党的十八大和学习贯彻十八大精神】中直机关地位重要、职责重大。在迎接和服务党的十八大胜利召开、学习贯彻十八大精神各项工作中，中直机关各单位承担了繁重的工作任务。对此，中直机关侨联高度重视，要求中直各单位侨联在机关党委的领导下，积极动员和组织广大归侨侨眷投身迎接服务十八大主题实践活动中去。5月—9月，中直机关侨联开展“归国华侨光辉历程”征文暨“展侨界风采、迎十八大召开”图片征集活动。广大归侨侨眷积极响应，撰写征文42篇，上报图片140幅，从不同侧面反映了中直机关广大归侨侨眷在各条战线上做出的工作实绩、重大贡献，充分展现了他们的爱国情怀、奉献精神，内容真实感人、叙述生动，有的征文还反映了新中国成立前海外党组织的建设情况，填补了历史空白。党的十八大闭幕后，中直机关侨联及时召开常委会议，李君如主席作十八大精神专题辅导，并结合中直机关侨联工作实际，提出贯彻落实意见。根据《中共中央关于认真学习宣传贯彻党的十八大精神的通知》和中直工委《关于组织中央直属机关党员干部深入学习贯彻党的十八大精神的通知》、中国侨

1961年6月，毛泽东主席会见印尼总统苏加诺，印尼归侨黄阿玲（后排中）任翻译（中直机关侨联征集的珍贵照片）

中直机关侨联召开常委会议专题学习党的十八大精神

联《关于认真学习宣传贯彻党的十八大精神的通知》的要求，中直机关侨联对学习宣传和贯彻落实十八大精神作出安排部署，要求各级侨联认真组织、积极参加机关党委开展的十八大精神学习贯彻活动，把思想统一到党的十八大精神上来，把力量凝聚到实现党的十八大确定的各项目标任务上来。围绕学习贯彻党的十八大精神，中直各单位侨联广泛开展了形式多样的活动。中央对外联络部机关侨联召开委员全体会议，以“学习贯彻十八大精神，做好机关侨联工作”为主题，集体学习十八大精神并进行研讨；中国侨联直属机关侨联倡议机关全体归侨侨眷，认真学习贯彻党的十八大精神，立足本职创先争优；中国外文局侨联举办侨联干部贯彻落实十八大精神学习培训班；中国国际广播电台侨联举办“学习党的十八大报告”知识竞赛；中央电视台侨联组织首届归侨侨眷读书会活动，重点学习十八大报告及相关文件，还组织侨胞赴云南省腾冲县瞻仰国殇墓园，走访和顺老归侨和当地侨商企业；全国总工会侨联小组举办学习领会党的十八大精神研讨会。通过深入学习党的十八大精神，中直机关各级侨联组织和广大归侨侨眷进一步深化了对十八大历史地位、精神实质和重大部署的认识，明确了侨联组织的地位作用和归侨侨眷的历史责任，增强了贯彻落实十八大精神的自觉性和紧迫感。

【召开中直机关侨联二届五次全委会】5月25日，中直机关侨联召开二届五次全委会议。会议传达了林军同志在全国侨联文化宣传工作会议上的讲话精神，分析了中直机关侨联文化宣传工作面临的形势，对围绕迎接党的十八大开展文化宣传工作进行了安排部署。李君如代表中直机关侨联第二届委员会回顾了三年来的建设发展情况，总结出五点体会：第一，坚持党的领导是做好侨联工作的关键。中直机关各级侨联组织必须自觉接受党的领导，把坚持党的领导和按照侨联章程独立自主开展工作有机统一起来，才能得到各级党组织的更大关心和支持。第二，坚持服务于党的工作大局是做好侨联工作的主题。中直机关各级侨联组织必须紧紧围绕党和国家大局、紧紧围绕中直各单位的中心工作，动员组织广大归侨侨眷在工作中当好排头兵、做好表率，才能不断巩固和提高侨联组织的地位。第三，坚持为侨服务是做好侨联工

5月10日，中直机关侨联主席李君如主持中直机关侨联二届五次全委会

作的根本。中直机关各级侨联组织必须把维护侨益与为侨服务有机结合起来，从政治上、工作上、待遇上给予关心、支持和帮助，在解决实际困难上多下功夫，才能得到广大归侨侨眷的普遍欢迎。第四，坚持弘扬爱国主义和社会主义精神是做好侨联工作的灵魂。中直机关各级侨联组织必须高举爱国主义和社会主义的旗帜，用爱国主义和社会主义精神去凝聚侨心、汇聚侨力、推动工作，团结、引领广大归侨侨眷积极投身于中国特色社会主义事业中去，为中华民族伟大复兴而努力奋斗，才能保证侨联工作正确的政治方向。第五，坚持密切侨情是做好侨联工作的基础。中直机关各级侨联组织必须坚持以情感为纽带，做归侨侨眷的“娘家人”，激发他们的工作热情，充分发挥他们对海内外的“辐射”作用，才能把侨联组织真正建设成为归侨侨眷之家。

【积极开展维护侨益和为侨服务活动】中直机关侨联与中直有关单位侨联组织共同努力，参照北京市相关规定，以不同方式落实老归侨生活补贴政策。继续深化与北京工商大学经济学院合作的志愿者为侨服务行动，通过结对、接力的方式开展个性化服务和团队联谊活动，服务内容更加多样、服务形式更加灵活、服务水平进一步提高。做好重要节日走访慰问活动，及时看望生病住院或发生家庭变故的归侨侨眷。新华社侨联坚持为 60 岁以上满五、满十的归侨侨眷集体过生日；中央电视台侨联开展“清凉一夏、祝您健康中医咨询专场”活动，邀请北京医院、中日友好医院的专家为归侨侨眷义诊；中国国际广播电台侨联邀请归侨侨眷中的空巢老人、孤寡老人共度中秋，并于重阳节慰问当年年满 70 岁、80 岁及 80 岁以上的归侨侨眷。

春节前夕，中直机关侨联主席李君如（左）看望慰问归侨侨眷代表唐闻生

【侨联工作向海外延伸】广大归侨侨眷积极发挥具有海外关系的优势，在新年、春节等中国传统节日通过给旅居海外的侨胞寄送新年贺卡等方式传递亲情，利用出国工作、探亲、访友等时机加强联谊，宣传国内改革开放的新形势、新成就。中国国际广播电台侨联建立接待制度，为旅居海外来京探亲、观光、就医的人员提供与故友亲朋会面的机会，组织他们参观

北京工商大学经济学院大学生志愿者为中直机关归侨侨眷提供个性化服务

新办公大楼，介绍国际广播事业的新发展；中国外文局侨联配合发行部门定期给海外侨胞赠送外宣期刊。这些工作着眼世界、富于创新，开辟了中直机关侨联工作的新境界。

【中国外文局侨联庆祝成立30周年】 5月10日，中国外文局侨联举行庆祝成立30周年纪念大会。中央直属机关侨联主席李君如，中国外文局常务副局长、直属机关党委书记郭晓勇出席大会并讲话。中央直属机关侨联顾问、中国外文局原局长林戊荪，中央直属机关工委群工部副部长杨雅芳等到会。中国外文局所属各单位、各群团组织负责人及归侨侨眷、台胞台属、民主党派代表等共计120余人参加纪念大会。中国外文局侨联主席邓艺明在会上作题为《情系祖国、献身外宣》的报告。报告指出，自20世纪40年代起，一批批华侨和海外学子满怀报国之志，从遥远的异国他乡毅然回国，担当起创建我国对外出版发行事业的历史性重任。半个多世纪以来，无论国际风云如何变幻，无论祖国前进的道路如何艰难坎坷，也不管个人在“文革”中因为有“海外关系”而遭受到种种不公正对待，广大归侨侨眷都始终同外宣事业风雨同舟，以崇高的爱国情怀、突出的业务能力和兢兢业业的工作作风，在本职岗位上默默奉献，为促进世界了解中国而贡献自己的才华、辛劳、情感和人生岁月，做出了不可磨灭的贡献。伴随着外宣事业的发展，广大归侨侨眷在锻炼中成长，涌现出了陈依范、叶君健、杨宪益、方钜成等知名人物。报告提出，当前，我国正处于经济社会快速发展的重要战略机遇期，外文局也处于建设外向型、国际化、多语种、多媒体国际出版传媒集团的发展机遇期，侨联要进一步增强历史使命感，进一步凝聚侨心、汇集侨智、发挥侨力，在维护侨益和为侨服务上下功夫，动员组织广大归侨侨眷努力做好本职工作，在推进外文局改革发展的进程中，发挥“侨”的独特优势，为外宣事业做出新的更大的贡献。

【中央电视台侨联举办首届华人风采摄影大赛】 6月—8月，中央电视台机关党委、中央电视台侨联共同组织举办首届华人风采摄影大赛。中央电视台31个中心频道近300人参赛，参赛作品达760多幅。8月28日，在梅地亚中心举行大赛颁奖仪式，中国侨联主席林军，中直机关侨联主席李君如，广电总局党组成员、机关党委书记王莉莉，中央电视台分党组书记、台长胡占凡，中央电视台分党组成员、纪检组组长、机关党委书记、侨联主席张海鸽，中国摄影家协会分党组书记王瑶出席颁奖仪式并为获奖作者颁奖。中央电视台专职党务干

5月10日，中国外文局侨联庆祝成立30周年纪念大会播放30周年回顾短片

8 月 28 日，中国侨联主席林军（左一）、中直机关侨联主席李君如（左二）、中央电视台侨联主席张海鸽参观摄影作品

联继续凝聚侨心、汇集侨智，做好服务归侨侨眷工作；利用自身优势，充分发挥侨联“海外联谊”的积极作用，不断推动中央电视台的外宣工作，进一步增强国际影响力。张海鸽在致辞中表示，华人风采摄影大赛是中央电视台侨联贯彻“以侨为本、为侨服务”宗旨举办的一次全台性的群众活动，展示了中央电视台归侨侨眷的艺术品位。中央电视台侨

部、侨联委员以及职工代表 150 余人参加了颁奖仪式。林军在讲话中充分肯定了中央电视台侨联成立一年多来的工作，希望中央电视台侨

联将继续在“党建带侨建、侨建服务党建”方面进行积极探索，更好地服务中央电视台广大归侨侨眷，为建设国际一流媒体做贡献。

中央企业归国华侨联合会

【领导成员名单】

主　　席：张玉卓
第一副主席：芮晓武
副 主 席：李学东　曹振雷
　　　　　刘大山　罗秋菊（女）
　　　　　张文亮
秘 书 长：张文亮（兼）

【综述】中央企业侨联成立于2003年10月，目前所属侨联组织共有43个，归侨侨眷2.5万人。自成立以来，中央企业侨联在国资委党委的领导和中国侨联的指导下，高举中国特色社会主义伟大旗帜，全面贯彻党的十六大、十七大和十八大精神，牢牢坚持为侨服务、维护侨益的宗旨，唱响爱国、爱企、爱岗的主旋律，进一步凝聚侨心、汇聚侨智、发挥侨力，充分发挥海外联系广泛、人才荟萃的优势，大力开展"聚侨心、促和谐"主题活动，深入开展"爱企业、献良策、做贡献"主题活动和创新创效活动，引导广大归侨侨眷、归国留学人员和广大涉侨人士立足岗位、建功立业，为中央企业的改革发展作出了积极贡献。在新的形势和任务面前，中央企业侨联紧紧围绕"实践科学发展、创新侨联机制、实现两个服务"的主题，不断提高侨联工作能力，增强侨联组织凝聚力，努力为中央企业改革发展贡献力量。广大归侨侨眷将继续发扬爱国、爱企的优良传统，自觉践行社会主义核心价值观，坚定走中国特色社会主义道路的信心，坚定搞好国有企业的信心，争做立足岗位建功立业的模范，在推动中央企业改革发展中作出更大贡献。2012年，中央企业侨联以深入学习党的十八大精神为主线，进一步加强中央企业侨界群众的政治引导和学习教育活动；坚持党建带侨建，着力加强基层侨联组织建设；开展对中央企业侨联干部的培训工作，加强侨联干部队伍建设；深入开展创先争优活动，不断增强侨联组织的凝聚力和影响力；开展中央企业新侨工作调研，积极探索新侨工作，不断拓展侨联工作的新外延；坚持以侨为本、为侨服务，开展对中央企业侨界人士联谊慰问送温暖活动；深入开展"爱企业、献良策、做贡献"主题活动，引导动员广大侨界人士为中央企业改革发展做出新的贡献。

【深入开展学习贯彻党的十八大精神活动】党的十八大召开后，中央企业侨联转发了中国侨联学习贯彻党的十八大精神的通知，并于2012年11月21日组织召开了中央企业侨联学习党的十八大精神座谈会，要求中央企业广大侨联干部和侨界群众进一步提高认识，发挥独特优势，切实做好党的十八大精神学习宣传贯彻工作。中央企业各级侨联组织认真按照要求，以多种形式开展学习贯彻活动，在中央企业掀起了学习十八大精神的热潮，不断强化了社会主义核心价值体系教育，进一步增强了广大归侨侨眷对中国共产党领导、坚持走中国特色社会主义道路的信心和决心。

【召开中央企业侨联二届五次全委扩大会议和二届五次常委扩大会议】中央企业侨联分别于2012年1月与9月，召开了二届五次全委扩大会议和二届五次常委扩大会议，中国侨联副主席乔卫、国资委党委统战部部长谢俊出席会议并讲话。会议在部署工作的同时特别对

1 月 11 日，张玉卓主席在中央企业侨联二届五次全委扩大会上讲话

中央企业侨联迎接党的十八大胜利召开系列活动做出精心安排。

【开展联谊慰问送温暖活动】 1 月 25 日，中国侨联副主席、中央企业侨联主席、神华集团有限责任公司总经理张玉卓专程看望了中国工程院屠善澄院士。张玉卓高度赞扬了屠善澄院士为中国航天事业发展做出的突出贡献，并向他致以新年的祝福。在党的十八大前夕，举办中央企业侨联“迎中秋、庆国庆、喜迎党的十八大”联欢会，表达了央企归国华侨和侨眷的心声，营造了良好氛围。

张玉卓主席（右二）看望中央企业侨界代表人士屠善澄院士

9 月 28 日，张玉卓主席在中央企业侨联“迎中秋、庆国庆”联谊会上致词

【举办中央企业集团侨联主席培训班】 11 月 20 日—22 日，中央企业侨联会同中央统战部六局、国资委党委统战部在北京举办了中央企业党委（党组）统战部长暨集团侨联主席培训班。来自 60 余家中央企业侨联组织的负责人和侨务干部参加了培训。邀请中国侨联副主席乔卫在培训班上作了专题讲座。中央社会主义学院副院长张峰、中央统战部六局局长王永庆、国资委政策法规局副局长秦永法、企业改组局副局长张华，就学习党的十八大精神、新时期统战工作的基本理论问题和国资监管与中央企业法规体系建设、中央企业现代企业制度与公司治理等作了专题辅导。学员们普遍反映培训班日程紧凑、时效性强，师资力量雄厚、培训内容丰富，进一步提升了理论素养和业务能力，达到了培训预期目的。

【开展党建带侨建、侨联创先争优活动】 中央企业各级侨联组织认真贯彻中国侨联有关要求，结合开展新侨成果评选表彰活动，积极开展党建带侨建、侨联创先争优活动。经自下而上层层推荐、上报中国侨联评审，中央企业 3 名新侨创新人才、2 项创新成果、2 个创新团队喜获“中国侨界贡献奖”。通过大力营造学赶先进、争先创优的良好氛围，激发了中央企业广大归侨侨眷积极投身于中央企业改革发展各项工作的热情。

【继续开展“爱企业、献良策、做贡献”主题活动】2012年，中央企业侨联紧密结合中央企业应对国际国内挑战，围绕做强做优中央企业、构建具有国际竞争力的世界一流企业目标，加快结构调整和转型升级，促进“管理提升”，在中央企业广大归侨侨眷中深入开展“爱企业、献良策、做贡献”主题活动，组织引导中央企业广大归侨侨眷积极建言献策、建功立业。中央企业各级侨联组织结合企业实际，把创先争优活动与“爱企业、献良策、做贡献”主题活动结合起来，充分调动广大归侨侨眷的积极性、主动性、创造性，在企业经营、科研、自主创新等方面发挥积极作用。

【继续做好为“侨”服务工作】根据中国侨联的要求，中央企业侨联各级组织积极开展了维护侨权、侨益工作。印发了中国侨联《关于进一步加强侨联维护侨益工作的意见》，组织侨联系统认真学习贯彻《意见》，加大维护侨益宣传工作力度。转发了北京市有关部门下发《关于提高归国华侨离退休人员临时生活补贴标准的通知》，指导企业落实侨界群众的待遇问题。利用中秋、国庆和元旦、春节等重要节日开展走访慰问中央企业侨界代表人士活动，为他们送去党的关怀和温暖。

【开展中央企业新侨工作调研活动】根据中国侨联“两个并重”和进一步加强新侨工作的部署，3月14日，中央企业侨联协调中国侨联一起召开了中央企业新侨工作座谈会，中国侨联副主席王永乐和国资委党委统战部部长谢俊出席会议并讲话。与会新侨代表结合本企业和自身工作实际积极发言，提出了有价值的意见和建议，促进了中央企业新侨工作开展。

【加强中央企业侨联自身建设】进一步加大了与京外侨联组织的沟通和联系，促进侨联工作向京外企业的延伸。指导东风汽车公司和东航集团公司成立了侨联组织。聘请了2名特邀委员，研究提出了中央企业侨联干部双向挂职制度。进一步加大了侨务宣传工作力度，完成了对中央企业侨联网的改版工作。编辑完成了中央企业2010—2011年工作年鉴。

【东风汽车公司成立侨联】10月30日，东风汽车公司第一次归侨侨眷代表大会在湖北省十堰市召开，选举产生了第一届委员会，公司副总规划师洪永福当选为侨联主席。公司党委副书记、工会主席范仲，国务院国资委党委统战部副部长张相红，湖北省侨联主席、党组书记谢余卡，十堰市侨联主席、党组书记黄宏伟和公司党委工作部部长陈郧等出席大会并讲话。公司侨联聘请范仲和公司总经理助理蔡玮为侨联名誉主席。

【中国东方航空集团公司成立侨联】12月27日，中国东方航空集团公司侨界联合会成立大会暨第一次代表大会在上海召开，中国侨联副主席、市政协副主席、市侨联主席吴幼英，市侨联党组书记、副主席沈敏和东航集团总经理刘绍勇，东航集团党组书记、股份公司总经理马须伦，国务院国资委党委统战部副部长张相红等领导出席大会。市侨联主席吴幼英和东航集团总经理刘绍勇共同为集团侨联揭牌。大会审议通过了《中国东方航空集团侨界联合会工作细则》（草案），《中国东方航空集团侨界联合会选举办法》（细则），大会选举钟雯为集团侨联第一届委员会主席。集团的统战干部及侨界群众代表一百余人参加了大会。

中国侨联年鉴

附　录

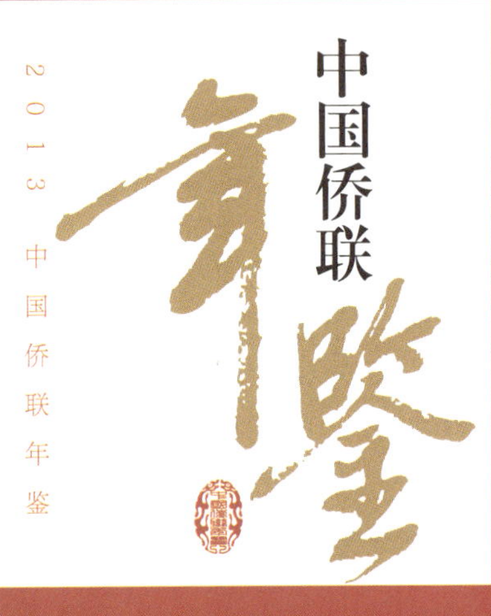
中国侨联
年鉴
2013 中国侨联年鉴

附录一　中国侨联第八届委员会名单

中国侨联第八届委员会主席、副主席、秘书长、副秘书长、顾问、常委、委员、海外委员、名誉委员名单[①]

（2009 年 7 月第八次全国归侨侨眷代表大会及中国侨联第八届一次全委会议产生，经 2010 年 1 月中国侨联八届二次全委会议卸免、增补，经 2011 年 1 月中国侨联八届三次全委会议卸免、增补，经 2012 年 1 月中国侨联八届四次全委会议卸免、增补）

主　　席：林　军

副 主 席：李祖沛（2012 年 1 月中国侨联八届四次全委会议卸免）

董中原　李卓彬　王永乐　乔　卫

（以下按姓氏笔画排序）

王成云　王荣宝（女）　朱奕龙　李昭玲（女）　李欲晞

吴幼英（女）　何小平　张小建　张元龙　张玉卓

陈有庆　雪克来提·扎克尔（维吾尔族）　梁国扬

秘 书 长：乔　卫（兼，2012 年 1 月中国侨联八届四次全委会议卸免）

王　宏（2012 年 1 月中国侨联八届四次全委会议增补）

副秘书长：林佑辉（2012 年 9 月中共中国侨联党组八届 48 次会议研究决定不再担任）

高景远（2012 年 9 月中共中国侨联党组八届 48 次会议研究决定不再担任）

顾　　问：（按姓氏笔画排序）

内地顾问

王宋大　王善荣　文海英（女）　古华民　叶迪生

① 本名单调整变动信息截至 2012 年 12 月 31 日。

朱添华　伍绍祖[①]　庄炎林　李本钧　李君如
李星浩　李雪莹　杨玉环（女）　杨国庆　杨泰芳[②]
肖　岗　吴承业　吴孟超　何　军[③]　何添发
张伟超　阿不都热依木·阿吉依明[④]（维吾尔族）　陈兰通
林一心[⑤]　林水龙　林兆枢　林丽韫（女）　林其珍
林明江　林淑娘（女）　俞云波　徐发淦　郭麟恭
唐闻生（女）　黄甘英（女）　黄军军（女）　黄其兴[⑥]　黄涤岩
黄翠玉　彭光涵[⑦]　谢文霖　冀朝铸

2012 年 1 月中国侨联八届四次全委会议增聘内地顾问 1 人：

李祖沛

港澳顾问

马介璋　古宣辉　卢文端　叶刘淑仪（女）　叶树林
丘　添　包培庆（女）　司徒眉生[⑧]　吕振万　伍淑清（女）
庄启程　许荣茂　许健康　李群华　吴立胜
余国春　张华峰　陈永棋　陈守仁　陈明金
陈金烈　陈清泉　林广兆　林慧卿（女）　罗少荣
黄宜弘　梁仲虬　梁树木　梁雪予[⑨]

海外顾问

王志民（泰国）　方李邦琴（美国）　邓廷柱（英国）　邓家昌（加拿大）
古富雄（巴西）　叶伟才（美国）　丘夏菊（女，泰国）　丘超濂（美国）
吕振膑（缅甸）　朱庆龙（美国）　朱亦念[⑩]（加纳）　朱灼枢（美国）
伍卓生（加拿大）　伍伟超（美国）　伍璇灿（美国）　刘华安（美国）
刘南辉（马来西亚）　刘锦庭（泰国）　刘暹有（泰国）　关洛章（美国）

---

① 2012 年 9 月 18 日在北京逝世，享年 74 岁。
② 2012 年 7 月 17 日在北京逝世，享年 85 岁。
③ 2009 年 8 月 5 日在广州逝世，享年 88 岁。
④ 2011 年 7 月 3 日在乌鲁木齐逝世，享年 68 岁。
⑤ 2010 年 3 月 6 日在北京逝世，享年 98 岁。
⑥ 2011 年 2 月 3 日在天津逝世，享年 82 岁。
⑦ 2012 年 5 月 12 日在北京逝世，享年 94 岁。
⑧ 2010 年 10 月 13 日在澳门逝世，享年 82 岁。
⑨ 2010 年 1 月 29 日在澳门逝世，享年 108 岁。
⑩ 2009 年 10 月 12 日在美国旧金山逝世，享年 66 岁。

池洪湖（美国） 许　榕（澳大利亚） 苏均亮（巴西） 李文正（印尼）
李玉玲（女，美国） 李　扬（美国） 李光隆（泰国） 李志章（英国）
李秀兰（女，美国） 李荣郇（菲律宾） 李竞芬（女，美国） 李铿发（南非）
杨华根（荷兰） 杨忠勇（澳大利亚） 何　行（巴西） 余文蔚（加拿大）
沈坚白（美国） 张作波（美国） 张　茵（女，美国） 张素久（女，美国）
张晓卿（马来西亚） 陈本显（菲律宾） 陈丙丁（加拿大） 陈汉士（泰国）
陈永栽（菲律宾） 陈江和（新加坡） 陈克威（法国） 陈和水（澳大利亚）
陈钧铭（美国） 陈香梅（美国） 陈顺源（法国） 陈俊义（美国）
陈祖昌（菲律宾） 陈振治（泰国） 陈清泉（美国） 陈焜旺（日本）
邵礼平（加拿大） 林文光（印尼） 林文镜（印尼） 林玉唐（马来西亚）
林玉燕（女，菲律宾） 林加者（法国） 金　翬（日本） 周光明（澳大利亚）
郑　辉（法国） 单　声（英国） 胡允革（荷兰） 胡志光（荷兰）
胡　顺（美国） 施至成（菲律宾） 徐松华（西班牙） 郭金顺（美国）
唐　裕（新加坡） 黄双安（印尼） 黄玉书（新西兰） 黄如伦（菲律宾）
黄志明（荷兰） 黄志源（印尼） 黄锡海（美国） 黄耀庭（日本）
萧孝权（秘鲁） 梁权暖（墨西哥） 梁冠军（美国） 梁职臣（南非）
董尚真（菲律宾） 董瑞萼（尼日利亚） 韩晟昊（韩国） 傅松望（西班牙）
曾福应（菲律宾） 靳泽田（韩国） 赖锦廷（泰国） 雷汉辉（美国）
雷谦光（澳大利亚） 雷　滨（巴西） 詹文义（加拿大） 詹伟光（荷兰）
蔡友铁（菲律宾） 谭国材（美国） 魏宏利（美国） 魏需逊[1]（美国）
戴　錡（美国）

常务委员：（按姓氏笔画排序）

马法严 王之锋 王永乐 王永刚 王成云
王　伟（女） 王　宏 王荣宝（女） 王钦贤 王保生
王晓玉 王彬成 王淑娟（女） 王琳达（女） 王鹏杰
韦　干（壮族） 邓向端 冯文广 冯祖华 冯　燕（女）
司徒荻林 吕　虹（女） 朱世增 朱奕龙 乔　卫
庄绍绥 刘艺良 刘西疆 许并社 许国璇
纪少雄 麦庆泉 李汉迎 李　宁 李卓彬
李金松 李学东 李昭玲（女） 李祖沛 李欲晞
李　磐 杨东辉 吴幼英（女） 吴　晶（女） 邱维廉

① 2010年4月27日在美国旧金山逝世，享年80岁。

何小平　　何云霞（女）　　沈伟娟（女）　　张小建　　张元龙
张玉卓　　张光平　　张守信　　张恭泰　　张晓红（女）
陈方红（女）　　陈有庆　　陈成秀　　陈励君（女）　　陈思良
陈健英　　陈联合　　林少迈　　林龙安　　林圣德[①]
林华英（女）　　林　军　　林佑辉　　林泽春　　林树哲
林铭森　　林　惠（女）　　郁美兰（女）　　周　锦（女）　　钟乔光
侯明晓　　姜小玲（女）　　费亚夫　　姚志胜　　顾行发
徐凌云　　徐德龙　　高景远　　浦　江　　黄少良
黄守正　　黄　涛　　曹　亚（女）　　雪克来提·扎克尔（维吾尔族）
康晓萍（女）　　梁国扬　　梁　波　　梁亮胜　　梁淦基
屠　杰　　彭　烨（女）　　彭隆荣　　董中原　　董锦燕（女）
韩荣华（女）　　曾文仲　　赖庆辉　　黎振强　　颜延龄
潘庆林　　瞿弦和

2010 年 1 月中国侨联八届二次全委会议卸免常委 2 人：

徐凌云　　彭　烨（女）

2010 年 1 月中国侨联八届二次全委会议增补常委 4 人：

李　路　　黄士心　　蒋　平　　蓝桂兰（女，畲族）

2011 年 1 月中国侨联八届三次全委会议卸免常委 4 人：

邓向端　　李　磐　　张晓红（女）　　钟乔光

2011 年 1 月中国侨联八届三次全委会议增补常委 7 人：

孔爱玲（女）　　李　嵘　　李　瑜　　范安龙　　林定强
高永英（女）　　谢余卡

2012 年 1 月中国侨联八届四次全委会议卸免常委 4 人：

李汉迎　　李祖沛　　陈方红（女）　　陈思良

2012 年 1 月中国侨联八届四次全委会议增补常委 18 人：

万立骏　　王亚君（女）　　王宇科　　王锦彪　　史　宇
朱　敏　　李曙光　　吴化民（蒙古族）　　吴换炎　　沈　敏（女）
沈丽荣（女）　　陈　迈　　陈　宪　　陈　桦（女）　　陈泽峰
陈钟林（女）　　胡振木　　颜宝铃（女）

委　员：（按姓氏笔画排序）

于　湖　　马　坚（回族）　　马法严　　马鸿铭　　王小玉（女）

---

① 2011 年 4 月 14 日在广州逝世，享年 56 岁。

王广基	王之锋	王长安	王永乐	王永刚
王永朗	王执礼	王成云	王廷双	王 伟（女）
王庆伟	王 宏	王荣宝（女）	王钦贤	王保生
王俊杰	王 胜	王晓玉	王彬成	王淑娟（女）
王琳达（女）	王锦彪	王鹏杰	韦 干（壮族）	区德强
毛起雄	乌晓光（蒙古族）	方木荣	方徽琴（女）	邓向端
邓崇可	邓雄汉	艾尼瓦尔·依布拉音（维吾尔族）		左学金
石乃璋	卢国富	叶水应	叶森尧	田凤英（女）
史 宇	代焕江（满族）	白晓飞	包 东	冯文广
冯革新	冯祖华	冯 雷	冯 燕（女）	司徒荻林
邢新会	邢福孝	达仁汗·叶尔哈力（哈萨克族）		毕 明
曲 平	吕 虹（女）	吕 涛（满族）	吕彩霞（女）	吕耀东
朱世增	朱华雄	朱利民	朱建山	朱南生
朱奕龙	乔 卫	庄文才	庄永兴	庄学山
庄绍绥	刘力群	刘大山	刘 云（女）	刘艺良
刘文华（女）	刘汉祥	刘永胜	刘西疆	刘其林
刘爱丽（女）	刘淑英（女）	刘雅煌	齐 江（女）	闫鹏勋
池峰龙	汤正义	许并社	许国璇	孙启烈
孙学光	纪少雄	麦可君（女）	麦庆泉	芮晓武
苏庆辉	苏建敏（女）	杜怀泰（女）	杜 逸（女）	李天赏
李云奎	李玉良	李冬娟（女）	李汉迎	李 宁
李存文	李达生	李刚毅	李 伟	李仲民
李卓彬	李昌富	李金松	李学东	李建平（女）
李荣生	李昭玲（女）	李贵辉	李祖沛	李润基
李欲晞	李 清（女）	李淑芬（女）	李 路	李 静（女）
李碧葱（女）	李 慧（女）	李 磐	李 辙	杨世民
杨东辉	杨金廷	杨荣湘	杨 晖	杨锡铭
杨鮀生	轩江波	肖开宁	肖逸生	吴水泉
吴玉明	吴幼英（女）	吴换炎	吴森荣	吴 晶（女）
邱天祝	邱汉荣	邱维廉	何小平	何云霞（女）
何宏兴	何国光	何晓雄	何锡光	余文聪①

① 2009年8月8日在香港逝世，享年64岁。

余志勇　余志强　应凤娟（女）　沈伟娟（女）　沈丽荣（女）
沈家燊　宋晓平　迟国强　张小建　张元龙
张文亮　张玉卓　张　平　张光平　张守信
张佑仲　张　宏　张尚诚（女）　张国平　张国富
张国蕊（女）　张秋生　张秋兰（女）　张禹东　张　癸
张泰超　张恭泰　张晓红（女）　张悦英（女）　张维仁
张　巍（女）　陈小钢　陈少菲（女）　陈水波　陈方红（女）
陈世春　陈　龙　陈发源　陈幼南　陈有庆
陈成秀　陈　迈　陈进强　陈志炜　陈克温
陈励君（女）　陈　杰　陈思良　陈　宪　陈振豪
陈　桦（女）　陈晓东　陈健英　陈联合　陈智思
陈裕秀（女）　陈新伦　纳　明（回族）　范安龙　范树膺
林少迈　林文斌　林心宪　林书育　林龙安
林汉华　林圣德　林华英（女）　林　旭　林　军
林佑辉　林宏新　林明海　林泽春　林定强
林树哲　林贵安　林振辉　林铭森　林　惠（女）
林腾蛟　郁美兰（女）　罗秋菊（女）　季加宇　金　兰（女）
周　凡（白族）　周永伟　周厚立　周庭雯（女）　周敬民
周　锦（女）　周碧奋（女，傣族）　郑　好　郑茂学（布依族）　郑炳章
项芳云（女）　赵智龙　胡文善　胡矛南　胡　辛
胡　翎（女）　柯君恒　柳松波　哈若蕙（女，回族）　钟乔光
钟　雄　侯明晓　俞文彬　施　红（女）　施学概
施养谊　姜小玲（女）　洪　华（女）　洪春凤（女）　费亚夫
姚向红（女）　姚志胜　姚新文（女）　贺　敏（女）　勇保罗
聂河云　夏果堪珠·益西班登（藏族）　顾行发　顾佳丹
徐鸣喆（女）　徐凌云　徐新英（女）　徐德龙　高与陶
高永英（女）　高　瑛（女）　高景远　郭其笃　郭国耀
郭景平　唐大威　浦　江　陶庆华　黄士心
黄少良　黄成胜　黄庆华　黄守正　黄志坚
黄志英（女）　黄宏雁　黄英来　黄荣福　黄骁卓（回族）
黄　涛　黄　萍（女）　黄焕明　黄琼成　曹　亚（女）
曹振雷　曹堪宏　曹殿义　雪克来提·扎克尔（维吾尔族）
符爱珠（女）　康晓萍（女）　梁一新　梁日辉　梁国扬

梁　波	梁思谋	梁亮胜	梁淦基	梁森奎
梁　麒	屠宁之	屠　杰	屠海鸣	彭　烨（女）
彭隆荣	彭　骖	董中原	董锦燕（女）	蒋绍华
蒋闽江	韩国龙	韩荣华（女）	程　东	曾文仲
曾民盛	曾国浓	曾焕沙	温深文	温维祥
游华基	谢小建	谢东梅（女）	谢余卡	谢是海
谢思训	登德旺志（藏族）	赖庆辉	路治华	源大同
蔡玉兰（女）	廖小玲（女）	廖凤英（女）	廖怡辉	谭小林
谭　漓（女，满族）	谭德安	黎振强	颜延龄	颜　汕
颜宝铃（女）	潘万青	潘庆林	薛水和	瞿弦和

2010年1月中国侨联八届二次全委会议卸免委员6人：

吴水泉	陈克温	徐凌云	黄志英（女）	彭　烨（女）
蔡玉兰（女）				

2010年1月中国侨联八届二次全委会议增补委员6人：

朱筠筠（女）	吴武煌	林树人	章明伟	蒋　平
蓝桂兰（女，畲族）				

2011年1月中国侨联八届三次全委会议卸免委员8人：

于　湖	邓向端	李　磐	李淑芬（女）	张秋兰（女）
张晓红（女）	钟乔光	郑炳章		

2011年1月中国侨联八届三次全委会议增补委员17人：

王文良	王曲娜（女）	孔爱玲（女）	卢秀英（女）	叶鲜亚
申永娜（女）	田　桦（女）	朱　瑛（女）	关文良	杜宇平
李　嵘	李　瑜	杨宝庆	罗掌权	胡振木
秦　锋	黄其敏（女）			

2012年1月中国侨联八届四次全委会议卸免委员14人：

王永朗	达仁汗·叶尔哈力（哈萨克族）		刘其林	李　清（女）
李汉迎	李祖沛	杨金廷	陈方红（女）	陈思良
周庭雯（女）	符爱珠（女）	温维祥	廖小玲（女）	
谭　漓（女，满族）				

2012年1月中国侨联八届四次全委会议增补委员38人：

万立骏	王　强	王亚君（女）	王宇科	王滨沙（女）
文上乾	邓秀新	朱　敏	华清文	刘松勇
安全忠	李兴钰	李曙光	吴小濛（女）	吴化民（蒙古族）

吴永平	汪瓦水	沈　敏（女）	沈峒孚（满族）	张　文
张海鸽（女）	陈　红（女）	陈泽峰	陈钟林（女）	林　东
林文云	林威爵（京族）	岳鸿声	周伟建	周松一
段　林（傣族）	贺　林	黄　维	康健一	
蒋晓筠（女，壮族）	赖英群（女）	蔡　铭	廖清江	

海外委员：（分地域按姓氏笔画排序）

亚　洲　阿 联 酋：万长青　唐振刚

东 帝 汶：符　孝

菲 律 宾：施恭旗　黄祯潭　蔡其仁　戴宏达

韩　　国：李长作　谭绍荣

柬 埔 寨：杨启秋　黄瑞华（女）

老　　挝：姚　宾

马来西亚：刘国城　陈凯希　黄汉良　黄国忠　戴良业

蒙　　古：安　军[①]

缅　　甸：李松枝　李祖清　赖松生　虞有海

尼 泊 尔：吉　嘎

日　　本：关乃平　杨克俭　周玮生　符易亨　曾德深　鲍悦初　颜　安

泰　　国：王睦良　吴亮泰　李桂雄　张祥盛　陈汉民　陈绍扬　欧先慈　黄汉良

土 耳 其：江小斌

文　　莱：林伯明

印　　度：丘开勇

印　　尼：许世经　纪辉琦　张锦雄　施柏松

非　洲　埃　　及：付丽金（女）

博茨瓦纳：刘　冰　南庚戌

加　　蓬：徐恭德

津巴布韦：郭法欣

科特迪瓦：欧阳日坪

肯 尼 亚：韩　军

莱 索 托：陈克辉

---

① 2011年4月逝世，享年50岁。

马达加斯加：陈健江

毛里求斯：林努宏

莫桑比克：江永生

南　　非：王龙水　王建旭　叶北洋　李新铸　杨天赐　吴少康　张正弟　陈宝进　陈玉玲（女）　陈　清（女）　周建忠　徐长斌　曹行知

尼日利亚：李晓峰　胡介国

塞内加尔：李吉才

欧　洲

爱 尔 兰：郑齐亮

奥 地 利：王必光

保加利亚：孙雄标

比 利 时：朱正敏　何少芳（女）

冰　　岛：贾长文

波　　兰：陈　彪　林建清

丹　　麦：陈德娟（女）

德　　国：冯定献　叶海杰　李福全　杨伟忠　夏康民　萧　英　傅春平

俄 罗 斯：王广源　关百新　虞安林

法　　国：王加清　汤育三　吴武华　张承才　邱爱华（女）　陈文雄　陈胜武　林光武　徐乐平　郭胜华　程超辉　蔡汉忠

芬　　兰：罗伟仁

荷　　兰：陈华钟　周山川　周守局　胡振款　黄麒麟　傅旭敏　董贤构　潘世锦

捷　　克：陈乃科　林国光

罗马尼亚：李国胜

马 耳 他：秦正贤

挪　　威：许胜华

葡 萄 牙：蔡文显

瑞　　典：叶克清

瑞　　士：卡纳·加央活佛　谢文根多　德塞·慈诚

斯洛伐克：王海虹　叶竹民

西 班 牙：叶玉兰（女）　刘光新　朱　华（女）　周志文　高　平　潘　勇

希　　腊：李大乐

	匈牙利：	方良瑞	陈　震	季绍云	郑乾有		
	意大利：	王家厚	刘光华	刚坚活佛	张　力	林伟雄	林忠光
		姜际平	廖宗林	蔡玉弟			
	英　国：	万添明	许永达	李冠平	吴国强	邱百喜	
		阿托活佛	温海棠				
美　洲	阿根廷：	马更生	方再中	李文忠	陈瑞平	罗超西	袁建平
		魏　云					
	巴　西：	王俊晓	尹霄敏	吴耀宙	陈荣正	孟雯华（女）	赵永平
	玻利维亚：	乔　瑞					
	厄瓜多尔：	潘坤平					
	哥伦比亚：	徐铭添					
	圭亚那：	黄浦源					
	加拿大：	王家明	文伟建	邝健民	庄少卿	李云祥	余绍然
		张明达	林大松	滕　达			
	美　国：	马元卓	马森柱	王　珏	王俭美	方伟侠	邓　龙
		叶康松	朱天长	朱国明	乔立华	伍柱钧	庄佩源
		刘平中	刘　红（女）	刘建民	刘锦彰	苏焕光	李天骥
		李社潮（女）	李　纲	何孔华（女）	佘绍汉	余建强	陈卫平
		陈　军	陈国庆	陈　珂	陈亲义	林　光	林昇恒
		周大操	周奇峰	郑　棋	顾衍时	黄大清	曹国强
		康玛水	程　远	谢　刚	雷振泽	蔡成华	廖中强
		燕晓哲					
	墨西哥：	刘可伟	季江勇				
	苏里南：	池玉基					
	特立尼达和多巴哥：	萧容庆					
	委内瑞拉：	聂均常					
	智　利：	郁　飞	胡金维				
大洋洲	澳大利亚：	李桂平	张燕霞（女）	陈少伟	金凯平	钱启国	高立勤
		黄树樑	蒋天麟	潘邦炤			
	斐　济：	冯捷尤	施　杰				
	新西兰：	何保健	黄玮璋				

名誉委员：（按姓氏笔画排序）

王焕永	文伙泰	邓艺明	卢育波	卢学锋
成　功（蒙古族）	朱　正	伍宗琳（女）	刘意成	买鸿宗（回族）
李汉金	李香明	邱江辉（女）	何月萍（女）	应沧强
张文渭	张亚洲	陈海棠	陈碧云	陈毓铮
林克汉	林富强	金江明	周运宁	周慧兰（女）
郑光煌	郑昭明	赵春生	蚁雪清（女）	饶曼妮
曾华新	谢国雄	廖中才	潘　建	

附录二　各地侨联通讯录

北京市（市辖区县）

单位名称	地　址	电话号码	传真号码	邮政编码
北京市侨联	北京市西城区后英房胡同 9 号	（010）82218225	（010）82218224	100035
东城区侨联	北京市东城区幸福大街 32 号	（010）64023999	（010）64023999	100061
西城区侨联	北京市西城区辟才胡同宏英园 17 号楼 407 室	（010）66515072	（010）66515072	100032
朝阳区侨联	北京市朝阳区团结湖北五条 8 号党派楼	（010）65094371	（010）65094093	100026
海淀区侨联	北京市海淀区长春桥路 17 号	（010）82510628	（010）82579108	100089
丰台区侨联	北京市丰台区北大街乙 14 号院 105 室	（010）83656758	（010）63812113	100071
石景山区侨联	北京市石景山八角北路民主党派人民团体办公楼三层	（010）68878921	（010）68811454	100043

天津市（市辖区县）

单位名称	地　址	电话号码	传真号码	邮政编码	邮　箱
天津市侨联	天津市和平区荣安大街 12 号	（022）23311008	（022）23311617	300021	
和平区侨联	天津市和平区陕西路 75 号 302 室	（022）27219379	（022）27219379	300020	hepingqiaolian@yahoo.com.cn
河东区侨联	天津市河东区津塘路 45 号增 15 号 A409 室	（022）24317320	（022）24317320	300171	WOOD5758@SNA.COM
红桥区侨联	天津市红桥区区委八楼 821 室	（022）86516580	（022）86516580	300130	1012498337@qq.com
河北区侨联	天津市河北区建国道 14 号	（022）84493011		300010	
南开区侨联	天津市南开区烈士路华安北里 2 号楼 1 门 3 楼	（022）27586082		300110	
滨海新区侨联	天津市滨海新区塘沽新港 2 号路 35 号 1304 室				

河北省

单位名称	地　址	电话号码	传真号码	邮政编码
河北省侨联	石家庄市裕华西路 40 号燕山大酒店写字楼 25 层	（0311）87869681	（0311）87869681	050000
石家庄市侨联	河北省石家庄市兴凯路 219 号市政府西院	（0311）87827554	（0311）87056295	050055
承德市侨联	河北省承德市行政中心 D 座 228	（0314）2023043	（0314）2023043	067000
张家口市侨联	河北省张家口市东河沿街 51 号	（0313）2016562	（0313）2010642	075000
秦皇岛市侨联	河北省秦皇岛市迎宾路 106 号	（0335）3637340	（0335）3637343	066000
唐山市侨联	河北省唐山市西山道 5 号	（0315）2802301	（0315）2802348	063006
廊坊市侨联	河北省廊坊市广阳道 300 号第一实验中学院内教学楼 A 座北侧三楼 308 室	（0316）2339398	（0316）2339380	065000

河北省

单位名称	地　址	电话号码	传真号码	邮政编码
保定市侨联	河北省保定市东风西路 5 号	（0312）3089760	（0312）3089944	071051
沧州市侨联	河北省沧州市御河路 1 号	（0317）2160338	（0317）2160297	061001
衡水市侨联	河北省衡水市新华西路 859 号党校院内东办公楼	（0318）2695196	（0318）2695196	053000
邢台市侨联	河北省邢台市红星西街 62 号	（0319）3288121	（0319）3288135	054051
邯郸市侨联	河北省邯郸市光明北大街 64 号	（0310）3113320	（0310）3113320	056012
华北油田侨联	河北省任丘市华北石油运输公司机关	13582475984		062552

山西省

单位名称	地　址	电话号码	传真号码	邮政编码
山西省侨联	太原市迎泽西大街 100 号国际能源中心 34 层	（0351）6192907	（0351）6192970	030024
太原市侨联	太原市新建路 69 号	（0351）4220222	（0351）4227325	030082
大同市侨联	大同市新建南路 5 号		（0352）2082731	037006
朔州市侨联	朔州市农业局二楼 202 室		（0349）2163188	036001
忻州市侨联	忻州市长征中路 26 号市委北院 409 室		（0350）3309105	034000
吕梁市侨联	吕梁市离石区永宁中路 9 号		（0358）8238064	033000
晋中市侨联	晋中市汇通路民营经济大厦七层 712 室		（0354）3968536	030600
阳泉市侨联	阳泉市南大东街 534 号农业大厦九层		（0353）2163918	045000
长治市侨联	长治市政协楼党派楼一层		（0355）2049195	046000
晋城市侨联	晋城市市委大楼 930 室	（0356）2198798	（0356）2025757	048000
临汾市侨联	临汾市尧都区财神楼北街 17 号统战大楼 1 层		（0357）3985856	041000
运城市侨联	运城市红旗东路 84 号宾馆西楼		（0359）2022070	044000
山西省华侨商会	太原市迎泽西大街 100 号国际能源中心 34 层	（0351）6196970	（0351）6192970	030024

内蒙古自治区

单位名称	地　址	电话号码	邮政编码
内蒙古自治区侨联	呼和浩特市敕勒川大街 1 号 718 室	（0471）4813674	010096
呼和浩特市侨联	呼和浩特市党政机关大楼市委统战部	（0471）4607716	010010
包头市侨联	包头市万豪写字楼 2311	（0472）5363635	014025
呼伦贝尔市侨联	海拉尔区呼伦贝尔市党政办公大楼	（0470）8216234	021008
兴安盟侨联	乌兰浩特市兴安盟新党政大楼	（0482）8267425	137400
通辽市侨联	通辽市和平路	（0475）8238520	028000
赤峰市侨联	赤峰市党政办公大楼	（0476）8369700	024000
锡林郭勒盟侨联	锡林浩特市锡林郭勒盟党政大楼	（0479）8213110	026000
乌兰察布市侨联	集宁区乌兰察布市党政大楼	（0474）8320261	012000
鄂尔多斯市侨联	鄂尔多斯市康巴什新区党政大楼	（0477）8589077	017000

内蒙古自治区

单位名称	地　址	电话号码	邮政编码
巴彦淖尔市侨联	临河区巴彦淖尔市统战部	（0478）8655739	015000
乌海市侨联	乌海市党政大楼市委统战部	（0473）3998852	016000
二连浩特市侨联	二连浩特市委统战部	（0479）7525657	011100
内蒙古大学侨联	呼和浩特市大学西路 235 号	（0471）4992252	010021
内蒙古师范大学侨联	呼和浩特市昭乌达路 81 号	（0471）4392510	010022
内蒙古工业大学侨联	呼和浩特市爱民街 49 号	（0471）6575134	010051
内蒙古农业大学侨联	呼和浩特市昭乌达路 306 号	（0471）4309272	010018
内蒙古财经大学侨联	呼和浩特市海拉尔大街 47 号	（0471）3677434	010051
内蒙古医科大学侨联	呼和浩特市新华大街 5 号	（0471）6636263	010059
内蒙古侨商会	呼和浩特市敕勒川大街 1 号 718	（0471）4813674	010096

辽宁省

单位名称	地　址	电话号码	传真号码	邮政编码
辽宁省侨联	沈阳市沈河区沈阳路 68 号 610 办公室	（024）24846715	（024）24846711	110011
沈阳市侨联	沈阳市总站路 115 号 A 1303	（024）22517732	（024）22517739	110002
大连市侨联	大连市中山区鲁迅路 278 号	（0411）82750062	（0411）82750062	116001
鞍山市侨联	鞍山市铁东区中华南路 240 甲 710	（0412）5539130	（0421）5530465	114002
抚顺市侨联	抚顺市顺城区新华大街 5 号	（024）53885033	（024）53885005	113006
本溪市侨联	本溪市平山区人民路 31 号	（0414）2822956	（0414）2822956	117000
丹东市侨联	丹东振兴区鸭绿江大街 198 号 1606 房间	（0415）2138210	（0415）2127161	118000
锦州市侨联	锦州市太和区市府路 68 号	（0416）3880666	（0416）3880666	121013
营口市侨联	营口市站前区东双桥里 29 号	（0417）2631814	（0417）2631814	115000
阜新市侨联	阜新市海州区前进路 58 号	（0418）3319630	（0418）3329279	123000
辽阳市侨联	辽阳市白塔区陈家胡同 18 号	（0419）2125085	（0419）2123171	111000
铁岭市侨联	铁岭市凡河新区行政中心 1437 房间	（024）72681103	（024）72681103	112608
朝阳市侨联	朝阳市朝阳大街三段 7 号	（0421）2858041	（0421）2858003	122000
盘锦市侨联	盘锦市兴隆台石油大街劳动大厦 8 楼	（0427）2824344	（0427）2824344	124010
葫芦岛市侨联	葫芦岛市市政大楼	（0429）3113129	（0429）3114259	125000

吉林省

单位名称	地　址	电话号码	邮政编码
吉林省侨联	长春市工农大路 825 号	（0431）85087566 办公室 （0431）85087588 主席室	130021
长春市侨联	长春市自由大路 86 号	（0431）85286490 （0431）85286491	130021
吉林市侨联	吉林市松江路 65 号	（0432）62048699 办公室 （0432）62055806 主席室	132011
四平市侨联	四平市英雄大街 67 号	（0434）3266386 （0434）3266729	136000

吉林省

单位名称	地　址	电话号码	邮政编码
辽源市侨联	辽源市辽河大路 515 号	（0437）3316635	136200
通化市侨联	通化市秀泉路 702 号	（0435）3214297	134001
白山市侨联	白山市浑江大街 135 号	（0439）5008688	134300
松原市侨联	松原市宁江区沿江东路 189 号	（0438）2130742	138000
白城市侨联	白城市文化东路 1 号	（0436）3225257	137000
延边州侨联	延吉市公园街 2799 号延边州政务中心 A 座	（0433）2514924 （0433）2513994	133000

黑龙江省

单位名称	地　址	电话号码	邮政编码
黑龙江省侨联	哈尔滨市香坊区中山路 99 号	（0451）82300868	150036
哈尔滨市侨联	哈尔滨市道里区兆麟街 125 号市委 8 号楼	（0451）84619510	150010
齐齐哈尔市侨联	齐齐哈尔市建华区新明大街 27 号党政办公中心	（0452）2791719	161006
牡丹江市侨联	牡丹江市江南党政中心三号楼 409	（0453）6171089	157000
佳木斯市侨联	佳木斯市长安路 2666 号行政中心 1103 室	（0454）8222224	154004
大庆市侨联	大庆市政府大楼 3219 室	（0459）6363074	163311
双鸭山市侨联	双鸭山市新兴大街市委楼	（0469）4231260	155100
七台河市侨联	七台河市桃山区大同路 47 号市政府 1 号楼	（0464）8261332	154600
伊春市侨联	伊春市河西新区市委楼 A 座 201	（0458）3879768	153000
鸡西市侨联	鸡西市鸡冠区红旗路 18 号	（0467）2355200	158100
鹤岗市侨联	鹤岗市委大楼　侨联	（0468）3350053	154101
黑河市侨联	黑河市通江路 1 号　市委市政府南楼	（0456）8222713	164300
大兴安岭地区侨联	加格达奇大兴安岭地委办公楼	（0457）2730303	165000
绥化市侨联	绥化市黄河北路党政办公中心	（0455）8386390	152054
农场总局侨联	哈尔滨市香坊区红旗大街 175 号	（0451）55198219	150036
森工总局侨联	哈尔滨市南岗区文昌街 66 号	（0451）82627404	150008
哈尔滨铁路局侨联	哈市南岗区西大直街 51 号	（0451）86423149	150006

上海市（市辖区县）

单位名称	地　址	电话号码	邮政编码
上海市侨联	上海市延安西路 129 号	（021）62497515	200040
徐汇区侨联	上海市乌鲁木齐南路 218 号	（021）64453044	200031
长宁区侨联	上海市安西路 37 号	（021）62522757	200050
普陀区侨联	上海市大渡河路 1668 号	（021）62640727	200333
闸北区侨联	上海市中华新路 469 号	（021）56633555	200070
虹口区侨联	上海市唐山路 902 号 1 号楼	（021）65853992	200080
杨浦区侨联	上海市江浦路 1515 号	（021）65155251	200092

上海市（市辖区县）

单位名称	地　　址	电话号码	邮政编码
黄浦区侨联	上海市茂名南路 151 号	（021）64662970	200020
静安区侨联	上海市康定路 950 弄 19 号	（021）62188083	200042
浦东新区侨联	上海市 民生路 1286 号汇商大厦	（021）68543935	200135
宝山区侨联	上海市密山路 5 号	（021）56691011	201900
闵行区侨联	上海市沪闵路 6200 号 603 室	（021）24033687	201100
嘉定区侨联	上海市嘉定镇博乐南路 111 号	（021）69989809	201800
金山区侨联	上海市卫零路 809 号	（021）67961352	200540
松江区侨联	上海市谷阳北路 3 号	（021）57723031	201600
奉贤区侨联	上海市南桥镇南奉公路 9503 号	（021）57187523	201400
青浦区侨联	上海市青浦镇公园路 100 号	（021）59729039	201700
崇明县侨联	上海市城桥镇人民路 35 号	（021）59621826	202150

江苏省

单位名称	地　　址	电话号码 / 传真	邮政编码
江苏省侨联	南京市中山北路 283 号 10 号楼	（025）83329483 （025）83425335	210003
江苏省侨商总会	南京市中山北路 283 号 10 号楼	（025）83530533 （025）83531265	210003
江苏省侨界青年总会	南京市中山北路 283 号 10 号楼	（025）83580529 （025）83706180	210003
江苏省侨界专家委员会	南京市中山北路 283 号 10 号楼	（025）83580536 （025）83531265	210003
江苏省华侨书画院	南京市中山北路 283 号 10 号楼	（025）83580526 （025）83425335	210003
江苏省华侨艺术团	南京市中山北路 283 号 10 号楼	（025）83580538 （025）83706180	210003
江苏省侨界法律顾问委员会	南京市中山北路 283 号 10 号楼	（025）83580537 （025）83580523	210003
南京市侨联	南京市成贤街 43 号 3 号楼	（025）83196235 （025）83190462	210018
无锡市侨联	无锡市新金匮路 1 号市民中心 7 号楼	（0510）81827210 （0510）81827223	214131
徐州市侨联	徐州市新城区元和路 1 号 B 区 309 室	（0516）83850220 （0516）83850220	221018
常州市侨联	常州市龙城大道 1280 号行政中心 3 号楼 B 座 3 楼	（0519）85683830 （0519）85683830	213022
苏州市侨联	苏州市五卅路 148 号	（0512）65221000 （0512）65221000	215006
南通市侨联	南通市工农南路 88 号海联大厦 3 楼	（0513）51015783 （0513）51015783	226018
连云港市侨联	连云港市新浦区苍梧路 36 号振兴学生公寓（院内）4 号楼 5 号	（0518）85501782 （0518）85501782	222000

江苏省

单位名称	地　址	电话号码 / 传真	邮政编码
淮安市侨联	淮安市健康东路 116 号	（0517）83606212 （0517）83606212	223001
盐城市侨联	盐城市世纪大道 21 号市行政中心	（0515）86662432 （0515）86662432	224005
扬州市侨联	扬州市汶河北路 29 号 4 楼	（0514）87341695 （0514）87312513	225002
镇江市侨联	镇江市南徐大道 68 号新行政中心 6 号楼	（0511）84420188 （0511）84420188	212004
泰州市侨联	泰州市凤凰东路 58 号政府大院 B 楼 203	（0523）86839177 （0523）86839430	225309
宿迁市侨联	宿迁市南湖路 1 号市党政大楼 810 房间	（0527）84368876 （0527）84368532	223800

浙江省

单位名称	地　址	电话号码	邮　箱	邮政编码
浙江省侨联	杭州市保俶路 24 号	（0571）85119059		310007
市级侨联				
杭州市侨联	杭州市庆春路 178 号金融大厦二楼	（0571）87229807		310003
宁波市侨联	宁波市中山西路 173 号六楼	（0574）87184698		315010
温州市侨联	温州市行政管理中心 12 楼	（0577）88968628		325009
湖州市侨联	湖州市仁皇山新区行政中心 2 号楼	（0572）2398609		313000
嘉兴市侨联	嘉兴市广场路 1 号行政中心五号楼	（0573）82521872		314001
绍兴市侨联	绍兴市府山西路 360 号	（0575）85172769		312000
金华市侨联	金华市八一北街芙苑路 16 号	（0579）82436190		321000
衢州市侨联	衢州市白云中大道 37 号	（0570）3080122		324003
台州市侨联	台州市政府大楼 6 楼	（0576）88510726		318000
丽水市侨联	丽水市花园路 1 号行政中心主楼 11 楼	（0578）2091947		323000
舟山市侨联	舟山市新城海天大道 681 号西四楼	（0580）2280862		316021
高校侨（留）联				
浙江大学侨（留）联	杭州市余杭塘路 866 号浙江大学紫金港校区党委统战部转	（0571）88981496		310058
浙江工业大学侨（留）联	杭州市潮王路 18 号浙江工业大学统战部	（0571）88320703		310014
浙江理工大学侨（留）联	杭州下沙高教园区浙江理工大学统战部	（0571）86843704		310018
浙江工商大学侨（留）联	杭州市下沙高教园区学正街 18 号浙江工商大学党委统战部	（0571）28877089		310018
杭州电子科技大学侨（留）联	杭州市下沙高教园区 2 号大街	（0571）86915064		310018
浙江中医药大学侨（留）联	浙江中医药大学党委统战部	（0571）86613697		310053
杭州师范大学侨（留）联	杭州市下沙高教园区东区学林街 16 号	（0571）28865022		310036
宁波大学侨（留）联	宁波市宁波大学外语学院	（0574）87600368		315211
温州医学院侨（留）联	温州市茶山高教园区温州医学院同心楼 5 楼党委统战部	（0577）86699552		325035

浙江省

单位名称	地　址	电话号码	邮　箱	邮政编码
温州大学侨（留）联	温州市茶山高教园区南校区物理与电子信息工程学院 1B-121	（0577）86689033		325035
嘉兴学院侨（留）联	嘉兴市越秀南路 56 号	（0573）83642008		314000
衢州学院三胞眷属联谊会	衢州市九华路 78 号	（0570）8026602		324000
中国美术学院侨（留）联	上城区南山路 218 号（近涌金门）	（0570）87164600		310002
浙江师范大学侨（留）联	金华市婺城区迎宾大道 688 号	（0570）82282498		321004
中国计量学院侨（留）联	江干区高教园学源街 258 号（文泽路口）	（0570）86836043		310018
浙江财经学院侨（留）联	杭州市下沙高教园区学源街 18 号	（0570）87557310		310018
浙江传媒学院侨（留）联	杭州市下沙高教园区学源街 998 号	（0570）86832013		310018
浙江科技学院侨（留）联	杭州市留和路 318 号	（0570）87050018		310023
社会团体				
浙江省留学人员和家属联谊会	杭州市保俶路 24 号	（0571）85118540		310007
浙江省侨联青年总会	杭州市保俶路 24 号	（0571）87057059		310007
浙江省侨界名媛会	杭州市保俶路 24 号	（0571）87057059		310007
浙江省侨商会	杭州市保俶路 24 号	（0571）85117581 或 85111631		310007
浙江省侨界中外文化艺术交流协会	杭州市保俶路 24 号华侨大楼（省侨联一楼）	（0571）85212633 （0571）85118535 （传真）	zjqjwx@126.com	
浙江省侨联法律顾问委员会	杭州市中山北路 607 号现代城建大厦二楼浙联律师事务所内	（0571）56852685 或 56852601		310009
浙江省侨联华侨华人定点体检中心	杭州市解放路 78 号浙医二院国际保健中心	（0571）87767108		310009
浙江省侨联华侨文化研究专家委员会	杭州市保俶路 24 号	（0571）85118535		310007
浙江省侨联华侨事业发展服务中心	杭州市保俶路 24 号	（0571）85213012		310007

安徽省

单位名称	地　址	电话号码	传真号码	邮政编码
安徽省侨联	合肥市马鞍山路 509 号省政务服务中心 B 座 16 楼	（0551）2999181	（0551）2999182	230002
合肥市侨联	合肥市东流路 100 号政务中心一区 B 楼 4 层	（0551）3538902	（0551）3538901	230071
淮北市侨联	淮北市人民中路 199 号招商大厦 7 楼	（0561）3119263	（0561）3119263	235000
亳州市侨联	亳州市芍花路 1 号市行政中心 5065	（0558）5555371	（0558）5555372	236800
宿州市侨联	宿州市淮海北路金通宾馆三楼 306	（0557）3054522	（0557）3045308	234103
蚌埠市侨联	蚌埠市东海大道行政办公中心	（0552）3119928	（0552）3122007	233000
阜阳市侨联	阜阳市清流东路明珠建设 3 楼	（0558）2198925	（0558）2195276	236000
淮南市侨联	淮南市洞山中路 9 号市政府大院	（0554）6644872	（0554）6678283	232001
滁州市侨联	滁州市育新路 174 号	（0550）3037317	（0550）3041041	239000

安徽省

单位名称	地　　址	电话号码	传真号码	邮政编码
六安市侨联	六安市佛子岭路行政中心	(0564)3379766	(0564)3374696	237001
马鞍山市侨联	马鞍山市花山区湖北路22号1楼市侨联	(0555)2474491	(0555)2474491	243000
芜湖市侨联	芜湖市政务文化中心B区117室	(0553)3815780	(0553)3885586	241006
宣城市侨联	宣城市鳌峰中路45号	(0563)3021263	(0563)3028741	242000
铜陵市侨联	铜陵市行政中心北七楼	(0562)5880800	(0562)5880801	244000
池州市侨联	池州市翠柏路百翠综合楼三楼	(0566)2811419	(0566)2811482	247000
安庆市侨联	安庆市菱湖北路30号	(0556)5346557	(0556)5346557	246002
黄山市侨联	黄山市委市政府大楼	(0559)2310106	(0559)2355262	245011
中国科学技术大学侨联	合肥市金寨路96号中国科技大学	(0551)3602586		230026
合肥工业大学侨联	合肥市屯溪路193号	(0551)3161989		230001
安徽大学侨联	合肥市肥西路3号安徽大学历史系	(0551)5106117		230039
安徽医科大学侨联	合肥市绩溪路218号	(0551)2922066		230022
安徽工业大学侨联	马鞍山市安工大工商学院	(0555)2311975		243000

福建省

单位名称	地　　址	电话号码	传真号码	邮政编码
福建省侨联	福州市东水路18号金仕顿华侨大酒店14-15层	(0591)87804224	(0591)87818370	350001
各地市县级侨联(96个)				
福州市侨联	福州市五一北路106号新侨联广场A座6层	(0591)87537290	(0591)87506180	350001
福州市鼓楼区侨联	福州市鼓楼区津泰路98号档案楼7楼	(0591)87554621	(0591)87554621	350001
福州市台江区侨联	福州市台江区台江路88号安平大厦13楼	(0591)83272144	(0591)83272144	350009
福州市仓山区侨联	福州市仓山区对湖路21号	(0591)83478613	(0591)83478613	350007
福州市晋安区侨联	福州市晋安区福马路241号4层	(0591)83640979	(0591)83640979	350011
福州市马尾区侨联	福州市马尾区君竹路30号	(0591)83683557	(0591)83987897	350015
长乐市侨联	长乐市爱心路232号	(0591)28922307	(0591)28831623	350200
福清市侨联	福清市融城一拂路116号	(0591)85222577	(0591)85222577	350300
平潭县侨联(平潭综合实验开发区)	平潭县城关东大路130号	(0591)38716389	(0591)24325036	350400
连江县侨联	连江县凤城镇丹凤路	(0591)87537290	(0591)87501578	350500
罗源县侨联	罗源县凤山镇北大路15号政府大楼	(0591)26831381	(0591)26831381	350600
永泰县侨联	永泰县樟城镇较场路3号	(0591)24833068	(0591)24833068	350700
闽清县侨联	闽清县梅城镇解放大街55号华侨大厦3层	(0591)22332197	(0591)22375030	350800
闽侯县侨联	闽侯县甘蔗镇八一八西路136号海联大厦三楼县侨联	(0591)22068268	(0591)22069269	350100
厦门市侨联	厦门市白鹭洲路16号8楼	(0592)2699090	(0592)2699083	361004
厦门市思明区侨联	厦门市禾祥东路168号	(0592)5818358	(0592)5880950	361004

福建省

单位名称	地　址	电话号码	传真号码	邮政编码
厦门市湖里区侨联	厦门市湖里区枋湖南路 161 号 8 楼	（0592）5722317	（0592）5722260	361006
厦门市集美区侨联	厦门市集美区集源路 82 号	（0592）6067114	（0592）6102079	361021
厦门市同安区侨联	厦门市同安区南门路 87 号	（0592）7022730	（0592）7311831	361100
厦门市翔安区侨联	厦门市翔安区行政中心	（0592）7889787	（0592）7889727	361102
厦门市海沧区侨联	厦门市海沧区滨湖北路 9 号	（0592）6589322	（0592）6588306	361026
宁德市侨联	宁德市署前路 14 号	（0593）2869025	（0593）2869025	352100
宁德市蕉城区侨联	宁德市莲峰路 4 号	（0593）2825966	（0593）2825575	352100
古田县侨联	宁德古田县解放路 192 号	（0593）3882970	（0593）3882142	352200
屏南县侨联	宁德屏南县县府路 1 号	（0593）3322096	（0593）3322096	352300
福安市侨联	宁德福安市上杭路 10 号	（0593）6382589	（0593）6382589	355000
霞浦县侨联	宁德霞浦县政协大院内	（0593）8893249	（0593）8636396	355100
福鼎市侨联	宁德福鼎市委大院内	（0593）7810546	（0593）7810546	355200
柘荣县侨联	宁德柘荣县委大院内	（0593）8352848	（0593）8352848	355300
周宁县侨联	宁德周宁县委大院内	（0593）5627910	（0593）5627910	355400
寿宁县侨联	宁德寿宁县政府大院内	（0593）5522783	（0593）5522181	355500
宁德市东湖塘华侨农场侨联	宁德市东湖塘华侨农场	（0593）2871231	（0593）2871231	352101
莆田市侨联	莆田市荔城区六城门城门街 551 号 3 号楼	（0594）2333766	（0594）2333766	351100
莆田市城厢区侨联	莆田市城厢区政府 3 楼（329、330）	（0594）2681872	（0594）2681872	351100
莆田市秀屿区侨联	莆田市秀屿区侨联大厦	（0594）5869808	（0594）5871808	351146
莆田市荔城区侨联	莆田市东大路 135 号	（0594）2292665	（0594）2291579	351100
莆田市涵江区侨联	莆田市涵江区华侨路 119 号涵江侨联大厦	（0594）3597088	（0594）3396704	351111
仙游县侨联	仙游县鲤城街道八二五大街 919 号	（0594）8599510	（0594）8599510	351200
泉州市侨联	泉州市东湖街 732 号华侨历史博物馆内	（0595）22282352	（0595）22190737	362000
泉州市鲤城区侨联	泉州市区打锡街 157 号旧区政府 4 号楼 2 楼	（0595）22285808	（0595）22178220	362000
泉州市丰泽区侨联	泉州市津淮街迎津新村 8 幢 13 楼梯 2 楼	（0595）22567501	（0595）22508385	362000
泉州市洛江区侨联	泉州市洛江区政府办公室 5 楼	（0595）22633866	（0595）22633866	362000
泉州市泉港区侨联	泉州市泉港区联检大楼 6 楼	（0595）87971357	（0595）87971356	362800
泉州台商投资区侨联	泉州台商投资区政府九楼	（0595）27398893	（0595）27396690	362100
石狮市侨联	石狮市群英北路侨联大厦 7 楼	（0595）88781041	（0595）88792929	362700
晋江市侨联	晋江市青阳新大街南路 41 号	（0595）85661318	（0595）85668158	362200
南安市侨联	南安市溪美镇新华路 4 号	（0595）86382252	（0595）86372252	362300
惠安县侨联	惠安县螺城科山路 2 号	（0595）87382115	（0595）87393561	362100
安溪县侨联	安溪县凤城北街联谊大厦	（0595）23232435	（0595）23281658	362400
永春县侨联	永春县桃城环城路 1-3 号	（0595）23882653	（0595）23875808	362600
德化县侨联	德化县龙津路北段 28 号	（0595）23522321	（0595）23522321	362500

福建省

单位名称	地　址	电话号码	传真号码	邮政编码
漳州市侨联	漳州市芗城区南昌路小商品城 C 幢 305 室	(0596) 2031137	(0596) 2024960	363000
漳州市芗城区侨联	漳州市芗城区华侨新村 1 号	(0596) 2033101	(0596) 2033101	363000
漳州市龙文区侨联	漳州市龙文区政府大楼 202 号	(0596) 2128787	(0596) 2128787	363000
漳州市常山华侨经济开发区侨联	漳州常山华侨经济开发区	(0596) 8626112	(0596) 8628220	363300
诏安县侨联	诏安县南诏镇中心路 487 号	(0596) 3322323	(0596) 3323889	363500
东山县侨联	东山县西埔镇白石街府后路 92 号	(0596) 5835485	(0596) 5839767	363400
云霄县侨联	云霄县云东路 84 号政协大楼	(0596) 8533171	(0596) 8530766	363300
龙海市侨联	龙海市侨联	(0596) 6522209	(0596) 6559865	363100
漳浦县侨联	漳州市漳浦县绥安镇民主路联谊大厦	(0595) 3220930	(0595) 3220930	363200
南靖县侨联	南靖县山城镇沿江路 16 号	(0596) 7832467	(0596) 7837806	363600
长泰县侨联	长泰县委大院 B 幢	(0596) 8322321	(0596) 8322321	363900
平和县侨联	平和县小溪镇东大路侨联大厦	(0596) 5232239	(0596) 5232239	363700
华安县侨联	华安县城关大同路 40 号	(0596) 7362465	(0596) 7362465	363800
龙岩市侨联	龙岩市龙岩大道 1 号行政办公中心东附楼北 4 层	(0597) 3213322	(0597) 2324871	364000
龙岩市新罗区侨联	龙岩市西官巷 14 号	(0597) 2108559	(0597) 2290922	364000
武平县侨联	武平县政协巷 11 号	(0597) 4836833	(0597) 4836833	364300
长汀县侨联	长汀县汀州镇兆征路 19 号	(0597) 6808898	(0597) 6834252	366300
连城县侨联	连城县政府一楼	(0597) 8922439	(0597) 8922634	366200
上杭县侨联	上杭县北大路 12 号	(0597) 3843907	(0597) 3843907	364200
永定县侨联	永定县凤城镇金凤路 49 号三楼	(0597) 5832128	(0597) 3159368	364100
漳平市侨联	漳平市八一路 41 号	(0597) 7532375	(0597) 7532375	364400
三明市侨联	三明市梅列区丁香新村 61 幢一楼	(0598) 8242531	(0598) 8296011	365000
三明市三元区侨联	三明市三元区棠宁路 10 号	(0598) 8337483	(0598) 8325850	365001
三明市梅列区侨联	梅列区政府大院内	(0598) 8246853	(0598) 8246853	365000
明溪县侨联	明溪县雪峰镇民族路 9 号	(0598) 2813663	(0598) 2813663	365200
永安市侨联	永安市南山路 1 号市委大院	(0598) 3833321	(0598) 3833321	366000
大田县侨联	大田县政府大院	(0598) 7222549	(0598) 7222549	366100
沙县侨联	沙县金鼎城机关大楼五楼	(0598) 5826672	(0598) 5826672	365500
宁化县侨联	宁化县城关中山路 1 号	(0598) 6822586	(0598) 6822586	365500
建宁县侨联	建宁县城关中山南路 21 号	(0598) 3960049	(0598) 3960049	354500
尤溪县侨联	尤溪县城关建设东街 66 号	(0598) 6307956	(0598) 6307953	365100
泰宁县侨联	泰宁县政务大楼北四楼	(0598) 7833454	(0598) 7833454	354400
清流县侨联	清流县龙城街 22 幢	(0598) 5390399	(0598) 5322212	365300
将乐县侨联	将乐县古镛镇建新路 11 号	(0598) 2324226	(0598) 2324226	353300
南平市侨联	南平市延平区人民路 196 号	(0599) 8854856	(0599) 8854856	353000

福建省

单位名称	地　　址	电话号码	传真号码	邮政编码
南平市延平区侨联	南平市人民路 93 号区政协大楼	(0599) 8832930	(0599) 8832930	353000
武夷山市侨联	武夷山市文公路度假区大楼 10 楼	(0599) 5301596	(0599) 5314630	354300
松溪县侨联	松溪县大街 80 号	(0599) 2328637	(0599) 2321093	353500
政和县侨联	政和县解放街 2 号县委一楼	(0599) 3327298	(0599) 3327298	353600
邵武市侨联	邵武市新建路 8 号	(0599) 6322849	(0599) 6322849	353400
建阳市侨联	建阳市潭城镇西桥北路 5 号（市委大楼一楼）	(0599) 6156600	(0599) 6153200	354200
光泽县侨联	光泽县文昌路 45 号 102 信箱	(0599) 7923295	(0599) 7923295	354100
顺昌县侨联	顺昌县城中路 50 号	(0599) 7820880	(0599) 7821326	353200
浦城县侨联	浦城县武夷山路县招待所	(0599) 6175736	(0599) 6175736	353400
建瓯市侨联	建瓯市行政中心大楼	(0599) 3834458	(0599) 3733536	353100

江西省

单位名称	地　　址	电话号码	传真号码	邮政编码
江西省侨联	江西省南昌市苏圃路 157 号	(0791) 86225810	(0791) 86228395	330006
南昌市侨联	江西省南昌市红谷滩新区雄州路 169 号	(0791) 83885545	(0791) 83885545	330038
南昌县侨联	江西省南昌市南昌县县委统战部	(0791) 85712978	(0791) 85712479	330200
新建县侨联	江西省南昌市新建县县委大楼	(0791) 83703719	(0791) 83702871	330111
进贤县侨联	江西省南昌市进贤县行政新区县委大楼 315 室	(0791) 85622356		331700
安义县侨联	江西省南昌市安义县县委统战部	(0791) 83413469		330500
东湖区侨联	江西省南昌市东湖区叠山路 136 号	(0791) 86210568	(0791) 86210568	330006
西湖区侨联	江西省南昌市抚生路 369 号 1 号楼 1 楼	(0791) 86564632	(0791) 86565235	330025
青山湖区侨联	江西省南昌市南京东路 699 号青山湖区政府大楼一楼	(0791) 88100993	(0791) 88100993	330029
湾里区侨联	江西省南昌市湾里区工农路 63 号	(0791) 83766128	(0791) 83760989	330004
青云谱区侨联	江西省南昌市青云谱区广州路 268 号	(0791) 88463110	(0791) 88463110	330001
九江市侨联	江西省九江市溢浦路 14 号	(0792) 8227479	(0792) 8227479	332000
浔阳区侨联	江西省九江市浔阳区庾亮北路 2 号	(0792) 8217486	(0792) 8217486	332000
景德镇市侨联	江西省景德镇市莲花塘 8 号	(0798) 8221875	(0798) 8229293	333000
萍乡市侨联	江西省萍乡市迎宾路 18 号政府院内	(0799) 6821596	(0799) 6821596	337000
新余市侨联	江西省新余市毓秀东大道 623 号人保局附属楼 10 楼	(0790) 6343887	(0790) 6343887	338000
鹰潭市侨联	江西省鹰潭市梅园大道 3-3 号	(0701) 6445381	(0701) 6445380	335001
赣州市侨联	江西省赣州市市政中心 1 号 1756 房	(0797) 8391696	(0797) 8391698	341000
章贡区侨联	江西省赣州市章贡区区政中心东楼 16 楼	(0797) 8199187	(0797) 8199187	341000
南康市侨联	江西省南康市政府院内	(0797) 6605310	(0797) 6632393	341400
瑞金市侨联	江西省瑞金市公务大楼 604 室	(0797) 2525118		342500

江西省

单位名称	地　　址	电话号码	传真号码	邮政编码
赣县侨联	江西省赣县兴农路2号县委统战部	（0797）4441632	（0797）4441632	341100
上犹县侨联	江西省上犹县政府院内	13803585778		341200
崇义县侨联	江西省崇义县委统战部	（0797）7612612		341300
大余县侨联	江西省大余县委统战部	（0797）8722762	（0797）8723939	341500
信丰县侨联	江西省信丰县政府院内	（0797）3336706	（0797）3336706	341600
龙南县侨联	江西省龙南县委统战部	（0797）3512228		341700
全南县侨联	江西省全南县委统战部	（0797）2632916	（0797）2632916	341800
定南县侨联	江西省定南县委统战部	（0797）4289116	（0797）4289116	341900
安远县侨联	江西省安远县委院内	（0797）3732161	（0797）3732161	342100
寻乌县侨联	江西省寻乌县委统战部	13807073590		342200
兴国县侨联	江西省兴国县委统战部	（0797）5322215	（0797）5326368	342400
会昌县侨联	江西省会昌县委统战部	（0797）5622428	（0797）5622428	342600
石城县侨联	江西省石城县政中心A区306室	（0797）5712025	（0797）5792308	342700
宁都县侨联	江西省宁都县委统战部	（0797）6832180	（0797）6832180	342800
于都县侨联	江西省于都县贡江镇红军大道108号县委大院	（0797）6233280	（0797）6233280	342300
宜春市侨联	江西省宜春市土主庙路26号012中转站	（0795）3222279		336000
袁州区侨联	江西省宜春市袁州区政府办	（0795）3223676	（0795）3222518	336000
高安市侨联	江西省宜春市高安市政府大院	（0795）5212617	（0795）5212617	330800
樟树市侨联	江西省宜春市樟树市吉佛路59号市文化馆	（0795）7362767	（0795）7362767	331200
丰城市侨联	江西省宜春市丰城市政府大院	（0795）6608429	（0795）6608429	331100
万载县侨联	江西省宜春市万载县政府大院	（0795）8822660	（0795）8822660	336100
上高县侨联	江西省宜春市上高县政府办	（0795）2513275	（0795）2517517	336400
铜鼓县侨联	江西省宜春市铜鼓县政府办	（0795）8722090	（0795）8722090	336200
宜丰县侨联	江西省宜春市宜丰县政府办	（0795）2765503	（0795）2765486	336300
靖安县侨联	江西省宜春市靖安县统战部	（0795）4662545	（0795）4662545	330600
奉新县侨联	江西省宜春市奉新县政府办	（0795）4539151	（0795）4539151	330700
上饶市侨联	江西省上饶市信州区金龙港15号	（0793）8223370		334000
上饶县侨联	江西省上饶县县委北院1楼	（0793）8466079	（0793）8466079	334100
吉安市侨联	江西省吉安市井冈山大道108号建行14楼	（0796）2190760	（0796）2190760	343000
井冈山市侨联	江西省井冈山市新城区市政府大楼3楼	（0796）6890881	（0796）6890881	343600
吉安县侨联	江西省吉安县庐陵大道27号县政府大院	（0796）8442439	（0796）8442439	343100
新干县侨联	江西省新干县行政服务中心大楼	（0796）2160097	（0796）2160096	331300
永丰县侨联	江西省永丰县跃进路27号县委大院	（0796）2511795	（0796）2526792	331500
峡江县侨联	江西省峡江县百花路6号县委、县政府大楼	（0796）3672892	（0796）3672892	331409
吉水县侨联	江西省吉水县万里大道县委大楼	（0796）8689545	（0796）8689545	331600
泰和县侨联	江西省泰和县工农兵大道003号县委大院	（0796）8638206	（0796）8638206	343700

江西省

单位名称	地　　址	电话号码	传真号码	邮政编码
遂川县侨联	江西省遂川县行政办公中心	(0796) 3628136	(0796) 6328136	343900
安福县侨联	江西省安福县县委、县政府大楼	(0796) 7622067	(0796) 7622067	343200
抚州市侨联	江西省抚州市行政中心 A-305	(0794) 8259980	(0794) 8282448	344000
金溪县侨联	江西省抚州市金溪县行政中心 421	(0794) 5397550	(0794) 5397550	344800

山东省

单位名称	地　　址	电话号码	邮政编码
山东省侨联	济南市经十路 18262 号	(0531) 86093950 办公室 (0531) 68608841 组织人事部 (0531) 68608845 宣传教育部 (0531) 68608845《齐鲁乡情》编辑部 (0531) 68608847 经济联络部 (0531) 68608847 青年委员会	250061
济南市侨联	济南市龙鼎大道 1 号龙奥大厦 E1314 室	(0531) 66601655	250099
济南市历下区侨联	济南市解放东路 99 号	(0531) 88151011	250014
济南市市中区侨联	济南市经八路济南大厦 509 室	(0531) 82078182	250001
济南市天桥区侨联	济南市堤口路 53 号	(0531) 81601068	250031
济南市槐荫区侨联	济南市经十路 29851 号槐荫区政务中心 5 层 528 室	(0531) 87589528	250117
济南市历城区侨联	济南市洪楼南路 2 号	(0531) 66899784	250100
济南市长清区侨联	济南市经十西路 17166 号长清区政务中心 3 层贸促会	(0531) 87228086	250300
济南市平阴县侨联	济南平阴县府前街 35 号外侨办	(0531) 87893351	250400
章丘市侨联	济南章丘市龙泉大厦 12010 室	(0531) 83278956	250200
商河县侨联	济南商河县行政服务中心五层	(0531) 84876399	251600
济阳县侨联	济阳县政务中心一层投资服务中心	(0531) 81178117	251400
青岛市侨联	青岛市香港中路 17 号 12 楼 1208 室	(0532) 85912366	266071
青岛市市南区侨联	青岛市宁夏路 286 号	(0532) 88729625	266071
青岛市市北区侨联	青岛市延吉路 80 号	(0532) 85801290	266033
青岛市李沧区侨联	青岛市黑龙江中路 615 号	(0532) 87610771	
青岛市崂山区委统战部侨联	青岛市仙霞岭路 18 号	(0532) 88997027	266061
青岛市城阳区侨联	城阳区山城路 195 号行政服务中心南五楼	(0532) 87968063	266109
青岛市黄岛区侨联	胶南市北京路 10 号阳光大厦 815 房间	(0532) 85166828	266400
胶州市侨联	胶州市北京路 2 号行政服务西楼 931 室	(0532) 82206105	266300
即墨市侨联	即墨市振中街 16 号	(0532) 88551361	266200
平度市侨联	平度市红旗路 16-1 号	(0532) 87362051	266700
莱西市侨联	莱西市行政办公中心 0855 房间	(0532) 88405333	266600
淄博市侨联	淄博市张店区联通路 306 号 1104 室	(0533) 3887502	255000
淄博市张店区侨联	张店区中心路 140 号侨兴书店	13906436241	255020

山东省

单位名称	地　　址	电话号码	邮政编码
淄博市淄川区侨联	淄川区人口和计划生育局（般阳路 41 号）	（0533）5182836	255100
淄博市博山区侨联	博山区县前街 10 号院 3 号楼 1 单元 302	（0533）4180314	255200
淄博市周村区侨联	周村区恒丰盛世豪庭 11 号楼 2 单元 302	13805336142	255300
淄博市临淄区侨联	临淄区桓公路 268 号临淄区河道管理处	（0533）7180086	255400
淄博市桓台县侨联	淄博柳泉路 107 号国贸大厦 1210 室	（0533）3190617	255000
淄博市高青县侨联	高青县田镇二中宿舍楼中间楼西单元 2 楼东户	13325221386	256300
淄博市沂源县侨联	沂源县招商局转	13589590929	256100
枣庄市侨联	枣庄市新城光明路 2621 号市政大厦	（0632）8687882	277800
滕州市侨联	枣庄市滕州市政府	（0632）5512748	277500
枣庄市薛城区侨联	枣庄市薛城区政府	（0632）4412417	277800
枣矿集团侨联	枣庄市枣矿集团	（0632）4081336	277800
枣庄市高新区侨联	枣庄市高新区	（0632）6611502	277800
枣庄市台儿庄侨联	枣庄市台儿庄区政府	（0632）6638998	
枣庄市山亭区侨联	枣庄市山亭区政府	（0632）8812329	
枣庄市市中区侨联	枣庄市市中区政府	（0632）3083023	277100
枣庄市峄城区侨联	枣庄市峄城区政府	（0632）7715196	277300
东营市侨联	东营市南一路 1226 号	（0546）8331817	257091
东营市广饶县侨联	广饶县乐安大街 501 号	（0546）6441429	257300
烟台市侨联	烟台市环山路 30 号	（0535）6225321	264001
烟台市芝罘区侨联	烟台市芝罘区市府街 76 号	（0535）6214216	264001
烟台市福山区侨联	烟台市福山区河滨路 109 号	（0535）6363680	265500
烟台市牟平区侨联	烟台市牟平区文兴路 510 号	（0535）4219075	264100
龙口市侨联	龙口市行政中心 1535 室	（0535）8516939	265701
莱州市侨联	莱州市府东街南首	（0535）3070515	261400
蓬莱市侨联	蓬莱市钟楼东路 1 号	（0535）5642609	265600
招远市侨联	招远市泉山路 27 号	（0535）8211071	265400
海阳市侨联	海阳国际会议中心海滨中路 196 号	（0535）3223745	265100
栖霞市侨联	栖霞市腾飞路 199 号	（0535）5212395	265395
莱阳市侨联	莱阳市金水路 1 号	（0535）7215815	265200
长岛县侨联	长岛县委统战部	（0535）3212148	265800
潍坊市侨联	潍坊市胜利东街 99 号市级机关综合办公大楼	（0536）8789981	261061
昌邑市侨联	昌邑市会议中心	（0536）7112236	261300
济宁市侨联	济宁市红星中路 15 号	（0537）2348149	272045
泰安市侨联	泰安市擂鼓石大街市政大楼 A8050 室	（0538）6991076	271000
山东农业大学侨联	泰安市岱宗大街 86 号山东农业大学统战部转	13805489518	271018
泰山医学院侨联	泰安市长城路 619 号泰山医学院统战部转	13668686899	271000

附录

山东省

单位名称	地　址	电话号码	邮政编码
威海市侨联	威海市市政府六号楼	（0631）5224764	264200
荣成市侨联	荣成市外侨办	（0631）7562200	264300
文登市侨联	文登市外侨办	（0631）8452620	264400
乳山市侨联	乳山市侨联	（0631）6651932	264500
威海市环翠区侨联	威海市环翠区外侨办	（0631）5206102	264200
日照市侨联	日照市北京路 198 号市政府大楼 346 室	（0633）8779939	276826
日照市东港区侨联	日照市海曲中路 19 号	（0633）8253498	276800
日照岚山区侨联	日照市岚山区岚山中路 1 号区级办公楼 505 室	（0633）2618799	276808
莱芜市侨联	莱芜市文化北路 1 号	（0634）6220366	271100
临沂市侨联	临沂市北城新区三合街天元商务大厦	（0539）8727635	276000
临沂市兰山区侨联	临沂市金雀山路 57 号	（0539）8198530	276000
德州市侨联	德州市东风东路 1566 号新城综合楼主楼	（0534）2687238	253076
德州市德城区侨联	德州市德城区地安街 97 号	（0534）2666051	253001
聊城市侨联	聊城市东昌西路 24 号市政府南楼 3020 室	（0635）8288855	252000
聊城市东昌府区侨联	聊城市聊堂路 2 号	（0635）8413752	252000
滨州市侨联	滨州市滨城区黄河五路 385 号市政大楼	（0543）3162167	256603
滨州市邹平县侨联	邹平县政务中心	（0543）4261953	256200
菏泽市侨联	菏泽市中华路 1009 号	（0530）5310919	274020

河南省

单位名称	地　址	电话号码	邮政编码
河南省侨联	郑州市黄河路 11 号豫粮大厦 8 楼	（0371）65529865 （0371）65529867（传真）	450003
市级侨联			
郑州市侨联	郑州市陇海西路 330 号	（0371）67175097	450007
开封市侨联	开封市金明广场北侧政协大楼 430 室	（0378）3381211	475004
洛阳市侨联	洛阳市新区政和路市委院东楼 105 室	（0379）63317355	471000
新乡市侨联	新乡市人民东路甲 1 号	（0373）36966868	453000
安阳市侨联	安阳市党政综合办公楼	（0372）2550343	455000
鹤壁市侨联	鹤壁市开发区市委综合楼	（0392）3326543	458030
焦作市侨联	焦作市人民路市政大厦东楼	（0391）3568311	454000
濮阳市侨联	濮阳市委统战部转市侨联	（0393）6669899	457000
商丘市侨联	商丘市府前路市委 1 号楼 11014 室	（0370）3288339	476000
周口市侨联	周口市莲花路市政府综合办公楼四楼	（0394）8262579	466000
信阳市侨联	信阳市羊山新区行政中心 7 楼	（0376）6366381	464000
漯河市侨联	漯河市淮河路 10 号	（0395）3101680	462000

河南省

单位名称	地　　址	电话号码	邮政编码
许昌市侨联	许昌市东城区市委 6 号楼	(0374) 2965758	461000
南阳市侨联	南阳市七一路 706 号	(0377) 62298577	473000
三门峡市侨联	三门峡市崤山中路 14 号	(0398) 2935007	472000
平顶山市侨联	平顶山市新城区市政大厦九楼	(0375) 2666916	467000
驻马店市侨联	驻马店市开源大道 349 号 2521 室	(0396) 2601728	463000
济源市侨联	济源市新行政区 1 号楼 1429 号	(0391) 6633569	459000
社会团体			
河南省侨声文化发展中心	郑州市金水路 15 号 4 楼	(0371) 65904950	450000
河南省华侨国际文化艺术交流协会	郑州市金水路 15 号 4 楼	(0371) 65683377	450000
河南省华侨爱心事业基金会	郑州市黄河路 11 号豫粮大厦 13 楼	(0371) 65995527	450003
河南省客家联谊会	郑州市金水路 16 号中青大厦 2002 房间	(0371) 65905688	450003

湖北省

单位名称	地　　址	电话号码	传真号码	邮政编码
湖北省侨联	武汉市武昌区水果湖路 272 号	(027) 87821332，87123269	(027) 87123269	430071
武汉市侨联	武汉市汉口发展大道 176 号兴城大厦 A 座 11 楼	(027) 85602297	(027) 85602297	430022
江汉区侨联	江汉区新华下路特 15 号（区政府院内）	(027) 85481663	(027) 85481663	430022
江岸区侨联	江岸区六合路 1 号（区政府院内）	(027) 82738792	(027) 82738792	430010
硚口区侨联	硚口区沿河大道 518 号（区党委院内）	(027) 83426340	(027) 83426340	430034
汉阳区侨联	汉阳区芳草路特 1 号（区政府院内）	(027) 84468590	(027) 84468590	430050
洪山区侨联	洪山区珞狮路 318 号（区政府院内）	(027) 87678215	(027) 87678215	430077
武昌区侨联	武昌区中山路 307 号（区政府院内）	(027) 88936342	(027) 88936342	430060
青山区侨联	武汉市和平大道 971 号（区政府院内）	(027) 68865065	(027) 68865065	430080
江汉大学侨联	武汉市汉阳区（沌口）经济技术开发区（校综合楼）	(027) 84225811	(027) 84225811	430051
黄冈市侨联	黄冈市黄州区阮家凉亭 5 号	(0713) 8615097，8353819，8364742	(0713) 8364742	438000
浠水县侨联	浠水县政府办公楼 4 楼	(0713) 4228489	(0713) 4228489	438200
麻城市侨联	麻城县金桥大道路 1 号 6 楼	(0713) 2950428	(0713) 2950428	438300
襄阳市侨联	襄阳市荆州街 73 号政府大院	(0710) 3511681-8383 3610498	(0710) 3610498	441021
谷城县侨联	襄阳市谷城县侨联	(0710) 7233505	(0710) 7232388	441700
宜城市侨联	宜城市侨联	(0710) 4250159	(0710) 4250159	441400
老河口市侨联	老河口市侨联	(0710) 8222069	(0710) 8222069	441800
襄城区侨联	襄城区广电中心编辑部	(0710) 3566203	(0710) 3570263	441000
樊城区侨联	樊城区委统战部侨联	(0710) 3705325	(0710) 3705326	441100

湖北省

单位名称	地　址	电话号码	传真号码	邮政编码
襄州区侨联	襄州区侨联（襄州区政府内）	（0710）2826826	（0710）2815424	441100
枣阳市侨联	枣阳市侨联（枣阳市政府内）	（0710）6990988	（0710）6228648	441200
南漳县侨联	南漳县委统战部侨联	（0710）5231418	（0710）5231418	441500
襄阳市中心医院侨联	襄阳市中心医院	（0710）3512850	（0710）3512850	441021
襄北监狱侨联	湖北省襄北监狱	（0710）2649618	（0710）2641999	441123
荆州市侨联	荆州沙市区碧波路6号	（0716）8246941，8115056	（0716）8115056	434000
沙市区侨联	沙市区文宫路8号（区党委院内）	（0716）4310086	（0716）4316303	434000
公安县侨联	公安县斗湖堤镇青路2号	（0716）5225619	（0716）5225619	434000
江陵县侨联	江陵县（郝穴镇）江陵县财政局	18908617909 13508617815		434139
监利县侨联	监利县容城镇民主路48号	（0716）3387318	（0716）3387318	433300
松滋市侨联	松滋市新江口镇民主路166号	（0716）6225777	（0716）6225777	434200
石首市侨联	石首市政府大院内	（0716）7814834	（0716）7813103	434400
洪湖市侨联	洪湖市赤卫西路市委大院内	（0716）2212159	（0716）2212159	433200
长江大学侨联	荆州市荆州区南环路1号长江大学统战部	13677229122		434023
宜昌市侨联	宜昌市云集路21号2号楼4楼	（0717）6252978	（0717）6252977	443000
当阳市侨联	当阳市子龙路9号10063信箱	（0717）3253361	（0717）3250768	444000
宜都市侨联	宜都市委、市政府综合办公大楼6楼	（0717）4843813	（0717）4843827	443300
远安县侨联	远安县委统战部	（0717）3812254	（0717）3812256	444200
兴山县侨联	兴山县委统战部	（0717）2583042	（0717）2583042	443711
秭归县侨联	秭归县委统战部	（0717）2886020	（0717）2886020	443600
五峰县侨联	五峰土家族自治县五峰西北路3号	（0717）5821301	（0717）5821301	443400
长阳县侨联	长阳土家族自治县县委统战部	（0717）5326430	（0717）5326430	443500
夷陵区侨联	宜昌市夷陵区委统战部	（0717）7825407	（0717）7821309	443100
西陵区侨联	宜昌市西陵区委统战部	（0717）6768128	（0717）6768128	443000
点军区侨联	宜昌市点军区委统战部	（0717）6080079	（0717）6080079	443000
三峡大学侨联	宜昌市大学路8号三峡大学统战部	（0717）6392625	（0717）6392625	443000
葛洲坝集团侨联	宜昌市葛洲坝六公司工会	（0717）6722523	（0717）6722523	443000
七一〇所侨联	宜昌市710所	（0717）6436084	（0717）6436084	443000
孝感市侨联	孝感市城站路71号	（0712）2856885，2861498	（0712）2861498	432100
孝南区侨联	孝感市孝南区书院街6号	（0712）2859453	（0712）2059611	432100
汉川市侨联	汉川市侨联	（0712）8392910	（0712）8392910	431600
应城市侨联	应城市政府侨务办公室	（0712）3268213	（0712）3268213	432400
安陆市侨联	安陆市外事侨务旅游局	（0712）5226989	（0712）5226989	432600
大悟县侨联	大悟县外事侨务旅游局	（0712）7228318	（0712）7228318	432800
孝昌县侨联	孝昌县政府侨务办公室	（0712）4776079	（0712）4776079	432900

湖北省

单位名称	地　　址	电话号码	传真号码	邮政编码
云梦县侨联	云梦县政府侨务办公室	(0712) 4322805	(0712) 4322805	432505
十堰市侨联	十堰市北京中路信访楼 6 楼	(0719) 8109889, 8666673	(0719) 8666673	442000
丹江口市侨联	丹江口市侨联	(0719) 5223372	(0719) 5223372	442700
房县侨联	房县侨联	(0719) 3249318	(0719) 3224385	442100
竹山县侨联	竹山县侨联	(0719) 4231406	(0719) 4220168	442200
竹溪县侨联	竹溪县侨联	(0719) 2722211	(0719) 2722211	442300
郧县侨联	郧县侨联	(0719) 7227876	(0719) 7229136	442500
郧西县侨联	郧西县侨联	(0719) 6227601	(0719) 6227833	442600
张湾区侨联	张湾区公园路 82 号	(0719) 8676960	(0719) 8662316	442000
茅箭区侨联	茅箭区侨联	(0719) 8782733	(0719) 8795662	442012
黄石市侨联	黄石市杭州东路 1 号人大政协楼 321 室	(0714) 6350100	(0714) 6350100	435003
铁山区侨联	铁山区人民政府 9 楼	(0714) 5421977	(0714) 5421977	435000
黄石港区侨联	黄石港区人民政府 2 楼	(0714) 6588108	(0714) 6588108	435000
西塞山区侨联	西塞山区人民政府 10 楼	(0714) 6481267	(0714) 6481267	435000
下陆区侨联	下陆区人民政府 7 楼	(0714) 5316026	(0714) 5316026	435000
鄂州市侨联	鄂州市政府大楼 905 室	(0711) 3830210, 3830211	(0711) 3830210	436000
随州市侨联	随州市城南新区市政府 6 楼	(0722) 3596126	(0724) 3596127	431300
荆门市侨联	荆门市象山大道 53 号市政府大院	(0724) 2378056	(0724) 2378056	448000
京山县侨联	京山县京开市镇中路 47 号	(0724) 7331920	(0724) 7328004	431900
钟祥市侨联	钟祥市呈祥镇石城中路 12 号	(0724) 4222624	(0724) 4225305	431900
沙洋县侨联	沙洋县平湖路 16 号	(0724) 8558695	(0724) 8551947	448200
咸宁市侨联	咸宁市行政服务中心 538 号	(0715) 8126343	(0715) 8126241	437100
咸安区侨联	咸宁市咸安区政府办公大楼	(0715) 8368058	(0715) 8322688	437000
嘉鱼县侨联	嘉鱼县委统战部	(0715) 6355996	(0715) 6355996	437200
崇阳县侨联	崇阳县委统战部	(0715) 3395413	(0715) 3398702	437500
赤壁市侨联	赤壁市赤马港行政新区赤壁市侨联	(0715) 5336261	(0715) 5336355	437300
天门市侨联	天门市陆羽大道市政府办公大楼二楼	(0728) 5222335, 5225505	(0728) 5225505	431700
潜江市侨联	潜江市章华南路 18 号	(0728) 6242671, 6293462	(0728) 6293462	433100
仙桃市侨联	仙桃市外事侨务旅游局办公室	(0715) 3491176	(0715) 3491176	433000
恩施州侨联	恩施市施州大道 29 号	(0718) 8306546	(0718) 8306542	445000
高校、大型企事业单位、科研院所侨联				
武汉大学侨联	武汉市武昌武珞路武汉大学统战部转	(027) 68765162	(027) 68762975	430072
华中科技大学侨联	武汉市珞喻路 1073 号华中科技大学统战部转	(027) 87542801	(027) 87544483	430074
武汉理工大学侨联	武汉市珞狮路 122 号武汉理工大学统战部转	(027) 87651415	(027) 87651415	430070

湖北省

单位名称	地　　址	电话号码	传真号码	邮政编码
中南财经政法大学侨联	武汉市南湖南路 1 号中南财经政法大学统战部转	（027）88386935	（027）88386935	430073
中国地质大学（武汉）侨联	武汉市喻家山中国地质大学（武汉）统战部转	（027）67884338	（027）67884891	430074
华中师范大学侨联	武汉市武昌珞喻路 152 号华中师范大学统战部转	（027）67868029	（027）67867501	430079
华中农业大学侨联	武汉市狮子山街 1 号华中农业大学统战部转	（027）87282051	（027）87282056	430070
武汉体育学院侨联	武汉市武昌珞喻路武汉体育学院统战部转	（027）87190831	（027）87191698	430079
武汉音乐学院侨联	武汉市解放路 255 号武汉音乐学院党办转	（027）88066354	（027）88069436	430060
湖北第二师范学院侨联	武汉东湖高新技术开发区湖北第二师范学院统战部转	（027）87943623	（027）87943840	430205
湖北工业大学侨联	武汉市武昌南湖湖北工业大学统战部转	（027）59750040	（027）59750041	430068
武汉工程大学侨联	武汉市雄楚大街 693 号武汉工程大学统战部转	（027）87194621	（027）87195310	430074
湖北经济学院侨联	武汉江夏臧龙岛科技开发园区洋湖大道特 1 号湖北经济学院组织部转	（027）81973709	（027）81973781	430205
中南民族大学侨联	武汉市洪山区民院路 708 号中南民族大学统战部转	（027）67842674	（027）67842674	430074
武汉纺织大学侨联	武汉市鲁巷纺织路 1 号武汉纺织大学组织部转	（027）87181452 转 9426（组办），62358788	（027）59367597	430073
武汉科技大学侨联	武汉市青山建设一路武汉科技大学统战部转	（027）68862793	（027）68862793	430081
湖北中医药大学侨联	湖北省武汉市洪山区黄家湖西路 1 号	（027）68890011	（027）68890031	430061
中科院武汉分院侨联	武汉市小洪山 1 号楼中科院武汉分院党办转	（027）87199982，87199480	（027）87199315	430071
湖北大学侨联	武汉市武昌宝积庵湖北大学统战部转	（027）88663912	（027）88663912	430062
湖北省农科院侨联	武汉市武昌南湖瑶苑特一号湖北省农科院党办转	（027）87389577	（027）87389499	430064
铁道部第四勘察设计院侨联	武汉市武昌杨园和平大道 745 号铁四院宣传部转	（027）51155786 转 878	（027）51155389，86814198	430063
湖北大学侨联	武汉市武昌宝积庵湖北大学统战部转	（027）88663912	（027）88663912	430062
中国长江航运总公司侨联	武汉市沿江大道 69 号长航大厦 32 楼	（027）82766527	（027）82766550	430021
中铁大桥局侨联	武汉市经济技术开发区（沌口）博学路 8 号中铁大桥局组织统战部转	（027）84957158	（027）84846738	430050
交通部长江航务管理局侨联	武汉市汉口沿江大道 134 号长江航务管理局统战部转	（027）82767322	（027）82766274	430014
长江水利委员会侨联	武汉市解放大道 1863 号长江水利委员会党委直属统战处转	（027）8282303	（027）8282307	430010
武汉铁路局侨联	武汉市武昌八一路 2 号武汉铁路局统战部转	（027）51126159	（027）51126159	430071

湖北省

单位名称	地　　址	电话号码	传真号码	邮政编码
中南建筑设计院侨联	武汉市武昌中南路17号中南建筑设计院组织处	（027）87336632	（027）87317735	430071
湖北电力公司侨联	武汉市武昌徐东路341号湖北电力公司组干处	（027）88566522	（027）88565641	430077
武汉钢铁公司侨联	武汉市友谊大道999号武钢集团组织人事部（党委统战部）转	（027）86893613	（027）86899867	430080
武汉油料研究所侨联	武汉市武昌徐东二路2号武汉油料研究所党办转	（027）86812770	（027）86816451	430062
东风汽车公司侨联	武汉市东风大道特1号东风公司党委工作部统战部转	（027）84285179，84285149	（027）84285155	430056
华中电网公司侨联	武汉市武昌东湖梨园华中电网公司人事处转	（027）86762222	（027）86765100	430077

湖南省

单位名称	地　　址	电话号码	传真号码	邮政编码
湖南省侨联	长沙市迎宾路185号	（0731）84442319	（0731）84432327	410011
各市州侨联（14个）				
长沙市侨联	长沙市白沙路255号	（0731）85112576	（0731）85111802	410002
衡阳市侨联	衡阳市高新区延安路22号	（0734）8866810	（0734）8866820	421001
株洲市侨联	株洲市沿江中路86号	（0731）28687597	（0731）28687597	412000
湘潭市侨联	湘潭市双拥路市委大院三楼	（0731）58583235	（0731）58583235	411104
邵阳市侨联	邵阳市城北路6号市政府大院	（0739）5685356	（0739）5363389	422000
岳阳市侨联	岳阳市金鹗路235号市外侨办	（0730）8880421	（0730）8880425	414000
常德市侨联	常德市洞庭大道中段410号市政府第三办公楼6楼	（0736）7133915	（0736）7133900	415000
张家界市侨联	张家界市委办公楼四楼西	（0744）8288889	（0744）8288889	427000
益阳市侨联	益阳市人民政府办公楼	（0737）6206301	（0737）6206585	413000
郴州市侨联	郴州市五岭大道9号	（0735）2368215	（0735）2368213	423000
永州市侨联	永州市湘永路48号	（0746）8358222	（0746）8358222	425000
怀化市侨联	怀化市迎风中路665号	（0745）2719343	（0745）2719343	418000
娄底市侨联	娄底市乐坪东街13号	（0738）8314652	（0738）8312118	417000
湘西自治州侨联	吉首市人民中路5号	（0743）8238486	（0743）8238486	416000
各高校侨联（9个）				
中南大学侨联	中南大学党委统战部	（0731）88879601		410083
湖南大学侨联	湖南大学党委统战部	（0731）88823893		410082
湖南师范大学侨联	湖南师范大学党委统战部	（0731）88872407		410081
湖南农业大学侨联	湖南农业大学党委统战部	（0731）84618011		410128
湖南工业大学侨联	湖南工业大学党委统战部（株洲市）	（0731）22622733		412008
南华大学侨联	南华大学党委统战部（衡阳市）	（0730）8281280		421001

湖南省

单位名称	地　　址	电话号码	传真号码	邮政编码
湖南文理学院侨联	湖南文理学院党委统战部（常德市）	（0736）7186030		415000
长沙学院侨联	长沙学院党委统战部	（0731）84261433		410003
湖南人文科技学院侨联	湖南人文科技学院党委统战部（娄底市）	（0735）8325415		417000
直属事业单位、社会团体（5 个）				
华商杂志社	长沙市迎宾路 185 号	（0731）84439275	（0731）84439275	410011
省侨商联合会	长沙市迎宾路 185 号	（0731）84443372	（0731）84443372	410011
省侨联法顾委	长沙市迎宾路 185 号	（0731）84154612	（0731）84154612	410011
省侨联参政议政委员会	长沙市迎宾路 185 号	（0731）84442009	（0731）844232327	410011
省海外侨社团联谊总会	长沙市迎宾路 185 号	（0731）84448721	（0731）84448721	410011

广东省

单位名称	地　　址	电话号码	传真号码	邮政编码	邮　　箱
广东省侨联	广州市天河区体育东路 140-148 号南方证券大厦 23 楼	（020）38879251	（020）38879252	510620	38879251@163.com
广州市侨联	广州市东风东路 555 号粤海大厦 24 楼 D	（020）83876508	（020）83802278	510055	gzsql@21cn.net
深圳市侨联	深圳市福田区上步中路 1023 号市府二办六楼东	（0755）82106482	（0755）82099277	518001	
珠海市侨联	珠海市市府二号楼三楼	（0756）2257141	（0756）2257140	519000	qllqzh@21cn.com
汕头市侨联	汕头市汕樟路 39 号侨联大厦三楼	（0754）88626580	（0754）88910149	515031	shantouqiaolian@126.com
佛山市侨联	佛山市卫国西路 2 号	（0757）83364132	（0757）83358346	528000	fsqlwz@163.com
韶关市侨联	韶关市风度北路市政府大楼 14 楼	（0751）8882463	（0751）8882463	512002	sgsql@sohu.com
河源市侨联	河源市兴源路华怡大厦 820 室	（0762）3336216	（0762）3821366	517000	HYQL-5561@163.com
梅州市侨联	梅州市嘉应东路侨联大厦二楼	（0753）2253281	（0753）2259839	514021	mzqltx@126.com
惠州市侨联	惠州市江北云山西路 6 号（市行政中心）	（0752）2808735	（0752）2808335	516003	hzql@huizhou.gov.cn
汕尾市侨联	汕尾市城南路城区司法大院五楼	（0660）3367524	（0660）3367524	516600	gdswql@163.com
东莞市侨联	东莞市城区向阳路 18 号侨务楼 12 楼	（0769）22227821	（0769）22221829	523007	22227821@dg.cn
中山市侨联	中山市民权路 3 号	（0760）88824520	（0760）88855313	528400	zsqltx@126.com

广东省

单位名称	地　址	电话号码	传真号码	邮政编码	邮　箱
江门市侨联	江门市建设路 26 号	(0750) 3309627	(0750) 3335022	529000	jmqqhl@gmail.com
阳江市侨联	阳江市区漠江路 739 号	(0662) 3386193	(0662) 3386039	529500	Yjql2006@163.com
湛江市侨联	湛江市人民南路 43 号	(0759) 2274360	(0759) 2218320	524021	Zjql126@126.com
茂名市侨联	茂名市油城六路市府大院三号楼	(0668) 2911216	(0668) 2274128	525000	gdmmql@163.com
肇庆市侨联	肇庆市城中路 49 号	(0758) 2225186	(0758) 2231311	526040	Zqsql@126.com
清远市侨联	清远市新城十号区	(0763) 3365594	(0763) 3365545	511515	qyqiaolian@21cn.com
潮州市侨联	潮州市新桥西路 414 号侨联大厦	(0768) 2268275	(0768) 2267293	521000	czql001@126.com
揭阳市侨联	揭阳市区马牙路北入口西侧揭阳市侨联大厦 6 楼	(0663) 8768460	(0663) 8768463	522000	jyql@21cn.com
云浮市侨联	云浮市天马行政中心	(0766) 8988234	(0766) 8988233	527300	Gdyfql@21cn.com
顺德市侨联	顺德区大良德民路区行政办公楼西 4 楼	(0757) 22832305	(0757) 22832301	528300	Heyh8@shunde.gov.cn

广西壮族自治区

单位名称	地　址	电话号码	邮政编码
广西侨联	南宁市桃源路 4 号	(0771) 2806452	530021
南宁市侨联	南宁市嘉宾路 2 号 14 楼	(0771) 5852861	530028
柳州市侨联	柳州市瑞康路 9 号 B 座二楼	(0772) 2826950	545001
桂林市侨联	桂林市榕湖北路 6 号	(0773) 2848941	541001
梧州市侨联	梧州市新兴一路 121 号 6 楼办公室	(0774) 2822280	543002
北海市侨联	北海市中山东路 213 号	(0779) 2068421	536000
防城港市侨联	防城港市云南路天马大厦 8 楼	(0770) 2832582	538100
钦州市侨联	钦州市永福东大街 11 号市行政中心 B0208	(0777) 3688218	535000
贵港市侨联	贵港市荷城路 888 号行政中心 A 区 551 室	(0775) 4563106	537100
玉林市侨联	玉林市城东办公大楼三楼	(0775) 2823391	537000
百色市侨联	百色市向阳路 13 号	(0776) 2825093	533000
贺州市侨联	贺州市贺州大道 1-3 号	(0774) 5120616	542800
河池市侨联	河池市新建路 A88 号	(0778) 2112758	547000
来宾市侨联	来宾市人民路一号	(0772) 4228286	546100
崇左市侨联	崇左市新城区 1 号市行政中心	(0771) 7969026	530022

海南省

单位名称	地　址	电话号码	传真号码	邮政编码
海南省侨联	海口市海府路49号原省委大院2号楼2楼	（0898）65355926	（0898）65331609	570204
海口市侨联	海口市民生东路8号市政协大楼1楼	（0898）68532306	（0898）68546025	570125
三亚市侨联	三亚市河西区市政府第二办公楼	（0898）88260739	（0898）88260739	572000
儋州市侨联	儋州市东风路189号原市委第二办公楼一楼	（0898）23326672	（0898）23326672	572200
文昌市侨联	文昌市文清大道市委办公楼东楼406房	（0898）63330840	（0898）63330249	571339
琼海市侨联	琼海市新民街202号侨联大厦5楼	（0898）62822406	（0898）62822406	571400
万宁市侨联	万宁市党政办公楼507室	（0898）62224201	（0898）62224201	571500
五指山市侨联	五指山市政府办公楼	（0898）86633023	（0898）86622277	572200
东方市侨联	东方市政府大院综合办公楼	（0898）25511408	（0898）25522186	572600
乐东县侨联	乐东县政府办公楼一楼	（0898）85532511	（0898）85532511	572500
琼中县侨联	琼中县政府办公楼	（0898）86222811	（0898）86222810	572900
保亭县侨联	保亭县保城镇县政府大楼二楼	（0898）83668491	（0898）83668491	572300
定安县侨联	定安县政府办公楼	（0898）63822482	（0898）63830531	571200
澄迈县侨联	澄迈县政府办公楼一楼	（0898）67631028	（0898）67631028	571900
省农垦侨联	海口市海垦路绿海大厦411室	（0898）68963203	（0898）68915468	570226

重庆市（市辖区县）

单位名称	地　址	电话号码	传真号码	邮政编码
重庆市侨联	重庆市渝中区中山三路二巷八号	（023）63865696	（023）63610849	400015
重庆市万州区侨联	重庆市万州区黑龙江路50号6楼	（023）85795103	（023）85795103	404000
重庆市黔江区侨联	重庆市黔江区西山二环路综合楼	（023）79248521	（023）79243038	409700
重庆市涪陵区侨联	重庆市涪陵区太极大道71号	（023）72813197	（023）72813197	408000
重庆市渝中区侨联	重庆市渝中区新德村219号8楼	（023）63507411	（023）63507411	400013
重庆市大渡口区侨联	重庆市大渡口区文体路126号	（023）68173813	（023）68833423	400084
重庆市江北区侨联	重庆市江北区金港新区16号1831室	（023）67712828	（023）67712828	400025
重庆市沙坪坝区侨联	重庆市沙坪坝区凤天大道8号	（023）65368697	（023）65368692	400038
重庆市九龙坡区侨联	重庆市九龙坡区杨家坪西郊路27号	（023）68782424	（023）68780345	400050
重庆市南岸区侨联	重庆市南岸区南城大道199号	（023）62988769	（023）62988769	400060
重庆市北碚区侨联	重庆市北碚城南海宇大厦7楼	（023）60300009	（023）68862795	400711
重庆市渝北区侨联	重庆市渝北区义学路64号	（023）67821706	（023）67821706	401120
重庆市巴南区侨联	重庆市巴南区龙洲大道6号行政中心1号楼	（023）66221279	（023）66221157	401320
重庆市长寿区侨联	重庆市长寿区桃花行政中心南楼220室	（023）40661225	（023）40661225	401220
重庆市江津区侨联	重庆市江津区几江鞍子街原劳动局2楼	（023）47550381	（023）47550371	402260
重庆市合川区侨联	重庆市合川区希尔安大道中段档案局内	（023）85181849	（023）85181849	401520
重庆市永川区侨联	重庆市永川区人民大道191号	（023）49818959	（023）49818989	402160

重庆市（市辖区县）

单位名称	地　　址	电话号码	传真号码	邮政编码
重庆市南川区侨联	重庆市南川区委统战部	（023）71410689	（023）71422365	408400
重庆市綦江区侨联	重庆市綦江区古南街道北街 88 号	（023）48662881	（023）48662801	401420
重庆市大足区侨联	重庆市大足区党政办公中心	（023）43763149	（023）43763150	402360
重庆市潼南县侨联	重庆市潼南县江北行政中心一楼	（023）44551967	（023）44551967	402660
重庆市铜梁县侨联	重庆市铜梁县巴川镇白龙大道 118 号	（023）45695550	（023）45695099	402560
重庆市荣昌县侨联	重庆市荣昌县昌元镇人民路 2 号	（023）46732346	（023）46732346	402460
重庆市璧山县侨联	重庆市璧山县璧城街道建设路 30 号	（023）41423420	（023）41423420	402760
重庆市梁平县侨联	重庆市梁平县梁山街道人民南路 1 号	（023）53220331	（023）53220331	405200
重庆市城口县侨联	重庆市城口县葛城镇土城路北门口 2 号（县委统战部）	（023）59222331	（023）59222331	405900
重庆市丰都县侨联	重庆市丰都县三合镇平都大道西段 53 号党政办公大楼 5 楼 521 室	（023）70605589	（023）70605521	408200
重庆市垫江县侨联	重庆市垫江县桂溪镇桂西大道行政办公中心	（023）74512519	（023）74512519	408300
重庆市武隆县侨联	重庆市武隆县委统战部	（023）77729600	（023）77722145	408500
重庆市忠县侨联	重庆市忠县忠州镇中博大道行政中心三楼	（023）54238533	（023）54238535	404300
重庆市开县侨联	重庆市开县新城永兴街 1 号	（023）52661553	（023）52218248	405400
重庆市云阳县侨联	重庆市云阳县新县城杏花路 60 号	（023）55128107	（023）55128025	404500
重庆市奉节县侨联	重庆市奉节县委办公楼 420 室	（023）56557086	（023）56557836	404600
重庆市巫山县侨联	重庆市巫山县广东中路行政大楼 2 楼	（023）57699187	（023）57682731	404700
重庆市巫溪县侨联	重庆市巫溪县行政综合大楼四楼	（023）51523497	（023）51522571	405800
重庆市石柱县侨联	重庆市石柱县委统战部	（023）73332037	（023）73332037	409100
重庆市秀山县侨联	重庆市秀山县行政中心办公大楼	（023）73333393	（023）73332037	409900
重庆市酉阳县侨联	重庆市酉阳县桃花源镇西山路 10 号	（023）75552407	（023）75552046	409800
重庆市彭水县侨联	重庆市彭水县委办公大楼 1 楼	（023）78442756	（023）78442756	409600
重庆大学侨联	重庆大学党委统战部	（023）65105240	（023）65105240	400030
西南大学侨联	重庆市北碚区西南大学党委统战部	（023）68251202	（023）68252558	400715
重庆医科大学侨联	渝中区医学院路 1 号	（023）68485045	（023）68485005	400016
重庆工商大学侨联	南岸区五公里重庆工商大学	（023）62768147		400067
重庆第二师范学院侨联	重庆市南岸区学府大道 9 号	（023）62658909	（023）61638004	400067
西南铝业集团公司侨联	重庆市九龙坡区西彭	（023）65809514	（023）65809743	401326
中石油重庆公管中心侨联	渝北区龙溪镇龙脊路 101 号石油重庆公管中心	（023）67321378		401147
重庆华商会	重庆市渝中区上清寺路 1 号昂内世纪环岛 7-16	（023）63897683	（023）63897682	400015

重庆市（市辖区县）

单位名称	地　　址	电话号码	传真号码	邮政编码
重庆侨界青年联谊会	重庆市渝中区中山三路二巷八号	(023) 63609030	(023) 63608355	400015
重庆市法律顾问委员会	重庆市渝中区中山三路二巷八号	(023) 63624206	(023) 63610849	400015
重庆渝闽经济文化交流促进会	重庆市渝中区中山三路二巷八号	(023) 67999386	(023) 67999586	400020
重庆《新华侨》编辑部	重庆市渝中区长江二路 183 号 17-2	(023) 68739953	(023) 68739953	400016

四川省

单位名称	地　　址	电话号码	传真号码	邮政编码
四川省侨联	成都市一环路南三段 15 号十三层	(028) 85595006	(028) 85535286	610041
成都市侨联	成都市高新区蜀锦路 68 号 4 号楼三楼 304 房间	(028) 61886828	(028) 61886828	610012
自贡市侨联	自贡市自流井区塘坎上路 29 号	(0813) 2204694	(0813) 5508617	643000
攀枝花市侨联	攀枝花市人民街 48 号市人大办公楼 5 楼	(0812) 3337068	(0812) 3337068	617000
泸州市侨联	泸州市大山坪市政府院内	(0830) 3114886	(0830) 3114886	646000
德阳市侨联	德阳市长江西路 1 段 37 号市政府大楼	(0838) 2307957	(0838) 2203393	618000
绵阳市侨联	绵阳市绵兴东路 100 号	(0816) 2240463	(0816) 2240463	621000
广元市侨联	广元市东坝新区市政府大楼 4 楼	(0839) 3263981	(0839) 3267689	628017
遂宁市侨联	遂宁市嘉禾路市府大楼 9 楼 17 号	(0825) 5899019	(0825) 5808256	629000
内江市侨联	内江市中区新华路政府大院八楼	(0832) 2025181	(0832) 2036767	641000
乐山市侨联	乐山市市中区滨河路 98 号	(0833) 21149450	(0833) 2132380	614000
南充市侨联	南充市涪江路 19 号	(0817) 2226664	(0817) 2223092	637000
眉山市侨联	眉山市投资促进大厦 4 楼	38169310	38165352	620020
宜宾市侨联	宜宾市都长街 82 号	(0831) 8224665	(0831) 8224665	644000
广安市侨联	广安市思源大道 2 号市政府办公楼 13 层	(0826) 2338916	(0826) 2398163	638000
达州市侨联	达州市西外市政综合楼 17-17	(0818) 2131063	(0818) 2131063	635000
雅安市侨联	雅安市西城区新兴街 1 号行政中心 B 区 705 室	(0835) 2225189	(0835) 2225189	625000
巴中市侨联	巴中市市政新楼 19 楼 23 号	(0827) 5281159	(0827) 5281159	636000
资阳市侨联	资阳市雁江区广厦路 39 号市政府综合楼 2 号楼 10 楼 109 室	(028) 6110060	(028) 26110060	641300
阿坝州侨联	阿坝州马尔康县马尔康镇达尔玛街 63 号	(0837) 2877085	(0837) 2826855	624000
甘孜州侨联	康定县炉城镇西大街 102 号	(0836) 2832321	(0836) 2832321	626000
凉山州侨联	西昌市三岔口南路 309 号	0834-3203335	(0834) 2162861	615000

贵州省

单位名称	地　　址	电话号码	传真号码	邮政编码
贵州省侨联	贵州省贵阳市北京路 141 号省政协大楼 16 楼	（0851）6822627	（0851）6822627	550004
贵州侨商会	贵州省贵阳市北京路 141 号省政协大楼 15 楼	（0851）6821308	（0851）6821308	550004
贵阳市侨联	贵州省贵阳市金阳行政中心市委大楼四楼	（0851）7988515	（0851）7988515	550023
遵义市侨联	贵州省遵义市民主路 159 号	（0852）8266548	（0852）8222100	563000
安顺市侨联	贵州省安顺市地委大院	（0853）3282299	（0853）3282355	610000
六盘水市侨联	贵州省六盘水市开发区开投大厦 10 楼	（0858）8325497	（0858）8325497	553001
铜仁市侨联	贵州省铜仁地区行署大楼	（0856）5223508	（0856）5223508	554300
毕节市侨联	贵州省毕节市毕节地区行署大院	（0857）8222636	（0857）8222636	551700
黔南州侨联	贵州省都匀市文明路 63 号市档案馆 3 楼	（0854）7105855	（0854）7105857	558000
黔东南州侨联	贵州省凯里市营盘东路 40 号	（0855）8223118	（0855）82223823	556000
黔西南州侨联	贵州省兴义市州人民政府大院	（0859）3222819	（0859）3222819	562400

云南省

单位名称	地　　址	电话号码	传真号码	邮政编码
云南省侨联	昆明市翠湖南路 94 号	（0871）65152778	（0871）65152947	650031
昆明市侨联	昆明市呈贡新区锦绣大街 1 号市级行政中心 7 号楼 281 室	（0871）68241798	（0871）68241798	650500
昆明市五华区侨联	昆明市五华区华山西路 1 号五华区政府大楼 913 办公室	（0871）63629639	（0871）63629639	650031
昆明市盘龙区侨联	昆明市盘龙区北京路 2198 号盘龙区行政中心 2 栋 205 室	（0871）63169160	（0871）63163562（盘龙区委统战部）	650000
昆明市官渡区侨联	昆明市官渡区云秀路国投大厦 1229 室	（0871）67180778	（0871）67180778	650206
昆明市西山区侨联	昆明市西山区西苑路 188 号 12 楼 2 号西山区委统战部转西山区侨联	（0871）68227972（西山区委统战部）	（0871）68227972（西山区委统战部）	650118
昆明市东川区侨联	昆明市东川区市府街 1 号区政府办公大楼 1 楼东川区委统战部转区侨联	（0871）62130547（东川区委统战部）	（0871）62130547（东川区委统战部）	654100
昆明市禄劝县侨联	昆明市禄劝县政府办公大楼 5 楼禄劝县为统战部转禄劝县侨联	（0871）68999058（禄劝县委统战部）	（0871）68999058（禄劝县委统战部）	651500
昆明市嵩明县侨联	昆明市嵩明县嵩阳镇北街 102 号嵩明县委统战部转嵩明县侨联	（0871）67911122（嵩明县委统战部）	（0871）67911122（嵩明县委统战部）	651700
昆明学院侨联	昆明市昆师路 2 号昆明学院　昆明学院侨联	（0871）65324523（转郭卫舵主席）	（0871）65324523（转郭卫舵主席）	650031
曲靖市侨联	曲靖市文昌街 172 号政府 2 号院曲靖市侨联	（0874）8994282	（0874）8994282	655000
曲靖市麒麟区侨联	曲靖市南宁西路 28 号区政府内麒麟区侨联	（0874）3130016	（0874）3130016	655000
曲靖市陆良县侨联	曲靖市陆良县人民政府东门街 23 号陆良县侨联	（0874）6222766	（0874）6222766	655000
玉溪市侨联	玉溪市红塔区抚仙路 86 号高新区创业大厦 15 楼	（0877）2024577	（0877）2024577	653100

云南省

单位名称	地　　址	电话号码	传真号码	邮政编码
玉溪市红塔区侨联	玉溪市红塔区玉兴路 39 号	（0877）2024628	（0877）2024628	653100
玉溪市峨山县侨联	峨山县委办公大院 5 楼	（0877）4011762	（0877）4011161	653200
玉溪市元江县侨联	元江县文化路 1 号	（0877）6515161	（0877）6515161	653300
保山市侨联	保山市隆阳区同仁街 26 号	（0875）2122786	（0875）2122786	678000
保山市隆阳区侨联	保山市隆阳区永昌文化园 1 号	（0875）2229079	（0875）2229079	678000
保山市施甸县侨联	保山市施甸县甸阳中路 31 号	（0875）8123053	（0875）8123053	678200
保山市腾冲县侨联	保山市腾冲县腾越镇山源社区范家坡小区 5 号	（0875）5133709	（0875）5133709	679100
保山市龙陵县侨联	保山市龙陵县龙山路 133 号	（0875）6121030	（0875）6121030	678300
保山市昌宁县侨联	保山市昌宁县田园镇龙井社区南门街 8 号	（0875）7130191	（0875）7130191	678100
昭通市侨联	昭通市昭阳区公园路 45 号市委大院内	（0870）2125666	（0870）2122489	657000
丽江市侨联	丽江市行政中心四号楼二楼	（0888）5102909	（0888）5102909	674100
普洱市侨联	普洱市思茅区月光路 1 号	（0879）2148196	（0879）2148196	665000
普洱市景谷县侨联	景谷县政府大院	（0879）5222272	（0879）5222272	666400
普洱市思茅区侨联	思茅区委统战部	（0879）2122067	（0879）2122067	666500
普洱市澜沧县侨联	澜沧县政府	（0879）7222441	（0879）7222441	665600
临沧市侨联	临沧市临翔区世纪路 350 号（市政府大楼）	（0883）2127321，（0883）2122774	（0883）2127321，（0883）2122774	677000
临沧市凤庆县侨联	凤庆育贤街 35 号	（0883）4211155	（0883）4211155	675900
临沧市耿马县侨联	耿马县委大院	（0883）6121305	（0883）6121305	677500
临沧市双江县侨联	双江县委大院	（0883）7621393	（0883）7621393	677300
临沧市镇康县侨联	耿康县南伞镇政府办公区	（0883）6633715	（0883）6633715	677700
楚雄州侨联	楚雄州楚雄市经济开发区丰胜路 667 号楚雄州公务中心楚雄州侨联	（0878）3389554	（0878）3389554	675000
红河州侨联	红河州行政中心州委办公楼 B508	（0873）3730519	（0873）3730519	661100
红河州蒙自市侨联	蒙自市行政中心 c 区 214	（0873）3812180	（0873）3812180	661100
红河州个旧市侨联	个旧市中山路市委大院 1122 号	（0873）2123036	（0873）2123036	661400
红河州开远市侨联	开远市行政中心 406 号	（0873）7133207	（0873）7133207	661600
红河州建水县侨联	建水县新县委大楼 3-6	（0873）7662225	（0873）7662225	654399
红河州石屏县侨联小组	石屏县委办公楼	（0873）4857349	（0873）4857349	662200
红河州红河县侨联	红河县迤萨镇三棵树街 3 号	（0873）4621234	（0873）4621234	654400
红河州元阳县侨联	元阳县南沙镇元桂路 3 号	（0873）5642293	（0873）5642293	662400
红河州屏边县侨联	屏边县昆河公路地震局一楼	（0873）3223258	（0873）3223258	661200
红河州金平县侨联	金平县文化路 5 号	（0873）5225508	（0873）5225508	661500
红河州河口县侨联	河口县北山行政中心 422 室	（0873）3451110	（0873）3451110	661399

云南省

单位名称	地　址	电话号码	传真号码	邮政编码
云锡集团（控股）公司侨联	个旧市金湖东路 121 号	（0873）3116242	（0873）3116438 统战部转	661400
文山州侨联	云南省文山市华龙西路 1 号文山州州委州政府信访综合楼三楼	（0876）2122366	（0876）2122366	663100
文山州麻栗坡县侨联	麻栗坡县公务楼十八楼	（0876）6622523	（0876）6622523	663600
文山州富宁县侨联	文山州富宁县新华镇普厅南路 5 号金土地办公楼四楼	（0876）6122629	（0876）6122629	663400
文山州砚山县	文山州砚山县江那镇龙头街 24 号	（0876）3130863	（0876）3130863	663100
西双版纳州侨联	景洪市宣慰大道 69 号	（0691）2124337	（0691）2124337	666100
西双版纳州景洪市侨联	嘎兰中路 55 号	（0691）2144523	（0691）2122596	666100
西双版纳州勐海县侨联	勐海县景广路 12 号	（0691）5128926	（0691）5122547	666200
西双版纳州勐腊县侨联	勐腊县新城行政中心	（0691）8161121	（0691）8161121	666300
大理州侨联	大理市龙山州级行政办公区	（0872）2319542	（0872）2319539	671000
大理州大理市侨联	大理市政府大院	（0872）2126675	（0872）2126675	671000
大理州宾川县侨联	宾川县政府大院	（0872）7142010	（0872）7142010	671600
大理州祥云县侨联	祥云县委统战部	（0872）3121400	（0872）3121400	672100
大理州漾濞县侨联	漾濞县委统战部	（0872）7520895	（0872）7520895	672500
大理州巍山县侨联	巍山县委统战部	（0872）6120077	（0872）6120077	672400
大理州弥渡县侨联	弥渡县政府大院	（0872）8163296	（0872）8163296	675600
大理州鹤庆县侨联	鹤庆县委统战部	（0872）4121129	（0872）4121129	671500
德宏州侨联	芒市德瑞路 6 号	（0692）2122201	（0692）8886708	678400
德宏州芒市侨联	芒市胞波路 115 号	（0692）2121206	（0692）2121206	678400
德宏州畹町区侨联	瑞丽市畹町开发区建设路 23 号	（0692）5151268	（0692）5151268	678500
德宏州瑞丽市侨联	瑞丽市边城街 57 号	（0692）8890837	（0692）8890837	678600
德宏州陇川县侨联	陇川县人民政府东楼	（0692）7173053	（0692）8891600	678700
德宏州盈江县侨联	盈江县平原镇永盛花园巷 4 号	（0692）8180528	（0692）8180528	679300
德宏州梁河县侨联	梁河县遮岛镇振兴路 13 号	（0692）6161347	（0692）6161347	679200
怒江州侨联	怒江州六库镇州级行政中心二楼	（0886）3888902	（0886）3888902	673100
迪庆州侨联	迪庆州香格里拉县建塘镇康珠大道 8 号州委统战部	（0887）8222432	（0887）8232386	674400

陕西省

单位名称	地址	电话号码	传真号码	邮政编码
陕西省侨联	西安市新城广场省政府大院	（029）87291597	（029）87291597	710006
西安市侨联	西安市凤城八路 99 号 7 号楼一楼	（029）86788180		710007
咸阳市侨联	咸阳市渭阳中路 6 号市政府大院	（029）33210751		712000
宝鸡市侨联	宝鸡市宝虢路 125 号行政中心 2 号楼 313 室	（0917）3260892 （0917）3260893		721004
安康市侨联	陕西省安康市育才路 113 号市政府大楼 14 楼	（0915）3209755		725000
铜川市侨联	铜川市新区朝阳路 9 号	（0919）283217	（0919）3283217	727031
铜川市宜君县侨联	铜川市宜君县宜阳中街	（0919）5281401	（0919）5281401	727200
铜川市印台区侨联	铜川市印台区同官路 80 号	（0919）4185115	（0919）4185115	727000
铜川市王益区侨联	铜川市王益区红旗街 9 号	（0919）2188026	（0919）2188026	727000
铜川市耀州区侨联	铜川市耀州区学古路 3 号	（0919）6182479	（0919）6182479	727100
延安市侨联	延安市南关街市委大院 124 号	（0911）2136124	（0911）2136296	716000
汉中市侨联	陕西省汉中市汉台区民主街 43 号	（0916）2626910 2626565	（0916）2626992	723000
汉中市汉台区侨联	陕西省汉中市汉台区区委大院内	（0916）2211219	（0916）2211219	
渭南市侨联	渭南市东风大街 74 号市政府大院 4 号楼 508 室	（0913）2109652	（0913）2109652	714000
商洛市侨联	商洛市商州区人民路 8 号	（0914）2383687 2334106	（0914）2383687	726000
榆林市侨联	榆林市榆阳区青山路 8 号市政府大楼 205 号	（0912）3890262	（0912）3893662	719000
榆林市杨凌农业高新技术产业示范区侨联	杨凌农业高新技术产业示范区新桥北路 6 号			712100

甘肃省

单位名称	地址	电话号码	邮政编码
甘肃省侨联	兰州市广场南路 51 号	（0931）8960264	730030
兰州市侨联	兰州市庆阳路 94 号	（0931）8826376　8829139	730030
嘉峪关市侨联	嘉峪关市政府办公楼	（0937）6328309	735100
金昌市侨联	金昌市委统战部	（0935）8332606	737100
酒泉市侨联	酒泉市政大厦西二楼	（0937）2614380　2680540	735000
张掖市侨联	张掖市甘州区南环路 679 号	（0936）8219719　8214834	734000
武威市侨联	武威市东大街 118 号	（0935）2220732	733000
白银市侨联	白银市人民路 100 号 C2-5	（0943）8221790　8230838	730900

甘肃省

单位名称	地　　址	电话号码	邮政编码
天水市侨联	天水市秦城区民主西路 34 号	（0938）8212265　8215024	741000
平凉市侨联	平凉市西大街 141 号	（0933）8227472　8214893	744000
庆阳市侨联	庆阳市委统战部	（0934）8216963　8215740	745000
定西市侨联	定西市中华路 43 号	（0932）8212959	743000
陇南市侨联	陇南外事侨务办公室	（0939）8211517	746000
临夏州侨联	临夏市红园路 84 号	（0930）6221887　6222126	731100

青海省

单位名称	地　　址	电话号码
青海省侨联	青海省西宁市城中区七一路 346 号	（0971）8457060
西宁市侨联	青海省西宁市城中区南关街 43 号	（0971）8230640
青海师范大学侨联	青海省西宁市城西区五四西路 38 号	（0971）6331129

宁夏回族自治区

单位名称	地　　址	电话号码	传真号码	邮政编码
宁夏回族自治区侨联	宁夏银川市兴庆区凤凰北街 106 号	（0951）5057809	（0951）5045260	750001
宁夏银川市侨联	宁夏银川市北京中路 166 号银川市行政中心 1#202	（0951）6889206	（0951）6889204	750001
宁夏石嘴山市侨联	宁夏石嘴山市大武口新区行政中心 A3 区	（0951）2218192	（0952）2218192	753000
宁夏中卫市侨联	宁夏中卫市行政中心 8 楼 862 室	（0951）7068812	（0955）7068823	755000

新疆维吾尔自治区

单位名称	地　　址	电话号码	邮政编码
新疆维吾尔自治区侨联	乌鲁木齐市文化路 38 号	（0991）2812108，2810003（传真）	830002
伊犁哈萨克自治州侨联	伊宁市解放路 36 号	（0999）8031557	835000
塔城地区侨联	塔城市光明路 986 号	（0901）6238716	834700
阿勒泰地区侨联	阿勒泰市解放路 340 号	（0906）2135257	836500
克拉玛依市侨联	克拉玛依市友谊路 98 号	（0990）6882275	834000
博尔塔拉蒙古自治州侨联	博乐市青得里大街 201 号	（0909）2318828	833400
昌吉回族自治州侨联	昌吉市延安北路 54 号	（0994）2345634	831100
乌鲁木齐市侨联	乌鲁木齐市新兴街 5 号	（0991）4621593	830063
哈密地区侨联	哈密市建国南路 210 号	（0902）2230576	839000
吐鲁番地区侨联	吐鲁番市拍孜克里克路 58 号	（0995）8521268	8383000

新疆维吾尔自治区

单位名称	地　址	电话号码	邮政编码
巴音郭楞蒙古族自治州侨联	库尔勒市州党委大院统战部	（0996）2016175	841000
阿克苏地区侨联	阿克苏市西大街 5 号	（0997）2151076	843000
克孜勒苏柯尔克孜自治州侨联	阿图什市帕米尔路西 3 院	（0908）4225946	845350
喀什地区侨联	喀什市解放北路 46 号	（0998）2841582	844000
和田地区侨联	和田市木巴格路 23 号	（0903）2513469	848000
石河子市侨联	石河子市北二路 10 号	（0993）2015289	832001

新疆生产建设兵团

单位名称	地　址	电话号码	传真号码	邮政编码
新疆生产建设兵团侨联	新疆乌鲁木齐市光明路 196 号	（0991）2896655	（0991）2896659	830002
新疆兵团农一师侨联	阿克苏市东大街	（0997）6352022	（0997）4617951	843000
新疆兵团农二师侨联	库尔勒市人民西路	（0996）2024849	（0996）2028424	841000
新疆兵团农三师侨联	喀什市克孜都维路	（0998）2526067	（0998）2523729	844000
新疆兵团农四师侨联	伊宁市解放路	（0999）8182286	（0999）8182545	835000
新疆兵团农五师侨联	博乐市红星路	（0909）2296630	（0909）2296810	833400
新疆兵团农六师侨联	五家渠市长征东街	（0994）5800272	（0994）5800497	831300
新疆兵团农七师侨联	奎屯市军垦广场	（0992）6867095	（0992）6867210	833200
新疆兵团农八师侨联	石河子市北三东路	（0993）2015289	（0993）2012414	832000
新疆兵团农九师侨联	塔城市额敏县	（0901）3384281	（0901）3341104	834600
新疆兵团农十师侨联	北屯市团结路	（0906）3374419	（0906）3374247	836000
新疆兵团建工师侨联	乌鲁木齐市八家户	（0991）6686288	（0991）6686676	830054
新疆兵团农十二师侨联	乌鲁木齐市常州街	（0991）3781255	（0991）3676831	830013
新疆兵团农十三师侨联	哈密市大营房	（0902）2566403	（0902）2565603	839000
新疆兵团农十四师侨联	和田市屯垦路	（0903）2566227	（0903）2566501	848000
新疆兵团石河子大学侨联	石河子市北四路	（0993）2057928	（0993）2057352	832003
新疆兵团农垦科学院侨联	石河子市乌伊公路	（0993）6683660	（0993）2553691	832000

中央国家机关

单位名称	地　址	电话号码	邮政编码
中央国家机关侨联	北京市西城区平安里西大街 33 号	（010）68850815	100035
外交部侨联	北京市朝阳区朝阳门南大街 2 号	（010）65966311	100701
国有资产监督管理委员会侨联	北京市西城区宣武门西大街 26 号	（010）64519661	100053
商务部侨联	北京市东城区东长安街 2 号	（010）65197429	100731

中央国家机关

单位名称	地　址	电话号码	邮政编码
住房和城乡建设部侨联	北京市海淀区三里河路 9 号	（010）88082068	100835
财政部侨联	北京市西城区三里河南三巷 3 号	（010）68231862	100820
人力资源和社会保障部侨联	北京市东城区和平里东街 3 号	（010）84207105	100716
农业部侨联	北京市朝阳区农展南里 11 号	（010）59195072	100125
卫生部侨联	北京市西城区西直门外南路 1 号	（010）68792777	100044
文化部侨联	北京市朝阳门北大街 10 号	（010）59882035	100002
教育部侨联	北京市西城区西单大木仓胡同 35 号	（010）66096481	100816
国家体育总局侨联	北京市东城区体育馆路 2 号	（010）87180566	100763
水利部侨联	北京市西城区白广路二条 2 号	（010）63203599	100053
中国气象局侨联	北京市海淀区中关村南大街 46 号	（010）68409901	100081
国家食品药品监督管理局侨联	北京市西城区宣武门西大街 26 号院 2 号楼	（010）62219478	100053
国家知识产权局侨联	北京市海淀区西土城路 6 号	（010）62083913	100088
国家质量监督检验检疫总局侨联	北京市海淀区马甸东路 9 号	（010）82262093	100088
中国民用航空局侨联	北京市东城区东四西大街 155 号	（010）64091153	100710
国家中医药管理局侨联	北京市东城区工体西路 1 号	（010）59957731	100027
国务院侨务办公室侨联	北京市西城区阜成门外大街 35 号	（010）64680101	100037
中国社会科学院侨联	北京市东城区建国门内大街 5 号	（010）67765336	100732
中国科学院侨联	北京市海淀区中关村南四街 18 号	（010）62661363	100190
国土资源部侨联	北京市西城区阜成门内大街 64 号	（010）66558230	100812
铁道部侨联	北京市海淀区复兴路 10 号	（010）51848722	100844
国家林业局侨联	北京市东城区和平里东街 18 号	（010）64326983	100714
国家安全生产监督管理总局侨联	北京市东城区和平里北街 21 号	（010）84261294	100713
交通运输部侨联	北京市建国门内大街 11 号	（010）67982584	100736
工业和信息化部侨联	北京市西城区西长安街 13 号	（010）62302448	100804

中央直属机关

单位名称	地　址	电话号码	邮政编码
中央直属机关侨联	北京西城区丰盛胡同 21 号	010-66172454（传真）	100032
中央对外联络部机关侨联	北京海淀区复兴路 4 号		100860
中国侨联直属机关侨联	北京东城区工人体育场西路 1 号		100027
中国国际广播电台侨联	北京石景山区石景山路甲 16 号		100040
中央电视台侨联	北京复兴路 11 号		100859
新华社侨联	北京宣武区宣武门西大街 57 号		100803

中央直属机关

单位名称	地　　址	电话号码	邮政编码
中国外文局侨联	北京西城区百万庄 24 号		100037
中国出版集团公司侨联	北京东城区朝内大街甲 55 号		100010
全国政协机关侨联小组	北京西城区太平桥大街 23 号		100811
中央直属机关工委机关侨联小组	北京西城区丰盛胡同 21 号		100032
中央党校侨联小组	北京海淀区大有庄 100 号		100091
中央文献研究室机关侨联小组	北京西城区前毛家湾甲 1 号		100017
中央党史研究室机关侨联小组	北京海淀区北四环西路 69 号		100080
全国总工会机关侨联小组	北京西城区复兴门外大街 10 号		100865

中央企业

单位名称	地　　址	电话号码	邮政编码
机械科学研究院侨联	北京德外教场口 1 号自动化所	（010）62376029 13681497043	100011
中国铁道建筑总公司侨联	北京市复兴路 40 号	（010）52688256 13810877792	100855
中国海诚国际工程投资总院侨联	北京朝阳区白家庄东里 42 号	（010）65826045 13718096828	100026
中国石油化工集团公司侨联	北京朝阳区安惠北里安园 21 号楼	（010）84876691（o） （010）62373193（h） 13910506993	100101
中国机械工业集团公司侨联	北京西城区三里河路 46 号	（010）68458343	100823
中国海洋石油总公司侨联	北京东城区东直门外小街 6 号	（010）64604649（o） （010）68014511（h）	100027
冶金自动化研究设计院（并入中国钢研科技集团）侨联	北京西四环南路 72 号	13520395089	100071
中国建筑设计研究院侨联	北京海淀主语国际 2 号楼中国建筑标准设计研究院	（010）68799342 13910591922	100044
中国兵器工业集团公司侨联	北京西城区三里河路 46 号	（010）63553451 13001126327	100821
中国煤炭地质总局侨联	北京丰台区靛厂 299 号中国煤炭地质总局	03123685752 13131268341	100039
中国建筑材料集团有限公司侨联	北京市海淀区紫竹院南路 2 号	（010）88416688-6432 13601286978	100048
中国网络通信集团公司侨联	北京市海淀区北蜂窝 1 号	（010）63329995 13801016139	100036
中国农业机械化科学研究院侨联	北京德胜门外北沙滩 1 号	（010）64882959	100083

中央企业

单位名称	地　　址	电话号码	邮政编码
中国电力工程顾问集团公司侨联	北京西城区安德路 65 号	(010) 83834272	100011
中国纺织工业设计院（并入中国石油天然气集团公司）侨联	北京海淀区增光路 21 号	(010) 68395408 13601200570	100037
电信科学技术研究院侨联	北京市海淀区学院路 40 号	(010) 62301977	100083
中国航空工业第一集团公司侨联小组	北京市海淀区温泉镇环山村 38 楼 4 门 12 号	(010) 62454174 13681113857	100095
中国航空工业第二集团公司侨联小组	北京东城区交道口南大街 67 号	(010) 64094353 13901312773	100712
国家开发投资公司侨联小组	北京市西城区阜成门北大街 6-6 国家开发投资公司	(010) 66579048 13701309345	100034
中国华孚贸易发展集团公司侨联小组	北京丰台区右外大街 99 号	(010) 63390143	100054
中国钢研科技集团公司侨联小组	北京海淀区学院南路 76 号 31 号楼	(010) 62181541 13621304236	100081
中国化工集团公司侨联小组	北京市海淀区阜石路甲 19 号	(010) 51338413	100039
中国建筑材料科学研究院侨联小组	北京朝阳区管庄东里 1 号中国建筑材料科学研究总院中国建材检验认证中心	(010) 51167397 13611264325	100024
北京矿冶研究总院侨联小组	北京西直门外文兴街 1 号北京矿冶研究总院	(010) 68310569 68333366-2304	100044
中国纺织科学研究院侨联小组	北京朝阳区延静里中街 3 号	(010) 65010802	100025
中国化学工程总公司侨联小组	北京市朝阳区九仙桥电子城小区 3 号楼 1202	(010) 64380471	102600
中国轻工集团公司侨联小组	北京市东城区工体北路新中西街 2 号	(010) 65015880 13801381169	100027
北京有色金属研究总院侨联小组	北京市西城区新外大街 2 号离退休办	(010) 62022824	100088
中国建筑科学研究院侨联小组	北京安外北三环东路 30 号	(010) 84517315 13671236511	100013
中国水利投资集团公司侨联小组	北京市西城区六铺坑街三号中水电大厦	(010) 59302113 13671011370	100011
中国对外贸易运输（集团）总公司侨联小组	北京市海淀区大泥湾路 5 号楼 5 门 301 室	(010) 62536557	100044
中国水电工程顾问集团公司侨联小组	北京西城区六铺炕北小街 2 号	(010) 51973473 13671010366	100011
中国华能集团公司侨联小组	北京海淀区学院南路 40 号	(010) 63542820 13611287344	100088

中央企业

单位名称	地　　址	电话号码	邮政编码
中国移动通信集团公司侨联小组	北京西城区金融街 29 号	13901228845	100032
中国电子科技集团公司侨联小组	北京市酒仙桥路 13 号	（010）64362878 13311119909	100015
中国北方机车车辆工业集团公司侨联小组	北京海淀区羊坊店路 11 号	（010）83304222 13671389469	100038
中国有色工程设计研究总院侨联小组	北京海淀区复兴路 12 号	（010）63952506 13701294776	100038
中国路桥（集团）总公司侨联小组	北京朝阳区管庄周家井大院科研所	（010）65757987	100024
中国国旅集团公司侨联小组	北京东城区东单北大街 1 号	（010）85228316	100005
国家电网公司侨联小组	北京市宣武区白广路二条一号东楼 228	（010）63415505 13621116058	100761